2023年版

活 用 労 働 統 計

―生産性・賃金・物価関連統計―

利 用 上 の 注 意

1. 年次の表わし方

とくに断りのないもの、および「年」としてあるのは暦年（1 –12月）である。「年度」とあるのは該当年4月–翌年3月である。

2. パーセントとポイント

前年比較の数字は、通常は比率（百分率、すなわち%）で示される。しかしパーセントどうしの比較を前年比で行う場合、パーセントをパーセントで割ってパーセントを出すことになり混乱もするし無意味なこともあり、引き算をして差をとる。この結果を「ポイント」（正確にはパーセンテージ・ポイント）と呼び、本書でもその場合「ポイント」として、ポイント差でマイナスのとき「−」を付した。なお「△」は増減率や騰落率のマイナスをあらわす。

3. 年　　率

年率とは年平均上昇率のことをいい、その算出には各種の方法がある。本書では、複利計算方式や算術平均方式等によって算出されている。そして、各方式によって得られる値には若干の差を生じることがある（詳細は用語解説4を参照）。

4. 指数の基準時の変更と数値改訂

本書で掲載されている指数の基準年次は主に令和2年と平成27年であるが、指数の基準時が変更される際に、指数値やその増減率が遡及して変えられる。加えて、計算方法や採用品目、ウエイトの改訂などにより従来の公表数値と性格が異なる場合があり、一定年限まではそれらを反映して接続できる数値が遡及して公表されるが、公表されない数値は接続できないので、本書ではその接続指数の最も古い年次でリンクさせ、そのリンクした年次の数値の下にを引いて接続できないことを示している。

5. 産業分類

日本標準産業分類は、昭和24年に設定されて以降、産業構造の変化に応じて改訂されてきたが、直近では平成25年10月に第13回目の改訂が行われ、官公庁公表の統計データも改められている。本冊子でも、公表の範囲で新産業分類で掲載されている。

改訂内容の詳細については、D–3表下段を参照のこと。

6. 複数回答

制度調査などでは、複数回答の設問が存在するが、その場合は統計表の見出しや表中にM.A.とmulti–answers の頭文字を明記している。

7. 資料出所

資料出所は各統計表の下に掲載しているが、2001年1月の官庁組織改編により名称が変更になったものについては、新名称のみで掲載している。

刊 行 の 辞

　本統計集は、生産性・賃金、その他労働経済を学ぶ際の資料となり、また労働関係者の皆様にさまざまな場面で活用いただくことを想定し、編集いたしました。各種の統計調査機関が発表する統計資料を簡約に整理し、加工・分析を加えてあります。

　統計数字は、さまざまな事象を数量的に表現したものです。したがって統計数字は一つだけでなく、一定の基準に合わせて集めてみると、それらの統計が互いに共鳴し色々な事実を教えてくれます。技術生産物にみえる統計数字からさまざまな事象の相互関係が浮かび上がるという統計の面白さが、本統計集を通じて少しでも利用される皆様に伝われば幸いです。

　1966年創刊の本統計集は、2023年で58回目の版を重ねます。創刊以来、高度成長、石油ショック、低成長、円高、バブル景気、マイナス成長、IT景気、リーマンショック、ユーロ危機、働き方改革といった内外経済の大きなうねりの局面に合わせ、その都度、改良改善を加え、現在ではハンディで包括的な労働経済関連統計集として、企業実務家・労働組合関係の皆様のみならず、研究者や一般の方々にも広く利用されております。長期時系列データに加え、その時々で話題性のあるデータや調査結果を掲載するなど、長年にわたって多くの方々からご支持いただいております。

　今年度版でも、雇用構造変化の動向にあわせ、サービス経済化、非正規雇用の増大や就業形態の多様化、ダイバーシティ時代に対応したデータを掲載するとともに、2015年度版から利用者の皆様からの声により、A項とB項を年度から暦年表示に、なお2017年度版より、スペースの関係から1985年以前は5年毎に変更しています。また、国際比較の一部では、掲載年次と内容の見直しや国の加除を行いました。労使交渉、賃金・人事制度検討などの基礎資料にとどまらず、わが国の労働経済全般を把握するための基本指標として、是非ご活用下さい。

　また、創刊より長年、ご指導をいただきました故孫田良平先生、故中村厚史先生ほか、関係者の方々に厚く御礼申し上げます。

　2023年1月

公益財団法人　日本生産性本部
生産性労働情報センター

序

——この統計集はなぜ生まれたか——

現在の経済にみられる大きな特徴は、数字によって事態が表わされ、評価され、判断されるということである。かっての統計数字は人口・土地面積・田畑や森林の広さなど、静態的に状況を説明するために用いられた。明治初年に統計を政表（Statistikの訳）と呼んだが、この語はまさにその特徴を示していた。しかし、今の統計は予見と行動のための用具である。事物が複雑になればなるほど、行政機関も企業も、刻々に統計をつくり、計画的に業務を遂行しなければならない。最近の計画理論や計算機の発展は、それと密接な関連をもっている。

労働組合・労使関係ではどうであろうか。ひところにくらべると、統計の利用は長足の進歩をとげた。「やや」「かなり」「甚だしく」といった主観的表現は具体的な数字で表わすようになったし、「政府統計は人民抑圧の手段」という声も聞かれなくなった。賃金・物価・生産性・経営・家計などの数字を使う方法も客観性を加えた。

統計的手法はさらに利用されるべきであろう。孫子は「名主賢将の人に勝ち、成功の衆にぬきんでる所以のものは先知なり」といい「先知なるものは鬼神の秘法で知るものでなければ、過去の出来事で類推し得るものでもなく、人に頼って敵情を知ること」だと説いた。情勢を人に依存した孫子も、2500年たった現代だったら、先知とは統計と情報を活用することだ、というであろう。情報でさえ統計的手法でその確かさを類推し得るのである。

さて、既存の統計を利用しようにも多くの障害がある。第1に統計数字が利用できる形で一か所に集まっていないことだ。各省庁ごとに統計報告書が発行されているが、統括してみるには不便である。経済企画庁・総理府統計局・労働省などで統計月報を刊行しているが、とくに労使関係を対象としてはいなかったり、省庁の枠のなかでしか記載されていなかったり、あるいは長期系列がなかったりしているため、不便が多い。第2に統計の原数字があっても、これに適当な加工を行ったり、比較対象のため異なった統計を組みあわせたりしていないことである。たとえば売上高・付加価値・賃金総額の統計がならんでいても、これから付加価値率・労働分配率を計算しておかなければ、すぐに使うわけにはいかぬ。生産性の数字があっても賃金と比較できるよう対照できる表を作らねばならぬ。日本生産性本部発表の生

産性指数のほかに国民的生産性（1人あたり国民総生産）も必要だ。またいくら昭和35年にくらべ39年の賃金が5割増した、といっても、何年に何パーセント上がったかが判らぬと判断が困難である。第3に統計を使うには、目先の政治的判断が優先して、結論に合うような数字なら使用するが、さもなければ知らぬ顔で通そうとする粗雑さが許されていることである。統計に対して無知な人は数字に幻惑されて、特定目的のために数字にふりまわされ、結論を誤ってしまう。「世の中にウソが三つある。知っているウソ、知っているが黙っているウソ、そして統計」（ディスレー卿）という表現は、統計の偽まん性をつくものである。しかし統計の利用法が正しい限り、統計は率直に問題の所在を教え、行動の方法を示唆する。統計数字はその意味で、人により生きもし、死にもする。その性質を忘れると、統計が単に自己主張の武器になり下がったり、他人の非を攻撃する道具となる。この点を考えた親切な統計が少ない。

　以上の3つの難点を考慮して、われわれは第1に自由な立場で、孤立的に労働経済をみるのでなく、総合的に「経済のなかの労働」をみるのに便なるような利用度の高いものを、加工・分析して日常に供すること、第2に一方的独断的判断を避け、時系列比較では少なくも5年から10年はさかのぼって比較できるよう、また今日の日本の特質をみるためには国際比較をも加えること、第3に表の羅列に止まらず、表や注や説明を通じて努めて統計の示すものを十分に伝えるよう工夫することを念頭において、この統計集を作成した。

　原典は経済企画庁・総理府統計局・労働省・ILO・国連等、内外諸機関からの既刊の報告書のほか、原数字を直接収集し、必要最小限度の量を考えて編集・加工を行った。とくに加工にあたっては指数化・比率化などは実際上の必要を十分に考え、また統計利用の頻度が高い生産性・賃金・物価については、近時の所得政策・物価対策等を考究する便も考えて早見表形式を採用した。

　本統計集の構想は、日本生産性本部労働教育委員会（委員長・金子美雄）が数年前からもっていたものである。その間、仮報告書を作成したり、研究会を開催してプランを練り、ようやく本書が生まれた。しかし、これもまだ出発点に立ったにすぎない。必要に応じて、さらに統計表を加え、説明を付し、改良を重ねる計画である。

（1965年・初版より）

目　次

経済白書・経済財政白書の副題からみた日本経済の歩み

	経済白書・経済財政白書の副題		経済白書・経済財政白書の副題
	＜経済白書（平成12年まで）＞	5	バブルの教訓と新たな発展への課題
昭和30	前進への道	6	厳しい調整を越えて新たなフロンティアへ
31	日本経済の成長と近代化		
32	速すぎた拡大とその反省	7	日本経済のダイナミズムの復活をめざして
33	景気循環の復活		
34	速やかな景気回復と今後の課題	8	改革が展望を切り開く
35	日本経済の成長力と競争力	9	改革へ本格起動する日本経済
36	成長経済の課題	10	創造的発展への基礎固め
37	景気循環の変貌	11	経済再生への挑戦
38	先進国への道	12	新しい世の中が始まる
39	開放体制下の日本経済		＜経済財政白書（平成13年以降）＞
40	安定成長の課題	13	改革なくして成長なし
41	持続的成長への道	14	改革なくして成長なしII
42	能率と福祉の向上	15	改革なくして成長なしIII
43	国際化のなかの日本経済	16	改革なくして成長なしIV
44	豊かさへの挑戦	17	改革なくして成長なしV
45	日本経済の新しい次元	18	成長条件が復元し、新たな成長をめざす日本経済
46	内外均衡達成への道		
47	新しい福祉社会の建設	19	生産性上昇に向けた挑戦
48	インフレなき福祉をめざして	20	リスクに立ち向かう日本経済
49	成長経済を超えて	21	危機の克服と持続的回復への展望
50	新しい安定軌道をめざして	22	需要の創造による成長力の強化
51	新しい発展のための基礎がため	23	日本経済の本質的な力を高める
52	安定成長への適応を進める日本経済	24	日本経済の復興から発展的創造へ
53	構造転換を進めつつある日本経済	25	経済の好循環の確立に向けて
54	すぐれた適応力と新たな出発	26	よみがえる日本経済、広がる可能性
55	先進国日本の試練と課題	27	四半世紀ぶりの成果と再生する日本経済
56	日本経済の創造的活力を求めて		
57	経済効率性を活かす道	28	リスクを越えて好循環の確立へ
58	持続的成長への足がため	29	技術革新と働き方改革がもたらす新たな成長
59	新たな国際化に対応する日本経済		
60	新しい成長とその課題	30	今、Society5.0の経済へ
61	国際的調和をめざす日本経済	令和元	「令和」新時代の日本経済
62	進む構造調整と今後の課題	2	コロナ危機：日本経済変革のラストチャンス
63	内需型成長持続と国際社会に貢献		
平成元	平成経済の門出と日本経済の新しい潮流	3	レジリエントな日本経済へ：強さと柔軟性を持つ経済社会に向けた変革の加速
2	持続的拡大への道		
3	長期拡大の条件と国際社会における役割	4	人への投資を原動力とする成長と分配の好循環実現へ
4	調整をこえて新たな展開を目指す日本経済		

資料出所　内閣府経済社会総合研究所。
注　「経済白書」は、平成13年より「経済財政白書」に書名が変更された。

景気動向指数（DI・一致指数）にみる日本経済の動き

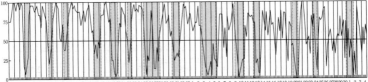

注：シャドー部分は景気後退期を示す

生産性・賃金・物価関連指標対前年同期増減率

（1）生産性（製造業）　　　　　　　　　　　　（％）

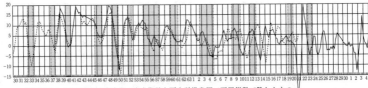

資料出所：点線は経済産業省調べ生産指数を厚生労働省調べ雇用指数で除したもの。
　　　　　昭和38年以降の実線は日本生産性本部調べ。

（2）名目賃金（現金給与総額）（製造業）　　　（％）

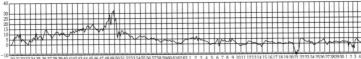

資料出所：厚生労働省「毎月勤労統計」（規模30人以上）。

（3）消費者物価　　　　　　　　　　　　　　　（％）

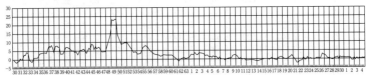

資料出所：総務省統計局「消費者物価指数」。
注：昭和40年までは「人口5万人以上の都市」。41年以降は「全国」。

（4）完全失業者数（季節調整済）　　　　　　　（万人）

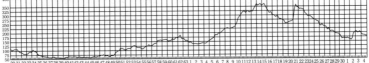

資料出所：総務省統計局「労働力調査」。

A－1(1)　主　要

暦　年	総人口 (1)	15歳以上人口 (2)	労働力人口 (3)	就業者 (4)	雇用者 (5)	完全失業者 (6)	労働力率 (3)÷(2)	雇用者比率 (5)÷(4)	完全失業率 (6)÷(3)	完全失業率 (6)÷|(6)+(5)|
	万　　人						%			
昭和30年	8,928	5,925	4,194	4,090	1,778	105	70.8	43.5	2.50	5.58
35	9,342	6,520	4,511	4,436	2,370	75	69.2	53.4	1.66	3.07
40	9,828	7,287	4,787	4,730	2,876	57	65.7	60.8	1.19	1.94
45	10,372	7,885	5,153	5,094	3,306	59	65.4	64.9	1.14	1.75
50	11,194	8,443	5,323	5,223	3,646	100	63.0	69.8	1.88	2.67
55	11,706	8,932	5,650	5,536	3,971	114	63.3	71.7	2.02	2.79
60	12,105	9,465	5,963	5,807	4,313	156	63.0	74.3	2.62	3.49
63	12,275	9,849	6,166	6,011	4,538	155	62.6	75.5	2.51	3.30
平成元年	12,321	9,974	6,270	6,128	4,679	142	62.9	76.4	2.26	2.95
2	12,361	10,089	6,384	6,249	4,835	134	63.3	77.4	2.10	2.70
3	12,410	10,199	6,505	6,369	5,002	136	63.8	78.5	2.09	2.65
4	12,457	10,283	6,578	6,436	5,119	142	64.0	79.5	2.16	2.70
5	12,494	10,370	6,615	6,450	5,202	166	63.8	80.7	2.51	3.09
6	12,527	10,444	6,645	6,453	5,236	192	63.6	81.1	2.89	3.54
7	12,557	10,510	6,666	6,457	5,263	210	63.4	81.5	3.15	3.84
8	12,586	10,571	6,711	6,486	5,322	225	63.5	82.1	3.35	4.06
9	12,616	10,661	6,787	6,557	5,391	230	63.7	82.2	3.39	4.09
10	12,647	10,728	6,793	6,514	5,368	279	63.3	82.4	4.11	4.94
11	12,667	10,783	6,779	6,462	5,331	317	62.9	82.5	4.68	5.61
12	12,693	10,836	6,766	6,446	5,356	320	62.4	83.1	4.73	5.64
13	12,732	10,886	6,752	6,412	5,369	340	62.0	83.7	5.04	5.96
14	12,749	10,927	6,689	6,330	5,331	359	61.2	84.2	5.37	6.31
15	12,769	10,962	6,666	6,316	5,335	350	60.8	84.5	5.25	6.16
16	12,779	10,990	6,642	6,329	5,355	313	60.4	84.6	4.71	5.52
17	12,777	11,008	6,651	6,356	5,393	294	60.4	84.8	4.42	5.17
18	12,790	11,030	6,664	6,389	5,478	275	60.4	85.7	4.13	4.78
19	12,803	11,066	6,684	6,427	5,537	257	60.4	86.2	3.85	4.44
20	12,808	11,086	6,674	6,409	5,546	265	60.2	86.5	3.97	4.56
21	12,803	11,099	6,650	6,314	5,489	336	59.9	86.9	5.05	5.77
22	12,806	11,111	6,632	6,298	5,500	334	59.6	87.3	5.04	5.73
23	12,783	11,117	6,596	6,293	5,512	302	59.3	87.6	4.58	5.19
24	12,763	11,110	6,565	6,280	5,513	285	59.1	87.8	4.34	4.92
25	12,741	11,107	6,593	6,326	5,567	265	59.3	88.0	4.02	4.54
26	12,723	11,109	6,609	6,371	5,613	236	59.4	88.1	3.57	4.03
27	12,705	11,110	6,625	6,402	5,663	222	59.6	88.5	3.35	3.77
28	12,694	11,115	6,678	6,470	5,755	208	60.0	88.9	3.12	3.49
29	12,673	11,118	6,732	6,542	5,830	190	60.5	89.1	2.83	3.16
30	12,648	11,116	6,849	6,682	5,954	167	61.5	89.1	2.43	2.72
令和元年	12,619	11,112	6,912	6,750	6,028	162	62.1	89.3	2.35	2.63
2	12,586	11,108	6,902	6,710	6,005	192	62.0	89.5	2.78	3.10
3	12,529	11,087	6,902	6,713	6,016	195	62.1	89.6	2.81	3.13

資料出所　(1)〜(6)欄：総務省統計局「労働力調査」。(7)〜(17)欄：内閣府「国民経済計算年報」。(18)欄：経済産業省「鉱工業生産指数」。(20)欄：日本銀行「企業物価指数」。(21)欄：総務省統計局「消費者物価指数」。
注　　1.「国民経済計算年報」「労働力調査」に関する数値は昭和48年度までは沖縄県を含んでいない。

経　済　指　標

国民総所得 (GNI)		国内総生産 (GDP)		就業者1人当り GNI		就業者1人当り GDP		暦　年 (西暦)
名　目 (7)	実　質 (8)	名　目 (9)	実　質 (10)	名　目 (11) (7)÷(4)	実　質 (8)÷(4)	名　目 (12) (9)÷(4)	実　質 (10)÷(4)	
10億円		10億円		千　円		千　円		
8,399	47,243	8,370	47,075	205.4	1,155.1	204.6	1,151.0	1955
15,998	71,632	16,010	71,683	360.6	1,614.8	360.9	1,615.9	60
32,773	110,976	32,866	111,294	692.9	2,346.2	694.8	2,352.9	65
73,188	187,918	73,345	188,323	1,436.8	3,689.0	1,439.8	3,697.0	70
148,170	234,203	148,327	234,459	2,836.9	4,484.1	2,839.9	4,489.0	75
242,791	281,335	242,839	284,375	4,385.7	5,081.9	4,386.5	5,136.8	80
326,616	348,508	325,402	350,602	5,624.5	6,001.5	5,603.6	6,037.6	85
382,955	407,705	380,743	402,160	6,370.9	6,782.6	6,334.1	6,690.4	88
412,845	429,786	410,122	423,757	6,737.0	7,013.5	6,692.6	6,915.1	89
445,553	451,713	442,781	447,370	7,130.0	7,228.6	7,085.6	7,159.1	90
472,493	467,510	469,422	462,242	7,418.6	7,340.4	7,370.4	7,257.7	91
484,772	472,797	480,783	466,028	7,532.2	7,346.1	7,470.2	7,241.0	92
487,875	474,244	483,712	466,825	7,564.0	7,352.6	7,499.4	7,237.6	93
515,164	469,137	510,916	446,522	7,983.3	7,270.1	7,917.5	6,919.6	94
526,046	482,565	521,614	458,270	8,146.9	7,473.5	8,078.3	7,097.3	95
542,020	498,142	535,562	472,632	8,356.8	7,680.3	8,257.2	7,287.0	96
550,679	502,204	543,545	477,270	8,398.3	7,659.1	8,289.5	7,278.8	97
543,123	496,781	536,497	471,207	8,337.8	7,626.4	8,236.1	7,233.8	98
534,554	495,510	528,070	469,633	8,272.3	7,668.1	8,171.9	7,267.6	99
543,164	508,755	535,418	482,617	8,426.4	7,892.6	8,306.2	7,487.1	2000
539,919	510,780	531,654	484,480	8,420.5	7,966.0	8,291.5	7,555.8	01
532,133	510,953	524,479	484,684	8,406.5	8,071.9	8,285.6	7,656.9	02
532,434	518,540	523,969	492,124	8,429.9	8,209.9	8,295.9	7,791.7	03
539,621	530,220	529,401	502,882	8,526.2	8,377.6	8,364.7	7,945.7	04
544,324	537,233	532,516	511,954	8,563.9	8,452.4	8,378.2	8,054.7	05
549,471	541,977	535,170	518,980	8,600.3	8,483.0	8,376.4	8,123.0	06
555,807	549,063	539,282	526,681	8,648.0	8,543.1	8,390.9	8,194.8	07
542,003	532,124	527,824	520,233	8,456.9	8,302.8	8,235.7	8,117.2	08
507,378	509,167	494,938	490,615	8,035.8	8,064.1	7,838.7	7,770.3	09
518,997	526,973	505,531	510,720	8,240.7	8,367.3	8,026.8	8,109.2	10
511,914	521,703	497,449	510,842	8,134.7	8,290.2	7,904.8	8,117.6	11
514,292	526,879	500,475	517,864	8,189.4	8,389.8	7,969.3	8,246.2	12
526,197	540,005	508,701	528,248	8,318.0	8,536.3	8,041.4	8,350.4	13
538,096	541,723	518,811	529,813	8,446.0	8,503.0	8,143.3	8,316.0	14
559,196	549,290	538,032	538,081	8,734.7	8,736.2	8,404.1	8,404.9	15
563,307	566,469	544,365	542,137	8,706.4	8,755.3	8,413.7	8,379.2	16
573,534	573,344	553,073	551,220	8,766.9	8,764.0	8,454.2	8,425.9	17
577,919	573,210	556,630	554,767	8,648.9	8,578.4	8,330.3	8,302.4	18
579,767	572,152	557,911	552,535	8,589.1	8,476.3	8,265.3	8,185.7	19
558,659	551,325	539,082	528,895	8,325.8	8,216.5	8,034.0	7,882.2	20
576,048	562,365	549,379	540,226	8,581.1	8,377.3	8,187.5	8,047.5	21

2.　令和2年12月24日発表値。国民経済計算の系列は、昭和30年から54年まで（上表では5年おき）が68SNA、昭和55年から平成5年までが93SNA、平成6年以降が2008SNAベース。上表では便宜的に各系列を昭和30年から掲載しているが、ただし昭和30年から最新年までの同一基準による遡及データは発表されていないため、直接は接続しない。なお実質値は、昭和54年までは平成2年暦年の固定基準年、以降平成5年までは平成12年暦年基準の連鎖価格、平成6年以降は平成27年暦年基準の連鎖価格表示。

A−1⑵ 主 要

暦 年	分配国民所得（名目）⒀	雇用者報酬（名目）⒁	〔参考〕雇用者報酬（実質）	民間法人企業所得（配当受払後）（名目）⒂	民間最終消費支出 名目 ⒃	民間最終消費支出 実質 ⒄	労働分配率 ⒁÷⒀	労働分配率 ⒅÷⑿	人口1人当り分配国民所得（名目）⒀÷⑴
				10億円				%	
昭和30年	6,772	3,456	19,525	357	5,502	30,697	51.0	95.0	75.9
35	12,912	6,483	33,943	1,661	9,395	46,232	50.2	75.8	138.2
40	26,065	14,528	56,751	2,475	19,239	69,964	55.7	72.7	265.2
45	59,153	31,942	95,635	9,694	38,333	109,287	54.0	67.1	570.3
50	121,026	81,678	142,049	6,988	84,763	142,605	67.5	78.9	1,081.2
55	196,750	129,498	164,129	23,924	132,247	167,313	65.8	74.3	1,680.8
60	256,338	171,888	190,352	31,667	176,707	197,044	67.1	71.1	2,117.6
63	296,228	196,182	215,585	40,720	203,367	224,263	66.2	68.3	2,413.4
平成元年	316,003	210,203	226,025	38,832	217,529	235,099	66.5	67.1	2,564.9
2	339,441	227,343	237,062	35,928	234,704	247,309	67.0	66.4	2,746.0
3	363,376	245,595	247,825	34,503	246,499	252,716	67.6	66.6	2,928.1
4	366,180	253,578	251,816	30,488	255,976	258,038	69.2	66.3	2,939.6
5	366,975	259,075	254,245	30,521	261,256	260,635	70.6	66.4	2,937.3
6	369,218	261,625	242,469	29,711	269,405	249,412	70.9	63.1	2,947.5
7	377,736	266,003	247,445	36,309	275,119	255,554	70.4	62.6	3,008.2
8	390,199	270,690	251,571	47,520	280,900	260,558	69.4	61.6	3,100.3
9	394,664	278,751	255,735	44,619	285,926	262,003	70.6	62.4	3,128.4
10	383,850	274,572	251,670	39,481	284,340	260,308	71.5	62.1	3,035.1
11	377,739	269,252	248,159	41,147	285,672	263,087	71.3	61.8	2,982.1
12	385,745	269,890	251,060	50,431	287,352	267,139	70.0	60.7	3,039.1
13	379,834	266,604	251,513	49,860	289,337	272,617	70.2	59.9	2,983.4
14	375,855	257,433	246,347	53,769	288,791	276,130	68.5	58.3	2,948.2
15	379,296	255,180	246,789	59,580	287,644	277,881	67.3	57.7	2,970.4
16	385,931	255,963	248,992	65,643	289,743	281,553	66.3	57.1	3,020.1
17	390,659	260,594	255,485	63,251	291,829	285,863	66.7	57.3	3,057.6
18	392,040	265,192	259,992	57,358	294,499	288,517	67.6	57.4	3,065.2
19	396,234	266,616	262,418	58,468	295,717	290,696	67.3	57.4	3,094.8
20	379,417	266,806	260,807	47,051	294,335	287,402	70.3	58.4	2,962.3
21	348,968	253,798	253,544	32,390	285,154	284,772	72.7	59.0	2,725.6
22	362,502	251,175	254,741	49,766	287,488	291,408	69.3	56.9	2,830.8
23	356,058	251,584	256,196	44,790	284,641	289,880	70.7	57.7	2,785.4
24	359,170	251,650	257,838	46,858	288,669	295,760	70.1	57.3	2,814.2
25	369,920	253,333	260,096	54,864	295,751	303,468	68.5	56.6	2,903.4
26	373,997	257,521	259,075	55,323	298,999	300,717	68.9	56.3	2,939.5
27	389,445	260,614	260,614	65,443	300,065	300,065	66.9	54.8	3,065.3
28	393,197	267,401	268,206	64,916	297,776	298,785	68.0	55.2	3,097.5
29	401,074	272,102	272,102	66,654	302,054	301,929	67.8	55.2	3,164.8
30	402,481	281,350	279,117	61,452	304,892	302,626	69.9	56.7	3,182.2
令和元年	401,408	286,892	283,491	56,094	304,366	300,738	71.5	57.6	3,181.0
2	377,407	283,187	278,727	38,367	291,149	286,740	75.0	58.7	2,998.6
3	391,888	283,746	282,530	46,974	293,986	287,894	73.7	58.5	3,127.8

注 1．分配国民所得等の内容については用語解説7～13を参照。労働分配率は後掲の用語解説19参照。
　　2．雇用者報酬の実質値は、名目値を家計最終消費支出（除く持家の帰属家賃）デフレーターで除して算出。

経 済 指 標

人口1人当り民間最終消費支出 名目 ⑯÷⑴	人口1人当り民間最終消費支出 実質 ⑰÷⑴	雇用者1人当り雇用者報酬 名目 ⑱ ⑭÷⑸	雇用者1人当り雇用者報酬 実質	デフレーター GNI 注4	デフレーター GDP 注4	鉱工業生産指数(付加価値額ウエイト)⑲	国内企業物価指数(総平均)⑳	消費者物価指数(全国・総合)㉑ 注5	暦年(西暦)
千 円									
61.6	343.8	194.4	1,098.2	19.1	19.9	6.5	—	—	1955
100.6	494.9	273.5	1,432.2	23.9	25.0	13.6	48.1	—	60
195.8	711.9	505.2	1,973.3	31.6	33.0	23.7	49.2	—	65
369.6	1,053.7	966.2	2,892.8	41.7	43.6	48.9	54.9	30.9	70
757.2	1,273.9	2,240.2	3,896.0	67.8	70.9	52.7	83.9	53.1	75
1,129.7	1,429.3	3,261.1	4,133.2	88.6	92.6	73.0	109.9	73.2	80
1,459.8	1,627.8	3,985.3	4,413.4	100.1	104.6	86.4	110.5	83.8	85
1,656.8	1,827.1	4,323.1	4,750.7	102.6	107.3	97.8	101.5	85.0	88
1,765.6	1,908.2	4,492.5	4,830.6	104.8	109.5	103.5	103.3	86.9	89
1,898.7	2,000.7	4,702.0	4,903.0	107.1	112.0	107.7	104.9	89.6	90
1,986.3	2,036.4	4,909.9	4,954.5	110.0	115.0	109.5	106.0	92.6	91
2,054.9	2,071.5	4,953.7	4,919.2	111.9	117.0	102.8	105.0	94.1	92
2,091.1	2,086.1	4,980.3	4,887.4	112.6	117.7	98.8	103.4	95.4	93
2,150.7	1,991.1	4,996.6	4,630.8	109.8	114.4	99.9	101.7	96.0	94
2,191.0	2,035.1	5,054.2	4,701.6	109.0	113.8	103.0	100.8	95.9	95
2,231.9	2,070.2	5,086.3	4,727.0	108.8	113.3	105.4	99.2	96.0	96
2,266.4	2,076.8	5,170.7	4,743.7	109.7	113.9	109.2	99.8	97.7	97
2,248.2	2,058.2	5,115.0	4,688.3	109.3	113.9	101.7	98.3	98.3	98
2,255.3	2,077.0	5,050.7	4,655.0	107.9	112.4	101.9	96.9	98.0	99
2,263.9	2,104.7	5,039.0	4,687.5	106.8	110.9	107.8	96.9	97.3	2000
2,272.6	2,141.3	4,965.6	4,684.5	105.7	109.7	100.5	94.7	96.7	01
2,265.3	2,166.0	4,829.0	4,621.0	104.1	108.2	99.3	92.8	95.8	02
2,252.6	2,176.1	4,783.1	4,625.9	102.7	106.5	102.2	91.9	95.5	03
2,267.4	2,203.3	4,779.9	4,649.7	101.8	105.3	107.1	93.1	95.5	04
2,284.1	2,237.4	4,832.1	4,737.3	101.3	104.0	108.6	94.6	95.2	05
2,302.6	2,255.8	4,841.0	4,746.1	101.4	103.1	113.4	96.7	95.5	06
2,309.7	2,270.5	4,815.2	4,739.3	101.2	102.4	116.7	98.4	95.5	07
2,298.0	2,243.9	4,810.8	4,702.6	101.9	101.5	112.7	102.9	96.8	08
2,227.2	2,224.2	4,623.8	4,619.1	99.6	100.9	88.1	97.5	95.5	09
2,245.0	2,275.6	4,566.8	4,631.7	98.5	99.0	101.8	97.4	94.8	10
2,226.7	2,267.7	4,564.3	4,648.0	98.1	97.4	98.9	98.8	94.5	11
2,261.8	2,317.3	4,564.7	4,676.9	97.6	96.6	99.6	98.0	94.5	12
2,321.3	2,381.8	4,550.6	4,672.1	97.4	96.3	99.2	99.2	94.9	13
2,350.1	2,363.6	4,587.9	4,615.6	99.3	97.9	101.2	102.4	97.5	14
2,361.8	2,361.8	4,602.0	4,602.0	100.0	100.0	100.0	100.0	98.2	15
2,345.8	2,353.7	4,646.4	4,660.4	99.4	100.4	100.0	96.5	98.1	16
2,383.4	2,382.5	4,667.3	4,667.3	100.0	100.3	103.1	98.7	98.6	17
2,410.6	2,392.7	4,725.4	4,687.9	100.8	100.3	104.2	101.3	99.5	18
2,412.0	2,383.2	4,759.3	4,702.9	101.3	101.0	101.1	101.5	100.0	19
2,313.3	2,278.2	4,715.8	4,641.6	101.3	101.0	90.6	100.0	100.0	20
2,346.4	2,297.8	4,799.6	4,696.3	101.2	101.7	95.7	105.1	99.8	21

3. 消費者物価指数の昭和37年以前は人口5万人以上都市の指数（当時は、その範囲でしか調査されてなかった）。また、昭和45年以前は持家の帰属家賃を除く指数だが、45年からは持家の帰属家賃を含む指数。
4. デフレーターの基準年については9頁の注2を参照のこと。
5. 鉱工業生産指数と国内企業物価指数の基準年は平成27年。消費者物価指数の基準年は令和2年。

A－1⑶　主 要 経 済

暦　年	総人口 (年央値) 人　口 (1)	15歳以上 人　口 (2)	労働力 人　口 (3)	就業者 (4)	雇用者 (5)	完全 失業者 (6)	国民総所得（GNI）	
							名　目 (7)	実　質 (8)
昭和35／30年	1.08	1.9	1.5	1.6	5.9	△ 6.5	13.8	8.7
40／35	1.02	2.2	1.2	1.3	3.9	△ 5.3	15.4	9.2
45／40	1.08	1.6	1.5	1.5	2.8	0.7	17.4	11.1
50／45	1.54	1.4	0.7	0.5	2.0	11.1	15.1	4.5
55／50	0.90	1.1	1.2	1.2	1.7	2.7	<u>10.4</u>	<u>3.7</u>
60／55	0.67	1.2	1.1	1.0	1.7	6.5	6.1	4.4
61	0.50	1.3	1.0	0.8	1.5	7.1	4.6	4.5
62	0.48	1.4	1.1	1.0	1.1	3.6	4.2	4.3
63	0.41	1.3	1.3	1.7	2.5	△ 10.4	7.5	7.3
平成元年	0.37	1.3	1.7	1.9	3.1	△ 8.4	7.8	5.4
2	0.33	1.2	1.8	2.0	3.3	△ 5.6	7.9	5.1
3	0.40	1.1	1.9	1.9	3.5	1.5	6.0	3.5
4	0.38	0.8	1.1	1.1	2.3	4.4	2.6	1.1
5	0.30	0.8	0.6	0.2	1.6	16.9	<u>0.6</u>	<u>0.3</u>
6	0.26	0.7	0.5	0.0	0.7	15.7	0.9	0.9
7	0.24	0.6	0.3	0.1	0.5	9.4	2.1	2.9
8	0.23	0.6	0.7	0.4	1.1	7.1	3.0	3.2
9	0.24	0.9	1.1	1.1	1.3	2.2	1.6	0.8
10	0.25	0.6	0.1	△ 0.7	△ 0.4	21.3	△ 1.4	△ 1.1
11	0.15	0.5	△ 0.2	△ 0.8	△ 0.7	13.6	△ 1.6	△ 0.3
12	0.20	0.5	△ 0.2	△ 0.2	0.5	0.9	1.6	2.7
13	0.31	0.5	△ 0.2	△ 0.5	0.2	6.3	△ 0.6	0.4
14	0.13	0.4	△ 0.9	△ 1.3	△ 0.7	5.6	△ 1.4	0.0
15	0.16	0.3	△ 0.3	△ 0.2	0.1	△ 2.5	0.1	1.5
16	0.07	0.3	△ 0.4	0.2	0.4	△ 10.6	1.3	2.3
17	△ 0.01	0.2	0.1	0.4	0.7	△ 6.1	0.9	1.3
18	0.10	0.2	0.2	0.5	1.6	△ 6.5	0.9	0.9
19	0.10	0.3	0.3	0.6	1.1	△ 6.5	1.2	1.3
20	0.04	0.2	△ 0.1	△ 0.3	0.2	3.1	△ 2.5	△ 3.1
21	△ 0.04	0.1	△ 0.4	△ 1.5	△ 1.0	26.8	△ 6.4	△ 4.3
22	0.02	0.1	△ 0.3	△ 0.3	0.2	△ 0.6	2.3	3.5
23	△ 0.18	0.1	△ 0.5	△ 0.1	0.2	△ 9.6	△ 1.4	△ 1.0
24	△ 0.16	△ 0.1	△ 0.5	△ 0.2	0.0	△ 5.6	0.5	1.0
25	△ 0.17	△ 0.0	0.4	0.7	1.0	△ 7.0	2.3	2.5
26	△ 0.14	0.0	0.2	0.7	0.8	△ 10.9	2.3	0.3
27	△ 0.14	0.0	0.2	0.5	0.9	△ 5.9	3.9	3.2
28	△ 0.09	0.0	0.8	1.1	1.6	△ 6.3	0.7	1.3
29	△ 0.17	0.0	0.8	1.1	1.3	△ 8.7	1.8	1.2
30	△ 0.20	△ 0.0	1.7	2.1	2.1	△ 12.1	0.8	△ 0.0
令和元年	△ 0.23	△ 0.0	0.9	1.0	1.2	△ 3.0	0.3	△ 0.2
2	△ 0.26	△ 0.0	△ 0.1	△ 0.6	△ 0.4	18.5	△ 3.6	△ 3.6
3	△ 0.45	△ 0.2	0.1	0.0	0.2	1.6	3.1	2.0

資料出所　A－1⑴～⑵表参照。
　注　1．△印は減少率を示す。
　　　2．GNI 等の国民経済計算関係の項目の実質値については9頁の注3を参照のこと。

指　標（対前年増減率）

（単位　%）

国内総生産（GDP）		就業者1人当り GNI		就業者1人当り GDP		分配国民所得（名目）⒀	雇用者報酬（名目）⒁	〔参考〕雇用者報酬（実質）	民間法人企業所得（配　当）（受払後）（名目）⒂	暦年（西暦）
名　目(9)	実　質⑽	名　目⑾(7)÷(4)	実　質(8)÷(4)	名　目⑿(9)÷(4)	実　質⑽÷(4)					
13.9	8.8	11.9	6.9	12.0	7.0	13.8	13.4	—	36.0	60／55
15.5	9.2	14.0	7.8	14.0	7.8	15.1	17.5	—	8.3	65／60
17.4	11.1	15.7	9.5	15.7	9.5	17.8	17.1	—	31.4	70／65
15.1	4.5	14.6	4.0	14.6	4.0	15.4	20.7	—	△ 6.3	75／70
10.4	3.9	9.1	2.5	9.1	2.7	10.2	9.7	—	27.9	80／75
6.0	4.3	5.1	3.4	5.0	3.3	5.4	5.8	3.0	5.8	85／80
4.7	2.8	3.8	3.7	3.8	2.0	4.2	4.2	3.8	9.5	86
4.0	4.1	3.2	3.3	3.0	3.1	3.6	3.5	3.7	8.0	87
7.5	7.1	5.7	5.5	5.7	5.4	7.0	5.8	5.2	8.7	88
7.7	5.4	5.7	3.4	5.7	3.4	6.7	7.1	4.8	△ 4.6	89
8.0	5.6	5.8	3.1	5.9	3.5	7.4	8.2	4.9	△ 7.5	90
6.0	3.3	4.0	1.5	4.0	1.4	7.1	8.0	4.5	△ 4.0	91
2.4	0.8	1.5	0.1	1.4	△ 0.2	0.8	3.3	1.6	△11.6	92
0.6	0.2	0.4	0.1	0.4	△ 0.0	0.2	2.2	1.0	0.1	93
1.0	0.9	0.9	0.9	0.9	0.8	0.1	2.0	1.5	△ 8.1	94
2.1	2.6	2.0	2.8	2.0	2.6	2.3	1.7	2.1	22.2	95
2.7	3.1	2.6	2.8	2.2	2.7	3.3	1.8	1.7	30.9	96
1.5	1.0	0.5	△0.3	0.4	△ 0.1	1.1	3.0	1.7	△ 6.1	97
△ 1.3	△ 1.3	△ 0.7	△ 0.4	△ 0.6	△ 0.6	△ 2.7	△ 1.5	△ 1.6	△ 11.5	98
△ 1.6	△ 0.3	△ 0.8	0.5	△ 0.8	0.5	△ 1.6	△ 1.9	△ 1.4	4.2	99
1.4	2.8	1.9	2.9	1.6	3.0	2.1	0.2	1.2	22.6	2000
△ 0.7	0.4	△ 0.1	0.9	△ 0.2	0.9	△ 1.5	△ 1.2	0.2	△ 1.1	01
△ 1.3	0.0	△ 0.2	1.3	△ 0.1	1.3	△ 1.0	△ 3.4	△ 2.1	7.8	02
△ 0.1	1.5	0.3	1.7	0.1	1.8	0.9	△ 0.9	0.2	10.8	03
1.0	2.2	1.1	2.0	0.8	2.0	1.4	0.3	0.9	10.2	04
0.6	1.8	0.4	0.9	0.2	1.4	1.2	1.8	2.6	△ 3.6	05
0.5	1.4	0.4	0.4	△ 0.0	0.8	0.4	1.8	1.8	△ 9.3	06
0.8	1.5	0.6	0.7	0.2	0.9	1.1	0.5	0.9	1.9	07
△ 2.1	△ 1.2	△ 2.2	△ 2.8	△ 1.8	△ 0.9	△ 4.2	0.1	△ 0.6	△ 19.5	08
△ 6.2	△ 5.7	△ 5.0	△ 2.9	△ 4.8	△ 4.3	△ 8.0	△ 4.9	△ 2.8	△ 31.2	09
2.1	4.1	2.5	3.8	2.4	4.4	3.9	△ 1.0	0.5	53.6	10
△ 1.6	0.0	△ 1.3	△ 0.9	△ 1.5	0.1	△ 1.8	0.2	0.6	△ 10.0	11
0.6	1.4	0.4	1.2	0.8	1.6	0.9	0.0	0.6	4.6	12
1.6	2.0	1.6	1.7	0.9	1.3	3.0	0.7	0.9	17.1	13
2.0	0.3	1.5	△ 0.4	1.3	△ 0.4	1.1	1.7	△ 0.4	0.8	14
3.7	1.6	3.4	2.7	3.2	1.1	4.1	1.2	0.6	18.3	15
1.2	0.8	△ 0.3	0.2	0.1	△ 0.3	1.0	2.6	2.9	△ 0.8	16
1.6	1.7	0.7	0.1	0.5	0.6	2.0	1.8	1.5	2.7	17
0.6	0.6	△ 1.3	△ 2.1	△ 1.5	△ 1.5	0.4	3.4	2.6	△ 7.8	18
0.2	△ 0.4	△ 0.7	△ 1.2	△ 0.8	△ 1.4	△ 0.3	2.0	1.6	△ 8.7	19
△ 3.4	△ 4.3	△ 3.1	△ 3.1	△ 2.8	△ 3.7	△ 6.0	△ 1.3	△ 1.7	△ 31.6	20
1.9	2.1	3.1	2.0	1.9	2.1	3.8	2.0	1.4	22.4	21

3．雇用者報酬の実質については、10頁注2を参照のこと。

A-1(4)　主　要　経　済

暦　年	民間最終消費支出		人口1人当り分配国民所得（名目）(13)÷(1)	人口1人当り民間最終消費支出		雇用者1人当り雇用者報酬	
	名　目 (16)	実　質 (17)		名　目 (16)÷(1)	実　質 (17)÷(1)	名　目 (18)(14)÷(5)	実　質
昭和35／30年	11.3	8.5	12.7	10.3	7.6	7.1	－
40／35	15.4	8.6	13.9	14.2	7.5	13.1	－
45／40	14.8	9.3	16.5	13.6	8.2	13.8	－
50／45	17.2	5.5	13.6	15.4	3.9	18.3	－
55／50	9.3	3.2	9.2	8.3	2.3	7.8	－
60／55	6.0	3.3	4.7	5.3	2.6	4.1	1.3
61	4.1	3.7	3.7	3.6	3.2	2.7	2.2
62	4.7	4.4	3.1	4.2	3.9	2.3	2.6
63	5.6	5.1	6.6	5.2	4.7	3.3	2.7
平成元年	7.0	4.8	6.3	6.6	4.4	3.9	1.7
2	7.9	5.2	7.1	7.5	4.8	4.7	1.5
3	5.0	2.2	6.6	4.6	1.8	4.4	1.1
4	3.8	2.1	0.4	3.5	1.7	0.9	△ 0.7
5	2.1	1.0	△ 0.1	1.8	0.7	0.5	△ 0.6
6	2.8	2.3	△ 0.2	2.5	2.0	1.3	0.8
7	2.1	2.5	2.1	1.9	2.2	1.2	1.5
8	2.1	2.0	3.1	1.9	1.7	0.6	0.5
9	1.8	0.6	0.9	1.5	0.3	1.7	0.4
10	△ 0.6	△ 0.6	△ 3.0	△ 0.8	△ 0.9	△ 1.1	△ 1.2
11	0.5	1.1	△ 1.7	0.3	0.9	△ 1.3	△ 0.7
12	0.6	1.5	1.9	0.4	1.3	△ 0.2	0.7
13	0.7	2.1	△ 1.8	0.4	1.7	△ 1.5	△ 0.1
14	△ 0.2	1.3	△ 1.2	△ 0.3	1.2	△ 2.8	△ 1.4
15	△ 0.4	0.6	0.8	△ 0.6	0.5	△ 0.9	0.1
16	0.7	1.3	1.7	0.7	1.2	△ 0.1	0.5
17	0.7	1.5	1.2	0.7	1.5	1.1	1.9
18	0.9	0.9	0.8	0.8	0.8	0.2	0.2
19	0.4	0.8	1.0	0.3	0.7	△ 0.5	△ 0.1
20	△ 0.5	△ 1.1	△ 4.3	△ 0.5	△ 1.2	△ 0.1	△ 1.2
21	△ 3.1	△ 0.9	△ 8.0	△ 3.1	△ 0.9	△ 3.9	△ 1.8
22	0.8	2.3	3.9	0.8	2.3	△ 1.2	0.3
23	△ 1.0	△ 0.5	△ 1.6	△ 0.8	△ 0.3	△ 0.1	0.4
24	1.4	2.0	1.0	1.6	2.2	0.0	0.6
25	2.5	2.6	3.2	2.6	2.8	△ 0.3	△ 0.1
26	1.1	△ 0.9	1.2	1.2	△ 0.8	△ 0.8	△ 1.2
27	0.4	△ 0.2	4.3	0.5	△ 0.1	0.3	△ 0.3
28	△ 0.8	△ 0.4	1.1	△ 0.7	△ 0.3	1.0	1.3
29	1.4	1.1	2.2	1.6	1.2	0.4	0.1
30	0.9	0.2	0.5	1.1	0.4	1.2	0.4
令和元年	△ 0.2	△ 0.6	△ 0.0	0.1	△ 0.4	0.7	0.3
2	△ 4.3	△ 4.7	△ 5.7	△ 4.1	△ 4.4	△ 0.9	△ 1.3
3	1.0	0.4	4.3	1.4	0.9	1.8	1.2

注　1．春季賃上げ率は昭和55年以降は組合員数による加重平均値、昭和54年以前は単純平均値で、双方とも定
　　　昇込みである。
　　2．消費者物価指数21欄は、持家の帰属家賃を含んだ数値だが、（　）内は持家の帰属家賃を除いた数値。持
　　　家の帰属家賃を含んだ数値は昭和45年からしか調査されていない。持家の帰属家賃とは、所有住宅から

指　標（対前年増減率）

春上げ季率	デフレーター		鉱工業生産指数（付加価値額ウェイト）⑲	注3 国内企業物価指数（総平均）⑳	消費者物価指数（全国）㉑	暦　年（西暦）
	GNI	GDP				
7.10	4.6	4.6	15.9	－	－ （　－）	60／55
11.30	5.8	5.8	11.7	0.5	－ （　－）	65／60
14.20	5.7	5.7	15.6	2.2	－ （　－）	70／65
19.50	10.2	10.2	1.5	8.9	11.4 （ 11.4）	75／70
7.80	5.5	5.5	6.7	5.5	6.6 （ 6.5）	80／75
5.70	2.5	2.5	3.4	0.1	2.7 （ 2.7）	85／80
5.03	1.8	1.8	△ 0.2	△ 4.7	0.6 （ 0.4）	86
3.56	0.1	0.1	3.4	△ 3.1	0.1 （△ 0.2）	87
4.43	0.6	0.6	9.5	△ 0.5	0.7 （ 0.6）	88
5.17	2.1	2.1	5.8	1.9	2.2 （ 2.2）	89
5.94	2.2	2.2	4.1	1.5	3.1 （ 3.1）	90
5.65	2.7	2.7	1.7	1.0	3.3 （ 3.3）	91
4.95	1.8	1.8	△ 6.1	△ 0.9	1.6 （ 1.6）	92
3.89	0.6	0.6	△ 4.5	△ 1.6	1.4 （ 1.2）	93
3.13	△ 2.5	△ 2.8	0.9	△ 1.6	0.6 （ 0.4）	94
2.83	△ 0.7	△ 0.5	3.1	△ 0.8	△ 0.1 （△ 0.2）	95
2.86	△ 0.2	△ 0.4	2.3	△ 1.7	0.1 （ 0.0）	96
2.90	0.8	0.5	3.6	0.7	1.8 （ 1.6）	97
2.66	△ 0.4	0.0	△ 6.9	△ 1.6	0.6 （ 0.6）	98
2.21	△ 1.3	△ 1.3	0.2	△ 1.4	△ 0.3 （△ 0.3）	99
2.06	△ 1.0	△ 1.3	5.8	0.0	△ 0.7 （△ 0.9）	2000
2.01	△ 1.0	△ 1.1	△ 6.8	△ 2.3	△ 0.6 （△ 0.9）	01
1.66	△ 1.5	△ 1.4	△ 1.2	△ 2.0	△ 0.9 （△ 1.0）	02
1.63	△ 1.3	△ 1.6	2.9	△ 0.9	△ 0.3 （△ 0.3）	03
1.67	△ 0.9	△ 1.1	4.8	1.3	0.0 （ 0.0）	04
1.71	△ 0.5	△ 1.2	1.4	1.6	△ 0.3 （△ 0.4）	05
1.79	0.1	△ 0.9	4.4	2.2	0.3 （ 0.3）	06
1.87	△ 0.2	△ 0.7	2.9	1.7	0.0 （ 0.1）	07
1.99	0.7	△ 0.9	△ 3.4	4.6	1.4 （ 1.6）	08
1.83	△ 2.3	△ 0.6	△ 21.8	△ 5.2	△ 1.3 （△ 1.5）	09
1.82	△ 1.1	△ 1.9	15.6	△ 0.1	△ 0.7 （△ 0.8）	10
1.83	△ 0.4	△ 1.6	△ 2.8	1.4	△ 0.3 （△ 0.3）	11
1.78	△ 0.5	△ 0.8	0.7	△ 0.9	0.0 （ 0.1）	12
1.80	△ 0.2	△ 0.3	△ 0.4	1.2	0.4 （ 0.4）	13
2.19	2.0	1.7	2.0	3.2	2.7 （ 3.3）	14
2.38	0.7	2.1	△ 1.2	△ 2.3	0.7 （ 1.0）	15
2.14	△ 0.6	0.4	0.0	△ 3.5	△ 0.1 （△ 0.1）	16
2.11	0.6	△ 0.1	3.1	2.3	0.5 （ 0.6）	17
2.26	0.8	0.0	1.1	2.6	0.9 （ 1.2）	18
2.18	0.5	0.7	△ 3.0	0.2	0.5 （ 0.5）	19
2.00	0.0	0.9	△ 10.4	△ 1.1	0.0 （ 0.0）	20
1.86	△ 0.2	△ 0.2	5.6	4.8	△ 0.2 （△ 0.2）	21

　　得られるサービスを消費していると考え、このサービス額を一般市場価格（家賃）で評価したもの。また、消費者物価指数の増減率は指数の基準年次が変わっても変更されない。
　3．鉱工業生産指数、国内企業物価指数、消費者物価指数の基準年については、11頁注5を参照のこと。

A−2⑴　生産性・賃金・雇用・

暦　年	賃金指数（就業形態計）							
	現金給与総額（30人以上事業所）				定期給与		所定内給与	
	産　業　計		製　造　業		（産業計）(30人以上)(3)	（製造業）(30人以上)(4)	（産業計）(30人以上)(5)	（製造業）(30人以上)(6)
	名　目(1)	実　質	名　目(2)	実　質				
	令和2年＝100.0							
昭和30年	—	—	3.8	22.9	—	4.3	—	—
35	—	—	5.3	29.6	—	5.3	—	—
40	—	—	8.3	34.7	—	8.5	—	—
45	19.6	62.8	16.7	53.5	18.3	16.0	—	—
50	46.4	86.2	38.0	70.6	42.4	36.0	—	—
55	67.9	91.9	56.5	76.5	62.3	53.8	61.4	52.3
60	81.6	96.6	68.8	81.4	75.7	66.2	74.2	63.6
63	88.4	103.9	74.2	87.2	82.3	71.6	80.3	68.5
平成元年	92.2	106.0	78.5	90.2	84.9	74.8	82.8	71.3
2	96.5	107.6	82.7	92.2	88.0	78.0	85.9	74.5
3	99.7	107.6	85.5	92.2	91.1	80.7	89.2	77.6
4	101.6	107.9	86.4	91.7	93.1	81.7	92.4	80.6
5	102.2	107.2	86.5	90.8	95.0	82.9	94.9	83.4
6	104.0	108.7	88.3	92.3	97.1	85.1	97.2	85.7
7	105.9	110.9	91.2	95.5	99.2	87.6	98.9	87.5
8	107.6	112.8	93.5	98.0	101.6	90.0	100.5	88.9
9	109.6	113.0	96.1	99.1	102.5	92.1	101.7	90.1
10	108.2	110.9	95.0	97.3	102.3	92.1	102.2	91.6
11	106.7	109.7	94.2	96.8	102.5	93.0	102.4	92.6
12	106.4	110.4	96.1	99.7	102.8	94.6	102.4	93.1
13	105.4	110.4	96.0	100.5	102.1	94.8	102.0	94.1
14	102.4	108.4	94.9	100.4	100.5	95.2	100.1	93.8
15	102.3	108.6	97.3	103.3	100.5	97.1	99.8	94.7
16	101.8	108.1	99.1	105.2	100.8	98.8	99.7	96.0
17	102.9	109.7	99.9	106.5	101.4	98.8	100.3	96.1
18	103.9	110.4	101.1	107.4	101.9	99.5	100.7	96.4
19	103.0	109.3	100.8	107.0	102.0	99.7	100.7	96.8
20	102.5	107.1	100.9	105.4	101.3	99.5	100.2	97.2
21	97.6	103.5	93.1	98.7	98.7	95.0	98.8	96.2
22	98.6	105.5	97.1	103.9	99.3	98.5	98.6	97.2
23	98.9	106.0	99.2	106.3	99.2	99.4	98.4	98.1
24	97.9	104.9	98.5	105.6	99.1	99.7	98.3	98.4
25	97.9	104.5	98.4	105.0	98.4	99.0	97.4	97.4
26	98.9	102.2	100.2	103.5	98.8	99.6	97.5	97.3
27	99.0	101.2	100.4	102.7	99.3	100.0	98.0	97.3
28	100.1	102.5	101.1	103.5	99.9	100.4	98.6	97.8
29	100.7	102.4	102.4	104.2	100.3	101.4	99.2	98.5
30	101.9	102.4	103.9	104.4	101.0	102.5	99.9	99.7
令和元年	101.7	101.7	104.1	104.1	101.0	102.9	99.9	100.8
2	100.0	100.0	100.0	100.0	100.0	100.0	100.0	100.0
3	100.9	101.2	102.2	102.5	101.2	102.1	100.8	100.9

資料出所　(1)～(9)、(12)は厚生労働省「毎月勤労統計調査（30人以上）」、(10)、(11)は厚生労働省「賃金構造基本統計調
　　　　　査」、(13)欄は総務省統計局「消費者物価指数」、(14)は日本生産性本部「生産性統計（30人以上）」。
　注　1．一時金支給率は定期給与（きまって支給する給与）の月額に対する割合で、夏季・年末の合計。

物価関連指標

賃金格差（就業形態計）〔現金給与総額〕（製造業）			初任給（男性）（10人以上事業所）		一時金支給率（製造業）（30人以上）	消費者物価指数（全国）総合	労働生産性指数（製造業）	賃金費用指数（製造業）（30人以上）(2)÷(14)	暦年（西暦）
100～499人 (7)	30～99人 (8)	5～29人 (9)	高卒 (10)	大卒 (11)	(12)	(13)	(14)		
500人以上規模＝100.0			千　円		月		注4		
—	—	—	6.6	10.7	1.29	—	—	—	1955
—	—	—	8.2	13.1	1.96	—	—	—	60
—	—	—	16.4	23.0	2.26	—	—	—	65
86.6	79.5	—	28.4	36.7	3.01	30.9	—	—	70
87.3	80.4	—	70.4	83.6	3.08	53.1	—	—	75
84.7	77.3	—	92.8	114.5	3.15	73.2	54.2	103.8	80
81.8	74.1	—	112.2	140.0	2.95	83.8	61.6	111.2	85
82.4	72.6	—	120.3	153.1	2.89	85.0	68.7	107.6	88
81.5	71.4	—	125.6	160.9	3.03	86.9	72.0	108.6	89
81.0	70.2	58.6	133.0	169.9	3.10	89.6	73.9	111.5	90
80.1	72.5	60.4	140.8	179.4	3.25	92.6	75.1	113.4	91
81.0	73.0	61.0	146.6	186.9	3.19	94.1	72.4	118.9	92
82.5	72.6	61.1	150.6	190.3	2.96	95.4	71.7	120.2	93
83.9	73.0	61.1	153.8	192.4	2.83	96.0	74.0	118.8	94
83.2	71.8	59.5	154.0	194.2	2.81	95.9	77.4	117.4	95
81.9	71.8	59.3	154.5	193.2	2.93	96.0	80.4	115.8	96
81.0	70.8	58.3	156.0	193.9	2.96	97.7	84.4	113.4	97
81.1	70.3	58.2	156.5	195.5	2.82	98.3	81.4	116.2	98
79.9	67.2	57.6	157.6	196.6	2.53	98.0	83.9	111.8	99
79.6	67.4	57.9	157.1	196.9	2.52	97.3	89.6	106.8	2000
80.0	67.1	56.7	158.1	198.3	2.47	96.7	87.1	109.8	01
80.3	66.3	57.0	157.5	198.5	2.35	95.8	90.2	104.8	02
80.2	66.9	55.7	157.5	201.3	2.37	95.5	94.8	102.2	03
78.2	65.2	54.1	156.1	198.2	2.51	95.5	98.9	99.8	04
78.4	65.3	53.6	155.7	196.7	2.55	95.2	100.8	98.7	05
78.1	65.2	52.5	157.6	199.8	2.62	95.5	103.7	97.1	06
76.4	64.9	52.3	158.8	198.8	2.81	95.5	106.5	94.3	07
77.2	65.4	52.5	160.0	201.3	2.74	96.8	102.9	97.7	08
80.4	66.5	55.7	160.8	201.4	2.36	95.5	87.1	106.5	09
79.2	64.9	53.8	160.7	200.3	2.23	94.8	97.1	99.6	10
78.5	64.0	52.4	159.4	205.0	2.36	94.5	95.6	103.4	11
76.9	64.9	53.3	160.1	201.8	2.33	94.5	96.1	102.1	12
77.0	65.0	53.1	158.9	200.2	2.36	94.9	98.0	100.0	13
76.9	65.3	52.5	161.3	202.9	2.44	97.5	100.5	99.3	14
78.0	66.3	54.7	163.4	204.5	2.40	98.2	100.0	100.0	15
78.2	66.7	54.5	163.5	205.9	2.44	98.1	100.7	100.0	16
78.2	67.7	55.1	164.2	207.8	2.56	98.6	103.3	98.7	17
76.8	64.5	52.5	166.6	210.1	2.56	99.5	104.5	99.2	18
77.9	65.0	53.2	168.9	212.8	2.52	100.0	102.4	101.3	19
77.0	65.1	54.0	—	—	2.43	100.0	95.4	104.4	20
76.2	64.6	53.3	—	—	2.29	99.8	100.3	101.5	21

2．所定内給与指数は昭和54年4月から集計・公表されている。
3．消費者物価指数は、昭和45年以前は持家の帰属家賃を除く。45年からは持家の帰属家賃を含む。
4．消費者物価指数の基準年は、令和2年。労働生産性指数と賃金費用指数は平成27年。

A－2⑵　生産性・賃金・雇用・

暦　年	勤労者世帯家計（全国・2人以上世帯）					世帯消費動向指数（二人以上、勤労者世帯）	
	実収入 ⑮	可処分所得 ⑯	消費支出 ⑰	平均消費性向 ⑱	エンゲル係数 ⑲	名目 ⑳	実質 ㉑
	千円			%		令和2年＝100.0	
昭和30年	29.2	25.9	23.5	90.8	44.5	—	—
35	40.9	37.7	32.1	85.1	38.8	—	—
40	65.1	59.6	49.3	82.8	36.2	—	—
45	112.9	103.6	82.6	79.7	32.2	—	—
50	236.2	215.5	166.0	77.0	30.0	—	—
55	349.7	305.5	238.1	77.9	27.8	—	—
60	444.8	373.7	289.5	77.5	25.7	—	—
63	481.3	405.9	307.2	75.7	24.4	—	—
平成元年	495.8	421.4	316.5	75.1	24.3	—	—
2	521.8	440.5	331.6	75.3	24.1	—	—
3	548.8	463.9	345.5	74.5	24.0	—	—
4	563.9	473.7	352.8	74.5	23.7	—	—
5	570.5	478.2	355.3	74.3	23.2	—	—
6	567.2	481.2	353.2	73.4	23.1	—	—
7	570.8	482.2	349.7	72.5	22.6	—	—
8	579.5	488.5	351.8	72.0	22.2	—	—
9	595.2	497.0	357.6	72.0	22.3	—	—
10	588.9	495.9	353.6	71.3	22.7	—	—
11	574.7	483.9	346.2	71.5	22.5	—	—
12	562.8	474.4	341.9	72.1	22.0	—	—
13	552.7	466.0	336.2	72.1	21.9	—	—
14	539.9	453.7	331.2	73.0	22.2	114.6	121.3
15	524.8	440.7	326.6	74.1	21.9	113.0	120.0
16	531.7	446.3	331.6	74.3	21.7	114.3	121.4
17	524.6	441.2	329.5	74.7	21.5	113.5	121.0
18	525.7	441.4	320.2	72.5	21.7	111.6	118.6
19	528.8	442.5	323.5	73.1	21.7	112.1	119.0
20	534.2	442.7	324.9	73.4	21.9	112.7	117.8
21	518.2	427.9	319.1	74.6	22.0	110.3	117.8
22	520.7	430.0	318.3	74.0	21.9	110.2	117.9
23	510.1	420.5	308.8	73.4	22.2	106.4	114.1
24	518.5	425.0	313.9	73.9	22.1	108.7	116.5
25	523.6	426.1	319.2	74.9	22.1	110.7	118.1
26	519.8	423.5	318.8	75.3	22.3	110.0	113.7
27	525.7	427.3	315.4	73.8	23.6	107.4	109.9
28	527.0	428.7	309.6	72.2	24.2	105.5	108.0
29	533.8	434.4	313.1	72.1	23.8	106.3	108.1
30	558.7	455.1	315.3	69.3	24.1	107.0	107.5
令和元年	586.1	476.6	323.9	67.9	23.9	108.1	108.1
2	609.5	498.6	305.8	61.3	26.0	100.0	100.0
3	605.3	492.7	309.5	56.6	25.4	100.6	100.9

資料出所　⑮〜㉑欄は総務省統計局「家計調査年報」、㉒〜㉗欄は総務省統計局「労働力調査」、㉘〜㉛欄は厚生労働省「毎月勤労統計調査（30人以上）」。
　注　1．上記の⑮〜㉑の平成12年以降は農林漁家世帯を含むが、それ以前は農林漁家世帯を含まない。
　　　2．世帯消費動向指数とは、世帯の消費支出の平均額の推移を示す指数である。毎月の家計調査の結

物価関連指標

			雇用・労働時間							
就業者数						常用雇用指数		製造業月間労働時間		暦　年
	第2次産業	第3次産業	雇用者数	女　性	65歳以上	就業形態計・30人以上				(西暦)
(22)	(23)	(24)	(25)	(26)	(2)	産業計 (28)	製造業 (29)	総実時間(30)	所定外 (31)	
万　人						令和2年=100.0		時　間		
4,090	997	1,557	1,778	531	—	—	53.4	—	—	1955
4,436	1,242	1,854	2,370	738	—	—	88.5	207.0	25.0	60
4,730	1,507	2,109	2,876	913	—	—	119.3	191.8	16.7	65
5,094	1,791	2,409	3,306	1,096	230	67.4	138.8	187.4	19.0	70
5,223	1,841	2,710	3,646	1,167	242	68.8	129.7	167.8	9.1	75
5,536	1,926	3,020	3,971	1,354	274	72.2	123.8	178.2	16.4	80
5,807	1,992	3,283	4,313	1,548	295	75.7	128.7	179.7	18.4	85
6,011	2,021	3,486	4,538	1,670	322	78.1	129.1	181.1	19.7	88
6,128	2,069	3,566	4,679	1,749	335	80.0	132.1	179.3	20.0	89
6,249	2,099	3,669	4,835	1,834	357	82.6	135.6	176.6	19.7	90
6,369	2,160	3,752	5,002	1,918	385	85.2	138.9	173.2	18.4	91
6,436	2,194	3,801	5,119	1,974	405	87.1	139.8	168.1	14.4	92
6,450	2,176	3,863	5,202	2,009	413	88.1	138.8	163.4	12.0	93
6,453	2,157	3,893	5,236	2,034	428	88.2	135.7	163.1	12.1	94
6,457	2,125	3,939	5,263	2,048	438	87.7	133.3	163.9	13.3	95
6,486	2,121	3,979	5,322	2,084	448	87.3	130.2	165.8	14.8	96
6,557	2,134	4,039	5,391	2,127	469	87.9	128.8	165.5	15.9	97
6,514	2,050	4,084	5,368	2,124	476	88.4	126.6	162.7	13.5	98
6,462	2,008	4,078	5,331	2,116	483	87.9	122.9	161.9	13.5	99
6,446	1,979	4,102	5,356	2,140	482	87.1	119.5	164.7	15.4	2000
6,412	1,921	4,133	5,369	2,629	480	86.3	115.9	162.9	14.1	01
6,330	1,825	4,158	5,331	2,594	477	85.2	110.2	163.8	15.3	02
6,316	1,787	4,176	5,335	2,597	477	84.4	106.8	165.6	16.9	03
6,329	1,738	4,236	5,355	2,616	480	84.8	105.7	167.8	17.7	04
6,356	1,713	4,284	5,393	2,633	495	85.5	105.9	166.8	17.7	05
6,389	1,726	4,320	5,478	2,654	510	86.4	106.8	167.8	18.3	06
6,427	1,728	4,352	5,537	2,665	539	88.8	107.4	167.6	18.5	07
6,409	1,695	4,370	5,546	2,664	553	91.6	108.5	165.5	17.2	08
6,314	1,607	4,380	5,489	2,649	565	92.7	106.0	156.0	11.7	09
6,298	1,567	4,414	5,489	2,656	570	93.0	104.8	163.3	15.4	10
6,293	1,554	4,434	5,512	2,654	571	93.5	104.1	162.2	15.4	11
6,280	1,539	4,436	5,513	2,658	596	93.7	103.4	164.6	15.8	12
6,326	1,544	4,458	5,567	2,707	637	94.1	101.8	163.7	16.4	13
6,326	1,553	4,488	5,613	2,737	682	94.9	100.8	164.5	17.5	14
6,402	1,545	4,530	5,663	2,764	732	95.9	99.7	164.6	17.6	15
6,470	1,544	4,601	5,755	2,813	770	96.7	99.0	164.5	17.5	16
6,542	1,556	4,660	5,830	2,865	806	98.1	99.2	165.1	17.9	17
6,682	1,572	4,746	5,954	2,956	860	98.5	99.3	165.1	18.0	18
6,750	1,570	4,808	6,028	3,005	890	99.7	100.1	162.0	16.7	19
6,710	1,547	4,826	6,005	2,986	903	100.0	100.0	155.8	13.4	20
6,713	1,533	4,866	6,016	3,002	909	99.8	98.4	159.0	15.3	21

果に家計消費状況調査及び家計消費単身モニター調査の結果を合成した支出金額によって作成している。
　3．就業者数計には、分類不能の産業が含まれる。

A−2(3)　生産性・賃金・雇用・

暦　年	労働市場					企業物価指数			〔参考〕為替相場 1 US$ (12月末 スポット17時)
	完全失業者 (31)	完全失業率 (32)	有効求人倍率 (33)	新規学卒求人倍率 (高校卒) (34)	欠員率 (35)	国　内 (36)	輸　出 (円ベース) (37)	輸　入 (円ベース) (38)	
	万人	%	倍		%	平成27年＝100.0			円
昭和30年	105	2.5	0.22	—	—				
35	75	1.7	0.59	1.5	—	48.1	117.2	42.3	358.3
40	57	1.2	0.64	3.5	2.2	49.2	112.2	41.9	360.9
45	59	1.1	1.41	7.1	3.9	54.9	120.4	44.9	357.7
50	100	1.9	0.61	3.4	2.2	83.9	162.6	93.7	305.2
55	114	2.0	0.75	1.9	2.5	109.9	173.0	144.5	203.0
60	156	2.6	0.68	1.8	2.3	110.5	169.6	137.7	200.6
63	155	2.5	1.01	1.6	3.0	101.5	133.6	77.4	125.9
平成元年	142	2.3	1.25	2.1	3.3	103.3	139.5	83.2	143.4
2	134	2.1	1.40	2.57	3.4	104.9	142.5	90.4	135.4
3	136	2.1	1.40	3.09	3.3	106.0	134.8	83.1	125.3
4	142	2.2	1.08	3.34	2.7	105.0	129.9	77.9	124.7
5	166	2.5	0.76	3.11	2.2	103.4	119.5	69.9	111.9
6	192	2.9	0.64	2.48	2.0	101.7	116.2	66.1	99.8
7	210	3.2	0.63	1.94	2.1	100.8	113.7	65.9	102.9
8	225	3.4	0.70	1.76	2.4	99.2	119.1	72.3	116.0
9	230	3.4	0.72	1.80	2.5	99.8	121.3	77.7	119.9
10	279	4.1	0.53	1.90	2.0	98.3	122.9	73.9	115.2
11	317	4.7	0.48	1.57	2.0	96.9	110.5	67.1	102.1
12	320	4.7	0.59	1.35	2.4	96.9	105.3	70.2	114.9
13	340	5.0	0.59	1.34	2.5	94.7	108.6	72.0	131.5
14	359	5.4	0.54	1.32	2.4	92.8	107.4	70.9	119.4
15	350	5.3	0.64	1.27	2.7	91.9	103.0	70.3	107.0
16	313	4.7	0.83	1.30	3.2	93.1	101.6	73.3	103.8
17	294	4.4	0.95	1.46	3.6	94.6	103.5	82.9	117.5
18	275	4.1	1.06	1.63	3.7	96.7	106.8	94.4	118.9
19	257	3.9	1.04	1.81	3.5	98.4	109.1	101.5	113.1
20	265	4.0	0.88	1.89	3.0	102.9	102.5	110.2	90.3
21	336	5.1	0.47	1.84	2.0	97.5	91.7	82.2	92.1
22	334	5.1	0.52	1.32	2.8	97.4	89.5	88.1	81.5
23	302	4.6	0.65	1.27	2.6	98.8	87.5	94.7	77.6
24	285	4.3	0.80	1.32	3.1	98.0	85.7	94.5	86.3
25	265	4.0	0.93	1.38	3.4	99.2	95.7	108.1	105.4
26	236	3.6	1.09	1.57	3.6	102.4	98.8	112.7	119.8
27	222	3.4	1.20	1.85	3.8	100.0	100.0	100.0	120.4
28	208	3.1	1.36	2.05	4.0	96.5	90.7	83.6	116.5
29	190	2.8	1.50	2.23	4.2	98.7	95.5	92.7	110.5
30	167	2.4	1.61	2.53	4.3	101.3	96.8	99.7	110.5
令和元年	162	2.4	1.60	2.79	4.1	101.5	93.1	94.4	109.6
2	192	2.8	1.18	2.90	3.3	100.3	90.2	84.7	103.8
3	195	2.8	1.13	2.64	3.4	105.1	98.6	104.0	115.1

資料出所　(31)・(32)は総務省統計局「労働力調査」、(33)〜(34)は厚生労働省「職業安定業務統計」、(36)〜(38)は日本銀行「企業物価指数」、(39)〜(43)は経済産業省「鉱工業生産指数」等、(44)〜(47)は財務省「法人企業統計年報」。〔参考〕欄は日本銀行。

物価関連指標

鉱工業					経営指標（製造業）				〔参考〕	暦　年
生産指数 (付加価値) (額ウエイト) (39)	出荷指数 (40)	製品在庫 率指数 (41)	製造業 稼働率 指　数 (42)	第3次 産業活 動指数 (43)	売上高 経　常 利益率 (44)	売上高 人件費率 (45)	労　働 分配率 (46)	付　加 価値率 (47)	基準割引率 及び基準 貸付利率 (12月末)	(西暦)
平成27年＝100.0					% （昭和36年以降は年度ベース）				%	
6.5	6.5	—	—	—	3.2	13.9	55.7	24.8	7.30	1955
13.6	13.4	—	—	—	5.3	12.6	54.0	23.3	6.94	60
23.7	22.8	—	—	—	3.3	14.3	61.9	23.0	5.48	65
48.9	46.4	72.2	—	39.2	4.7	14.0	60.8	23.1	6.00	70
52.7	52.0	101.2	—	40.9	1.2	16.6	75.6	22.0	6.50	75
73.0	69.3	84.4	119.1	52.0	3.6	14.3	68.2	20.9	7.25	80
86.4	80.2	85.7	118.4	61.5	3.2	15.3	72.4	21.1	5.00	85
97.8	91.2	77.8	119.7	73.5	4.5	15.7	69.0	22.7	2.50	88
103.5	96.5	79.9	122.0	78.1	4.7	15.3	68.1	22.4	4.25	89
107.7	101.3	78.9	123.3	82.2	4.3	15.1	68.6	22.0	6.00	90
109.5	102.7	84.3	120.7	85.2	3.4	15.8	70.7	22.3	4.50	91
102.8	97.5	92.5	110.8	85.7	2.6	16.7	74.6	22.4	3.25	92
98.8	94.7	93.6	105.2	86.3	1.9	17.4	77.7	22.4	1.75	93
99.9	95.6	89.9	104.8	87.6	2.4	17.3	75.8	22.9	1.75	94
103.0	98.0	91.4	107.4	89.2	2.9	16.9	74.7	22.7	0.50	95
105.4	100.7	92.3	108.5	91.6	3.4	16.3	72.8	22.3	0.50	96
109.2	104.7	91.5	112.2	92.6	3.3	16.6	74.2	22.4	0.50	97
101.7	98.8	100.9	103.7	92.2	2.3	17.5	77.0	22.7	0.50	98
101.9	99.9	92.3	103.4	92.3	2.9	17.2	76.7	22.5	0.50	99
107.8	105.8	89.5	108.0	94.0	3.9	16.1	73.7	21.9	0.50	2000
100.5	99.0	98.7	99.8	95.0	2.8	16.6	77.7	21.4	0.10	01
99.3	98.8	91.2	100.9	95.0	3.2	16.3	75.7	21.5	0.10	02
102.2	102.2	86.8	105.4	95.8	3.9	15.5	73.0	21.2	0.10	03
107.1	107.2	83.0	110.2	97.5	4.8	14.3	69.3	20.7	0.10	04
108.6	108.7	85.2	111.6	99.3	5.0	13.3	68.7	19.3	0.10	05
113.4	113.7	85.3	114.6	101.1	5.3	13.2	66.8	19.8	0.40	06
116.7	117.1	85.4	115.7	102.1	5.1	12.7	67.4	18.8	0.75	07
112.7	112.4	93.6	110.4	100.6	2.3	13.3	80.4	16.6	0.30	08
88.1	88.0	112.6	82.8	95.8	2.4	14.8	81.1	18.2	0.30	09
101.8	101.6	88.5	99.0	96.9	3.9	14.2	74.8	19.0	0.30	10
98.9	97.8	95.7	94.8	97.0	3.7	14.1	76.9	18.3	0.30	11
99.6	99.0	100.2	96.8	98.7	4.1	14.1	76.6	18.5	0.30	12
99.2	100.7	95.7	98.6	100.2	5.5	13.8	71.7	19.3	0.30	13
101.2	101.4	97.2	102.8	99.6	5.9	13.4	71.0	18.9	0.30	14
100.0	100.0	100.0	100.0	100.0	5.9	13.7	70.8	19.4	0.30	15
100.0	99.7	101.0	98.5	100.6	6.1	14.1	70.4	20.0	0.30	16
103.1	102.2	100.6	102.3	101.5	7.0	14.0	68.5	20.4	0.30	17
104.2	103.0	104.6	103.1	102.8	6.6	13.6	69.5	19.6	0.30	18
101.1	100.2	109.6	99.9	103.1	5.7	13.8	73.7	18.7	0.30	19
90.6	89.6	124.8	87.1	96.0	6.0	14.5	75.8	19.1	0.30	20
95.7	93.7	112.2	94.1	97.4	8.3	13.6	67.3	20.2	0.30	21

注　1．欠員率＝$\frac{（有効求人数－就職件数）}{雇用者数＋（有効求人数－就職件数）}$×100で日本生産性本部にて算出。
　　2．第3次産業活動指数の昭和62年以前は平成2年基準指数を平成12年基準指数でリンクして算出したもの。

A－2⑷　生産性・賃金・雇用・

暦　年	現金給与総額（30人以上事業所） 産業計 名目⑴	実質	製造業 名目⑵	実質	定期給与 （産業計） (30人以上) (3)	（製造業） (30人以上) (4)	所定内給与 （産業計） (30人以上) (5)	（製造業） (30人以上) (6)	初任給（男性） 10人以上事業所 高卒 (7)	大卒 (8)
昭和35／30年	—	—	6.9	5.3	—	4.3	—	—	4.4	4.1
40／35	—	—	9.4	3.2	—	9.9	—	—	14.9	11.9
45／40	—	—	15.0	9.0	—	13.5	—	—	11.6	9.8
50／45	18.8	6.5	17.9	5.7	18.3	17.6	—	—	19.9	17.9
55／50	7.9	1.3	8.3	1.6	8.0	8.4	—	—	5.7	6.5
60／55	3.7	1.0	4.0	1.2	4.0	4.2	3.9	4.0	3.9	4.1
63	3.5	3.1	4.5	4.1	3.5	4.1	2.7	2.5	1.9	3.3
平成元年	4.3	2.0	5.8	3.4	3.2	4.5	3.1	4.1	4.4	5.1
2	4.7	1.5	5.4	2.2	3.7	4.3	3.7	4.5	5.9	5.6
3	3.3	0.0	3.4	0.0	3.5	3.5	3.8	4.2	5.9	5.6
4	1.9	0.3	1.1	△0.5	2.2	1.2	3.6	3.9	4.1	4.2
5	0.6	△0.6	0.1	△1.0	2.0	1.5	2.7	3.2	2.7	1.8
6	1.8	1.4	2.1	1.7	2.2	2.7	2.4	2.8	2.1	1.1
7	1.8	2.0	3.3	3.5	2.2	2.9	1.7	2.1	0.1	0.9
8	1.6	1.7	2.5	2.6	1.8	2.7	1.6	1.6	0.3	△0.5
9	1.9	0.2	2.8	1.1	1.5	2.3	1.2	1.3	1.0	0.4
10	△1.3	△1.9	△1.1	△1.8	△0.2	0.0	0.5	1.7	0.3	0.8
11	△1.4	△1.1	△0.8	△0.5	0.2	1.0	0.2	1.1	0.7	0.6
12	△0.3	0.6	2.0	3.0	0.3	1.7	0.0	0.5	△0.3	0.2
13	△0.9	0.0	△0.1	0.8	△0.7	0.2	△0.4	1.1	0.6	0.7
14	△2.8	△1.8	△1.1	△0.1	△1.6	0.4	△1.9	△0.3	△0.4	0.1
15	△0.1	0.2	2.5	2.9	0.0	2.0	△0.3	1.0	0.0	1.4
16	△0.5	△0.5	1.8	1.8	0.3	1.4	△0.1	1.4	△0.9	△1.5
17	1.1	1.5	0.8	1.2	0.6	0.0	0.6	0.1	△0.3	△0.8
18	1.0	0.6	1.2	0.8	0.5	0.7	0.4	0.3	1.2	1.6
19	△0.9	△1.0	△0.3	△0.4	0.1	0.2	0.0	0.4	0.8	△0.5
20	△0.5	△2.0	0.1	△1.5	△0.7	△0.2	△0.5	0.4	0.8	1.3
21	△4.8	△3.4	△7.7	△6.4	△2.6	△4.5	△1.4	△1.0	0.5	0.0
22	1.0	1.9	4.3	5.3	0.6	3.2	△0.2	1.0	△0.1	△0.5
23	0.3	0.5	2.2	2.3	△0.1	0.9	△0.2	0.9	0.8	2.1
24	△1.0	△1.0	△0.7	△0.7	△0.1	0.3	△0.1	0.3	0.4	△1.6
25	0.0	△0.4	△0.1	△0.6	△0.7	△0.7	△0.9	△1.0	△0.7	△0.8
26	1.0	△2.2	1.8	△1.4	0.4	0.6	0.1	△0.1	1.5	1.3
27	0.1	△1.0	0.2	△0.8	0.5	0.4	0.5	0.4	1.3	0.8
28	1.1	1.3	0.7	0.8	0.6	0.4	0.6	0.5	0.1	0.7
29	0.6	△0.1	1.3	0.7	0.4	1.0	0.6	0.9	0.4	0.9
30	1.2	0.0	1.5	0.2	0.7	1.1	0.7	1.2	1.5	1.1
令和元年	△0.2	△0.7	0.2	△0.3	0.0	0.4	0.0	1.1	1.4	1.3
2	△1.7	△1.7	△3.9	△3.9	△1.0	△2.8	0.1	△0.8	—	—
3	0.9	1.2	2.2	2.5	1.2	2.1	0.8	0.9	—	—

資料出所　A－2⑴～⑶表参照。
　注　1．春季賃上率は昭和54年までは1社あたりの単純平均値、55年以降は1社ごとの組合員数による加
　　　　重平均値。集計対象は、平成15年までは東証・大証1部上場企業・資本金20億円以上で従業員数

物価関連指標 (対前年増減率)

春季賃上げ率 (昭和54年まで単純平均、55年以降加重平均) (9)	消費者物価指数 (全国総合) (10)	労働生産性指数 (製造業) (30人以上) (11)	賃金費用指数 (製造業) (30人以上) (2)÷(11) (12)	勤労者世帯家計 (全国・2人以上) 実収入 (13)	可処分所得 (14)	消費支出 (15)	世帯消費動向指数 名目 (18)	実質 (19)	暦年 (西暦)
7.1	—	—	—	7.0	7.8	6.4	—	—	60／55
11.3	—	—	—	9.7	9.6	9.0	—	—	65／60
14.2	—	—	—	11.6	11.7	10.9	—	—	70／65
19.7	11.4	—	—	15.9	15.8	15.0	—	—	75／70
7.2	6.6	7.2	0.9	8.2	7.2	7.5	—	—	80／75
5.72	2.7	2.6	1.4	4.9	4.1	4.0	—	—	85／80
4.43	0.7	7.2	△2.5	4.5	4.8	3.8	—	—	88
5.17	2.2	4.8	0.9	3.0	3.8	3.0	—	—	89
5.94	3.1	2.6	2.6	5.2	4.5	4.8	—	—	90
5.65	3.3	1.6	1.7	5.2	5.3	4.2	—	—	91
4.95	1.6	△3.6	4.8	2.7	2.1	2.1	—	—	92
3.89	1.4	△1.0	1.1	1.2	0.9	0.7	—	—	93
3.13	0.6	3.2	△1.1	△0.6	0.6	△0.6	—	—	94
2.83	△0.1	4.6	△1.3	0.6	0.2	△1.0	—	—	95
2.86	0.1	3.9	△1.3	1.5	1.3	0.6	—	—	96
2.90	1.8	5.0	△2.1	2.7	1.7	1.7	—	—	97
2.66	0.6	△3.6	2.5	△1.1	△0.2	△1.1	—	—	98
2.21	△0.3	3.1	△3.8	△2.4	△2.4	△2.1	—	—	99
2.06	△0.7	6.8	△4.5	△2.4	△2.3	△1.5	—	—	2000
2.01	△0.6	△2.8	2.8	△1.8	△1.8	△1.7	—	—	01
1.66	△0.9	3.6	△4.5	△2.3	△2.6	△1.5	—	—	02
1.63	△0.3	5.1	△2.4	△2.8	△2.9	△1.4	△1.4	△1.1	03
1.67	0.0	4.3	△2.4	1.0	1.3	1.6	1.1	1.1	04
1.71	△0.3	1.9	△1.1	△1.3	△1.1	△0.6	△0.8	△0.3	05
1.79	0.3	2.9	△1.6	0.2	0.1	△2.8	△1.6	△1.9	06
1.87	0.0	2.7	△2.9	0.6	0.2	1.0	0.4	0.3	07
1.99	1.4	△3.4	3.6	1.0	0.4	0.4	0.6	△1.0	08
1.83	△1.3	△15.4	9.0	△3.0	△3.3	△1.8	△2.1	△0.6	09
1.82	△0.7	11.5	△6.4	0.5	0.5	△0.3	△0.1	0.8	10
1.83	△0.3	△1.5	3.8	△2.0	△2.2	△3.0	△3.5	△3.2	11
1.78	0.0	0.5	△1.2	1.6	1.1	1.7	2.2	2.1	12
1.80	0.4	2.0	△2.0	1.0	0.3	1.7	1.8	1.3	13
2.19	2.7	2.6	△0.7	△0.7	△0.6	△0.1	△0.6	△3.8	14
2.38	0.7	△0.5	0.7	1.1	0.9	△1.1	△2.3	△3.3	15
2.14	△0.1	0.7	0.0	0.2	0.3	△1.8	△1.8	△1.7	16
2.11	0.5	2.6	△1.3	1.3	1.3	1.1	0.8	0.2	17
2.26	0.9	1.0	0.5	4.7	4.8	0.7	0.6	△0.6	18
2.18	0.5	△1.8	2.1	4.9	4.7	2.7	1.0	0.5	19
2.00	0.0	△6.8	3.1	4.0	4.6	△5.6	△7.5	△7.5	20
1.86	△0.2	5.1	△2.8	△0.7	△1.2	1.2	0.6	0.9	21

1,000人以上の労組のある企業、平成16年以降は10億円以上で1,000人以上の労組のある企業。
2.　(12)賃金費用指数は(2)と(11)の対前年同期増減率を用いて算出したために、指数系列値で計算したものとは微妙な差を生じる。

A−2(5)　生産性・賃金・雇用・

暦　年	雇　用　・　労　働　時　間								
	就業者数			雇用者数	女　性	65歳以上	常用雇用指数(30人以上)		製造業月間(30人)
		第2次産業	第3次産業				産業計	製造業	総実時間
	(18)	(19)	(20)	(21)	(22)	(23)	(24)	(25)	(26)
昭和35／30年	1.6	4.5	3.6	5.9	6.8	—	—	10.6	—
40／35	1.3	3.9	2.6	3.9	4.3	—	—	6.2	△ 1.5
45／40	1.5	3.5	2.7	2.8	3.7	—	—	3.1	△ 0.5
50／45	0.5	0.6	2.4	2.0	1.3	1.0	0.4	△ 1.3	△ 2.2
55／50	1.2	0.9	2.2	1.7	3.0	2.5	1.0	△ 0.9	1.2
60／55	0.2	0.1	0.4	0.3	0.5	1.5	1.0	0.8	0.2
63	1.7	2.8	1.6	2.5	3.4	4.2	1.7	1.0	1.2
平成元年	1.9	2.4	2.3	3.1	4.7	4.0	2.4	2.3	△ 1.0
2	2.0	1.4	2.9	3.3	4.9	6.6	3.2	2.6	△ 1.3
3	1.9	2.9	2.3	3.5	4.6	7.8	3.1	2.4	△ 2.2
4	1.1	1.6	1.3	2.3	2.9	5.2	2.2	0.6	△ 3.3
5	0.2	△ 0.8	1.6	1.6	1.8	2.0	1.1	△ 0.7	△ 2.3
6	0.0	△ 0.9	0.8	0.7	1.2	3.6	0.1	△ 2.2	2.0
7	0.1	△ 1.5	1.2	0.5	0.7	2.3	△ 0.6	△ 1.8	0.6
8	0.4	△ 0.2	1.0	1.1	1.8	2.3	△ 0.5	△ 2.3	0.8
9	1.1	0.6	1.5	1.3	2.1	4.7	0.7	△ 1.1	△ 0.2
10	△ 0.7	△ 3.9	1.1	△ 0.4	△ 0.1	1.5	0.6	△ 1.7	△ 1.8
11	△ 0.8	△ 2.0	△ 0.1	△ 0.7	△ 0.4	1.5	△ 0.6	△ 2.9	0.0
12	△ 0.2	△ 1.4	0.6	0.5	1.1	△ 0.2	△ 0.9	△ 2.8	1.8
13	△ 0.5	△ 2.9	0.8	0.2	1.3	△ 0.4	△ 0.9	△ 3.0	△ 1.0
14	△ 1.3	△ 5.0	0.6	△ 0.7	△ 1.3	△ 0.6	△ 1.3	△ 4.9	0.3
15	△ 0.2	△ 2.1	0.4	0.1	0.1	0.0	△ 0.9	△ 3.1	1.1
16	0.2	△ 2.7	1.4	0.4	0.7	0.6	0.5	△ 1.0	1.3
17	0.4	△ 1.4	1.1	0.7	0.6	3.1	0.8	0.2	△ 0.6
18	0.5	0.8	0.8	1.6	0.8	3.0	1.1	0.8	0.7
19	0.6	0.1	0.7	1.1	0.4	5.7	2.8	0.6	△ 0.2
20	△ 0.3	△ 1.9	0.4	0.2	0.0	2.6	3.2	1.0	△ 1.3
21	△ 1.5	△ 5.2	0.2	△ 1.0	△ 0.6	2.2	1.2	△ 2.3	△ 5.7
22	△ 0.3	△ 2.5	0.8	0.2	0.3	0.9	0.3	△ 1.1	4.7
23	△ 0.1	△ 0.8	0.5	0.1	△ 0.1	0.2	0.5	△ 0.7	△ 0.7
24	△ 0.3	△ 1.0	0.0	△ 0.1	0.2	4.4	0.2	△ 0.7	1.5
25	0.7	0.2	0.5	0.9	1.8	6.9	0.4	△ 1.5	△ 0.5
26	0.7	0.6	0.7	0.8	1.1	7.1	0.9	△ 1.0	0.5
27	1.2	△ 0.6	0.9	0.9	1.0	7.3	1.1	△ 1.1	0.1
28	1.1	△ 0.1	1.6	1.6	1.8	5.2	0.8	△ 0.7	△ 0.1
29	1.1	0.8	1.3	1.3	1.8	4.7	1.4	0.2	0.4
30	2.1	1.0	1.8	2.1	3.2	6.7	0.4	0.1	0.0
令和元年	1.0	△ 0.1	1.3	1.2	1.7	3.5	1.2	0.8	△ 1.9
2	△ 0.6	△ 1.5	0.4	△ 0.4	△ 0.6	1.5	0.3	△ 0.1	△ 3.8
3	0.0	△ 0.9	0.8	0.2	0.5	0.7	△ 0.2	△ 1.6	2.1

資料出所　A−2(1)～(3)表参照。

物価関連指標（対前年増減率）

労働時間数以上）所定外 (27)	企業物価指数			鉱工業			製造業稼働率指数 (35)	第3次産業活動指数 (36)	暦　年（西暦）
	国内 (29)	輸出 (30)	輸入 (31)	生産指数（付加価値額ウエイト）(32)	出荷指数 (33)	製品在庫率指数 (34)			
—	—	—	—	15.9	15.6	—	—	—	60／55
△7.8	0.4	△0.8	△0.2	11.7	11.2	—	—	—	65／60
2.6	2.2	1.4	1.3	15.6	15.3	—	—	—	70／65
△13.7	8.9	6.2	15.9	1.5	2.3	7.0	—	0.8	75／70
12.5	5.5	1.3	9.1	6.7	5.9	△3.6	—	4.9	80／75
2.3	0.1	△0.4	△1.0	3.4	3.0	0.3	△0.1	3.4	85／80
14.2	△0.5	△2.3	△4.6	9.6	9.0	△5.4	5.8	6.9	88
1.8	1.9	4.4	7.6	5.8	5.8	2.7	1.9	6.2	89
0.1	1.5	2.3	8.8	4.1	5.0	△1.3	1.0	5.2	90
△8.8	1.0	△5.3	△8.1	1.7	1.4	6.8	△2.1	3.7	91
△22.9	△0.9	△3.6		△6.1	△5.1	9.7	△8.2	0.6	92
△15.1	△1.5	△8.0	△10.4	△3.9	△2.9	1.2	△5.1	0.7	93
1.3	△1.6	△2.8	△5.3	1.1	1.0	△4.0	△0.4	1.5	94
10.7	△0.8	△2.2	△0.1	3.1	2.5	1.7	2.5	1.8	95
9.7	△1.6	5.0	9.9	2.3	2.8	1.0	1.0	2.7	96
7.7	0.7	1.9	7.5	3.6	4.0	△0.9	3.4	1.1	97
△15.2	△1.6	1.5	△4.8	△6.9	△5.6	10.3	△7.5	△0.4	98
0.6	△1.4	△10.0	△9.1	0.2	1.1	△8.5	△0.3	0.1	99
14.8	0.1	△4.6	4.7	5.8	5.9	△3.0	4.4	1.8	2000
△7.9	△2.3	3.0	2.5	△6.8	△6.4	10.3	△7.6	1.1	01
4.2	△2.1	△1.1	△1.3	△1.2	△0.2	△7.6	1.1	0.0	02
10.4	△0.8	△4.1	△0.8	2.9	3.4	△4.8	4.4	0.8	03
4.7	1.2	△1.3	4.3	4.8	4.9	△4.4	4.6	1.8	04
0.0	1.7	1.9	13.1	1.4	1.4	2.7	1.2	1.9	05
3.4	2.2	3.1	14.2	4.4	4.6	0.1	2.7	1.8	06
1.1	1.8	2.3	7.6	2.9	3.0	0.1	0.9	1.0	07
△7.0	4.6	4.1	8.8	△3.4	△4.0	9.6	△4.5	△1.5	08
△32.0	△5.2	△10.2	△24.1	△21.8	△21.7	20.3	△25.0	△4.7	09
31.6	△0.1	△2.5	7.2	15.6	15.5	△21.4	19.6	1.1	10
0.0	1.5	△2.2	7.5	△2.8	△3.7	8.1	△4.3	0.1	11
2.6	△0.9	△2.0	△0.3	0.7	1.2	4.7	2.1	1.8	12
3.8	1.3	11.7	14.5	△0.4	1.7	△4.5	1.8	0.8	13
6.7	3.1	3.2	4.2	2.0	0.7	1.6	4.3	△0.4	14
0.6	△2.3	1.1	△11.3	△1.2	△1.4	2.9	△2.7	0.9	15
△0.6	△3.5	△9.3	△16.4	0.0	△0.3	1.0	△1.6	0.7	16
2.3	2.3	5.3	11.0	3.1	2.5	△0.4	3.9	0.8	17
0.6	2.6	1.4	7.5	1.1	0.8	4.0	0.7	1.3	18
△7.2	0.2	△3.8	△0.3	△3.0	△2.7	4.8	△3.1	0.3	19
△19.8	4.4	8.9	20.9	△10.4	△10.6	13.9	△12.8	△6.9	20
14.2	4.8	9.4	22.8	5.6	4.6	△10.1	8.0	1.5	21

B－1 国　内

暦年	国内総支出(GDP)	民間最終消費支出	政府最終消費支出	国内総	総固定資本	民間資本	住宅
名目　実額（10億円）							
平成18年	535,170	294,499	94,164	139,559	139,383	112,270	24,181
19	539,282	295,717	95,099	138,966	137,005	111,007	22,294
20	527,824	294,335	95,140	136,546	133,502	108,138	21,447
21	494,938	285,154	95,690	111,872	116,926	90,595	17,262
22	505,531	287,488	97,075	114,201	114,349	88,723	16,868
23	497,449	284,641	98,920	117,102	116,160	91,980	18,034
24	500,475	288,669	99,881	120,139	118,981	94,357	18,317
25	508,701	295,751	100,999	124,213	124,919	98,622	20,172
26	518,811	298,999	103,379	129,891	130,141	102,664	20,205
27	538,032	300,065	105,550	135,398	134,355	107,625	20,306
28	544,365	297,776	107,007	135,196	134,788	107,622	20,990
29	553,073	302,054	107,361	139,456	138,309	110,710	21,456
30	556,630	304,892	108,897	142,730	140,648	112,426	20,406
令和元年	557,911	304,366	111,276	143,884	142,533	113,369	21,517
2	539,082	291,149	113,194	136,190	137,560	107,174	20,017
3	549,379	293,986	117,711	140,635	140,608	110,098	20,828
名目　対前年増減（△）率（%）							
平成19年	0.8	0.4	1.0	△0.4	△1.7	△1.1	△7.8
20	△2.1	0.5	0.0	△1.7	△2.6	△2.6	△3.8
21	△6.2	△3.1	0.6	△18.1	△12.4	△16.2	△19.5
22	2.1	0.8	1.4	2.1	△2.2	△2.1	△2.3
23	△1.6	△1.0	1.9	2.5	1.6	3.7	6.9
24	0.6	1.4	1.0	2.6	2.4	2.6	1.6
25	1.6	2.5	1.1	3.4	5.0	4.5	10.1
26	2.0	1.1	2.4	4.6	4.2	4.1	0.2
27	3.7	0.4	2.1	4.2	3.2	4.8	0.5
28	1.2	△0.8	1.4	△0.1	0.3	0.0	3.4
29	1.6	1.4	0.3	3.2	2.6	2.9	2.2
30	0.6	0.9	1.4	2.3	1.7	1.6	△4.9
令和元年	0.2	△0.2	2.2	0.8	1.3	0.8	5.4
2	△3.4	△4.3	1.7	△5.3	△3.5	△5.5	△7.0
3	1.9	1.0	4.0	3.3	2.2	2.7	4.0
実質（連鎖方式）　実額（10億円）							
平成18年	518,980	288,517	92,318	141,155	140,587	111,769	25,847
19	526,681	290,696	93,691	139,912	137,561	110,203	23,378
20	520,233	287,402	93,609	135,852	132,304	106,284	21,929
21	490,615	284,772	95,452	114,161	119,042	91,488	18,035
22	510,720	291,408	97,239	117,481	117,490	90,529	17,795
23	510,842	289,880	99,402	121,067	120,098	94,622	19,018
24	517,864	295,760	101,075	124,660	123,428	97,432	19,457
25	528,248	303,468	102,569	127,770	128,504	101,060	21,047
26	529,813	300,717	103,556	131,098	131,358	103,535	20,396
27	538,081	300,065	105,550	135,447	134,355	107,625	20,306
28	542,137	298,785	107,254	136,424	135,912	108,530	21,092
29	551,220	301,929	107,345	139,303	138,101	110,694	21,194
30	554,767	302,626	108,430	140,969	138,927	111,344	19,828
令和元年	552,535	300,738	110,489	141,057	139,688	111,577	20,650
2	528,895	286,740	113,109	133,477	134,622	105,505	19,012
3	540,226	287,894	117,047	134,412	134,495	105,932	18,797
実質（連鎖方式）　対前年増減（△）率（%）							
平成19年	1.5	0.8	1.5	△0.9	△2.2	△1.4	△9.6
20	△1.2	△1.1	△0.1	△2.9	△3.8	△3.6	△6.2
21	△5.7	△0.9	2.0	△16.0	△10.0	△13.9	△17.8
22	4.1	2.3	1.9	2.9	△1.3	△1.0	△1.3
23	0.0	△0.5	2.2	3.1	2.2	4.5	6.9
24	1.4	2.0	1.7	3.0	2.8	3.0	2.3
25	2.0	2.6	1.5	2.5	4.1	3.7	8.2
26	0.3	△0.9	1.0	2.6	2.2	2.4	△3.1
27	1.6	△0.2	1.9	3.3	2.3	4.0	0.4
28	0.8	△0.4	1.6	0.7	1.2	0.8	3.9
29	1.7	1.1	0.1	2.1	1.6	2.0	0.5
30	0.6	0.2	1.0	1.2	0.6	0.6	△6.4
令和元年	△0.4	△0.6	1.9	0.1	0.5	0.2	4.1
2	△4.3	△4.7	2.4	△5.4	△3.6	△5.4	△7.9
3	2.1	0.4	3.5	0.7	△0.1	0.4	1.1

資料出所　内閣府経済社会総合研究所「国民経済計算年報」。
注　1．国内総支出の項目の詳細内容については用語解説13を参照。
　　2．国内総支出系列は、平成16年に平成6年度以降の算定方式が改められ、実質については従来の固定基準年方式が前暦年連鎖価格方式へと移行されている。

総 支 出（2008SNA）

※2022年12月23日発表値

資本形成 形成 企業設備	公的固定資本形成	在庫品（公民計）	財貨・サービスの純輸出	財貨・サービスの輸出	財貨・サービスの輸入	（参考）海外からの所得の純受取	国民総所得（GNI）	暦年（西暦）
88,089	27,113	176	6,948	83,794	76,845	14,301	549,471	2006
88,712	25,999	1,961	9,500	93,237	83,737	16,526	555,807	07
86,692	25,363	3,044	1,803	90,973	89,170	14,179	542,003	08
73,333	26,331	−5,054	2,222	61,469	59,247	12,439	507,378	09
71,855	25,626	−148	6,767	75,418	68,651	13,466	518,997	10
73,946	24,180	942	−3,214	73,495	76,709	14,465	511,914	11
76,040	24,624	1,158	−8,215	72,142	80,357	13,818	514,292	12
78,450	26,298	−707	−12,262	80,294	92,556	17,497	526,197	13
82,460	27,477	−250	−13,459	90,370	103,829	19,285	538,096	14
87,319	26,729	1,043	−2,980	93,815	96,796	21,163	559,196	15
86,632	27,166	408	4,386	87,414	83,028	18,943	563,307	16
89,254	27,599	1,148	4,202	97,294	93,092	20,461	573,534	17
92,020	28,222	2,082	111	101,947	101,835	21,289	577,919	18
91,852	29,164	1,351	−1,615	97,431	99,045	21,857	579,767	19
87,156	30,386	−1,370	−1,451	83,824	85,275	19,576	558,659	20
89,270	30,510	26	−2,952	99,996	102,948	26,669	576,048	21
0.7	△4.1	—	—	11.3	9.0	—	1.2	2007
△2.3	△2.4	—	—	△2.4	6.5	—	△2.5	08
△15.4	3.8	—	—	△32.4	△33.6	—	△6.4	09
△2.0	△2.7	—	—	22.7	15.9	—	2.3	10
2.9	△5.6	—	—	△2.5	11.7	—	△1.4	11
2.8	1.8	—	—	△1.8	4.8	—	0.5	12
3.2	6.8	—	—	11.3	15.2	—	2.3	13
5.1	4.5	—	—	12.5	12.2	—	2.3	14
5.9	△2.7	—	—	3.8	6.8	—	3.9	15
△0.8	1.6	—	—	△6.8	△14.2	—	0.7	16
3.0	1.6	—	—	11.3	12.1	—	1.8	17
3.1	2.3	—	—	4.8	9.4	—	0.8	18
△0.2	3.3	—	—	△4.4	△2.7	—	0.3	19
△5.1	4.2	—	—	△14.0	△13.9	—	△3.6	20
2.4	0.4	—	—	19.3	20.7	—	3.1	21
86,178	28,800	236	−2,004	78,038	80,042	14,164	541,977	2006
86,899	27,284	1,981	2,971	84,830	81,859	16,396	549,063	07
84,385	25,931	3,129	3,718	86,177	82,459	13,991	532,124	08
73,439	27,641	−4,757	−3,602	66,026	69,628	12,507	509,167	09
72,718	27,037	21	4,955	82,441	77,486	13,699	526,973	10
75,605	25,483	975	418	82,342	81,925	14,782	521,703	11
77,971	25,999	1,219	−3,930	82,462	86,392	14,195	526,879	12
80,040	27,455	−667	−5,999	83,131	89,130	17,958	540,005	13
83,139	27,831	−222	−5,475	90,897	96,372	19,433	541,723	14
87,319	26,729	1,054	−2,980	93,815	96,796	21,206	559,290	15
87,437	27,383	511	−324	95,334	95,658	19,087	566,469	16
89,501	27,408	1,244	2,823	101,644	98,821	20,519	573,344	17
91,540	27,583	2,077	2,876	105,465	102,590	21,171	573,210	18
90,933	28,106	1,389	324	103,927	103,604	21,650	572,152	19
86,514	29,070	−1,166	−4,732	91,877	96,609	19,362	551,325	20
87,169	28,532	−40	1,122	102,620	101,497	26,071	562,365	21
0.8	△5.3	—	—	8.7	2.3	—	1.3	2007
△2.9	△5.0	—	—	1.6	0.7	—	△3.1	08
△13.0	6.6	—	—	△23.4	△15.6	—	△4.3	09
△1.0	△2.2	—	—	24.9	11.3	—	3.5	10
4.0	△5.7	—	—	△0.1	5.7	—	△1.0	11
3.1	2.0	—	—	0.1	5.5	—	1.0	12
2.7	5.6	—	—	0.8	3.2	—	2.5	13
3.9	1.4	—	—	9.3	8.1	—	0.3	14
5.0	△4.0	—	—	3.2	0.4	—	1.3	15
0.1	2.4	—	—	1.6	△1.2	—	1.3	16
2.4	0.1	—	—	6.6	3.3	—	1.2	17
2.3	0.6	—	—	3.8	3.8	—	0.0	18
△0.7	1.9	—	—	△1.5	1.0	—	△0.2	19
△4.9	3.4	—	—	△11.6	△6.8	—	△3.6	20
0.8	△1.9	—	—	11.7	5.1	—	2.0	21

3．「在庫品」「財貨・サービスの純輸出」「海外からの所得の純受取」の対前年増減率は公表されていない。

B－2　国　民　所　得

暦年	要素費用表示国民所得	雇用者報酬	賃金・俸給	雇主の現実社会負担	雇主の帰属社会負担	財産所得(非企業部門)	一般政府	家計	対家計民間非営利団体
実　額（名目・10億円）									
平成14年	375,855	257,433	221,564	36,920	-1,051	19,768	-3,904	23,419	253
15	379,296	255,180	219,452	34,207	1,521	18,514	-3,379	21,642	251
16	385,931	255,963	221,664	33,475	825	18,767	-2,562	21,060	268
17	390,659	260,594	226,392	32,509	1,694	20,922	-1,038	21,309	309
18	392,040	265,192	230,110	33,260	1,821	24,756	-141	24,532	365
19	396,234	266,616	231,212	33,621	1,783	26,648	-787	27,028	406
20	379,417	266,806	230,891	33,319	2,597	25,075	-1,672	26,368	380
21	348,968	253,798	219,333	32,541	1,924	21,609	-2,278	23,563	324
22	362,502	251,175	216,369	33,267	1,538	21,086	-2,747	23,516	316
23	356,058	251,584	215,812	34,632	1,140	21,002	-3,450	24,189	303
24	359,170	251,650	215,132	35,474	1,044	21,074	-3,687	24,492	269
25	369,920	253,333	216,267	35,878	1,188	22,115	-3,405	25,252	267
26	373,997	257,521	219,259	36,598	1,664	22,520	-3,291	25,547	263
27	389,445	260,614	221,198	37,665	1,752	24,287	-2,785	26,800	273
28	393,197	267,401	226,809	38,496	2,096	22,569	-2,833	25,151	251
29	401,074	272,102	230,473	39,540	2,089	24,508	-2,157	26,362	303
30	402,481	281,350	238,648	40,463	2,239	26,027	-1,146	26,824	349
令和元年	401,408	286,892	243,183	41,852	1,857	25,783	-482	25,957	308
2	377,407	283,187	239,763	42,025	1,398	24,940	-636	25,278	298
3	391,888	288,746	244,336	43,110	1,300	27,082	-441	27,185	338
対前年増減 (△) 率 (%)									
平成15年	0.9	△0.9	△1.0	△7.3	—	△6.3	13.5	△7.6	△1.1
16	1.7	0.3	1.0	△2.1	—	1.4	24.2	△2.7	6.9
17	1.2	1.8	2.1	△2.9	—	11.5	59.5	2.8	15.4
18	0.4	1.8	1.6	2.3	—	18.3	86.4	13.3	18.1
19	1.1	0.5	0.5	1.1	—	7.6	△456.6	10.2	11.2
20	△4.2	0.1	△0.1	△0.9	—	△5.9	△112.6	△2.4	△6.5
21	△8.0	△4.9	△5.0	△2.3	—	△13.8	36.2	△10.6	△14.8
22	3.9	△1.0	△1.4	2.2	—	△2.4	△20.6	△0.2	△2.3
23	△1.8	0.2	△0.3	4.1	—	△0.4	△25.6	2.7	△4.3
24	0.9	0.0	△0.3	2.4	—	0.3	△6.9	1.4	△11.1
25	3.0	0.7	0.5	1.1	—	4.9	7.7	3.1	△0.6
26	1.1	1.7	1.4	2.0	—	1.8	3.3	1.2	△1.5
27	4.1	1.2	0.9	2.9	—	7.8	15.4	4.9	3.5
28	1.0	2.6	2.5	2.2	—	△7.1	△1.7	△6.2	△7.9
29	2.0	1.8	1.6	2.7	—	8.6	23.9	4.8	20.8
30	0.4	3.4	3.5	2.3	—	6.2	46.9	1.8	15.1
令和元年	△0.3	2.0	1.9	3.4	—	△0.9	57.9	△3.2	△11.7
2	△6.0	△1.3	△1.4	0.4	—	△3.3	△31.9	△2.6	△3.2
3	3.8	2.0	1.9	2.6	—	8.6	30.7	7.5	13.6
構　成　比 (%)									
平成18年	100.0	67.6	58.7	8.5	0.5	6.3	0.0	6.3	0.1
19	100.0	67.3	58.4	8.5	0.4	6.7	-0.2	6.8	0.1
20	100.0	70.3	60.9	8.8	0.7	6.6	-0.4	6.9	0.1
21	100.0	72.7	62.9	9.3	0.6	6.2	-0.7	6.8	0.1
22	100.0	69.3	59.7	9.2	0.4	5.8	-0.8	6.5	0.1
23	100.0	70.7	60.6	9.7	0.3	5.9	-1.0	6.8	0.1
24	100.0	70.1	59.9	9.9	0.3	5.9	-1.0	6.8	0.1
25	100.0	68.5	58.5	9.7	0.3	6.0	-0.9	6.8	0.1
26	100.0	68.9	58.6	9.8	0.4	6.0	-0.9	6.8	0.1
27	100.0	66.9	56.8	9.7	0.4	6.2	-0.7	6.9	0.1
28	100.0	68.0	57.7	9.8	0.5	5.7	-0.7	6.4	0.1
29	100.0	67.8	57.5	9.9	0.5	6.1	-0.5	6.6	0.1
30	100.0	69.9	59.3	10.1	0.6	6.5	-0.3	6.7	0.1
令和元年	100.0	71.5	60.6	10.4	0.5	6.4	-0.1	6.5	0.1
2	100.0	75.0	63.5	11.1	0.4	6.6	-0.2	6.7	0.1
3	100.0	73.7	62.4	11.0	0.3	6.9	-0.1	6.9	0.1

資料出所　内閣府経済社会総合研究所「国民経済計算年報」。
注　1．要素費用表示国民所得＝雇用者報酬＋財産所得＋企業所得。通常、国民所得の金額はこれを指す。
　　2．市場価格表示国民所得＝要素費用表示国民所得＋（間接税－補助金）。

の　分　配（2008SNA）

※2022年12月23日発表値

企業所得（分配所得受払後）	民間法人企業	公的企業	個人企業	農林水産業	その他産業（非農林水産・非金融）	持ち家	民間法人企業所得（法人企業の分配所得受払前）	民間法人企業所得に対する所得・富等に課される経常税	国民所得（市場価格表示）	暦年（西暦）
										実　額
98,654	53,769	6,466	38,419	2,695	19,384	16,340	61,196	16,781	409,933	2002
105,602	59,580	6,507	39,516	2,790	19,503	17,223	66,851	17,016	412,252	03
111,201	65,643	7,020	38,539	2,695	17,859	17,985	75,421	18,728	419,845	04
109,143	63,251	7,976	37,917	2,642	16,473	18,801	77,710	21,825	425,342	05
102,093	57,358	7,843	36,892	2,519	14,881	19,493	75,280	24,555	426,965	06
102,970	58,468	8,260	36,242	2,341	14,431	19,470	77,115	25,359	430,899	07
87,536	47,051	5,598	34,887	2,065	12,982	19,840	62,567	21,169	413,453	08
73,561	32,390	4,876	36,296	1,900	13,296	21,100	44,433	14,350	380,991	09
90,241	49,766	3,984	36,491	2,183	12,478	21,830	62,847	15,148	395,034	10
83,472	44,790	3,866	34,817	2,009	10,728	22,080	57,204	16,348	388,472	11
86,446	46,858	3,753	35,835	2,199	11,121	22,515	64,890	17,250	392,138	12
94,471	54,864	3,402	36,205	2,097	11,720	22,388	76,941	19,436	403,066	13
93,956	55,323	3,482	35,151	1,835	11,659	21,658	82,931	21,640	411,715	14
104,544	65,443	3,286	35,815	2,370	12,104	21,341	99,434	22,471	431,008	15
103,227	64,916	2,948	35,363	2,738	11,454	21,171	95,842	21,755	435,137	16
104,464	66,654	2,812	34,998	2,727	11,533	20,738	100,793	23,260	443,592	17
95,103	61,452	2,620	31,031	2,156	8,500	20,375	100,610	24,582	445,457	18
88,733	56,094	2,008	30,631	2,007	8,499	20,125	88,943	24,461	444,854	19
69,281	38,367	1,580	29,333	1,901	7,417	20,016	68,723	23,663	422,111	20
76,061	46,974	1,085	28,001	1,665	7,257	19,079	85,312	26,660	438,818	21
										増減率
7.0	10.8	0.6	2.9	3.5	0.6	5.4	9.2	－	0.6	2003
5.3	10.2	7.9	△ 2.5	△ 3.4	△ 8.4	4.4	12.8	－	1.8	04
△ 1.9	△ 3.6	13.6	△ 1.6	△ 1.9	△ 7.8	4.5	3.0	－	1.3	05
△ 6.5	△ 9.3	△ 1.7	△ 2.7	△ 4.7	△ 9.7	3.7	△ 3.1	－	0.4	06
0.9	1.9	5.3	△ 1.8	△ 7.1	△ 3.0	△ 0.1	2.4	－	0.9	07
△ 15.0	△ 19.5	△ 32.2	△ 3.7	△ 11.8	△ 10.0	1.9	△ 18.9	－	△ 4.0	08
△ 16.0	△ 31.2	△ 12.9	4.0	△ 8.0	2.4	6.4	△ 29.0	－	△ 7.9	09
22.7	53.6	△ 18.3	0.5	14.9	△ 6.2	3.5	41.4	－	3.7	10
△ 7.5	△ 10.0	△ 3.0	△ 4.6	△ 8.0	△ 14.0	1.1	△ 9.0	－	△ 1.7	11
3.6	4.6	△ 2.9	2.9	9.5	3.7	2.0	13.4	－	0.9	12
9.3	17.1	△ 9.4	1.0	△ 4.6	5.4	△ 0.6	18.6	－	2.8	13
△ 0.5	0.8	2.4	△ 2.9	△ 12.5	△ 0.5	△ 3.3	7.8	－	2.1	14
11.3	18.3	△ 5.6	1.9	29.2	3.8	△ 1.5	19.9	－	4.7	15
△ 1.3	△ 0.8	△ 10.3	△ 1.3	15.5	△ 5.4	△ 0.8	△ 3.6	－	1.0	16
1.2	2.7	△ 4.6	△ 1.0	△ 0.4	0.7	△ 2.0	5.2	－	1.9	17
△ 9.0	△ 7.8	△ 6.8	△ 11.3	△ 20.9	△ 26.3	△ 1.7	△ 0.2	－	0.4	18
△ 6.7	△ 8.7	△ 23.3	△ 1.3	△ 6.9	△ 0.0	△ 1.2	△ 11.6	－	△ 0.1	19
△ 21.9	△ 31.6	△ 21.3	△ 4.2	△ 5.3	△ 12.7	0.5	△ 22.7	－	△ 5.1	20
9.8	22.4	△ 31.3	△ 4.5	△ 12.4	△ 2.2	△ 4.7	24.1	－	4.0	21
										構成比
26.0	14.6	2.0	9.4	0.6	3.8	5.0	19.2	6.3	108.9	2006
26.0	14.8	2.1	9.1	0.6	3.6	4.9	19.5	6.4	108.7	07
23.1	12.4	1.5	9.2	0.5	3.4	5.2	16.5	5.6	109.0	08
21.1	9.3	1.4	10.4	0.5	3.8	6.0	12.7	4.1	109.2	09
24.9	13.7	1.1	10.1	0.6	3.4	6.0	17.3	4.2	109.0	10
23.4	12.6	1.1	9.8	0.6	3.0	6.2	16.1	4.6	109.1	11
24.1	13.0	1.0	10.0	0.6	3.1	6.3	18.1	4.8	109.2	12
25.5	14.8	0.9	9.8	0.6	3.2	6.1	20.8	5.3	109.0	13
25.1	14.8	0.9	9.4	0.5	3.1	5.8	22.2	5.8	110.1	14
26.8	16.8	0.8	9.2	0.6	3.1	5.5	25.5	5.8	110.7	15
26.3	16.5	0.7	9.0	0.7	2.9	5.4	24.4	5.5	110.7	16
26.0	16.6	0.7	8.7	0.7	2.9	5.2	25.1	5.8	110.6	17
23.6	15.3	0.7	7.7	0.5	2.1	5.1	25.0	6.1	110.7	18
22.1	14.0	0.5	7.6	0.5	2.1	5.0	22.2	6.1	110.8	19
18.4	10.2	0.4	7.8	0.5	2.0	5.3	18.2	6.3	111.8	20
19.4	12.0	0.3	7.1	0.4	1.9	4.9	21.8	6.8	112.0	21

3.　企業所得＝営業余剰＋財産所得の受取－財産所得の支払。
4.　雇用者報酬については用語解説12参照。

C−1(1)　賃金指数（5人以上事業所）（男女計）〔令和2年＝100.0〕

年	調査産業計（サービス業を含む）				製造業計			
	現金給与総額指数		定期給与指数（名目）	所定内給与指数（名目）	現金給与総額指数		定期給与指数（名目）	所定内給与指数（名目）
	名目	実質			名目	実質		
平成2年	100.3	111.8	92.4	90.9	83.0	92.5	78.8	75.6
7	110.9	115.1	103.5	103.8	91.6	95.9	88.7	88.4
12	109.8	113.9	106.5	106.5	95.6	99.2	94.9	93.4
17	104.3	111.2	103.1	102.6	98.5	105.0	97.9	95.4
22	99.9	106.8	100.5	100.2	96.6	103.3	98.0	96.8
27	99.1	101.3	99.3	98.3	99.8	102.0	99.4	96.9
28	99.7	102.0	99.6	98.6	100.5	102.9	99.9	97.4
29	100.2	101.9	100.0	99.1	102.0	103.8	101.0	98.3
30	101.6	102.1	100.9	99.9	103.8	104.3	102.3	99.5
令和元年	101.2	101.2	100.7	99.8	103.5	103.5	102.2	100.2
2	100.0	100.0	100.0	100.0	100.0	100.0	100.0	100.0
3	100.3	100.6	100.5	100.3	101.9	102.2	101.7	100.7
平7/2	1.8	0.6	2.3	2.7	2.0	0.7	2.4	3.2
平12/7	0.0	△0.2	0.6	0.5	0.9	0.7	1.4	1.1
平17/12	△1.0	△0.5	△0.6	△0.7	0.6	1.1	0.6	0.4
平22/17	△0.9	△0.8	△0.5	△0.5	△0.4	△0.3	0.0	0.3
平27/22	△0.2	△1.1	△0.2	△0.4	0.7	△0.3	0.3	0.0
27	0.1	△1.0	△0.2	0.3	0.4	△0.7	0.5	0.2
28	0.6	0.7	0.3	0.3	0.7	0.9	0.5	0.5
29	0.5	△0.1	0.4	0.4	1.5	0.9	1.1	0.9
30	1.4	0.2	0.9	0.8	1.8	0.5	1.3	1.2
令和元年	△0.4	△0.9	△0.2	△0.1	△0.3	△0.8	△0.1	0.7
2	△1.2	△1.2	△0.7	0.2	△3.4	△3.4	△2.2	△0.2
3	0.3	0.6	0.5	0.3	1.9	2.2	1.7	0.7

（左欄：賃金指数／対前年増減率（%））

資料出所　厚生労働省「毎月勤労統計調査」。30人以上事業所では約15,000ヵ所が、5〜29人事業所では約18,000ヵ所が集計対象。上表はパートタイム労働者を含む常用労働者（就業形態計）を対象とした数値。以下、同じ。

C−1(2)　産業大分類別の賃金指数（名目）：5人以上事業所（現金給与総額・男女計）〔令和2年＝100.0〕

年	鉱業	建設業	電気・ガス・熱供給・水道業	情報通信業	運輸・郵便業	卸売・小売業	金融・保険業	不動産・物品賃貸業	学術研究、専門・技術サービス業	宿泊・飲食サービス業	生活関連サービス・娯楽業	教育・学習支援業	医療・福祉	複合サービス事業	サービス業（他に分類されないもの）
平成2年	87.1	82.4	88.4	—	—	—	—	—	—	—	—	—	—	—	—
7	96.4	92.3	99.4	—	—	—	—	—	—	—	—	—	—	—	—
12	106.1	90.1	103.1	98.0	106.1	102.7	101.5	—	—	—	—	128.0	119.1	108.5	—
17	97.2	86.1	104.0	94.1	98.8	94.9	103.4	—	—	—	—	118.3	107.9	97.7	—
22	97.7	88.8	101.6	97.9	96.8	95.6	98.9	100.4	93.4	108.7	102.2	105.8	99.4	107.9	104.2
27	82.1	91.5	96.2	99.5	99.8	95.3	98.7	97.2	95.4	109.8	101.1	101.0	99.0	101.8	101.6
28	83.6	92.9	97.4	100.1	99.9	97.1	97.3	101.9	96.6	110.3	99.3	101.9	99.8	104.5	101.4
29	86.6	93.8	97.3	99.9	101.1	96.9	99.9	100.2	97.1	108.5	101.0	101.1	101.3	103.4	100.7
30	97.0	97.0	98.5	101.5	103.8	101.3	99.0	97.3	99.1	107.3	100.7	101.6	99.5	104.4	100.2
令和元年	103.1	99.7	99.6	100.2	105.2	99.9	98.9	97.2	101.2	106.3	102.5	99.0	99.8	103.2	102.0
2	100.0	100.0	100.0	100.0	100.0	100.0	100.0	100.0	100.0	100.0	100.0	100.0	100.0	100.0	100.0
3	111.9	99.7	101.1	99.2	100.4	102.1	97.9	105.5	98.7	99.6	101.4	97.1	99.0	99.9	103.4
平7/2	2.0	2.3	2.4	—	—	—	—	—	—	—	—	—	—	—	—
平12/7	1.9	△0.5	0.7	—	—	—	—	—	—	—	—	—	—	—	—
平17/12	△1.7	△0.9	0.2	△0.8	△1.4	△1.6	0.4	—	—	—	—	△1.6	△2.0	△2.1	—
平22/17	0.1	0.6	△0.5	0.8	△0.4	0.1	△0.9	—	—	—	—	△2.2	△1.6	2.0	—
平27/22	△3.4	0.6	△1.1	0.3	0.6	△0.1	0.0	△0.6	0.4	0.2	△0.4	△0.9	△0.1	△1.2	△0.5
27	△5.7	2.0	△0.9	0.3	0.1	△0.2	0.7	△2.8	1.3	1.2	△2.6	1.1	0.1	1.4	△0.1
28	1.8	1.5	1.2	0.6	0.1	1.9	△1.5	4.8	1.3	0.5	△0.8	0.9	0.8	2.7	△0.2
29	3.6	1.0	△0.1	△0.2	1.2	△0.2	2.7	△1.7	0.5	△1.6	1.7	△0.8	1.5	△1.1	△0.7
30	12.0	3.4	1.2	1.6	2.7	3.8	△0.9	△2.9	2.1	△1.1	△0.3	0.5	△1.8	1.0	△0.5
令和元年	6.3	2.8	1.1	△1.3	1.3	△1.4	△0.1	△0.1	2.1	△0.9	1.8	△2.6	0.3	△1.1	1.8
2	△3.0	0.3	0.4	△0.2	△4.9	0.1	1.1	2.9	△1.2	△5.9	△2.4	1.0	0.2	△3.1	△2.0
3	11.9	△0.3	1.1	△0.8	0.4	2.1	△2.1	5.5	△1.3	△0.4	1.4	△2.9	△1.0	△0.1	3.4

（左欄：賃金指数／対前年増減率（%））

注　日本標準産業分類の改訂により、長期遡及できない業種がある。以下、同じ。

C－2(1)　賃金指数 （30人以上事業所・男女計）〔令和2年＝100.0〕

年	調査産業計		定期給与指数（名目）	所定内給与指数（名目）	製造業計		定期給与指数（名目）	所定内給与指数（名目）
	現金給与総額指数				現金給与総額指数			
	名目	実質			名目	実質		
昭和45年	19.6	62.8	18.3	—	16.7	53.5	16.0	—
50	46.4	86.2	42.4	—	38.0	70.6	36.0	—
55	67.9	91.9	62.3	61.4	56.5	76.5	53.8	52.3
60	81.6	96.6	75.7	74.2	68.8	81.4	66.2	63.6
平成5年	102.2	107.2	95.0	94.9	86.5	90.8	82.9	83.4
6	104.0	108.7	97.1	97.2	88.3	92.3	85.1	85.7
7	105.9	110.9	99.2	98.9	91.2	95.5	87.6	87.5
8	107.6	112.8	101.0	100.5	93.5	98.0	90.0	88.9
9	109.6	113.0	102.5	101.7	96.1	99.1	92.1	90.1
10	108.2	110.9	102.3	102.2	95.0	97.3	92.1	91.6
11	106.7	109.7	102.5	102.4	94.2	96.8	93.0	92.6
12	106.4	110.4	102.8	102.4	96.1	99.7	94.6	93.1
13	105.4	110.4	102.1	102.0	96.0	100.5	94.8	94.1
14	102.4	108.4	100.5	100.1	94.9	100.4	95.2	93.8
15	102.3	108.6	100.5	99.8	97.3	103.3	97.1	94.7
16	101.8	108.1	100.8	99.7	99.1	105.2	98.8	96.0
17	102.9	109.7	101.4	100.3	99.9	106.5	98.8	96.1
18	103.9	110.4	101.9	100.7	101.1	107.4	99.5	96.4
19	103.0	109.3	102.0	100.7	100.8	107.0	99.7	96.8
20	102.5	107.1	101.3	100.2	100.9	105.4	99.5	97.2
21	97.6	103.5	98.7	98.8	93.1	98.7	95.0	96.2
22	98.6	105.5	99.3	98.6	97.1	103.9	98.5	97.2
23	98.9	106.0	99.2	98.4	99.2	106.3	99.4	98.1
24	97.9	104.9	99.1	98.3	98.5	105.6	99.7	98.4
25	97.9	104.5	98.4	97.4	98.4	105.0	99.0	97.4
26	98.9	102.2	98.8	97.5	100.2	103.5	99.6	97.3
27	99.0	101.2	99.3	98.0	100.4	102.7	100.0	97.3
28	100.1	102.5	99.9	98.6	101.1	103.5	100.4	97.8
29	100.7	102.4	100.3	99.2	102.4	104.2	101.4	98.5
30	101.9	102.4	101.0	99.9	103.9	104.4	102.5	99.7
令和元年	101.7	101.7	101.0	99.9	104.1	104.1	102.9	100.8
2	100.0	100.0	100.0	100.0	100.0	100.0	100.0	100.0
3	100.9	101.2	101.2	100.8	102.2	102.5	102.1	100.9
50/45	18.8	6.5	18.3	—	17.9	5.7	17.6	—
55/50	7.9	1.3	8.0	—	8.3	1.6	8.4	—
60/55	3.7	1.0	4.0	3.9	4.0	1.2	4.2	4.0
平成5年	0.6	△ 0.6	2.0	2.7	0.1	△ 1.0	1.5	3.5
6	1.8	1.4	2.2	2.4	2.1	1.7	2.7	2.8
7	1.8	2.0	2.2	1.7	3.3	3.5	2.9	2.1
8	1.6	1.7	1.8	1.6	2.5	2.6	2.7	1.6
9	1.9	0.2	1.5	1.2	2.8	1.1	2.3	1.3
10	△ 1.3	△ 1.9	△ 0.2	0.5	△ 1.1	△ 1.8	0.0	1.7
11	△ 1.4	△ 1.1	0.2	0.2	△ 0.8	△ 0.5	1.0	1.1
12	△ 0.3	0.6	0.3	0.0	2.0	3.0	1.7	0.5
13	△ 0.9	0.0	△ 0.7	△ 0.4	△ 0.1	0.8	0.2	1.1
14	△ 2.8	△ 1.8	△ 1.6	△ 1.9	△ 1.1	△ 0.1	0.4	△ 0.3
15	△ 0.1	0.2	0.0	△ 0.3	2.5	2.9	2.0	1.0
16	△ 0.5	△ 0.5	0.3	△ 0.1	1.8	1.8	1.8	1.4
17	1.1	1.5	0.6	0.6	0.8	1.2	0.0	0.1
18	1.0	0.6	0.5	0.4	1.2	0.8	0.7	0.3
19	△ 0.9	△ 1.0	0.1	0.0	△ 0.3	△ 0.4	0.2	0.4
20	△ 0.5	△ 2.0	△ 0.7	△ 0.5	0.1	△ 1.5	△ 0.2	0.4
21	△ 4.8	△ 3.4	△ 2.6	△ 1.4	△ 7.7	△ 6.4	△ 4.5	△ 1.0
22	1.0	1.9	0.6	△ 0.2	4.3	5.3	3.7	1.0
23	0.3	0.5	△ 0.1	△ 0.2	2.2	2.3	0.9	0.9
24	△ 1.0	△ 1.0	△ 0.1	△ 0.1	△ 0.7	△ 0.7	0.3	0.3
25	0.0	△ 0.4	△ 0.7	△ 0.9	△ 0.1	△ 0.6	△ 0.7	△ 1.0
26	1.0	△ 2.2	0.4	0.1	1.8	△ 1.4	0.6	△ 0.1
27	0.1	△ 1.0	0.5	0.5	0.2	△ 0.8	0.4	0.0
28	1.1	1.3	0.6	0.6	0.7	0.8	0.4	0.5
29	0.6	△ 0.1	0.4	0.6	1.3	0.7	1.0	0.7
30	1.2	0.0	0.7	0.7	1.5	0.2	1.1	1.2
令和元年	△ 0.2	△ 0.7	0.0	0.0	0.2	△ 0.3	0.4	1.1
2	△ 1.7	△ 1.7	△ 1.0	0.1	△ 3.9	△ 3.9	△ 2.8	△ 0.8
3	0.9	1.2	1.2	0.8	2.2	2.5	2.1	0.9

（左欄：賃金指数／対前年増減率（％））

C−2(2)　産業大分類別の賃金指数：30人以上事業所
(現金給与総額・男女計)〔令和2年=100.0〕

賃金指数

年	鉱業	建設業	電気・ガス熱供給水道業	情報通信業	運輸・郵便業	卸売・小売業	金融・保険業	不動産・物品賃貸業	学術研究・専門技術サービス業	宿泊・飲食サービス業	生活関連サービス・娯楽業	教育・学習支援業	医療・福祉	複合サービス事業	サービス業(他に分類されないもの)
昭和45年	15.8	13.8	17.5	—	—	—	—	—	—	—	—	—	—	—	—
50	39.9	31.6	38.6	—	—	—	—	—	—	—	—	—	—	—	—
55	55.3	48.5	55.6	—	—	—	—	—	—	—	—	—	—	—	—
60	66.7	59.9	69.5	—	—	—	—	—	—	—	—	—	—	—	—
平成5年	85.0	86.4	93.0	—	—	—	—	—	—	—	—	—	—	—	—
6	86.9	87.6	94.1	—	—	—	—	—	—	—	—	—	—	—	—
7	89.0	88.6	95.5	—	—	—	—	—	—	—	—	—	—	—	—
8	91.9	89.6	96.8	—	—	—	—	—	—	—	—	—	—	—	—
9	91.8	91.0	98.7	—	—	—	—	—	—	—	—	—	—	—	—
10	91.8	88.9	99.4	—	—	—	—	—	—	—	—	—	—	—	—
11	90.5	86.8	100.1	—	—	—	—	—	—	—	—	—	—	—	—
12	92.3	85.4	98.7	96.9	103.5	94.6	101.1	—	—	—	—	123.1	114.1	111.5	—
13	93.8	84.0	98.9	97.8	101.6	92.6	100.9	—	—	—	—	125.7	113.3	114.2	—
14	87.9	81.8	99.3	95.5	99.1	88.4	99.1	—	—	—	—	121.5	109.6	107.7	—
15	89.4	81.5	99.3	94.6	96.2	88.7	99.0	—	—	—	—	119.4	107.7	105.4	—
16	92.7	83.1	100.2	95.1	95.9	86.3	102.0	—	—	—	—	115.3	105.5	99.2	—
17	95.7	84.1	100.8	95.3	97.1	89.8	103.7	—	—	—	—	116.0	105.8	98.6	—
18	97.8	84.8	101.2	95.7	98.8	92.9	107.4	—	—	—	—	115.8	106.5	99.1	—
19	95.8	87.9	102.4	98.1	97.3	91.6	106.3	—	—	—	—	113.7	105.7	99.2	—
20	99.3	90.9	102.9	98.9	98.1	91.7	103.0	—	—	—	—	111.5	102.5	115.5	—
21	94.3	89.9	102.2	95.5	95.4	87.1	97.5	—	—	—	—	104.5	99.9	122.5	—
22	98.4	90.1	101.0	98.8	96.1	90.9	97.5	99.3	94.4	111.8	105.9	104.2	97.1	115.7	105.0
23	98.9	90.1	98.7	101.1	95.9	92.5	95.2	97.8	94.4	111.1	108.1	103.2	97.4	105.7	102.3
24	99.1	86.3	94.8	99.7	98.2	94.2	92.1	94.8	93.2	111.5	111.6	100.9	97.2	98.9	100.2
25	92.0	87.1	92.3	100.4	100.9	92.3	95.6	94.2	93.1	110.4	107.4	99.6	97.6	100.4	101.1
26	88.6	90.0	95.1	100.7	101.0	92.4	97.0	96.7	94.5	111.9	104.8	99.5	98.8	102.0	103.1
27	83.3	90.5	95.3	101.9	102.1	91.4	98.0	96.6	96.0	112.5	101.9	100.6	99.1	103.4	101.0
28	84.4	93.7	96.8	102.8	103.3	93.2	96.3	98.7	98.7	116.0	100.8	102.3	100.0	107.1	101.3
29	85.8	95.1	96.9	102.3	103.6	95.4	97.4	103.1	97.4	113.6	100.3	100.7	101.2	106.1	100.3
30	100.1	96.7	98.6	103.0	106.0	101.8	98.5	102.9	98.2	109.4	104.9	99.9	99.9	104.9	100.6
令和元年	102.8	100.8	99.8	101.4	106.9	98.4	100.0	101.6	100.1	108.3	103.9	98.1	100.6	103.0	102.5
2	100.0	100.0	100.0	100.0	100.0	100.0	100.0	100.0	100.0	100.0	100.0	100.0	100.0	100.0	100.0
3	105.3	99.6	100.8	99.5	99.8	103.3	96.9	104.3	98.6	97.7	102.1	100.1	99.8	98.9	103.3

対前年増減率(%)

年	鉱業	建設業	電気・ガス熱供給水道業	情報通信業	運輸・郵便業	卸売・小売業	金融・保険業	不動産・物品賃貸業	学術研究・専門技術サービス業	宿泊・飲食サービス業	生活関連サービス・娯楽業	教育・学習支援業	医療・福祉	複合サービス事業	サービス業(他に分類されないもの)
50/45	20.4	18.0	17.1	—	—	—	—	—	—	—	—	—	—	—	—
55/50	6.7	8.9	7.6	—	—	—	—	—	—	—	—	—	—	—	—
60/55	3.8	4.3	4.6	—	—	—	—	—	—	—	—	—	—	—	—
平成5年	1.3	2.9	3.1	—	—	—	—	—	—	—	—	—	—	—	—
6	2.2	1.4	1.2	—	—	—	—	—	—	—	—	—	—	—	—
7	2.4	1.1	1.5	—	—	—	—	—	—	—	—	—	—	—	—
8	3.3	1.1	1.4	—	—	—	—	—	—	—	—	—	—	—	—
9	△0.1	1.6	2.0	—	—	—	—	—	—	—	—	—	—	—	—
10	0.0	△2.3	0.7	—	—	—	—	—	—	—	—	—	—	—	—
11	△1.4	△2.4	0.7	—	—	—	—	—	—	—	—	—	—	—	—
12	2.0	△1.6	△1.4	—	—	—	—	—	—	—	—	—	—	—	—
13	1.6	△1.6	0.2	0.9	△1.8	△2.1	△0.2	—	—	—	—	2.1	△0.7	2.4	—
14	△6.3	△2.6	0.4	2.4	△2.5	△4.5	1.8	—	—	—	—	△3.3	△3.3	△5.7	—
15	1.7	△0.4	0.4	0.9	△2.9	0.3	△0.1	—	—	—	—	△1.7	△1.7	△2.1	—
16	3.7	2.0	0.5	0.5	△0.3	△2.7	3.0	—	—	—	—	△3.4	△2.0	△5.9	—
17	3.2	1.2	0.6	0.2	1.3	4.1	1.7	—	—	—	—	0.6	0.3	△0.6	—
18	2.2	0.8	0.4	0.4	1.8	3.5	3.6	—	—	—	—	△0.2	0.7	0.5	—
19	0.8	3.7	1.2	2.5	△1.5	△1.4	△1.0	—	—	—	—	△1.8	△0.8	0.1	—
20	0.7	3.4	0.5	0.8	0.8	0.1	△3.1	—	—	—	—	△1.9	△3.0	16.4	—
21	△5.0	△1.1	△0.7	△3.4	△2.8	△5.0	△5.3	—	—	—	—	△6.3	△2.5	6.1	—
22	4.3	0.2	△1.2	3.5	0.7	4.4	0.0	—	—	—	—	△0.3	△2.8	△5.6	—
23	0.5	0.0	△2.3	2.3	△0.2	1.8	△2.4	△1.5	0.0	△0.6	2.1	1.0	0.3	△8.6	△2.6
24	0.2	△4.2	△4.0	1.4	2.4	1.8	△3.3	△3.1	△1.3	0.4	3.2	△2.2	△0.2	△6.4	△2.1
25	△7.2	0.9	△2.6	0.7	2.7	△2.0	3.8	△0.6	△0.1	△1.0	△3.8	△0.1	0.4	1.5	0.9
26	△3.7	3.3	3.0	0.3	0.1	0.1	1.5	2.7	1.5	1.4	△2.4	△0.1	1.2	1.6	2.0
27	△6.0	0.6	0.1	1.2	1.1	△1.1	1.0	△0.1	1.6	0.5	△2.8	1.1	0.3	1.4	△2.0
28	1.3	3.5	1.6	0.9	1.2	2.0	△0.7	2.2	2.8	3.1	△1.1	1.7	0.9	3.6	0.3
29	1.7	1.5	0.1	△0.5	0.3	2.4	1.1	2.6	△1.3	△2.1	△0.5	1.6	1.2	△0.9	△1.0
30	16.7	1.7	1.8	0.7	2.3	6.7	1.1	1.6	0.8	△3.7	4.6	△0.8	△1.3	△1.1	0.3
令和元年	2.7	4.2	1.2	1.6	0.8	△3.3	1.5	△1.3	1.9	△1.0	△1.0	△1.8	0.7	△1.8	1.9
2	△2.7	△0.8	0.2	△1.4	△6.5	1.6	0.0	△1.6	△0.1	△7.7	△3.8	1.9	△0.6	△2.9	△2.4
3	5.3	△0.4	0.8	△0.5	△0.2	3.3	△3.1	4.3	△1.4	△2.3	2.1	0.1	△0.2	△1.1	3.3

C－3　産業大分類別の平均賃金と格差
（男女計・1カ月当たり現金給与総額・就業形態計）

	産　業	平成12年	29年	30年	令和元年	2年	3年 一般	3年 パート
30人以上事業所 実額(千円)	調　査　産　業　計	335.8	363.3	369.3	368.3	365.1	368.5	454.2	112.0
	鉱業,採石業,砂利採取業	351.1	432.2	505.0	517.4	504.0	531.0	538.1	147.9
	建　　設　　業	362.3	478.8	491.9	513.3	513.3	510.8	520.7	155.5
	製　　造　　業	385.8	415.5	422.8	423.1	407.9	416.5	449.7	135.4
	電気・ガス・熱供給・水道業	584.9	590.9	591.9	599.1	603.4	607.6	623.1	184.0
	情　報　通　信　業	478.7	523.5	531.4	524.1	517.0	514.3	532.2	137.0
	運　輸　業,　郵　便　業	361.9	363.9	373.6	376.7	355.5	354.6	403.6	124.3
	卸　売　業,　小　売　業	270.5	307.9	329.3	318.2	327.0	337.3	491.3	108.3
	金　融　業,　保　険　業	506.3	513.7	530.8	539.0	541.2	524.3	571.2	148.2
	不動産業,物品賃貸業	−	402.2	407.2	403.1	396.0	413.0	497.9	104.0
	学術研究,専門・技術サービス業	−	525.9	530.4	540.9	541.1	533.7	563.5	153.7
	宿泊業,飲食サービス業	−	147.9	151.4	149.9	140.2	137.0	303.4	73.6
	生活関連サービス業,娯楽業	−	213.0	222.3	219.0	212.1	216.6	337.5	90.5
	教育,学習支援業	432.3	434.5	431.4	419.1	434.3	434.6	560.6	110.0
	医　　療,　福　　祉	329.1	346.2	343.2	346.1	347.8	346.9	419.5	138.7
	複　合　サービス事業	348.2	393.5	391.0	380.6	372.2	367.9	421.0	152.3
	サービス業(他に分類されないもの)	−	238.5	240.7	245.6	239.0	247.2	316.7	106.2
30人以上事業所 格差	調　査　産　業　計	100.0	100.0	100.0	100.0	100.0	100.0	100.0	100.0
	鉱業,採石業,砂利採取業	104.6	119.0	136.8	140.5	138.0	144.1	118.5	132.0
	建　　設　　業	107.9	131.8	133.2	139.4	140.6	138.6	114.6	138.7
	製　　造　　業	114.9	114.4	114.5	114.9	111.7	113.0	99.0	120.8
	電気・ガス・熱供給・水道業	174.2	162.7	160.3	162.7	165.3	164.9	137.2	164.2
	情　報　通　信　業	142.6	144.1	143.9	142.3	141.6	139.6	117.2	122.3
	運　輸　業,　郵　便　業	107.8	100.2	101.2	102.3	97.4	96.2	88.9	111.0
	卸　売　業,　小　売　業	80.6	84.8	89.2	86.4	89.6	91.7	108.2	96.7
	金　融　業,　保　険　業	150.8	141.4	143.7	146.4	148.2	142.3	125.8	132.3
	不動産業,物品賃貸業	−	110.7	110.3	109.5	108.5	112.1	109.6	92.8
	学術研究,専門・技術サービス業	−	144.8	143.6	146.9	148.2	144.8	124.1	137.2
	宿泊業,飲食サービス業	−	40.7	41.0	40.7	38.4	37.2	66.8	65.7
	生活関連サービス業,娯楽業	−	58.6	60.2	59.5	58.1	58.8	74.3	80.8
	教育,学習支援業	128.7	119.6	116.8	113.8	118.9	117.9	123.4	98.2
	医　　療,　福　　祉	98.0	95.3	92.9	94.0	95.3	94.2	92.4	123.8
	複　合　サービス事業	103.7	108.3	105.9	103.3	101.9	99.8	92.7	136.0
	サービス業(他に分類されないもの)	−	65.6	65.2	66.7	65.5	67.1	69.7	94.8
5人以上事業所 実額(千円)	調　査　産　業　計	362.5	317.0	322.1	321.0	318.4	319.5	419.5	99.5
	鉱業,採石業,砂利採取業	367.5	333.3	373.5	397.5	385.9	432.2	439.2	111.6
	建　　設　　業	377.4	389.0	403.7	414.9	417.5	416.3	433.8	125.3
	製　　造　　業	357.5	383.7	391.5	389.9	377.6	384.8	425.3	124.0
	電気・ガス・熱供給・水道業	568.3	555.8	555.1	561.3	566.2	572.2	590.9	180.5
	情　報　通　信　業	−	486.4	497.6	492.2	491.2	487.1	507.7	131.9
	運　輸　業,　郵　便　業	−	344.6	354.5	359.3	343.7	344.9	388.5	122.5
	卸　売　業,　小　売　業	−	274.0	284.7	280.8	282.5	288.5	427.9	97.8
	金　融　業,　保　険　業	−	477.8	480.7	480.0	486.5	476.6	517.5	146.1
	不動産業,物品賃貸業	−	361.1	349.7	350.0	359.7	379.3	455.3	104.5
	学術研究,専門・技術サービス業	−	460.8	470.6	480.8	475.5	469.3	506.9	140.2
	宿泊業,飲食サービス業	−	124.1	125.7	124.5	117.0	117.2	278.6	70.7
	生活関連サービス業,娯楽業	−	207.1	206.5	209.5	204.9	207.7	309.8	94.2
	教育,学習支援業	−	381.2	381.3	368.1	378.1	367.3	512.9	94.3
	医　　療,　福　　祉	−	299.7	296.7	297.9	299.4	296.6	386.8	120.1
	複　合　サービス事業	−	381.8	386.2	380.0	369.4	369.0	414.9	149.8
	サービス業(他に分類されないもの)	−	256.4	255.8	260.8	255.2	264.1	331.8	105.6
5人以上事業所 格差	調　査　産　業　計	100.0	100.0	100.0	100.0	100.0	100.0	100.0	100.0
	鉱業,採石業,砂利採取業	101.4	105.1	115.9	123.8	121.2	135.3	104.7	112.1
	建　　設　　業	104.1	122.7	125.3	129.2	131.1	130.3	103.4	125.9
	製　　造　　業	98.6	121.0	121.5	121.4	118.6	120.4	101.4	124.6
	電気・ガス・熱供給・水道業	156.8	175.4	172.3	174.8	177.8	179.1	140.9	181.3
	情　報　通　信　業	−	153.5	154.5	153.3	154.3	152.5	121.0	132.5
	運　輸　業,　郵　便　業	−	108.7	110.1	111.9	107.9	108.0	92.6	123.1
	卸　売　業,　小　売　業	−	86.4	88.4	87.5	88.7	90.3	102.0	98.3
	金　融　業,　保　険　業	−	150.8	149.2	149.5	152.8	149.2	123.4	146.8
	不動産業,物品賃貸業	−	113.9	108.6	109.0	113.0	118.7	108.5	105.0
	学術研究,専門・技術サービス業	−	145.4	146.1	149.8	149.3	146.9	120.8	140.8
	宿泊業,飲食サービス業	−	39.1	39.0	38.8	36.9	36.7	66.4	71.0
	生活関連サービス業,娯楽業	−	65.3	64.1	65.3	64.3	65.0	73.8	94.6
	教育,学習支援業	−	120.3	118.4	114.7	118.8	115.0	122.3	94.8
	医　　療,　福　　祉	−	94.6	92.1	92.8	94.0	92.9	92.2	120.6
	複　合　サービス事業	−	120.5	119.9	118.4	116.0	115.5	98.9	150.5
	サービス業(他に分類されないもの)	−	80.9	79.4	81.2	80.2	82.7	79.1	106.1

注　資料出所　厚生労働省「毎月勤労統計調査」。左表はパートタイム労働者を含む常用労働者（就業形態計）を対象。「一般」と「パート」はその内訳となっている就業形態別「男女計」にみたもので、一般労働者とパートタイム労働者を指し、産業区分の変更により、データが遡及できない産業がある。令和元年までは「従来の公表値」。以下同じ。

C－4　製造業中分類別の賃金格差 〔製造業＝100.0〕
（男女計・1カ月当たり現金給与総額・就業形態計）

30人以上事業所

産業	平成12年	17年	28年	29年	30年	令和元年	2年	3年	実額(千円)
製造業計実額(千円)	406.7	419.7	411.2	415.5	422.8	423.1	407.9	416.5	
製造業計	100.0	100.0	100.0	100.0	100.0	100.0	100.0	100.0	416.5
食料品・たばこ	—	73.7	65.6	67.0	66.7	69.3	71.8	67.7	281.8
繊維工業	—	—	65.2	66.7	64.7	61.0	71.1	70.3	292.7
木材・木製品	78.9	77.1	81.0	80.6	77.8	75.6	79.8	82.4	343.4
家具・装備品	81.2	76.9	92.8	93.4	101.6	94.7	99.7	95.4	397.4
パルプ・紙	95.5	92.7	91.9	91.4	92.9	92.2	98.2	89.3	371.8
印刷・同関連業	89.7	88.9	89.8	91.1	88.3	82.2	92.7	86.5	360.4
化学・石油・石炭	—	—	123.9	119.1	124.5	121.8	125.1	119.7	498.5
プラスチック製品	91.3	89.3	85.1	85.0	93.3	91.9	97.0	92.5	385.4
ゴム製品	97.5	101.5	99.6	101.8	102.6	96.7	100.5	100.7	419.5
窯業・土石製品	96.0	92.0	106.6	106.5	103.4	98.2	103.2	102.6	427.3
鉄鋼業	116.6	129.7	112.0	111.8	115.6	110.3	120.2	108.1	450.2
非鉄金属製造業	116.5	109.6	108.3	107.8	110.8	106.6	105.5	103.2	430.0
金属製品製造業	94.9	90.3	89.3	90.3	94.3	90.8	90.9	86.2	359.1
はん用機械器具	—	—	113.3	111.8	117.9	114.6	123.9	115.0	479.1
生産用機械器具	—	—	107.1	107.2	108.9	111.3	114.1	108.7	452.7
業務用機械器具	—	—	100.7	105.1	106.3	104.5	109.5	109.5	455.9
電子・デバイス	103.3	98.1	108.0	109.2	112.8	105.3	114.8	110.8	461.4
電気機械器具	—	—	107.9	107.8	107.7	106.2	110.9	107.4	447.5
情報通信機械器具	—	—	125.5	124.7	126.9	124.8	129.7	124.4	518.2
輸送用機械器具	114.4	115.8	120.2	120.1	122.0	121.4	126.1	121.1	504.3
その他の製造業	—	—	89.3	92.5	89.7	85.7	85.8	85.0	354.2
消費関連製造業	69.8	75.2	71.9	73.3	72.3	72.2	76.4	72.6	302.5
素材関連製造業	105.3	105.2	102.7	101.7	105.0	101.8	105.7	100.7	419.3
機械関連製造業	111.4	110.1	113.7	113.5	115.6	113.8	119.5	114.7	477.6

5人以上事業所

産業	平成12年	17年	28年	29年	30年	令和元年	2年	3年	実額(千円)
製造業計実額(千円)	371.5	380.9	378.4	383.7	391.5	389.9	377.6	384.8	
製造業計	100.0	100.0	100.0	100.0	100.0	100.0	100.0	100.0	384.8
食料品・たばこ	68.2	74.2	67.5	68.3	68.6	69.5	62.1	69.6	267.6
繊維工業	—	—	63.7	62.8	63.6	61.9	58.9	65.9	253.4
木材・木製品	76.2	76.1	80.5	81.6	76.1	74.7	71.0	80.3	309.0
家具・装備品	81.6	75.9	85.5	87.0	93.8	88.3	81.0	91.1	350.5
パルプ・紙	93.7	91.8	90.9	90.2	89.7	89.0	83.0	88.4	340.0
印刷・同関連業	92.4	91.7	89.9	91.8	88.8	83.5	77.8	85.9	330.5
化学・石油・石炭	—	—	130.5	126.3	130.8	129.5	112.5	126.7	487.4
プラスチック製品	88.3	90.0	86.5	85.8	94.1	90.7	80.8	91.8	353.4
ゴム製品	98.4	101.4	100.1	102.9	103.6	98.6	87.6	102.9	396.1
窯業・土石製品	96.2	93.7	99.4	98.9	97.8	93.4	84.1	96.3	370.5
鉄鋼業	121.7	133.7	116.6	116.6	118.6	115.0	105.8	113.0	435.0
非鉄金属製造業	120.7	113.9	108.8	107.8	111.1	107.9	91.9	106.8	410.9
金属製品製造業	95.7	90.8	89.0	89.9	94.1	90.0	79.7	88.6	340.9
はん用機械器具	—	—	115.2	114.4	121.0	118.9	108.8	117.0	450.4
生産用機械器具	—	—	109.4	109.2	112.4	113.2	97.0	108.4	417.0
業務用機械器具	—	—	109.9	109.7	109.0	107.9	98.2	114.7	441.5
電子・デバイス	107.6	102.9	109.9	111.2	117.2	108.2	100.6	115.5	444.6
電気機械器具	—	—	111.1	111.7	110.2	107.8	96.6	109.7	422.0
情報通信機械器具	—	—	130.0	130.3	133.8	130.6	116.7	128.9	495.8
輸送用機械器具	119.7	121.3	125.9	125.5	127.0	126.4	111.2	124.7	480.0
その他の製造業	—	—	87.9	89.3	85.9	84.3	73.8	83.4	320.9
消費関連製造業	71.7	75.3	72.9	73.6	73.4	72.5	65.6	73.4	282.5
素材関連製造業	104.1	104.3	101.7	100.9	103.9	100.9	89.9	100.7	387.4
機械関連製造業	115.3	113.5	116.9	117.0	119.2	117.1	104.4	117.2	450.8

資料出所　厚生労働省「毎月勤労統計調査」。上表はパートタイム労働者を含む常用労働者（就業形態計）を対象。
注　製造業中分類別賃金指数についてはD－2表を参照。

C－5　事業所規模別の賃金指数と賃金格差
〔製造業〕〔令和2年=100.0〕(男女計・就業形態計)

年	現金給与総額				定期給与(きまって支給する給与)			
	500人以上	100~499人	30~99人	5~29人	500人以上	100~499人	30~99人	5~29人
賃金指数 昭和55年	57.7	60.8	61.2	—	55.9	57.0	57.2	—
60	72.0	72.7	73.5	—	70.1	69.3	70.0	—
平成2年	86.5	87.3	84.7	85.8	82.9	81.2	79.0	80.9
7	94.3	98.4	94.8	94.6	96.7	97.2	97.0	96.0
12	101.6	101.3	97.9	96.6	100.2	99.0	96.8	96.0
17	104.8	106.0	103.3	95.8	103.2	104.1	102.3	96.1
24	96.8	100.5	100.2	96.6	98.5	101.3	101.2	97.4
25	97.8	101.4	100.6	93.8	99.0	101.5	101.1	95.1
26	101.2	104.0	103.0	95.9	100.6	103.0	102.6	96.7
27	101.9	99.0	100.4	98.0	100.7	99.1	100.2	97.8
28	101.7	100.2	101.5	98.7	101.1	99.5	100.6	98.4
29	102.7	100.8	103.6	101.8	101.8	100.0	102.0	100.4
30	106.2	104.4	104.5	102.7	103.5	103.1	102.9	101.2
令和元年	104.6	105.7	103.3	100.4	102.8	104.7	102.1	99.4
2	100.0	100.0	100.0	100.0	100.0	100.0	100.0	100.0
3	102.6	101.5	101.3	101.7	102.6	101.7	101.1	100.8
対前年増減(△)率(%) 昭和60/55(年率)	4.6	4.0	3.3	—	4.7	4.2	3.7	—
平成2/60(〃)	3.7	3.8	4.0	—	3.4	3.4	3.6	—
7/2(〃)	1.8	2.1	2.2	2.0	1.9	2.5	2.8	2.6
12/7(〃)	1.4	1.0	1.0	0.4	1.8	1.6	1.5	0.8
17/12(〃)	0.6	0.9	1.1	△0.2	0.6	1.0	1.1	0.0
22/17(〃)	△1.6	△1.2	△1.8	△0.8	△1.0	△0.7	0.2	△0.3
25	1.1	0.9	0.4	△2.9	0.5	0.2	△0.0	△2.4
26	3.5	2.5	2.4	2.2	1.7	1.5	1.4	1.7
27	0.7	△4.8	△2.5	2.1	0.1	△3.8	△2.3	1.1
28	△0.3	1.2	1.1	0.8	0.4	0.4	0.4	0.6
29	1.1	0.6	2.1	3.1	0.7	0.5	1.4	2.1
30	3.4	3.6	0.9	0.9	1.6	3.1	1.0	0.7
令和元年	△1.5	1.2	△1.2	△2.2	△0.7	1.5	△0.8	△1.8
2	△4.4	△5.4	△3.2	△0.4	△2.7	△4.5	△2.0	0.6
3	2.6	1.5	1.3	1.7	2.6	1.7	1.1	0.8
賃金格差 昭和55年	100.0	80.5	65.3	—	100.0	81.9	70.5	—
60	100.0	77.1	62.9	—	100.0	79.4	68.7	—
平成2年	100.0	77.0	60.3	55.2	100.0	78.8	65.7	63.9
7	100.0	79.7	61.9	55.8	100.0	80.8	69.1	65.0
12	100.0	76.1	59.4	52.9	100.0	79.5	66.5	62.8
17	100.0	77.2	60.7	50.9	100.0	81.0	68.3	60.9
24	100.0	79.3	63.8	55.5	100.0	82.7	70.8	64.8
25	100.0	79.2	63.4	53.3	100.0	82.4	70.4	62.9
26	100.0	78.4	62.7	52.7	100.0	82.3	70.2	62.9
27	100.0	74.1	60.7	53.4	100.0	79.1	68.5	63.6
28	100.0	75.2	61.5	54.0	100.0	79.1	68.5	63.7
29	100.0	74.9	62.1	55.1	100.0	79.0	69.0	64.6
30	100.0	75.1	60.6	53.7	100.0	80.1	68.5	64.0
令和元年	100.0	77.1	60.8	53.4	100.0	81.9	68.4	63.3
2	100.0	76.3	61.6	55.6	100.0	80.4	68.9	65.5
3	100.0	75.5	60.8	55.1	100.0	79.7	67.9	64.3
平均賃金額(千円) 昭和55年	296.1	238.3	193.5	—	215.4	176.4	151.8	—
60	369.8	285.0	232.7	—	270.2	214.5	185.7	—
平成2年	444.1	342.1	268.0	245.1	319.3	251.5	209.7	204.0
7	484.2	385.8	299.8	270.2	372.5	300.9	257.5	242.2
12	521.8	397.0	309.7	275.8	386.0	306.7	256.8	242.3
17	538.0	415.4	326.7	273.6	397.8	322.3	271.6	242.4
24	497.0	394.1	317.1	275.9	379.4	313.8	268.5	245.7
25	502.3	397.6	318.4	267.9	381.4	314.4	268.4	239.9
26	519.9	407.6	325.9	273.9	387.7	319.0	272.2	244.0
27	523.5	388.1	317.6	279.7	388.1	306.9	265.9	246.7
28	522.0	392.7	321.1	281.8	389.5	308.2	266.9	248.2
29	527.5	395.0	327.8	290.6	392.4	308.9	270.6	253.4
30	545.5	409.4	330.7	293.2	398.8	319.4	273.2	255.3
令和元年	537.2	414.5	326.9	286.7	396.0	324.2	270.9	250.8
2	513.5	392.0	316.4	285.5	385.3	309.7	265.4	252.3
3	526.8	397.9	320.5	290.3	395.2	315.1	268.4	254.2

資料出所　厚生労働省「毎月勤労統計調査」。平均賃金額より算出。

C-6 産業別の平均月間定期給与・所定内給与・特別給与

（常用労働者・男女計・5人以上事業所・令和3年1カ月平均）

産 業	総 額 (千円)	定期給与 (千円)	所定内給 与(千円)	超過給与 (千円)	特別給与 (千円)	女性比率 (%)	パート比率 (%)	女性パート 比率(%)
産業計	319.5	263.7	245.7	18.0	55.7	47.1	31.3	72.1
鉱業，採石業，砂利採取業	432.2	346.5	321.0	25.6	85.7	20.8	2.2	83.5
建設業	416.3	344.7	319.6	25.1	71.6	18.0	5.7	62.5
総合工事業	424.6	350.1	326.1	24.0	74.4	19.5	5.9	62.5
職別工事業(設備工事業を除く)	358.8	317.6	300.5	17.2	41.1	18.1	6.7	65.6
設備工事業	442.6	354.6	322.6	32.1	88.0	15.7	4.7	59.7
製造業	384.8	308.8	279.6	29.1	76.0	29.8	13.4	75.7
食料品製造業，飲料・たばこ・飼料製造業	267.6	226.7	207.2	19.5	40.9	52.2	34.7	77.5
畜産食料品製造業	270.8	224.7	204.7	20.0	46.1	52.7	30.1	74.6
水産食料品製造業	209.9	192.7	175.4	17.3	17.1	66.2	30.6	87.8
パン・菓子製造業	237.2	208.3	186.3	22.0	28.8	55.7	39.1	80.7
繊維工業	253.4	218.8	208.4	10.4	34.6	62.4	19.6	89.1
木材・木製品製造業(家具を除く)	309.0	260.8	240.4	20.5	48.2	22.2	10.4	62.2
家具・装備品製造業	350.5	291.6	268.4	23.2	58.9	26.2	11.8	64.0
パルプ・紙・紙加工品製造業	340.0	281.1	258.6	22.5	59.0	31.5	15.6	80.7
印刷・同関連業	330.5	289.7	262.6	27.1	40.8	31.6	14.2	75.9
印刷業	325.2	285.4	259.6	25.9	39.8	32.7	14.6	79.1
化学工業，石油製品・石炭製品製造業	487.4	372.1	338.8	33.4	115.2	28.0	8.7	82.0
医薬品製造業	508.3	380.6	348.5	32.1	127.6	35.4	8.7	85.5
プラスチック製品製造業(別掲を除く)	353.4	290.7	262.0	28.7	62.7	32.4	15.4	76.3
工業用プラスチック製品製造業	295.2	250.3	224.8	25.5	45.0	40.1	17.3	82.5
ゴム製品製造業	396.1	316.3	284.6	31.7	79.8	25.0	8.9	77.6
窯業・土石製品製造業	370.5	300.9	274.9	26.0	69.6	20.3	9.5	59.5
鉄鋼業	435.0	348.4	305.2	43.2	86.6	11.2	2.7	49.0
非鉄金属製造業	410.9	327.6	288.3	39.4	83.2	19.1	7.1	69.3
金属製品製造業	340.9	285.1	263.1	22.0	55.8	25.1	11.2	60.7
建設用・建築用金属製品製造業(含製缶板金業)	355.9	299.4	277.3	22.1	56.5	20.6	8.5	49.9
はん用機械器具製造業	450.4	350.2	316.7	33.5	100.1	16.2	5.4	60.4
生産用機械器具製造業	417.0	335.6	305.7	30.0	81.4	15.5	5.8	51.9
金属加工機械製造業	380.0	319.0	291.7	27.2	61.1	15.3	8.0	37.9
業務用機械器具製造業	441.5	343.8	320.6	23.2	97.7	28.9	9.4	80.4
電子部品・デバイス・電子回路製造業	444.6	343.1	304.5	38.6	101.5	27.1	7.0	85.6
電子デバイス製造業	540.0	405.5	353.9	51.7	134.4	15.4	0.6	70.4
電気機械器具製造業	422.0	327.8	299.0	28.8	94.2	30.0	11.8	81.1
発電用・送電用・配電用電気機械器具製造業	411.1	323.1	294.5	28.7	88.0	28.8	11.1	81.7
産業用電気機械器具製造業	358.5	286.2	258.1	28.1	72.2	38.0	16.5	84.5
情報通信機械器具製造業	495.8	371.7	339.2	32.5	124.2	26.0	6.2	83.8
輸送用機械器具製造業	480.0	372.9	326.7	46.2	107.0	15.2	3.5	69.3
自動車・同付属品製造業	478.8	371.3	322.2	49.2	107.5	15.3	3.5	71.2
その他の製造業，なめし革・同製品・毛皮製造業	320.9	268.5	253.9	14.6	52.4	43.7	19.4	84.6
消費関連製造業	282.5	240.5	221.5	19.0	41.9	48.9	27.6	78.6
素材関連製造業	387.4	312.5	283.4	29.0	75.0	25.2	10.5	70.9
機械関連製造業	450.8	351.2	315.3	35.9	99.5	20.7	6.4	73.3
電気・ガス・熱供給・水道業	572.2	442.7	392.1	50.6	129.5	13.6	4.6	46.5
電気業	644.3	507.0	435.6	71.4	137.3	11.5	1.8	66.3
情報通信業	487.1	381.6	349.6	32.1	105.5	29.1	5.5	75.2
通信業	499.0	386.9	351.0	35.9	112.0	33.9	5.5	82.3
情報サービス業	476.0	371.1	342.1	29.1	104.8	25.4	4.5	78.4
ソフトウェア業	481.1	376.0	345.8	30.2	105.1	23.0	2.7	69.7
映像・音声・文字情報制作業	456.9	374.0	336.6	37.4	82.9	39.8	11.5	68.6
運輸業，郵便業	344.9	296.2	256.1	40.1	48.8	21.9	16.3	53.6
鉄道業	508.5	404.7	356.1	48.7	103.7	12.6	2.0	39.1
道路旅客運送業	256.6	229.9	198.6	31.4	26.6	9.0	14.6	19.2
道路貨物運送業	324.8	284.1	238.2	46.0	40.6	20.2	19.7	56.4
卸売業，小売業	288.5	237.7	226.4	11.3	50.8	50.6	42.2	74.3
卸売業	443.8	346.7	329.6	17.1	97.1	33.1	11.3	74.7
繊維・衣服等卸売業	361.5	304.4	293.8	10.6	57.1	53.5	16.0	86.9
飲食料品卸売業	341.1	284.0	267.4	16.6	57.1	36.9	20.1	74.1

資料出所　厚生労働省「毎月勤労統計調査」。上表はパートタイム労働者を含む常用労働者（就業形態計）を対象
　　　　　とした数値である。表側には、毎月勤労統計調査の小分類項目（データ公表分のみ）まで掲載している。
　注　1．定期給与とは毎月きまって支給される給与で、事前に決められている時間外勤務や交替制などが
　　　　　ある場合は、それらの手当を含む。

産　　　　業	総　額 (千円)	定期給与 (千円)	所定内給 与(千円)	超過給与 (千円)	特別給与 (千円)	女性比率 (%)	パート比率 (%)	女性パート 比率(%)
食料・飲料卸売業	370.0	300.9	287.2	13.7	69.1	36.3	19.1	77.5
機械器具卸売業	502.8	380.1	356.9	23.3	122.7	24.0	4.6	67.6
電気機械器具卸売業	522.2	393.0	368.7	24.3	129.2	25.6	4.9	78.8
小売業	207.6	180.9	172.6	8.3	26.7	59.7	58.3	74.3
各種商品小売業	216.9	187.3	181.6	5.7	29.6	71.6	59.6	80.8
織物・衣服・身の回り品小売業	201.6	183.1	177.6	5.5	18.6	77.2	56.7	89.2
飲食料品小売業	136.0	124.7	119.4	5.2	11.3	66.2	78.6	72.8
各種食料品小売業	150.8	136.0	129.9	6.0	14.9	70.2	79.8	78.8
機械器具小売業	385.1	309.3	288.9	20.4	75.8	23.0	11.4	56.4
自動車小売業	401.4	320.3	297.5	22.9	81.1	18.3	6.3	47.9
金融業、保険業	476.6	361.9	337.9	24.0	114.7	56.6	11.0	91.7
銀行業	478.2	360.2	328.0	32.2	118.0	55.8	18.2	95.0
協同組織金融業	457.5	340.8	322.5	18.4	116.7	43.2	8.1	80.1
貸金業、クレジットカード業等非預金信用機関	489.9	380.5	350.3	30.2	109.4	52.4	11.3	93.5
金融商品取引業，商品先物取引業	738.5	517.6	489.1	28.5	220.9	35.2	1.5	76.2
保険業(保険媒介代理業、保険サービス業を含む)	428.9	341.0	324.9	16.2	87.9	68.8	6.7	88.9
不動産業、物品賃貸業	379.3	301.1	282.1	19.0	78.2	38.6	21.7	60.1
不動産取引業、不動産賃貸業・管理業	389.5	305.0	287.1	17.9	84.5	39.5	21.2	62.1
不動産管理業	315.3	259.6	243.9	15.7	55.7	35.3	28.1	51.0
物品賃貸業	355.4	291.9	270.3	21.6	63.5	36.5	22.9	55.6
学術研究、専門・技術サービス業	469.3	371.8	346.1	25.7	97.5	32.7	10.2	71.3
学術・開発研究機関	564.0	431.7	406.8	24.9	132.3	27.8	10.3	60.2
自然科学研究所	561.5	430.8	405.8	25.0	130.6	28.2	9.9	57.1
専門サービス業(他に分類されないもの)	448.4	358.7	337.7	21.0	89.7	46.1	11.9	83.7
広告業	488.0	415.7	382.3	33.4	72.3	35.4	8.5	70.3
技術サービス業(他に分類されないもの)	442.9	350.4	322.9	27.5	92.4	26.9	9.6	67.4
土木建設サービス業	446.9	358.1	332.3	25.8	88.8	26.1	9.4	55.6
機械設計業	506.3	384.5	353.6	30.9	121.8	16.2	2.2	63.6
宿泊業、飲食サービス業	117.2	111.4	107.3	4.1	5.8	63.5	77.7	69.7
宿泊業	183.5	171.5	164.7	6.8	12.0	58.0	49.0	73.0
飲食店	103.1	99.2	95.7	3.4	3.9	62.3	83.8	68.1
持ち帰り・配達飲食サービス業	132.9	123.3	118.0	5.3	9.6	73.1	70.8	77.4
生活関連サービス業、娯楽業	207.7	192.1	185.2	7.0	15.6	57.8	47.3	71.2
娯楽業	198.7	182.5	176.5	6.0	16.2	48.9	57.1	59.9
スポーツ施設提供業	151.9	141.6	137.4	4.2	10.3	53.4	65.7	58.9
遊戯場	232.2	215.0	208.4	6.6	17.2	45.6	50.4	64.1
教育、学習支援業	367.3	287.3	281.0	6.3	79.9	52.4	34.8	61.7
学校教育	412.6	318.3	313.3	4.9	94.3	53.2	28.4	63.2
その他の教育，学習支援業	235.5	197.5	187.1	10.4	38.0	50.2	53.6	59.4
医療、福祉	296.6	252.4	238.9	13.5	44.2	75.5	33.8	81.9
医療業	361.5	307.6	286.6	21.0	53.9	76.0	26.5	81.1
病院	427.6	356.7	327.2	29.5	70.8	72.1	16.0	74.7
一般診療所	257.7	228.7	220.7	7.9	29.0	80.3	44.2	81.7
社会保険・社会福祉・介護事業	234.9	200.4	193.9	6.5	34.5	75.1	40.5	82.3
児童福祉事業	239.0	199.5	193.1	6.3	39.6	88.5	40.9	90.8
老人福祉・介護事業	229.3	200.0	193.7	6.3	29.3	74.3	39.5	84.4
障害者福祉事業	215.4	182.6	177.6	5.0	32.9	58.9	46.3	63.3
複合サービス事業	369.0	290.0	274.2	15.7	79.0	39.8	17.3	70.1
協同組合(他に分類されないもの)	344.4	272.3	263.9	8.3	72.1	47.1	6.4	74.7
サービス業(他に分類されないもの)	264.1	229.5	212.0	17.5	34.5	43.2	30.0	66.8
廃棄物処理業	347.3	288.8	265.1	23.8	58.4	14.8	15.0	36.9
一般廃棄物処理業	354.1	292.5	272.4	20.2	61.6	14.1	16.8	36.3
自動車整備・機械等修理業	397.5	320.3	293.8	26.5	77.2	18.5	9.1	50.7
職業紹介・労働者派遣業	247.6	230.1	210.8	19.2	17.6	50.0	20.4	69.1
労働者派遣業	241.7	227.7	208.0	19.7	13.9	49.7	19.9	71.8
その他の事業サービス業	231.6	202.5	186.4	16.1	29.1	46.6	40.3	68.2
建物サービス業	184.5	165.4	155.4	10.0	19.1	49.4	57.0	67.0
警備業	241.4	215.9	190.5	25.3	25.6	11.8	17.9	20.0

2．所定内給与とは、上記定期給与のうち、超過労働給与額を除いたもの。
3．特別給与には賞与、一時金のほかベースアップ遡及払いなどを含む。用語解説17参照。
4．女性比率は調査期間末の労働者数から、女性の割合を算出したものである。
5．女性パート比率とは、パートタイム労働者にしめる女性の割合。

C−7　産業別の性別及び
(10人以上事業所・

| 産 業 | 総労働者数 (男女・学歴計) | | | | 男 性 | | | | | | | | 性 |
| | | | | | 高 校 卒 | | | | 専門学校卒 | | | | |
	年齢 (歳)	勤続年数 (年)	所定内給与額 (千円)	労働者数 (十人)	年齢 (歳)	勤続年数 (年)	所定内給与額 (千円)	労働者数 (十人)	年齢 (歳)	勤続年数 (年)	所定内給与額 (千円)	労働者数 (十人)	年齢 (歳)
産業計(民・公営計)	43.4	12.3	308.0	2,841,622	45.5	14.9	295.4	694,643	42.1	12.4	309.6	192,674	43.0
産業計(民営のみ)	43.4	12.3	307.4	2,821,087	45.4	14.9	295.1	690,823	42.1	12.4	309.4	191,460	43.0
鉱 業	48.3	14.9	323.3	1,004	48.5	15.4	302.7	555	45.0	11.6	312.0	36	47.7
建 設 業	44.5	13.4	333.2	182,353	45.4	13.7	315.9	73,827	43.4	13.2	346.2	14,763	43.6
製 造 業	43.1	14.6	294.9	622,742	43.0	16.5	294.5	252,635	43.2	13.9	301.7	31,259	43.8
食料品製造業	43.2	11.7	239.5	80,269	43.0	14.6	258.3	24,599	42.5	11.0	271.5	3,692	43.2
飲料・たばこ・飼料製造業	42.8	14.2	275.9	8,154	43.5	16.5	277.9	3,301	43.3	13.7	288.0	423	42.4
繊 維 工 業	45.1	13.5	229.7	18,032	45.9	15.7	264.2	4,455	41.2	12.3	262.9	639	44.7
木材・木製品製造業(家具を除く)	44.3	12.8	259.5	6,503	44.4	13.4	257.4	3,419	42.2	11.8	279.6	418	44.2
家具・装備品製造業	44.3	14.2	275.3	5,917	44.9	16.3	279.8	2,696	42.4	12.0	294.4	419	45.0
パルプ・紙・紙加工品製造業	43.4	15.0	278.2	14,392	43.2	16.7	281.3	7,261	42.1	12.8	287.0	834	43.4
印刷・同関連産業	44.3	15.6	285.7	18,534	45.4	18.3	294.0	6,794	45.2	15.5	306.0	1,993	45.9
化 学 工 業	43.0	16.0	352.1	37,176	42.0	17.8	318.7	11,861	43.6	14.4	318.3	1,369	44.8
石油製品・石炭製品製造業	41.7	16.1	363.4	1,436	42.8	19.1	378.0	727	43.4	12.1	383.4	36	47.8
プラスチック製品製造業	42.8	13.2	272.6	37,205	42.7	15.4	285.1	15,563	44.4	13.1	293.4	1,896	44.0
ゴム製品製造業	42.3	14.0	298.5	10,323	41.6	15.6	289.9	4,979	42.3	12.8	296.9	407	44.3
なめし革・同製品・毛皮製造業	45.6	11.8	234.4	1,168	47.3	14.7	276.1	294	38.4	10.6	269.7	47	46.2
窯業・土石製品製造業	45.1	14.2	294.1	20,331	45.3	15.4	286.6	10,500	44.1	11.3	290.6	964	45.0
鉄 鋼 業	41.1	15.8	313.8	20,720	40.8	16.8	299.1	12,301	41.6	12.8	294.5	809	41.6
非鉄金属製造業	43.4	15.4	305.8	10,873	43.1	17.1	297.0	5,586	42.9	13.1	300.2	553	42.6
金属製品製造業	43.4	13.8	282.6	48,470	43.5	15.3	285.2	23,224	41.0	12.8	286.5	3,052	43.4
はん用機械器具製造業	42.8	15.4	323.0	31,732	42.4	17.2	314.9	13,269	44.7	15.5	352.9	1,842	42.3
生産用機械器具製造業	43.1	14.9	312.4	50,390	43.0	16.3	297.6	19,945	43.2	15.3	322.6	3,476	42.7
業務用機械器具製造業	43.7	15.5	318.4	19,495	43.7	17.8	306.8	5,707	43.4	14.7	317.6	1,058	44.7
電子部品・デバイス・電子回路製造業	43.9	16.4	318.6	33,616	43.5	18.3	304.4	12,272	43.9	15.0	314.0	1,492	46.1
電気機械器具製造業	43.6	15.9	313.0	41,762	44.0	18.3	308.8	14,355	44.4	15.5	312.0	1,739	44.8
情報通信機械器具製造業	44.7	18.1	330.2	13,823	44.1	19.3	330.9	3,872	47.3	21.2	320.8	673	46.0
輸送用機械器具製造業	41.4	14.8	307.2	80,424	41.7	16.7	310.3	41,542	42.9	14.1	298.3	2,749	42.3
その他の製造業	43.7	15.1	294.1	11,995	44.4	17.4	290.0	4,112	43.3	14.1	303.2	681	44.7
電気・ガス・熱供給・水道業	44.9	21.2	419.7	13,822	47.1	25.5	437.1	6,914	45.0	17.4	379.7	407	43.7
情 報 通 信 業	40.3	12.9	373.5	130,750	45.9	17.7	371.4	9,088	41.9	15.5	351.4	13,567	40.9
運 輸 業, 郵 便 業	46.9	12.6	278.5	225,190	48.8	13.9	278.3	109,943	44.9	11.0	281.8	14,152	44.5
道 路 貨 物 運 送 業	47.5	12.2	275.5	131,460	48.5	13.1	277.3	70,651	45.0	10.2	278.8	8,084	45.4
卸 売 業, 小 売 業	42.7	13.1	308.0	463,651	45.7	15.7	303.6	83,577	41.2	14.2	317.4	36,552	42.2
卸 売 業	43.2	13.9	340.0	254,400	47.1	17.0	320.8	45,387	43.6	14.9	342.5	14,720	42.6
小 売 業	42.2	12.1	269.2	209,251	44.1	14.1	283.1	38,190	39.6	13.7	300.5	21,833	41.3
金 融 業, 保 険 業	42.4	14.1	383.5	101,796	52.4	21.0	391.6	3,144	45.8	16.7	476.0	1,174	42.7
不動産業, 物品賃貸業	44.2	10.4	326.1	46,687	47.9	11.9	317.6	7,293	43.2	10.2	325.2	2,714	43.4
学術研究, 専門・技術サービス業	42.8	12.9	386.9	108,242	46.5	17.4	353.0	14,043	43.7	14.9	356.9	6,240	43.8
宿泊業, 飲食サービス業	42.5	9.8	257.6	73,204	44.0	11.3	270.6	17,067	41.7	10.1	286.1	8,581	42.1
生活関連サービス業, 娯楽業	41.4	10.4	268.2	56,185	44.8	11.9	280.2	12,163	38.4	10.2	296.6	5,240	42.3
教育, 学習支援業	43.9	11.7	373.9	80,092	51.8	15.5	297.6	3,784	43.0	12.2	317.2	1,971	45.5
医 療, 福 祉	42.8	9.0	291.7	441,158	44.4	8.8	259.5	24,184	39.9	9.7	291.0	36,132	42.4
社会保険・福祉・介護	44.3	8.5	254.8	215,877	43.6	8.1	257.3	18,827	40.0	8.4	273.3	15,822	43.7
複 合 サ ー ビ ス 事 業	43.8	15.9	296.7	29,550	46.1	19.7	323.3	8,282	42.4	15.0	313.8	1,790	41.7
サービス業(他に分類されないもの)	45.1	12.0	265.5	244,679	48.4	11.3	264.7	64,325	43.7	10.7	284.0	16,882	44.3

資料出所　厚生労働省「賃金構造基本統計調査」。
注1．「総労働者数」欄は中学卒、高専・短大卒、大学院卒等を含む。勤続年数は同一企業での勤続年数。パート労働者
　　を含まない常用労働者を対象。
　2．民・公営計は「電気・ガス・熱供給・水道業」「運輸業、郵便業」等の公営を含んだもの。

学歴別平均所定内給与・平均年齢等
令和3年6月末時点）

							女		性						
大 学 卒			高 校 卒				専門学校卒				大 学 卒				産
勤続年数(年)	所定内給与額(千円)	労働者数(十人)	年齢(歳)	勤続年数(年)	所定内給与額(千円)	労働者数(十人)	年齢(歳)	勤続年数(年)	所定内給与額(千円)	労働者数(十人)	年齢(歳)	勤続年数(年)	所定内給与額(千円)	労働者数(十人)	業
13.4	387.8	634,935	45.2	11.1	220.2	318,981	42.1	9.5	266.3	174,119	36.2	7.8	289.8	248,002	計
13.5	386.9	630,788	45.2	11.1	220.0	318,071	42.1	9.4	264.8	170,776	36.2	7.8	288.9	245,633	計
18.1	461.6	137	48.5	14.4	233.0	67	50.8	15.0	231.5	10	37.2	7.1	291.1	20	鉱
14.4	401.0	45,224	45.6	12.9	234.7	9,276	42.8	10.9	254.5	2,735	35.5	8.3	272.5	7,747	建
14.9	366.9	108,867	43.5	12.8	208.6	87,455	43.8	11.1	218.2	10,905	37.1	8.8	269.2	20,492	製
12.9	326.0	10,511	43.6	10.6	185.0	17,668	43.7	8.8	186.8	2,231	35.6	7.0	235.6	3,301	食
14.0	327.7	1,573	42.8	12.7	206.0	1,066	41.7	7.5	199.9	159	37.1	8.9	255.5	387	飲
14.3	326.4	2,289	45.4	13.1	176.7	5,975	44.6	12.7	205.5	1,095	38.3	8.1	228.2	485	繊
13.0	320.3	862	43.3	11.3	204.3	648	43.7	11.5	226.1	76	36.0	7.1	229.7	156	木
14.8	342.8	889	43.5	12.0	215.7	717	43.3	9.3	228.5	159	37.6	8.0	246.9	188	家
15.0	336.3	2,248	44.7	12.5	209.2	1,642	44.7	11.9	223.0	239	35.8	7.0	250.3	380	パ
16.0	330.0	3,112	41.3	12.6	217.3	2,211	40.3	10.0	219.4	728	38.4	9.1	243.6	1,023	印
15.8	417.5	7,430	45.0	15.7	245.7	3,614	44.8	12.1	255.0	521	40.8	12.8	356.5	2,326	化
16.6	442.1	155	44.7	16.5	287.4	112	39.6	11.0	265.5	12	39.6	9.4	293.9	33	石
14.4	349.9	5,358	42.9	10.5	191.2	7,276	42.0	7.6	200.8	562	35.6	6.7	238.7	920	プ
15.4	393.6	1,611	43.2	12.1	213.6	1,354	43.7	9.9	220.9	105	36.2	8.7	275.4	293	ゴ
10.7	304.7	170	45.7	11.5	187.4	345	39.2	7.1	197.8	59	38.0	8.1	229.7	67	な
14.0	362.5	2,813	44.4	12.9	219.5	1,876	45.4	12.4	229.8	212	38.3	8.5	257.9	385	窯
14.7	379.1	3,200	41.2	13.9	242.7	1,027	40.5	11.1	229.0	75	34.0	7.2	247.0	490	鉄
14.2	376.5	1,609	46.3	14.5	216.6	1,033	48.1	13.4	235.8	127	38.6	8.4	258.6	213	非
13.0	332.0	8,173	44.6	12.1	223.2	5,667	44.0	11.3	224.8	764	36.3	8.1	243.2	1,381	金
14.4	378.9	6,277	45.6	16.4	246.2	3,489	44.0	11.7	235.8	392	36.5	8.0	272.1	746	は
14.6	365.1	11,709	44.4	14.1	236.8	3,893	45.8	16.0	247.8	699	37.4	7.9	262.7	1,621	生
16.0	383.3	4,966	43.8	14.4	214.0	2,882	44.3	10.6	233.6	413	37.7	10.8	305.0	817	業
16.9	401.7	6,999	43.9	15.6	212.4	5,407	45.0	12.6	219.4	416	38.7	10.1	280.7	1,094	デ
16.5	381.3	8,745	44.5	14.7	214.3	6,015	47.2	12.3	234.7	710	35.1	8.5	264.3	1,344	電
19.5	405.1	3,730	45.7	17.5	223.3	1,880	43.8	12.9	218.5	222	38.4	11.4	299.4	717	通
14.5	371.0	12,091	39.1	11.4	216.7	9,664	44.2	12.4	241.1	597	35.7	8.7	271.6	1,517	輸
15.7	385.0	2,345	43.6	13.9	214.0	1,994	40.8	9.8	227.4	332	37.5	8.9	278.2	607	他
16.9	432.0	2,576	45.9	21.3	333.3	687	43.8	19.9	365.3	60	36.5	10.7	333.0	373	電
13.8	400.5	58,580	42.5	11.4	259.7	2,601	38.2	10.3	273.3	3,349	35.1	9.2	329.2	19,287	情
12.1	328.2	30,984	45.2	9.9	214.3	15,809	40.9	7.7	220.8	2,773	35.0	8.0	259.0	6,985	運
12.1	317.3	13,479	45.4	9.9	215.1	9,377	41.1	7.3	209.8	1,381	37.5	8.7	241.7	2,082	道
14.3	379.5	144,153	44.4	11.8	213.9	54,460	40.3	9.4	235.8	15,589	35.2	7.9	282.4	44,100	卸
14.7	400.7	100,016	44.9	13.0	229.5	21,310	41.8	10.8	256.9	7,327	35.0	8.2	288.3	26,901	卸
13.3	331.5	44,137	44.1	11.0	203.9	33,151	38.9	8.1	217.1	8,262	35.6	7.5	273.3	17,199	小
16.1	484.2	39,241	47.4	14.4	278.1	16,332	46.3	13.1	296.4	2,383	34.5	8.6	295.6	21,519	金
11.6	391.2	17,631	45.1	9.5	239.3	3,965	41.8	7.7	250.1	1,804	35.0	7.2	273.2	6,913	不
13.6	433.6	36,302	43.8	13.0	252.2	4,938	43.7	8.7	257.5	3,501	37.5	8.3	325.2	13,797	学
10.6	319.2	10,474	44.7	9.1	199.4	11,427	36.6	6.7	223.8	4,678	34.8	6.7	251.1	5,135	宿
11.9	330.0	9,518	43.5	10.1	211.3	9,286	33.9	7.6	238.7	6,106	36.0	7.9	250.6	4,100	生
13.9	414.0	21,100	45.4	11.8	249.1	2,315	41.4	10.1	276.8	3,157	39.0	9.1	314.3	16,126	教
9.4	434.5	51,107	47.5	8.9	224.5	69,536	43.1	9.6	280.4	105,617	36.5	6.8	293.7	56,596	医
9.9	303.9	22,286	48.6	8.5	227.6	46,358	45.8	8.7	259.2	34,590	39.1	7.1	258.3	21,330	社
14.7	319.4	6,775	42.7	13.6	231.9	4,055	43.7	11.9	240.6	503	34.7	9.5	251.3	2,130	複
14.2	317.1	48,120	46.5	8.0	212.7	25,861	41.5	6.8	228.9	7,603	37.8	6.4	262.0	20,313	サ

3. 中分類項目では製造業はすべて掲載しているが、その他の産業については、労働者数の多いもののみを掲載。
4. 製造業等で生産と管理・事務・技術等での職務区分のある産業については、その合計での数値となっている。
5. 「複合サービス事業」とは郵便局と協同組合を指す。

C－8(1)　年齢・勤続年数
(令和3年

区　　分	勤続年数計	0年	1～2年	3～4年	5～9年	10～14年	15～19年	20～24年	25～29年	30年以上
企業規模　10人以上〔学歴計〕										
男 性 労 働 者										
高校卒(計)	294.5	208.3	216.6	229.6	252.8	280.7	309.3	332.2	354.8	377.4
～ 19歳	185.0	181.7	189.2	242.6	—	—	—	—	—	—
20 ～ 24	199.9	187.1	191.9	201.3	214.0	—	—	—	—	—
25 ～ 29	230.0	211.6	208.6	217.9	232.3	252.9	—	—	—	—
30 ～ 34	261.2	228.9	230.2	236.8	248.2	269.3	289.8	—	—	—
35 ～ 39	286.0	231.4	242.1	251.1	260.5	287.4	303.6	332.1	—	—
40 ～ 44	307.2	254.3	254.3	259.0	271.4	295.9	316.4	333.1	341.5	—
45 ～ 49	335.0	236.1	260.4	257.5	285.7	302.5	326.6	342.4	361.8	388.2
50 ～ 54	357.4	264.1	260.8	267.0	296.3	298.6	331.9	350.3	378.3	400.6
55 ～ 59	366.1	221.7	268.7	266.6	288.2	296.3	314.9	338.7	369.9	413.0
60 ～ 64	267.2	241.2	238.0	231.4	240.0	258.3	278.0	267.6	276.4	280.9
65 ～ 69	237.8	247.1	183.5	235.4	237.7	232.5	275.4	247.0	225.4	242.3
70歳～	234.0	222.3	213.2	196.4	233.0	230.3	254.6	229.0	220.7	243.1
大学卒(計)	366.9	263.3	269.9	279.3	307.6	352.0	389.5	439.1	490.1	485.7
22 ～ 24歳	226.3	235.4	189.9	—	—	—	—	—	—	—
25 ～ 29	233.1	241.4	259.3	285.8	—	—	—	—	—	—
30 ～ 34	263.5	264.7	277.1	309.9	287.4	—	—	—	—	—
35 ～ 39	292.8	278.3	306.9	340.2	364.8	238.7	—	—	—	—
40 ～ 44	311.4	327.0	335.3	358.1	391.2	444.7	329.3	—	—	—
45 ～ 49	330.5	348.8	361.0	382.6	400.9	453.2	481.7	401.1	—	—
50 ～ 54	393.7	360.0	395.8	403.1	422.0	433.6	511.7	543.6	—	—
55 ～ 59	383.0	369.3	392.5	423.2	423.0	431.1	445.7	539.6	—	—
60 ～ 64	314.0	314.9	336.9	359.3	347.3	329.9	325.5	362.1	—	—
65 ～ 69	209.8	318.7	257.7	273.6	264.0	327.1	273.2	306.7	—	—
70歳～	222.7	236.8	284.5	241.7	280.5	305.5	191.3	298.8	—	—
女 性 労 働 者										
高校卒(計)	208.6	178.0	180.1	184.6	192.7	204.8	214.6	224.6	259.2	280.4
～ 19歳	174.8	171.3	179.5	—	—	—	—	—	—	—
20 ～ 24	183.7	185.8	176.0	189.1	193.8	—	—	—	—	—
25 ～ 29	192.8	179.6	178.6	182.0	200.7	209.8	—	—	—	—
30 ～ 34	204.5	170.4	178.7	192.6	191.3	219.6	238.7	—	—	—
35 ～ 39	207.4	186.6	182.9	184.3	188.9	205.5	239.2	252.3	—	—
40 ～ 44	213.7	181.0	186.7	181.7	200.1	200.6	221.4	248.7	271.2	—
45 ～ 49	231.4	182.8	188.0	184.8	197.3	211.3	218.9	235.3	291.5	300.3
50 ～ 54	225.2	170.1	186.4	180.4	194.7	200.8	217.7	222.4	267.2	299.0
55 ～ 59	222.4	161.2	182.4	175.4	184.3	202.2	204.1	210.6	240.8	298.5
60 ～ 64	188.7	228.0	175.8	176.1	165.7	181.2	186.8	190.3	193.4	206.0
65 ～ 69	176.1	138.6	161.4	156.8	158.6	182.2	175.2	176.5	171.4	203.7
70歳～	183.5	158.9	150.5	168.7	179.8	149.4	204.0	171.4	151.1	219.0
大学卒(計)	269.2	226.8	227.0	242.8	253.9	286.8	325.9	321.1	418.1	431.1
20 ～ 24歳	224.3	219.8	146.3	—	—	—	—	—	—	—
25 ～ 29	218.5	234.3	250.4	305.0	—	—	—	—	—	—
30 ～ 34	217.2	239.9	267.5	270.5	—	—	—	—	—	—
35 ～ 39	236.1	247.1	240.6	290.9	333.5	—	—	—	—	—
40 ～ 44	233.3	270.3	246.3	294.7	325.0	304.2	308.6	—	—	—
45 ～ 49	265.0	262.1	246.0	319.0	308.1	362.0	432.3	494.3	—	—
50 ～ 54	239.8	251.5	261.7	312.0	355.6	280.4	425.7	493.0	—	—
55 ～ 59	190.1	300.0	245.0	236.5	348.9	316.9	443.6	449.0	—	—
60 ～ 64	385.4	457.9	223.7	220.8	226.2	191.3	230.4	256.8	—	—
65 ～ 69	—	162.6	285.0	181.7	—	212.3	216.1	266.6	—	—
70歳～	—	—	315.7	—	171.0	—	—	153.6	—	—

資料出所　厚生労働省「賃金構造基本統計調査」。

注　1．企業規模10～99人、100～999人の区分は省略しているが、10人以上の数値には含まれる。

階級別にみた所定内給与〔製造業〕
6月分)

(単位　千円)

区　　分	勤続年数計	0 年	1～2年	3～4年	5～9年	10～14年	15～19年	20～24年	25～29年	30年以上
企業規模　1,000人以上〔学歴計〕										
男 性 労 働 者										
高校卒(計)	324.8	208.4	225.4	231.2	257.1	292.4	329.9	359.2	378.6	408.5
～19歳	188.0	182.0	194.3	242.6	—	—	—	—	—	
20 ～ 24	210.6	189.4	201.2	209.8	224.8	—				
25 ～ 29	248.3	245.7	242.5	224.7	224.8	264.3	—			
30 ～ 34	286.1	269.5	261.7	266.4	265.8	284.9	310.7	—		
35 ～ 39	315.0	255.2	272.1	270.6	274.1	307.7	327.0	355.9	—	
40 ～ 44	343.1	257.3	283.3	284.6	284.8	319.7	347.3	360.6	368.2	
45 ～ 49	381.1	280.9	305.8	295.2	311.1	324.0	364.4	366.5	387.9	415.6
50 ～ 54	404.2	314.0	267.0	286.4	314.5	320.9	355.3	367.9	374.9	426.7
55 ～ 59	419.0	191.8	351.8	249.4	328.4	292.5	299.0	373.5	362.5	441.8
60 ～ 64	267.6	255.7	255.6	243.4	224.6	223.0	210.8	240.8	247.8	281.0
65 ～ 69	252.4	345.8	234.9	183.1	333.9	193.3	191.2	219.5	167.8	219.8
70歳～	212.1			83.3	235.3	202.0		178.1		218.1
大学卒(計)	425.9	288.8	287.4	296.0	340.1	381.7	444.4	499.8	547.4	539.0
22 ～ 24歳	235.9	225.8	188.2	—						
25 ～ 29	242.9	253.7	272.9	—						
30 ～ 34	292.6	291.8	309.9	334.9	300.4	—				
35 ～ 39	326.0	302.6	361.9	373.6	414.0	225.3	—			
40 ～ 44	371.3	387.4	393.6	397.0	443.3	508.7	346.6	—		
45 ～ 49	367.1	411.9	459.9	428.5	461.3	502.7	545.4	444.5	—	
50 ～ 54	622.9	460.3	462.8	443.6	478.7	481.2	557.4	580.5	—	
55 ～ 59	534.1	490.9	445.4	481.8	529.1	537.1	510.3	582.7	—	
60 ～ 64	321.0	326.8	353.1	434.1	398.5	350.3	295.6	371.3	—	
65 ～ 69	171.9	289.5	435.4	192.6	134.7	298.1	400.0	392.5	—	
70歳～	—	—	292.0	504.9	—	213.2	—	256.5		
女 性 労 働 者										
高校卒(計)	238.6	188.5	193.8	205.7	207.0	226.6	240.7	248.8	298.2	308.8
～19歳	182.0	177.4	185.5	—						
20 ～ 24	201.3	214.3	194.8	201.5	206.0	—				
25 ～ 29	211.3	184.9	192.1	198.1	218.6	221.3	—			
30 ～ 34	234.0	177.3	212.3	213.6	198.5	246.3	258.2	—		
35 ～ 39	245.6	203.9	219.4	240.6	187.4	231.1	268.5	271.7	—	
40 ～ 44	244.4	179.7	186.2	204.8	214.7	233.3	244.9	266.4	307.0	
45 ～ 49	277.0	215.9	209.4	204.1	226.0	232.2	236.9	259.4	307.1	306.5
50 ～ 54	268.5	166.1	199.3	198.4	206.2	208.8	217.9	239.7	316.5	327.8
55 ～ 59	266.3	208.1	168.1	192.9	180.5	210.9	209.3	213.1	262.2	326.7
60 ～ 64	202.5	182.3	188.2	170.2	179.3	181.3	190.1	193.5	224.5	220.3
65 ～ 69	162.6	111.0	—	—	165.4	174.6	157.3	166.9	181.2	158.1
70歳～	198.0	—	161.7	—	261.3	—	164.2	206.1	172.8	171.7
大学卒(計)	314.3	253.7	241.2	273.8	285.8	318.6	366.1	358.6	499.6	479.2
20 ～ 24歳	231.1	230.4	—							
25 ～ 29	254.5	256.2	270.8	—						
30 ～ 34	241.9	265.9	305.2	291.9	—					
35 ～ 39	260.7	277.9	283.9	324.5	366.6	—				
40 ～ 44	225.0	344.6	244.1	342.3	359.4	304.9	—			
45 ～ 49	258.4	261.1	308.1	290.4	380.6	393.2	533.4	—		
50 ～ 54	217.6	465.0	312.0	423.9	567.6	474.4	471.2	531.9	—	
55 ～ 59	159.5	343.7	267.7	272.9		589.0	509.2	497.6	—	
60 ～ 64	676.4	728.0	254.6	232.1	166.3	150.0	—	271.8	—	
65 ～ 69	—	—	—	173.2	—	—	—	232.6		
70歳～	—									

2. 勤続年数は、労働者が定年後も再雇用等で引き続き同一企業に勤務する場合には通算されている。

C－8⑵　年齢・勤続年数
（令和3年

区　　分	勤続年数計	0年	1～2年	3～4年	5～9年	10～14年	15～19年	20～24年	25～29年	30年以上
企業規模　10人以上										
男 性 労 働 者										
高　校　卒(計)	303.6	226.9	229.8	247.8	260.2	298.6	321.8	351.0	364.1	390.1
～　19歳	183.3	179.5	192.5							
20　～　24	200.5	197.2	200.5	200.9	202.5	—	—	—	—	—
25　～　29	226.0	200.5	223.9	233.4	225.8	243.1	—	—	—	—
30　～　34	252.5	238.1	245.4	254.4	247.5	259.2	275.6	—	—	—
35　～　39	282.5	240.5	251.6	257.5	280.4	300.5	294.8	313.1	—	—
40　～　44	305.2	235.2	267.2	268.9	292.8	314.4	303.7	334.8	344.1	—
45　～　49	345.1	280.4	253.2	283.0	274.2	336.4	359.3	372.8	381.3	434.5
50　～　54	362.3	290.8	258.1	266.8	286.1	328.0	359.4	384.5	376.6	417.3
55　～　59	372.7	274.0	238.5	311.1	291.0	292.4	349.4	383.6	350.5	435.7
60　～　64	281.7	299.5	227.9	222.5	239.7	260.8	302.6	298.1	275.5	308.3
65　～　69	234.9	249.7	195.6	218.9	213.2	269.8	239.1	236.6	255.7	249.1
70歳～	238.5	250.3	183.8	222.0	223.0	208.2	244.1	218.9	263.1	283.0
大　学　卒(計)	379.5	269.5	294.1	314.2	330.0	368.2	412.6	456.5	496.7	476.9
22　～　24歳	230.9	224.1	233.4	270.0	210.5	—	—	—	—	—
25　～　29	274.1	240.7	253.6	274.9	291.2	—	—	—	—	—
30　～　34	311.8	318.8	291.3	305.2	308.1	331.0	301.5	—	—	—
35　～　39	359.1	311.5	322.1	329.5	351.8	365.6	383.3	170.0	—	—
40　～　44	402.6	360.3	363.1	386.9	368.3	377.3	419.5	429.2	331.9	—
45　～　49	443.6	415.3	410.3	381.7	411.6	418.3	426.0	460.7	470.1	399.4
50　～　54	502.4	449.3	419.1	392.1	418.6	404.6	450.8	506.2	526.3	559.0
55　～　59	491.6	379.0	435.0	455.8	419.2	423.3	464.2	494.5	465.5	521.6
60　～　64	353.5	282.0	383.0	406.3	336.1	360.7	343.0	429.7	359.0	342.0
65　～　69	303.0	276.4	298.6	281.7	274.1	273.6	276.5	365.0	399.3	328.0
70歳～	347.0	—	240.7	207.0	255.7	273.3	273.0	194.2	601.7	451.4
女 性 労 働 者										
高　校　卒(計)	213.9	190.5	192.6	196.6	199.9	209.6	217.1	231.2	261.5	297.0
～　19歳	184.0	184.2	183.6							
20　～　24	189.9	187.1	185.5	194.2	198.0	—	—	—	—	—
25　～　29	202.1	183.5	200.8	200.5	205.2	218.9	—	—	—	—
30　～　34	209.3	197.7	211.0	204.7	204.7	222.1	203.1	—	—	—
35　～　39	216.7	181.1	210.7	200.0	207.8	227.7	237.1	244.2	—	—
40　～　44	221.7	227.8	193.0	188.1	208.6	217.9	232.7	262.6	271.3	—
45　～　49	229.7	180.3	189.4	206.3	200.5	215.9	235.8	271.4	285.0	297.9
50　～　54	226.6	173.2	191.1	203.0	199.6	206.1	216.8	243.7	269.3	318.2
55　～　59	226.8	168.6	186.3	182.7	187.5	198.2	212.0	216.9	259.8	324.7
60　～　64	192.6	224.1	151.7	168.0	178.7	186.2	188.3	180.7	196.4	246.0
65　～　69	179.8	192.2	158.3	189.1	169.7	171.1	169.1	160.4	204.5	212.9
70歳～	180.7	—	124.1	130.0	179.3	182.7	165.4	145.5	186.6	210.7
高専・短大卒(計)	257.7	214.7	220.9	225.8	226.6	248.5	276.6	289.4	325.4	346.9
20　～　24歳	204.6	200.7	208.1	200.8	195.1	—	—	—	—	—
25　～　29	222.0	200.0	217.5	223.8	227.8	135.3	—	—	—	—
30　～　34	236.1	215.2	218.6	245.6	222.6	249.8	177.1	—	—	—
35　～　39	243.9	210.6	218.3	199.8	244.4	255.1	256.6	—	—	—
40　～　44	269.9	277.3	238.6	245.3	242.7	238.2	315.8	287.6	222.2	—
45　～　49	275.0	230.9	219.9	240.7	228.4	266.3	291.8	307.8	327.0	349.8
50　～　54	288.0	203.5	204.8	200.6	215.1	269.7	269.6	311.1	332.7	359.9
55　～　59	276.4	172.1	229.2	200.1	208.4	216.1	236.0	286.8	369.4	384.2
60　～　64	243.3	352.6	384.2	193.2	214.0	184.6	216.6	218.6	285.5	250.5
65　～　69	209.1	197.1	153.1	209.7	206.6	182.8	159.4	206.1	259.3	255.7
70歳～	200.6	—	154.7	147.2	169.2	234.2	256.5	—	—	251.3

資料出所　厚生労働省「賃金構造基本統計調査」。
注　1．企業規模10～99人、100人～999人の区分は省略しているが、10人以上の数値には含まれる。
　　2．勤続年数は、労働者が定年後も再雇用等で引き続き同一企業に勤務する場合には通算されている。

階級別にみた所定内給与〔卸売・小売業〕
6月分）

(単位　千円)

区　　分	勤続年数計	0年	1～2年	3～4年	5～9年	10～14年	15～19年	20～24年	25～29年	30年以上
企業規模　1,000人以上										
男性労働者										
高校卒(計)	318.0	240.5	222.6	240.1	237.4	280.6	302.0	353.6	389.6	427.3
～19歳	185.8	185.8	186.1	—	—	—	—	—	—	—
20～24	204.0	189.8	202.3	206.7	211.7	—	—	—	—	—
25～29	225.7	190.6	223.1	243.8	223.5	238.5	—	—	—	—
30～34	250.5	264.8	224.3	238.2	224.9	268.1	313.9	—	—	—
35～39	282.2	193.9	231.2	247.8	267.5	286.6	303.2	284.1	—	—
40～44	305.6	204.6	291.7	296.4	243.4	301.5	290.9	349.0	364.9	—
45～49	374.7	281.3	267.3	308.7	230.1	337.8	330.3	391.9	397.1	484.3
50～54	381.6	328.9	194.2	213.5	272.6	292.8	303.7	373.1	414.0	438.8
55～59	393.7	273.8	273.5	272.9	246.9	234.9	311.1	417.5	374.9	456.9
60～64	290.9	420.6	210.3	229.5	242.0	253.1	242.6	238.4	275.1	315.6
65～69	226.1	121.8	175.2	181.7	202.8	174.4	295.0	227.9	272.9	267.6
70歳～	176.2	—	—	149.1	186.5	189.4	243.4	137.7	—	209.1
大学卒(計)	398.0	255.6	288.1	332.6	340.4	375.4	429.7	461.3	517.5	502.4
22～24歳	236.6	226.9	237.3	278.0	237.2	—	—	—	—	—
25～29	293.0	261.6	263.9	294.1	307.9	—	—	—	—	—
30～34	334.1	281.6	349.5	328.4	333.0	342.1	298.3	—	—	—
35～39	384.4	308.1	367.0	357.6	386.4	382.3	399.4	—	—	—
40～44	423.3	397.9	386.4	412.0	370.5	382.3	444.9	441.0	352.8	—
45～49	456.5	565.6	428.1	419.6	372.6	425.2	434.6	464.5	482.4	408.8
50～54	535.9	381.3	410.9	469.5	433.7	434.4	465.0	512.6	543.7	578.3
55～59	526.2	235.7	447.9	628.8	350.7	446.3	464.4	580.9	523.1	540.2
60～64	359.0	273.8	360.7	463.5	375.3	290.6	325.7	346.7	287.8	350.1
65～69	297.1	273.9	254.6	232.3	231.7	291.9	350.0	—	—	343.6
70歳～	260.4	—	—	257.5	304.9	189.0	—	137.9	—	232.1
女性労働者										
高校卒(計)	215.9	194.2	189.4	202.4	204.1	207.4	199.8	221.2	270.3	323.4
～19歳	186.8	181.0	193.6	—	—	—	—	—	—	—
20～24	199.9	196.5	189.2	211.6	207.2	—	—	—	—	—
25～29	211.8	186.2	171.4	212.2	225.1	276.7	—	—	—	—
30～34	213.6	189.7	197.4	197.5	220.9	232.8	207.0	—	—	—
35～39	225.9	187.4	211.6	209.0	218.3	230.5	249.8	273.0	—	—
40～44	215.9	243.9	205.6	190.6	198.5	209.9	211.1	251.2	271.3	—
45～49	231.7	173.8	172.9	205.3	207.8	204.3	201.3	246.7	298.9	321.4
50～54	229.9	165.0	187.3	206.1	200.9	198.5	199.6	227.9	281.7	324.6
55～59	220.5	170.1	176.6	181.2	177.7	196.1	183.7	202.6	230.9	348.2
60～64	186.1	244.6	168.1	159.5	157.0	181.1	169.3	167.8	174.8	264.8
65～69	166.5	—	121.1	170.7	170.5	177.5	160.5	171.1	154.7	147.8
70歳～	169.4	—	—	—	—	168.5	186.2	151.3	—	144.0
高専・短大卒(計)	270.1	238.9	234.7	213.1	234.6	252.1	269.6	293.8	325.5	371.4
20～24歳	219.4	228.0	219.6	192.1	224.7	—	—	—	—	—
25～29	229.4	190.1	201.1	233.0	240.3	135.3	—	—	—	—
30～34	234.4	221.8	212.5	185.1	216.8	264.9	—	—	—	—
35～39	273.0	260.3	256.0	220.7	189.7	279.5	292.0	—	—	—
40～44	275.9	301.5	244.8	244.8	274.8	239.9	301.3	290.2	222.2	—
45～49	279.8	158.1	208.4	205.7	232.2	270.3	243.7	371.0	324.4	—
50～54	312.0	164.9	211.3	188.3	239.8	239.8	245.9	294.3	341.6	377.1
55～59	301.8	173.0	224.8	174.5	201.5	193.8	199.1	261.8	582.4	405.7
60～64	261.5	166.0	515.0	309.2	179.5	182.4	205.7	226.5	177.1	277.2
65～69	195.6	—	—	—	301.2	191.3	160.2	184.1	157.1	136.4
70歳～	249.8	—	—	—	—	249.8	—	—	—	—

3．表示学歴の年齢と勤続年数については、定時制卒業の場合も含まれる。
4．サンプル数が少ない場合は、数値が安定しないので、注意されたい。

C－9　年齢別にみた企業規模別所定内賃金格差
(製造業・男性・学歴計)〔1,000人以上＝100〕

	年	1,000人以上	100～999人	10～99人		年	1,000人以上	100～999人	10～99人
〜19歳	平成17年	－	－	－	40〜44歳	平成17年	100	80	73
	22	100	97	94		22	100	80	72
	27	100	97	93		27	100	81	74
	令和2年	100	97	94		令和2年	100	83	76
	3	100	98	95		3	100	83	78
	平均勤続年数(年)	1.0	0.9	0.9		平均勤続年数(年)	16.8	14.9	13.0
20〜24歳	平成17年	100	93	91	45〜49歳	平成17年	100	79	69
	22	100	93	89		22	100	78	67
	27	100	92	87		27	100	76	66
	令和2年	100	92	91		令和2年	100	82	74
	3	100	93	92		3	100	84	77
	平均勤続年数(年)	3.1	2.9	2.7		平均勤続年数(年)	22.5	19.1	15.3
25〜29歳	平成17年	100	91	89	50〜54歳	平成17年	100	82	70
	22	100	90	86		22	100	80	65
	27	100	89	83		27	100	76	63
	令和2年	100	89	86		令和2年	100	81	68
	3	100	90	87		3	100	82	72
	平均勤続年数(年)	5.5	5.4	4.7		平均勤続年数(年)	27.4	23.1	17.3
30〜34歳	平成17年	100	87	86	55〜59歳	平成17年	100	83	71
	22	100	87	85		22	100	83	68
	27	100	84	80		27	100	79	66
	令和2年	100	85	83		令和2年	100	81	67
	3	100	85	82		3	100	82	70
	平均勤続年数(年)	9.6	8.6	7.0		平均勤続年数(年)	32.2	26.2	19.2
35〜39歳	平成17年	100	82	78	60〜64歳	平成17年	100	94	88
	22	100	81	81		22	100	88	87
	27	100	82	77		27	100	88	96
	令和2年	100	80	76		令和2年	100	92	94
	3	100	84	79		3	100	93	96
	平均勤続年数(年)	12.6	11.7	10.0		平均勤続年数(年)	28.6	25.1	20.4

資料出所　厚生労働省「賃金構造基本統計調査」。各年6月分の所定内給与。
注　1．区分は企業の常用労働者数による。パートタイム労働者を含まない数値である。
　　2．平均勤続年数は令和3年次のものである。
　　3．平成20年次より、年齢階級区分のうち、17歳以下及び18～19歳が「～19歳」に統合されたため、上記の「～19歳」欄の平成17年以前のデータは「18～19歳」であることに留意されたい。C-10も同じ。

C－10　企業規模別にみた年齢別所定内賃金格差
(製造業・男性・学歴計)〔20～24歳の平均賃金＝100〕

規模／年		～19歳	20～24歳(平均賃金)(千円)	25～29歳	30～34歳	35～39歳	40～44歳	45～49歳	50～54歳	55～59歳	60～64歳
1000人以上	平成12年	－	100 (203.6)	120	151	179	207	222	240	230	212
	17	－	100 (205.7)	119	144	177	206	227	229	227	149
	22	86	100 (205.7)	120	141	165	201	228	240	229	143
	27	85	100 (212.2)	119	142	163	187	218	236	230	131
	令和2年	86	100 (215.9)	119	139	168	183	201	224	230	141
	3	88	100 (214.6)	119	141	163	179	195	218	223	142
	平均勤続年数(年)	1.0	3.1	5.5	9.6	12.6	16.8	22.5	27.4	32.2	28.6
100～999人	平成12年	－	100 (193.2)	118	138	161	180	195	212	211	154
	17	－	100 (190.9)	116	135	156	177	192	203	204	151
	22	90	100 (191.1)	116	132	154	172	192	207	204	136
	27	90	100 (195.2)	115	130	145	164	180	194	198	134
	令和2年	91	100 (198.3)	115	129	146	165	179	198	204	142
	3	92	100 (200.0)	115	129	146	159	175	192	195	141
	平均勤続年数(年)	0.9	2.9	5.4	8.6	11.7	14.9	19.1	23.1	26.2	25.1
10～99人	平成12年	－	100 (191.5)	119	137	153	164	172	179	177	147
	17	－	100 (187.5)	116	135	152	163	172	175	176	144
	22	91	100 (183.0)	116	134	151	162	173	176	174	141
	27	92	100 (185.4)	113	129	144	157	165	169	175	144
	令和2年	89	100 (195.3)	113	127	141	154	164	168	171	147
	3	91	100 (196.4)	113	126	140	153	163	170	169	148
	平均勤続年数(年)	0.9	2.7	4.7	7.0	10.0	13.0	15.3	17.3	19.2	20.4

資料出所　厚生労働省「賃金構造基本統計調査」。各年6月分の所定内給与。
注　C-9表の注を参照のこと。

C-11　標準労働者の企業内・企業間所定内賃金格差

(製造業、高校卒・大学卒男性労働者、職種計)　　　　　　　　（単位　千円）

学歴/年	1,000人以上			100～999人			10～99人			規模別格差[%]
	20～24歳(A)	50～54歳(B)	格差[倍](B)/(A)	20～24歳(C)	50～54歳(D)	格差[倍](D)/(C)	20～24歳(E)	50～54歳(F)	格差[倍](F)/(E)	(F)/(B)
製造業・高校卒・男性										
昭和36年	19.7	(66.8)	3.39	19.0	(56.3)	2.96	18.4	(40.9)	2.22	61.2
39	25.6	(90.9)	3.55	26.1	(72.3)	2.80	27.9	(51.0)	1.83	56.1
42	26.3	(94.2)	3.58	26.3	(79.4)	3.02	28.0	(68.3)	2.44	72.5
45	45.4	(133.6)	2.94	44.6	(119.4)	2.68	47.6	(94.9)	1.99	71.0
48	72.4	200.6	2.77	71.7	182.9	2.55	73.4	143.0	1.95	71.3
51	110.8	279.6	2.52	105.7	249.5	2.36	110.1	229.4	2.08	82.0
54	127.1	300.8	2.37	120.7	286.5	2.37	125.5	260.2	2.07	86.5
57	148.2	346.7	2.34	138.8	338.6	2.44	144.1	295.9	2.05	85.3
60	160.6	393.1	2.45	149.2	362.8	2.43	153.5	315.8	2.06	80.3
63	169.3	399.8	2.36	156.6	400.6	2.56	161.4	348.3	2.16	87.1
平成2年	183.6	441.8	2.41	172.3	407.8	2.37	176.7	378.3	2.14	85.6
5	200.0	470.9	2.35	193.0	441.6	2.29	202.7	402.0	1.98	85.4
8	205.5	493.7	2.40	192.4	450.3	2.34	195.6	410.9	2.10	83.2
11	203.3	501.0	2.46	189.1	459.0	2.43	186.6	422.9	2.27	84.4
14	200.7	464.9	2.32	188.9	428.7	2.27	186.1	406.3	2.18	87.4
17	203.8	456.2	2.24	188.0	432.0	2.30	186.3	398.1	2.14	87.3
24	204.5	469.6	2.30	192.6	392.4	2.04	184.4	355.9	1.93	75.8
25	206.3	451.8	2.19	190.1	389.7	2.05	190.0	361.5	1.90	80.0
26	209.3	448.9	2.14	190.1	401.0	2.11	187.1	356.4	1.90	79.4
27	210.6	461.4	2.19	195.7	384.4	1.96	188.3	333.6	1.77	72.3
28	211.2	446.8	2.12	197.1	389.2	1.97	193.5	358.6	1.85	80.3
29	217.7	459.0	2.11	197.1	393.3	2.00	196.4	363.9	1.85	79.3
30	212.7	453.7	2.13	198.1	386.4	1.95	195.5	343.4	1.76	75.7
令和元年	213.9	440.3	2.06	198.6	401.7	2.02	195.7	358.2	1.83	81.4
2	212.2	449.3	2.12	199.1	413.9	2.08	191.6	368.2	1.92	81.9
3	211.2	434.9	2.06	198.6	390.2	1.96	198.7	383.0	1.93	88.1
製造業・大学卒・男性										
昭和36年	21.1	(111.1)	5.27	19.2	(85.5)	4.45	18.4	(57.6)	3.13	51.8
39	27.3	(122.9)	4.50	26.3	(85.2)	3.24	27.1	(63.7)	2.35	51.8
42	29.8	(140.0)	4.70	28.5	(116.9)	4.10	30.0	(116.5)	3.88	83.2
45	47.2	(206.3)	4.37	44.0	(146.6)	3.33	46.2	(128.6)	2.78	62.3
48	75.9	295.6	3.89	68.9	218.7	3.17	70.7	199.4	2.82	67.5
51	110.6	391.9	3.54	106.0	336.3	3.17	107.0	290.6	2.72	74.2
54	126.3	455.8	3.61	122.4	373.8	3.05	125.1	322.9	2.58	70.8
57	146.1	518.9	3.55	142.0	425.2	2.99	146.1	440.3	3.01	84.9
60	162.6	553.7	3.41	158.6	489.3	3.09	156.8	483.2	3.08	87.3
63	174.9	603.2	3.45	169.7	503.4	2.97	170.8	474.4	2.78	78.6
平成2年	194.5	628.1	3.23	186.2	538.1	2.89	190.0	461.4	2.43	73.5
5	215.2	668.1	3.10	211.0	577.7	2.74	225.3	544.4	2.42	81.5
8	217.5	696.2	3.20	216.9	590.1	2.72	210.2	525.1	2.50	75.4
11	217.7	669.6	3.08	213.9	550.9	2.58	210.7	488.5	2.32	73.0
14	218.8	638.0	2.92	214.8	533.8	2.49	207.1	483.7	2.34	75.8
17	217.9	628.9	2.89	211.4	522.7	2.47	199.9	513.3	2.57	81.6
24	219.0	634.2	2.90	215.5	497.8	2.31	206.5	436.7	2.11	68.9
25	217.9	628.6	2.88	205.0	497.6	2.43	204.0	436.6	2.14	69.5
26	225.3	629.2	2.79	216.4	504.6	2.33	204.1	445.8	2.18	70.9
27	221.3	628.3	2.84	213.8	503.0	2.35	208.5	415.9	1.99	66.2
28	224.7	594.1	2.64	218.1	486.7	2.23	208.9	414.7	1.99	69.8
29	226.0	585.2	2.59	218.4	489.4	2.24	213.2	446.8	2.10	76.3
30	233.9	584.4	2.50	217.7	483.2	2.22	207.8	430.8	2.07	73.7
令和元年	225.4	594.4	2.64	218.0	492.8	2.26	210.5	418.5	1.99	70.4
2	228.8	569.6	2.49	218.6	488.9	2.24	216.2	457.7	2.12	80.4
3	232.9	574.0	2.46	222.1	485.0	2.18	211.8	463.2	2.19	80.7

資料出所　厚生労働省「賃金構造基本統計調査」。
注　1. 標準労働者として高校卒では「20～24歳・勤続5～9年」の者、また高校卒・大学卒とも「50～54歳・勤続30年以上」の者で全職種を対象者としている。大学卒では「20～24歳・勤続1～2年」の者で全職種を対象者としている。
　　2. 昭和36年・39年の賃金は定期給与（きまって支給する給与）。
　　3. ( ) 内は50～59歳の賃金。

C−12　標準労働者の特定条件別にみた所定内賃金格差〔製造業〕
（令和元年・2年・3年各6月分）

年齢・勤続年数	規模計			1,000人以上			100〜999人			10〜99人		
	令和元年	2年	3年	令和元年	2年	3年	令和元年	2年	3年	令和元年	2年	3年

高校卒（職種計）：男性

所定内給与額（単位　千円）

〜19歳　0年	183.6	182.5	185.3	188.5	186.7	188.8	179.8	181.2	183.7	179.8	176.5	180.0
20〜24　3〜4	205.0	202.6	203.8	213.9	212.2	211.2	198.6	199.1	198.6	195.7	191.6	198.7
25〜29　5〜9	244.0	242.0	241.9	254.2	257.6	255.2	232.2	231.1	231.9	232.8	227.7	233.9
30〜34　10〜14	276.2	276.5	278.6	294.6	294.0	293.3	259.6	265.2	266.3	250.9	257.2	259.2
35〜39　15〜19	314.1	313.3	318.9	335.1	343.3	338.3	296.2	296.9	313.0	282.0	278.4	288.7
40〜44　20〜24	347.6	342.2	337.3	371.6	367.9	364.8	327.3	326.1	320.1	303.9	313.9	302.8
45〜49　25〜29	382.2	385.8	380.4	404.9	407.7	403.0	352.8	364.1	360.8	318.3	338.5	334.7
50〜54　30年以上	421.5	426.7	410.8	440.3	449.3	434.9	401.7	413.9	390.2	358.2	368.2	383.0
55〜59　30年以上	428.8	436.1	430.2	448.2	459.3	454.7	399.4	413.1	404.0	364.1	364.4	362.6
60〜64　30年以上	266.3	295.5	281.9	261.7	306.2	290.0	265.0	254.6	257.6	308.0	354.8	324.4
格　差												
55〜59歳/20〜24歳	2.09	2.15	2.11	2.10	2.16	2.15	2.01	2.07	2.03	1.86	1.90	1.82

高専・短大卒（職種計）：男性

所定内給与額（単位　千円）

20〜24歳　0年	201.6	206.9	207.3	210.6	217.8	207.1	195.9	201.6	206.9	197.3	191.7	208.2
25〜29　5〜9	243.1	251.5	252.8	262.3	259.7	265.1	228.0	252.2	238.1	231.9	220.2	240.5
30〜34　10〜14	283.0	287.0	304.9	303.8	308.7	322.6	276.4	271.8	293.6	238.0	255.1	279.0
35〜39　15〜19	329.5	349.2	335.2	351.6	373.9	351.3	319.9	341.9	325.9	298.9	313.3	300.5
40〜44　20〜24	363.4	393.9	380.8	399.9	451.9	405.2	355.8	353.2	365.6	324.2	368.5	355.2
45〜49　25〜29	442.1	466.0	453.0	474.4	498.0	478.9	424.1	437.8	436.8	337.7	346.8	376.3
50〜54　30年以上	481.9	521.8	510.3	530.6	558.6	558.5	438.7	464.2	448.3	394.7	403.7	411.5
55〜59　30年以上	517.9	523.4	541.1	552.8	539.1	553.3	474.5	457.0	497.1	390.1	476.9	530.0
60〜64　30年以上	342.7	375.1	382.4	331.2	510.2	332.0	354.4	299.1	431.9	355.0	333.7	373.5
格　差												
55〜59歳/20〜24歳	2.57	2.53	2.61	2.62	2.48	2.67	2.42	2.27	2.40	1.98	2.49	2.55

大学卒（職種計）：男性

所定内給与額（単位　千円）

22〜24歳　0年	220.6	222.5	224.3	225.4	228.8	232.9	218.0	218.6	222.1	210.5	216.2	211.8
25〜29　3〜4	256.8	252.1	246.8	270.1	267.4	258.5	249.2	243.0	241.4	240.2	245.0	234.6
30〜34　5〜9	307.3	302.7	295.5	331.1	328.1	325.9	288.8	284.9	278.6	275.6	287.3	272.9
35〜39　10〜14	359.1	358.1	350.7	408.4	420.4	389.7	326.4	329.3	330.2	307.5	310.3	319.3
40〜44　15〜19	427.9	415.3	427.6	483.0	464.2	489.5	398.1	396.1	400.2	336.3	348.9	372.3
45〜49　20〜24	488.3	480.5	473.3	537.5	551.1	535.1	454.9	432.4	446.8	371.5	425.1	405.8
50〜54　25〜29	556.1	542.1	535.6	594.4	569.6	574.0	492.8	488.9	485.0	418.5	457.7	463.2
55〜59　30年以上	567.1	578.9	551.8	612.6	618.9	593.7	503.5	524.0	494.1	428.3	447.0	492.3
60〜64　30年以上	367.3	370.7	363.3	372.1	348.8	374.4	358.0	392.8	356.2	381.8	366.7	324.2
格　差												
55〜59歳/22〜24歳	2.57	2.60	2.46	2.72	2.70	2.55	2.31	2.40	2.22	2.03	2.07	2.32

資料出所　厚生労働省「賃金構造基本統計調査」。
　　注　企業規模は常用労働者数による。パートタイム労働者は含まない。

C−13　初 任 給〔企業規模別〕

規模・年		男性 高校卒 千円	%	短大・高専卒 千円	%	大学卒 千円	%	大学院修士卒 千円	%	女性 高校卒 千円	%	短大・高専卒 千円	%	大学卒 千円	%	大学院修士卒 千円	%
規模計	昭和55年	92.8	4.7	100.7	5.1	114.5	4.6	—	—	88.3	4.3	97.4	4.7	108.7	4.8	—	—
	60	112.2	3.1	123.6	3.0	140.0	3.1	—	—	106.2	3.1	117.0	3.5	133.5	3.7	—	—
	平成2年	133.0	5.9	145.4	5.1	169.9	5.6	—	—	126.0	6.5	138.1	4.9	162.9	4.7	—	—
	7	154.0	0.1	165.1	△0.9	194.2	0.9	—	—	144.7	△0.5	158.7	0.6	184.0	△0.3	—	—
	12	157.1	△0.3	171.6	0.8	196.9	0.2	—	—	147.6	△0.5	163.6	0.9	187.4	△0.7	—	—
	17	155.7	△0.3	170.3	△0.2	196.7	△0.8	221.0	—	148.0	0.5	164.2	0.0	189.3	△0.1	216.6	—
	21	160.8	0.5	175.8	2.4	201.4	0.0	228.6	1.1	153.0	△0.8	171.7	1.8	194.9	0.2	227.1	1.6
	22	160.7	△0.1	173.6	△1.3	200.3	△0.5	224.5	△1.8	153.2	0.1	168.2	△2.0	193.5	△0.7	221.2	△2.6
	23	159.4	△0.8	175.5	1.1	205.0	2.3	233.9	4.2	151.8	△0.9	170.5	1.4	197.9	2.3	237.3	7.3
	24	160.1	0.4	173.0	△1.4	201.8	△1.6	225.6	△3.5	153.6	△0.9	168.4	△1.2	196.5	△0.7	228.4	△3.8
	25	158.9	△0.7	174.2	0.7	200.2	△0.8	227.6	0.9	151.3	△1.5	171.2	1.7	195.1	△0.7	230.0	0.7
	26	161.3	1.5	176.1	1.1	202.9	1.3	227.7	0.0	154.2	1.9	172.8	0.9	197.2	1.1	230.7	0.3
	27	163.4	1.3	177.3	0.7	204.5	0.8	228.5	0.4	156.2	1.3	174.6	1.0	198.8	0.8	228.5	△1.0
	28	163.5	0.1	179.7	1.4	205.9	0.7	231.7	1.4	157.2	0.6	175.2	0.3	200.0	0.6	229.7	0.5
	29	164.2	0.4	180.6	0.5	207.8	0.9	233.6	0.8	158.4	0.8	178.4	1.8	204.1	2.1	232.4	1.2
	30	166.6	1.5	182.9	1.3	210.1	1.1	239.9	2.7	162.3	2.5	180.4	1.1	202.6	△0.7	234.2	0.8
	令和元年	168.9	1.4	184.7	1.0	212.8	1.3	239.0	△0.4	164.6	1.4	183.4	1.7	206.9	2.1	238.3	1.8
1000人以上	昭和55年	95.8	4.8	104.2	5.1	116.9	4.6	—	—	90.4	3.8	99.4	4.4	110.8	4.9	—	—
	60	114.4	3.2	126.2	2.0	142.1	2.7	—	—	109.9	3.4	119.5	3.5	136.0	4.8	—	—
	平成2年	135.4	5.5	147.6	4.1	171.8	5.6	—	—	129.9	5.6	141.7	4.9	165.3	5.4	—	—
	7	153.9	△0.8	167.3	△0.8	196.0	1.2	—	—	149.4	△0.1	160.4	0.4	185.6	0.3	—	—
	12	153.3	△0.8	173.6	0.7	199.0	0.9	—	—	153.0	0.9	163.3	1.4	187.1	0.2	—	—
	17	157.6	△1.1	173.9	0.1	196.4	△1.8	223.0	—	154.4	2.3	164.7	0.2	189.2	△1.4	219.5	—
	21	162.0	0.4	179.3	2.2	203.4	0.7	229.0	1.3	159.6	1.1	184.9	4.3	195.9	0.5	231.8	2.2
	22	160.4	△1.2	177.7	△0.9	201.2	△1.1	226.9	△0.9	156.6	△1.9	171.5	△7.2	194.5	△0.7	227.1	△2.0
	23	160.3	0.2	178.0	0.2	207.5	3.1	233.9	3.1	155.9	△0.4	188.2	9.7	207.1	6.5	245.9	8.3
	24	159.8	△0.3	177.7	△0.2	204.0	△1.7	229.4	△1.9	157.6	1.1	177.5	△5.7	199.6	△3.6	234.7	△4.6
	25	160.9	0.7	181.5	2.1	203.6	△0.2	231.3	0.8	157.4	△0.1	186.6	5.1	200.9	0.7	240.6	2.5
	26	161.5	0.2	178.0	△1.9	205.5	0.9	231.8	0.2	159.2	1.1	178.7	△4.3	200.5	△0.2	236.9	△1.4
	27	163.1	1.0	180.9	1.6	206.9	0.7	232.0	0.1	160.9	1.1	185.2	3.6	203.1	1.3	233.6	△1.4
	28	164.9	1.1	184.1	1.8	209.5	1.3	234.9	1.3	160.8	△0.1	185.0	△0.1	203.5	0.2	234.4	0.3
	29	164.9	0.0	183.4	△0.4	212.6	1.5	236.8	0.8	161.7	0.6	182.6	△1.3	209.2	2.8	239.6	2.2
	30	167.0	1.3	185.1	0.9	214.2	0.8	237.4	0.3	165.6	2.4	187.0	2.4	205.8	△1.6	238.6	△0.4
	令和元年	169.1	1.3	187.3	1.2	215.9	0.8	241.6	1.8	166.9	0.8	183.0	△2.1	210.7	1.9	244.4	2.4
100〜999人	昭和55年	92.2	4.2	99.3	5.3	113.2	4.4	—	—	88.3	4.0	97.4	4.1	108.3	4.4	—	—
	60	111.2	2.7	122.9	3.7	139.1	3.4	—	—	106.5	2.8	118.6	3.0	133.8	3.3	—	—
	平成2年	132.5	6.4	144.6	5.0	168.6	5.4	—	—	127.2	7.2	138.9	4.8	163.0	3.8	—	—
	7	152.8	0.1	163.7	△0.4	193.9	1.5	—	—	144.7	△0.8	160.3	1.0	184.6	△0.5	—	—
	12	157.4	△0.1	170.7	1.4	196.4	0.3	—	—	148.9	△0.5	169.2	3.1	192.8	1.7	—	—
	17	155.5	0.5	170.3	0.2	198.6	△0.6	217.9	—	148.4	0.2	168.4	1.1	191.3	0.4	218.4	—
	21	158.1	0.2	177.6	3.6	201.1	△0.2	228.6	0.8	152.5	△1.2	173.1	1.6	196.0	0.3	222.3	1.3
	22	159.1	0.6	172.7	△2.8	199.7	△0.7	219.7	△3.9	153.4	0.6	168.8	△2.5	193.4	△1.3	218.8	△1.6
	23	158.6	△0.3	174.7	1.2	206.3	3.3	237.4	8.1	151.7	△1.1	171.2	1.4	195.8	1.2	238.1	8.8
	24	160.0	0.9	177.1	1.4	200.1	△3.0	219.9	△7.4	154.0	1.5	166.6	△2.7	195.1	△0.4	219.7	△7.7
	25	157.8	△1.4	172.3	△2.7	199.1	△0.5	221.6	0.8	151.1	△1.9	172.7	3.7	194.3	△0.4	216.3	△1.5
	26	161.0	2.0	176.5	2.4	202.6	1.8	221.0	△0.3	153.9	1.9	176.4	2.1	196.5	1.1	219.6	1.5
	27	162.0	0.6	177.8	0.7	204.1	0.7	220.8	△0.1	156.1	1.4	175.6	△0.5	197.2	0.4	221.9	1.0
	28	161.6	△0.2	178.6	0.4	203.6	△0.2	224.6	1.7	156.9	0.5	175.1	△0.3	197.7	0.3	225.8	1.8
	29	162.5	0.6	179.7	0.6	203.9	0.1	224.9	0.1	158.0	0.7	177.8	1.5	200.6	1.5	224.7	△0.5
	30	165.2	1.7	181.5	1.0	207.0	1.5	247.8	10.2	162.0	2.5	179.3	0.8	200.7	0.0	231.8	3.2
	令和元年	167.6	1.5	184.2	1.5	211.1	2.0	232.5	△6.2	164.0	1.2	183.0	2.1	205.2	2.2	230.8	△0.4
10〜99人	昭和55年	90.0	4.1	100.9	4.5	113.1	4.1	—	—	83.3	3.9	94.6	4.2	105.9	3.8	—	—
	60	110.7	2.9	123.2	2.8	136.8	2.5	—	—	101.0	3.2	112.3	4.1	127.7	2.7	—	—
	平成2年	130.2	4.7	143.8	4.7	163.3	5.4	—	—	119.3	6.0	130.5	4.2	152.0	4.5	—	—
	7	155.7	1.2	166.0	△1.1	191.0	0.7	—	—	141.8	0.1	156.0	0.7	180.7	△0.3	—	—
	12	154.3	△0.4	171.9	△0.1	193.7	1.9	—	—	143.1	△0.5	159.4	△1.1	178.7	△6.3	—	—
	17	154.3	△1.1	168.3	△1.0	190.2	△0.4	213.5	—	144.5	0.1	160.6	△1.2	183.2	△0.4	198.1	—
	21	163.3	0.6	168.2	0.7	195.4	△1.3	222.3	△1.5	148.2	2.0	164.9	1.2	189.6	△0.3	219.6	△0.8
	22	163.7	0.2	172.2	2.4	199.8	2.3	224.1	0.8	151.1	2.0	167.0	1.3	191.5	1.0	204.7	△6.8
	23	159.8	△2.4	175.1	1.7	194.3	△2.8	209.9	△6.3	149.1	△1.3	165.5	△0.9	185.3	△3.2	196.6	△4.0
	24	160.4	0.4	170.7	△2.5	200.2	3.0	208.3	△0.8	151.0	1.3	166.4	0.5	192.5	3.9	217.6	10.7
	25	158.1	△1.4	170.5	△0.1	194.6	△2.8	214.6	3.0	148.1	△1.9	165.9	△0.3	185.1	△3.8	216.8	△0.4
	26	161.7	2.3	173.9	2.0	197.3	1.4	214.6	0.0	151.8	2.5	168.0	1.3	190.4	2.9	230.5	6.3
	27	166.1	2.7	171.6	△1.3	198.1	0.4	222.2	2.7	151.8	0.0	169.0	0.6	191.5	0.6	222.1	△3.6
	28	164.7	△0.8	176.6	2.9	201.9	1.9	221.6	△0.3	154.3	1.6	172.9	2.3	195.9	2.3	213.8	△3.7
	29	166.6	1.2	179.1	1.4	202.9	0.5	228.3	3.0	156.0	1.1	177.2	2.9	196.5	0.3	209.5	△2.0
	30	169.8	1.4	183.2	2.3	203.1	0.1	228.1	0.0	159.1	2.0	178.3	0.6	197.0	0.3	211.1	0.8
	令和元年	171.8	1.7	182.3	△0.5	206.0	1.4	232.6	2.0	163.8	3.0	183.5	2.9	201.8	2.4	218.8	3.6

資料出所　厚生労働省「賃金構造基本統計調査」。
注　令和元年まで。

C－14　職種学歴別初任給、パート労働者時間当たり所定内給与と法定一般最低賃金の額〔産業計〕

| 都道府県 | 職種学歴別の初任給〔令和4年〕（千円） | | | | | | パート労働者時間あたり所定内給与（令和3年：円） | | 法定一般最低賃金（時間額：円） | | |
| | 事務・技術 | | 事務 | | 技術 | | | | 令和3年度 | 令和4年度 | |
	大学卒	高校卒	大学卒	高校卒	大学卒	高校卒	男性	女性	金額	金額	引上額
全国加重平均	209.0	170.8	207.9	168.8	210.8	172.1	1,631	1,290	930	961	31
北海道	203.3	166.3	198.9	161.3	208.7	169.7	1,415	1,209	889	920	31
青森	201.7	158.8	199.0	160.0	205.4	157.7	1,474	1,149	822	853	31
岩手	201.5	164.2	194.6	163.0	212.2	164.4	1,191	1,043	821	854	33
宮城	211.4	176.9	213.0	183.8	209.5	165.9	1,337	1,129	853	883	30
秋田	212.7	162.6	214.2	164.0	204.5	158.3	1,101	1,007	822	853	31
山形	204.9	165.9	198.6	165.0	210.9	166.3	1,249	1,084	822	854	32
福島	210.7	165.7	204.6	169.3	216.8	164.6	1,241	1,073	828	858	30
茨城	205.4	168.2	202.6	165.8	208.5	168.9	1,496	1,202	879	911	32
栃木	206.1	170.5	201.7	171.0	214.0	170.2	1,297	1,187	882	913	31
群馬	201.8	167.9	199.2	166.4	205.0	169.4	1,435	1,227	865	895	30
埼玉	210.8	173.7	209.9	171.7	212.3	176.1	1,623	1,245	956	987	31
千葉	212.6	177.0	211.4	177.0	215.8	177.0	1,577	1,266	953	984	31
東京	215.8	181.9	215.5	177.1	216.3	184.8	2,062	1,607	1,041	1,072	31
神奈川	218.1	176.5	219.2	178.6	217.2	175.8	1,681	1,391	1,040	1,071	31
新潟	204.5	170.7	201.9	167.3	206.6	171.7	1,278	1,072	859	890	31
富山	210.1	169.4	208.2	166.9	212.2	170.5	1,606	1,165	877	908	31
石川	211.7	168.6	210.3	168.6	213.2	168.6	1,237	1,229	861	891	30
福井	208.0	173.6	205.5	170.0	211.6	174.4	1,375	1,100	858	888	30
山梨	202.6	168.5	200.2	167.7	206.9	169.6	1,536	1,219	866	898	32
長野	220.1	170.7	210.3	168.0	225.6	174.4	1,298	1,157	877	908	31
岐阜	208.4	170.9	211.3	169.5	206.4	171.8	1,296	1,133	880	910	30
静岡	208.8	171.2	209.1	170.9	208.4	171.4	1,893	1,192	913	944	31
愛知	209.2	173.1	208.2	170.8	209.9	173.9	1,644	1,252	955	986	31
三重	208.3	170.5	208.6	167.7	208.1	172.2	1,355	1,261	902	933	31
滋賀	210.2	171.1	205.9	171.5	216.5	170.7	1,709	1,218	896	927	31
京都	217.2	170.1	215.2	171.8	221.4	167.7	1,967	1,404	937	968	31
大阪	215.8	178.2	215.8	175.5	215.5	180.2	1,605	1,357	992	1,023	31
兵庫	210.2	173.5	208.1	171.0	212.4	174.4	1,667	1,296	928	960	32
奈良	207.3	166.9	206.4	169.3	212.4	164.2	1,465	1,188	866	896	30
和歌山	218.5	169.8	214.7	160.8	229.5	172.1	1,544	1,152	859	889	30
鳥取	202.7	167.1	—	—	—	—	1,813	1,244	821	854	33
島根	199.5	165.7	194.7	157.7	203.9	167.0	1,757	1,077	824	857	33
岡山	200.4	167.6	198.4	165.8	203.7	170.2	2,079	1,229	862	892	30
広島	206.5	170.5	201.6	166.3	211.6	171.5	1,501	1,233	899	930	31
山口	197.3	168.2	192.2	161.9	215.8	173.8	1,372	1,152	857	888	31
徳島	197.5	165.4	195.5	163.3	199.0	165.8	1,448	1,109	824	855	31
香川	199.6	167.9	196.3	162.5	204.5	170.4	1,233	1,173	848	878	30
愛媛	200.2	175.1	199.3	160.3	202.7	179.7	1,119	1,069	821	853	32
高知	195.4	163.0	197.2	160.2	188.8	165.9	1,558	1,093	820	853	33
福岡	211.3	169.9	209.8	168.3	213.3	171.0	1,440	1,204	870	900	30
佐賀	204.7	162.6	200.6	162.6	214.1	162.6	1,664	1,161	821	853	32
長崎	193.7	165.9	191.2	156.2	197.2	168.2	1,403	1,057	821	853	32
熊本	193.9	164.5	190.2	161.8	201.7	167.1	1,396	1,121	821	853	32
大分	196.5	164.8	192.7	162.2	202.7	168.2	1,230	1,083	822	854	32
宮崎	206.2	161.2	200.8	161.3	210.6	161.1	1,259	1,048	821	853	32
鹿児島	214.7	163.7	206.4	165.7	228.7	160.4	1,177	1,030	821	853	32
沖縄	179.2	146.6	178.8	145.4	183.8	156.3	1,160	1,192	820	853	33

資料出所　職種学歴別の初任給は、人事院〔人事院勧告〕各都道府県人事委員会「職員の給与等に関する報告および勧告」。パートタイム労働者時間当たり所定内給与は、厚生労働省「賃金構造基本調査」（産業計・企業規模10人以上計）。法定一般最低賃金は、厚生労働省労働基準局調べ。

注　最低賃金の時間額には、毎月支払われる基本的なものに限られ、賞与や時間外・休日・深夜手当、精皆勤手当及び家族手当等は対象外となる。派遣労働者には派遣先の都道府県のものが適用される。

〔参考〕　最低賃金制とは、最低賃金法に基づき国が賃金の最低限度を定め、使用者は、その最低賃金額以上の賃金を労働者に支払わなければならない制度である。仮に最低賃金額より低い賃金を労使合意の上で定めても、それは法律により無効とされ、最低賃金額と同額を支払ったものとみなされる（但し申請による減額等の特例措置あり。最低賃金制には、①地域別最低賃金、②特定最低賃金の2種類が存在する。従来の労働協約の拡張適用による地域別最低賃金は、平成20年7月施行の改正最低賃金法により廃止された。

C−15(1)　中途採用者の採用時賃金〔産業計〕
（男性労働者・職種計・令和3年6月分）　（単位　千円・%）

年齢		1,000人以上			100〜999人			10〜99人		
		所定内給与額	標準労働者		所定内給与額	標準労働者		所定内給与額	標準労働者	
			給与額	格差		給与額	格差		給与額	格差
高校卒	〜19歳	184.4	188.3	98	181.2	183.8	99	181.8	185.9	98
	20〜24	204.8	211.3	97	197.4	200.3	99	202.7	204.8	99
	25〜29	220.8	258.1	86	207.1	231.2	90	220.7	243.6	91
	30〜34	237.7	297.4	80	230.5	265.8	87	230.5	265.3	87
	35〜39	234.9	341.9	69	239.7	311.8	77	240.2	294.1	82
	40〜44	249.0	379.9	66	231.7	327.3	71	256.0	323.2	79
	45〜49	244.2	416.0	59	252.8	376.4	67	253.0	351.0	72
	50〜54	240.2	456.7	53	252.7	407.9	62	257.5	384.6	67
	55〜59	239.3	477.6	50	240.0	429.7	56	252.9	386.8	65
	60〜64	280.2	285.3	98	245.7	274.9	89	226.4	343.3	66
大学卒	20〜24歳	229.2	235.1	97	224.8	228.2	99	218.6	221.0	99
	25〜29	298.6	281.4	106	254.6	257.5	99	234.8	250.5	94
	30〜34	393.5	348.0	113	331.6	304.2	109	267.1	290.6	92
	35〜39	399.7	415.1	96	363.3	355.3	102	290.8	340.9	85
	40〜44	451.9	490.9	92	324.1	416.1	78	327.8	374.3	88
	45〜49	426.6	539.9	79	374.1	466.6	80	356.1	418.4	85
	50〜54	427.9	598.8	71	443.1	525.0	84	335.2	469.3	71
	55〜59	347.6	586.7	59	496.1	528.9	94	382.1	478.1	80
	60〜64	346.5	390.7	89	337.0	368.5	91	360.6	354.5	102

資料出所　厚生労働省「賃金構造基本統計調査」。
注　1．標準労働者とは、学校卒業後直ちに入社し、引き続き勤続している者を含む年齢及び勤続年数階級別の労働者のことである。C−17表〔参考〕欄参照のこと。「標準労働者との格差」とは、中途採用者所定内給与額の標準労働者所定内給与額に対する比率である。
　　2．中途採用者とは勤続1年未満の労働者のことで、勤続年数0年の欄の掲載データを用いている。
　　3．格差は、同年齢ゾーンでの標準労働者賃金を100とした基準での中途採用者賃金を示したもの。
　　4．調査サンプル数が少ない場合は数値にバラつきが生じるため、数値が不安定となる場合がある。

C−15(2)　中途採用者の採用時賃金〔製造業〕
（男性労働者・職種計・令和3年6月分）　（単位　千円・%）

年齢		1,000人以上			100〜999人			10〜99人		
		所定内給与額	標準労働者		所定内給与額	標準労働者		所定内給与額	標準労働者	
			給与額	格差		給与額	格差		給与額	格差
高校卒	〜19歳	182.0	188.8	96	182.9	183.7	100	177.1	180.0	98
	20〜24	189.4	211.2	90	185.0	198.6	93	188.0	198.7	95
	25〜29	245.7	255.2	96	208.4	231.9	90	202.5	233.9	87
	30〜34	269.5	293.3	92	219.8	266.3	83	220.6	259.2	85
	35〜39	255.2	338.3	75	221.1	313.0	71	232.0	288.7	80
	40〜44	257.3	364.8	71	244.0	320.1	76	260.5	302.8	86
	45〜49	280.9	403.0	70	227.8	360.8	63	239.0	334.7	71
	50〜54	314.0	434.9	72	291.7	390.2	75	243.2	383.0	63
	55〜59	191.8	454.7	42	221.5	404.0	55	229.6	362.6	63
	60〜64	255.7	290.0	88	243.4	257.6	94	214.8	324.4	66
大学卒	20〜24歳	228.0	232.9	98	218.9	222.1	99	210.1	211.8	99
	25〜29	249.5	258.5	97	229.6	241.4	95	225.1	234.6	96
	30〜34	304.5	325.9	93	248.2	278.6	89	249.0	272.9	91
	35〜39	315.8	389.7	81	286.2	330.2	87	242.3	319.3	76
	40〜44	467.7	489.5	96	296.5	400.2	74	319.0	372.3	86
	45〜49	476.2	535.1	89	287.1	446.8	64	299.8	405.8	74
	50〜54	594.0	574.0	103	343.5	485.0	71	373.4	463.2	81
	55〜59	407.7	593.7	69	424.8	494.1	86	385.4	492.3	78
	60〜64	447.3	374.4	119	268.6	356.2	75	368.7	324.2	114

資料出所　同上

C-16　産業別の標準労働者特定年齢別所定内

区　分		企　業　規　模　計					1,000人以上			
		30歳	35歳	40歳	45歳	50歳	30歳	35歳	40歳	45歳
産業計	労働者数（十人）	6,716	6,276	4,375	5,456	5,717	2,923	3,217	2,034	2,907
	第1・十分位数（千円）	232.9	255.8	279.5	312.4	360.5	242.7	270.2	322.9	327.2
	第1・四分位数（千円）	255.9	297.0	329.4	366.6	430.0	266.1	311.1	362.7	398.6
	中位数（千円）	283.0	338.2	386.8	444.5	515.8	298.7	354.3	421.4	478.7
	第3・四分位数（千円）	319.7	393.4	473.5	543.9	642.5	341.3	424.7	530.8	593.7
	第9・十分位数（千円）	375.2	473.8	564.8	656.1	776.6	422.1	505.8	628.1	706.9
	十分位分散係数	0.25	0.32	0.37	0.39	0.40	0.30	0.33	0.36	0.40
	四分位分散係数	0.11	0.14	0.19	0.20	0.21	0.13	0.16	0.20	0.20
製造業	労働者数（十人）	1,098	1,184	763	958	1,158	259	461	249	401
	第1・十分位数（千円）	233.7	256.2	274.6	311.0	361.7	244.3	287.1	367.5	366.0
	第1・四分位数（千円）	252.4	294.1	318.1	367.8	414.6	256.9	322.6	403.8	423.8
	中位数（千円）	268.8	328.1	383.7	432.5	487.1	294.0	338.5	437.6	498.2
	第3・四分位数（千円）	287.1	366.0	449.2	517.9	591.2	316.6	382.8	541.8	602.7
	第9・十分位数（千円）	315.7	396.3	540.3	606.4	681.9	375.9	454.7	655.3	676.2
	十分位分散係数	0.15	0.21	0.35	0.34	0.33	0.22	0.25	0.33	0.31
	四分位分散係数	0.06	0.11	0.17	0.17	0.18	0.10	0.09	0.16	0.18
情報通信業	労働者数（十人）	466	956	639	959	408	147	330	304	431
	第1・十分位数（千円）	207.4	256.3	264.2	293.1	377.0	266.3	289.3	344.9	355.6
	第1・四分位数（千円）	265.1	296.5	339.5	350.4	463.7	281.5	334.7	369.1	404.9
	中位数（千円）	294.7	335.2	393.7	424.2	565.7	288.3	384.0	443.6	485.8
	第3・四分位数（千円）	375.6	403.3	534.9	552.3	739.9	425.6	423.9	561.0	569.2
	第9・十分位数（千円）	422.9	469.2	566.8	694.0	877.5	478.4	489.9	706.2	645.6
	十分位分散係数	0.37	0.32	0.38	0.47	0.44	0.37	0.26	0.41	0.30
	四分位分散係数	0.19	0.16	0.24	0.24	0.24	0.25	0.12	0.22	0.17
卸売・小売業	労働者数（十人）	1,751	1,692	1,158	1,540	1,578	698	898	493	841
	第1・十分位数（千円）	229.0	250.0	273.5	318.1	335.7	233.2	245.8	287.0	315.9
	第1・四分位数（千円）	256.4	292.1	320.8	365.0	424.7	257.0	277.8	354.8	360.5
	中位数（千円）	284.9	336.1	375.4	435.4	496.0	299.8	336.4	392.6	432.7
	第3・四分位数（千円）	318.0	389.0	461.8	512.4	616.3	336.5	411.4	489.1	511.2
	第9・十分位数（千円）	362.1	456.6	544.3	576.8	721.2	387.3	478.4	583.3	595.4
	十分位分散係数	0.23	0.31	0.36	0.30	0.39	0.26	0.35	0.38	0.32
	四分位分散係数	0.11	0.14	0.19	0.17	0.19	0.13	0.20	0.17	0.17
金融・保険業	労働者数（十人）	691	754	452	485	741	440	531	359	357
	第1・十分位数（千円）	253.5	299.2	330.3	369.3	400.7	271.0	310.9	337.6	407.2
	第1・四分位数（千円）	276.3	333.4	393.4	449.9	478.2	289.1	361.3	412.9	530.6
	中位数（千円）	305.5	393.6	474.8	574.1	601.1	335.0	428.6	487.8	643.1
	第3・四分位数（千円）	388.5	491.3	577.1	757.5	753.3	441.3	506.5	613.0	807.5
	第9・十分位数（千円）	477.8	595.1	727.0	962.2	868.2	519.8	614.6	748.6	967.6
	十分位分散係数	0.37	0.38	0.42	0.52	0.39	0.37	0.35	0.42	0.44
	四分位分散係数	0.18	0.20	0.19	0.27	0.23	0.23	0.17	0.21	0.22
教育・学習支援	労働者数（十人）	138	78	112	88	108	46	24	32	45
	第1・十分位数（千円）	237.2	262.4	319.0	315.1	371.4	262.7	331.1	326.3	317.3
	第1・四分位数（千円）	265.9	295.7	346.7	373.1	442.1	279.5	346.6	349.1	373.0
	中位数（千円）	310.5	357.7	387.1	437.3	476.4	322.8	376.4	391.5	417.0
	第3・四分位数（千円）	354.0	399.3	443.2	571.1	520.1	359.6	387.8	551.9	570.2
	第9・十分位数（千円）	383.1	423.4	531.5	603.8	612.2	372.0	426.6	591.7	579.8
	十分位分散係数	0.23	0.23	0.27	0.33	0.25	0.17	0.13	0.34	0.31
	四分位分散係数	0.14	0.14	0.12	0.23	0.08	0.12	0.05	0.26	0.24
サービス業（他に分類されないもの）	労働者数（十人）	468	204	230	212	186	321	154	108	135
	第1・十分位数（千円）	241.0	234.9	281.5	224.0	366.0	241.6	238.3	306.6	222.6
	第1・四分位数（千円）	248.5	267.8	322.3	230.9	430.8	247.5	282.5	327.4	226.6
	中位数（千円）	272.8	327.7	376.0	371.0	523.2	268.0	349.8	379.0	345.7
	第3・四分位数（千円）	304.8	416.4	456.4	466.4	702.3	305.3	449.8	468.6	493.1
	第9・十分位数（千円）	330.0	503.5	524.8	567.6	764.9	321.8	512.5	571.1	605.0
	十分位分散係数	0.16	0.41	0.32	0.46	0.38	0.15	0.39	0.35	0.55
	四分位分散係数	0.10	0.23	0.18	0.32	0.26	0.11	0.24	0.19	0.39

資料出所　厚生労働省「賃金構造基本統計調査」。
注　1．標準労働者の定義はC-17表下段〔参考〕を参照のこと。
　　2．調査サンプル数が少ない場合には、数値が安定しないので、注意を要する。
　　3．産業計には、上記以外の産業データも含まれる。

給与額の分布特性値（大学卒・男性労働者）（令和3年）

| 50歳 | 100~999人 | | | | | 10~99人 | | | | | 区分 |
	30歳	35歳	40歳	45歳	50歳	30歳	35歳	40歳	45歳	50歳	
3,124	2,937	2,529	1,738	2,027	2,105	856	530	603	522	488	数
378.2	232.3	253.9	264.0	299.9	351.8	206.6	242.7	268.9	228.8	325.0	1/10
450.6	254.1	292.1	311.1	353.2	422.2	237.4	273.3	296.3	333.2	379.0	1/4
568.3	274.8	324.9	369.2	422.1	491.0	271.5	308.6	342.9	392.0	451.5	中位
720.3	304.2	376.7	445.3	511.0	581.8	299.1	348.7	421.9	460.8	522.6	3/4
843.5	357.2	429.2	530.9	579.7	684.4	338.7	374.4	473.4	552.5	522.6	9/10
0.41	0.23	0.27	0.36	0.33	0.34	0.24	0.21	0.30	0.41	0.28	係数
0.24	0.09	0.13	0.18	0.19	0.16	0.11	0.12	0.18	0.16	0.16	係数
524	660	609	366	500	569	179	114	149	57	64	数
381.3	232.8	252.9	262.5	305.1	348.0	230.8	236.1	272.0	205.0	275.7	1/10
450.4	251.9	288.5	306.2	351.3	401.9	250.3	271.6	283.2	255.8	414.5	1/4
555.2	260.4	319.5	359.4	405.2	460.2	266.1	279.2	326.0	362.3	426.1	中位
642.8	278.2	356.5	418.1	478.1	551.7	289.2	361.4	382.5	407.4	524.7	3/4
766.2	288.7	386.4	456.3	515.9	595.9	324.9	371.1	464.0	428.3	524.7	9/10
0.35	0.11	0.21	0.27	0.26	0.27	0.18	0.24	0.29	0.31	0.46	係数
0.17	0.05	0.11	0.16	0.16	0.16	0.07	0.16	0.15	0.21	0.13	係数
277	271	526	284	443	94	47	100	51	85	38	数
367.3	213.5	219.9	245.2	268.6	397.2	152.4	256.2	295.0	214.4	441.0	1/10
478.7	264.6	290.2	292.3	299.4	438.0	156.1	302.4	351.4	278.6	472.2	1/4
571.3	301.0	307.1	353.8	374.2	557.8	230.5	331.1	357.7	354.0	478.3	中位
738.5	372.5	359.6	503.9	532.3	875.8	267.9	352.1	456.9	496.1	574.7	3/4
847.0	395.4	456.0	554.4	695.2	1054.5	309.7	358.0	602.5	614.8	574.7	9/10
0.42	0.30	0.38	0.44	0.57	0.59	0.34	0.15	0.43	0.57	0.20	係数
0.23	0.18	0.11	0.30	0.31	0.39	0.24	0.08	0.15	0.31	0.11	係数
786	811	700	502	525	618	243	94	163	174	174	数
337.3	229.6	268.2	267.3	330.0	385.4	196.6	270.2	294.4	315.1	321.0	1/10
423.4	257.0	297.7	302.4	390.8	448.6	250.8	291.7	322.8	354.9	327.9	1/4
522.5	276.1	342.1	348.3	480.6	499.4	283.5	303.2	355.8	399.5	391.2	中位
646.4	305.7	389.8	432.3	519.5	613.1	315.8	321.6	461.6	460.7	483.7	3/4
743.4	361.8	446.0	508.7	563.6	693.6	342.2	343.6	482.1	468.8	483.7	9/10
0.39	0.24	0.26	0.35	0.24	0.31	0.26	0.12	0.26	0.19	0.26	係数
0.21	0.09	0.13	0.19	0.13	0.16	0.11	0.05	0.20	0.13	0.20	係数
556	208	182	79	100	168	44	42	14	28	18	数
406.1	240.7	292.3	244.0	330.4	359.1	290.0	285.5	304.0	363.5	504.5	1/10
491.4	254.4	315.7	280.3	371.7	460.2	304.1	326.2	351.8	380.5	550.5	1/4
643.8	280.1	338.9	399.5	443.5	550.5	344.2	397.6	434.7	389.3	627.7	中位
806.4	288.2	377.0	484.1	528.9	599.2	405.3	446.2	520.9	552.4	646.0	3/4
889.2	309.1	456.2	512.0	607.7	688.1	414.1	554.4	526.4	557.0	646.0	9/10
0.38	0.12	0.24	0.34	0.31	0.30	0.18	0.34	0.26	0.25	0.12	係数
0.24	0.06	0.09	0.26	0.18	0.13	0.15	0.15	0.19	0.22	0.08	係数
37	69	39	54	32	55	24	15	27	11	16	数
327.5	230.2	244.8	350.9	363.3	440.8	231.1	296.9	295.0	294.3	311.7	1/10
439.5	271.1	278.4	373.1	380.8	462.0	241.3	341.6	315.5	306.3	333.1	1/4
517.7	316.0	306.4	428.1	542.0	474.8	262.0	355.4	328.0	376.7	377.0	中位
567.4	357.9	406.6	452.1	578.2	479.8	293.3	378.9	381.1	530.6	491.2	3/4
663.9	441.1	417.4	506.0	605.5	576.2	318.0	454.8	424.8	536.2	588.3	9/10
0.32	0.33	0.28	0.18	0.22	0.14	0.17	0.22	0.20	0.32	0.37	係数
0.12	0.14	0.21	0.09	0.18	0.07	0.10	0.05	0.10	0.30	0.21	係数
102	108	33	93	62	65	40	17	29	15	20	数
378.1	237.2	204.5	269.8	237.6	360.0	235.2	242.6	253.8	352.0	372.8	1/10
501.6	261.0	235.4	322.1	352.5	381.4	248.1	249.6	275.5	382.3	414.0	1/4
618.8	274.3	266.3	378.4	399.4	478.0	289.3	337.2	336.4	394.3	446.5	中位
727.9	289.1	339.1	447.8	445.7	527.7	297.8	375.7	373.5	418.5	545.7	3/4
823.9	334.4	377.6	459.8	563.7	650.6	313.7	397.5	521.5	478.9	744.2	9/10
0.36	0.18	0.32	0.25	0.41	0.30	0.14	0.23	0.40	0.16	0.42	係数
0.18	0.05	0.19	0.17	0.12	0.15	0.09	0.19	0.15	0.11	0.15	係数

〔解説〕分位数とは、分布の形を示す値である。具体的には、全労働者を賃金の低い者から高い者へと一列に並べて、全労働者数の所定の何等分目かに位置する者の値である。第1・十分位数：10等分し低い方から最初の節の者の賃金。第1四分位数：4等分し低い方から最初の節の者の賃金。中位数：2等分した節の者の賃金。第3四分位数：4等分し高い方から最初の節の者の賃金。第9・十分位数：10等分し高い方から最初の節の者の賃金。

分散係数とは、次の算式で計算された数値が小さいほど分布の広がりの程度の小さいことを示す。

$$○十分位分散係数 = \frac{第9・十分位数 - 第1・十分位数}{2 \times 中位数}$$

$$○四分位分散係数 = \frac{第3・四分位数 - 第1・四分位数}{2 \times 中位数}$$

C-17　標準労働者の特定年齢別所定内給与の分布特性値
〔製造業〕(令和3年)

(単位　千円)

労働者の性・学歴・年齢		企業規模計			1,000人以上			100～999人			10～99人		
		第1四分位数	中位数	第3四分位数	第1四分位数	中位数	第3四分位数	第1四分位数	中位数	第3四分位数	第1四分位数	中位数	第3四分位数
男性 高校卒	25歳	204.9	218.4	244.8	213.7	234.2	266.7	202.2	213.9	225.4	200.5	221.6	249.2
	30	240.2	266.7	295.7	257.1	282.6	307.7	222.4	253.0	272.9	219.4	239.2	265.0
	35	258.2	297.6	336.4	279.0	323.1	347.7	254.0	290.2	328.3	219.5	249.4	305.5
	40	283.5	323.2	372.8	305.4	343.8	386.6	265.5	306.1	361.2	280.6	305.0	331.8
	45	312.6	354.0	403.9	330.7	390.2	427.1	308.9	338.2	375.0	254.0	304.2	359.5
	50	319.8	387.0	453.1	339.6	414.2	477.7	311.1	370.5	424.2	301.5	355.2	416.8
	55	359.7	414.6	474.0	380.7	424.9	506.5	353.4	404.8	463.0	259.4	380.7	441.1
	60	222.2	278.9	372.6	244.3	297.4	373.5	196.6	246.2	356.2	310.2	322.5	450.0
男性 高専・短大卒	25歳	222.0	237.0	260.9	229.1	239.4	290.3	215.5	232.6	261.2	—		
	30	246.1	289.8	323.4	286.2	320.3	336.9	237.2	249.8	287.3	—		
	35	296.3	348.1	385.0	380.2	397.6	421.9	285.0	331.6	346.5	—		
	40	351.1	368.2	409.0	—			289.9	345.5	431.6	355.5	366.1	399.8
	45	334.0	381.1	460.4	390.0	396.0	477.3	323.1	384.5	466.5	337.9	372.8	411.6
	50	385.3	439.0	512.9	435.5	508.7	626.3	329.2	433.2	458.3	—		
	55	416.7	545.2	622.5	459.3	556.0	626.4	—			—		
	60	—			—			—			—		
男性 大学卒	25歳	217.4	230.2	242.7	226.5	235.7	248.4	211.4	226.1	239.5	201.0	222.4	231.4
	30	252.4	268.8	287.1	256.9	294.0	316.6	251.9	260.4	278.2	250.3	266.1	289.2
	35	294.1	328.1	366.0	322.6	338.5	382.8	288.5	319.5	356.5	271.6	279.2	361.4
	40	318.1	383.7	449.2	403.8	437.6	541.8	306.2	359.4	418.1	283.2	326.0	382.5
	45	367.8	432.5	517.9	423.8	498.2	602.7	351.3	405.2	478.1	255.8	362.3	407.4
	50	414.6	487.1	591.2	450.4	555.2	642.8	401.9	460.2	551.7	414.5	426.1	524.7
	55	439.5	537.3	668.9	513.8	599.2	719.2	427.6	477.5	600.1	363.1	378.5	432.5
	60	263.1	363.9	514.3	277.8	366.4	573.9	239.4	318.7	503.2	347.6	406.0	514.3
女性 高校卒	25歳	189.5	203.5	218.4	203.2	211.0	228.8	191.7	202.6	216.8	156.3	172.9	193.3
	30	189.1	214.4	235.3	212.0	234.1	255.6	186.8	203.3	231.4	175.9	205.7	220.0
	35	223.2	261.4	274.2	265.2	275.4	296.5	243.1	264.3	274.3	164.2	215.3	225.4
	40	206.5	235.3	263.8	208.0	219.6	266.4	211.7	236.0	261.7	184.6	242.3	259.1
	45	238.9	279.9	310.9	258.4	289.8	318.4	247.9	281.9	305.4	199.0	234.4	241.6
	50	266.4	301.8	335.9	286.7	316.7	377.6	253.2	303.4	331.3	209.9	237.6	277.9
	55	259.1	301.5	366.4	286.7	346.4	399.9	249.8	269.3	350.8	—		
	60	173.4	217.1	262.6	220.8	257.4	276.0	177.2	203.7	234.1	—		
女性 高専・短大卒	25歳	190.2	196.5	206.2	—	—	—	192.8	196.8	206.0	—		
	30	213.4	230.1	281.8									
	35	221.4	239.7	284.6									
	40	231.9	248.8	291.5	—	—	—	240.6	251.8	269.6			
	45	259.8	320.6	329.7				272.6	321.0	337.8			
	50	314.5	344.9	380.3	323.4	345.2	380.6	264.4	330.2	360.9			
	55	326.7	397.9	436.7									
	60	—											
女性 大学卒	25歳	204.6	223.2	247.9	224.7	246.6	286.4	198.0	214.0	230.2	199.5	224.0	248.1
	30	238.8	262.8	296.2	267.0	277.8	317.1	235.6	253.3	295.4	226.2	246.8	254.4
	35	231.4	260.4	323.9	283.9	322.9	359.6	235.8	244.4	280.8	183.1	186.7	221.6
	40	273.0	341.5	348.3	332.0	344.3	349.3	234.9	245.4	282.5	—		
	45	277.5	326.0	362.3	308.9	344.0	487.6	273.6	289.1	337.6	283.5	307.9	316.3
	50	365.7	393.3	498.6	—	—	—	—					
	55	391.0	479.6	498.9	396.8	491.5	498.9	—					
	60	—											

資料出所　厚生労働省「賃金構造基本統計調査」。
　注　C-16表〔解説〕を参照。
〔参考〕厚生労働省「賃金構造基本統計調査」で定義している標準労働者とは、学校卒業後直ちに企業に就職し、同一企業に継続勤務しているとみなされる労働者のうち、学歴別に年齢から勤続年数を差し引いた数が次に該当する者とされている。
　　　　中学卒：15。高校卒：18。高専・短大卒：20。大学卒：22又は23。

C－18　都道府県別にみた所定内給与〔企業規模100～999人〕

（令和3年6月）〔調査産業計・学歴計〕

都道府県	実　　額（千円）					地域間格差（東京＝100.0）				男　女格　差（男＝100）
	男　　性				女　性	男　　性				女　性
	20～24歳	30～34歳	40～44歳	50～54歳	20～24歳	20～24歳	30～34歳	40～44歳	50～54歳	20～24歳
全　国　計	212.2	278.9	347.1	401.3	209.1	91.4	86.5	83.7	84.8	98.5
北　海　道	208.0	262.9	323.1	371.1	200.8	89.6	81.5	77.9	78.4	96.5
青　　　森	185.2	234.9	290.3	302.9	189.1	79.8	72.8	70.0	64.0	102.1
岩　　　手	187.8	233.3	289.5	317.7	182.2	80.9	72.3	69.8	67.1	97.0
宮　　　城	204.6	263.1	319.1	377.7	202.5	88.2	81.6	76.9	79.8	99.0
秋　　　田	185.6	220.9	279.8	298.7	187.5	80.0	68.5	67.4	63.1	101.0
山　　　形	196.0	240.4	306.1	337.7	185.1	84.4	74.5	73.8	71.4	94.4
福　　　島	200.0	276.4	297.4	357.2	189.9	86.2	85.7	71.7	75.5	95.0
茨　　　城	209.3	272.7	333.4	356.1	199.7	90.2	84.6	80.4	75.2	95.4
栃　　　木	203.6	271.2	331.7	370.0	204.3	87.7	84.1	79.9	78.2	100.3
群　　　馬	208.2	274.3	346.8	365.2	214.2	89.7	85.1	83.6	77.2	102.9
埼　　　玉	219.5	278.0	347.3	397.1	221.0	94.6	86.2	83.7	83.9	100.7
千　　　葉	212.4	278.6	334.6	363.4	215.1	91.5	86.4	80.6	76.8	101.3
東　　　京	232.1	322.5	414.9	473.3	227.9	100.0	100.0	100.0	100.0	98.2
神　奈　川	220.3	299.8	352.2	401.7	219.8	94.9	93.0	84.9	84.9	99.8
新　　　潟	203.3	249.2	295.9	324.8	203.0	87.6	77.3	71.3	68.6	99.9
富　　　山	202.4	258.6	310.3	373.3	196.8	87.2	80.2	74.8	78.9	97.2
石　　　川	196.8	248.6	330.9	384.7	196.0	84.8	77.1	79.8	81.3	99.6
福　　　井	215.3	257.8	323.1	357.5	192.1	92.8	79.9	77.9	75.5	89.2
山　　　梨	204.9	255.3	299.1	321.2	193.0	88.3	79.2	72.1	67.9	94.2
長　　　野	211.2	267.0	339.1	376.4	198.9	91.0	82.8	81.7	79.5	94.2
岐　　　阜	202.3	256.1	305.6	372.5	191.3	87.2	79.4	73.7	78.7	94.6
静　　　岡	204.8	265.4	323.6	354.5	197.2	88.2	82.3	78.0	74.9	96.3
愛　　　知	207.2	276.0	362.5	419.5	205.6	89.3	85.6	87.4	88.6	99.2
三　　　重	205.0	265.3	329.4	371.4	204.4	88.3	82.3	79.4	78.5	99.7
滋　　　賀	211.2	264.7	336.5	375.2	198.2	91.0	82.1	81.1	79.3	93.8
京　　　都	210.5	272.4	367.1	396.1	211.3	90.7	84.5	88.5	83.7	100.4
大　　　阪	221.8	283.1	374.4	451.0	219.5	95.6	87.8	90.2	95.3	99.0
兵　　　庫	222.0	279.0	343.4	415.6	212.1	95.6	86.5	82.8	87.8	95.5
奈　　　良	215.0	277.1	337.6	395.0	207.8	92.6	85.9	81.4	83.5	96.7
和　歌　山	225.3	258.2	354.9	373.1	195.2	97.1	80.1	85.5	78.8	86.6
鳥　　　取	198.3	239.0	280.3	327.9	194.6	85.4	74.1	67.6	69.3	98.1
島　　　根	194.0	234.5	304.6	326.4	201.0	83.6	72.7	73.4	69.0	103.6
岡　　　山	201.6	267.8	335.1	369.3	211.3	86.9	83.0	80.8	78.0	104.8
広　　　島	202.9	259.7	322.5	371.9	195.3	87.4	80.5	77.7	78.6	96.3
山　　　口	202.7	266.5	310.1	357.8	196.0	87.3	82.6	74.7	75.6	96.7
徳　　　島	196.6	248.4	321.2	357.0	203.8	84.7	77.0	77.4	75.4	103.7
香　　　川	195.8	259.3	308.5	371.1	184.8	84.4	80.4	74.4	78.4	94.4
愛　　　媛	201.1	257.1	340.8	342.9	176.7	86.6	79.7	82.1	72.4	87.9
高　　　知	195.1	244.6	285.4	535.4	206.2	84.1	75.8	68.8	113.1	105.7
福　　　岡	202.6	268.6	327.8	386.1	202.5	87.3	83.3	79.0	81.6	100.0
佐　　　賀	195.1	249.7	296.3	339.7	191.8	84.1	77.4	71.4	71.8	98.3
長　　　崎	191.1	239.7	273.7	385.0	184.6	82.3	74.3	66.0	81.3	96.6
熊　　　本	194.9	247.5	296.7	355.4	225.3	84.0	76.7	71.5	75.1	115.6
大　　　分	195.5	270.3	311.6	351.0	197.1	84.2	83.8	75.1	74.2	100.8
宮　　　崎	184.5	257.1	277.2	302.2	180.9	79.5	79.7	66.8	63.8	98.0
鹿　児　島	195.9	246.2	294.0	317.4	195.5	84.4	76.3	70.9	67.1	99.8
沖　　　縄	185.8	249.5	303.8	334.0	184.7	80.1	77.5	73.2	70.6	99.4

資料出所　厚生労働省「賃金構造基本統計調査」。
注　「男女格差」は、女性の20～24歳の所定内給与を同じ都道府県の男性の同一年齢層のそれと比較した場合の格差を示している。

C-19　企業規模別・学歴別平均所定内給与と年間賞与

〔製造業〕(令和3年・令和2年)

(単位　千円)

労働者の種類・学歴及び年齢		企業規模計		1,000人以上		100～999人		10～99人	
		所定内給与	年間賞与	所定内給与	年間賞与	所定内給与	年間賞与	所定内給与	年間賞与
男性	高校卒（計）	294.5	958.0	324.8	1,376.0	284.7	919.0	276.8	585.3
	～19歳	185.0	180.6	188.0	229.7	184.0	153.7	179.8	128.5
	20～24	199.9	611.5	210.6	778.9	194.6	598.0	194.0	371.9
	25～29	230.0	729.6	248.3	980.4	222.5	715.1	219.8	465.2
	30～34	261.2	886.3	286.1	1,207.5	250.9	833.9	243.1	536.1
	35～39	286.0	939.5	315.0	1,349.3	278.8	904.9	268.4	608.6
	40～44	307.2	1,029.9	343.1	1,497.8	295.4	982.2	287.6	642.6
	45～49	335.0	1,181.2	381.1	1,710.8	321.3	1,116.2	304.3	703.5
	50～54	357.4	1,225.8	404.2	1,834.7	355.1	1,210.6	319.4	713.8
	55～59	366.1	1,271.1	419.0	1,886.4	360.2	1,250.1	317.8	651.4
	高専・短大卒（計）	349.7	1,369.4	392.2	1,856.6	325.5	1,155.6	306.5	762.6
	～19歳	—	—	—	—	—	—	—	—
	20～24	210.0	520.3	215.9	657.0	205.4	426.9	207.6	432.8
	25～29	242.9	834.4	261.0	1,034.9	228.4	772.1	223.3	450.1
	30～34	282.5	1,104.1	303.6	1,472.3	268.7	840.9	251.9	623.1
	35～39	318.8	1,222.8	361.0	1,614.9	294.0	1,060.4	279.3	738.8
	40～44	346.5	1,371.0	377.9	1,723.1	327.7	1,220.3	323.0	1,032.4
	45～49	395.0	1,642.7	451.2	2,322.4	368.7	1,415.8	342.2	828.3
	50～54	454.3	1,962.1	531.2	2,766.3	420.5	1,665.6	349.9	762.8
	55～59	499.1	2,062.0	566.7	2,796.6	453.8	1,569.8	400.9	996.6
	大学卒（計）	366.9	1,344.7	425.9	1,997.2	347.0	1,204.0	319.6	680.0
	～19歳	—	—	—	—	—	—	—	—
	20～24	223.8	362.4	232.0	402.9	222.3	389.0	211.2	191.5
	25～29	243.3	779.3	256.8	1,047.4	238.6	754.4	232.7	412.0
	30～34	279.5	968.1	313.3	1,366.4	266.4	901.7	263.5	638.9
	35～39	327.1	1,207.6	370.0	1,717.1	313.4	1,113.3	293.2	678.6
	40～44	376.0	1,415.3	434.2	2,131.7	358.5	1,243.4	333.3	815.9
	45～49	417.2	1,574.2	485.2	2,374.9	407.9	1,498.6	358.2	818.0
	50～54	477.1	1,970.9	549.0	2,733.4	441.5	1,706.0	398.6	887.5
	55～59	489.3	1,988.1	568.1	2,860.2	455.0	1,691.2	383.7	650.4
	大学院卒（計）	417.3	1,907.8	439.0	2,156.6	366.4	1,381.2	361.9	922.5
	20～24歳	246.2	17.3	248.8	21.5	237.0	2.2	236.1	0.0
	25～29	271.1	966.2	276.4	1,030.5	258.5	840.1	250.7	483.3
	30～34	329.7	1,462.4	350.0	1,666.2	288.6	1,076.4	280.4	824.4
	35～39	402.1	1,894.5	449.9	2,119.7	349.9	1,406.3	319.4	986.8
	40～44	467.9	2,259.5	495.5	2,572.2	404.4	1,581.5	383.3	1,064.5
	45～49	524.3	2,551.0	562.1	2,924.3	447.7	1,890.7	439.6	1,124.8
	50～54	594.8	2,968.6	627.0	3,361.6	524.9	2,118.4	445.2	1,125.5
	55～59	621.9	3,241.6	653.0	3,611.4	504.4	1,995.9	546.9	1,553.9
女性	高校卒（計）	208.6	498.5	238.6	826.2	206.7	505.8	194.8	312.0
	～19歳	174.8	154.4	182.0	282.3	172.1	100.0	168.7	66.0
	20～24	183.7	431.6	201.3	634.4	179.6	412.9	171.0	222.3
	25～29	192.8	430.9	211.3	690.5	193.7	461.9	182.5	265.3
	30～34	204.5	505.9	234.0	761.6	202.8	514.4	188.5	331.2
	35～39	207.4	513.1	245.6	893.7	203.9	512.2	193.5	331.6
	40～44	213.7	532.1	244.4	871.7	210.8	553.0	202.0	339.0
	45～49	231.4	642.7	277.0	1,131.4	238.0	681.1	200.9	352.1
	50～54	225.2	609.7	268.5	1,046.8	223.1	620.0	205.1	371.0
	55～59	222.4	556.7	266.3	970.2	219.4	578.2	205.1	340.2
	大学卒（計）	269.2	845.1	314.3	1,315.5	252.2	709.7	237.6	443.4
	～19歳	—	—	—	—	—	—	—	—
	20～24	220.8	371.0	231.4	466.7	216.8	349.2	207.0	195.7
	25～29	232.1	672.8	258.8	997.3	224.4	616.9	214.4	393.3
	30～34	251.6	741.5	285.7	1,141.6	242.0	712.5	229.7	361.4
	35～39	275.4	941.2	319.0	1,375.3	259.0	795.9	240.3	560.1
	40～44	281.3	931.6	311.2	1,348.1	271.5	835.6	254.6	500.5
	45～49	317.7	1,175.6	389.7	1,988.5	306.4	1,007.4	254.3	524.9
	50～54	346.3	1,336.3	444.6	2,242.5	300.0	953.9	264.3	511.6
	55～59	334.0	1,296.8	480.4	2,279.4	282.4	796.6	283.5	677.6

資料出所　厚生労働省「賃金構造基本統計調査」。
注　1.各学歴計には、該当者がいれば、表示以外の年齢層（60～64歳、65～69歳、70歳以上）が含まれる。
　　2.所定内給与は令和3年6月、年間賞与は令和2年年間のものを指す。

C-20　役職別にみた年齢別平均所定内給与及び年間賞与

(令和3年・令和2年)〔調査産業計・男女計〕

(単位　千円)

職階及び年齢	1,000人以上				100〜999人			
	高　校　卒		大　学　卒		高　校　卒		大　学　卒	
	所定内給与 (令和3年6月)	年間賞与 (令和2年)	所定内給与 (令和3年6月)	年間賞与 (令和2年)	所定内給与 (令和3年6月)	年間賞与 (令和2年)	所定内給与 (令和3年6月)	年間賞与 (令和2年)
部長級(計)	600.6	2,484.7	745.7	3,282.4	517.5	1,720.7	634.4	2,157.0
35〜39	486.7	1,003.4	676.1	1,942.9	459.2	1,003.3	621.3	1,316.6
40〜44	482.4	1,510.2	726.1	2,457.6	449.9	965.5	586.8	1,694.7
45〜49	573.9	2,430.7	714.7	3,192.7	484.9	1,394.4	605.3	2,195.4
50〜54	606.1	2,561.2	761.2	3,608.2	544.6	1,788.2	629.8	2,345.2
55〜59	624.6	2,580.2	762.0	3,535.3	534.3	2,044.6	654.0	2,304.2
60〜64	557.3	2,229.7	750.6	2,190.8	491.7	1,591.5	694.7	1,857.9
65〜69	730.3	5,864.8	744.5	1,814.7	493.4	1,600.6	708.0	1,754.8
課長級(計)	513.3	2,124.5	575.6	2,507.2	425.5	1,478.5	488.9	1,804.7
30〜34	377.6	1,237.4	471.8	963.3	352.5	781.7	416.0	1,190.9
35〜39	453.7	1,329.9	528.9	2,114.5	368.1	960.1	440.6	1,548.7
40〜44	451.4	1,742.7	558.3	2,451.6	412.4	1,345.0	472.5	1,702.9
45〜49	503.2	2,138.9	572.8	2,561.6	422.0	1,529.8	488.9	1,839.1
50〜54	539.8	2,230.9	618.2	2,864.2	441.8	1,554.4	524.9	2,036.3
55〜59	533.6	2,305.1	595.0	2,712.5	446.5	1,633.3	520.3	1,984.9
60〜64	452.5	1,485.5	648.7	2,744.0	368.7	1,262.9	452.9	1,338.7
65〜69	238.9	471.5	438.9	797.4	329.7	615.0	441.9	1,023.8
係長級(計)	416.1	1,628.4	417.4	1,807.7	337.4	1,174.6	370.7	1,337.3
25〜29	282.5	990.3	315.2	1,049.0	255.9	534.6	299.0	930.6
30〜34	308.9	1,185.7	363.8	1,544.6	276.7	788.7	322.2	1,149.4
35〜39	332.1	1,424.5	390.0	1,732.3	326.6	999.9	350.0	1,288.6
40〜44	387.5	1,494.5	425.0	1,924.8	323.1	1,089.9	363.9	1,315.1
45〜49	423.9	1,653.7	433.6	1,791.9	339.5	1,258.6	386.3	1,455.1
50〜54	447.0	1,679.4	467.2	2,075.3	360.2	1,229.0	422.4	1,546.0
55〜59	443.1	1,789.9	467.5	2,014.2	355.2	1,411.9	438.0	1,425.9
60〜64	374.5	1,827.1	415.7	1,449.3	301.2	910.1	335.6	864.1
65〜69	235.4	553.4	306.5	1,274.5	278.5	386.7	371.6	535.3
非役職(計)	281.9	948.9	329.0	1,193.0	242.7	633.2	293.9	887.1
〜19歳	187.4	205.1	—	—	182.0	140.4	—	—
20〜24	209.7	673.3	234.4	384.7	197.5	557.1	227.5	340.3
25〜29	240.7	788.3	271.8	953.4	218.9	596.6	250.8	808.8
30〜34	266.6	929.7	318.1	1,141.4	238.3	658.8	282.6	914.5
35〜39	282.0	919.4	350.8	1,389.5	248.5	679.7	311.0	1,034.7
40〜44	298.4	1,015.6	373.3	1,525.8	256.1	675.8	331.8	1,096.9
45〜49	311.6	1,126.3	399.7	1,573.8	268.8	737.4	347.3	1,135.9
50〜54	315.7	1,117.5	442.1	1,892.2	266.6	730.5	372.6	1,215.8
55〜59	334.9	1,219.6	449.2	1,895.9	264.2	723.0	391.2	1,275.3
60〜64	264.6	744.7	375.8	1,298.4	230.0	448.1	350.7	835.7
65〜69	236.6	365.3	344.5	1,022.2	206.9	214.8	424.6	365.6

資料出所　厚生労働省「賃金構造基本統計調査」。
注　1．各役職（計）には、掲載を割愛した年齢層を含む。
　　2．表示した企業規模以外（100人以上計、500〜999人）は省略している。
　　3．非役職とは、役職者（部長級・課長級・係長級等）以外をいう。

C−21　職種別にみた年齢別の
(令和3年6月)〔産業計・企業規模計・

年　齢	機械技術者(男)		システムコンサルタント・設計者(男)		ソフトウエア作成者(男)		医師(男)		看護師(女)		准看護師(女)	
	時間	給与	時間	給与	時間	給与	時間	給与	時間	給与	時間	給与
計	166	343.6	160	413.2	167	330.4	164	1,001.1	159	311.8	160	265.8
～19歳	170	185.2	171	175.4	171	170.3	−	−	−	−	158	210.3
20～24	166	217.8	162	239.0	169	228.0	170	368.3	159	257.1	163	216.8
25～29	165	248.8	160	282.0	168	254.5	167	427.9	158	281.3	160	232.5
30～34	164	301.0	157	358.7	167	303.8	165	636.2	158	293.7	161	238.1
35～39	165	333.8	161	418.4	167	347.6	163	820.2	157	304.0	160	251.4
40～44	166	365.1	161	472.0	166	393.3	164	977.8	158	329.0	160	262.7
45～49	168	404.8	161	483.7	168	383.3	162	1,173.5	159	337.1	158	279.1
50～54	168	426.4	162	503.6	166	413.9	165	1,329.1	159	345.1	159	277.8
55～59	166	437.5	158	486.9	166	432.5	164	1,261.2	160	350.6	160	287.8
60～64	162	343.5	152	354.0	163	340.3	162	1,320.7	160	305.4	160	253.6
65～69	165	336.2	158	416.0	169	327.5	162	1,319.1	159	292.0	160	256.0
70～	160	281.2	152	249.4	160	230.2	164	1,335.7	155	277.8	151	217.6
労働者数(10名)	36,919		12,365		48,230		10,253		76,183		13,886	

年齢	大学教授(男)		事務用機器操作員(女)		販売店員(女)		販売店員(百貨店店員を除く)(男)		自動車営業職業従事者(男)		保険営業職業従事者(女)	
	時間	給与	時間	給与	時間	給与	時間	給与	時間	給与	時間	給与
計	166	663.4	161	233.6	159	204.3	168	279.4	168	338.6	144	280.0
～19歳	−	−	171	177.3	165	179.8	164	179.6	182	186.8	148	208.5
20～24	−	−	165	191.3	164	201.9	166	208.3	165	235.9	147	227.0
25～29	−	−	168	225.6	161	221.8	167	232.3	171	310.0	143	231.1
30～34	168	400.3	162	230.5	157	217.1	170	255.8	170	304.7	144	228.2
35～39	166	593.0	159	244.6	158	209.3	168	280.4	166	372.6	145	240.3
40～44	167	632.0	161	230.4	160	213.8	170	301.6	167	400.9	145	259.7
45～49	168	646.3	160	238.5	159	205.5	171	329.0	167	357.4	145	272.1
50～54	167	669.2	159	243.7	158	200.6	167	336.4	163	387.0	145	291.1
55～59	168	683.2	160	244.1	159	198.8	167	327.3	166	389.5	145	361.7
60～64	165	679.5	165	193.8	156	176.7	167	273.7	168	304.4	143	337.8
65～69	165	648.0	127	179.0	154	176.3	161	219.9	164	232.8	145	320.5
70～	158	478.5	−	−	158	175.4	163	209.5	171	360.8	139	328.2
労働者数(10名)	5,432		4,361		60,476		65,248		13,629		16,785	

年齢	タクシー運転者(男)		営業用大型貨物自動車運転者(男)		営業用普通・小型貨物自動車運転者(男)		金属プレス従事者(男)		金属工作機械作業従事者(男)		電気機械器具組立従事者(男)	
	時間	給与	時間	給与	時間	給与	時間	給与	時間	給与	時間	給与
計	163	200.0	177	282.6	174	263.9	167	266.2	169	267.3	163	268.8
～19歳	−	−	−	−	170	181.4	162	184.6	169	180.8	166	181.4
20～24	169	262.3	179	249.8	171	221.6	167	200.4	168	197.7	162	201.6
25～29	161	196.3	176	277.2	174	256.7	169	223.7	170	221.1	163	223.4
30～34	171	218.9	178	263.5	173	263.7	165	253.5	170	250.9	164	249.9
35～39	166	217.1	180	294.1	174	264.7	168	273.7	170	276.3	164	263.1
40～44	175	240.4	179	291.7	174	273.7	165	297.5	169	288.9	163	282.4
45～49	164	220.2	178	293.5	174	279.1	167	290.4	170	297.5	164	295.5
50～54	164	219.3	176	288.8	176	272.0	169	300.3	170	313.0	163	309.6
55～59	166	216.5	175	284.2	175	260.5	171	316.9	169	315.6	163	322.2
60～64	164	203.5	174	265.9	175	241.9	165	244.7	169	246.6	164	250.4
65～69	160	177.2	169	227.4	175	242.6	168	230.6	168	216.9	166	209.5
70～	158	176.5	172	224.5	173	233.5	161	208.4	167	228.8	165	220.4
労働者数(10名)	10,462		40,885		44,804		7,844		23,033		24,596	

資料出所　厚生労働省「賃金構造基本統計調査」。
注　1．上記は令和3年6月の月間の所定内の実労働時間数と給与額を示したものである。
　　2．所定内給与は用語解説17を参照。企業規模は10人以上。

所定内の実労働時間数・給与額

経験年数計・学歴計・男女別〕

(単位　時間・千円)

看護助手（女）		栄養士（女）		保育士（女）		福祉施設介護員（女）		小・中学校教員（女）		高等学校教員（男）		年齢
時間	給与	時間	給与	時間	給与	時間	給与	時間	給与	時間	給与	
157	202.0	165	242.4	166	249.1	163	227.9	174	404.2	173	447.0	計
157	187.8	—	—	—	—	167	182.3	—	—	—	—	～19歳
162	192.0	169	205.0	170	215.8	164	207.5	177	254.7	173	250.8	20～24
160	187.8	165	222.0	167	234.9	163	217.7	175	296.3	175	287.1	25～29
155	204.0	164	229.6	166	246.6	163	224.6	174	345.7	174	356.9	30～34
157	204.9	166	250.8	163	255.3	162	230.3	172	389.7	176	420.0	35～39
159	206.5	165	254.7	165	254.9	163	236.8	169	425.3	171	471.6	40～44
157	204.1	164	275.8	166	272.2	163	237.2	173	458.7	171	509.1	45～49
156	208.8	164	279.0	166	279.0	163	234.3	175	462.5	171	543.5	50～54
156	207.9	167	296.4	166	270.7	163	236.4	180	557.7	170	576.8	55～59
157	199.1	165	229.8	165	255.2	162	222.6	175	447.8	170	471.3	60～64
153	175.6	167	219.8	166	246.2	162	208.3	173	370.0	173	443.6	65～69
154	175.7	140	184.4	167	278.1	158	197.9	—	—	165	401.3	70～
11,118		9,932		23,069		70,345		1,353		6,018		

飲食物調理従事者（男）		飲食物給仕従事者（女）		娯楽接客員（女）		警備員（男）		理容・美容師（男）		理容・美容師（女）		年齢
時間	給与	時間	給与	時間	給与	時間	給与	時間	給与	時間	給与	
170	266.2	161	204.7	160	215.1	169	221.7	174	294.9	171	239.3	計
164	176.6	158	173.1	162	201.0	162	190.7	173	180.1	172	180.3	～19歳
169	197.7	162	188.8	161	207.1	166	217.2	171	203.6	169	202.2	20～24
170	221.2	167	207.9	158	210.2	168	226.3	178	300.7	172	235.5	25～29
169	251.1	161	220.8	160	218.2	169	242.9	175	294.3	170	252.7	30～34
173	275.1	159	223.2	158	217.8	170	233.8	175	397.6	169	308.5	35～39
170	289.8	164	219.6	162	223.9	172	253.9	172	413.7	174	304.7	40～44
174	300.0	160	198.2	163	227.0	170	254.8	168	332.3	176	282.5	45～49
170	303.3	158	211.5	161	224.3	171	240.8	178	447.1	169	233.0	50～54
167	290.2	162	203.3	164	218.3	170	229.2	175	285.3	168	309.0	55～59
170	254.3	158	186.1	160	205.3	167	203.3	173	270.4	171	232.7	60～64
171	239.5	159	168.3	159	183.6	167	185.3	170	400.0	170	203.8	65～69
166	207.5	158	167.9	157	177.5	166	181.9	150	175.1	150	206.0	70～
23,705		11,251		7,775		20,274		1,995		3,353		

自動車組立従事者（男）		紡織・衣服・繊維製品製造従事者（女）		受付・案内事務員（女）		建築技術者（男）		土木技術者（男）		ビル清掃員（女）		年齢
時間	給与	時間	給与	時間	給与	時間	給与	時間	給与	時間	給与	
164	313.3	165	169.4	163	208.5	171	361.9	170	353.4	161	173.8	計
166	198.6	166	165.8	167	174.0	174	184.0	173	195.0	168	151.3	～19歳
164	220.3	168	164.5	165	192.1	170	230.4	171	221.8	164	170.0	20～24
164	250.6	166	164.2	165	201.7	168	264.4	168	260.7	161	207.3	25～29
164	284.9	166	164.2	162	219.6	172	310.1	168	300.6	161	176.6	30～34
162	317.9	168	171.2	164	210.5	172	351.1	170	340.2	156	180.5	35～39
164	334.3	166	173.7	162	208.7	174	396.0	174	378.1	159	180.5	40～44
163	365.4	162	186.1	161	212.6	171	413.4	172	411.2	163	181.0	45～49
165	375.2	164	183.8	161	224.7	172	462.1	171	421.9	163	177.9	50～54
163	386.0	164	171.9	165	217.1	171	471.6	172	406.9	161	177.3	55～59
161	261.3	164	158.6	164	197.7	169	389.7	169	379.4	161	169.3	60～64
165	215.3	161	150.3	159	188.1	169	352.3	167	343.9	161	168.8	65～69
163	203.6	161	146.9	150	158.4	166	287.9	165	270.5	152	152.2	70～
22,188		6,947		7,143		30,773		31,702		7,164		

3．職種・性別の129区分から、労働者数が多く類似職種・性別・掲載継続性を鑑み36区分を掲載した。
4．スペースの関係上、職種別（129職種）・性別に区分されたもののうち、原則として、労働者数40,000人以上の区分のうち、類似職種・性別を調整したうえで数の多い方からの36区分について掲載した。

C−22　性・企業規模・雇用形態・
〔産業計、

(1) 男性
(単位　千円)

区　分	企業規模計			1,000人以上			100～999人			10～99人		
	計	正社員・正職員	正社員・正職員以外	計	正社員・正職員	正社員・正職員以外	計	正社員・正職員	正社員・正職員以外	計	正社員・正職員	正社員・正職員以外
学歴計	337.2	348.8	241.3	375.9	394.3	250.3	328.0	339.6	238.7	303.6	309.9	229.1
	(1,818)	(1,622)	(196)	(622)	(543)	(79)	(656)	(581)	(75)	(540)	(498)	(42)
～19歳	185.6	186.9	168.9	188.2	189.2	175.1	183.4	184.5	166.6	185.5	187.4	163.8
20～24	215.4	218.0	187.8	223.1	225.6	198.2	212.2	215.2	180.3	208.9	211.2	184.4
25～29	253.3	256.7	212.8	270.4	274.5	229.8	244.1	247.7	198.6	240.6	243.3	199.4
30～34	290.5	295.6	218.7	317.2	325.7	231.8	278.9	283.2	209.0	269.3	272.6	199.7
35～39	327.0	333.4	225.1	364.4	375.3	239.1	314.8	320.5	216.1	296.5	300.2	206.2
40～44	357.6	364.6	230.4	398.5	411.9	230.4	347.1	353.3	231.3	322.2	325.0	208.2
45～49	382.8	390.5	236.2	429.4	443.7	239.1	377.1	383.9	233.9	338.2	341.7	233.0
50～54	412.1	422.6	246.9	477.6	498.0	239.1	401.3	411.8	233.9	348.0	350.3	290.0
55～59	413.6	428.6	242.8	476.4	502.1	242.5	408.2	423.2	247.2	345.7	352.0	253.3
60～64	318.1	351.6	274.7	337.7	408.2	287.6	315.6	364.5	270.9	304.4	318.8	256.0
65～69	274.8	310.0	240.9	298.8	465.8	258.8	278.3	353.2	237.6	262.1	276.7	224.6
70歳～	256.5	291.3	218.6	241.7	326.2	229.8	295.4	409.2	228.6	240.0	257.8	203.3
高　校　卒	295.1	305.2	220.5	324.6	339.8	231.7	285.6	297.3	215.5	282.4	288.4	214.4
	(691)	(609)	(82)	(191)	(164)	(27)	(238)	(204)	(34)	(262)	(241)	(21)
～19歳	185.6	186.7	164.7	188.3	189.3	164.3	183.6	184.6	164.1	185.4	186.4	166.5
20～24	204.3	206.6	182.4	210.3	211.6	197.7	198.9	201.9	170.8	205.3	207.7	181.8
25～29	234.5	238.6	196.3	246.1	251.8	208.1	224.1	228.6	185.0	235.5	238.3	194.9
30～34	261.1	266.1	200.5	279.1	287.3	204.1	250.2	255.0	197.1	255.7	258.5	200.0
35～39	284.7	289.9	211.6	306.7	315.6	226.6	277.5	283.3	203.6	276.2	279.5	199.9
40～44	307.7	313.6	217.1	334.3	344.3	222.1	297.9	304.5	211.9	296.0	298.9	217.3
45～49	332.7	338.5	223.0	373.4	382.5	233.7	324.3	331.2	214.8	309.2	312.4	220.9
50～54	346.5	354.1	227.3	391.9	405.7	233.7	345.0	354.6	218.2	316.9	320.0	233.3
55～59	351.8	362.7	220.7	409.5	427.2	223.6	342.0	355.0	220.6	313.9	319.0	216.6
60～64	271.4	291.9	242.1	273.6	303.4	252.4	260.1	286.1	237.1	279.0	291.1	235.5
65～69	238.0	255.0	221.2	254.8	296.0	246.9	223.8	245.3	214.2	242.8	255.1	211.0
70歳～	222.6	243.1	199.8	204.8	244.8	200.4	214.3	234.9	202.8	228.5	245.0	197.1
専門学校卒	309.4	316.0	232.5	323.2	335.3	232.0	305.0	311.0	235.8	305.5	309.8	227.2
	(191)	(176)	(15)	(45)	(39)	(5)	(80)	(74)	(11)	(67)	(63)	(3)
20～24歳	212.0	213.8	191.9	217.3	218.8	199.5	211.0	213.4	184.2	209.6	210.9	196.3
25～29	240.7	243.3	204.5	246.3	250.6	212.3	237.3	239.9	198.0	241.3	243.1	202.5
30～34	266.1	269.7	213.5	278.6	286.8	212.6	262.4	265.5	206.0	262.8	264.5	227.2
35～39	293.6	298.3	216.0	311.6	320.7	218.5	286.2	289.8	221.1	290.1	293.8	204.2
40～44	327.5	331.4	234.9	342.2	351.5	220.9	320.3	323.2	253.2	325.9	327.5	221.7
45～49	345.1	350.0	239.1	355.3	363.8	248.7	342.2	347.3	221.3	341.5	344.3	249.8
50～54	374.6	383.2	230.8	402.6	416.4	247.3	369.0	378.3	213.5	360.9	365.5	239.0
55～59	373.9	388.4	250.0	387.2	421.9	236.0	378.5	390.9	268.3	361.0	368.9	239.6
60～64	298.2	321.5	266.7	289.0	341.7	255.6	301.4	330.8	276.0	299.0	311.1	257.2
65～69	252.4	269.9	237.4	230.7	253.3	228.5	256.0	266.2	250.1	261.3	272.5	229.0
70歳～	248.6	276.1	221.2	287.0	295.5	286.7	214.6	250.7	193.2	252.3	281.1	199.3
大　学　卒	386.9	394.4	292.7	421.7	431.5	304.9	373.3	380.3	287.3	346.3	350.8	276.1
	(631)	(585)	(46)	(252)	(233)	(20)	(245)	(227)	(19)	(133)	(125)	(8)
20～24歳	231.1	231.6	213.0	237.0	237.6	216.4	228.5	228.9	212.3	220.8	221.4	206.2
25～29	267.0	268.0	246.3	284.6	284.7	282.9	256.3	257.6	221.1	248.6	251.1	206.3
30～34	314.1	316.4	248.8	342.3	346.1	267.1	300.1	301.6	245.5	288.5	290.9	194.9
35～39	364.8	368.2	259.2	397.9	402.4	284.7	348.7	351.6	241.4	330.4	333.5	222.5
40～44	407.2	411.2	260.5	449.9	456.0	260.8	390.5	394.2	258.8	361.3	362.7	265.3
45～49	451.0	455.8	264.5	493.6	499.8	276.9	439.4	444.2	255.6	396.8	399.6	253.8
50～54	505.2	509.8	343.2	558.8	567.3	275.7	480.5	485.4	297.2	425.5	420.6	610.5
55～59	505.3	514.8	306.5	557.1	568.1	319.3	496.1	505.3	314.1	416.8	423.5	260.2
60～64	379.0	431.9	318.0	393.1	472.9	332.9	374.4	440.7	310.6	367.3	392.3	296.4
65～69	349.8	417.9	284.1	371.2	576.1	306.9	366.4	492.1	276.5	321.4	344.5	264.8
70歳～	382.5	457.3	287.7	327.3	434.3	307.1	504.3	716.1	310.7	300.8	324.9	230.8

資料出所　厚生労働省「賃金構造基本統計調査」。
注　1．学歴計欄の（　）内数値は推計労働者数を示す（単位：万人）。
　　2．同調査での雇用形態の区分は一般労働者と短時間労働者の二種類からなり、そのうちの一般労働者の数値を掲載した。

学歴及び年齢階級別所定内給与（令和3年）

一般労働者の賃金〕

(2) 女性

(単位　千円)

区　分	企業規模計 計	企業規模計 正社員・正職員	企業規模計 正社員・正職員以外	1,000人以上 計	1,000人以上 正社員・正職員	1,000人以上 正社員・正職員以外	100~999人 計	100~999人 正社員・正職員	100~999人 正社員・正職員以外	10~99人 計	10~99人 正社員・正職員	10~99人 正社員・正職員以外
学　歴　計	253.6	270.6	195.4	271.0	300.3	203.0	252.5	268.0	194.6	235.0	245.4	180.6
	(1.003)	(776)	(227)	(328)	(229)	(99)	(390)	(308)	(82)	(285)	(239)	(46)
～19歳	177.3	178.6	166.8	183.1	183.8	179.2	177.0	178.5	162.4	170.8	172.8	149.8
20~24	210.7	215.0	179.2	221.1	226.9	186.7	209.1	213.2	175.9	198.6	201.6	168.8
25~29	236.2	242.2	198.9	252.1	260.7	211.1	231.7	237.6	191.2	219.6	223.8	181.8
30~34	248.5	258.6	199.4	265.6	283.7	209.1	245.1	254.1	192.9	231.7	237.5	185.1
35~39	260.0	274.5	197.4	282.3	308.4	205.6	256.1	268.4	195.0	238.4	247.1	183.1
40~44	269.9	288.1	200.2	293.3	327.4	208.7	268.6	285.1	200.5	245.5	256.0	179.9
45~49	270.9	292.6	199.2	290.5	336.0	205.6	272.9	290.7	198.6	247.3	258.9	184.6
50~54	277.9	305.6	196.1	303.4	359.9	204.1	277.8	302.8	194.5	250.2	263.8	179.5
55~59	273.3	305.3	192.8	286.3	354.6	198.1	276.6	303.1	193.5	255.5	273.0	178.7
60~64	234.4	272.2	197.8	244.3	327.8	202.5	233.7	274.0	199.2	227.1	247.2	187.2
65~69	222.2	268.6	186.9	231.3	336.8	185.1	228.1	285.9	195.5	210.6	236.1	174.8
70歳~	210.1	248.6	176.2	227.8	302.7	172.1	194.4	221.9	183.6	212.9	241.6	170.5
高　校　卒	220.0	235.2	182.5	238.1	264.6	193.0	216.5	231.1	182.2	210.4	221.5	168.7
	(318)	(227)	(91)	(83)	(52)	(31)	(126)	(88)	(38)	(109)	(86)	(23)
～19歳	177.0	178.1	164.1	182.5	183.7	166.8	176.4	177.3	166.5	171.8	173.0	154.6
20~24	190.0	193.4	175.7	203.3	205.2	196.7	187.3	191.8	166.6	180.7	184.5	163.6
25~29	202.0	207.6	183.3	213.2	221.1	195.7	202.2	209.6	179.9	193.2	197.4	170.7
30~34	212.0	220.9	183.9	220.4	234.5	195.6	212.6	222.7	177.7	204.3	210.3	173.3
35~39	216.0	227.9	180.7	235.5	255.8	194.5	213.9	227.1	177.5	203.6	211.4	166.3
40~44	222.3	236.1	183.3	235.1	261.0	193.8	221.3	235.4	184.3	214.6	224.1	163.5
45~49	234.7	251.8	184.3	253.0	283.4	193.8	236.2	252.6	185.5	218.5	230.4	169.5
50~54	236.5	256.6	184.0	262.1	302.0	195.8	232.4	252.2	184.4	222.2	235.1	165.7
55~59	240.0	263.3	183.7	261.5	309.3	192.5	233.5	253.3	183.8	230.5	246.6	169.9
60~64	208.9	236.5	184.7	228.2	297.5	192.4	199.5	223.7	184.5	206.5	223.3	175.3
65~69	200.0	229.2	177.5	228.3	308.4	178.1	192.8	206.7	186.3	193.6	215.7	166.2
70歳~	202.9	233.1	173.5	244.4	308.4	182.2	191.5	218.8	182.0	198.9	219.1	170.5
専門学校卒	264.8	274.3	209.3	283.3	300.9	213.9	267.1	276.2	211.4	247.5	253.5	199.0
	(171)	(146)	(25)	(39)	(31)	(8)	(79)	(68)	(11)	(52)	(46)	(6)
20~24歳	215.7	218.0	180.7	231.4	236.4	181.6	216.1	218.5	181.3	203.2	204.3	178.0
25~29	237.4	241.3	197.0	252.4	259.4	206.5	235.2	239.3	191.8	229.9	232.3	191.5
30~34	244.5	250.4	204.4	262.8	272.0	221.2	243.7	250.1	195.4	230.9	234.9	195.1
35~39	259.2	267.6	206.2	276.0	290.9	209.6	260.7	267.4	211.8	243.6	250.7	193.7
40~44	276.0	285.9	215.0	300.9	319.7	218.4	275.7	284.5	219.3	255.6	262.6	201.8
45~49	284.5	296.6	207.2	305.6	331.2	214.3	285.5	296.2	204.9	268.0	275.8	200.7
50~54	294.5	308.3	213.1	315.8	344.8	217.3	294.6	306.3	214.0	275.8	284.4	203.4
55~59	302.6	320.4	206.1	327.4	366.0	210.9	308.7	323.4	205.9	275.4	287.9	200.9
60~64	258.8	282.2	223.0	279.0	327.4	228.9	258.8	283.0	222.1	246.2	261.0	208.2
65~69	250.5	277.6	223.1	261.7	386.3	215.1	249.2	274.6	229.6	247.4	261.2	209.9
70歳~	226.2	257.2	193.2	223.3	285.6	156.8	219.8	235.8	211.9	229.4	265.1	178.6
大　学　卒	288.9	296.0	229.7	300.4	310.0	234.4	284.6	290.9	226.7	274.2	278.9	222.2
	(246)	(219)	(26)	(101)	(88)	(13)	(94)	(85)	(9)	(51)	(47)	(4)
20~24歳	227.5	228.4	206.6	232.7	233.6	207.7	225.7	226.1	213.8	215.4	216.8	187.2
25~29	252.3	254.7	222.3	266.8	269.6	238.0	243.7	245.9	210.1	234.4	237.3	194.0
30~34	275.5	280.9	222.2	294.3	302.3	232.5	266.7	271.6	215.0	257.3	260.5	204.3
35~39	298.2	305.5	226.4	318.1	329.2	226.6	290.5	296.4	227.6	274.7	278.8	223.7
40~44	323.3	336.7	227.5	343.5	360.9	236.5	317.6	332.2	222.4	299.9	307.1	215.3
45~49	335.2	353.2	237.3	360.4	395.0	234.5	330.0	345.0	234.3	306.0	312.0	252.5
50~54	383.0	414.6	233.2	405.6	455.0	237.9	390.4	418.5	226.2	334.5	349.9	232.4
55~59	371.1	402.2	232.4	375.8	432.2	233.3	384.3	408.8	241.1	340.8	355.0	205.5
60~64	311.6	352.2	251.4	307.9	387.8	256.0	319.6	366.2	255.1	304.8	322.6	239.4
65~69	374.6	491.9	250.3	298.7	422.6	216.3	433.9	614.0	248.1	337.3	373.6	284.4
70歳~	389.9	408.6	333.6	363.6	388.8	172.8	337.0	334.0	340.8	430.3	445.1	348.5

C-23　職種別・年齢階層別

(令和4年

年齢階層(歳)	支店長	事務部長	事務課長	事務係長	事務係員	工場長	技術部長	技術課長	技術係長
以上　未満　～ 20	—	—	—	—	190.5	—	—	—	—
20 ～ 24	—	—	—	—	228.2	—	—	—	*320.6
24 ～ 28	—	*467.9	*265.0	302.2	△256.1	—	—	*304.6	279.2
28 ～ 32	—	*458.7	515.6	347.4	284.3	—	*482.5	452.5	335.1
32 ～ 36	×	490.1	522.6	383.5	◎301.0	×	*517.8	546.3	389.8
36 ～ 40	*438.0	591.4	545.6	△410.2	313.4	×	604.7	559.6	△406.9
40 ～ 44	559.8	657.1	570.6	429.1	316.9	*598.0	661.8	552.0	414.8
44 ～ 48	629.0	678.4	△581.3	◎430.3	▽321.6	656.0	660.2	△570.1	◎422.8
48 ～ 52	△725.1	△691.6	◎582.7	▽437.7	330.1	681.3	△677.9	◎578.4	▽433.9
52 ～ 56	◎814.5	◎727.6	▽606.9	451.7	343.4	※739.6	◎739.7	▽612.0	445.6
56 ～	▽803.0	▽723.8	602.6	453.9	351.4	▽752.5	▽757.7	609.3	447.1
計(平均年齢)	763.6(54.0歳)	709.1(53.0歳)	586.4(49.5歳)	425.0(45.0歳)	296.6(36.9歳)	727.2(54.4歳)	722.0(53.4歳)	583.3(49.2歳)	420.0(45.0歳)

年齢階層(歳)	研究員	病院長	医科長	医師	薬剤師	診療放射線技師	臨床検査技師	栄養士	看護師
以上　未満　～ 20	—	—	—	—	—	—	—	—	—
20 ～ 24	220.7	—	—	—	280.4	255.5	—	209.9	291.3
24 ～ 28	269.3	—	—	*1147.3	310.1	302.2	267.0	△233.6	321.3
28 ～ 32	△316.6	—	—	794.5	△336.9	△324.7	△300.5	252.7	△335.5
32 ～ 36	◎421.8	—	*954.8	△859.4	352.2	352.4	306.4	◎268.9	344.3
36 ～ 40	415.2	—	1230.5	942.0	389.5	◎376.4	◎326.9	287.3	◎363.7
40 ～ 44	▽441.3	—	1195.6	◎1055.9	▽392.5	403.1	351.6	▽312.0	380.9
44 ～ 48	450.2	—	△1237.6	1081.6	414.9	426.1	381.9	329.2	▽394.1
48 ～ 52	416.6	*2110.7	1284.8	1100.7	444.6	◎464.5	▽427.5	346.9	401.0
52 ～ 56	500.7	*1462.1	◎1317.7	▽1034.8	465.6	496.9	454.7	351.1	406.5
56 ～	456.1	※1750.9	▽1293.6	1090.2	428.0	492.9	426.5	374.6	396.1
計(平均年齢)	373.3(35.7歳)	1751.8(61.7歳)	1268.8(51.7歳)	973.2(43.7歳)	368.4(37.0歳)	390.5(40.0歳)	350.5(40.3歳)	282.3(36.7歳)	359.6(38.1歳)

資料出所　人事院給与局「民間給与の実態—令和4年職種別民間給与実態調査の結果—」
注　1. 調査事業所は企業規模50人以上で、かつ事業所規模50人以上の全国民間11,841事業所（母集団54,866事業所）。調査実人員は行政職（一）相当職種が433,725人、その他の職種が19,758人（母集団3,541,021人であり、行政職（一）相当職種は3,352,731人。臨時雇用者と役員を除く）の54職種。スペースの関係で上記以外は割愛。
　　2. 政府機関、地方公共団体、公庫・公団、駐留軍・国連機関、企業組合等は含まれない。また上表のうち、病院長、医科長、医師、薬剤師、診療放射線技師、臨床検査技師、栄養士、看護師、准看護師は「民間給与の実態－2019年（平成31年）職種別民間給与実態調査の結果」から引用している。
　　3. 上記の所定内給与は「きまって支給する給与」から「時間外手当」を除いた額。「きまって支給する給与」とは基本給はもとより、年齢給、勤続給、地域給、寒冷地手当、家族手当、住宅手当、精勤手当、特殊作業手当、役付手当、職務手当、通勤手当、超過勤務手当、夜勤手当、休日出勤手当等、月ごとに支給されるすべての給与を含めたものをいう。

の平均所定内給与〔月額・企業規模　50人以上〕

4月分）　　　　　　　　　　　　　　　　　　　　　　　　　　　　　　　　　（単位・千円）

技術係員	電話交換手	自家用乗用自動車運転手	守衛	用務員	研究所長	研究部(課)長	主任研究員	年齢(歳)
197.9	−	−	−	×	−	−	−	～ 20
220.3	×	−	*233.2	*177.5	−	−	−	20 ～ 24
△255.7	*186.1	−	*211.2	−	−	−	*263.4	24 ～ 28
287.6	*224.1	−	*234.9	*253.1	−	−	324.1	28 ～ 32
◎311.5	△*278.7	*208.2	264.2	*219.2	−	*606.3	402.2	32 ～ 36
329.6	*274.9	*258.0	276.3	*239.8	−	651.7	△442.6	36 ～ 40
▽337.6	◎*287.7	×	△305.9	*270.2	−	648.2	◎542.9	40 ～ 44
344.8	▽275.0	*321.8	307.0	△*263.2	*743.7	△680.2	565.7	44 ～ 48
352.0	*257.4	△*338.5	◎300.3	*261.0	*833.9	◎693.0	▽560.2	48 ～ 52
366.7	*215.3	◎*329.1	354.7	*279.4	※834.1	▽717.3	552.2	52 ～ 56
372.6	×	▽338.2	▽339.5	※255.4	▽898.7	727.6	577.1	56 ～
301.4 (35.4歳)	254.1 (40.3歳)	332.7 (54.1歳)	308.7 (48.3歳)	256.5 (54.4歳)	856.1 (54.7歳)	696.7 (50.5歳)	511.0 (44.1歳)	計(平均年齢)

准看護師	大学学部長	大学教授	大学准教授	大学講師	高校校長	高校教頭	高校教諭	年齢(歳)
−	−	−	−	−	−	−	−	～ 20
228.8	−	−	−	−	−	−	*330.1	20 ～ 24
253.5	−	−	−	*383.0	−	−	310.4	24 ～ 28
256.3	−	−	*437.3	388.0	−	−	359.0	28 ～ 32
275.0	−	−	484.0	439.4	−	−	△406.3	32 ～ 36
△288.8	−	*577.7	542.2	△495.1	−	*575.9	440.3	36 ～ 40
294.4	−	624.1	△555.4	◎526.9	−	*624.0	◎492.8	40 ～ 44
◎306.4	*865.3	654.9	599.1	532.4	x	*626.9	521.3	44 ～ 48
322.6	*771.0	△692.5	◎602.9	▽547.5	−	△640.8	557.1	48 ～ 52
▽326.4	809.1	727.1	▽622.7	546.0	*761.9	622.4	▽571.3	52 ～ 56
324.9	※835.1	※748.5	638.6	529.3	※776.5	※651.1	598.4	56 ～
303.5 (46.2歳)	827.4 (59.5歳)	724.6 (56.8歳)	595.4 (48.7歳)	511.9 (44.1歳)	774.3 (60.6歳)	640.4 (54.9歳)	488.6 (44.0歳)	計(平均年齢)

4．所定内給与のうち2カ月以上の期間について払われるものは1カ月あたりに修正して加えてある。
5．表中「＊」印のあるものは調査実人員20人以下を、「×」印は同1人を、「−」印のあるものは当該従業員のないことを示す。
6．また、「△」は第1四分位を、「◎」は中位を、「▽」は第3四分位を示し、「※」は分位が重複することを示す。
7．年齢は令和4年4月1日現在における満年齢。

C-24　各地のモデル

学歴職種	標準年齢	勤続年数	扶養家族	北海道	旭川市	東京都(中小企業)	愛知県	富山県	堺市	広島市	福岡県	北九州市	沖縄県
				(男性)(事務販売)	(男性)(事務)	(事務)	(総合職)	(男性)(管理・事務)	(基幹)(事務技術)		(大学卒)	(男性)(全産業)	(男性)(事務)
大学卒・事務販売部門	22歳 初任給		0人	192	206.5	209.7	209.4	195.4	227.8	204.2	196.7	193.6	160.0
	23	1年	0	—	—	—	—	—	—	214.7	—	—	—
	25	3	0	206	—	229.1	227.1	213.4	245.3	223.6	215.3	—	191.6
	27	5	0	235	—	—	—	—	238.4	—	—	—	—
	30	8	2	258	255.2	264.3	278.4	243.3	284.5	256.1	248.3	237.7	233.5
	35	13	3	312	—	298.9	325.8	282.8	357.6	295.9	278.9	—	255.6
	40	18	3	—	361.6	333.4	382.7	316.9	429.6	339.8	313.1	292.3	293.8
	45	23	3	393	—	345.6	—	353.3	—	379.3	—	—	344.1
	50	28	3	—	418.0	401.0	470.6	389.3	534.8	411.9	364.0	345.4	372.9
	55	33	2	433	—	423.5	—	408.2	575.9	449.0	389.8	—	426.3
	60	38	1	—	403.6	433.6	477.5	394.6	570.5	403.5	367.8	354.6	382.8
				(男性)(事務販売)	(男性)(事務)	(事務)	(一般職・事務)	(男性)(管理・事務)	(基幹)(事務技術)		(男性)(営業販売事務)	(高校卒)	(男性)(事務)
高校卒・事務販売・基幹等	18歳 初任給		0人	158	176.2	185.0	168.5	165.9	174.9	173.8	164.1	166.2	—
	19	1年	0	—	—	—	—	—	—	176.5	—	—	169.9
	20	2	0	—	202.7	191.8	—	180.8	189.0	177.5	174.8	—	—
	22	4	0	176	—	202.6	185.4	185.0	—	188.5	—	—	—
	25	7	0	188	—	218.7	199.5	202.0	219.6	207.5	198.0	—	180.2
	27	9	1	—	—	—	—	—	217.8	—	—	—	—
	30	12	2	234	241.6	250.2	226.2	226.3	261.2	233.8	224.4	215.8	222.4
	35	17	3	280	—	275.4	250.0	258.2	313.3	251.1	248.3	—	203.4
	40	22	3	—	295.6	306.6	273.8	289.2	351.9	296.0	274.4	252.6	230.3
	45	27	3	351	—	336.9	—	310.8	—	330.6	—	—	314.6
	50	32	3	—	360.1	361.2	307.2	345.7	440.7	375.3	313.2	302.7	373.8
	55	37	2	377	—	382.1	—	358.8	504.4	375.7	330.8	—	387.0
	60	42	1	367	290.4	389.7	309.9	341.5	424.9	321.8	312.8	313.3	307.3

資料出所　東京都産業労働局「中小企業の賃金事情」、関経連「標準勤続者賃金に関する調査」、そのほかは各地商工会議所賃金調査。
注　1．本調査の賃金とは、所定労働時間内の労働に対して支払われる一切の現金給与の合計額（月額）をいう。従って、交通費は除外しているが、役付・家族・住宅・生活補助等の諸手当は含まれる。
　　2．モデル賃金とは学校卒業後直ちに入社し、標準的な昇進経路を経た者の賃金。後掲用語解説参照。上記掲載は実在者モデル賃金である。
　　3．東京都は従業員規模10〜299人の中小企業が集計対象であるが、他は大企業を含んだそれぞれ地場企業、出先企業の合計である。
　　4．東京都は事務と営業販売、生産と技術は各々別途に集計されており、その他の地域についても性別やコース別などによりそれぞれ集計されているために、（　）内で表示のものを掲載しており、性別の表記のないものに限り男女計の数値である。
　　5．調査年度は、旭川市・東京都・愛知県・広島市が2021年度、北九州市が2020年度、富山県・沖縄県が2019年度、福岡県が2017年度、北海道が2016年度である。

所定内賃金

（単位　千円）

学歴職種	標準年齢	勤続年数	扶養家族	北海道	旭川市	東京都(中小企業)	愛知県	富山県	堺市	広島市	福岡県	北九州市	沖縄県
				(男性)(技術)	(男性)(技術・労務)	(生産)	(現業職)		(基幹現業)			(男性)(技術)	(男性)(生産技術)
高校卒・生産技術部門	18歳 初任給		0人	166	172.9	183.8	176.2	—	176.3	174.0	—	169.2	
	19	1年	0	—	—	—	—	—	—	181.2	—	—	160.0
	20	2	0	—	194.5	191.5	—	—	192.0	186.9	—	—	—
	22	4	0	183	—	204.0	197.2	—	—	198.5	—	—	179.8
	25	7	0	200	—	220.6	214.8	—	234.8	212.7	—	—	187.8
	27	9	0	—	—	—	—	—	—	225.9	—	—	—
	30	12	1	238	259.7	232.7	258.9	—	272.7	245.7	—	226.2	200.3
	35	17	3	267	—	276.9	296.4	—	318.1	266.6	—	—	230.8
	40	22	3	—	292.1	302.0	337.9	—	371.5	288.0	—	268.2	243.5
	45	27	3	340	—	328.5	—	—	—	309.3	—	—	268.9
	50	32	3	—	326.1	353.9	397.8	—	436.2	346.1	—	309.4	274.5
	55	37	2	384	—	376.8	—	—	460.4	351.5	—	—	279.7
	60	42	1	380	297.1	378.4	410.1	—	406.9	317.4	—	303.9	266.5
				(一般職)(事務販売)	(女性)(事務)	(事務)	(一般職)(大学卒)	(女性)(管理・事務)	(定型)(大学卒)		(短大卒)	(女性)	(大卒女性)(事務)
短大卒・事務販売部門	20歳 初任給		0人	160	171.5	194.3	—	169.3	—	184.5	177.7	177.2	—
	21	1年	0	—	—	—	—	—	—	—	—	—	—
	22	2	0	168	—	205.9	192.3	—	195.4	195.3	—	—	147.8
	25	5	0	179	—	221.3	205.1	196.3	208.8	203.4	202.9	—	169.2
	27	7	0	—	—	—	—	—	211.1	—	—	—	—
	30	10	0	211	189.8	253.9	233.4	214.0	235.6	221.5	228.4	220.6	201.2
	35	15	0	233	—	282.6	258.0	233.5	237.4	—	252.9	—	203.6
	40	20	0	—	255.5	311.5	286.0	262.6	263.0	—	282.4	260.4	236.0
	45	25	0	—	—	342.2	—	267.7	286.8	—	—	—	238.3
	50	30	0	—	304.4	371.0	327.4	293.5	324.7	—	328.3	303.1	277.8
	55	35	0	279	—	395.1	—	306.0	366.7	—	—	—	249.7
				(一般職)(事務販売)	(女性)(事務)	(事務)		(女性)(管理・事務)	(定型)(高卒)			(女性)	(女性)(事務)
高校卒・事務販売・定型等	18歳 初任給		0人	153	170.2	181.9	—	161.4	173.3	—	—	166.2	—
	19	1年	0	—	—	—	—	—	—	—	—	—	147.0
	20	2	0	—	169.7	187.3	—	176.1	180.4	—	—	—	—
	22	4	0	165	—	199.3	—	—	—	—	—	—	145.4
	25	7	0	196	—	214.8	—	187.9	210.6	—	—	—	161.0
	27	9	0	—	—	—	—	—	—	—	—	—	—
	30	12	0	208	252.7	251.5	—	213.7	255.3	—	—	215.8	168.5
	35	17	0	231	—	284.8	—	232.4	—	—	—	—	171.9
	40	22	0	—	221.9	320.3	—	253.2	—	—	—	252.6	185.7
	45	27	0	270	—	352.9	—	267.7	—	—	—	—	206.0
	50	27	0	—	241.5	378.1	—	289.5	—	—	—	302.7	210.8

C-25 学歴・職種にみたモデル
(令和3年

年齢		大学卒、事務・技術労働者								短大・高専卒、事務・技術労働者							
		総合職相当				一般職相当				総合職相当				一般職相当			
		勤続年数(年)	扶養家族(人)	所定内賃金(千円)	集計社数(社)	勤続年数(年)	扶養家族(人)	所定内賃金(千円)	集計社数(社)	勤続年数(年)	扶養家族(人)	所定内賃金(千円)	集計社数(社)	勤続年数(年)	扶養家族(人)	所定内賃金(千円)	集計社数(社)
調査産業計		(集計社数 139社)				(集計社数 31社)				(集計社数 45社)				(集計社数 33社)			
	18歳	—	—	—	—	—	—	—	—	—	—	—	—	—	—	—	—
	20	—	—	—	—	—	—	—	—	0	0	194.8	34	0	0	181.4	25
	22	0	0	222.9	135	0	0	199.3	29	2	0	212.3	34	2	0	195.1	25
	25	3	0	251.6	136	3	0	219.2	28	5	0	240.6	35	5	0	208.4	24
	30	8	2	325.4	134	8	0	260.4	26	10	2	314.1	36	10	0	244.7	24
	35	13	3	394.7	129	13	0	292.1	26	15	3	357.0	36	15	0	268.5	21
	40	18	3	465.3	91	18	0	317.5	24	20	3	394.1	28	20	0	292.8	23
	45	23	3	544.6	81	23	0	346.7	23	25	3	429.5	27	25	0	321.1	20
	50	28	2	589.5	81	28	0	379.5	21	30	2	452.5	28	30	0	342.4	23
	55	33	1	600.8	79	33	0	380.8	20	35	1	481.7	25	35	0	338.3	21
	60	38	1	563.5	52	38	0	336.2	14	40	1	459.0	14	40	0	321.6	14
うち製造業		(集計社数 85社)				(集計社数 17社)				(集計社数 29社)				(集計社数 21社)			
	18歳	—	—	—	—	—	—	—	—	—	—	—	—	—	—	—	—
	20	—	—	—	—	—	—	—	—	0	0	192.8	21	0	0	183.6	15
	22	0	0	222.5	82	0	0	201.6	15	2	0	210.9	21	2	0	192.9	14
	25	3	0	249.2	84	3	0	217.8	14	5	0	235.3	22	5	0	207.9	14
	30	8	2	321.7	81	8	0	265.2	14	10	2	299.8	23	10	0	243.4	15
	35	13	3	385.7	78	13	0	308.3	14	15	3	348.2	25	15	0	275.5	13
	40	18	3	456.9	52	18	0	341.2	12	20	3	397.0	20	20	0	304.9	15
	45	23	3	516.3	43	23	0	388.8	11	25	3	430.9	17	25	0	324.9	13
	50	28	2	559.0	43	28	0	418.1	11	30	2	445.3	19	30	0	348.3	14
	55	33	1	572.2	42	33	0	435.3	11	35	1	467.3	17	35	0	355.9	14
	60	38	1	567.3	28	38	0	409.8	6	40	1	439.0	9	40	0	355.1	8

〈参考〉各種賃金にみる賃金格差 (調査産業計) 〔令和3年6月〕

(単位 千円)

学歴・労働者の種類	18歳	20歳	22歳	25歳	30歳	35歳	40歳	45歳	50歳	55歳	60歳
(1)モデル所定内賃金 (千円)											
大学卒 事務・技術 総合職相当	—	—	222.9	251.6	325.4	394.7	465.3	544.6	589.5	600.8	563.5
高校卒 事務・技術 総合職相当	176.4	189.3	205.0	233.7	294.3	347.3	376.8	417.2	448.9	449.6	469.6
高校卒 生 産	173.7	183.4	195.5	215.2	261.0	305.5	334.4	367.7	388.6	398.0	397.6
年齢間格差(22歳=100.0)											
大学卒 事務・技術 総合職相当	—	—	100.0	112.9	146.0	177.1	208.7	244.3	264.5	269.5	252.8
高校卒 事務・技術 総合職相当	86.0	92.3	100.0	114.0	143.6	169.4	183.8	203.5	218.5	219.4	229.1
高校卒 生 産	88.8	93.8	100.0	110.1	133.5	156.3	171.0	188.1	198.8	203.6	203.4
学歴間格差(大学卒=100.0)											
大学卒 事務・技術 総合職相当	—	—	100.0	100.0	100.0	100.0	100.0	100.0	100.0	100.0	100.0
高校卒 事務・技術 総合職相当	—	—	92.0	92.9	90.4	88.0	81.0	76.6	76.0	74.9	83.3
高校卒 生 産	—	—	87.7	85.5	80.2	77.4	71.9	67.5	65.9	66.2	70.6
(2)実在者平均所定内賃金(千円)											
大学卒 事務・技術 男性	—	—	222.4	248.9	319.3	390.1	441.0	498.9	557.1	565.6	511.8
高校卒 事務・技術 男性	174.2	186.9	201.8	225.2	275.1	317.1	361.7	386.5	411.5	438.8	413.4
高校卒 生 産 男性	175.4	186.0	197.6	214.5	255.0	292.5	324.3	347.6	376.8	380.5	349.4
年齢間格差(22歳=100.0)											
大学卒 事務・技術 男性	—	—	100.0	111.9	143.6	175.4	198.3	224.3	250.5	254.3	230.1
高校卒 事務・技術 男性	86.3	92.6	100.0	111.6	136.3	157.1	179.2	191.5	203.9	217.4	204.9
高校卒 生 産 男性	88.8	94.1	100.0	108.6	129.0	148.0	164.1	175.9	190.7	192.6	176.8
学歴間格差(大学卒=100.0)											
大学卒 事務・技術 男性	—	—	100.0	100.0	100.0	100.0	100.0	100.0	100.0	100.0	100.0
高校卒 事務・技術 男性	—	—	90.7	90.5	86.2	81.3	82.0	77.5	73.9	77.6	80.8
高校卒 生 産 男性	—	—	88.8	86.2	79.9	75.0	73.5	69.7	67.6	67.3	68.3

所定内賃金〔中労委〕
6月）

高校卒、事務・技術労働者								高校卒、生産労働者				年齢
総合職相当				一般職相当								
勤続年数(年)	扶養家族(人)	所定内賃金(千円)	集計社数(社)	勤続年数(年)	扶養家族(人)	所定内賃金(千円)	集計社数(社)	勤続年数(年)	扶養家族(人)	所定内賃金(千円)	集計社数(社)	
(集計社数　56社)				(集計社数　47社)				(集計社数　66社)				
0	0	176.4	48	0	0	175.3	41	0	0	173.7	60	18歳
2	0	189.3	49	2	0	183.5	41	2	0	183.4	61	20
4	0	205.0	48	4	0	192.6	40	4	0	195.5	62	22
7	0	233.7	49	7	0	210.1	41	7	0	215.2	61	25
12	2	294.3	50	12	0	250.3	39	12	2	261.0	61	30
17	3	347.3	45	17	0	283.2	36	17	3	305.5	57	35
22	3	376.8	48	22	0	316.0	40	22	3	334.4	60	40
27	3	417.2	45	27	0	343.3	40	27	3	367.7	60	45
32	2	448.0	43	32	0	366.4	39	32	2	388.6	59	50
37	1	449.7	36	37	0	376.7	39	37	1	398.0	55	55
42	1	469.6	25	42	0	369.9	24	42	1	397.6	37	60
(集計社数　39社)				(集計社数　31社)				(集計社数　66社)				
0	0	176.5	32	0	0	174.6	28	0	0	173.6	48	18歳
2	0	187.0	33	2	0	183.4	27	2	0	183.4	49	20
4	0	203.5	32	4	0	193.3	27	4	0	196.1	50	22
7	0	231.2	33	7	0	211.8	28	7	0	215.1	50	25
12	2	293.5	35	12	0	256.2	27	12	2	263.6	51	30
17	3	343.0	32	17	0	289.5	25	17	3	310.5	48	35
22	3	383.3	35	22	0	330.8	26	22	3	340.2	50	40
27	3	421.8	32	27	0	355.8	25	27	3	374.1	48	45
32	2	447.8	32	32	0	376.1	25	32	2	395.6	47	50
37	1	445.1	26	37	0	385.3	23	37	1	403.2	43	55
42	1	480.9	20	42	0	412.9	14	42	1	404.4	29	60

資料出所　中央労働委員会事務局「賃金事情等総合調査－賃金事情調査－」。
　　　　　参考表も同じ。
注　1．資本金 5 億円以上、労働者1,000人以上の民間企業。令和 3 年調査では 380社を
　　　　　対象。回答があった企業は234社（回答率61.6%）、集計対象は航空・病院・農協
　　　　　団体などを除く227社。
　　　2．ここでの所定内賃金には、時間外給与・通勤手当・交替手当を除く。
　　　3．モデル賃金・一時金とは、学校を卒業後（大学卒は22歳、短大・高専卒は20歳、
　　　　　高校卒は18歳）、直ちに入社して同一企業に継続勤務し、標準的に昇進した者の
　　　　　うち、設定されたモデル条件（性、職種、学歴、年齢、勤続年数、扶養家族数）
　　　　　に該当する者の所定内賃金・一時金。
　　　4．60歳定年制の場合、満60歳到達日を退職日としている場合は満59歳時の賃金で
　　　　　ある。
　　　5．モデル賃金と実在者賃金の関係は、活用労働統計の「用語の解説」18項を参照。

〈参考〉つづき

学歴・労働者の種類			20歳	22歳	25歳	30歳	35歳	40歳	45歳	50歳	55歳	60歳
(3)モデル一時金(千円)〔年間計〕												
大学卒	事務・技術	総合職相当	－	－	1,199	1,621	2,034	2,603	3,031	3,266	3,401	3,056
高校卒	事務・技術	総合職相当	852	932	1,084	1,308	1,577	1,844	2,126	2,320	2,412	2,363
高校卒	生　産		825	892	996	1,204	1,394	1,554	1,757	1,918	1,983	1,917
年齢間格差(25歳=100.0)												
大学卒	事務・技術	総合職相当	－	－	100.0	135.2	169.6	217.1	252.8	272.4	283.7	254.9
高校卒	事務・技術	総合職相当	78.6	86.0	100.0	120.7	145.5	170.1	196.1	214.0	222.5	218.0
高校卒	生　産		82.8	89.6	100.0	120.9	140.0	156.0	176.4	192.6	199.1	192.5
学歴間格差(大学卒=100.0)												
大学卒	事務・技術	総合職相当	－	－	100.0	100.0	100.0	100.0	100.0	100.0	100.0	100.0
高校卒	事務・技術	総合職相当	－	－	90.4	80.7	77.5	70.8	70.1	71.0	70.9	77.3
高校卒	生　産		－	－	83.1	74.3	68.5	59.7	58.0	58.7	58.3	62.7

C-26　実在者平均

年　齢		大学卒、事務・技術労働者				短大・高専卒、事務・技術労働者			
		男　性		女　性		男　性		女　性	
		平均所定内賃金(千円)	平均勤続年数(年)	平均所定内賃金(千円)	平均勤続年数(年)	平均所定内賃金(千円)	平均勤続年数(年)	平均所定内賃金(千円)	平均勤続年数(年)
調査産業計		(集計社数　109社)		(集計社数　105社)		(集計社数　79社)		(集計社数　84社)	
	18歳	—	—	—	—	—	—	—	—
	20	—	—	—	—	193.7	0.3	191.9	0.3
	22	222.4	0.3	221.8	0.3	209.4	2.0	207.6	2.0
	25	248.9	2.0	248.6	2.4	237.3	4.7	221.4	4.7
	30	319.3	6.1	295.6	6.6	295.0	9.1	254.9	8.5
	35	390.1	10.7	334.2	11.2	340.4	12.8	253.8	12.6
	40	441.0	14.1	383.8	14.3	382.2	15.7	289.8	15.3
	45	498.9	18.9	380.1	18.2	411.9	19.7	310.8	18.7
	50	557.1	25.2	435.5	24.7	454.2	26.5	348.0	26.4
	55	565.6	30.2	452.8	30.5	480.9	30.8	362.0	29.9
	60	511.8	31.8	399.0	26.5	454.6	32.5	379.2	35.1
うち製造業		(集計社数　63社)		(集計社数　59社)		(集計社数　50社)		(集計社数　51社)	
	18歳	—	—	—	—	—	—	—	—
	20	—	—	—	—	195.8	0.3	191.3	0.3
	22	219.4	0.3	221.6	0.3	212.3	2.0	211.1	2.1
	25	245.1	1.7	249.3	2.1	235.9	4.6	229.3	4.9
	30	309.0	5.7	297.7	5.9	294.5	9.3	249.8	8.7
	35	375.5	10.2	339.0	10.5	344.8	13.5	280.4	11.7
	40	421.2	13.1	374.1	13.2	385.9	15.9	294.4	14.9
	45	454.0	17.6	366.5	16.8	416.3	20.2	320.1	19.8
	50	486.5	24.3	392.2	23.2	444.1	27.6	349.5	27.3
	55	497.8	30.2	424.3	30.6	471.2	32.9	363.2	32.0
	60	492.5	31.6	302.4	16.2	431.9	35.9	379.8	37.3

資料出所　中央労働委員会事務局「賃金事情等総合調査−賃金事情調査−」。

C-27　一般・パートの賃金・

(1)　労働時間・賃金（調査産業計・令和3年1カ月平均）

就業形態・事業所規模		出勤日数(日)	実労働時間数(時間)			現金給与額(千円)				
			総実労働時間	所定内労働時間	所定外労働時間	現金給与総額	定期給与	所定内給与	超過給与	特別給与
一般労働者	5人以上計	19.5	162.1	148.9	13.2	419.5	339.8	314.7	25.1	79.7
	1,000人以上	18.6	158.7	142.3	16.4	579.6	437.7	392.4	45.4	141.9
	500〜999人	18.9	158.6	144.5	14.1	498.2	389.9	353.8	36.1	108.3
	100〜499人	19.2	160.9	146.5	14.4	444.0	354.0	324.1	29.8	90.0
	30〜99人	19.5	163.9	149.7	14.2	403.1	326.1	303.3	22.8	77.0
	5〜29人	20.0	163.2	152.3	10.9	362.6	307.3	290.5	16.8	55.3
パートタイム労働者	5人以上計	13.9	78.8	76.8	2.0	99.5	96.5	94.0	2.5	3.0
	1,000人以上	14.6	91.1	87.1	4.0	137.3	132.5	125.4	7.1	4.7
	500〜999人	14.8	91.6	88.2	3.4	134.3	129.3	123.4	5.9	5.1
	100〜499人	14.4	87.5	84.4	3.1	117.2	113.4	109.3	4.1	3.8
	30〜99人	14.4	81.9	79.9	2.0	101.6	98.1	95.9	2.2	3.5
	5〜29人	13.4	73.4	72.0	1.4	89.1	86.7	85.0	1.7	2.3

資料出所　厚生労働省「毎月勤労統計調査」。(2)表は日本生産性本部で加工計算したもの。一般・パートともに常用労働者のみを対象。パートタイム労働者とは、一般労働者と比べて1日の所定労働時間が短い者、又は1日の所定労働時間が同じでも1週の所定労働日数が少ない者をいう。

所定内賃金（中労委）〔令和3年6月〕

高校卒、事務・技術労働者				高校卒、生産労働者				
男　性		女　性		男　性		女　性		年齢
平均所定内賃金(千円)	平均勤続年数(年)	平均所定内賃金(千円)	平均勤続年数(年)	平均所定内賃金(千円)	平均勤続年数(年)	平均所定内賃金(千円)	平均勤続年数(年)	
(集計社数　90社)		(集計社数　88社)		(集計社数　57社)		(集計社数　40社)		産業計
174.2	0.3	172.5	0.3	175.4	0.3	176.9	0.3	18歳
186.9	2.0	180.3	2.1	186.0	1.9	190.6	1.8	20
201.8	3.8	193.9	4.0	197.6	3.7	199.7	3.7	22
225.2	6.2	213.9	6.4	214.5	6.3	209.4	5.8	25
275.1	10.8	241.2	10.4	255.0	10.9	238.0	10.0	30
317.1	13.2	263.3	11.9	292.5	13.8	266.7	13.1	35
361.7	18.2	280.7	17.4	324.3	18.2	286.7	18.0	40
386.5	23.0	303.3	21.3	347.6	23.5	301.6	21.5	45
411.5	29.9	313.5	25.6	376.8	28.6	321.9	28.5	50
438.8	34.9	330.4	30.8	380.5	32.4	323.2	28.1	55
413.4	39.2	317.3	34.5	349.4	35.1	221.0	14.3	60
(集計社数　53社)		(集計社数　52社)		(集計社数　44社)		(集計社数　31社)		製造業
174.2	0.3	172.3	0.3	176.2	0.3	177.3	0.3	18歳
181.7	2.1	177.8	2.2	186.1	1.9	189.7	1.8	20
196.9	3.9	192.7	4.2	197.6	3.7	199.2	3.7	22
222.5	6.7	207.9	7.0	214.1	6.4	211.2	6.0	25
271.5	11.5	229.3	11.1	257.2	11.1	238.7	10.3	30
310.6	14.2	255.1	13.6	296.0	14.3	273.3	13.7	35
349.2	18.6	283.2	19.3	330.1	18.6	285.5	18.0	40
361.9	20.7	303.3	23.2	351.6	23.7	308.0	22.5	45
399.5	29.2	325.5	28.4	381.3	29.2	327.9	29.8	50
411.0	34.3	336.8	33.4	383.3	33.5	320.2	27.2	55
416.7	38.4	328.8	38.1	364.2	37.1	—	—	60

労働時間及び労働者数

(2)　常用労働者数（令和3年平均）

就業形態・事業所規模	合計(千人) (A)+(B)	一般労働者数(千人) (A)			パートタイム労働者(千人) (B)			パートタイム労働者比率(%) (B)/((A)+(B))		
		計	男性	女性	計	男性	女性	計	男性	女性
事業所規模別 5人以上計	51,893	35,662	22,933	12,729	16,231	4,535	11,696	31.3	16.5	47.9
1,000人以上	3,439	2,980	2,010	969	459	131	327	13.3	6.1	25.2
500〜999人	3,466	2,868	1,706	1,162	598	165	433	17.3	8.8	27.2
100〜499人	10,777	8,148	5,361	2,787	2,629	777	1,852	24.4	12.7	39.9
30〜99人	11,867	8,152	5,358	2,794	3,715	1,081	2,634	31.3	16.8	48.5
5〜29人	22,346	13,515	8,498	5,017	8,831	2,382	6,449	39.5	21.9	56.2
産業別 鉱業、採石業、砂利採取業	13	12.0	10.0	2.0	＊	＊	＊	＊	＊	＊
建　設　業	2,856	2,694	2,281	414	162	61	101	5.7	2.6	19.6
製　造　業	8,010	6,933	5,361	1,572	1,077	262	815	13.5	4.7	34.1
電気・ガス・熱供給・水道業	252	240	211	29	12	6	5	4.8	2.8	14.7
情　報　通　信　業	1,601	1,513	1,114	399	88	22	66	5.5	1.9	14.2
運輸業、郵便業	3,170	2,652	2,237	416	518	241	278	16.3	9.7	40.1
卸売業、小売業	9,606	5,549	3,704	1,846	4,057	1,041	3,016	42.2	21.9	62.0
金融業、保険業	1,362	1,212	579	633	150	12	137	11.0	2.0	17.8
不動産業、物品賃貸業	801	627	423	205	174	69	104	21.7	14.0	33.7
学術研究、専門・技術サービス業	1,515	1,360	974	386	155	45	111	10.2	4.4	22.3
宿泊業、飲食サービス業	4,891	1,092	636	456	3,799	1,150	2,649	77.7	64.4	85.3
生活関連サービス業、娯楽業	1,654	871	473	398	783	225	558	47.3	32.2	58.4
教育、学習支援業	3,474	2,264	1,190	1,074	1,210	463	747	34.8	28.0	41.0
医　療、福　祉	7,869	5,208	1,447	3,760	2,661	482	2,179	33.8	25.0	36.7
複合サービス事業	463	383	255	128	80	24	56	17.3	8.6	30.4
サービス業(他に分類されないもの)	4,355	3,050	2,039	1,011	1,305	433	872	30.0	17.5	46.3

C-28　賞与の支給状況（5人以上事業所）

（単位　千円）

産　業 事業所規模	夏　季　賞　与						年　末　賞　与				
	平成 29年	30年	令和 元年	2年	3年	4年	平成 29年	30年	令和 元年	2年	3年
調査産業計	366.5	383.9	378.1	383.4	380.3	389.3	380.7	386.5	389.2	380.5	380.8
鉱業,採石業等	369.3	465.0	575.7	483.8	487.4	595.7	386.8	586.5	493.0	575.3	587.7
建　設　業	424.2	520.4	510.1	512.3	496.0	524.0	412.9	447.0	494.8	459.8	490.7
製　造　業	484.5	520.3	513.3	492.0	492.7	527.1	511.5	516.2	511.4	485.6	502.1
電気・ガス・熱供給等	728.0	734.3	775.8	779.0	867.6	773.3	743.4	747.5	779.0	820.7	794.9
情報通信業	660.1	691.3	677.6	671.2	665.2	687.2	647.4	677.6	661.0	659.0	671.0
運輸業,郵便業	326.2	382.5	363.3	339.2	322.9	368.8	358.3	395.5	402.3	333.1	328.9
卸売業,小売業	307.8	340.2	336.5	345.4	357.5	358.0	318.3	341.3	337.0	332.1	344.0
金融・保険業	617.0	550.4	604.7	635.6	643.7	644.7	586.2	555.9	621.5	647.1	625.8
不動産業,物品賃貸業	451.3	401.4	450.2	447.6	499.3	494.7	442.5	409.4	423.8	456.3	499.3
学術研究等	599.7	632.6	656.9	643.1	653.7	659.7	600.4	624.8	591.7	591.4	594.1
飲食サービス業等	60.7	68.7	61.6	55.3	47.1	63.8	66.6	69.3	66.2	52.9	56.1
生活関連サービス業等	153.0	161.8	157.8	162.3	135.0	157.6	147.6	146.0	170.1	141.1	127.7
教育・学習支援業	491.4	511.1	496.4	518.5	499.5	493.3	553.1	566.5	540.4	536.5	520.5
医　療・福　祉	273.2	267.7	274.6	284.7	275.5	275.1	309.8	306.7	317.2	309.2	308.3
複合サービス事業	411.0	446.7	430.1	434.9	425.4	428.9	496.5	474.0	454.4	455.5	472.2
その他のサービス業	230.2	216.4	209.1	211.2	230.6	217.3	234.5	214.9	229.1	219.7	222.3
500人以上	631.4	665.9	659.8	633.9	636.2	673.6	643.5	671.9	638.3	617.6	621.7
100～499人	420.4	435.0	427.1	418.3	417.9	441.6	437.5	447.2	447.4	421.5	424.9
30～ 99人	326.1	337.7	331.4	336.0	338.2	337.0	345.9	344.5	350.7	351.2	344.9
5～ 29人	267.4	264.9	261.3	274.5	265.2	264.5	280.3	265.1	273.1	268.8	273.1

資料出所　厚生労働省「毎月勤労統計調査」。
注　賞与を支給した事業所の全常用労働者一人当たりの平均金額。

C-29　大企業における一時金妥結状況

（単位　千円・%）

産　業	夏季一時金					年末一時金				
	令和元年	2年	3年	4年		平成30年	令和元年	2年	3年	
建　　　設	950.7	1,081.1	1,079.4	979.0	(△ 9.30)	946.9	934.0	957.5	944.6	(△ 1.34)
食料品・たばこ	901.9	904.3	912.9	913.8	(0.11)	919.5	958.8	828.2	835.8	(0.91)
繊　　　維	762.4	721.1	733.4	771.7	(5.22)	774.2	769.6	693.6	772.9	(11.44)
紙・パルプ	636.6	698.1	710.9	712.8	(0.27)	661.7	648.5	689.3	704.2	(2.15)
化　　　学	949.8	880.2	884.5	1,008.4	(14.01)	920.3	932.2	833.4	912.4	(9.49)
ゴ ム 製 品	802.7	720.2	689.0	795.4	(15.46)	807.1	800.2	720.4	756.3	(4.98)
窯　　　業	882.0	871.1	860.6	943.7	(9.65)	953.6	947.9	893.4	883.9	(△ 1.06)
鉄　　　鋼	749.5	551.3	554.6	992.5	(78.96)	768.5	749.4	536.6	545.8	(1.71)
非 鉄 金 属	777.2	725.7	709.0	780.8	(10.13)	820.4	786.1	730.7	709.0	(△ 2.98)
機　　　械	858.9	804.5	734.5	788.1	(7.30)	876.2	853.0	804.2	777.8	(△ 3.28)
電 気 機 器	863.0	874.8	882.5	930.6	(5.46)	882.1	886.4	883.8	885.6	(0.20)
造　　　船	853.0	838.7	832.8	919.3	(10.39)	821.0	858.6	854.1	824.3	(△ 3.49)
精 密 機 器	771.9	818.5	724.4	557.1	(△23.10)	897.4	876.8	723.5	720.6	(△ 0.40)
自　動　車	958.1	933.2	848.2	965.7	(13.85)	951.0	953.9	912.7	860.3	(△ 5.74)
その他製造	637.4	712.9	645.0	688.5	(6.75)	652.8	638.0	647.1	661.4	(2.21)
電力・ガス	706.6	761.6	766.2	759.4	(△ 0.88)	731.9	788.4	756.9	766.4	(1.26)
情 報 通 信	815.6	824.8	836.2	855.9	(2.36)	800.7	818.7	826.5	837.5	(1.33)
運　　　輸	789.4	791.7	534.3	547.4	(2.45)	842.3	817.3	582.5	573.1	(△ 1.60)
卸 ・ 小 売	537.3	600.3	560.3	528.0	(△ 5.76)	624.2	629.5	563.8	580.6	(2.98)
金　　　融	666.8	625.8	670.0	700.9	(4.60)	714.6	666.6	634.1	674.2	(6.33)
サ ー ビ ス	557.7	498.9	497.7	482.6	(△ 3.03)	618.7	649.6	502.6	545.6	(8.55)
民 間 平 均	845.5	828.2	773.7	832.4	(7.59)	863.0	868.7	786.2	782.2	(△ 0.54)

資料出所　厚生労働省労使関係担当参事官室。調査対象企業についてはC-33表注1参照。
注　1．数値は、組合員による加重平均値である。集計対象企業の中には、平均方式や個別ポイント方式
　　　　など妥結形式が異なるが、妥結額によりそれらを合算して集計（加重平均）している。
　　2．（ ）内は対前年同期比増減（△）率（%）で、前年と比較できる同一企業についてのみ算出して
　　　　いるので、掲載金額から算出した増減率とは必ずしも合致しない。
　　3．集計社数が1～2社の産業は、平均には算入しているが産業別の公表はされていない。

C-30　大企業における一時金支給状況 （中労委）

産　業	平成28年	29年		30年		令和元年		2年		3年
	年　末	夏　季	年　末	夏　季	年　末	夏　季	年　末	夏　季	年　末	夏　季
支給額 (千円)										
鉱　　　業	914.0	950.7	1015.7	1035.2	1001.6	1039.5	1016.5	1030.3	950.0	1043.4
製　造　業	813.3	844.0	830.7	882.7	824.7	847.8	838.3	835.2	799.8	823.3
建　　　設	922.8	1145.7	990.8	1269.6	1105.3	1325.7	1037.8	1254.9	1157.4	1187.8
銀行・保険	—	—	847.5	868.2	854.4	873.7	903.8	864.2	976.2	979.9
銀　　　行	1031.3	1007.3	—	—	—	—	—	—	—	—
保　　　険	611.8	638.0	—	—	—	—	—	—	—	—
私鉄・バス	746.8	680.1	766.0	696.9	826.8	811.2	766.8	674.5	710.4	537.6
貨 物 運 送	436.1	390.5	439.0	385.5	703.2	716.2	442.5	380.0	*	*
海運・倉庫	811.7	781.1	717.8	771.9	803.4	750.7	752.8	774.1	503.1	505.4
電　　　力	662.6	689.9	695.5	702.3	718.2	749.6	710.0	733.4	738.6	758.4
ガ　　　ス	792.0	766.0	784.3	783.5	1759.7	3028.3	778.9	747.3	775.2	753.0
百貨店・スーパー	586.2	583.5	664.2	562.2	1105.4	1108.4	639.6	551.2	609.6	566.4
商　　　事	1593.2	2816.6	1518.9	2942.1	544.6	520.5	1704.8	2836.4	1719.6	2851.2
新聞・放送	1139.0	1153.0	1298.0	1281.9	849.2	888.7	1115.8	1129.8	1131.3	1136.7
ホテル・旅行	491.3	465.8	541.6	477.7	—	—	*	*	*	*
情報サービス	827.1	830.2	877.3	895.9	*	*	*	*	886.7	883.4
飲食・娯楽	—	—	—	—	—	—	697.7	592.3	348.3	399.2
調査産業計	832.5	911.7	858.6	958.4	880.8	970.4	881.0	938.5	860.0	929.4
支給月数 (月分)										
鉱　　　業	2.5	2.6	2.8	2.8	3.0	3.1	2.9	3.0	2.5	2.8
製　造　業	2.5	2.6	2.5	2.7	2.6	2.6	2.6	2.5	2.4	2.5
建　　　設	2.2	2.8	2.5	3.0	2.7	3.3	2.4	3.0	2.9	3.0
銀行・保険	—	—	2.2	2.2	2.3	2.3	2.3	2.3	2.6	2.6
銀　　　行	2.4	2.4	—	—	—	—	—	—	—	—
保　　　険	1.6	1.7	—	—	—	—	—	—	—	—
私鉄・バス	2.4	2.1	2.5	2.1	2.5	2.4	2.6	2.2	2.3	1.7
貨 物 運 送	2.2	2.0	2.2	1.8	1.8	1.8	2.2	1.8	*	*
海運・倉庫	2.3	2.3	2.3	2.4	2.5	2.3	2.5	2.6	1.7	1.7
電　　　力	1.7	1.8	1.8	1.8	2.0	2.1	1.8	1.9	1.9	2.0
ガ　　　ス	2.4	2.3	2.4	2.4	3.4	5.6	2.4	2.3	2.4	2.3
百貨店・スーパー	1.7	1.7	2.0	1.6	2.6	2.6	2.0	1.7	1.8	1.7
商　　　事	2.9	5.0	3.0	5.5	2.1	2.0	3.5	5.3	3.4	5.3
新聞・放送	2.8	2.8	3.0	3.0	3.1	3.2	2.6	2.7	2.7	2.7
ホテル・旅行	1.8	1.8	2.1	1.9	*	*	*	*	*	*
情報サービス	2.5	2.5	2.6	2.7	*	*	*	*	3.2	3.2
飲食・娯楽	—	—	—	—	—	—	2.0	1.7	1.2	1.3
調査産業計	2.4	2.5	2.5	2.7	2.6	2.7	2.6	2.6	2.4	2.5

資料出所　中央労働委員会事務局「賃金事情等総合調査―賃金事情調査―」。下の〔参考〕表も同じ。
注　1.　夏季＝3月から8月の間に支給された一時金。年末＝9月から翌年2月の間に支給された一時金。
　　　　　なお、賃金増額に伴う遡及額分、創立記念一時金などの一時金は含まれていない。
　　2.　支給月数とは所定内賃金月額に対する倍率。
　　3.　「＊」は回答企業が1社であったもので、公表されていない。「－」は回答のないことを示す。

C－31(1) 年齢・勤続年数
(令和3年

企業規模 10人以上 〔学歴計〕

区　　分	勤続年数計	0年	1～2年	3～4年	5～9年	10～14年	15～19年	20～24年	25～29年	30年以上
男 性 労 働 者										
高 校 卒(計)	958.0	65.7	461.9	622.8	754.0	937.4	1,019.8	1,146.4	1,355.9	1,457.7
～　19歳	180.6	16.8	394.0	554.7	—	—	—	—	—	—
20　～　24	611.5	62.7	503.3	706.3	770.7	—	—	—	—	—
25　～　29	729.6	38.9	396.8	577.8	834.7	969.1	—	—	—	—
30　～　34	886.3	60.5	476.4	597.9	727.5	1,070.3	1,100.7	—	—	—
35　～　39	939.5	91.8	511.4	660.8	799.8	982.7	1,099.9	1,251.2	—	—
40　～　44	1,029.9	54.7	512.8	668.1	728.2	944.4	1,089.3	1,278.0	1,351.3	—
45　～　49	1,181.2	38.7	584.5	599.2	745.9	929.7	1,076.6	1,106.8	1,465.2	1,625.3
50　～　54	1,225.8	50.6	395.7	535.0	753.9	839.6	942.3	1,107.5	1,313.7	1,606.6
55　～　59	1,271.1	58.5	444.4	483.0	656.9	745.8	836.2	921.5	1,232.5	1,669.1
60　～　64	682.3	564.8	474.5	466.5	462.4	451.5	514.3	535.1	896.9	847.5
65　～　69	386.4	62.9	102.3	322.7	467.9	378.8	568.3	396.5	209.1	464.3
70歳～	296.6	4.0	60.1	138.3	376.9	375.7	279.2	245.9	326.4	296.8
大 学 卒(計)	1,344.7	112.5	699.7	912.1	1,069.3	1,340.6	1,466.8	1,699.3	2,127.5	2,101.0
22　～　24歳	362.4									
25　～　29	779.3	29.8	603.3	347.8	841.4	—	—	—	—	—
30　～　34	968.1	56.0	640.0	886.7	999.3	1,038.8	—	—	—	—
35　～　39	1,207.6	100.4	709.1	896.8	1,025.0	1,265.2	1,752.7	—	—	—
40　～　44	1,415.3	125.5	840.6	923.7	1,049.2	1,365.6	1,465.4	547.3	—	—
45　～　49	1,574.2	144.1	850.0	1,081.0	1,120.8	1,425.1	1,545.4	1,820.7	2,197.9	—
50　～　54	1,970.9	167.3	758.5	961.3	1,200.8	1,381.0	1,480.8	1,888.9	2,007.7	1,984.5
55　～　59	1,988.1	169.8	880.7	898.8	1,340.5	1,500.2	1,552.6	1,456.4	2,329.3	2,535.3
60　～　64	1,018.9	442.2	825.9	1,077.3	1,293.2	1,380.2	1,349.9	1,428.7	1,699.2	2,438.7
65　～　69	528.2	647.0	688.4	730.0	820.7	578.4	727.4	655.6	814.7	1,346.9
70歳～	405.9	28.0	130.2	869.6	583.1	278.3	289.0	495.1	440.0	636.5
女 性 労 働 者										
高 校 卒(計)	498.5	27.2	290.3	391.6	430.3	501.6	538.9	613.2	827.9	994.7
～　19歳	154.4	6.1	352.8	—	—	—	—	—	—	—
20　～　24	431.6	11.9	344.6	577.1	614.9	—	—	—	—	—
25　～　29	430.9	91.9	238.9	320.3	550.0	658.7	—	—	—	—
30　～　34	505.9	24.3	257.0	348.8	432.4	668.3	801.1	—	—	—
35　～　39	513.1	26.9	252.7	410.2	396.2	571.2	755.1	873.4	—	—
40　～　44	532.1	22.0	275.9	340.7	455.3	504.4	626.3	823.0	840.7	—
45　～　49	642.7	62.6	271.3	303.9	424.8	548.1	516.0	667.1	1,107.6	1,132.7
50　～　54	609.7	35.4	171.5	282.1	413.3	462.5	566.4	580.3	865.8	1,170.6
55　～　59	556.7	16.2	234.1	228.6	277.4	377.7	437.4	498.7	673.3	1,125.0
60　～　64	297.3	129.7	213.6	108.8	159.5	245.3	298.8	342.3	281.9	466.1
65　～　69	182.0	16.7	79.8	65.7	66.5	114.7	205.0	165.3	197.1	362.3
70歳～	195.0	—	49.2	92.0	124.5	93.5	525.7	132.1	139.8	202.9
大 学 卒(計)	845.1	32.0	552.2	792.7	808.5	1,041.9	1,218.2	1,200.3	2,248.9	1,834.6
20　～　24歳	371.0	18.0	581.3	733.8	810.0	—	—	—	—	—
25　～　29	672.8	20.7	507.4	816.6	843.4	1,365.0	—	—	—	—
30　～　34	741.5	29.9	458.2	660.5	921.7	967.5	—	—	—	—
35　～　39	941.2	67.5	694.2	747.7	752.4	1,102.9	1,376.8	—	—	—
40　～　44	931.6	82.1	512.5	866.5	621.5	1,176.9	1,329.2	1,061.6	748.0	—
45　～　49	1,175.6	111.1	737.5	775.0	815.0	983.2	1,002.8	1,477.8	2,472.5	1,177.0
50　～　54	1,336.3	45.7	373.1	714.2	692.1	1,253.5	1,165.6	1,146.5	2,294.8	1,917.4
55　～　59	1,359.6	64.2	312.3	1,406.5	538.6	713.8	853.6	1,159.2	2,169.0	2,237.5
60　～　64	507.5	—	1,138.5	2,211.6	621.1	529.9	404.8	267.3	233.0	580.7
65　～　69	148.0	—	—	239.7	—	87.3	—	202.0	3.4	396.7
70歳～	167.1	—	—	—	312.3	—	185.9	—	—	69.5

資料出所　厚生労働省「賃金構造基本統計調査」。
注　1．年間賞与は、年間における賞与・期末手当等特別給与額をいう。
　　2．企業規模10～99人、100人～999人の区分は省略しているが、10人以上の数値には含まれる。

階級別にみた年間賞与〔製造業〕

年間特別給与額）

（単位　千円）

区　分	勤続年数計	0年	1～2年	3～4年	5～9年	10～14年	15～19年	20～24年	25～29年	30年以上
企業規模　1,000人以上〔学歴計〕										
男性労働者										
高校卒(計)	1,376.0	98.3	654.1	830.6	1,020.9	1,254.0	1,453.3	1,625.0	1,718.6	1,881.5
～19歳	229.7	18.4	468.9	554.7	—	—	—	—	—	—
20～24	778.9	66.5	672.5	825.1	903.0	—	—	—	—	—
25～29	980.4	83.3	670.5	807.1	1,033.5	1,102.0	—	—	—	—
30～34	1,207.5	42.5	729.4	919.2	1,019.3	1,280.3	1,358.3	—	—	—
35～39	1,349.3	95.3	658.6	1,013.9	1,131.1	1,362.1	1,445.7	1,672.3	—	—
40～44	1,497.8	56.3	939.2	873.8	1,049.5	1,373.5	1,611.7	1,632.5	1,647.9	—
45～49	1,710.8	60.0	1,007.2	1,004.0	1,144.6	1,343.8	1,628.0	1,652.6	1,772.0	1,937.0
50～54	1,834.7	311.8	575.9	827.4	1,141.0	1,220.6	1,537.7	1,542.9	1,732.1	1,997.8
55～59	1,886.4	9.1	1,042.9	347.2	1,039.1	1,010.3	944.4	1,551.9	1,540.6	2,068.2
60～64	1,008.1	775.6	717.3	858.2	528.2	369.2	647.3	1,122.1	1,229.8	1,131.8
65～69	593.8	55.4	373.3	169.3	1,348.1	115.0	112.0	394.7	215.6	617.3
70歳～	379.7	—	—	255.3	122.4	—	—	970.0	—	395.0
大学卒(計)	1,997.2	164.2	989.4	1,332.6	1,568.5	1,810.7	2,171.1	2,563.6	2,755.2	2,678.5
22～24歳	402.9	—	—	—	—	—	—	—	—	—
25～29	1,047.4	22.1	709.6	763.8	811.1	—	—	—	—	—
30～34	1,366.4	72.7	847.5	1,115.9	1,266.6	—	—	—	—	—
35～39	1,717.1	85.2	1,060.9	1,390.3	1,417.8	1,558.5	1,187.3	—	—	—
40～44	2,131.7	157.5	1,273.2	1,473.5	1,734.3	1,738.8	2,038.1	534.5	—	—
45～49	2,374.9	217.7	1,487.8	1,763.3	1,840.4	1,974.6	2,202.5	2,651.6	1,029.3	—
50～54	2,733.4	553.9	1,258.2	1,622.2	2,147.2	2,171.8	2,204.6	2,583.5	2,651.7	2,418.4
55～59	2,860.2	626.7	1,594.6	1,791.5	2,182.4	1,960.9	2,500.3	2,395.8	2,859.9	2,923.8
60～64	1,465.8	119.5	2,212.3	2,415.6	2,045.3	2,425.2	2,160.1	2,926.0	2,435.0	2,966.4
65～69	904.5	972.0	1,053.5	1,294.6	1,525.3	1,299.9	1,145.4	1,122.4	981.7	1,642.8
70歳～	502.8	222.3	20.0	1,674.0	473.1	39.0	48.0	780.0	800.0	1,222.4
女性労働者										
高校卒(計)	826.2	30.2	479.4	689.7	660.3	789.4	822.1	893.5	1,257.0	1,381.1
～19歳	282.3	12.5	492.1	—	—	—	—	—	—	—
20～24	634.4	5.5	570.7	790.2	802.5	—	—	—	—	—
25～29	690.5	37.4	333.0	608.5	821.2	838.7	—	—	—	—
30～34	761.6	57.0	234.7	436.1	524.9	975.6	947.0	—	—	—
35～39	893.7	168.6	453.6	848.5	346.0	848.9	1,078.1	1,209.3	—	—
40～44	871.7	56.7	470.7	525.1	778.4	918.5	865.9	1,095.3	1,147.0	—
45～49	1,131.4	193.4	412.1	475.2	626.2	899.0	811.3	808.3	1,387.7	1,414.9
50～54	1,046.8	0.7	256.4	514.0	635.7	667.8	763.5	739.4	1,454.0	1,484.2
55～59	970.2	—	154.3	416.6	251.9	498.3	450.1	411.8	985.2	1,502.6
60～64	480.4	40.1	477.4	394.8	98.4	192.4	213.5	364.5	320.7	781.5
65～69	188.3	—	—	—	138.4	1.9	40.4	206.2	377.9	254.8
70歳～	153.1	—	—	—	—	—	500.0	30.2	—	455.1
大学卒(計)	1,315.5	58.3	735.4	1,143.2	1,211.6	1,470.5	1,796.0	1,787.7	3,143.5	2,268.1
20～24歳	466.7	42.1	709.9	911.6	—	—	—	—	—	—
25～29	997.3	55.2	769.6	1,123.8	1,216.5	—	—	—	—	—
30～34	1,141.6	56.6	734.0	1,112.7	1,328.0	1,260.4	—	—	—	—
35～39	1,375.3	102.4	1,123.4	845.8	1,155.9	1,465.3	1,757.4	—	—	—
40～44	1,348.1	79.5	548.4	1,303.4	733.7	1,949.1	1,843.1	1,221.5	—	—
45～49	1,988.5	220.3	712.9	466.0	1,477.8	1,162.7	2,079.4	2,113.5	3,485.7	—
50～54	2,242.5	—	550.1	3,017.4	1,325.9	2,245.9	3,284.1	3,230.0	2,863.4	2,171.6
55～59	2,279.4	—	54.0	1,854.0	694.7	1,149.5	434.6	3,730.0	3,146.5	2,749.4
60～64	664.7	—	177.3	4,200.0	907.1	61.3	408.2	190.2	—	594.5
65～69	170.4	—	—	—	—	107.8	—	—	—	1,041.4
70歳～	—	—	—	—	—	—	—	—	—	—

　3．勤続年数は、労働者が定年後も再雇用等で引き続き同一企業に勤務する場合には通算される。

C－31(2)　年齢・勤続年数
(令和3年

企業規模　10人以上

区　分	勤続年数計	0年	1～2年	3～4年	5～9年	10～14年	15～19年	20～24年	25～29年	30年以上
男 性 労 働 者										
高 校 卒(計)	760.1	69.9	363.2	495.0	541.6	727.1	887.3	970.4	1,149.1	1,260.8
～19歳	77.2	6.5	251.8							
20～24	415.9	14.0	415.0	511.3	511.4					
25～29	434.7	57.4	348.2	414.2	539.1	593.7				
30～34	566.9	29.2	400.5	573.8	553.7	713.8	955.8			
35～39	677.5	58.0	350.8	583.2	606.5	817.6	839.3	1,065.4		
40～44	779.0	10.5	478.0	572.1	619.9	827.8	870.0	967.2	1,189.4	
45～49	980.1	45.3	408.3	602.2	528.7	828.0	1,087.8	1,077.9	1,281.3	1,719.7
50～54	1,006.1	169.9	323.7	423.0	554.0	765.9	928.4	980.8	1,149.9	1,429.3
55～59	1,100.8	23.0	300.1	544.5	661.5	658.2	1,007.6	1,125.6	1,025.5	1,502.7
60～64	575.8	610.1	250.5	230.9	471.0	418.3	540.0	573.1	514.3	771.2
65～69	272.9	—	162.6	206.2	206.2	187.6	387.4	305.7	459.7	350.0
70歳～	228.9	—	32.3	2.2	141.8	204.4	281.6	201.7	282.2	403.7
大 学 卒(計)	1,250.2	72.5	710.0	728.2	978.4	1,316.8	1,530.8	1,762.7	2,092.9	1,806.4
22～24歳	311.8	14.0	575.3	47.3	734.1					
25～29	755.0	63.5	684.7	751.3	927.9					
30～34	959.9	98.3	755.4	582.2	1,048.5	1,252.1	786.7			
35～39	1,219.8	77.2	895.1	725.9	983.9	1,417.5	1,503.3			
40～44	1,411.2	212.6	919.2	861.9	902.7	1,417.5	1,589.6	1,815.5	1,018.2	
45～49	1,585.3	62.3	818.7	696.6	1,083.9	1,439.7	1,529.7	1,804.8	1,942.5	1,154.0
50～54	1,965.4	138.4	1,033.8	1,205.0	1,004.4	1,202.2	1,729.3	1,767.5	2,346.0	2,373.6
55～59	1,761.9	260.7	785.8	779.3	1,166.0	1,126.5	1,501.8	1,571.5	1,489.9	2,131.3
60～64	864.3	455.4	609.9	969.9	685.6	735.4	752.8	873.3	1,560.2	935.1
65～69	352.5	210.0	179.9	152.4	259.8	318.7	329.0	751.5	42.0	488.1
70歳～	340.1	—	—	365.3	337.2	319.4	246.3	188.1	856.5	284.6
女 性 労 働 者										
高 校 卒(計)	387.1	29.5	232.6	317.2	327.6	370.5	412.2	511.2	765.8	907.1
～19歳	114.8	3.9	282.2							
20～24	319.0	17.9	287.1	448.5	469.9					
25～29	331.1	31.2	210.8	345.3	443.2	572.0				
30～34	319.8	46.2	212.8	348.3	326.5	472.7	444.1			
35～39	416.5	5.7	256.0	353.4	400.5	468.9	576.8	735.4		
40～44	437.7	23.9	267.3	296.1	348.2	447.4	527.8	685.1	963.0	
45～49	474.9	15.7	179.2	248.4	328.0	375.1	398.1	700.2	937.8	1,038.5
50～54	465.9	3.1	234.2	264.1	263.4	390.6	465.7	556.0	738.3	1,033.4
55～59	466.1	26.3	79.7	187.2	231.2	286.3	392.6	406.0	778.4	1,057.7
60～64	235.5	242.6	55.4	109.1	99.3	163.9	192.3	231.5	321.1	594.3
65～69	162.9	—	83.5	124.2	116.5	112.4	97.3	196.7	210.2	312.9
70歳～	104.7	—	5.1	8.6	183.2	7.6		92.9	127.0	167.4
大 学 卒(計)	818.8	36.2	583.5	766.0	867.5	1,041.3	1,130.7	1,438.3	1,883.7	1,934.1
20～24歳	314.6	15.3	545.3	427.0	634.3					
25～29	746.1	53.0	599.1	801.5	919.6					
30～34	816.0	83.8	432.4	648.4	933.9	1,119.1				
35～39	936.8	178.4	661.1	935.7	866.0	990.2	1,215.1			
40～44	1,043.3	89.8	885.1	759.1	714.0	1,164.0	1,255.9	1,400.1		
45～49	1,109.1	32.2	669.2	644.3	773.5	998.0	1,031.8	1,624.0	1,926.1	1,084.3
50～54	1,334.5	88.6	608.7	488.0	644.2	1,033.4	889.0	1,611.3	2,101.2	2,367.3
55～59	1,090.5	26.3	649.4	656.7	552.2	771.8	920.1	1,103.9	1,211.7	1,947.9
60～64	642.8	29.7	710.5	476.1	396.2	487.9	646.4	285.7	1,065.1	1,065.9
65～69	688.0	—	63.3	790.1	833.9	1,910.1	479.2	212.4	110.5	
70歳～	1,042.7	—	—		317.1				660.0	1,500.0

資料出所　厚生労働省「賃金構造基本統計調査」。
注　1．年間賞与は、年間における賞与・期末手当等特別給与額をいう。
　　2．企業規模10～99人、100～999人の区分は省略しているが、10人以上の数値には含まれる。
　　3．勤続年数は、労働者が定年後も再雇用等で引き続き同一企業に勤続する場合には通算される。

階級別にみた年間賞与〔卸売・小売業〕

年間特別給与額）

(単位　千円)

区　分	勤続年数計	0年	1～2年	3～4年	5～9年	10～14年	15～19年	20～24年	25～29年	30年以上
企業規模　1,000人以上										
男性労働者										
高校卒(計)	1,020.7	198.5	460.3	572.3	583.8	842.7	1,065.5	1,209.6	1,501.5	1,605.1
～19歳	62.8	10.1	218.6	—	—	—	—	—	—	—
20～24	482.2	17.1	515.4	555.2	533.5	—	—	—	—	—
25～29	468.8	86.9	424.5	414.2	515.9	587.9	—	—	—	—
30～34	668.1	18.1	345.4	562.1	590.6	893.5	1,059.2	—	—	—
35～39	900.3	42.3	502.4	600.5	938.1	835.7	1,023.5	1,065.8	—	—
40～44	964.9	5.7	837.5	826.1	546.7	1,064.8	934.0	1,176.1	1,311.5	—
45～49	1,336.2	111.4	511.4	814.5	528.0	996.7	1,281.9	1,378.9	1,530.8	1,918.9
50～54	1,417.0	129.0	188.1	342.2	582.4	998.2	1,102.8	1,422.0	1,752.6	1,746.8
55～59	1,381.7	31.1	597.0	524.1	649.7	564.1	1,134.5	1,573.7	1,657.5	1,683.7
60～64	815.2	1,210.6	352.8	417.0	528.9	147.4	1,091.5	189.6	608.9	1,016.0
65～69	416.2	—	219.8	92.5	400.5	45.5	938.8	23.5	556.6	673.2
70歳～	42.9	—	—	0.1	114.7	—	—	129.0	—	136.0
大学卒(計)	1,432.1	66.8	744.0	588.6	934.3	1,493.1	1,775.9	1,943.8	2,450.0	2,238.1
22～24歳	297.4	15.9	570.5	26.7	125.2	—	—	—	—	—
25～29	709.9	66.0	766.6	641.3	842.1	—	—	—	—	—
30～34	989.7	120.9	869.4	344.3	1,075.7	1,336.2	613.9	—	—	—
35～39	1,318.3	90.4	1,019.2	598.4	914.3	1,533.6	1,624.9	—	—	—
40～44	1,600.9	443.0	1,376.4	456.4	625.6	1,879.0	1,840.9	2,009.0	1,190.8	—
45～49	1,820.7	77.6	1,116.4	393.7	956.4	1,657.6	1,788.3	1,946.4	2,174.3	819.0
50～54	2,491.4	104.9	1,321.6	1,758.9	1,250.0	1,357.8	2,183.2	1,849.4	2,668.0	2,807.4
55～59	2,266.5	95.3	412.2	1,315.5	1,151.5	1,555.8	1,751.6	1,656.7	2,073.5	2,477.2
60～64	1,125.3	573.4	706.4	1,335.9	1,162.3	623.6	860.6	1,316.9	1,208.9	1,201.3
65～69	545.9	8.4	378.5	186.0	285.9	356.7	1,045.8	—	—	826.3
70歳～	483.5	—	—	—	660.6	456.5	—	5.4	—	110.7
女性労働者										
高校卒(計)	410.0	65.1	201.5	302.6	329.7	352.5	347.6	503.1	859.7	1,191.4
～19歳	108.7	6.9	227.0	—	—	—	—	—	—	—
20～24	326.1	7.7	232.9	427.6	563.6	—	—	—	—	—
25～29	392.2	50.9	206.0	453.2	463.4	732.1	—	—	—	—
30～34	356.5	132.8	148.2	219.6	351.4	534.3	630.7	—	—	—
35～39	453.1	2.4	277.2	365.6	379.8	514.6	652.9	926.9	—	—
40～44	416.6	35.9	218.8	220.5	251.3	418.7	406.0	784.1	1,131.7	—
45～49	520.4	18.0	137.1	255.8	324.1	318.6	355.4	631.7	1,066.9	1,119.4
50～54	508.4	3.6	218.8	211.9	259.8	381.5	278.0	470.6	834.3	1,199.1
55～59	442.7	1.1	60.2	61.7	172.7	184.5	258.8	343.8	496.7	1,383.6
60～64	222.8	346.9	25.1	111.7	117.4	131.3	158.6	127.6	175.5	854.6
65～69	142.3	—	44.0	89.4	210.3	117.8	143.5	206.3	84.6	69.8
70歳～	134.8	—	—	—	299.8	4.1	58.0	—	—	5.8
大学卒(計)	926.0	34.3	651.8	792.2	909.5	1,118.2	1,252.1	1,653.6	2,754.1	2,605.2
20～24歳	316.2	21.5	570.4	159.2	—	—	—	—	—	—
25～29	798.9	25.8	697.9	828.5	966.7	—	—	—	—	—
30～34	941.7	155.6	425.4	639.1	990.0	1,243.5	—	—	—	—
35～39	1,083.8	317.7	847.1	1,776.8	811.7	1,066.4	1,302.8	—	—	—
40～44	1,237.3	250.5	755.7	500.1	669.7	1,208.1	1,581.0	1,596.2	—	—
45～49	1,489.4	18.7	1,670.2	509.6	882.0	796.6	970.6	2,057.4	3,292.4	—
50～54	1,827.2	—	525.7	126.0	167.7	1,554.6	785.9	1,491.6	2,665.2	2,844.1
55～59	1,495.6	280.0	—	75.0	548.3	387.6	300.8	972.7	1,718.3	2,616.3
60～64	479.9	30.0	1,174.6	—	224.4	113.3	387.0	12.8	1,186.8	810.7
65～69	512.4	—	—	472.6	2,154.5	373.8	1,052.4	80.0	110.5	—
70歳～										

4. 表示学歴の年齢と勤続年数については、定時制卒業の場合も含まれる。
5. サンプル数が少ない場合は、数値が安定しないので、注意されたい。

C−32　年間賃金と生涯

(1)　年齢階級別平均年間賃金 (産業計)

| 学歴
年齢階級 | | 実　　額　　(千円) | | | | | | | | |
| | | 企業規模計 | | | 1,000人以上 | | | 100～999人 | | |
		所定内 給与	賞与	計	所定内 給与	賞与	計	所定内 給与	賞与	計
大学卒・男性	22～24歳	2,761	365	3,126	2,821	409	3,230	2,738	351	3,089
	25～29	3,212	970	4,183	3,377	1,048	4,425	3,090	955	4,045
	30～34	3,875	1,319	5,194	4,176	1,521	5,697	3,650	1,190	4,840
	35～39	4,604	1,633	6,238	4,981	1,908	6,889	4,264	1,402	5,665
	40～44	5,372	1,933	7,306	5,891	2,298	8,189	4,993	1,672	6,665
	45～49	5,989	2,173	8,162	6,479	2,471	8,950	5,599	1,978	7,577
	50～54	6,794	2,600	9,395	7,186	2,906	10,091	6,300	2,209	8,509
	55～59	6,708	2,458	9,166	7,040	2,752	9,792	6,347	2,190	8,537
	60～64	4,531	1,289	5,820	4,688	1,463	6,152	4,422	1,219	5,641
	65～69	4,508	1,012	5,521	4,819	1,284	6,103	4,342	921	5,262
高校卒・男性	18～19歳	2,231	191	2,422	2,260	230	2,490	2,206	177	2,383
	20～24	2,465	706	3,171	2,536	799	3,334	2,404	692	3,096
	25～29	2,935	907	3,842	3,097	1,046	4,144	2,774	845	3,619
	30～34	3,376	1,110	4,486	3,569	1,294	4,862	3,190	996	4,186
	35～39	3,839	1,151	4,990	4,103	1,415	5,518	3,742	1,066	4,808
	40～44	4,208	1,361	5,569	4,559	1,580	6,139	3,928	1,273	5,201
	45～49	4,744	1,637	6,381	4,992	1,816	6,808	4,517	1,492	6,009
	50～54	5,165	1,698	6,862	5,480	1,961	7,441	4,895	1,532	6,427
	55～59	5,458	1,895	7,353	5,731	2,083	7,814	5,156	1,742	6,898
	60～64	3,498	1,000	4,498	3,424	1,145	4,569	3,299	871	4,170
	65～69	3,449	686	4,134	3,496	656	4,152	3,410	799	4,209

資料出所　厚生労働省「賃金構造基本統計調査」より日本生産性本部で加工したもの。
注　サンプル数が少ない場合は数値が安定しないので注意されたい。(2)も同様。

(2)　産業別生涯賃金 (学卒時年齢から60歳までの年間賃金累積値：退職金を除く)

| 学歴
産業 | 実　　額　　(万円) | | | | | | 100 |
| | 企業規模計 | | | 1,000人以上 | | | 所定内
給与 |
	所定内 給与	賞与	計	所定内 給与	賞与	計	
大学卒・男性							
産業計	19,124	6,652	25,776	20,427	7,581	28,008	17,961
建設業	20,473	8,243	28,716	22,219	9,795	32,014	19,385
製造業	18,099	6,286	24,386	19,835	7,980	27,815	16,863
情報通信業	19,869	7,662	27,531	21,332	8,414	29,747	19,015
卸売業,小売業	18,539	6,117	24,655	19,162	6,755	25,918	18,264
金融業,保険業	21,874	8,407	30,281	23,198	9,142	32,340	18,375
宿泊業,飲食サービス	16,644	3,034	19,678	17,269	3,379	20,649	*15,455
医療,福祉	16,609	4,777	21,386	*17,751	*5,427	*23,178	*16,017
高校卒・男性							
産業計	16,550	5,264	21,814	17,503	6,031	23,534	15,745
建設業	17,601	6,178	23,779	18,119	7,447	25,566	18,050
製造業	16,053	5,298	21,351	16,966	6,277	23,243	15,347
情報通信業	18,171	6,782	24,953	*19,299	*7,516	*26,814	*17,417
卸売業,小売業	16,176	4,408	20,584	16,687	4,941	21,628	16,025
金融業,保険業	*17,377	*5,806	*23,183	－	－	－	*17,423
宿泊業,飲食サービス	15,040	2,228	17,268	*16,232	*2,686	*18,917	*14,375
医療,福祉	*17,622	*5,277	*22,899	*18,354	*6,470	*24,824	*17,031

資料出所　厚生労働省「賃金構造基本統計調査」より日本生産性本部で加工したもの。
注　「−」で示した箇所は、該当する年齢階級のデータが部分的に欠落していて集計できなかった。
　　〔生涯賃金の試算について〕
(1)　本表は賃金センサス所収の「標準労働者の年齢各歳別所定内給与額及び年間賞与その他特別給与額」を
　　用いて推計したものである。年間所定内給与は令和３年６月の所定内給与額を12倍した数値であり、年間
　　賞与は令和２年の年間賞与の数値である。

賃金の推計値（令和2・3年）

10～99人			企業規模間格差（1,000人以上＝100.0）						学歴年齢
			100～999人			10～99人			
所定内給与	賞与	計	所定内給与	賞与	計	所定内給与	賞与	計	
2,652	274	2,926	97.1	85.8	95.6	94.0	67.2	90.6	22～24 （大卒男性）
3,006	712	3,718	91.5	91.1	91.4	89.0	67.9	84.0	25～29
3,487	987	4,474	87.4	78.2	85.0	83.5	64.8	78.5	30～34
4,091	1,192	5,283	85.6	73.5	82.2	82.1	62.5	76.7	35～39
4,492	1,291	5,783	84.8	72.7	81.4	76.2	56.2	70.6	40～44
5,021	1,422	6,443	86.4	80.0	84.7	77.5	57.5	72.0	45～49
5,632	1,719	7,351	87.7	76.0	84.3	78.4	59.2	72.8	50～54
5,737	1,326	7,063	90.1	79.6	87.2	81.5	48.2	72.1	55～59
4,254	825	5,079	94.3	83.3	91.7	90.7	56.3	82.6	60～64
4,420	873	5,293	90.1	71.7	86.2	91.7	68.0	86.7	65～69
2,231	153	2,383	97.6	76.8	95.7	98.7	66.3	95.7	18～19 （高卒男性）
2,458	562	3,019	94.8	86.6	92.8	96.9	70.3	90.6	20～24
2,923	734	3,657	89.6	80.7	87.3	94.4	70.2	88.3	25～29
3,184	770	3,954	89.4	77.0	86.1	89.2	59.5	81.3	30～34
3,529	819	4,348	91.2	75.4	87.1	86.0	57.8	78.8	35～39
3,878	983	4,862	86.2	80.6	84.7	85.1	62.2	79.2	40～44
4,212	1,199	5,411	90.5	82.2	88.3	84.4	66.0	79.5	45～49
4,615	1,074	5,689	89.3	78.1	86.4	84.2	54.7	76.4	50～54
4,642	1,129	5,770	90.0	83.6	88.3	81.0	54.2	73.8	55～59
4,120	860	4,980	96.4	76.1	91.3	120.3	75.1	109.0	60～64
3,444	507	3,951	97.6	121.8	101.4	98.5	77.2	95.2	65～69

～999人		10～99人			企業規模間格差（1,000人以上＝100）						学歴産業
					100～999人			10～99人			
賞与	計	所定内給与	賞与	計	所定内給与	賞与	計	所定内給与	賞与	計	
											大・男
5,902	23,864	16,547	4,400	20,947	87.9	77.9	85.2	81.0	58.0	74.8	産業計
7,365	26,750	*16,970	*4,963	*21,933	87.2	75.2	83.6	76.4	50.7	68.5	建設業
5,293	22,156	16,051	3,487	19,539	85.0	66.3	79.7	80.9	43.7	70.2	製造業
7,440	26,456	17,174	5,021	22,195	89.1	88.4	88.9	80.5	59.7	74.6	情報通信
5,688	23,952	16,193	4,447	20,640	95.3	84.2	92.4	84.5	65.8	79.6	卸・小売
6,434	24,809	18,996	6,580	25,576	79.2	70.4	76.7	81.9	72.0	79.1	金融保険
*2,219	*17,674	*14,946	*1,407	*16,354	89.5	65.7	85.6	86.5	41.6	79.2	宿泊飲食
*4,383	*20,400	*15,589	*4,532	*20,121	90.2	80.8	88.0	87.8	83.5	86.8	医療福祉
											高・男
4,858	20,603	15,164	3,666	18,830	90.0	80.6	87.5	86.6	60.8	80.0	産業計
6,687	24,737	16,466	4,695	21,160	99.6	89.8	96.8	90.9	63.0	82.8	建設業
4,708	20,055	14,593	3,369	17,962	90.5	75.0	86.3	86.0	53.7	77.3	製造業
*6,160	*23,577	*15,295	*5,084	*20,380	90.2	82.0	87.8	79.3	67.6	76.0	情報通信
4,516	20,542	15,016	3,029	18,045	96.0	91.4	95.0	90.0	61.3	83.4	卸・小売
*5,591	*23,015	*16,756	*5,004	*21,760	—	—	—	—	—	—	金融保険
*2,132	*16,507	*13,667	*945	*14,613	88.6	79.4	87.3	84.2	35.2	77.2	宿泊飲食
*4,518	*21,550	—	—	—	92.8	69.8	86.8	—	—	—	医療福祉

(2)　上記の生涯賃金の数値は、(1)表の年齢階級別の年間賃金を当該年齢数ごとに掛け合わせて、累積したものである。但し退職金については含まれていない。

(3)　上表と中労委「退職金・年金および定年制事情調査」（令和3年6月）のモデル退職金の集計結果を用いて、産業計・規模1000人以上・大学卒・60歳定年退職者の、生涯賃金に退職金を加えた額を試算すると以下のようになる。

　　　（生涯賃金）　　　　　（退職金）
　　　2億8,008万円　　＋　　2,564万円　＝3億572万円

C－33　春季賃上げ状況（民間主要企業）

年	賃上前基準内賃金 (円)	要求額 (円)	要求率 (%)	賃上額 (定昇込み) (円)	賃上率 (%)	賃上額の分散係数
昭和33年	－	－	－	1,050	5.6	0.29
34	－	－	－	1,281	6.5	0.20
35	20,535	2,831	13.8	1,792	8.7	0.17
36	21,444	4,043	18.9	2,970	13.8	0.14
37	23,597	5,004	21.2	2,515	10.7	0.13
38	24,718	4,815	19.5	2,237	9.1	0.16
39	26,622	5,548	20.8	3,305	12.4	0.10
40	29,635	6,214	21.0	3,150	10.6	0.16
41	32,095	6,623	20.6	3,403	10.6	0.12
42	35,037	7,025	20.1	4,371	12.5	0.07
43	38,800	8,305	21.4	5,296	13.6	0.07
44	43,339	9,840	22.7	6,865	15.8	0.07
45	49,503	11,795	23.8	9,166	18.5	0.06
46	57,459	13,991	24.3	9,727	16.9	0.07
47	66,243	15,432	23.3	10,138	15.3	0.08
48	75,446	18,897	25.0	15,159	20.1	0.05
49	88,209	35,177	39.9	28,981	32.9	0.07
50	116,783	37,447	32.1	15,279	13.1	0.16
51	131,349	23,793	18.1	11,596	8.8	0.10
52	143,109	22,181	15.5	12,536	8.8	0.07
53	156,615	19,621	12.53	9,218	5.90	0.20
54	166,026	14,668	8.83	9,959	6.00	0.10
55	173,320	15,157	8.75	11,679	6.74	0.06
56	182,690	18,735	10.26	14,037	7.68	0.06
57	194,154	18,080	9.31	13,613	7.01	0.06
58	203,655	15,002	7.37	8,964	4.40	0.15
59	209,617	13,615	6.50	9,354	4.46	0.12
60	215,998	15,507	7.18	10,871	5.03	0.09
61	222,869	16,391	7.35	10,146	4.55	0.14
62	232,118	12,861	5.54	8,275	3.56	0.18
63	238,409	15,602	6.54	10,573	4.43	0.12
平成元年	246,549	17,430	7.07	12,747	5.17	0.11
2	252,752	20,727	8.20	15,026	5.94	0.08
3	264,082	21,556	8.16	14,911	5.65	0.08
4	276,275	21,956	7.95	13,662	4.95	0.11
5	284,444	20,097	7.07	11,077	3.89	0.12
6	291,694	15,471	5.30	9,118	3.13	0.12
7	296,006	14,218	4.80	8,376	2.83	0.10
8	305,066	13,188	4.32	8,712	2.86	0.10
9	308,106	12,786	4.15	8,927	2.90	0.11
10	312,914	13,770	4.40	8,323	2.66	0.12
11	316,745	9,342	2.95	7,005	2.21	0.15
12	315,347	8,529	2.70	6,499	2.06	0.14
13	315,359	8,670	2.70	6,328	2.01	0.15
14	316,399	6,166	1.95	5,265	1.66	0.15
15	321,308	6,153	1.91	5,233	1.63	0.16
16	319,788	5,737	1.79	5,348	1.67	0.18
17	316,940	5,803	1.83	5,422	1.71	0.16
18	316,723	7,099	2.24	5,661	1.79	0.18
19	314,910	6,975	2.21	5,890	1.87	0.14
20	308,948	7,300	2.36	6,149	1.99	0.13
21	307,991	8,002	2.60	5,630	1.83	0.16
22	303,151	5,761	1.90	5,516	1.82	0.17
23	303,453	5,870	1.93	5,555	1.83	0.17
24	303,238	6,403	2.11	5,400	1.78	0.18
25	304,330	5,916	1.94	5,478	1.80	0.17
26	306,469	8,618	2.81	6,711	2.19	0.18
27	309,431	10,587	3.42	7,367	2.38	0.22
28	310,671	9,045	2.91	6,639	2.14	0.20
29	311,022	9,092	2.92	6,570	2.11	0.19
30	311,183	9,105	2.93	7,033	2.26	0.20
令和元年	311,255	8,898	2.86	6,790	2.18	0.19
2	315,051	8,840	2.81	6,286	2.00	0.20
3	314,357	7,762	2.47	5,854	2.00	0.19
4	313,728	8,544	2.72	6,898	2.20	0.22

資料出所　厚生労働省労使関係担当参事官室「民間主要企業春季賃上げ要求・妥結状況」。
注　1．集計対象企業は、平成15年までは東証又は大証1部上場企業のうち、資本金20億円以上かつ従業員数1,000人以上の労働組合がある企業。平成16年以降は、資本金10億円以上、従業員1,000人以上の労働組合のある企業。令和4年の集計社数は358社。
　　2．要求率は賃上げ前基準内賃金に対する要求額の割合。

C-34　各種団体の春季賃上げ状況 (民間)

団体・年	調査対象数(社又は組合)	賃上前基準内賃金(円)		賃上額〔定昇込〕(円)		賃上率〔定昇込〕(%)	
		単純平均	加重平均	単純平均	加重平均	単純平均	加重平均
連合 平成22年	4,061	—	—	3,550	4,805	1.41	1.67
23	4,061	—	—	3,786	4,924	1.50	1.71
24	4,257	—	—	3,740	4,902	1.50	1.72
25	4,598	—	—	3,619	4,866	1.51	1.71
26	5,422	—	—	4,157	5,928	1.74	2.07
27	5,469	—	—	—	6,354	—	2.20
28	5,297	—	—	—	5,779	—	2.00
29	5,416	—	—	—	5,712	—	1.98
30	5,575	—	—	4,709	5,934	1.93	2.07
令和元年	5,405	—	—	4,699	5,997	1.91	2.07
2	4,807	—	—	4,479	5,506	1.81	1.90
3	4,772	—	—	—	5,180	—	1.78
4	4,994	—	—	—	6,004	—	2.07
日本経団連 平成22年	113	—	—	5,383	5,886	1.76	1.86
23	112	—	—	5,379	5,842	1.78	1.85
24	112	—	—	5,227	5,752	1.72	1.81
25	111	—	—	5,340	5,830	1.72	1.83
26	109	—	—	6,204	7,370	2.02	2.28
27	116	—	—	6,967	8,235	2.24	2.52
28	118	—	—	6,481	7,497	2.07	2.27
29	123	—	—	6,648	7,755	2.11	2.34
30	116	—	—	7,249	8,539	2.27	2.53
令和元年	114	—	—	6,905	8,200	2.15	2.43
2	130	—	—	6,600	7,096	2.04	2.12
3	130	—	—	5,911	6,124	1.86	1.84
4	135	—	—	7,290	7,562	2.26	2.27
中小企業	377	—	—	4,833	5,036	1.88	1.92
東京都 平成22年	487	300,827	311,522	4,925	5,524	1.64	1.74
23	475	300,255	313,447	5,156	5,442	1.72	1.74
24	486	299,519	309,033	5,149	5,273	1.72	1.71
25	493	296,293	310,694	5,074	5,266	1.70	1.69
26	485	298,815	314,382	5,672	6,425	1.90	2.04
27	478	300,834	311,930	5,930	6,546	1.97	2.10
28	488	301,933	318,572	5,444	5,664	1.80	1.78
29	474	299,173	316,651	5,371	5,496	1.80	1.74
30	486	301,279	319,933	5,573	5,739	1.85	1.79
令和元年	422	302,396	315,028	5,557	6,001	1.84	1.90
2	328	300,385	310,708	5,311	5,594	1.77	1.80
3	397	305,049	320,961	5,538	5,862	1.82	1.83
4	368	306,288	317,760	6,069	6,866	1.98	2.16

資料出所　連合「春季生活闘争情報」。日本経団連「労働情報」。東京都産業労働局「春季賃上げ調査速報」。
注　1. 連合は上記の平均方式のほかに、個別方式も別途公表している。
　　2. 日本経団連は主要企業の調査。「中小企業」は令和4年、500人未満17業種、内数ではない。

C-35　賃金改定率別の労働者構成比 (計=100.0) (単位　%)

年・規模	-5%以下	-0%未満	0%	0.5%未満	1%未満	1.5%未満	2.0%未満	2.5%未満	3%未満	3.5%未満	4%未満	5%未満	5%以上	平均改定率
令和2年 (計)	—	0.0	4.5	3.1	6.9	12.5	23.9	24.7	10.3	6.5	1.9	3.6	1.9	2.0
5,000人以上	—	0.0	1.1	3.6	2.1	9.0	24.6	26.9	19.0	10.6	0.9	0.8	1.4	2.1
1,000～4,999人	—	0.1	3.8	0.7	4.5	16.3	29.8	27.6	5.7	1.6	1.7	6.4	1.7	2.0
300～999人	—	0.0	4.5	4.8	11.4	12.4	21.6	20.6	10.3	6.1	2.2	3.3	2.7	1.9
100～299人	—	0.0	7.7	3.3	8.1	11.9	20.2	24.6	8.3	8.4	2.4	3.4	1.8	1.9
令和3年 (計)	—	0.3	0.9	6.5	3.5	7.6	20.4	25.5	20.1	6.9	4.6	0.9	0.9	1.7
5,000人以上	—	—	5.5	2.4	5.8	13.4	11.5	42.4	9.6	7.3	0.5			1.9
1,000～4,999人	—	0.2	0.8	7.3	4.7	6.7	24.8	22.2	18.9	8.6	2.4	0.8	0.6	1.7
300～999人	—	0.3	0.4	4.3	4.4	7.6	18.4	38.6	13.6	4.9	2.7	0.9	1.2	1.7
100～299人	—	0.6	2.1	9.3	2.2	9.8	24.0	21.2	13.6	6.0	7.1	1.4	1.3	1.6
令和4年 (計)	—	0.2	0.6	8.1	4.4	8.5	19.6	23.0	17.7	8.7	5.2	2.7	0.1	1.6
5,000人以上	—	—	0.6	4.7	1.3	7.4	21.0	31.9	19.7	7.0	4.4	2.0		1.6
1,000～4,999人	—	0.1	0.5	5.3	4.5	8.4	17.9	26.6	19.1	6.8	9.0	1.5	0.1	1.7
300～999人	—	0.1	0.9	10.6	7.3	7.5	18.0	16.5	20.2	10.4	3.5	3.5	0.1	1.6
100～299人	—	0.6	0.4	10.2	3.2	10.3	21.9	21.0	12.5	9.7	4.0	3.4	0.1	1.6

資料出所　厚生労働省統計情報部「賃金引上げ等の実態に関する調査報告」。民営企業で常用労働者100人以上の企業を対象に実施。調査対象期間は各年1年間で、各年7月に郵送により調査。
注　1. 「0%」は各年の1～12月に賃金改定を実施しない企業である。
　　2. 本表は、各企業の賃金改定率の属する階級にその企業の労働者数を加算することによって求めており、個々の労働者の賃上げ率によるものではない。
　　3. 「-」(マイナス) の付された数値は賃下げの程度を意味する。
　　4. 平均改定率は、労働者数による加重平均値。

C-36　主要産業の春季賃上げ状況

業　　種	平成24年	25年	26年	27年	28年	29年	30年	令和元年	2年	3年	4年	4年妥結前基準内賃金
建　　　設	5,535	5,240	6,597	8,056	7,041	7,396	8,370	7,276	7,206	6,462	9,334	339,064
食料品・たばこ	5,350	5,577	6,699	7,023	6,678	6,898	6,737	6,535	6,162	5,944	5,615	304,594
繊　　　維	5,488	5,471	6,567	7,258	6,619	6,462	7,096	7,460	7,080	6,088	8,317	316,714
紙・パルプ	4,711	4,701	4,703	5,665	5,728	5,504	5,417	5,506	5,226	4,716	5,337	296,033
化　　　学	6,262	6,293	7,243	8,097	7,030	6,997	7,582	7,926	7,482	6,569	7,805	344,798
石　　　油	—	—	—	—	—	—	—	—	—	—	—	—
ゴ　ム　製　品	5,202	5,205	5,434	5,800	6,009	5,272	5,429	5,585	5,316	4,952	5,737	305,060
窯　　　業	6,006	6,194	7,585	38,413	7,078	6,618	6,529	6,254	5,906	5,369	3,979	287,112
鉄　　　鋼	3,695	3,711	4,616	4,877	5,166	4,636	5,105	5,256	3,816	3,711	8,900	292,743
非　鉄　金　属	5,058	5,118	6,384	6,323	5,676	5,313	6,041	5,667	5,389	5,255	3,920	305,134
機　　　械	6,067	5,871	7,160	7,951	7,181	6,585	6,642	8,003	6,870	6,240	7,291	316,176
電　気　機　器	6,091	5,801	7,026	8,476	7,103	6,602	6,642	6,819	6,620	6,816	6,250	324,227
造　　　船	5,846	5,950	7,397	6,434	7,402	6,933	7,363	7,926	6,877	5,726	7,321	335,400
精　密　機　器	5,891	5,528	6,953	8,189	5,917	5,872	7,876	6,719	7,068	6,311	9,511	342,381
自　　動　　車	6,164	6,192	7,946	9,102	7,499	7,692	7,703	7,703	7,302	6,633	6,576	318,465
そ　の　他　製　造	4,547	5,062	6,309	7,130	6,582	5,732	6,386	6,343	6,431	6,370	5,447	304,514
電　力　・　ガ　ス	4,201	4,111	4,368	4,558	4,297	4,721	4,677	4,943	4,767	5,296	4,942	331,864
情　報　通　信	—	—	—	—	—	—	—	—	—	—	—	—
運　　　輸	4,202	4,246	4,726	5,068	4,557	6,039	10,004	7,592	4,337	4,424	7,562	291,263
卸　・　小　売	4,758	5,015	5,860	5,997	5,704	5,899	6,453	6,176	6,348	6,147	6,275	300,715
金　融　・　保　険	5,737	5,995	6,524	8,882	7,981	7,412	6,802	6,404	7,638	6,915	8,983	300,192
サ　ー　ビ　ス	5,451	5,173	6,231	6,552	6,131	5,420	6,337	7,292	5,967	4,286	5,480	302,853
平　　　均	5,400	5,478	6,711	7,367	6,639	6,570	7,033	6,790	6,286	5,854	6,898	313,728

左端ラベル：賃上げ額（円）

業　　種	平成24年	25年	26年	27年	28年	29年	30年	令和元年	2年	3年	4年	(社数)	(年齢)
建　　　設	1.87	1.79	2.04	2.53	2.20	2.24	2.41	2.27	2.21	1.92	2.75	30	35.5
食料品・たばこ	1.71	1.77	2.14	2.25	2.17	2.27	2.13	2.06	1.95	1.94	1.84	32	38.0
繊　　　維	1.87	1.87	2.23	2.45	2.21	2.16	2.35	2.44	2.30	1.96	2.63	12	40.5
紙・パルプ	1.48	1.49	1.48	1.91	1.92	1.85	1.82	1.84	1.71	1.60	1.80	4	40.9
化　　　学	1.88	1.87	2.15	2.36	2.08	2.08	2.29	2.37	2.16	1.94	2.26	37	38.4
石　　　油	—	—	—	—	—	—	—	—	—	—	—	—	—
ゴ　ム　製　品	1.77	1.81	1.86	1.98	2.04	1.80	1.86	1.91	1.76	1.65	1.88	7	39.2
窯　　　業	2.11	2.20	2.72	2.95	2.44	2.24	2.19	2.10	1.95	1.85	1.39	6	38.5
鉄　　　鋼	1.29	1.29	1.61	1.69	1.77	1.59	1.75	1.78	1.29	1.26	3.04	15	35.3
非　鉄　金　属	1.70	1.71	2.10	2.06	1.83	1.74	1.96	1.85	1.77	1.70	1.28	8	40.0
機　　　械	2.03	2.00	2.34	2.58	2.33	2.10	2.17	2.61	2.21	1.96	2.31	21	38.9
電　気　機　器	1.86	1.81	2.24	2.61	2.11	2.10	2.18	2.09	2.04	2.09	1.93	14	39.7
造　　　船	1.91	1.95	2.42	2.10	2.42	2.23	2.34	2.47	2.12	1.76	2.18	7	38.0
精　密　機　器	1.81	1.72	2.11	2.43	1.76	1.75	2.59	2.09	2.11	1.83	2.78	5	39.7
自　　動　　車	1.98	1.97	2.54	2.85	2.34	2.39	2.40	2.28	2.21	2.01	2.07	42	39.0
そ　の　他　製　造	1.56	1.68	2.04	2.42	2.25	1.93	2.13	2.11	2.13	2.12	1.79	9	40.4
電　力　・　ガ　ス	1.45	1.38	1.42	1.53	1.44	1.51	1.55	1.61	1.43	1.65	1.49	9	39.0
情　報　通　信	—	—	—	—	—	—	—	—	—	—	—	—	—
運　　　輸	1.41	1.43	1.59	1.71	1.55	2.02	3.32	2.55	1.50	1.52	2.60	8	42.9
卸　・　小　売	1.64	1.71	1.97	2.01	1.91	1.96	2.14	2.05	2.12	2.06	2.09	70	40.1
金　融　・　保　険	2.08	2.14	2.14	2.91	2.59	2.45	2.18	2.00	2.49	2.21	2.99	5	39.7
サ　ー　ビ　ス	1.88	1.83	2.30	2.38	2.18	1.85	2.11	2.47	2.04	1.44	1.81	17	39.0
平　均　・　計	1.78	1.80	2.19	2.38	2.14	2.11	2.26	2.18	2.00	1.86	2.20	358	39.1

左端ラベル：基準内賃金に対する賃上げ率（%）

資料出所　厚生労働省労使関係担当参事官室「民間主要企業春季賃上げ要求・妥結状況」。
注　1．集計対象企業、定昇込みの有無、年齢ポイントでの扱い等についてはC-33表の注参照。
　　2．2年単位での賃上げの場合でも、単年度だけの額・率を表示している。

C－37　規模別にみた春季賃上げ状況 （東京都）

（単位　円）

規　　模		26年	27年	28年	29年	30年	令和元年	2 年	3 年	4 年
加重平均	全規模	6,245	6,546	5,664	5,496	5,739	6,001	5,594	5,698	6,866
	1,000人以上	6,507	6,603	5,688	5,528	5,739	6,050	5,637	5,927	7,007
	300～999人	5,855	6,123	5,306	5,139	5,852	5,603	5,150	5,398	5,740
	299人以下	5,561	5,792	5,787	5,502	5,446	5,439	5,642	5,350	6,031
単純平均	全規模	5,672	5,930	5,444	5,371	5,573	5,557	5,311	5,390	6,069
	1,000人以上	6,083	6,323	5,655	5,555	5,802	5,796	5,524	5,839	6,494
	300～999人	5,446	5,619	4,934	5,015	5,539	5,551	4,950	5,248	5,810
	299人以下	5,297	5,575	5,489	5,375	5,252	5,200	5,255	5,353	5,644

資料出所　東京都産業労働局労働環境課「春季賃上げ調査速報（最終版）」。
注　調査対象数は約1,000組合。集計対象数は、C－34表の東京都の欄を参照のこと。

〔参考1〕 賃金改定実施状況及びその内容別企業数割合　　　　（単位　%）

年・規模	合計	改定状況		実施した	（予定含む）							実施しない	未定
		額（円）	率		引上げ	額（円）	率	引下げ	額（円）	率			
令和2年計	100.0	4,940	1.7	83.6	81.5	5,423	1.9	2.1	-6,219	△2.3		9.5	6.9
5,000人以上	100.0	6,086	1.9	91.4	91.4	-	-	-	-	-		5.4	3.3
1,000～4,999人	100.0	4,925	1.7	90.5	89.1	-	-	1.4	-	-		6.0	3.5
300～999人	100.0	4,805	1.7	87.3	85.8	-	-	1.4	-	-		7.7	5.0
100～299人	100.0	4,315	1.6	81.6	79.2	-	-	2.4	-	-		10.5	7.9
令和3年計	100.0	4,694	1.6	81.7	80.7	5,187	1.8	1.0	-4,995	△1.6		10.1	8.2
5,000人以上	100.0	5,202	1.6	95.1	94.6	-	-	0.5	-	-		4.0	1.0
1,000～4,999人	100.0	4,937	1.7	89.0	87.8	-	-	1.2	-	-		5.2	5.8
300～999人	100.0	4,753	1.7	84.8	83.6	-	-	1.2	-	-		10.8	4.4
100～299人	100.0	4,112	1.6	80.0	79.0	-	-	1.0	-	-		10.3	9.6
令和4年計	100.0	5,534	1.9	86.6	85.7	5,828	2.1	0.9	-4,022	△2.4		6.2	7.3
5,000人以上	100.0	6,478	2.0	97.3	96.0	-	-	1.3	-	-		0.4	2.2
1,000～4,999人	100.0	5,393	1.8	92.2	91.9	-	-	0.3	-	-		4.5	3.3
300～999人	100.0	5,658	2.0	90.8	90.2	-	-	0.6	-	-		3.8	5.4
100～299人	100.0	4,738	1.9	84.6	83.7	-	-	1.0	-	-		7.1	8.2

資料出所　厚生労働省統計情報部「賃金引上げ等の実態に関する調査報告」。〔参考2〕表も同じ
注　1．合計欄の改定金額と改定率はいずれも加重平均で、引上げと引下げの双方を含んだ数値である。
　　2．「実施した」欄の「引上げ」は、賃金の改定により1人当たり平均賃金が増額した場合のみの、「引下げ」は賃金の改定により1人当たり平均賃金が減額した場合についてのみの数値である。
　　3．「実施しない」とは、1～9月に賃金改定をせず、10～12月にも予定がないとした企業。
　　4．「未定」とは、1～9月に賃金改定をせず、10～12月に「未定」とした企業。

〔参考2〕 令和4年ベースアップの実施状況別企業数割合（定昇制度ある企業）（単位　%）

企業規模	管　理　職						一　般　職					
	計	ベアと定昇を区別している	ベアの実施状況				計	ベアと定昇を区別している	ベアの実施状況		
			実施	未実施	ベースダウンを実施				実施	未実施	ベースダウンを実施
計	〔70.9〕100.0	60.4	24.6	35.6	0.2		〔78.0〕100.0	63.7	29.9	33.8	0.0
5,000人以上	〔67.2〕100.0	82.5	28.0	54.5	-		〔85.3〕100.0	83.7	44.0	39.7	-
1,000～4,999人	〔72.2〕100.0	81.9	26.5	55.4	-		〔83.9〕100.0	84.9	33.8	51.1	-
300～999人	〔72.4〕100.0	68.4	29.8	37.9	0.8		〔83.4〕100.0	71.8	34.0	37.8	-
100～299人	〔70.3〕100.0	55.4	22.6	32.8	-		〔75.6〕100.0	58.4	27.8	30.6	0.0

注　1．賃金の改定を実施又は予定している企業及び賃金の改定を実施しない企業のうち、ベアと定昇を区別している企業についての数値である。
　　2．〔 〕内は、賃金の改定を実施又は予定している企業及び賃金の改定を実施しない企業に占める定期昇給制度がある企業の割合である。
　　3．ベアの実施状況は予定も含む。

C-38　賃金増額状況〔中労委〕

(1)　賃金増額状況の推移（男女・学歴計）

年	集計社数(社)	年間改定額		昇給分		賃上げ又は賃下げ分	
		額(円)	率(%)	増加(円)	率(%)	増減(円)	(%)
平成5年度	399	11,564	4.0	5,747	2.0	5,625	2.0
10	296	7,961	2.6	5,581	1.9	2,378	0.8
15	222	5,582	1.7	5,328	1.6	229	0.1
20	183	6,149	1.83	5,670	1.66	479	0.13
21	192	5,077	1.54	4,923	1.47	154	0.02

年	集計社数(社)	賃金改定額		うちベースアップ分	
		増加(円)	率(%)	額(円)	率(%)
22	219	5,951	1.82	103	0.03
23	214	6,138	1.91	75	0.01
24	215	6,138	1.89	66	0.03
25	214	6,003	1.89	80	0.05
26	219	6,688	2.05	1,179	0.31
27	216	7,137	2.15	1,644	0.46
28	174	6,638	2.00	1,335	0.41
29	177	6,984	2.12	1,213	0.38
30	166	7,240	2.17	1,704	0.57
令和元年	145	6,511	2.04	1,388	0.48
2	137	6,176	2.00	668	0.24
3	124	6,195	1.94	493	0.13

資料出所　中央労働委員会「賃金事情総合調査-賃金事情調査-」。(2)も同じ。資本金5億円以上、労働者数1,000人以上の民間企業が対象。

注　昇給分と賃上げ又は賃下げ分との区別が明らかではない企業があるため、それらの合計は必ずしも年間改定額と合致しない。うちベースアップ分とは、改定額（率）の内数として回答できる場合にのみ回答を得ている。そのため額と率は一致していない。以下同じ。

(2)　産業別年間賃金増額状況（男女・学歴計）〔令和2年7月～令和3年6月〕

産業	平均賃金（令和3年6月）				年間改定額			
	集計社数(社)	所定内(千円)	所定外(千円)	所定外(時間)	賃金改定額(円)	うちベースアップ分	賃金改定率(%)	うちベースアップ分
鉱業	3	379.5	59.6	19.9	*			—
製造業	101	348.5	61.0	18.0	6,113	583	1.94	0.17
食品・たばこ	13	318.7	74.3	26.6	8,018	1,269	2.36	0.36
繊維	5	342.0	28.4	13.2	6,521	1,903	1.96	0.56
印刷	3	388.4	63.1	24.6	7,190	1,000	2.44	—
パルプ・製紙	3	315.2	62.2	16.2	4,668	0	1.65	0.00
化学	19	371.9	50.1	13.8	5,895	64	1.82	0.02
薬品	1	*	*	*	*	*	*	*
石油	2	374.9	96.8	*	—	—	—	—
ゴム	2	339.0	68.4	17.3	*	*	*	*
窯業・土石製品	5	312.2	46.4	14.5	4,914	462	2.00	0.15
製鉄・製鋼	6	296.1	69.5	17.9	4,803	67	1.55	0.03
非鉄金属	2	313.2	52.6	17.0	5,688	325	*	*
機械	13	345.8	41.3	15.7	5,504	351	1.87	0.14
電気機器	12	368.6	58.3	16.1	6,335	614	1.88	0.13
車輌・自動車	12	350.1	66.1	17.8	6,354	463	1.76	0.04
造船	3	312.5	56.2	24.7	5,567	167	2.03	0.07
建設	10	459.9	71.4	34.4	9,199	225	2.45	0.10
銀行・保険	4	388.8	33.0	19.6	3,245	0	1.18	0.00
私鉄・バス	15	330.6	64.3	24.9	3,715	0	1.49	0.00
貨物運送	1	*	*	*	*	*		—
海運・倉庫	2	331.9	45.7	23.4	*	*	*	*
電力	7	404.4	82.8	20.9	4,575	—	*	*
ガス	3	334.5	55.9	11.8	*	*	*	*
百貨店・スーパー	4	350.4	13.5	15.8	4,262	0	1.55	0.00
商事	9	559.8	45.8	22.9	11,754	1,250	2.65	0.02
新聞・放送	5	382.3	130.7	28.3	6,390	0	1.78	0.00
ホテル・旅行	1	*	*	*	—	—	—	—
情報サービス	2	329.2	*	*	6,506	0	2.15	—
飲食・娯楽	2	331.0	9.4	15.9	2,868	0	0.97	0.00
その他のサービス	2	201.9	10.7	5.2	5,533	1,000	*	*

注　1.「*」は回答社数が1社であったもので公表されていない。
　　2.「平均所定内賃金」又は「平均所定外賃金」の一方のみ回答した企業は、集計から除外しており、所定外時間にはみなし労働時間制の場合を含む。

C-39　性別・雇用形態別にみた賃金格差の動向

(1) 性別の賃金格差の動向　　　　　　　　　　　　　　　　　M.A. (単位　%)

年	男女計 賃金(千円)	男女計 対前年増減率(%)	男性 賃金(千円)	男性 対前年増減率(%)	女性 賃金(千円)	女性 対前年増減率(%)	男女間賃金格差(男性=100)
平成2年	254.7	5.3	290.5	5.2	175.0	5.2	60.2
7	291.3	1.0	330.0	0.8	206.2	1.6	62.5
12	302.2	0.5	336.8	0.0	220.6	1.2	65.5
17	302.0	0.1	337.8	1.2	222.5	△1.4	65.9
22	296.2	0.6	328.3	0.5	227.6	△0.2	69.3
27	304.0	1.5	335.1	1.7	242.0	1.7	72.2
28	304.0	0.0	335.2	0.0	244.6	1.1	73.0
29	304.3	0.1	335.5	0.1	246.1	0.6	73.4
30	306.2	0.6	337.6	0.6	247.5	0.6	73.3
令和元年	307.7	0.5	338.0	0.1	251.0	1.4	74.3
2	307.7	0.0	338.8	0.2	251.8	0.3	74.3
3	307.4	△0.1	337.2	△0.5	253.6	1.0	75.2
令和3年年齢(年)	43.4		44.1		42.1		
勤続年数(年)	12.3		13.7		9.7		

資料出所　厚生労働省「賃金構造基本統計調査」。

(2) 雇用形態別にみた賃金格差の動向(令和3年)

年齢階級 企業規模 産業	男性 正社員 所定内賃金(千円)	男性 正社員 格差(各性別計=100)	男性 正社員以外 所定内賃金(千円)	男性 正社員以外 格差(各性別計=100)	男性 雇用形態格差(正社員=100)	女性 正社員 所定内賃金(千円)	女性 正社員 格差(各性別計=100)	女性 正社員以外 所定内賃金(千円)	女性 正社員以外 格差(各性別計=100)	女性 雇用形態格差(正社員=100)	男女格差(男性=100) 正社員	男女格差(男性=100) 正社員以外
合計	348.8	100	241.3	100	69	270.6	100	195.4	100	72	78	81
～19歳	186.9	54	168.9	70	90	178.6	66	166.8	85	93	96	99
20～24	218.0	63	187.8	78	86	215.0	79	179.2	92	83	99	95
25～29	256.7	74	212.8	88	83	242.2	90	198.9	102	82	94	93
30～34	295.6	85	218.7	91	74	258.6	96	199.4	102	77	87	91
35～39	333.4	96	225.1	93	68	274.5	101	197.4	101	72	82	88
40～44	364.6	105	230.4	95	63	288.1	106	200.2	102	69	79	87
45～49	390.5	112	236.2	98	60	292.6	108	199.2	102	68	75	84
50～54	422.6	121	246.9	102	58	305.6	113	196.1	100	64	72	79
55～59	428.6	123	242.8	101	57	305.3	113	192.8	99	63	71	79
60～64	351.6	101	274.7	114	78	272.2	101	197.8	101	73	77	72
65～69	310.0	89	240.9	100	78	268.6	99	186.9	96	70	87	78
70歳～	291.3	84	218.6	91	75	248.6	92	176.2	90	71	85	81
1,000人以上	394.3	113	250.3	104	63	300.3	111	203.0	104	68	76	81
100～999人	339.6	97	238.7	99	70	268.0	99	194.6	100	73	79	82
10～99人	309.9	89	229.1	95	74	245.4	91	180.6	92	74	79	79
鉱業,採石業,砂利採取業	337.6	97	282.5	117	84	259.6	96	177.5	91	68	77	63
建設業	348.3	100	307.2	127	88	309.8	114	207.9	106	67	89	68
製造業	327.6	94	230.5	96	70	247.9	92	176.1	90	71	76	76
電気・ガス・熱供給・水道業	445.7	128	245.6	102	55	238.9	88	194.1	99	81	54	79
情報通信業	395.9	114	330.6	137	84	320.0	118	233.8	120	73	81	71
運輸業,郵便業	294.9	85	220.6	91	75	230.7	85	185.3	95	80	78	84
卸売業,小売業	356.6	102	232.8	96	65	281.5	104	181.3	93	64	79	78
金融業,保険業	495.7	142	306.8	127	62	213.9	79	213.5	109	100	43	70
不動産業,物品賃貸業	380.1	109	239.0	99	63	270.5	100	205.1	105	76	71	86
学術研究,専門・技術サービス業	422.9	121	350.5	145	83	317.2	117	238.4	122	75	75	68
宿泊業,飲食サービス業	299.9	86	211.8	88	71	239.1	88	176.6	90	74	80	83
生活関連サービス業,娯楽業	380.9	91	202.4	84	64	276.5	102	184.9	95	67	87	91
教育,学習支援業	446.6	128	302.2	125	68	162.2	60	231.6	119	143	36	77
医療,福祉	364.8	105	257.8	107	71	177.9	66	206.9	106	116	49	80
複合サービス事業	350.0	100	231.5	96	66	234.0	86	187.5	96	80	67	81
サービス業(他に分類されないもの)	306.0	88	224.7	93	73	235.5	87	211.4	108	90	77	94

資料出所　厚生労働省「賃金構造基本統計調査」。

C-40　主要企業における

(1)　賃金構成比の推移

(%)

年	所定内賃金計	基本給						奨励給	職務関連手当	生活関連手当	その他の手当
		計	年齢・勤続給	職務・能力給	委績額・成果給	総合判断	(区分不明)				
平成21年	100.0	90.4	8.1	50.2	－	－	32.1	0.4	3.1	5.7	0.4
22	100.0	89.4	11.7	41.2	4.1	32.4	－	1.6	2.8	5.9	0.3
23	100.0	91.0	6.8	37.9	7.1	39.1	－	0.5	2.8	5.4	0.3
24	100.0	89.3	11.9	40.7	5.9	41.5	－	1.3	3.0	6.1	0.3
25	100.0	90.0	12.9	28.1	4.4	44.4	－	1.3	2.9	5.5	0.3
26	100.0	90.2	7.7	31.7	4.6	46.2	－	0.1	3.6	5.9	0.3
27	100.0	91.0	8.7	30.6	3.4	48.3	－	0.1	3.4	5.1	0.5
28	100.0	89.8	9.4	30.9	3.9	45.5	－	1.2	3.3	5.4	0.3
29	100.0	89.6	8.8	33.2	2.5	45.2	－	1.2	3.3	5.5	0.4
30	100.0	89.3	10.0	37.3	2.9	49.8	－	1.5	3.1	5.7	0.4
令和元年	100.0	88.9	8.7	34.4	3.3	42.5	－	1.6	3.4	5.7	0.3
2	100.0	89.2	7.8	32.8	4.5	44.1	－	1.6	3.0	5.5	0.6
3	100.0	91.5	9.5	32.7	6.3	43.1	－	0.1	3.2	4.5	0.6

資料出所　中央労働委員会事務局「賃金事情等総合調査」。(以下、(4)まで同じ)
注　平成22年調査より基本給の質問項目を見直し「区分不明」をなくした。

(2)　家族手当制度の有無、上限の有無、上限人数、平均支給額

年	集計社数	制度がある企業(社)	支給対象人数または額に上限がある企業(社)	人数に上限がある場合の上限人数(社)			家族別支給額(千円)			
		(集計178社＝100%)	(制度がある企業147社＝100%)	(上限がある企業39社＝100%)			配偶者	第1子	第2子	第3子
				3人まで	4人まで	5人まで				
平成15年	288	251	123	44	34	38	18.7	6.5	5.9	4.1
18	238	192	88	29	18	24	18.0	7.7	6.5	5.9
20	228	186	72	22	22	16	17.5	8.1	7.2	6.5
24	225	181	71	16	25	14	17.7	8.3	7.0	6.5
27	215	172	62	16	21	12	16.3	8.4	7.2	6.8
27	218	179	58	16	23	10	17.4	9.8	9.2	6.5
令和2年	178	147	31	16	12	5	16.3	11.6	11.2	11.7
		(82.6)	(17.4)	(30.8)	(30.8)	(12.8)				

(3)　住宅手当制度の有無、扶養の有無・住宅の種類別支給額の決め方及び平均支給額(令和3年)

産業	集計社数	制度の有無		扶養の有無で支給が異なる場合(扶養あり)										扶養の
				借家・借間			自宅			その他			借家・借間	
		あり	なし	社数	定額の場合の支給額	幅がある場合の最高額	社数	定額の場合の支給額	幅がある場合の最高額	社数	定額の場合の支給額	幅がある場合の最高額	社数	定額の場合の支給額	幅がある場合の最高額
調　査　産　業　　計	171	93	78	51	25.7	44.0	41	19.3	27.6	12	20.2	18.2	45	14.2	27.8
鉱　　　　　　　　業	3	3	－	2	－	27.0	2	－	19.5	－	－	－	2	－	19.4
製　　　造　　　業	102	57	45	30	30.1	43.8	22	16.4	30.3	4	－	16.1	28	17.1	26.8
建　　　　　　　設	10	6	4	2	－	39.5	3	－	26.0	－	－	－	2	－	10.0
銀　行　・　保　険	5	3	2	2	46.0	40.0	2	46.0	40.0	2	46.0	40.0	－	－	－
私　鉄　・　バ　ス	15	8	5	6	15.6	－	7	15.7	－	4	11.6	22.6	6	10.4	－
貨　　物　　運　　送	1	*	*	*	*	*	*	*	*	*	*	*	*	*	*
海　運　・　倉　庫	2	2	－												
電　　　　　　　力	7	3	4	3	28.0	9.0	3	25.5	9.0	－	－	－	3	15.3	5.4
ガ　　　　　　　ス	3	－	3												
百貨店・スーパー	3	2	1	1	*	*							1	*	*
商　　　　　　　事	9	2	7	1	*	*	1	*	*	1	*	*	1	*	*
新　聞　・　放　送	4	2	2												
ホ　テ　ル　・　旅　行	1	*	*	*	*	*	*	*	*	*	*	*	*	*	*
情　報　サ　ー　ビ　ス	2	1	1	1	*	*									
飲　食　・　娯　楽	2	2	－	2	－	67.5							2	－	45.0
そ　の　他　の　産　業	2	2	－												

注　1.　制度の区分中、「社宅・寮」「その他」についての回答は割愛している(集計社数、制度の有無の集計社数には含む)。
　　2.　「－」は対象社がないため、また「＊」はサンプル数が少ないためデータを公表していない。

諸手当制度

(4) 地域手当（都市手当）制度の有無、地域区分数、支給額の決め方、支給額（平成29年）

産　業	集計社数	制度の有無		地域区分数	無支給地域のある社数	平均支給額(率)及び支給額の決め方										
						定額の場合			支給額に幅がある場合					率で定めている場合		
		あり	なし			社数	最高額(千円)	最低額(千円)	社数	最高額のうち最も高い地域(千円)	最高額のうち最も低い地域(千円)	最低額のうち最も高い地域(千円)	最低額のうち最も低い地域(千円)	社数	最高率(%)	最低率(%)
調査産業計	219	80	139	3.6	58	29	18.3	8.6	39	25.3	15.5	12.6	6.8	18	8.1	4.0
鉱　業	3	3	—	2.7	1	1	*	*	2	38.5	31.0	7.2	2.9	1	*	*
製　造　業	122	43	79	3.5	35	12	10.5	5.6	21	18.8	9.6	8.7	4.5	15	6.9	4.0
建　設	15	8	7	3.7	7	3	23.3	10.1	3	33.7	14.9	21.3	9.7	1	*	*
銀　行	4	1	3	1.0	—	—	—	—	1	*	*	*	*	—	—	—
保　険	3	2	1	3.0	1	2	19.5	12.0	—	—	—	—	—	—	—	—
私鉄・バス	19	1	18	3.0	1	—	—	—	1	*	*	*	*	—	—	—
貨 物 運 送	3	3	—	6.7	2	2	20.5	2.3	—	—	—	—	—	1	*	*
海運・倉庫	4	1	3	2.0	—	—	—	—	—	—	—	—	—	—	—	—
電　力	8	7	1	4.0	6	2	14.3	5.2	6	27.6	17.0	18.6	10.4	—	—	—
ガ　ス	3	—	3	—	—	—	—	—	—	—	—	—	—	—	—	—
百貨店・スーパー	8	4	4	4.3	2	3	40.2	13.0	—	—	—	—	—	—	—	—
商　事	9	—	9	—	—	—	—	—	—	—	—	—	—	—	—	—
新聞・放送	6	2	4	2.5	1	—	—	—	2	33.5	30.5	6.3	4.8	—	—	—
ホテル・旅行	4	1	3	3.3	—	2	12.5	7.5	1	*	*	*	*	—	—	—
情報サービス	5	—	5	—	—	—	—	—	—	—	—	—	—	—	—	—
飲食・娯楽	1	*	*	*	*	*	*	*	*	*	*	*	*	*	*	*
その他のサービス	2	—	2	3.0	2	2	27.2	19.0	—	—	—	—	—	—	—	—

注　1．支給額の決め方のうち「額で定めている」社について、定額とする地域と支給額に幅がある地域がある社の場合は「定額の場合」と「支給額に幅がある場合」の両方の項目で集計した。
　　2．支給額の集計について、「定額の場合」で支給対象地域が1つのみ、または地域間の差がない場合の当該額は「最高額」として集計した。「支給額に幅がある場合」で支給対象地域が1つのみ、または地域間の差がない場合の当該支給額は「最高額（最高額、最低額）」として集計した。各項目の社数は「最高額」の社数である。
　　3．「率＋額で定めている」とは、額に率で算出した額を上乗せして支給するもの（例えば、5千円＋基本給の5％等）をいう。
　　4．支給地域や職種別に「額で定めている」場合と「率で定めている」場合がある社の場合、「額で定めている社数」と「率で定めている社数」の両方の項目で集計した。

有無で支給が異なる場合（扶養なし）						扶養の有無には無関係の場合									産　業
自宅			その他			借家・借間			自宅			その他			
社数	定額の場合の支給額	幅がある場合の最高額	社数	定額の場合の支給額	幅がある場合の最高額	社数	定額の場合の支給額	幅がある場合の最高額	社数	定額の場合の支給額	幅がある場合の最高額	社数	定額の場合の支給額	幅がある場合の最高額	
35	10.7	17.3	10	9.7	9.1	32	15.9	32.0	27	14.2	17.4	6	25.3	22.0	調 査 産 業 計
2	—	15.8	1	*	*	1	*	*	—	—	—	—	—	—	鉱　　　　業
20	9.5	19.1	4	—	10.3	24	14.2	30.2	21	12.4	16.1	3	—	22.0	製　造　業
2	—	8.5	—	—	—	2	—	34.0	2	—	23.5	—	—	—	建　設
—	—	—	—	—	—	1	*	*	1	*	*	—	—	—	銀　行・保　険
7	10.6	—	4	9.7	—	—	—	—	—	—	—	—	—	—	私 鉄・バ ス
*	*	*	*	*	*	*	*	*	*	*	*	*	*	*	貨 物 運 送
—	—	—	—	—	—	1	*	*	1	*	*	1	*	*	海 運・倉 庫
3	13.3	5.4	—	—	—	—	—	—	—	—	—	—	—	—	電　　　　力
—	—	—	—	—	—	—	—	—	—	—	—	—	—	—	ガ　　　　ス
—	—	—	—	—	—	1	*	*	—	—	—	—	—	—	百貨店・スーパー
1	*	*	1	*	*	—	—	—	—	—	—	—	—	—	商　　　　事
—	—	—	—	—	—	2	32.0	70.0	1	*	*	—	—	—	新　聞・放　送
*	*	*	*	*	*	*	*	*	*	*	*	*	*	*	ホ テ ル・旅 行
—	—	—	—	—	—	—	—	—	—	—	—	1	*	*	情 報 サ ー ビ ス
—	—	—	—	—	—	1	*	*	1	*	*	—	—	—	飲 食・娯 楽
—	—	—	—	—	—	—	—	—	—	—	—	—	—	—	そ の 他 の 産 業

C－41　退職金制度の実態と給付水準〔平成30年1月調査〕

(1)退職給付制度の有無・形態別企業数割合

(単位　%)

企業規模	退職給付（一時金・年金）がある企業	退職一時金制度のみ	退職年金制度のみ	両制度併用	退職給付（一時金・年金）制度がない企業	(再掲)制度がある 退職一時金制度がある（両制度併用含む）	退職年金制度がある（両制度併用含む）
計	〔80.5〕(100.0)	(73.3)	(8.6)	(18.1)	〔19.5〕	(91.4)	(26.7)
1,000人以上	〔92.3〕(100.0)	(27.6)	(24.8)	(47.6)	〔7.7〕	(75.2)	(72.4)
300～999人	〔91.8〕(100.0)	(44.4)	(18.1)	(37.5)	〔8.2〕	(81.9)	(55.6)
100～299人	〔84.9〕(100.0)	(63.4)	(12.5)	(24.1)	〔15.1〕	(87.5)	(36.6)
30～99人	〔77.6〕(100.0)	(82.1)	(5.4)	(12.5)	〔22.4〕	(94.6)	(17.9)

資料出所　厚生労働省「就労条件総合調査」。
注　〔　〕内の数値は、全企業に対する割合である。

(2)退職給付支払準備形態別企業数割合

(単位　%)

企業規模・年	支払準備形態									
	退職一時金制度がある企業[1)2)]	退職一時金制度支払準備形態(M.A.)				退職年金制度ある企業[1)2)]	退職年金制度支払準備形態(M.A.)			
		社内準備	中小企業退職金共済制度	特定退職金共済制度	その他		厚生年金基金(上乗せ給付)	確定給付企業年金(CBP含む)	確定拠出年金(企業型)	企業独自年金
平成30年調査計	〔91.4〕100.0	57.0	44.0	11.5	10.5	〔26.7〕100.0	20.0	43.3	47.6	3.8
1,000人以上	〔75.2〕100.0	91.4	0.5	2.6	8.9	〔72.4〕100.0	7.2	62.4	63.9	4.5
300～999人	〔81.9〕100.0	81.6	15.1	9.0	7.6	〔55.6〕100.0	9.7	59.7	50.6	3.3
100～299人	〔87.5〕100.0	67.9	36.5	9.5	9.7	〔36.6〕100.0	13.6	49.2	46.6	2.7
30～99人	〔94.6〕100.0	49.8	50.8	12.7	11.1	〔17.9〕100.0	30.5	30.0	44.5	4.6
平成25年調査計	〔88.4〕100.0	64.5	46.5	7.5	3.9	〔34.2〕100.0	44.8	35.5	35.9	2.8

注1.　〔　〕内の数値は、退職給付（一時金・年金）制度がある企業のうち、退職一時金制度又は退職年金制度がある企業数割合である。
　　2.「退職一時金制度ある企業」「退職年金制度ある企業」には、「両制度併用」を含む。

(3)退職年金制度の見直し内容別企業数割合

(単位　%)

見直しの時期、企業規模・年	退職年金制度の見直しを行った・行う予定がある企業[1)]	退職年金制度の見直し内容 (M.A.)					
		新たに導入又は既存のものの他に設置	全部又は一部を退職一時金へ移行	他の年金制度へ移行	年金制度の廃止	年金支給期間の延長	年金支給期間の短縮
〔過去3年間〕							
平成30年調査計	〔5.1〕100.0	30.8	11.0	32.0	5.3	1.5	1.7
1,000人以上	〔15.1〕100.0	25.9	3.4	27.6	1.6	－	2.5
300～999人	〔8.7〕100.0	34.0	1.6	37.6	3.0	－	－
100～299人	〔4.7〕100.0	31.8	8.7	32.1	3.9	－	－
30～99人	〔4.5〕100.0	30.3	14.6	31.4	6.6	2.5	2.5
〔今後3年間〕							
平成30年調査計	〔2.6〕100.0	52.7	4.2	10.7	2.8	1.6	2.5
1,000人以上	〔9.6〕100.0	22.7	6.7	24.1	3.7	2.0	4.2
300～999人	〔5.1〕100.0	41.7	1.3	22.3	－	－	5.1
100～299人	〔3.1〕100.0	27.8	7.0	20.7	4.6	－	－
30～99人	〔2.0〕100.0	72.6	3.2	0.5	2.6	2.6	2.6

見直しの時期、企業規模・年	退職年金制度の見直し内容 (M.A.)							
	算定基礎額の算出方法の変更	特別加算制度の導入	賃金や物価上昇率に伴う給付水準の見直し制度を導入	支給率		退職年金を縮小又は廃止し毎月の給与を拡大		その他
				増加	減少	労働者一律	労働者の選択制	
〔過去3年間〕								
平成30年調査計	11.4	2.0	2.9	7.2	2.0	0.6	4.7	6.4
1,000人以上	11.7	－	－	4.0	7.8	－	－	22.0
300～999人	5.7	1.8	－	10.1	3.9	－	－	9.6
100～299人	11.9	1.6	0.2	4.2	4.1	－	0.2	4.1
30～99人	12.4	2.5	4.6	7.9	0.2	0.9	7.6	4.7
〔今後3年間〕								
平成30年調査計	8.7	2.4	1.7	9.2	4.6	1.8	1.8	18.1
1,000人以上	16.4	4.1	4.1	10.7	6.7	5.0	5.0	18.5
300～999人	12.7	0.8	－	0.6	2.4	－	－	19.7
100～299人	11.6	2.2	－	0.1	8.2	－	－	26.8
30～99人	5.0	2.6	2.6	15.7	3.2	2.6	2.6	13.5

(4)退職一時金制度の見直し内容別企業割合

(単位　％)

見直し時期・企業規模・年	退職一時金制度の見直しを行った・行う予定がある企業[1]	退職一時金制度の見直し内容（M.A.）								
		新たに導入又は既存のものの他に設置	全部又は一部を年金へ移行	他の退職一時金制度へ移行	退職一時金制度の廃止・脱退	算定基礎額の算出方法の変更	特別加算制度の導入	支給率		その他
								増加	減少	
〔過去3年間〕										
平成30年調査計	〔 9.3〕100.0	28.8	7.7	10.6	2.3	16.9	1.8	17.7	9.7	17.6
1,000人以上	〔11.3〕100.0	8.6	18.7	6.0	2.6	30.4	―	7.4	10.3	20.7
300～999人	〔10.1〕100.0	17.8	14.4	12.4	―	20.4	2.3	20.3	17.6	20.6
100～299人	〔 8.7〕100.0	27.1	5.2	5.1	―	30.9	4.2	18.6	11.1	7.8
30～99人	〔 9.4〕100.0	31.3	7.2	12.2	3.1	11.9	1.2	17.5	8.3	19.9
〔今後3年間〕										
平成30年調査計	〔 7.4〕100.0	33.6	7.2	6.1	1.9	14.2	1.6	25.2	7.4	12.6
1,000人以上	〔 9.4〕100.0	13.1	14.3	3.9	―	26.8	3.2	4.3	22.4	19.9
300～999人	〔 7.0〕100.0	7.1	17.0	12.3	2.0	24.1	2.9	15.6	17.6	11.5
100～299人	〔 5.9〕100.0	28.7	7.0	11.4	2.3	25.1	7.8	18.8	8.1	19.2
30～99人	〔 7.9〕100.0	38.0	6.1	4.4	1.9	10.2	―	28.4	5.7	10.9

注　〔　〕内の数値は、全企業に対する「退職一時金制度の見直しを行った・見直しを行う予定がある」企業割合である。

(5)退職者のいた企業数割合、退職事由別退職者数割合

(単位　％)

企業規模	退職給付（一時金・年金）制度がある企業[1]	勤続20年以上かつ45歳以上の退職者がいた企業	勤続20年以上かつ45歳以上の退職者[2]	退職事由				
				定　年	定年以外			
					会社都合	自己都合	早期優遇	
計	〔80.5〕	100.0	26.6	(100.0)	(64.3)	(5.4)	(22.8)	(7.5)
1,000人以上	〔92.3〕	100.0	74.2	(100.0)	(63.3)	(6.0)	(20.3)	(10.4)
300～999人	〔91.8〕	100.0	59.6	(100.0)	(64.8)	(5.1)	(22.3)	(7.8)
100～299人	〔84.9〕	100.0	38.2	(100.0)	(67.1)	(4.7)	(26.7)	(1.4)
30～99人	〔77.6〕	100.0	16.7	(100.0)	(64.2)	(4.1)	(30.8)	(0.9)

注1.〔　〕内の数値は、全企業のうち、退職給付（一時金・年金）制度がある企業数割合である。
　2.（　）内の数値は、勤続20年以上かつ45歳以上の退職者がいた企業の退職者を100とした退職者数割合である。

(6)退職者1人平均退職給付額（勤続20年以上かつ45歳以上の退職者）

退職理由	大学・大学院卒（管理・事務・技術職）			高校卒（管理・事務・技術職）			高校卒（現業職）		
	退職時の所定内賃金（月額）（千円）	1人平均退職給付額（万円）	月収換算[2]（月分）	退職時の所定内賃金（月額）（千円）	1人平均退職給付額（万円）	月収換算[2]（月分）	退職時の所定内賃金（月額）（千円）	1人平均退職給付額（万円）	月収換算[2]（月分）
定年	513	1,983	38.6	398	1,618	40.6	320	1,159	36.3
会社都合	611	2,156	35.3	499	1,969	39.5	331	1,118	33.8
自己都合	513	1,519	29.6	363	1,079	29.7	287	686	23.9
早期優遇	536	2,326	43.4	412	2,094	50.8	301	1,459	48.6

注：1）「退職給付額」は、退職一時金制度のみの場合は退職一時金額、退職年金制度のみの場合は年金現価額、退職一時金制度と退職年金制度併用の場合は退職一時金額と年金現価額の計である。
　　2）「月収換算」は、退職時の所定内賃金に対する退職給付額割合である。

(7)退職給付（一時金・年金）制度の形態別退職者1人平均退職給付額
（勤続20年以上かつ45歳以上の定年退職者）

(単位　万円)

年、勤続年数	大学・大学院卒（管理・事務・技術職）				高校卒（管理・事務・技術職）				高校卒（現業職）			
	退職給付制度計	退職給付制度の形態			退職給付制度計	退職給付制度の形態			退職給付制度計	退職給付制度の形態		
		退職一時金制度のみ	退職年金制度のみ	両制度併用		退職一時金制度のみ	退職年金制度のみ	両制度併用		退職一時金制度のみ	退職年金制度のみ	両制度併用
平成30年調査計	1,983	1,678	1,828	2,357	1,618	1,163	1,652	2,313	1,159	717	1,177	1,650
勤続20～24年	1,267	1,058	898	1,743	525	462	487	1,239	421	390	435	548
25～29年	1,395	1,106	1,458	1,854	745	618	878	1,277	610	527	723	746
30～34年	1,794	1,658	1,662	2,081	928	850	832	1,231	814	645	794	1,157
35年以上	2,173	1,897	1,947	2,493	1,954	1,497	1,922	2,474	1,629	1,080	1,524	1,962

注　「退職給付額」は、退職一時金制度のみの場合は退職一時金額、退職年金制度のみの場合は年金現価額、退職一時金制度と退職年金制度併用の場合は退職一時金額と年金現価額の計である。

C-42　学歴・職種別にみた

	勤続(年)	大学卒事務・技術労働者 総合職相当					短大・高専卒事務・技術労働者 総合職相当					短大・高専卒事務・技術労働者 一般職相当				
		年齢(歳)	会社都合		自己都合		年齢(歳)	会社都合		自己都合		年齢(歳)	会社都合		自己都合	
			退職金総額(千円)	月収換算(月)	退職金総額(千円)	月収換算(月)		退職金総額(千円)	月収換算(月)	退職金総額(千円)	月収換算(月)		退職金総額(千円)	月収換算(月)	退職金総額(千円)	月収換算(月)
		(集計社数 92社)		(83社)			(集計社数 20社)		(20社)			(集計社数 16社)		(15社)		
調査産業計	3年	25	690	2.8	323	1.3	23	475	2.2	327	1.5	23	485	2.4	223	1.1
	5	27	1,180	4.3	594	2.2	25	1,086	4.5	592	2.5	25	793	3.8	377	1.8
	10	32	3,102	8.8	1,799	5.1	30	2,514	8.5	1,555	5.3	30	1,873	7.8	1,093	4.6
	15	37	5,779	13.7	3,873	9.3	35	4,208	12.7	3,064	9.1	35	3,850	14.0	2,273	8.3
	20	42	9,531	18.8	7,265	14.5	40	7,267	17.0	6,173	14.4	40	7,655	25.2	4,863	16.0
	25	47	13,938	24.7	11,431	20.4	45	9,492	24.2	8,752	22.4	45	10,822	32.9	6,825	20.7
	30	52	19,154	32.0	17,067	28.8	50	13,483	31.9	12,436	29.4	50	13,429	36.4	10,187	27.6
	35	57	23,649	39.3	21,634	35.3	55	16,323	36.6	15,903	35.6	55	14,912	41.4	12,326	34.2
	38	60	25,280	44.6	22,692	39.9										
	40/42	—	—	—	—	—	60	12,431	28.6	12,431	28.6	60	17,236	54.6	14,293	45.3
	定年	—	25,639	42.6	—	—	—	13,553	39.2	—	—	—	23,439	72.6	—	—
		(集計社数 57社)		(53社)			(集計社数 11社)		(11社)			(集計社数 10社)		(10社)		
うち製造業	3年	25	786	3.2	347	1.4	23	626	3.0	390	1.8	23	524	2.6	234	1.2
	5	27	1,430	5.1	705	2.5	25	1,381	6.0	730	3.2	25	954	4.6	495	2.4
	10	32	3,554	10.4	1,969	5.8	30	3,145	10.9	1,897	6.6	30	2,124	8.7	1,377	5.6
	15	37	6,473	15.7	4,123	9.9	35	5,295	15.7	3,714	11.0	35	4,603	16.5	2,960	10.6
	20	42	9,858	20.5	7,529	15.3	40	7,755	19.4	6,181	15.5	40	6,784	21.9	5,886	19.0
	25	47	14,512	27.3	12,201	22.4	45	9,232	26.3	8,051	23.0	45	9,365	27.2	12,239	23.9
	30	52	19,631	34.6	17,674	30.5	50	14,434	38.6	12,838	34.3	50	12,845	31.1	12,179	29.5
	35	57	24,097	40.4	22,209	36.9	55	17,202	39.3	17,150	39.1	55	14,880	35.7	14,096	33.8
	38	60	26,064	45.7	24,678	42.9										
	40/42	—	—	—	—	—	60	14,369	41.3	14,369	41.3	60	17,768	49.4	17,768	49.4
	定年	—	23,421	40.3	—	—	—	13,553	39.2	—	—	—	19,862	55.2	—	—

資料出所　中央労働委員会事務局「賃金事情等総合調査－退職金、年金および定年制事情調査－」。C－43も同じ。
注　1．退職一時金又は退職年金（両制度併用の企業を含む）を採用している企業のうち、本項目に回答があっ
　　　た企業分を集計している。
　　2．退職金総額は、注1による両制度併用での年金分はその年金現価額とし、労働者の拠出に係る部分を
　　　除くものである。
　　3．月収換算は、退職時の所定内賃金に対する倍率である。
　　4．一部にサンプル数の少ない年齢があり、留意されたい。

C-43　会社都合の実在者モデル退職金

	勤続(年)	大学卒・事務・技術労働者 総合職相当					短大・高専卒・事務・技術労働者 総合職相当					
		年齢(歳)	退職金総額(千円)	月収換算(月)	退職一時金額(千円)	月収換算(月)	退職年金現価額(千円)	年齢(歳)	退職金総額(千円)	月収換算(月)	退職一時金額(千円)	月収換算(月)	退職年金現価額(千円)
		(集計社数 50社)						(集計社数 10社)					
調査産業計	15	37	6,041	14.3	3,227	7.6	2,815	35	4,887	13.8	2,443	6.9	2,445
	20	42	10,471	20.4	5,342	10.7	4,826	40	7,729	15.3	4,120	8.1	3,609
	25	47	14,695	26.1	7,587	13.5	7,108	45	9,374	22.4	5,055	12.1	4,320
	30	52	20,035	34.0	10,464	17.8	9,570	50	12,907	28.2	7,270	15.9	5,637
	35	57	24,378	40.6	12,670	21.1	11,708	55	15,334	33.3	7,958	17.3	7,376
	38	60	26,937	45.0	13,914	23.2	13,023						
	40/42							60	12,719	25.5	4,112	8.2	8,607
	定年	—	26,487	43.6	14,126	23.3	12,360	—	11,286	42.1	788	2.9	10,498
		(集計社数 27社)						(集計社数 5社)					
うち製造業	15	37	6,731	16.1	3,567	8.5	3,164	35	6,070	18.1	3,144	9.4	2,926
	20	42	10,282	21.2	5,397	11.1	4,885	40	8,514	20.8	3,966	9.7	4,548
	25	47	15,111	27.8	7,922	14.6	7,189	45	9,124	28.5	4,436	13.8	4,688
	30	52	20,486	36.1	10,811	19.0	9,676	50	12,504	38.2	6,076	18.6	6,428
	35	57	24,946	41.3	13,192	21.9	11,753	55	16,011	39.3	4,803	11.8	11,208
	38	60	27,179	45.9	14,138	23.9	13,041						
	40/42							60	13,643	44.0	3,994	12.9	9,649
	定年	—	24,536	42.0	13,659	23.4	10,877	—	11,286	42.0	788	2.9	10,498

モデル退職金総額（中労委）〔令和3年6月〕

勤続(年)		年齢(歳)	会社都合 退職金総額(千円)	月収換算(月)	自己都合 退職金総額(千円)	月収換算(月)	年齢(歳)	会社都合 退職金総額(千円)	月収換算(月)	自己都合 退職金総額(千円)	月収換算(月)	年齢(歳)	会社都合 退職金総額(千円)	月収換算(月)	自己都合 退職金総額(千円)	月収換算(月)
			高校卒事務・技術労働者 総合職相当					高校卒事務・技術労働者 一般職相当					高校卒 生産労働者			
調査産業計			(集計社数 29社)		(28社)			(29社)		(29社)			(39社)		(36社)	
	3年	21	522	2.7	314	1.6	21	470	2.5	228	1.2	21	549	2.9	220	1.1
	5	23	894	4.2	522	2.5	23	833	4.2	437	2.2	23	950	4.7	430	2.1
	10	28	2,142	8.0	1,378	5.1	28	2,187	9.5	1,329	5.7	28	2,401	9.9	1,257	5.2
	15	33	4,035	12.6	2,890	9.0	33	3,696	14.1	2,523	9.6	33	4,224	14.7	2,634	9.2
	20	38	6,647	18.9	5,573	15.7	38	7,080	23.7	5,162	17.3	38	6,909	21.4	5,082	15.7
	25	43	10,050	24.0	8,628	20.5	43	10,263	31.5	8,165	25.1	43	10,187	28.9	8,397	23.7
	30	48	13,679	31.1	11,970	27.0	48	12,355	35.1	10,824	30.8	48	13,653	35.3	12,055	31.0
	35	53	16,694	36.5	15,462	33.8	53	16,657	43.8	14,741	38.8	53	17,269	43.5	15,451	38.7
	42	60	19,252	39.8	16,789	34.3	60	17,994	52.8	16,059	46.6	60	16,577	43.2	15,722	40.8
	定年	—	19,712	42.6	—	—	—	19,862	56.9	—	—	—	18,397	45.9	—	—
うち製造業			(集計社数 19社)		(18社)			(18社)		(18社)			(29社)		(27社)	
	3年	23	627	3.2	332	1.7	21	515	2.8	266	1.4	21	567	3.0	243	1.3
	5	25	1,053	5.0	572	2.7	23	912	4.7	525	2.7	23	1,015	5.0	484	2.4
	10	30	2,441	9.2	1,471	5.6	28	2,314	9.9	1,474	6.3	28	2,580	10.5	1,395	5.7
	15	35	4,519	14.6	3,036	9.8	35	4,155	15.7	3,013	11.4	33	3,485	15.5	2,854	9.9
	20	40	7,336	21.0	5,701	16.3	38	6,746	22.7	5,763	19.4	38	7,127	22.1	5,297	16.3
	25	45	10,750	26.6	8,828	21.8	43	9,481	29.3	8,557	26.4	43	10,364	29.2	8,547	23.9
	30	50	14,077	32.7	12,066	27.9	48	12,488	35.3	11,976	33.9	48	14,090	36.1	12,460	31.6
	35	55	16,940	37.6	15,420	34.6	53	16,657	43.2	15,824	41.8	53	17,592	44.6	15,932	40.1
	42	60	19,349	39.7	17,258	35.1	60	18,100	51.4	18,368	51.2	60	16,604	42.6	16,871	42.6
	定年	—	18,753	39.3	—	—	—	20,287	57.3	—	—	—	18,244	45.4	—	—

：退職年金併給制度併用企業（中労委）〔令和3年6月〕

勤続(年)		年齢(歳)	退職金総額(千円)	月収換算(月)	退職一時金額(千円)	月収換算(月)	退職年金現価額(千円)	年齢(歳)	退職金総額(千円)	月収換算(月)	退職一時金額(千円)	月収換算(月)	退職年金現価額(千円)
			高校卒、事務・技術労働者、総合職担当					高校卒、生産労働者					
調査産業計			(集計社数 20社)					(集計社数 26社)				
	15	33	3,916	12.2	2,069	6.4	1,847	33	4,571	15.9	2,407	8.4	2,163
	20	38	6,392	17.9	3,485	9.8	2,907	38	7,421	23.5	3,854	12.2	3,567
	25	43	9,924	23.0	5,230	12.1	4,693	43	10,645	30.6	5,434	15.6	5,211
	30	48	13,965	30.7	7,413	16.4	6,552	48	14,120	37.0	6,922	18.1	7,198
	35	53	16,846	36.0	9,226	19.7	7,620	53	17,159	44.4	8,830	22.8	8,329
	38												
	42	60	20,373	41.4	10,062	20.4	10,311	60	16,905	45.3	6,777	18.1	10,128
	定年	—	20,103	42.9	11,213	23.9	8,890	—	18,584	47.5	9,165	23.4	9,418
うち製造業			(集計社数 13社)					(集計社数 19社)				
	15	33	4,291	14.2	2,220	7.3	2,071	33	4,857	16.8	2,422	8.4	2,435
	20	38	7,070	20.8	3,672	10.8	3,398	38	7,555	24.1	3,738	11.9	3,818
	25	43	10,613	26.7	5,299	13.3	5,314	43	10,784	30.9	5,206	14.9	5,578
	30	48	14,455	33.9	7,074	16.6	7,381	48	14,537	37.5	6,947	17.9	7,590
	35	53	17,060	38.8	8,681	19.7	8,379	53	17,735	46.0	8,422	21.8	9,314
	38												
	42	60	19,882	41.7	9,381	19.7	10,501	60	16,150	44.1	6,491	17.7	9,659
	定年	—	19,180	39.4	9,204	18.9	9,976	—	18,473	47.5	8,273	21.3	10,200

D－1　鉱工業業種別、建設業の労働生産性・

項目・年		製造業計	食料品・飲料・たばこ・飼料	繊維工業	木材・木製品	家具・装飾品	パルプ・紙・紙加工品	印刷・同関連業	化学工業	プラスチック製品	ゴム製品
労働生産性指数	平成23年	95.5	96.5	87.8	98.6	88.6	94.1	95.7	94.3	106.4	97.4
	24	95.9	98.6	91.8	103.2	93.6	93.4	97.6	91.8	102.0	97.8
	25	97.9	100.5	95.0	106.8	100.4	96.5	96.1	97.4	105.4	99.9
	26	100.4	102.5	98.5	104.7	101.4	97.1	95.1	96.6	104.1	101.0
	27	100.0	100.0	100.0	100.0	100.0	100.0	100.0	100.0	100.0	100.0
	28	101.1	99.6	102.2	104.8	109.6	101.5	98.8	103.1	101.2	99.3
	29	103.3	97.9	102.3	103.3	107.1	101.7	96.2	106.4	101.3	98.8
	30	104.0	96.2	101.0	98.9	109.9	101.9	93.7	107.0	100.5	100.4
	令和元年	102.2	98.5	98.3	103.1	110.5	98.8	92.0	105.0	99.8	100.5
	2	95.2	97.0	91.5	95.3	104.3	92.5	88.6	96.0	95.0	87.0
	3	99.9	95.8	95.6	102.4	109.0	97.5	87.6	97.1	96.9	95.9
増減率	24年	0.4	2.2	4.6	4.7	5.6	△0.7	2.0	△2.7	△4.1	0.4
	25	2.1	1.9	3.5	3.5	7.3	3.3	△1.5	6.1	3.3	2.1
	26	2.6	2.0	3.7	△2.0	1.0	0.6	△1.0	△0.8	△1.2	1.1
	27	△0.4	△2.4	1.5	△4.5	△1.4	3.0	5.2	3.5	△3.9	△1.0
	28	1.1	△0.4	2.2	4.8	9.6	1.5	△1.2	3.1	1.2	△0.7
	29	2.2	△1.7	0.1	△1.4	△2.3	0.2	△2.6	3.2	0.1	△0.5
	30	0.7	△1.7	△1.3	△4.3	2.6	0.2	△2.6	0.6	△0.8	1.6
	元年	△1.7	2.4	△2.7	4.2	0.5	△3.0	△1.8	△1.9	△0.7	0.1
	2	△6.8	△1.5	△6.9	△7.6	△5.6	△6.4	△3.7	△8.6	△4.8	△13.4
	3	4.9	△1.2	4.5	7.5	4.5	5.4	△1.1	1.1	2.0	10.2
労働投入量指数	平成23年	103.5	101.6	120.6	105.5	109.0	103.3	108.8	104.9	92.9	108.3
	24	103.8	101.6	112.8	100.0	103.6	102.4	107.9	105.4	97.9	107.7
	25	101.4	99.6	107.3	101.6	100.7	101.6	106.4	102.8	96.2	105.7
	26	100.8	98.1	102.8	100.3	100.5	102.5	104.8	102.1	97.7	104.9
	27	100.0	100.0	100.0	100.0	100.0	100.0	100.0	100.0	100.0	100.0
	28	99.0	101.4	95.2	100.5	93.0	99.1	96.9	98.9	100.2	97.7
	29	99.9	102.4	94.4	102.4	94.1	100.6	96.1	99.1	103.0	99.9
	30	100.3	103.4	94.2	105.8	89.1	98.5	96.0	98.9	105.1	100.2
	令和元年	99.0	102.2	93.6	102.3	89.2	99.4	92.8	100.2	104.4	99.0
	2	95.1	100.7	87.9	98.4	86.1	95.8	86.0	98.6	102.6	94.0
	3	95.8	101.2	84.1	99.3	84.5	93.8	85.7	100.6	103.7	96.9
増減率	24年	0.3	0.0	△6.5	△5.2	△5.0	△0.9	△0.8	0.5	5.4	△0.6
	25	△2.3	△2.0	△4.9	1.6	△2.8	△0.8	△1.4	△2.5	△1.7	△1.9
	26	△0.6	△1.5	△4.2	△1.3	△0.2	0.9	△1.5	△0.7	1.6	△0.8
	27	△0.8	1.9	△2.7	△0.3	△0.5	△2.4	△4.6	△2.1	2.4	△4.7
	28	△1.0	1.4	△4.8	0.5	△7.0	△0.9	△3.1	△1.1	0.2	△2.3
	29	0.9	1.0	△0.8	1.9	1.2	1.5	△0.8	0.2	2.8	2.3
	30	0.4	1.0	△0.2	3.3	△5.3	△2.1	△0.1	△0.2	2.0	0.3
	元年	△1.3	△1.2	△0.6	△3.3	0.1	0.9	△3.3	1.3	△0.7	△1.2
	2	△3.9	△1.5	△6.1	△3.8	△3.5	△3.6	△7.3	△1.6	△1.7	△5.1
	3	0.7	0.5	△4.3	0.9	△1.9	△2.1	△0.3	2.0	1.1	3.1
産出量指数	平成23年	98.9	98.0	106.0	104.1	96.5	97.2	104.0	98.9	98.8	105.3
	24	99.5	100.2	103.6	103.3	97.1	95.6	105.1	96.8	99.9	105.3
	25	99.2	100.0	101.9	108.5	101.1	98.1	102.1	100.2	101.3	105.5
	26	101.1	100.4	101.3	105.0	102.0	99.4	99.5	98.4	101.6	105.9
	27	100.0	100.0	100.0	100.0	100.0	100.0	100.0	100.0	100.0	100.0
	28	100.0	100.0	97.2	105.4	101.9	100.6	95.7	101.9	101.4	96.9
	29	103.1	100.2	96.5	105.8	100.5	102.2	92.4	105.4	104.3	98.6
	30	104.2	99.4	95.0	104.8	97.8	100.3	89.9	105.9	105.7	100.6
	令和元年	101.1	100.6	91.9	105.6	98.4	98.2	85.2	105.2	104.2	99.4
	2	90.7	97.6	80.4	93.9	90.1	88.7	76.2	94.6	97.6	82.3
	3	95.7	96.9	80.5	101.8	92.1	91.4	75.0	97.7	100.6	93.0
増減率	24年	0.6	2.2	△2.3	△0.8	0.6	△1.6	1.1	△2.1	1.1	0.0
	25	△0.3	△0.2	△1.6	5.0	4.1	2.6	△2.9	3.5	1.4	0.2
	26	1.9	0.4	△0.6	△3.2	0.9	1.3	△2.5	△1.8	0.3	0.4
	27	△1.1	△0.4	△1.3	△4.8	△2.0	0.6	0.5	1.6	△1.6	△5.6
	28	0.0	1.0	△2.8	5.4	1.9	0.6	△4.3	1.9	1.4	△3.1
	29	3.1	0.2	△0.7	0.4	△1.4	1.6	△3.4	3.4	2.9	1.8
	30	1.1	△0.8	△1.6	△0.9	△2.7	△1.9	△2.7	0.5	1.3	2.0
	元年	△3.0	1.2	△3.3	0.8	0.6	△2.1	△5.2	△0.7	△1.4	△1.2
	2	△10.3	△3.0	△12.5	△11.1	△8.4	△9.7	△10.6	△10.1	△6.3	△17.2
	3	5.5	△0.7	0.1	8.4	2.2	3.0	△1.6	3.3	3.1	13.0

資料出所　日本生産性本部「生産性統計」
注　1.　個別品目の労働生産性指数は当該品目ごとに産出量指数を労働投入量指数で除して求めるが、総
　　　　合指数を作成する場合は労働投入量指数のウエイトが、産出量指数のウエイトと異なるため、上

労働投入量・産出量指数の推移〔平成27年＝100.0〕

窯業・土石製品	鉄鋼業	非鉄金属製品	金属製品	はん用機械器具	生産用機械器具	業務用機械器具	電子部品デバイス	電気機械	情報通信機械器具	輸送用機械器具	鉱業	建設業	年
96.7	108.2	95.3	101.6	101.0	109.9	92.6	72.1	84.2	104.6	95.8	85.2	90.7	2011
98.0	107.2	94.9	101.4	93.5	93.1	98.8	72.6	90.2	98.2	103.1	93.1	93.8	12
103.3	105.8	95.6	102.0	95.6	91.3	90.7	81.9	96.6	96.8	103.8	99.9	101.5	13
103.6	103.7	98.2	101.4	103.1	100.1	97.3	90.1	101.2	97.0	104.3	101.8	100.7	14
100.0	100.0	100.0	100.0	100.0	100.0	100.0	100.0	100.0	100.0	100.0	100.0	100.0	15
101.0	102.0	101.2	99.7	101.7	97.4	103.6	101.9	103.6	105.6	98.6	102.2	103.0	16
103.8	102.0	100.3	99.7	104.8	106.9	101.4	108.0	108.3	103.1	101.4	113.0	100.7	17
104.6	101.5	101.2	96.1	109.8	110.3	107.3	120.4	110.0	103.6	101.5	107.8	97.9	18
102.1	96.9	95.7	96.1	103.6	103.3	105.4	109.3	105.9	112.2	101.6	96.8	94.9	19
93.5	87.1	90.0	90.0	96.5	97.8	95.1	112.5	101.2	97.4	87.9	92.7	92.6	20
96.9	98.6	95.8	92.8	107.8	115.3	103.9	124.6	106.9	98.9	88.3	95.0	89.1	21
1.3	△0.9	△0.4	△0.2	△7.4	△15.3	6.7	0.7	7.1	△6.1	7.6	9.3	3.4	2012
5.4	△1.3	0.6	0.6	2.2	△1.9	△8.2	12.8	7.1	△1.4	0.7	7.3	8.2	13
0.3	△2.0	2.7	△0.6	7.8	9.6	7.3	10.0	4.8	0.2	0.5	1.9	△0.8	14
△3.5	△3.6	1.8	△1.4	△3.0	△0.1	2.8	11.0	△1.2	3.1	△4.1	△1.8	△0.7	15
1.0	0.0	1.2	△0.3	1.7	△2.6	3.6	1.9	3.6	5.6	△1.4	2.2	3.0	16
2.8	0.0	△0.9	0.0	3.0	9.8	△2.1	6.0	4.5	△2.4	2.8	10.6	△2.2	17
0.8	△0.5	0.9	△3.6	4.8	3.2	5.8	11.5	1.6	0.5	0.1	△4.6	△2.8	18
△2.4	△4.5	△5.4	0.0	△5.6	△6.3	△1.8	△9.2	△3.7	8.3	0.1	△10.2	△3.1	19
△8.4	△10.1	△5.3	△6.3	△6.9	△5.3	△9.8	2.9	△4.4	△13.2	△13.5	△4.2	△2.4	20
3.6	13.2	6.5	3.1	11.7	17.9	9.3	10.8	5.6	1.5	0.5	2.5	△3.8	21
102.6	95.5	102.0	102.1	105.1	84.2	115.9	124.1	112.3	138.1	92.9	127.9	102.6	2011
101.9	96.7	104.8	103.9	105.6	94.5	105.7	118.3	102.9	138.7	97.0	118.3	100.4	12
99.7	99.8	103.0	102.3	103.7	94.5	103.0	107.7	102.2	124.7	96.4	106.1	100.0	13
100.3	102.8	103.1	102.2	102.1	98.6	101.4	104.1	100.1	115.0	97.7	102.2	100.2	14
100.0	100.0	100.0	100.0	100.0	100.0	100.0	100.0	100.0	100.0	100.0	100.0	100.0	15
98.7	97.8	99.9	98.0	97.8	100.6	97.8	95.9	97.7	89.1	102.1	97.1	99.9	16
98.1	99.8	103.0	99.6	97.5	103.4	99.7	96.4	98.2	87.2	103.8	91.7	104.6	17
97.7	100.5	103.8	103.7	99.4	105.6	97.2	88.6	97.9	86.0	104.2	90.4	104.8	18
96.0	99.5	104.4	101.9	98.6	102.9	97.9	87.0	95.4	81.4	103.2	95.6	106.5	19
95.8	91.8	99.1	96.1	92.7	97.3	95.3	85.6	91.9	79.8	97.5	93.9	106.8	20
96.1	94.1	101.1	97.1	93.1	100.4	92.8	88.6	93.8	80.1	96.8	91.1	108.8	21
△0.7	1.3	2.7	1.8	0.5	12.2	△8.8	△4.7	△8.4	0.4	4.4	△7.5	△2.1	2012
△2.2	3.2	△1.7	△1.5	△1.8	0.0	△2.6	△9.0	△2.6	△10.1	△0.6	△10.3	△0.4	13
0.6	3.0	0.1	△0.1	△1.5	4.3	△1.6	△3.3	△0.1	△7.8	1.3	△3.7	0.2	14
△0.3	△2.7	△3.0	△2.2	2.1	1.4	△1.4	△3.9	△0.1	△13.0	2.4	△2.2	△0.2	15
△1.3	△2.2	△0.1	△2.0	2.2	0.6	△2.2	△4.1	△2.3	△10.9	2.1	△2.9	△0.1	16
△0.6	2.0	3.1	1.6	△0.3	2.8	△0.1	0.5	0.5	△2.1	1.7	△5.6	4.7	17
△0.4	0.7	0.8	4.1	1.9	2.1	△0.5	△8.1	△0.3	△1.4	0.4	△1.4	0.2	18
△1.7	△1.0	0.6	△1.7	△0.8	△2.6	0.7	△1.8	△2.6	△5.3	△1.0	5.8	1.6	19
△0.2	△7.7	△5.1	△5.7	△6.0	△5.4	△2.7	△1.6	△3.7	△2.0	△5.5	△1.8	0.3	20
0.3	2.5	2.0	1.0	0.4	3.2	△2.6	3.5	2.1	0.4	△0.7	△3.0	1.9	21
99.3	103.3	97.2	103.7	106.3	92.6	115.9	89.5	94.5	144.4	89.5	109.2	93.1	2011
99.9	103.6	99.3	105.3	98.7	88.0	104.4	86.0	92.8	136.4	99.9	110.3	94.3	12
103.0	105.5	98.3	104.1	99.1	86.5	93.3	88.2	96.7	120.6	100.1	106.2	101.6	13
103.9	106.6	101.3	103.4	105.4	98.7	98.6	93.9	101.2	111.4	101.8	104.2	100.8	14
100.0	100.0	100.0	100.0	100.0	100.0	100.0	100.0	100.0	100.0	100.0	100.0	100.0	15
99.8	99.8	101.2	97.6	99.6	98.2	101.4	97.8	101.3	94.2	100.6	99.2	103.0	16
101.9	101.8	103.2	99.1	102.3	110.7	99.0	104.1	106.2	89.9	105.2	103.9	105.3	17
102.2	102.0	105.1	99.6	109.2	116.3	104.1	106.8	107.6	89.0	105.6	97.7	102.5	18
97.9	96.3	99.9	97.7	102.2	106.3	103.0	95.0	101.0	91.4	104.8	92.7	101.0	19
89.6	80.1	90.0	86.5	89.8	95.3	90.6	96.4	93.1	77.8	86.5	87.2	98.8	20
93.1	92.7	96.9	90.0	100.7	115.9	96.5	110.4	100.3	79.1	85.8	86.6	96.8	21
0.6	0.3	2.2	1.5	△7.1	△5.0	△2.7	△3.9	△1.8	△5.5	11.6	1.0	1.3	2012
3.1	1.8	△1.0	△1.1	0.4	△1.7	△10.6	2.6	4.2	△11.6	0.2	△3.7	7.7	13
0.9	1.0	3.1	△0.7	6.4	14.1	5.7	6.5	4.7	△7.6	1.7	△1.9	△0.8	14
△3.8	△6.2	△1.3	△3.3	△5.1	1.3	1.4	6.5	△1.2	△10.2	△1.8	△4.0	△0.8	15
△0.2	△0.2	1.2	△2.4	△0.4	△1.8	1.4	△2.2	1.3	△5.8	0.6	△0.8	3.0	16
2.1	2.0	2.0	1.5	2.7	12.7	△2.4	6.4	4.8	△4.6	4.6	4.7	2.2	17
0.3	0.2	1.8	0.5	6.7	5.1	5.2	2.6	1.3	△1.0	0.4	△6.0	△2.7	18
△4.2	△5.6	△4.9	△1.9	△6.4	△8.6	△1.1	△11.0	△6.1	2.7	△0.8	△5.1	△1.5	19
△8.5	△16.8	△9.9	△11.5	△12.1	△10.3	△12.0	1.5	△7.8	△14.9	△17.5	△5.9	△2.2	20
3.9	15.7	7.7	4.0	12.1	21.6	6.5	14.5	7.7	1.7	△0.8	△0.7	△2.0	21

表の産出量指数を労働投入量指数で除した値は労働生産性指数に一致しない。この労働投入量は業種別延労働時間数による。

D-2　鉱工業業種別、建設業の労働生産性・賃金・

項目・年			製造計	食料品・飲料・たばこ・飼料	繊維工業	木材・木製品	家具・装飾品	パルプ・紙・紙加工品	印刷・同関連業	化学工業	プラスチック製品	ゴム製品	窯業・土石製品
労働生産性指数		平成23年	95.5	96.5	87.8	98.6	88.6	94.1	95.7	94.3	106.4	97.4	96.7
		24	95.9	98.6	91.8	103.2	93.6	93.4	97.6	91.8	102.0	97.8	98.0
		25	97.9	100.5	95.0	106.8	100.4	96.5	96.1	97.4	105.4	99.9	103.3
		26	100.4	102.5	98.5	104.7	101.4	97.1	95.1	96.6	104.1	101.0	103.6
		27	100.0	100.0	100.0	100.0	100.0	100.0	100.0	100.0	100.0	100.0	100.0
		28	101.1	99.6	102.2	104.8	109.6	101.5	98.8	103.1	101.2	99.3	101.0
		29	103.3	97.9	102.3	103.3	107.1	101.7	96.2	106.4	101.3	98.8	103.8
		30	104.0	96.2	101.0	98.9	109.9	101.9	93.7	107.0	100.5	100.4	104.6
		令和元年	102.2	98.5	98.3	103.1	110.5	98.8	92.0	105.0	99.8	100.5	102.1
		2	95.2	97.0	91.5	95.3	104.3	92.5	88.6	96.0	95.0	87.0	93.3
		3	99.9	95.8	95.6	102.4	109.0	97.5	87.6	97.1	96.9	95.9	96.9
	増減率	24年	0.4	2.2	4.6	4.7	5.6	△0.7	2.0	△2.7	△4.1	0.4	1.3
		25	2.1	1.9	3.5	3.5	7.3	3.3	△1.5	6.1	3.3	2.1	5.4
		26	2.6	2.0	3.7	△2.0	1.0	0.6	△1.0	△0.8	△1.2	1.1	0.3
		27	△0.4	△2.4	1.5	△4.5	△1.4	3.0	5.2	3.5	△3.9	△1.0	△3.5
		28	1.1	△0.4	2.2	4.8	9.6	1.5	△1.2	3.1	1.2	△0.7	1.0
		29	2.2	△1.7	0.1	△1.4	△2.3	0.2	△2.6	3.2	0.1	△0.5	2.8
		30	0.7	△1.7	△1.3	△4.3	2.6	0.2	△2.6	0.6	△0.8	1.6	0.8
		元年	△1.7	2.4	△2.7	4.2	0.5	△3.0	△1.8	△1.9	△0.7	0.1	△2.4
		2	△6.8	△1.5	△6.9	△7.6	△5.6	△6.4	△3.7	△8.6	△4.8	△13.4	△8.4
		3	4.9	△1.2	4.5	7.5	4.5	5.4	△1.1	1.1	2.0	10.2	3.6
賃金指数（現金給与総額）		平成23年	98.6	97.3	96.6	90.3	88.0	95.2	100.6	109.3	95.4	97.4	98.7
		24	98.3	99.3	96.9	96.0	90.1	93.0	102.6	105.5	94.2	97.2	100.6
		25	97.6	95.3	95.0	97.9	93.8	95.8	103.0	103.9	92.6	98.6	102.0
		26	99.4	96.6	97.2	96.6	95.0	98.1	104.1	103.7	92.4	100.0	105.3
		27	99.8	96.0	97.7	93.5	97.1	96.0	103.2	103.8	94.5	100.8	105.2
		28	100.5	97.3	97.2	101.8	94.4	97.9	104.6	103.9	96.1	102.6	106.2
		29	102.0	99.9	97.4	104.5	97.4	98.4	108.2	102.0	96.8	106.9	107.0
		30	103.8	100.1	98.9	97.2	105.3	97.9	103.7	105.4	105.9	107.3	106.1
		令和元年	103.5	103.1	97.7	96.9	100.5	98.7	99.2	106.1	103.7	103.8	103.1
		2	100.0	100.0	100.0	100.0	100.0	100.0	100.0	100.0	100.0	100.0	100.0
		3	101.9	102.0	101.7	102.9	102.3	96.7	100.4	102.5	103.3	106.7	104.2
	増減率	24年	△0.2	2.1	0.3	6.4	2.3	△2.3	1.9	△3.5	△1.2	△0.1	1.8
		25	△0.7	△3.9	△1.9	2.0	4.2	3.0	0.4	△1.6	△1.6	1.4	1.4
		26	1.8	1.3	2.3	△1.3	1.3	2.5	1.1	△0.2	△0.3	1.5	3.1
		27	0.4	△0.7	0.5	△3.2	2.2	△2.1	△0.9	0.1	2.3	0.7	△0.1
		28	0.7	1.5	△0.5	8.2	△2.8	1.9	1.4	0.1	1.6	1.8	1.0
		29	1.5	2.6	0.2	2.8	3.3	0.6	3.5	△1.8	0.8	4.2	0.8
		30	1.8	0.2	1.6	△7.0	8.1	△0.6	△4.2	3.4	9.5	0.4	△0.9
		元年	△0.3	3.1	△1.3	△0.4	△4.6	0.8	△4.4	0.6	△2.1	△3.3	2.8
		2	△3.4	△3.1	2.4	3.3	△0.5	1.4	0.8	△5.7	△3.6	△3.6	3.1
		3	2.0	2.0	1.8	2.9	2.3	△3.3	0.4	2.5	3.3	6.6	4.2
賃金コスト指数		平成23年	103.5	105.1	112.6	98.0	102.3	105.4	101.9	111.7	94.9	99.2	97.0
		24	102.7	104.9	108.1	99.5	99.1	103.7	101.8	110.7	97.7	98.6	97.6
		25	99.9	98.8	102.3	98.0	96.2	103.4	103.9	102.8	93.0	97.9	93.9
		26	99.2	98.1	101.0	98.7	96.4	105.3	106.1	103.4	93.9	98.2	96.6
		27	100.0	100.0	100.0	100.0	100.0	100.0	100.0	100.0	100.0	100.0	100.0
		28	99.6	101.8	94.7	103.9	88.7	100.5	102.6	97.1	100.5	102.5	100.0
		29	98.9	106.3	97.5	108.2	93.7	100.8	108.9	92.4	101.1	107.4	98.0
		30	100.0	108.4	100.2	105.2	98.6	100.1	107.3	94.9	111.5	106.0	96.5
		令和元年	101.5	109.0	101.7	100.5	93.7	104.0	104.5	97.3	109.9	102.5	96.9
		2	105.3	107.4	111.9	112.3	98.8	112.6	109.4	100.3	111.4	114.0	101.7
		3	102.2	111.0	108.9	107.5	96.7	103.3	111.1	101.6	112.8	110.4	102.2
	増減率	24年	△0.8	△0.2	△4.0	1.5	△3.1	△1.6	△0.1	△0.9	3.0	△0.6	0.6
		25	△2.7	△5.8	△5.4	△1.5	△2.9	△0.3	2.1	△7.1	△4.8	△0.7	△3.8
		26	△0.7	△0.7	△1.3	0.7	0.2	1.8	2.1	0.6	1.0	0.3	2.9
		27	0.8	1.9	△1.0	1.3	3.7	△5.0	△5.7	△3.3	6.5	1.8	3.5
		28	△0.4	1.8	△2.6	3.9	△11.3	0.5	2.6	△2.9	0.5	2.5	0.0
		29	△0.7	4.4	0.1	4.1	5.6	0.3	6.1	△4.8	0.6	4.8	△2.0
		30	1.1	2.0	2.8	△2.8	5.2	△0.7	△1.5	2.7	10.3	△1.4	△1.5
		元年	1.5	0.6	1.5	△4.5	△5.0	3.9	△2.6	2.5	△1.4	△3.3	△0.5
		2	3.7	△1.5	10.0	11.7	5.4	8.3	4.7	3.1	1.4	11.2	5.9
		3	△2.9	3.4	△2.7	△4.3	△2.1	△8.3	1.6	1.3	1.3	△3.2	0.5

資料出所　労働生産性は日本生産性本部「生産性統計」。賃金指数は厚生労働省「毎月勤労統計調査」。賃金コスト指数は賃金指数を労働生産性指数で除したもの。

注　1．賃金指数は事業所規模５人以上の現金給与総額（就業形態計）を用いている。
　　2．賃金コスト指数＝〔（賃金指数）÷労働生産性〕×100）。この指数は製品１単位当たりの賃金を示している。

賃金コスト指数〔平成27年＝100.0〕（事業所規模５人以上）

鉄鋼業	非鉄金属製品	金属製品	はん用機械器具	生産用機械器具	業務用機械器具	電子部品デバイス	電機	気械	情報通信機械	輸送用機械器具	鉱業	建設業	年
108.2	95.3	101.6	101.0	109.9	92.6	72.1	84.2	104.6	95.8	85.2	90.7	2011
107.2	94.9	101.4	93.5	93.1	98.8	72.6	90.2	98.2	103.1	93.1	93.8	12
105.8	95.6	102.0	95.6	91.3	90.7	81.9	96.6	96.8	103.8	99.9	101.5	13
103.7	98.2	101.4	103.1	100.1	97.3	90.1	101.2	97.0	104.3	101.8	100.7	14
100.0	100.0	100.0	100.0	100.0	100.0	100.0	100.0	100.0	100.0	100.0	100.0	15
102.0	101.2	99.7	101.7	97.4	103.6	101.9	103.6	105.6	98.6	102.2	103.0	16
102.0	100.3	99.7	104.8	106.9	101.4	108.0	108.3	103.1	101.4	113.0	100.7	17
101.5	101.2	96.1	103.8	110.3	107.3	120.4	110.0	103.6	101.5	107.8	97.9	18
96.9	95.7	96.1	103.6	103.3	105.4	109.3	105.9	112.2	101.6	96.8	94.9	19
87.1	90.6	90.0	96.5	97.8	95.1	112.5	101.2	97.4	87.9	92.7	92.6	20
98.6	95.8	92.8	107.8	115.3	103.9	124.6	106.9	98.9	88.3	95.0	89.1	21
△0.9	△0.4	△0.2	△7.4	△15.3	6.7	0.7	7.1	△6.1	7.6	9.3	3.4	2012
△1.3	0.7	0.6	2.2	△1.9	△8.2	12.8	7.1	△1.4	0.7	7.3	8.2	13
△2.0	2.7	△0.6	7.8	9.6	7.3	10.0	4.8	0.2	0.5	1.9	△0.8	14
△3.6	1.8	△1.4	△3.0	△0.1	2.8	11.0	△1.2	3.1	△4.1	△1.8	△0.7	15
2.0	1.2	△0.3	1.7	△2.6	3.6	1.9	3.6	5.6	△1.4	2.2	3.0	16
0.0	△0.9	0.0	3.0	9.8	△2.1	6.0	4.5	△2.4	2.8	10.6	△2.2	17
△0.5	0.9	△3.6	4.8	3.2	5.8	11.5	1.6	0.5	0.1	△4.6	△2.8	18
△4.5	△5.4	0.0	△5.6	△6.3	1.8	△9.2	△3.7	8.3	0.1	△10.2	△3.1	19
△10.1	△5.3	△6.3	△6.9	△5.3	△9.8	2.9	△4.4	△13.2	△13.5	△4.2	△2.4	20
13.2	5.7	3.1	11.7	17.9	9.3	10.8	5.6	1.5	0.5	2.5	△3.8	21
98.3	105.4	99.0	91.1	97.9	100.1	96.4	105.5	94.1	94.0	100.7	89.3	2011
93.3	104.8	99.5	89.7	99.1	98.5	96.7	101.9	94.8	95.2	95.1	87.5	12
92.1	106.2	99.1	89.5	98.7	97.7	93.8	101.9	96.6	96.6	87.9	88.7	13
94.9	109.9	97.2	94.8	100.7	98.2	98.7	104.6	101.9	97.8	87.1	89.7	14
98.0	103.6	99.3	93.6	101.1	98.9	99.0	104.3	104.1	99.3	82.1	91.5	15
97.9	105.0	99.9	94.6	101.4	100.2	98.3	103.4	101.1	101.4	83.6	92.9	16
99.2	105.3	102.5	95.5	103.0	101.4	101.8	105.4	103.3	102.3	86.6	93.8	17
101.6	109.7	107.7	101.0	105.3	100.8	106.3	104.0	104.1	103.3	97.0	97.0	18
100.1	108.3	104.6	100.9	107.8	101.5	101.0	103.2	103.1	104.5	103.1	99.7	19
100.0	100.0	100.0	100.0	100.0	100.0	100.0	100.0	100.0	100.0	100.0	100.0	20
97.3	105.6	101.1	97.8	101.6	106.5	104.3	103.3	100.3	102.2	111.9	99.7	21
△5.1	△0.6	0.5	△1.4	1.1	1.6	0.3	△3.3	0.6	1.3	△5.6	△1.9	2012
△1.3	1.3	△0.4	△0.3	△0.3	△0.9	△3.1	△0.1	1.9	1.6	△7.5	1.3	13
3.1	3.5	△2.0	6.0	1.9	0.6	5.3	2.6	5.5	1.2	△0.9	1.2	14
3.3	△5.6	2.2	△1.3	0.5	0.7	0.3	△0.3	2.1	1.5	△5.7	2.0	15
△0.2	1.3	0.6	1.1	0.3	1.4	△0.8	△0.9	△2.8	2.1	1.7	1.5	16
1.3	0.3	2.6	0.9	1.5	1.2	3.5	2.0	2.1	0.9	0.9	1.0	17
2.5	4.1	5.0	5.8	2.3	△0.6	4.4	△1.3	1.0	1.1	11.9	3.4	18
△1.5	△1.3	△2.9	△0.1	2.4	0.6	△4.9	△0.8	△1.0	1.2	6.3	2.7	19
△0.1	△7.7	△4.4	0.9	△7.2	1.4	1.0	△3.1	△2.9	△4.4	△2.9	0.4	20
△2.6	5.6	1.1	△2.2	1.6	6.4	4.3	3.2	0.2	2.3	11.9	△0.3	21
92.7	106.7	98.1	96.3	88.1	109.3	135.1	120.2	86.4	98.9	144.0	107.6	2011
88.8	106.6	98.8	102.5	105.3	100.8	134.6	108.3	92.8	93.0	124.4	101.9	12
88.8	107.2	97.8	100.0	106.9	108.9	115.6	101.1	95.9	93.7	107.2	95.5	13
93.3	108.0	96.5	98.3	99.5	102.1	110.7	99.1	100.9	94.4	104.2	97.3	14
100.0	100.0	100.0	100.0	100.0	100.0	100.0	100.0	100.0	100.0	100.0	100.0	15
97.9	100.2	100.9	99.4	103.0	97.8	97.4	95.7	92.0	103.5	99.6	98.5	16
99.2	101.3	103.5	97.3	95.3	101.1	95.2	93.4	96.2	101.6	93.4	101.8	17
102.2	104.6	112.9	98.3	94.5	95.0	89.2	90.6	96.5	102.5	109.6	108.3	18
105.4	109.2	106.4	104.1	103.2	97.3	93.3	93.4	88.2	103.5	129.8	114.9	19
117.1	106.5	111.9	110.7	101.1	106.3	89.8	94.8	98.7	114.6	131.4	118.0	20
100.7	106.4	109.7	96.9	87.2	103.7	84.6	92.6	97.4	116.5	143.5	122.3	21
△4.2	△0.1	0.7	6.4	19.5	△7.8	△0.4	△9.9	7.4	△6.0	△13.6	△5.3	2012
0.0	0.6	△1.0	△2.4	1.5	8.0	△14.1	△6.6	3.3	0.8	△13.8	△6.3	13
5.1	0.7	△1.3	△1.7	△6.9	△6.2	△4.2	△2.0	5.2	0.7	△2.8	1.9	14
7.2	△7.4	3.6	1.7	0.5	△2.1	△9.7	0.9	△0.9	5.9	△4.0	2.8	15
△2.1	0.2	0.9	△0.6	3.0	△2.2	△2.6	△4.3	△8.0	3.5	△0.4	△1.5	16
1.3	1.1	2.6	△1.1	△7.5	3.4	△2.3	△2.7	△4.6	△1.8	△6.2	3.4	17
3.0	3.3	9.1	1.0	△0.8	△6.0	△6.3	△3.0	0.3	0.9	17.3	6.4	18
3.1	4.4	△2.9	5.9	9.2	2.4	4.6	3.1	△8.6	1.0	18.4	6.1	19
11.1	△2.5	2.1	6.3	△2.0	9.2	△3.8	1.5	11.9	10.7	1.2	2.8	20
△14.0	△0.1	△2.0	△12.5	△13.7	△2.4	△5.8	△2.3	△1.3	1.7	9.2	3.6	21

３．労働生産性指数、労働投入量指数、産出量指数の基準年は平成27年である一方、賃金指数の基準年は令和2年であるため、賃金コスト指数の算出にあたっては、賃金指数の基準年を便宜的に平成27年に改めた。賃金コスト指数の基準年は平成27年である。D－３も同じ。

D-3　第3次産業　業種別の労働生産性・

項目・年		電気・ガス・熱供給・水道業	情報通信業	運輸業・郵便業	卸売業	小売業	金融・保険業	不動産業	宿泊業	飲食店	生活関連サービス業、娯楽業	教育、学習支援業	医療、福祉
		指　　数											
労働生産性指数	平成26年	100.6	100.2	99.8	103.5	101.1	98.3	105.1	93.1	104.0	100.9	101.2	100.0
	27	100.0	100.0	100.0	100.0	100.0	100.0	100.0	100.0	100.0	100.0	100.0	100.0
	28	100.7	101.2	101.2	99.2	98.9	96.8	94.3	94.4	96.5	93.4	95.6	99.9
	29	101.1	100.2	101.1	98.0	99.6	96.2	89.9	93.7	94.4	87.8	88.6	99.6
	30	103.5	105.0	104.3	98.5	100.5	100.2	88.6	95.7	95.6	87.1	89.5	102.4
	令和元年	106.4	106.2	104.3	99.7	100.2	100.7	89.9	99.7	94.7	92.9	97.4	104.3
	2	104.8	99.7	92.7	90.6	97.3	102.8	87.4	68.5	75.3	74.3	79.0	102.3
	3	105.4	98.6	92.9	90.6	95.4	106.7	84.5	75.4	66.9	76.6	75.6	102.5
労働投入量指数	平成26年	102.1	99.8	100.1	98.7	99.6	98.5	94.0	101.0	96.3	100.1	97.0	97.8
	27	100.0	100.0	100.0	100.0	100.0	100.0	100.0	100.0	100.0	100.0	100.0	100.0
	28	99.8	100.1	99.3	101.0	101.1	101.5	107.1	103.9	102.4	102.5	106.2	102.1
	29	99.4	102.4	101.6	102.3	101.5	101.5	112.9	104.5	105.7	108.0	116.0	104.5
	30	97.8	99.8	99.6	103.5	101.2	100.8	114.8	103.9	104.2	107.8	115.9	103.3
	令和元年	93.4	99.6	99.5	101.6	101.1	99.5	113.6	105.5	105.2	102.9	106.0	103.3
	2	93.1	103.2	97.6	100.8	102.8	98.1	116.1	83.5	96.8	93.7	124.0	104.7
	3	93.6	105.8	98.6	101.4	102.8	98.6	119.9	79.4	100.4	97.2	130.4	106.6
産出量指数	平成26年	102.6	99.8	99.8	102.0	100.7	96.8	98.7	94.1	100.2	100.9	98.1	97.8
	27	100.0	100.0	100.0	100.0	100.0	100.0	100.0	100.0	100.0	100.0	100.0	100.0
	28	100.6	101.4	100.5	100.3	99.9	98.3	101.0	98.1	98.8	95.6	101.5	102.0
	29	100.6	102.6	102.7	100.4	101.2	97.6	101.4	97.8	99.8	94.9	102.8	104.1
	30	101.2	104.6	103.9	102.0	101.7	100.9	101.8	99.6	99.6	94.0	103.7	105.9
	令和元年	99.5	105.6	102.9	101.3	101.4	100.3	102.1	105.2	99.6	95.6	103.4	107.8
	2	97.5	102.8	90.5	91.3	97.3	98.0	105.2	101.3	59.5	73.6	70.2	107.4
	3	98.7	104.4	91.6	91.9	98.0	105.2	101.3	60.6	67.4	74.4	98.4	109.3
（現金給与総額）賃金指数	平成26年	97.1	99.2	99.7	97.1	95.1	98.1	103.5	111.0	112.0	102.8	105.9	98.9
	27	96.2	99.5	99.8	96.1	95.4	98.8	112.3	113.1	112.9	100.1	107.1	99.0
	28	97.4	100.1	99.9	98.4	96.9	97.3	107.8	115.8	111.8	99.3	111.5	99.8
	29	97.3	99.9	101.1	98.7	97.5	99.9	106.0	114.4	110.5	101.0	111.5	101.3
	30	98.5	101.5	103.8	103.0	98.8	100.7	107.3	105.9	100.7	100.7	112.8	99.5
	令和元年	99.6	100.2	105.2	100.7	98.8	98.9	98.4	105.5	105.8	102.5	96.0	99.8
	2	100.0	100.0	100.0	100.0	100.0	100.0	100.0	100.0	100.0	100.0	100.0	100.0
	3	101.1	99.2	100.4	102.3	102.8	97.9	104.8	101.3	100.5	101.4	97.8	99.0
賃金コスト指数	平成26年	100.3	99.5	100.1	97.6	98.6	101.0	96.3	105.4	95.4	101.8	97.7	99.9
	27	100.0	100.0	100.0	100.0	100.0	100.0	100.0	100.0	100.0	100.0	100.0	100.0
	28	100.5	99.4	98.9	103.2	102.7	100.4	111.8	108.5	102.6	106.2	108.9	100.9
	29	100.5	100.5	100.1	104.8	102.6	105.1	115.2	107.9	103.7	114.9	117.5	102.7
	30	98.9	97.1	99.7	108.8	102.7	100.0	111.1	99.2	98.9	115.5	117.7	98.1
	令和元年	97.3	94.8	101.1	105.1	103.4	99.4	107.0	93.6	98.9	110.2	92.0	96.6
	2	99.2	100.8	108.1	114.9	107.7	98.4	111.9	129.1	117.7	134.5	118.2	100.4
	3	99.7	101.1	108.3	117.5	113.0	92.9	121.2	138.3	122.8	161.0	120.8	97.6

資料出所　労働生産性指数、労働投入量指数、産出量指数は日本生産性本部「生産性統計」。賃金指数は厚生労働

〔参考〕毎月勤労統計調査の

毎月勤労統計調査全国調査においては、平成22年1月分結果速報（平成22年3月3日公表）から、平成19年11月改定の日本標準産業分類（以下、「新産業分類」）に基づいて結果の公表を行っている。
また、平成21年以前の結果との接続については、平成18年事業所・企業統計調査から把握される常用労働者数の新・旧間の

	新産業分類（H22.1～）	接続		新産業分類（H22.1～）	接続
大分類	T L 調査産業計	○	中分類等	E-2 素材関連製造業（E12,14,16,17,18,19,21,22,23,24）	△
	C 鉱業、採石業、砂利採取業	○		E-3 機械関連製造業（E25,26,27,28,29,30,31）	△
	D 建設業	○		E09,10 食料品製造業、飲料・たばこ・飼料製造業	×
	E 製造業	○		E11 繊維工業	×
	F 電気・ガス・熱供給・水道業	○		E12 木材・木製品製造業（家具を除く）	×
	G 情報通信業	▲		E13 家具・装備品製造業	×
	H 運輸業、郵便業	▲		E14 パルプ・紙・紙加工品製造業	△
	I 卸売業、小売業	○		E15 印刷・同関連業	○
	J 金融業、保険業	○		E16,17 化学工業、石油製品・石炭製品製造業	×
	K 不動産業、物品賃貸業	×		E18 プラスチック製品製造業（別掲を除く）	×
	L 学術研究、専門・技術サービス業	×		E19 ゴム製品製造業	×
	M 宿泊業、飲食サービス業	×		E21 窯業・土石製品製造業	○
	N 生活関連サービス業、娯楽業	×		E22 鉄鋼業	×
	O 教育、学習支援業	▲		E23 非鉄金属製造業	×
	P 医療、福祉	▲		E24 金属製品製造業	△
	Q 複合サービス事業	▲		E25 はん用機械器具製造業	×
	R サービス業(他に分類されないもの)	×		E26 生産用機械器具製造業	×
中分類等	D06 総合工事業	○		E27 業務用機械器具製造業	×
	D07 職別工事業(設備工事業を除く)	○		E28 電子部品・デバイス・電子回路製造業	▲
	D08 設備工事業	○		E29 電気機械器具製造業	×
	E-1 消費関連製造業(E09,10,11,13,15,20,32)	○		E30 情報通信機械器具製造業	×

【記号の見方】「接続」とは、旧産業分類との接続を表す。以下がその状況。

賃金コスト指数等〔平成27年＝100.0〕（事業所規模5人以上）

電気・ガス・熱供給・水道業	情報通信業	運輸・郵便業	卸売業	小売業	金融・保険業	不動産業	宿泊業	飲食店	生活関連サービス業,娯楽業	教育学習支援業	医療福祉	年(西暦)	区分
増減率(%)													
1.1	△0.4	1.9	△4.0	△1.2	0.9	△4.9	2.8	△2.0	2.6	△0.3	△2.1	2014	労働生産性指数
△0.6	0.2	0.2	△3.4	1.1	1.7	4.9	7.4	△3.8	△0.9	△1.2	0.0	15	
0.7	1.2	1.2	△0.8	△1.1	3.2	△5.7	△5.6	△3.5	△6.6	△4.2	△0.1	16	
0.4	△1.0	△0.1	1.2	0.7	0.6	△4.7	△0.7	△2.2	△6.0	△7.3	△0.3	17	
2.4	4.8	3.2	0.5	0.9	4.2	△1.4	2.1	1.3	0.8	1.0	2.8	18	
2.8	1.1	0.0	1.2	△0.3	0.5	1.5	4.2	△0.9	6.7	8.8	1.9	19	
△1.5	△6.1	△11.1	△9.1	2.0	2.1	△2.8	△31.3	△20.5	△20.0	△18.9	△3.5	20	
0.6	△1.1	0.2	0.0	△2.0	3.8	△3.3	10.1	△11.2	3.1	△4.3	1.9	21	
△2.2	1.3	△1.1	1.2	△0.5	0.1	4.1	△0.9	1.8	△3.8	△0.4	3.9	2014	労働投入量指数
△2.1	0.2	△0.1	1.3	0.4	1.5	6.4	△1.0	3.8	0.1	3.1	2.2	15	
△0.2	0.1	0.7	1.0	1.1	1.5	7.1	3.9	2.4	2.5	6.2	2.1	16	
△0.4	2.3	2.3	1.3	0.4	0.0	5.4	0.6	3.2	5.4	9.2	2.4	17	
△1.6	△2.5	△2.0	1.2	△0.3	0.7	1.7	0.6	△1.4	△0.2	△0.1	△1.1	18	
△4.5	△0.2	△0.1	△1.8	△0.1	1.3	△1.0	1.5	1.0	△4.5	△8.5	0.0	19	
△0.3	3.6	1.9	0.8	△0.9	1.4	2.2	20.9	8.0	8.0	17.0	0.7	20	
0.5	2.5	1.0	0.6	2.6	0.5	3.3	4.9	3.7	3.7	5.2	2.5	21	
△1.3	0.8	0.7	2.9	△1.7	0.1	△1.1	1.8	△0.1	△1.4	△0.7	1.8	2014	産出量指数
△2.5	0.2	0.2	△1.1	0.7	3.3	1.3	6.3	△0.2	△0.9	1.9	2.2	15	
0.6	1.4	0.5	0.3	△0.1	1.7	1.0	△1.9	△1.2	4.4	1.5	2.0	16	
0.0	1.2	2.2	1.1	1.3	0.7	0.4	△0.3	1.0	△0.9	1.3	2.1	17	
0.6	1.9	1.2	0.5	3.4	0.4	1.8	0.0	0.0	0.7	0.9	1.7	18	
△1.7	1.0	△0.2	△0.7	△0.3	0.6	0.6	0.0	0.0	1.7	0.3	1.8	19	
△2.0	△2.7	△12.7	△9.9	3.8	0.6	△0.7	△43.4	△26.1	△26.6	△6.1	△2.9	20	
1.2	1.6	0.7	0.5	△0.5	4.3	0.1	5.8	4.0	6.0	1.3	0.4	21	
3.6	0.4	△0.6	1.8	0.8	0.4	4.0	2.0	2.0	2.3	0.2	2.4	2014	賃金指数
△0.8	0.4	0.1	△1.1	0.3	0.7	△1.2	2.0	△0.8	2.5	1.2	0.2	15	
1.1	0.6	0.0	2.3	1.4	1.6	5.4	2.3	△1.0	0.8	4.0	0.8	16	
△0.1	△0.3	1.4	0.3	0.7	2.7	△1.5	1.2	1.1	1.6	0.0	1.5	17	
1.2	1.7	2.6	4.4	1.0	0.9	△5.0	6.2	△4.2	0.2	1.2	1.8	18	
1.1	△1.3	1.3	△2.1	0.3	△0.1	0.0	△2.3	△1.7	1.8	△14.9	0.3	19	
0.5	△0.3	△4.8	△1.3	1.2	1.1	1.7	△5.1	△5.4	△2.4	1.3	0.2	20	
1.1	0.8	0.4	2.4	2.9	△2.1	4.8	1.2	0.6	3.1	2.1	0.0	21	
2.5	0.8	△2.5	0.9	0.4	△0.5	9.4	△0.8	△0.4	5.0	2.4	2.6	2014	賃金コスト指数
△0.3	△0.5	0.1	2.5	1.4	△1.0	3.9	△5.1	4.8	7.3	0.1	0.0	15	
0.5	△0.6	1.1	3.2	2.7	1.8	11.8	8.5	2.6	6.2	8.9	0.9	16	
△0.5	0.0	1.3	1.0	0.3	3.3	3.1	0.0	1.1	8.2	7.9	1.8	17	
△1.1	△3.5	0.5	3.9	0.1	△4.8	△3.6	△6.1	△5.4	0.5	0.1	△4.4	18	
△1.7	2.4	1.3	0.3	0.7	△0.6	△3.6	△5.6	△0.8	△4.6	△21.8	△1.5	19	
2.0	6.3	7.0	9.3	4.2	△1.0	4.6	37.9	18.9	22.0	28.5	3.9	20	
0.5	0.9	0.2	2.3	4.9	△5.7	8.3	△7.9	13.1	1.6	2.1	2.8	21	

省「毎月勤労統計調査」。

表章産業の変更について

変動を基準として、その変動が3％以内に収まる対応（下表を参照の【記号の見方】を参照）を単純に接続させている。
なお、表中の小分類については割愛した。

	新産業分類（H22.1～）	接続		新産業分類（H22.1～）	接続
（中分類等）	E31 輸送用機械器具製造業	○	（中分類等）	J65 金融商品取引業,商品先物取引業	▲
	E32,20 その他の製造業なめし革・同製品・毛皮製造業	×		J67 保険業（保険媒介代理業保険サービス業を含む）	○
	F33 電気業	○		K68,69 不動産取引業,不動産賃貸業・管理業	○
	G37 通信業	×		K70 物品賃貸業	○
	G39 情報サービス業	○		L71 学術・開発研究機関	○
	G41 映像・音声・文字情報制作業	×		L72 専門サービス業（他に分類されないもの）	×
	H42 鉄道業	○		L73 広告業	×
	H43 道路旅客運送業	○		L74 技術サービス業（他に分類されないもの）	×
	H44 道路貨物運送業	○		M75 宿泊業	○
	I-1 卸売業（150～155）	△		M76 飲食店	○
	I51 繊維・衣服等卸売業	○		M77 持ち帰り・配達飲食サービス業	×
	I52 飲食料品卸売業	○		N80 娯楽業	○
	I54 飲食料品卸売業	○		O81 学校教育	○
	I-2 小売業（156～161）	×		O82 その他の教育学習支援業	○
	I56 各種商品小売業	○		P83 医療業	○
	I57 織物・衣服・身の回り品小売業	○		P85 社会保険・社会福祉・介護事業	○
	I58 飲食料品小売業	×		Q87 協同組合（他に分類されないもの）	○
	I59 機械器具小売業	○		R88 廃棄物処理業	○
	J62 銀行業	▲		R89,90 自動車整備業,機械等修理業（別掲を除く）	○
	J63 協同組織金融業	○		R91 職業紹介・労働者派遣業	×
	J64 貸金業,クレジットカード業等非預貯金信用機関	×		R92 その他の事業サービス業	×

◎：完全に接続する対応　○：常用労働者数の変動が0.1％以内の対応　△：常用労働者数の変動が1.0％以内の対応　▲：常用労働者数の変動が3.0％以内　×：その他の対応

D－4⑴　製造業中分類別の価値

従業者1人当たり製造品出荷額等 （年当り 万円）

年	製造業計	食料品	飲料飼料煙草	繊維	衣服その他	木材木製品	家具装備品	紙パルプ加工品	印刷同関連	化学工業	石油・石炭製品	プラスチック製品	ゴム製品	なめし革・製品、毛皮
昭和 55	2,584	2,498	—	1,308	617	2,069	1,493	3,104	1,945	4,539	37.898	—	1,892	1,358
昭和 60	3,026	2,505	6,261	1,573	732	2,089	1,776	3,499	2,375	5,385	38,576	2,683	2,181	1,537
平成 2	3,549	2,486	7,444	1,751	830	2,579	2,471	3,965	3,055	6,069	25,707	3,005	2,497	1,931
平成 7	3,564	2,471	8,351	1,898	943	2,808	2,449	3,982	3,122	6,066	22,135	2,835	2,459	1,848
平成 12	3,959	2,416	9,653	1,988	996	2,888	2,231	4,109	3,271	6,656	35,311	2,985	2,743	1,804
平成 17	4,413	2,314	9,264	2,035	982	3,012	2,593	4,259	2,614	7,674	66,426	3,061	2,910	1,817
平成 22	4,560	2,390	13,924	1,645	—	3,293	2,210	4,770	2,549	8,029	85,034	3,101	2,985	1,779
平成 27	4,939	2,770	14,543	1,913	—	4,115	2,604	4,795	2,465	8,613	86,790	3,316	3,487	1,985
令和元年	4,800	2,834	13,098	1,890	—	4,451	2,935	4,880	2,208	7,981	74,818	3,255	3,142	1,898
令和 2	4,557	2,854	12,243	1,815	—	4,119	2,932	4,619	2,228	7,814	54,060	3,160	2,893	1,660
増減率 60/55	3.2	0.1	—	3.8	3.5	0.2	3.5	2.4	4.1	3.5	0.4	—	2.9	2.5
2/60	3.2	△0.2	3.5	2.2	2.5	4.3	6.8	2.5	5.2	2.4	△7.8	2.3	2.7	4.7
7/2	0.1	△0.1	2.3	1.6	2.6	1.7	△0.2	0.1	0.4	△0.0	△2.9	△1.2	△0.3	△0.9
12/7	2.1	△0.4	2.9	0.9	1.1	0.6	1.8	0.6	0.9	1.9	9.8	1.0	2.2	△0.5
（年率）17/12	2.2	△0.9	△0.8	0.5	△0.3	0.8	1.2	0.7	△4.4	2.9	13.5	0.5	1.2	0.1
22/17	0.7	0.6	8.5	△4.2	—	1.8	△1.4	2.3	△0.5	0.9	5.1	0.3	0.5	△0.4
27/22	1.6	3.0	0.9	3.1	—	4.6	3.3	0.1	△0.7	1.4	0.4	1.3	3.2	2.2
令和元年	△2.4	0.7	△2.1	1.1	—	2.8	9.1	1.1	0.4	△3.6	△11.4	△0.9	1.9	2.0
2	△5.1	0.7	△6.5	△4.0	—	△4.9	△0.1	△5.3	0.9	△2.1	△24.7	△2.9	△7.9	△12.6

従業者1人当たり付加価値額 （年当り 万円）

年	製造業計	食料品	飲料飼料煙草	繊維	衣服その他	木材木製品	家具装備品	紙パルプ加工品	印刷同関連	化学工業	石油・石炭製品	プラスチック製品	ゴム製品	なめし革・製品、毛皮
昭和 55	815	757	—	424	267	519	559	802	1,022	1,529	3,920	—	711	443
昭和 60	998	989	1,935	534	328	619	694	1,017	1,175	2,107	3,288	910	845	540
平成 2	1,277	876	2,891	648	390	858	1,002	1,337	1,512	2,968	2,440	1,073	1,116	719
平成 7	1,344	957	3,578	760	432	942	945	1,481	1,586	3,191	4,832	1,092	1,157	717
平成 12	1,432	929	4,563	816	456	1,009	920	1,509	1,690	3,323	2,923	1,175	1,290	651
平成 17	1,529	872	4,270	831	435	1,004	949	1,526	1,169	3,506	4,263	1,207	1,264	676
平成 22	1,365	849	4,238	613	—	876	756	1,469	1,004	3,120	5,940	1,099	1,112	613
平成 27	1,476	923	4,328	702	—	1,215	913	1,387	1,026	3,175	1,130	1,153	1,432	709
令和元年	1,438	979	3,670	705	—	1,279	974	1,476	935	3,164	4,110	1,132	1,320	640
令和 2	1,402	983	3,567	656	—	1,176	979	1,408	990	3,159	6,850	1,140	1,246	632
増減率 60/55	4.1	5.5	—	4.7	4.2	3.6	4.4	4.9	2.8	6.6	△3.5	—	3.5	4.0
2/60	5.1	△2.4	8.4	3.9	3.5	6.7	7.6	5.6	5.2	7.1	△5.8	3.4	5.7	5.9
7/2	1.0	1.8	4.4	3.2	2.1	1.9	△0.3	2.1	1.0	1.5	14.6	0.4	0.7	△0.1
12/7	1.3	△0.6	5.0	1.4	1.1	1.4	△1.4	0.4	1.3	0.8	△9.6	1.5	2.2	△1.9
（年率）17/12	1.3	△1.3	△1.3	0.4	△0.9	△0.1	0.6	0.2	△7.1	1.1	7.8	0.5	△0.4	0.8
22/17	△2.2	△0.5	△0.1	△5.9	—	△2.7	△4.4	△0.6	△3.0	△2.3	6.9	△1.9	△2.5	△1.9
27/22	1.6	1.7	0.4	2.7	—	6.8	3.8	△1.1	0.4	0.4	△28.2	1.0	5.2	2.9
令和元年	△3.9	2.1	△4.5	3.4	—	6.2	9.8	5.7	1.4	△1.5	△32.8	0.6	1.9	9.6
2	△2.5	0.4	△2.8	△7.0	—	△8.0	0.5	△4.6	5.8	△0.2	66.7	0.7	△5.6	△1.3

従業者1人当たり現金給与額 （年当り 万円）

年	製造業計	食料品	飲料飼料煙草	繊維	衣服その他	木材木製品	家具装備品	紙パルプ加工品	印刷同関連	化学工業	石油・石炭製品	プラスチック製品	ゴム製品	なめし革・製品、毛皮
昭和 55	282	224	—	200	142	226	226	290	371	349	402	—	288	210
昭和 60	347	255	386	249	170	274	281	363	462	443	522	324	357	256
平成 2	414	279	465	302	204	345	356	421	537	529	645	373	427	312
平成 7	460	309	525	385	233	392	391	471	583	573	752	433	467	341
平成 12	480	302	526	388	235	403	417	475	603	597	752	426	472	345
平成 17	480	282	495	386	230	383	418	462	499	594	802	421	475	329
平成 22	468	284	482	305	—	380	426	470	433	572	758	414	462	329
平成 27	489	309	501	320	—	391	450	447	452	571	722	437	484	304
令和元年	491	313	474	332	—	407	418	456	442	561	726	438	490	319
令和 2	496	324	482	338	—	412	409	464	454	572	669	442	482	311
増減率 60/55	4.2	2.6	—	4.5	3.7	3.9	4.5	4.6	4.5	4.9	5.4	—	4.4	4.0
2/60	3.6	1.8	3.8	3.9	3.7	4.7	4.8	3.0	3.1	3.6	4.3	2.9	3.6	4.0
7/2	2.1	2.1	2.5	5.0	2.7	2.6	1.9	2.3	1.7	1.6	3.1	3.0	1.8	1.8
12/7	0.9	△0.5	0.0	0.2	0.1	0.6	1.3	0.2	0.7	0.8	0.0	△0.3	0.2	0.2
（年率）17/12	0.0	△1.4	△1.2	△0.1	△0.4	△1.0	0.0	△0.6	△5.3	△0.1	1.3	△0.2	0.1	△0.9
22/17	△0.5	0.1	△0.5	△4.6	—	△0.2	0.4	0.3	△1.1	△0.8	△1.1	△0.3	△0.6	0.0
27/22	0.9	1.7	0.8	1.0	—	0.6	1.1	△1.0	0.8	△0.0	△1.1	1.1	0.9	△1.5
令和元年	0.6	1.4	0.1	1.4	—	0.9	△7.8	1.2	△0.5	△0.2	△4.0	0.8	1.0	1.5
2	1.0	3.7	1.6	1.8	—	1.4	△2.2	1.8	2.6	2.1	△7.8	1.1	△1.5	△2.5

資料出所　令和元年までは経済産業省「工業統計表（産業編）」。令和2年分は「経済センサス 活動調査」。
1.　平成19年調査において、調査項目を変更したことにより、「原材料使用額等（合計）」、「製造品出荷額等（合計）」、「その他収入額（計）」、「生産額」、「付加価値額」及び「粗付加価値額」は前年の数値とは接続しない。

生産性と賃金（規模30人以上事業所）

窯業土石	鉄鋼	非鉄金属	金属製品	一般機械	はん用機械器具	生産用機械器具	業務用機械器具	電子部品デバイス	電気機械器具	情報通信機械器具	輸送用機械器具	精密機器	その他製造業	年(西暦)
1,848	4,431	4,793	1,846	1,994	—	—	—	—	1,870	—	3,099	1,479	2,013	1980
2,172	4,856	4,452	2,234	2,603	—	—	—	—	2,492	—	4,139	1,923	2,225	85
2,635	5,727	5,210	2,834	3,367	—	—	—	—	3,161	—	5,538	2,343	2,919	90
2,649	4,983	4,436	2,802	3,301	—	—	—	—	3,469	—	5,249	2,325	3,240	95
2,743	5,452	4,885	2,741	3,504	—	—	—	—	4,193	—	5,742	2,728	3,691	2000
3,025	8,915	5,686	2,697	3,879	—	—	—	4,086	3,858	6,137	6,402	2,899	3,728	05
3,427	9,217	6,912	2,706	—	3,545	3,095	3,666	3,921	3,522	6,302	6,184	—	3,226	10
3,481	9,540	8,001	3,078	—	3,971	3,841	3,755	4,099	4,004	6,798	6,635	—	3,562	15
3,604	8,626	7,580	3,114	—	4,105	3,941	3,444	3,580	3,992	5,811	6,753	—	3,971	19
3,444	7,435	7,313	3,000	—	3,935	3,747	3,195	3,658	4,044	5,972	6,244	—	3,532	20
3.3	1.8	△1.5	3.9	5.5	—	—	—	—	5.9	—	6.0	5.4	2.0	85/80
3.9	3.4	3.2	4.9	5.3	—	—	—	—	4.9	—	6.0	4.0	5.6	90/85
0.1	△2.7	△3.2	△0.2	0.4	—	—	—	—	1.9	—	△1.1	0.2	2.1	95/90
0.7	1.8	1.9	△0.4	1.2	—	—	—	—	3.9	—	1.8	3.2	2.6	00/95
2.0	10.3	3.1	△0.3	2.1	—	—	—	—	△1.7	—	2.2	1.2	0.2	05/00
2.5	0.7	4.0	0.1	—	—	—	—	△0.8	△1.8	0.5	△0.7	—	△2.9	10/05
0.3	0.7	3.0	2.6	—	2.3	4.4	0.5	0.9	2.6	1.5	1.4	—	2.0	15/10
△2.7	△4.8	△5.6	0.4	—	△1.1	△6.2	△3.4	12.0	3.1	0.2	△0.4	—	11.1	19
△4.4	△13.8	△3.5	△3.6	—	△4.1	△4.9	△7.2	2.2	1.3	2.8	△7.5	—	△11.1	20
793	1,303	1,129	703	796	—	—	—	—	727	—	813	566	675	1980
993	1,426	1,045	863	1,009	—	—	—	—	893	—	1,106	767	884	85
1,316	1,984	1,357	1,148	1,291	—	—	—	—	1,145	—	1,447	873	1,178	90
1,359	1,772	1,301	1,202	1,256	—	—	—	—	1,223	—	1,446	903	1,262	95
1,377	1,955	1,435	1,158	1,265	—	—	—	—	1,402	—	1,486	1,153	1,393	2000
1,533	3,329	1,566	1,082	1,415	—	—	—	1,501	1,288	1,717	1,752	1,237	1,417	05
1,499	1,772	1,630	982	—	1,295	1,072	1,333	1,333	1,181	1,668	1,524	—	1,220	10
1,401	1,644	1,601	1,150	—	1,415	1,336	1,450	1,430	1,313	1,854	1,817	—	1,281	15
1,478	1,375	1,620	1,140	—	1,473	1,346	1,328	1,276	1,334	1,627	1,639	—	1,417	19
1,444	1,212	1,702	1,112	—	1,359	1,279	1,209	1,332	1,402	1,586	1,453	—	1,370	20
4.6	1.8	△1.5	4.2	4.9	—	—	—	—	4.2	—	6.3	6.3	5.5	85/80
5.8	6.8	5.4	5.9	5.1	—	—	—	—	5.1	—	5.5	2.6	5.9	90/85
0.6	△2.2	△0.8	0.9	△0.5	—	—	—	—	1.3	—	△0.0	0.7	1.4	95/90
0.3	2.0	2.0	△0.7	0.1	—	—	—	—	2.8	—	0.5	5.0	2.0	00/95
2.2	11.2	1.8	△1.3	2.3	—	—	—	—	△1.7	—	3.3	1.4	0.3	05/00
△0.4	△11.8	0.8	1.9	—	—	—	—	△2.3	△1.7	△0.6	2.8	—	△2.9	10/05
△1.3	△1.5	△0.4	3.2	—	1.8	4.5	1.9	1.4	2.1	2.1	3.6	—	1.0	15/10
△4.4	△12.2	2.3	2.4	—	△0.3	△6.1	0.6	△16.0	6.1	2.6	6.4	—	4.4	19
△2.3	△11.9	5.0	2.5	—	△7.7	△5.0	△9.0	4.5	5.1	△2.5	△11.3	—	△3.3	20
273	378	326	276	323	—	—	—	—	260	—	327	255	257	1980
340	467	405	341	398	—	—	—	—	310	—	422	302	302	85
413	563	490	409	481	—	—	—	—	384	—	499	408	367	90
458	571	524	451	518	—	—	—	—	454	—	536	446	414	95
473	577	535	458	534	—	—	—	—	493	—	578	458	439	2000
486	621	534	450	542	—	—	—	509	505	549	597	482	459	05
474	586	529	428	—	539	500	483	504	490	545	569	419	419	10
500	590	550	455	—	565	541	517	523	528	599	586	—	445	15
518	584	556	465	—	563	551	510	529	518	580	590	—	448	19
514	572	554	461	—	578	547	527	537	549	610	584	—	450	20
4.5	4.3	4.4	4.3	4.3	—	—	—	—	3.6	—	5.2	5.0	3.3	85/80
4.0	3.8	3.9	3.7	3.9	—	—	—	—	4.4	—	3.4	4.6	4.0	90/85
2.1	0.3	1.4	2.0	1.5	—	—	—	—	3.4	—	1.4	1.8	2.4	95/90
0.6	0.2	0.4	0.3	0.6	—	—	—	—	1.7	—	1.5	0.5	1.2	00/95
0.5	1.5	△0.0	△0.4	0.3	—	—	—	—	0.5	—	0.6	1.0	0.9	05/00
△0.5	△1.2	△0.2	△1.0	—	—	—	—	△0.2	△0.6	△0.1	△0.9	—	△1.8	10/05
1.1	0.1	0.8	1.2	—	0.9	1.6	1.4	0.8	1.5	1.9	0.6	—	1.2	15/10
1.0	0.6	0.3	0.8	—	1.5	0.4	0.4	0.7	0.7	2.0	1.4	—	3.7	19
△0.9	△1.9	△0.3	△0.8	—	2.6	△0.7	3.3	1.5	5.9	5.2	△1.1	—	0.3	20

2．日本標準産業分類が平成19年11月に改定されたことに伴い、平成20年工業統計調査では新たな日本標準産業分類が適用されている。「繊維工業」はそれまでの衣服・その他の繊維製品製造業、「生産用機械器具」「業務用機械器具」「はん用機械器具」は一般機械や精密機器等が再編されたものである。

3．令和2年の現金給与総額は「事業に従事する者の人件費及び派遣受入者に係る人材派遣会社への支払額」。

D−4⑵　製造業中分類別の労働分配率・

年	製造業計	食料品	飲料飼料たばこ	繊維	衣服その他	木材木製品	家具装備品	パルプ・紙同関連	印刷工業	化学工業	石油・石炭製品	プラスチック製品	ゴム製品	なめし革製品,毛皮
労働分配率 (%)														
昭和55年	35.8	31.2	—	48.3	54.7	43.9	41.2	37.9	38.0	23.9	10.6	—	41.5	48.8
60	36.0	34.0	21.1	48.5	53.2	47.2	41.7	37.2	41.9	22.0	6.7	36.8	43.8	46.1
平成2年	33.5	33.5	17.6	47.9	53.2	41.1	36.4	32.7	37.1	18.5	27.2	35.6	39.6	44.1
7	35.6	33.9	15.5	53.0	55.1	42.8	40.6	33.0	38.4	18.5	16.1	40.8	42.7	48.8
12	35.2	34.2	12.2	50.1	53.1	40.9	47.0	33.2	37.5	19.2	28.6	37.6	38.6	54.0
17	32.3	33.5	12.7	47.5	52.9	39.4	43.3	31.5	40.2	17.4	19.6	35.4	37.5	49.3
22	34.2	33.4	11.4	49.8	—	43.4	56.4	32.0	43.1	18.3	12.8	37.6	41.6	53.6
27	33.5	33.3	11.6	45.6	—	32.2	49.2	32.2	44.0	18.0	63.9	37.9	33.8	42.9
令和元年	34.1	31.9	12.9	47.1	—	31.8	43.0	30.9	47.3	17.7	17.7	38.6	37.1	49.9
2	35.4	33.0	13.5	51.6	—	35.1	41.8	33.0	45.9	18.1	9.8	38.8	38.7	49.3
純付加価値率 (%)														
昭和55年	31.1	26.9	—	30.3	40.7	26.3	37.5	28.6	33.8	35.6	7.8	—	37.5	32.6
60	31.0	31.5	21.5	32.5	43.1	25.5	37.4	25.8	52.1	33.6	9.8	33.9	38.6	36.5
平成2年	32.3	35.0	25.3	33.9	44.7	29.3	39.0	29.0	49.5	39.0	7.6	35.4	44.3	37.0
7	35.1	38.3	27.9	36.7	46.6	33.0	40.3	33.3	49.1	48.4	7.5	38.1	46.5	38.4
12	36.7	37.8	30.6	39.6	45.4	33.2	39.8	36.8	52.0	52.0	16.2	38.7	46.1	35.5
17	33.5	37.0	29.6	40.0	43.3	32.8	39.3	35.2	43.8	44.9	5.1	38.8	43.5	36.5
22	29.9	35.5	30.4	37.3	—	26.6	34.2	30.8	39.4	38.9	7.0	35.4	37.2	34.5
27	29.9	33.3	29.8	36.7	—	29.5	35.1	28.9	41.6	36.9	1.3	34.8	41.1	35.7
令和元年	30.0	34.6	28.0	37.3	—	28.7	33.2	30.2	42.4	39.7	5.7	34.8	42.0	33.7
2	30.8	34.4	29.1	36.2	—	28.6	33.4	30.5	44.4	40.4	12.7	36.1	43.1	38.1
労務費率 (%)														
昭和55年	13.5	8.7	—	17.0	22.4	15.4	17.8	12.0	22.4	10.5	1.4	—	15.6	15.9
60	11.1	10.7	4.5	15.9	23.6	11.2	15.4	9.8	19.8	8.0	1.0	12.5	16.9	16.8
平成2年	11.6	11.7	4.5	16.4	23.8	13.8	16.3	10.8	20.3	8.8	1.3	12.6	17.5	16.3
7	11.8	13.0	4.3	17.6	24.8	13.6	14.6	10.9	18.2	9.0	2.0	15.6	19.8	18.7
12	13.1	12.9	3.8	21.0	25.0	14.2	16.2	12.1	19.3	9.8	2.6	14.6	17.8	19.2
17	10.8	12.4	3.8	19.0	22.9	12.9	17.0	11.1	17.6	7.8	1.0	13.7	16.3	18.0
22	10.3	11.9	3.5	18.6	—	11.5	19.3	9.8	17.0	7.1	0.9	13.3	15.5	18.5
27	9.9	11.2	3.4	16.7	—	9.5	17.3	9.3	18.3	6.6	0.6	13.2	13.9	15.3
令和元年	10.2	11.3	3.6	17.6	—	9.1	14.3	9.3	20.0	7.0	1.0	13.4	15.6	16.8
2	10.9	11.4	3.9	16.6	—	8.6	14.7	9.0	21.0	7.2	1.0	12.7	16.2	18.8

資料出所　令和元年までは経済産業省「工業統計表（産業編）」。令和2年分は「経済センサス活動調査」。
注　1.　労働分配率＝現金給与総額÷純付加価値額。純付加価値率＝純付加価値額÷製造品出荷額等。
　　　　労務費率＝現金給与総額÷製造品出荷額等。
　　2.　産業分類の変更については、D−4⑴表の注1を参照のこと。
　　3.　昭和55年の「飲料・飼料・たばこ」は「食料品」に含まれる。「武器」は、平成14年より「その他製造業」に含まれる。

D−4⑶　商業中分類別の

年	合　計	卸売業	繊維・衣服等	飲食料品	建築材料,鉱物・金属材料等	化学製品	機械器具
平成6年	5,496	11,226	6,480	10,250	11,700	12,523	9,514
9	5,450	11,521	6,522	10,519	12,177	12,625	10,954
11	5,104	11,019	6,382	9,776	12,068	14,294	11,153
14	4,580	10,329	6,368	9,178	11,878	12,628	9,650
16	4,658	10,661	6,159	9,738	12,267	13,913	9,703
19	4,937	11,727	6,193	9,225	15,302	14,865	10,815
24	4,279	9,564	4,551	9,413	14,167	12,344	7,706
26	4,121	9,070	3,844	8,981	14,621	12,382	6,781
28	5,016	11,075	5,073	11,514	15,259	14,572	9,533
対前回増減率 (%)							
平成9年	△0.8	2.6	0.6	2.6	4.1	0.8	15.1
11	△6.3	△4.4	△2.2	△7.1	△0.9	13.2	1.8
14	△10.3	△6.3	△0.2	△6.1	△1.6	△11.7	△13.5
16	1.7	3.2	△3.3	6.1	3.3	10.2	0.5
19	6.0	10.0	0.6	△5.3	24.7	6.8	11.5
24	△13.3	△18.4	△26.5	2.0	△7.4	△17.0	△28.7
26	△3.7	△5.2	△15.5	△4.6	3.2	0.3	△12.0
28	21.7	22.1	32.0	28.2	4.4	17.7	40.6

資料出所　経済産業省「経済センサス－活動調査」（平成19年迄は「商業統計」）。
注1.「増減率」は、平成19年調査において有料施設内事業所を調査対象としたことから、平成16年以前の数値と整合性を保ち、時系列を考慮したもので算出している。このため、公表数値により算出した値とは一致し

付加価値率・労務費率（規模30人以上事業所）

窯業土石	鉄鋼	非鉄金属	金属製品	一般機械	はん用機械器具	生産用機械器具	業務用機械器具	電子部品デバイス	電気機械器具	情報通信機械器具	輸送用機械器具	精密機器	その他製造業	年（西暦）
35.6	30.5	30.0	40.5	42.5	—	—	—	—	36.9	—	41.2	46.0	39.1	1980
35.6	34.2	40.1	40.9	41.1	—	—	—	—	35.5	—	39.5	43.6	35.3	85
32.4	29.8	36.9	36.7	38.3	—	—	—	—	34.4	—	35.8	47.6	32.1	90
35.0	36.1	42.1	38.6	42.6	—	—	—	—	38.2	—	38.3	50.6	34.0	95
36.1	32.7	39.3	41.1	44.0	—	—	—	—	36.6	—	40.8	41.0	32.6	2000
32.2	20.0	35.1	42.2	38.9	—	—	—	34.5	40.7	31.9	34.5	38.8	32.8	05
31.6	33.1	32.4	43.6	—	41.6	46.6	36.6	37.8	41.5	32.7	37.4	—	34.3	10
35.7	35.9	34.4	39.6	—	39.9	40.5	35.7	36.6	40.2	32.3	32.3	—	34.8	15
35.1	42.4	34.3	40.8	—	38.2	40.9	38.4	41.5	38.9	35.7	36.0	—	31.7	19
35.6	47.2	32.6	41.5	—	42.5	42.8	40.3	40.3	39.2	38.5	40.2	—	32.8	20
42.9	29.4	23.5	38.0	39.7	—	—	—	—	38.4	—	25.8	38.1	33.4	1980
45.7	29.4	23.5	38.6	38.7	—	—	—	—	35.6	—	26.1	39.8	39.2	85
49.5	34.3	26.0	40.0	38.1	—	—	—	—	36.0	—	26.0	37.1	40.1	90
50.7	35.3	29.1	42.4	37.8	—	—	—	—	35.0	—	27.4	38.6	38.6	95
49.3	35.3	29.0	41.5	35.7	—	—	—	—	33.1	—	25.8	41.7	37.4	2000
49.7	36.9	27.3	39.4	36.2	—	—	—	36.4	32.0	27.7	27.4	42.1	37.5	05
43.7	19.2	23.6	36.3	—	36.5	34.6	36.0	34.0	33.5	26.5	24.6	—	37.8	10
40.2	17.2	20.0	37.4	—	35.6	34.8	38.6	34.9	32.8	27.3	27.4	—	36.0	15
41.0	15.9	21.4	36.6	—	35.9	34.2	38.5	35.6	33.4	28.0	24.3	—	35.7	19
41.9	16.3	23.3	37.0	—	34.6	34.1	37.8	36.4	34.7	26.6	23.3	—	38.8	20
15.3	9.0	7.0	15.4	16.9	—	—	—	—	14.2	—	10.6	17.5	13.0	1980
16.3	10.1	9.4	15.8	15.9	—	—	—	—	12.6	—	10.3	17.3	13.8	85
16.0	10.2	9.6	14.7	14.5	—	—	—	—	12.4	—	9.3	17.6	12.9	90
17.7	12.7	12.3	16.4	16.1	—	—	—	—	13.4	—	10.5	19.5	13.1	95
17.8	11.5	11.4	17.1	15.7	—	—	—	—	12.1	—	10.6	17.1	12.2	2000
16.0	7.4	9.6	16.6	14.1	—	—	—	12.6	13.4	8.8	9.4	16.3	12.3	05
13.8	6.4	7.6	15.8	—	15.2	16.1	13.2	12.8	13.9	8.7	9.2	—	13.0	10
14.4	6.2	6.9	14.8	—	14.2	14.1	13.8	12.8	13.2	8.8	8.8	—	12.5	15
14.4	6.8	7.3	14.9	—	13.7	14.0	14.8	14.8	13.0	10.0	8.7	—	11.3	19
14.9	7.7	7.6	15.1	—	14.6	14.2	16.5	14.7	13.6	10.2	9.4	—	12.7	20

　4．有形固定資産額当り製品出荷額等＝製品出荷額÷有形固定資産額。
　5．労働分配率、付加価値率については用語解説24および25参照。
　6．「プラスチック製品」は昭和59年までは「その他」に含まれる。
　7．令和２年の現金給与総額は「事業に従事する者の人件費及び派遣受入者に係る人材派遣会社への支払額」。

従業者1人当り年間商品販売額（規模計）

（年当り　万円）

家具・建具じゅう器等	医薬品・化粧品	小売業	百貨店・総合スーパー	織物・衣服身の回り品	飲食料品	コンビニエンスストア	機械器具	自動車	医薬品・化粧品	年（西暦）
5,050	7,302	1,941	4,180	1,809	1,570	—	2,805	3,227	1,493	1994
5,197	7,858	2,010	4,218	1,839	1,532	—	3,248	3,661	1,658	97
5,057	7,461	1,792	3,796	1,739	1,403	—	2,897	3,131	1,535	99
4,902	8,665	1,695	3,239	1,525	1,304	1,124	2,859	3,024	1,643	2002
5,254	8,979	1,717	3,172	1,578	1,312	1,144	2,907	3,099	1,693	04
4,903	10,300	1,777	3,057	1,581	1,324	1,102	3,042	3,067	1,799	07
4,041	8,511	1,551	3,245	1,106	1,145	1,248	2,442	2,332	1,657	12
3,637	7,718	1,590	3,065	1,157	1,089	1,211	2,514	2,556	1,781	14
5,465	10,497	1,896	3,817	1,431	1,380	1,164	3,066	3,072	2,089	16
2.9	7.6	3.6	0.9	1.7	△2.4	—	15.8	13.5	11.0	97
△2.7	△5.1	△10.9	△10.0	△5.4	△8.4	—	△10.8	△14.5	△7.4	99
△3.1	16.1	△5.4	△14.7	△12.3	△7.0	—	△1.3	△3.4	7.0	2002
7.2	3.6	1.3	△2.1	3.4	0.6	1.8	1.7	2.5	3.0	04
△6.7	14.7	3.5	△3.6	0.2	0.9	△3.7	4.6	△1.0	6.2	07
△17.6	△17.4	△12.7	6.1	△30.0	△13.5	13.3	△19.7	△24.0	△7.9	12
△9.3	2.5	5.5	△4.9	△3.0	3.0	3.0	9.6	7.5	7.5	14
50.3	36.0	19.3	24.5	23.7	26.7	△3.9	22.0	20.2	17.3	16

ない。
　2．「従業者1人当たり年間商品販売額」について、平成19年以降は、パート・アルバイトなども8時間換算値で算出。

D－5　製造業規模別の価値生産性・賃金・労働分配率等
（規模30人以上事業所）

年	30人以上計	30～49人	50～99人	100～199人	200～299人	300～499人	500～999人	1,000人以上
従業者1人当たり製造品出荷額等（年当り）万円								
昭和60年	3,026	1,746	2,018	2,334	2,817	3,679	3,844	4,530
平成2年	3,549	2,028	2,318	2,793	3,276	4,033	4,425	5,694
7	3,564	2,034	2,374	2,848	3,334	4,176	4,397	5,631
12	4,118	2,173	2,617	3,199	4,168	5,113	5,225	6,710
17	4,504	2,324	2,837	3,497	4,312	5,707	5,659	7,468
22	4,560	2,365	2,809	3,476	4,263	5,713	5,579	7,433
27	4,939	2,683	3,187	3,848	4,634	6,146	5,954	8,058
令和元年	4,800	2,666	3,183	3,744	4,359	5,709	5,550	7,719
2	4,557	2,635	3,060	3,590	4,267	5,189	5,184	7,605
従業者1人当たり純付加価値額（年当り）万円								
昭和60年	998	625	683	808	935	1,107	1,219	1,492
平成2年	1,277	780	873	1,053	1,198	1,430	1,592	1,943
7	1,344	813	946	1,143	1,315	1,640	1,646	1,922
12	1,439	864	1,037	1,210	1,483	1,694	1,790	2,103
17	1,510	874	1,047	1,308	1,523	1,627	1,884	2,338
22	1,365	824	959	1,193	1,321	1,630	1,704	1,886
27	1,476	931	1,066	1,300	1,451	1,695	1,582	2,240
令和元年	1,438	915	1,100	1,282	1,478	1,655	1,602	1,930
2	1,402	933	1,062	1,237	1,488	1,562	1,611	1,919
従業者1人当たり現金給与総額（年当り）万円								
昭和60年	347	267	275	300	329	368	393	465
平成2年	414	323	332	359	394	432	475	559
7	460	361	374	406	444	485	530	606
12	507	384	402	438	486	531	600	717
17	487	368	388	425	462	506	566	694
22	468	356	370	407	444	480	530	655
24	478	363	382	421	457	493	553	667
27	489	385	408	441	473	507	555	678
令和元年	491	395	408	437	466	493	545	652
2	496	397	413	440	479	503	553	665
労働分配率（%）								
昭和60年	36.0	44.2	41.6	38.3	36.2	34.9	33.7	32.3
平成2年	33.5	42.3	39.0	35.0	34.2	31.2	31.0	30.0
7	35.6	45.6	40.7	36.7	35.1	30.9	33.5	33.2
12	35.2	44.4	38.7	36.2	32.7	31.3	33.5	34.1
17	32.3	42.1	37.0	32.5	30.3	31.1	30.0	29.7
22	34.2	43.2	38.6	34.1	33.6	29.4	31.1	34.7
27	33.1	41.0	37.9	33.6	32.2	29.8	34.6	29.7
令和元年	34.1	43.2	37.1	34.1	31.5	29.8	34.0	33.8
2	35.4	42.5	38.9	35.6	32.2	32.2	34.4	34.7
純付加価値率（%）								
昭和60年	32.3	35.7	33.6	34.3	32.6	28.5	30.6	32.4
平成2年	35.1	38.1	37.1	36.9	34.4	33.3	34.7	33.9
7	36.7	40.1	39.2	39.0	37.8	36.5	35.9	33.9
12	36.7	39.8	39.6	37.8	35.5	33.1	34.3	31.3
17	33.5	37.6	36.9	37.4	35.3	28.5	33.3	31.3
22	29.9	34.8	34.1	34.3	31.0	28.5	30.5	25.4
27	29.9	34.7	33.4	33.8	31.3	27.6	26.6	27.8
令和元年	30.0	34.3	34.5	34.2	33.9	29.0	28.9	25.0
2	30.8	35.4	34.7	34.5	34.9	30.1	31.1	25.2
労務費率（%）								
昭和60年	11.6	15.8	14.0	13.1	11.8	9.9	10.3	10.5
平成2年	11.8	16.1	14.5	12.9	11.8	10.4	10.8	10.1
7	13.1	18.3	16.0	14.3	13.3	11.3	12.1	11.3
12	13.1	17.7	15.3	14.3	11.7	10.4	11.5	10.7
17	10.8	15.8	13.7	12.2	10.7	8.9	10.0	9.3
22	10.3	15.1	13.2	11.7	10.4	8.4	9.5	8.8
27	9.9	14.2	12.7	11.3	10.1	8.2	9.2	8.3
令和元年	10.2	14.8	12.8	11.7	10.7	8.6	9.8	8.4
2	10.9	15.1	13.5	12.3	11.2	9.7	10.7	8.7

資料出所　令和元年までは経済産業省「工業統計表（産業編）」。令和2年分は「経済センサス 活動調査」。D－4
　　　　⑴表注1、用語解説19・20参照。
注　1．労働分配率＝現金給与総額÷純付加価値額。純付加価値率＝純付加価値額÷製造品出荷額等。
　　2．労務費率＝現金給与総額÷製造品出荷額等。
　　3．令和2年の現金給与総額は「事業に従事する者の人件費及び派遣受入者に係る人材派遣会社への
　　　　支払額」。

〔参考1〕　労働分配率の推移

(単位　%)

年	①雇用者報酬／国民所得	②雇用者1人当り雇用者報酬／就業者1人当り国民所得	③雇用者報酬／雇用者報酬+法人企業所得	④雇用者報酬／国民所得-個人企業所得	⑤雇用者1人当り雇用者報酬／就業者1人当り国民総生産	⑥年度人件費／付加価値額
昭和60年	67.1	90.3	84.4	75.8	71.1	64.1
平成2年	67.0	86.6	86.4	73.1	66.4	59.5
7	70.4	86.4	88.0	77.6	62.6	64.0
8	69.4	84.5	85.1	76.3	61.6	63.6
9	70.6	85.9	86.2	77.8	62.4	64.4
10	71.5	86.8	87.4	79.3	62.1	65.4
11	71.3	86.4	86.7	79.3	61.8	65.8
12	70.0	84.2	84.3	77.7	60.7	63.9
13	70.0	83.8	84.2	77.7	59.9	65.0
14	68.5	81.3	82.7	76.3	58.3	64.3
15	67.3	79.6	81.1	75.1	57.7	61.7
16	66.3	78.4	79.6	73.7	57.1	60.7
17	66.7	78.6	80.5	73.9	57.7	61.2
18	67.6	78.9	82.2	74.7	57.8	60.2
19	67.3	78.1	82.0	74.1	57.4	58.5
20	70.3	81.3	85.0	77.4	58.4	62.1
21	72.7	83.7	88.7	81.2	59.0	62.6
22	69.3	79.3	83.5	77.0	56.9	61.0
23	70.7	80.7	84.9	78.3	57.7	62.2
24	70.1	79.8	84.3	78.3	57.3	62.5
25	68.5	77.8	82.2	75.9	56.6	59.9
26	68.9	78.2	82.3	76.0	56.3	59.7
27	66.9	75.7	79.9	73.7	54.8	58.6
28	68.0	76.5	80.5	74.7	55.2	59.1
29	67.8	76.1	80.3	74.3	55.2	58.1
30	69.9	78.5	82.1	75.7	56.7	58.2
令和元年	71.5	80.0	83.6	77.4	57.6	59.7
2	75.0	83.8	88.1	81.4	58.7	61.5
3	73.7	82.2	86.0	79.4	58.6	59.4

資料出所　総務省統計局「労働力調査」、内閣府「国民経済計算」、財務省「法人企業統計」より作成。
注1.　国民所得は要素費用表示。
　　2.　④は民間法人企業、⑥の付加価値は金融保険業を除く粗付加価値ベース。

〔参考2〕　主要企業の経営動向の推移（製造業・資本金1,000万円以上企業）

年・月期	従業者数（千人）	従業者1人当たり（千円）				人件費率（%）	労働分配率（%）	粗付加価値率（%）
		売上高	粗付加価値	経常利益	人件費			
平成12年1〜3月	11,680	8,828	2,040	349	1,344	15.2	65.8	23.1
18年1〜3月	9,916	11,415	2,332	601	1,401	12.3	60.1	20.4
19年1〜3月	9,927	11,675	2,368	644	1,388	11.9	58.6	20.2
20年1〜3月	10,301	11,908	2,322	523	1,386	11.6	59.7	19.5
21年1〜3月	9,769	8,613	1,407	−230	1,287	14.9	91.4	16.3
22年1〜3月	9,823	10,018	2,040	440	1,316	12.9	63.4	20.4
23年1〜3月	9,775	10,522	2,089	394	1,377	13.1	65.4	20.0
24年1〜3月	9,323	11,229	2,129	428	1,404	12.5	66.0	19.0
25年1〜3月	9,133	10,703	2,171	590	1,394	13.0	64.2	20.2
26年1〜3月	9,256	11,170	2,254	583	1,409	12.6	62.5	20.1
27年1〜3月	8,968	11,080	2,273	593	1,422	12.8	62.5	20.5
28年1〜3月	8,993	10,807	2,190	471	1,422	13.2	64.9	20.3
29年1〜3月	8,910	11,372	2,419	810	1,450	12.8	59.9	21.3
30年1〜3月	8,975	11,445	2,453	735	1,465	12.8	59.7	21.4
令和元年1〜3月	9,031	11,500	2,332	685	1,469	12.8	63.0	20.3
2年1〜3月	9,025	10,876	2,191	512	1,459	13.4	66.6	20.1
3年1〜3月	8,602	11,247	2,448	877	1,466	13.0	59.9	21.8
4年1〜3月	8,684	12,149	2,572	1,029	1,511	12.4	58.8	21.2

資料出所　財務省「法人企業統計季報」。
注　1.　上表のうち、日本生産性本部で加工した系列の算出の方法は次のとおりである。
　　　(イ)粗付加価値額＝営業利益＋人件費総額＋減価償却費
　　　(ロ)労働分配率＝人件費総額÷粗付加価値額
　　2.　上表で原資料からえられる比率の算出方法は「人件費比率＝人件費総額÷売上高」のみである。
　　3.　従業者数には「役員数」(経費としての給与をうける役員)を含む。
　　4.　付加価値額には賃料料、租税公課などが含まれていないので水準としては過小に推計されている。
　　　したがって、従業者1人当たり付加価値額、労働分配率、付加価値率の各系列は、水準それ自体よりは、対前年同期のように、変化の方向を把握するための利用が望ましい。

D－6　法人企業の価値生産性

年度	製造業 従業員一人当り 売上高	付加価値額	経常利益	人件費	売上高人件費率	付加価値率	労働分配率	設備投資効率
実額または実数（年当たり万円・％）								
昭和50年度	1,353	298	17	226	16.7	22.0	76.0	99.3
55	2,343	490	85	336	14.3	20.9	68.5	122.3
60	2,704	570	87	415	15.3	21.1	72.7	110.4
平成2年度	3,356	737	144	508	15.1	22.0	68.9	102.6
7	3,286	745	96	559	17.0	22.7	75.0	79.1
12	3,597	787	140	582	16.2	21.9	73.9	76.9
17	4,312	834	216	578	13.4	19.3	69.3	78.4
18	4,292	849	227	567	13.2	19.8	66.8	81.8
19	4,613	868	234	585	12.7	18.8	67.4	78.4
20	4,360	723	100	581	13.3	16.6	80.4	65.5
21	3,753	685	90	555	14.8	18.2	81.1	62.8
22	4,008	760	157	568	14.2	19.0	74.8	71.8
23	4,104	751	152	578	14.1	18.3	76.9	71.8
24	4,074	752	165	576	14.1	18.5	76.6	72.3
25	4,197	809	231	580	13.8	19.3	71.7	79.8
26	4,328	818	253	581	13.4	18.9	71.0	79.2
27	4,280	829	251	587	13.7	19.4	70.8	79.2
28	4,156	832	253	586	14.1	20.0	70.4	81.8
29	4,242	865	296	593	14.0	20.4	68.5	82.6
30	4,378	859	289	597	13.6	19.6	69.5	80.6
令和元年度	4,333	812	247	598	13.8	18.7	73.7	73.1
2	4,177	797	250	604	14.5	19.1	75.8	67.5
3	4,510	912	373	614	13.6	20.2	67.3	77.8
対前年度増減（△）率（％）または増減差（ポイント）								
昭55/50（年率）	11.6	10.5	38.6	8.2	-0.5	-0.2	-1.5	4.6
60/55（年率）	2.9	3.1	0.7	4.3	0.2	0.0	0.8	-2.4
平2/60（年率）	4.4	5.3	10.4	4.1	0.0	0.2	-0.8	-1.6
7/2（年率）	△0.4	0.2	△7.7	1.9	0.4	0.1	1.2	-4.7
12/7（年率）	1.8	1.1	7.8	0.8	-0.2	-0.2	-0.2	-0.4
17/12（年率）	3.7	1.2	9.0	△0.1	-0.6	-0.5	-0.9	0.3
18	△0.5	1.8	5.1	△1.9	-0.2	0.5	-2.5	3.4
19	7.5	2.3	3.0	3.3	-0.5	-1.0	0.6	-3.4
20	△5.5	△16.8	△57.3	△0.7	0.6	-2.2	13.0	-12.9
21	△13.9	△5.2	△10.1	△4.4	1.5	1.6	0.7	-2.7
22	6.8	11.0	75.1	2.3	-0.6	0.8	-6.3	9.0
23	2.4	△1.2	△3.5	1.6	-0.1	-0.7	2.1	0.0
24	△0.7	0.1	9.2	△0.3	0.1	0.2	-0.3	0.5
25	3.0	7.5	39.5	0.7	-0.3	0.8	-4.9	7.5
26	3.1	1.2	9.7	0.2	-0.4	-0.4	-0.7	-0.6
27	△1.1	1.3	△0.8	1.0	0.3	0.5	-0.2	0.0
28	△2.9	0.4	0.8	△0.2	0.4	0.6	-0.4	2.6
29	2.1	3.9	16.9	1.1	-0.1	0.4	-1.9	0.8
30	3.2	△0.7	△2.3	0.7	-0.4	-0.8	1.0	-2.0
令和元年度	△1.0	△5.5	△14.5	0.2	0.2	-0.9	4.2	-7.5
2	△3.6	△1.8	1.2	1.0	0.7	0.4	2.1	-5.6
3	8.0	14.4	49.0	1.7	-0.9	1.1	-8.5	10.3

資料出所　財務省「法人企業統計年報」。

〔備考〕上記調査の方法等について以下によった（D－7・8・9表も同じ）。
1.　調査の対象と方法：我が国の営利法人等を調査対象とし、その中から無作為抽出により標本法人を選定する。
2.　標本法人の選定方法と集計数
　　各年3月末日現在の法人名簿その他財務省の資料による全国の営利法人を調査対象とし（資本金1億円未満の法人については、各年10月末現在）、これを資本金によって6階層に分け、規模比例抽出により標本法人を選定。令和3年度は資本金毎に、1,000万円未満3,777社、1,000万円以上1億円未満11,245社、1億円以上10億円未満10,575社、10億円以上4,807社。
3.　調査の期間：4月1日から翌年3月31日までの1年間を上期（4月から9月まで）と下期（10月から翌年3月まで）に区分し各期中に決算期到来標本法人の当該確定決算計数を調査。
4.　集計及び推計の方法：回収された調査票を業種別・資本金階層別に集計し、これを抽出時の調査対象法人数に拡大して推計値を算定。
　　推計値＝集計値／集計法人数×調査対象法人数。ただし、規模比例により抽出を行った階層については
　　推計値＝集計項目の対資本金比率の合計／集計法人数×調査対象法人の資本金累計額。
　　なお、推計法人社数と推計従業員数についてはD－9表を参照のこと。
5.　上表及びD－7・8・9(1)表に関係ある項目や算式は以下の通り。
　(1)　従業員1人当りの売上高、付加価値、経常利益、人件費は、それぞれを従業員数（役員は含まない）で除したもの

・賃金・収益率等〔製造業・小売業・サービス業〕

労働装備率	売上高経常利益率	小売業従業員一人当り			サービス業従業員一人当り			年度(西暦)
		付加価値額	経常利益	人件費	付加価値額	経常利益	人件費	
300	1.2	256	27	185	255	14	200	1975年度
401	3.6	364	34	268	378	36	288	80
516	3.2	427	29	322	451	42	347	85
718	4.3	506	48	369	589	68	416	90
942	2.9	569	34	412	612	37	463	95
1,023	3.9	492	32	375	574	57	427	2000
1,063	5.0	519	59	369	523	76	398	05
1,038	5.3	492	49	362	533	69	404	06
1,107	5.1	528	59	375	485	60	377	07
1,104	2.3	511	47	371	495	69	375	08
1,090	2.4	516	50	365	483	42	373	09
1,060	3.9	513	48	363	494	50	378	10
1,046	3.7	543	77	364	507	62	390	11
1,040	4.1	526	74	358	499	66	381	12
1,014	5.5	518	80	348	508	81	377	13
1,033	5.9	526	69	364	518	87	377	14
1,046	5.9	530	80	360	521	97	379	15
1,017	6.1	522	66	364	527	118	383	16
1,047	7.0	530	77	362	527	107	375	17
1,065	6.6	537	80	367	530	122	366	18
1,111	5.7	557	86	381	498	93	358	19
1,180	6.0	549	87	376	474	73	363	20
1,173	8.3	524	83	362	489	94	378	21
6.0	0.5	7.3	4.5	7.7	8.2	20.8	7.5	80/75
5.2	-0.1	3.2	△3.5	3.7	3.6	3.5	3.8	85/80
6.8	0.2	3.5	10.7	2.7	5.5	9.9	3.7	90/85
5.6	-0.3	2.4	△6.3	2.3	0.8	△11.3	2.2	95/90
1.7	0.2	△2.9	△1.4	△1.9	1.3	8.8	△1.6	2000/95
0.8	0.2	1.1	12.9	△0.3	△1.8	5.9	△1.4	05/00
△2.4	0.3	△5.1	△17.0	△2.1	1.8	△9.2	1.6	06
6.6	-0.2	7.4	20.0	3.7	△8.9	△12.2	△6.6	07
△0.3	-2.8	△3.4	△19.5	△0.9	2.1	13.7	△0.6	08
△1.3	0.1	1.1	5.1	△1.5	△2.5	△38.8	△0.4	09
△2.8	1.5	△0.6	△2.8	△0.6	2.3	19.0	1.3	10
△1.3	-0.2	5.9	59.0	0.4	2.6	24.5	3.1	11
△0.6	0.4	△3.1	△3.8	△1.6	△1.5	6.2	△2.2	12
△2.5	1.4	△1.5	8.7	△2.7	1.8	22.5	△1.1	13
1.9	0.4	1.5	△14.3	4.5	2.1	8.1	0.1	14
1.3	0.0	0.9	16.1	△1.1	0.6	11.1	0.4	15
△2.8	0.2	△1.6	△17.0	1.0	1.1	21.5	1.1	16
2.9	0.9	1.5	16.9	△0.6	0.0	△9.3	△2.1	17
1.7	-0.4	1.4	3.7	1.4	0.5	13.9	△2.4	18
4.3	-0.9	3.7	7.5	3.8	△6.0	△23.8	△2.2	19
6.2	0.3	△1.4	1.2	△1.3	△4.8	△21.5	1.4	20
△0.6	2.3	△4.6	△4.5	△3.7	3.2	29.1	4.1	21

(2) 人件費率＝人件費÷売上高×100
(3) 付加価値率＝付加価値額÷売上高×100
(4) 労働分配率＝人件費÷付加価値額×100
(5) 設備投資効率＝付加価値額÷〔当期末（有形固定資産－建設仮勘定）÷2〕×100
(6) 労働装備率＝〔当期末（有形固定資産－建設仮勘定）÷2〕÷従業員数
(7) 売上高経常利益率＝経常利益÷売上高×100
(8) 付加価値額＝営業純益（営業利益－支払利息・割引料）＋役員給与＋従業員給与＋福利厚生費＋支払利息・割引料＋動産・不動産賃借料＋租税公課（減価償却費は含まない。）
(9) 人件費：役員賞与・給与　従業員賞与・給与、福利厚生費の総額
　　　2006年度までは役員賞与は人件費に含まない（費用項目ではなく利益処分項目に入っていた）
(10) 福利厚生費：法定福利費、厚生費、福利施設負担額、退職給与引当額等、給与以外で人件費とみなされるものの総額である。
(11) 金融費用：支払利息・割引料（社債利息を含む）、社債発行差額償却および社債発行費償却の合計額。
(12) 賃貸料：製造原価、販売費および一般管理費に計上されたもの。
(13) 租税公課：営業上負担すべき事業税、固定資産税、印紙税等の総額であり、法人税、住民税には含まれない。
(14) 減価償却費：特別勘定に計上されたものは含まない。
(15) 役員・従業員数：「役員数」は常勤・非常勤を問わず、経費としての給与を受ける期中平均人員であり、「従業員数」は常用者の期中平均人員と、当期中の臨時従業員（延従事時間数を1カ月平均労働時間数で除したもの）との合計である。
(16) 小売業の数値は、平成15年度までは飲食店を含むが、平成16年度から飲食店が除かれている。

D－7　規模別にみた付加価値構成比

〔製造業〕

(単位　%)

規模／年次		計 (100.0)	人件費	うち役員給与賞与	うち従業員給与賞与	支払利息・割引料	動産・不動産賃借料	租税公課	営業純益
大企業（資本金10億円以上）	昭和50年度	100.0	69.6	0.6	59.2	26.8	3.2	4.4	－ 3.9
	55	100.0	59.2	0.6	49.7	19.7	2.8	5.4	12.8
	60	100.0	65.0	0.7	53.9	12.8	3.9	6.1	12.2
	平成2年度	100.0	62.6	0.8	51.3	9.5	4.9	5.4	17.6
	7	100.0	67.5	0.9	54.7	5.2	6.4	5.0	15.9
	12	100.0	65.8	0.9	52.5	3.1	5.7	3.1	22.3
	13	100.0	72.6	1.0	57.3	3.2	6.5	3.4	14.3
	14	100.0	67.8	0.9	52.5	3.0	5.9	3.1	20.3
	15	100.0	66.0	0.8	50.8	3.2	5.6	2.4	22.9
	16	100.0	62.0	1.3	48.7	1.9	5.1	2.5	28.5
	17	100.0	60.7	1.2	47.9	3.9	4.7	2.4	28.3
	18	100.0	58.3	1.0	47.1	1.8	4.7	2.3	32.9
	19	100.0	58.0	1.2	47.1	2.2	4.8	3.7	31.4
	20	100.0	79.0	1.3	63.3	2.9	6.2	4.0	8.0
	21	100.0	78.7	1.2	61.9	3.2	6.1	4.3	7.7
	22	100.0	69.7	1.1	55.0	2.5	4.7	2.8	20.2
	23	100.0	72.8	1.1	57.5	2.7	4.7	2.7	17.0
	24	100.0	69.7	1.1	56.9	2.5	4.2	2.9	17.9
	25	100.0	64.2	1.0	51.1	2.1	3.5	2.3	27.9
	26	100.0	63.4	1.0	51.0	1.8	3.8	2.4	28.7
	27	100.0	64.0	1.0	52.0	1.7	3.6	2.5	28.1
	28	100.0	64.5	1.0	51.9	1.3	3.4	4.8	25.9
	29	100.0	60.7	1.0	48.8	1.2	3.2	2.7	32.1
	30	100.0	62.9	1.0	50.9	1.9	3.7	2.8	28.8
	令和元年度	100.0	69.5	1.0	55.9	1.5	4.1	2.8	21.9
	2	100.0	71.2	1.0	57.0	1.5	3.9	3.3	20.1
	3	100.0	59.5	0.9	48.4	1.3	3.8	2.8	32.6
中小企業（資本金1000万円未満）	昭和50年度	100.0	84.4	20.1	57.6	9.2	4.0	3.0	－ 0.6
	55	100.0	80.7	19.7	54.2	7.6	4.2	2.4	5.2
	60	100.0	83.3	22.1	54.3	7.3	6.5	2.4	0.5
	平成2年度	100.0	80.9	23.9	49.4	7.1	5.7	3.4	2.9
	7	100.0	87.9	31.3	49.2	5.3	6.6	2.8	－ 2.6
	12	100.0	87.8	32.0	49.1	2.9	6.7	3.6	－ 1.0
	13	100.0	86.1	33.8	46.0	2.5	7.0	5.0	－ 0.5
	14	100.0	92.2	33.8	51.4	2.9	5.8	3.4	－ 4.3
	15	100.0	86.2	33.0	47.5	2.5	6.8	4.0	0.5
	16	100.0	85.9	32.6	47.3	1.7	6.6	3.4	2.5
	17	100.0	88.7	34.1	48.1	1.9	6.5	4.1	－ 1.2
	18	100.0	86.1	30.1	50.5	2.6	5.3	3.6	2.4
	19	100.0	88.4	34.8	48.4	2.1	6.5	3.6	－ 0.6
	20	100.0	88.8	34.9	48.0	2.3	6.2	3.3	－ 0.6
	21	100.0	103.0	38.6	58.2	2.5	7.0	3.3	－ 15.9
	22	100.0	90.9	33.3	52.4	2.2	7.1	3.0	－ 3.1
	23	100.0	88.2	30.8	52.0	2.1	5.9	3.0	0.8
	24	100.0	90.3	29.2	55.1	1.8	5.4	3.5	－ 1.0
	25	100.0	89.3	27.8	55.0	1.7	6.3	2.5	0.3
	26	100.0	87.5	28.6	52.7	2.0	6.2	4.0	0.4
	27	100.0	83.6	28.4	48.6	2.0	4.9	4.0	5.6
	28	100.0	84.5	29.2	48.4	2.1	5.5	3.1	4.8
	29	100.0	87.3	29.6	51.2	1.5	7.4	3.7	0.1
	30	100.0	84.9	28.3	49.9	2.4	6.0	3.8	2.9
	令和元年度	100.0	87.8	30.1	51.7	1.3	5.8	3.6	1.5
	2	100.0	95.6	33.2	55.6	1.6	5.4	4.7	－ 7.3
	3	100.0	95.0	32.6	55.7	1.8	6.0	4.7	－ 7.4

資料出所　財務省「法人企業統計年報」。D－6表〔備考〕を参照のこと。

D-8　資本金階層別の賃金・価値生産性等

〔全産業（除く金融保険業）、製造業、サービス業〕（令和3年度）

	全規模	10億円以上	1億円以上~10億円未満	5千万円以上~1億円未満	1千万円以上~5千万円未満	1千万円未満
〔全産業〕						
規模別構成比（%）						
推計社数	100.0	0.2	0.9	2.2	28.5	68.3
従業員数	100.0	18.0	17.0	13.6	33.4	18.0
売上高	100.0	37.5	19.5	11.0	23.3	8.7
付加価値額	100.0	34.0	18.5	10.7	25.5	11.3
1社あたり従業員数（人）	14	1,553	274	89	17	4
付加価値額構成比（%）						
付加価値額	100.0	100.0	100.0	100.0	100.0	100.0
人件費	68.9	52.4	66.0	76.9	79.7	91.0
支払利息等	2.3	3.3	1.1	2.1	1.9	2.3
賃借料	9.7	9.3	10.2	11.2	8.2	11.7
租税公課	3.4	4.1	2.3	2.1	3.2	4.8
営業純益	15.8	30.8	20.4	7.6	7.1	-9.7
従業員一人当り（万円）						
売上高	3,483	7,280	3,989	2,805	2,428	1,682
付加価値額	722	1,366	784	566	551	454
従業員給与・賞与	378	588	432	357	322	236
福利厚生費	56	117	68	44	38	28
労働分配率（%）	68.9	52.4	66.0	76.9	79.7	91.0
付加価値率（%）	19.9	17.6	17.6	18.7	22.5	30.1
人件費率（%）	14.3	9.8	13.0	15.5	18.1	24.5
〔製造業〕						
規模別構成比（%）						
推計社数	100.0	0.6	1.9	3.8	40.4	53.4
従業員数	100.0	33.2	16.7	12.0	28.7	9.3
売上高	100.0	57.5	18.2	8.0	13.6	2.7
付加価値額	100.0	53.2	17.1	8.4	17.0	4.3
1社あたり従業員数（人）	28	1,606	246	87	20	5
従業員一人当り（万円）						
売上高	4,510	7,807	4,915	2,995	2,128	1,327
付加価値額	912	1,460	931	637	541	424
従業員給与・賞与	481	707	487	389	332	237
福利厚生費	86	149	87	58	45	28
労働分配率（%）	67.3	59.5	64.0	76.0	83.7	95.0
付加価値率（%）	20.2	18.7	18.9	21.3	25.4	32.0
人件費率（%）	13.6	11.1	12.1	16.1	21.3	30.4
〔サービス業〕						
規模別構成比（%）						
推計社数	100.0	0.1	0.7	1.6	20.7	77.0
従業員数	100.0	9.8	18.8	13.5	34.4	23.6
売上高	100.0	18.9	20.7	12.0	30.5	17.9
付加価値額	100.0	24.2	19.7	10.9	28.2	17.0
1社あたり従業員数（人）	15	1,446	416	124	24	4
従業員一人当り（万円）						
売上高	1,280	2,472	1,414	1,136	1,135	971
付加価値額	489	1,208	513	395	402	353
従業員給与・賞与	292	428	332	308	275	218
福利厚生費	36	75	46	31	30	25
労働分配率（%）	77.2	42.8	75.4	90.9	88.9	100.2
付加価値率（%）	38.2	48.8	36.3	34.8	35.4	36.4
人件費率（%）	29.5	20.9	27.4	31.6	31.5	36.5

資料出所　財務省「法人企業統計年報」。
注　1．本表の数値はすべて日本生産性本部算出による。算出方法はD-6表の〔備考〕参照。
　　2．人件費＝役員給与＋役員賞与＋従業員給与＋従業員賞与＋福利厚生費。
　　3．上表の従業員数と従業員一人当りの計算には役員は含まれないが、労働分配率、人件費率の算定
　　　には役員の給与・賞与が含まれる。

D－9　産業別にみた法人企業付加価値額の構成

産業	役員数 (千人)	従業員数 (千人)	付加価値額 (10億円)	付加価値額構成比〔総額＝100〕（％）							営業純益
				役員給与賞与	従業員給与賞与	福利厚生費	支払利息・割引料	動産・不動産賃借料	租公	税課	
全産業(除く金融保険業)	5,237	41,573	300,003	8.7	52.3	7.8	2.3	9.7	3.4		15.8
製 造 業	692	8,908	81,259	5.2	52.7	9.5	1.3	4.4	2.7		24.2
食 料 品	85	1,260	6,931	5.6	59.2	9.9	1.4	5.2	2.6		16.1
繊 維 工 業	52	320	1,474	14.1	64.5	9.1	2.1	7.1	4.5		-1.3
木材・木製品	17	95	623	12.1	54.7	7.2	1.4	5.7	4.0		14.7
パルプ・紙・紙加工品	16	209	1,581	6.3	54.9	10.1	1.7	4.3	4.8		18.0
印刷・同関連	40	338	2,026	9.3	66.9	10.9	1.1	7.2	3.3		1.2
化 学 工 業	26	590	9,501	2.6	38.6	7.8	1.6	4.0	2.5		42.9
石油製品・石炭製品	2	30	979	1.5	19.1	3.5	1.5	6.8	3.0		64.6
窯業・土石製品	27	217	1,934	8.7	50.7	9.2	2.0	4.2	4.2		21.0
鉄 鋼 業	14	222	2,720	3.8	44.3	8.5	1.8	4.1	5.9		31.6
非 鉄 金 属	7	166	1,921	3.0	45.8	9.2	1.8	3.3	4.1		32.8
金 属 製 品	99	721	5,137	12.0	57.6	9.2	1.2	3.7	2.5		13.4
はん用機械器具	21	217	2,142	7.5	53.6	10.0	0.6	3.9	2.4		22.1
生産用機械器具	63	574	5,912	6.2	52.3	10.0	1.1	2.9	2.7		24.9
業務用機械器具	17	338	3,338	4.0	53.9	10.5	0.7	4.1	2.1		24.6
電気機械器具	30	665	7,115	3.5	53.4	10.5	0.9	3.5	2.1		26.0
情報通信機械器具	26	688	8,233	2.5	48.0	8.6	1.3	7.3	1.7		30.4
輸送用機械器具	38	1,258	11,799	2.5	63.3	11.4	1.3	2.7	2.5		16.3
自動車・同付属品	26	1,098	10,570	2.1	63.3	11.1	1.2	2.3	2.4		17.6
その他輸送機械器具	12	159	1,229	6.2	63.2	13.4	2.5	6.2	3.1		5.3
その他製造業	113	1,000	7,892	7.8	51.3	8.5	1.0	5.0	2.6		23.6
非 製 造 業	4,545	32,665	218,743	10.1	52.2	7.2	2.7	11.6	3.7		12.6
農林水産業（集約）	69	247	1,017	22.2	66.1	11.1	3.2	7.4	5.1		-15.2
農業、林業	59	206	776	23.3	65.1	9.9	3.5	8.5	5.3		-15.6
漁 業	10	40	242	18.7	69.4	14.9	2.2	3.9	4.7		-13.7
鉱業,採石,砂利採取業	8	39	806	5.8	21.0	3.5	2.0	3.2	3.2		61.2
建 設 業	986	3,756	30,924	17.2	49.3	7.4	1.0	6.0	3.0		16.1
電 気 業	14	137	2,550	2.0	40.4	9.9	10.8	12.7	36.1		-12.0
ガス・熱供給・水道業	2	45	643	2.6	43.1	7.2	2.8	13.5	13.5		17.4
情報通信業	179	2,428	24,619	4.6	51.3	7.2	2.9	6.5	2.5		25.0
運輸業,郵便業（集約）	184	3,273	20,010	4.9	62.6	9.8	3.0	19.2	4.2		-3.7
陸 運	150	2,550	13,689	5.3	70.5	10.9	3.5	8.9	5.0		-4.1
水 運	8	65	1,157	5.0	32.0	5.8	5.0	37.8	1.7		12.6
その他運輸	26	658	5,164	3.7	48.5	7.9	1.4	42.3	2.6		-6.4
卸売・小売業	1,126	9,210	59,641	9.5	52.5	6.9	1.4	13.2	2.4		14.0
卸 売 業	539	3,216	28,262	11.8	49.7	7.3	1.8	8.8	2.6		18.1
小 売 業	587	5,994	31,380	7.5	54.9	6.6	1.0	17.2	2.3		10.3
不動産, 物品賃貸	624	1,096	17,696	13.4	22.9	3.4	7.0	18.7	8.7		26.0
不 動 産 業	597	831	15,479	14.4	19.2	2.9	6.3	19.8	9.0		28.4
物品賃貸業	26	265	2,217	6.2	48.3	6.8	11.7	11.5	6.1		9.4
リ ー ス 業	17	171	1,612	6.1	47.6	6.7	15.5	11.0	6.2		6.3
その他の物品賃貸業	9	94	606	6.4	50.2	6.9	1.8	12.9	4.1		17.7
サービス業	1,354	12,433	60,836	10.2	59.6	7.4	3.0	10.5	2.5		6.8
宿泊, 飲食	248	2,526	5,103	16.7	106.3	11.1	3.5	42.0	4.7		-84.3
宿 泊 業	44	492	1,320	9.0	99.2	13.1	5.3	58.3	6.2		-91.2
飲 食 業	205	2,034	3,783	19.4	108.8	10.3	2.8	36.4	4.1		-81.9
生活関連, 娯楽	225	1,754	6,559	14.8	63.3	8.0	1.7	19.5	3.5		-11.1
生活関連サービス業	179	1,213	4,244	17.5	67.9	8.8	1.2	15.7	2.6		-13.6
娯 楽 業	46	541	2,315	9.9	55.1	6.7	2.7	26.4	5.8		-6.7
学術研究,専門・技術サービス業	441	1,936	21,280	10.7	39.2	5.3	6.1	5.4	2.2		31.0
広 告 業	56	287	2,487	13.8	54.0	8.2	0.7	7.5	1.8		14.0
純粋持株会社	11	89	7,832	2.0	7.4	1.3	14.5	3.6	2.2		68.9
その他の学術研究,専門・技術サービス業	374	1,560	10,960	16.2	58.6	7.5	1.4	6.2	2.3		7.8
教育, 学習支援業	37	433	1,711	9.4	58.6	5.6	0.6	18.4	2.7		4.7
医療, 福祉業	109	1,294	4,830	11.2	64.3	6.5	1.4	9.3	2.9		4.5
職業紹介・労働者派遣業	37	1,232	4,878	4.1	73.2	9.1	0.3	2.8	0.9		8.8
その他のサービス業	257	3,258	16,476	7.2	64.8	8.8	0.8	5.2	2.1		11.1

資料出所　財務省「法人企業統計年報」。詳細についてはD－6表の〔備考〕を参照のこと。
注　1．従業員数と従業員1人あたりの計算には役員は含まれない。
　　2．人件費には従業員給与のほか役員給与と福利厚生費が含まれる。
　　3．付加価値率＝付加価値額÷売上高。
　　4．労働分配率＝人件費÷付加価値額。

と人件費・労働分配率等の動向〔令和3年度／金融・保険業を除く〕

売上高人件費率(%)	従業員1人あたり（年額・千円）							付加価値率(%)	労働分配率(%)	売上高営業利益率(%)	売上高経常利益率(%)	産業
	売上高	営業利益	経常利益	付加価値額	人件費	資産	負債					
14.3	34,828	1,304	2,019	7,216	4,969	48,486	28,850	20.7	68.9	3.7	5.8	全
13.6	45,100	2,329	3,726	9,122	6,141	60,152	30,428	20.2	67.3	5.2	8.3	製
12.4	33,037	960	1,528	5,499	4,108	31,271	17,956	16.6	74.7	2.9	4.6	食
19.0	21,266	36	941	4,602	4,034	32,898	18,736	21.6	87.6	0.2	4.4	繊
15.9	30,754	1,065	1,495	6,581	4,875	34,306	21,184	21.4	74.1	3.5	4.9	木
12.7	42,397	1,489	2,385	7,580	5,402	52,483	30,435	17.9	71.3	3.5	5.6	パ
23.0	22,668	140	822	5,991	5,219	34,282	16,078	26.4	87.1	0.6	3.6	印
10.6	74,632	7,168	9,553	16,105	7,883	129,913	58,004	21.6	48.9	9.6	12.8	化
2.1	371,616	21,473	23,279	32,493	7,846	261,840	178,788	8.7	24.1	5.8	6.3	石
14.8	41,384	2,049	3,331	8,903	6,112	62,508	29,887	21.5	68.7	5.0	8.0	窯
8.2	84,497	4,093	5,639	12,269	6,941	99,654	59,538	14.5	56.6	4.8	6.7	鉄
7.5	89,512	3,990	6,048	11,543	6,692	118,044	72,545	12.9	58.0	4.5	6.8	非
22.0	25,577	1,042	1,619	7,127	5,615	34,524	16,520	27.9	78.8	4.1	6.3	金
21.8	32,210	2,238	2,958	9,889	7,029	46,690	21,598	30.7	71.1	6.9	9.2	は
15.9	44,455	2,678	4,163	10,295	7,050	60,210	31,079	23.2	68.5	6.0	9.4	生
17.3	39,078	2,506	4,614	9,875	6,755	60,684	28,004	25.3	68.4	6.4	11.8	業
16.2	44,528	2,878	4,655	10,696	7,212	68,269	37,047	24.0	67.4	6.5	10.5	電
14.3	49,708	3,797	5,095	11,966	7,087	69,724	34,812	24.1	59.2	7.6	10.2	情
12.2	59,427	1,654	4,276	9,383	7,247	74,723	35,387	15.8	77.2	2.8	7.2	輸
11.8	62,205	1,806	4,714	9,623	7,362	77,813	35,095	15.5	76.5	2.9	7.6	自
15.9	40,250	605	1,259	7,724	6,397	53,395	37,402	19.2	82.8	1.5	3.1	他
16.0	33,341	1,945	2,993	7,889	5,339	42,924	20,267	23.7	67.7	5.8	9.0	非
14.5	32,026	1,025	1,553	6,697	4,650	45,305	28,419	20.9	69.4	3.2	4.8	農
19.9	20,629	−493	829	4,125	4,101	24,659	19,882	20.0	99.4	−2.4	4.0	漁
19.3	19,107	−455	784	3,758	3,694	23,487	19,525	19.7	98.3	−2.4	4.1	鉱
21.8	28,438	−692	1,056	6,009	6,187	30,670	21,712	21.1	103.0	−2.4	3.7	建
10.0	62,619	13,109	15,319	20,724	6,282	238,457	81,700	33.1	30.3	20.9	24.5	電
16.7	36,384	1,410	1,847	8,233	6,081	33,984	19,654	22.6	73.9	3.9	5.1	ガ
4.7	207,567	−212	2,259	18,558	9,718	535,442	432,343	8.9	52.4	−0.1	1.1	情
6.1	124,104	2,890	4,317	14,289	7,549	163,648	87,229	11.5	52.8	2.3	3.5	運
19.4	32,946	2,827	3,362	10,141	6,395	54,306	30,286	30.8	63.1	8.6	10.2	陸
23.4	20,165	−41	375	6,113	4,726	34,720	23,158	30.3	77.3	−0.2	1.9	水
29.0	16,065	−32	97	5,368	4,655	29,332	19,216	33.4	86.7	−0.2	0.6	他
7.2	105,668	3,119	16,766	17,679	7,566	149,422	100,859	16.7	42.8	3.0	15.9	卸
17.1	27,555	−390	−176	7,854	4,720	44,201	30,711	28.5	60.1	−1.4	−0.6	小
8.3	53,932	996	1,614	6,475	4,464	37,324	23,094	12.0	68.9	1.8	3.0	不
6.1	98,506	1,747	3,072	8,787	6,042	67,535	42,373	8.9	68.8	1.8	3.1	物
12.1	30,013	592	831	5,235	3,618	21,113	12,748	17.4	69.1	2.0	2.8	リ
10.6	60,176	5,326	5,940	16,143	6,396	246,430	174,118	26.8	39.6	8.8	9.9	他
11.6	58,434	6,457	7,286	18,618	6,799	250,778	167,635	31.9	36.5	11.1	12.5	サ
7.8	65,646	1,772	1,713	8,374	5,130	232,780	194,470	12.8	61.3	2.7	2.6	宿
6.8	84,194	2,055	1,850	9,437	5,702	328,882	278,288	11.2	60.4	2.4	2.2	宿
12.8	31,966	1,259	1,464	6,444	4,090	58,269	42,267	20.2	63.5	3.9	4.6	飲
29.5	12,799	478	943	4,893	3,779	31,893	18,514	38.2	77.2	3.7	7.4	生
30.0	9,039	−1,633	−136	2,020	2,709	13,896	10,990	22.3	134.1	−18.1	−1.5	娯
35.4	9,188	−2,302	−1,521	2,681	3,255	21,397	18,593	29.2	121.4	−25.1	−16.6	学
28.6	9,003	−1,471	200	1,860	2,577	12,079	9,149	20.7	138.5	−16.3	2.2	広
25.0	12,898	−352	125	3,740	3,223	18,970	14,229	29.0	86.2	−2.7	1.0	純
30.7	10,732	−434	56	3,500	3,292	13,396	10,022	32.6	94.1	−4.0	0.5	教
17.3	17,754	−168	280	4,278	3,068	31,463	23,659	24.1	71.7	−0.9	1.6	医
22.6	26,865	4,083	4,259	10,989	6,070	134,775	72,441	40.9	55.2	15.2	15.9	職
12.6	52,319	1,271	2,205	8,658	6,582	32,639	18,402	16.5	76.0	2.4	4.3	広
8.0	118,026	73,274	65,168	87,837	9,488	2,350,665	1,258,310	74.4	10.8	62.1	55.2	純
34.1	16,968	646	1,147	7,026	5,781	26,920	14,606	41.4	82.3	3.8	6.8	教
39.3	7,401	211	428	3,947	2,905	9,287	5,479	53.3	73.6	2.8	5.8	医
41.0	7,471	219	295	3,734	3,060	6,847	5,144	50.0	81.9	2.9	4.0	職
42.3	8,104	359	467	3,960	3,425	4,600	2,494	48.9	86.5	4.4	5.8	他
34.3	11,909	603	754	5,057	4,084	14,927	7,703	42.5	80.8	5.1	6.3	他

5. 付加価値＝営業純益（営業利益−支払利息・割引料）＋役員給与＋従業員給与＋福利厚生費＋支払利息・割引料＋動産・不動産賃借料＋租税公課（減価償却費は含まない）。
6. 資産は、流動資産、固定資産、繰延資産の合計。
7. 負債は、流動負債と固定負債に、特別法上の準備金が存在すれば、それも含まれる。
8. 売上高営業利益率＝営業利益÷売上高×100。

D-10　1人1ヵ月平均労働費用額

(1)常用労働者1人1カ月平均労働費用額

(単位　円・%)

企業規模・産業	労働費用総額	現金給与額	現金給与以外の労働費用	企業規模・産業・年	労働費用総額	現金給与額	現金給与以外の労働費用
令和3年計	408,140	334,845(82.0)	73,296(18.0)	金融業、保険業	610,565	472,669(77.4)	137,896(22.6)
1,000人以上	450,720	365,787(81.2)	84,933(18.8)	不動産業、物品賃貸業	490,511	392,854(80.1)	97,656(19.9)
300～999人	415,532	340,495(81.9)	75,037(18.1)	学術研究、専門・技術サービス業	608,696	498,544(81.9)	110,153(18.1)
100～299人	391,151	323,761(82.8)	67,390(17.2)	宿泊業、飲食サービス業	216,886	185,465(85.5)	31,422(14.5)
30～99人	352,005	292,370(83.1)	59,635(16.9)	生活関連サービス業、娯楽業	312,298	265,034(84.9)	47,264(15.1)
鉱業、採石業、砂利採取業	581,989	475,356(81.7)	106,633(18.3)	教育、学習支援業	465,097	386,667(83.1)	78,430(16.9)
建設業	531,631	434,862(81.8)	96,750(18.2)	医療、福祉	361,190	304,970(84.4)	56,220(15.6)
製造業	476,149	384,593(80.8)	91,556(19.2)	サービス業(他に分類されないもの)	290,078	243,443(83.9)	46,635(16.1)
電気・ガス・熱供給・水道業	618,799	429,788(69.5)	189,011(30.5)	平成28年計	416,824	337,192(80.9)	79,632(19.1)
情報通信業	577,690	466,023(80.7)	111,667(19.3)	23	434,083	352,018(81.1)	82,065(18.9)
運輸業、郵便業	378,498	312,044(82.4)	66,454(17.6)	18	462,329	374,591(81.0)	87,738(19.0)
卸売業、小売業	354,143	291,000(82.2)	63,143(17.8)	14	449,699	367,453(81.7)	82,245(18.3)

資料出所　厚生労働省「就労条件総合調査」。以下〈参考表〉まで同じ。
注　1.　( )の数値は、「労働費用総額」を100とした割合である。
　　2.　平成10年調査は12月末日現在、14年、18年、23年、28年調査は1月1日現在である。
　　3.　平成19年以前は、調査対象を「本社の常用労働者が30人以上の民営企業」としており、平成20年から「常用労働者が30人以上の民営企業」に範囲を拡大した。23年※は、「本社の常用労働者が30人以上の民営企業」で集計したものであり、19年以前との結果と時系列で比較する場合はこちらを参照されたい。

(2)常用労働者1人1カ月平均現金給与以外の労働費用の内訳

(単位　円・%)

企業規模・年	計	法定福利費	法定外福利費	現物給与の費用	退職給付等の費用	教育訓練費	その他の[1]労働費用
令和3年計	73,296 (100.0)	50,283 (68.6)	4,882 (6.7)	481 (0.7)	15,955 (21.8)	670 (0.9)	1,024 (1.4)
1,000人以上	84,933	54,348	5,639	444	22,985	802	714
300～999人	75,037	50,804	4,567	276	17,295	710	1,384
100～299人	67,390	48,024	4,546	893	12,071	664	1,192
30～99人	59,635	45,819	4,414	318	7,732	424	928
平成28年	79,632	47,693	6,528	465	18,834	1,008	5,103
23	82,065	46,872	8,933	657	23,379	1,120	1,105
18	87,738	46,456	9,555	989	27,517	1,541	1,679
14	82,245	41,937	10,312	1,266	25,862	1,256	1,613

注　1.　「その他の労働費用」とは、募集費、従業員の転勤に際し企業が負担した費用(旅費、宿泊料等)、社内情報・作業服等の費用(安全服や守衛の衣服制服のように業務遂行上必要と認められている制服等を除く)、表彰の費用等をいう。
　　2.　(1)表2.3.を参照。
　　3.　計の( )の数値は構成比(%)である。

(3)常用労働者1人1カ月平均法定福利費

(単位　円・%)

企業規模・年	計	健康保険料・介護保険料[1]	厚生年金保険料	労働保険料	雇用保険にかかる額	労災保険にかかる額	児童手当拠出金	障害者雇用納付金	法定補償費	その他の[2]法定福利費
令和3年計	50,283 (100.0)	17,496 (34.8)	27,905 (55.5)	3,695 (7.3)	2,120 (4.2)	1,575 (3.1)	987 (2.0)	96 (0.2)	4 (0.0)	98 (0.2)
1,000人以上	54,348	18,858	30,197	3,942	2,224	1,718	1,105	87	4	155
300～999人	50,804	17,540	28,499	3,552	2,162	1,390	1,032	112	2	67
100～299人	48,024	16,864	26,443	3,534	2,065	1,469	906	181	11	85
30～99人	45,819	16,012	25,265	3,645	1,974	1,671	841	―	0	56
平成28年	47,693	16,881	25,914	4,244	2,902	1,343	452	74	10	118
23	46,872	15,544	25,216	5,473	3,277	2,195	430	36	8	165
18	46,456	15,746	23,831	6,363	2,953	2,275	317	62	9	129
14	41,937	13,303	22,814	5,365	3,104	2,412	302	88	12	52

注　1.　「子ども・子育て拠出金」、平成28年調査までは「児童手当拠出金」。
　　2.　「その他の法定福利費」とは、石炭鉱業年金掛金及び船員保険料等をいう。
　　3.　(2)表2.3.を参照。

(4)常用労働者1人1カ月平均法定外福利費

(単位　円・%)

企業規模・年	計	住居に関する費用	医療保健に関する費用	食事に関する費用	文化・体育・娯楽に関する費用	私的保険制度への拠出金	労災付加給付の費用	慶弔見舞等の費用	財形貯蓄奨励金、給付金及び基金への拠出金	その他の法定外福利費[1]
令和3年計	4,882 (100.0)	2,509 (51.4)	729 (14.9)	493 (10.1)	163 (3.3)	373 (7.6)	88 (1.8)	184 (3.8)	48 (1.0)	296 (6.1)
1,000人以上	5,639	3,974	768	174	141	111	35	168	64	204
300～999人	4,567	2,506	710	427	161	157	67	198	34	309
100～299人	4,546	1,832	756	690	176	367	123	204	45	353
30～99人	4,414	960	660	849	183	1,027	159	172	41	362
平成28年	6,528	3,090	877	552	128	222	161	500		
23	8,933	4,439	1,052	819	412	510	167	282	163	1,089
18	9,555	4,766	641	871	574	999	216	306	238	944
14	9,504	5,104	699	1,117	736	1,166	156	335	356	1,092

注　1.　「その他の法定外福利費」とは、通勤バス・売店等の費用、共済会への拠出、持株援助に関する費用等をいう。
　　2.　(2)表注2.3.を参照。

とその内訳〔令和4年／令和3年／平成28年〕

〈参考1〉 時間外労働割増賃金率の定めの有無、定め方、割増賃金率階級別企業割合（単位　％）

企業規模	全企業	時間外労働の割増賃金率の定め						定めていない
		定めている	時間外労働の割増賃金率の定め方					
			一律に定めている	時間外労働の割増賃金率		時間外労働時間数等に応じて異なる率を定めている		
				25%	26%以上			
令和4年計	100.0	93.8	85.3 (100.0)	(92.8)	(6.1)	8.5		5.6
1,000人以上	100.0	99.5	86.5 (100.0)	(79.3)	(20.7)	13.0		0.1
300～999人	100.0	98.0	86.4 (100.0)	(84.6)	(14.5)	11.6		1.5
100～299人	100.0	96.4	86.6 (100.0)	(91.9)	(7.6)	9.8		3.5
30～99人	100.0	92.4	84.8 (100.0)	(94.3)	(4.3)	7.6		6.8

注　（　）の数値は、時間外労働の割増賃金率を「一律に定めている」企業を100とした割合である。

〈参考2〉 月間60時間超時間外労働割増賃金率定めの有無等別企業割合　（単位　％）

企業規模	時間外労働の割増賃金率を定めている企業[1]	定めている[2][3]	1カ月60時間を超える時間外労働に係る割増賃金率		定めていない
			25～49%	50%以上	
令和4年計	[93.8] 100.0	30.0 (100.0)	(44.7)	(54.0)	69.5
1,000人以上	[99.5] 100.0	74.5 (100.0)	(3.2)	(96.2)	25.4
300～999人	[98.0] 100.0	53.6 (100.0)	(11.4)	(86.7)	45.8
100～299人	[96.4] 100.0	32.2 (100.0)	(30.8)	(68.5)	67.6
30～99人	[92.4] 100.0	25.5 (100.0)	(61.5)	(37.0)	74.0

注　1．1）［　］内の数値は、全企業に対する「時間外労働の割増賃金率を定めている」企業割合である。
　　2）「定めている」には、「1カ月60時間を超える時間外労働に係る割増賃金率」が「不明」の企業を含む。
　　3）（　）内の数値は、1カ月60時間を超える時間外労働に係る割増賃金率を「定めている」企業を100とした割合である。

〈参考3〉 派遣労働者受入れの有無別企業割合、常用労働者への派遣労働者割合及び月平均受入れ関係費用　（単位　％）

企業規模・産業・年	全企業	派遣労働者受入れ		受入れ企業の派遣労働者[1]	1企業月平均派遣労働者受入れ関係費用（千円）	1人月平均派遣労働者受入れ関係費用（円）
		あり	なし			
平成28年計	100.0	28.4	71.6	10.9	72,243	261,706
1,000人以上	100.0	61.5	38.5	9.5	805,365	307,359
300～999人	100.0	51.9	48.1	11.5	145,632	243,831
100～299人	100.0	40.2	59.8	11.7	56,071	257,302
30～99人	100.0	22.2	77.8	13.4	17,477	199,877
鉱業、採石業、砂利採取業	100.0	22.2	77.8	4.2	24,239	358,839
建設業	100.0	13.4	86.6	7.6	87,319	387,431
製造業	100.0	41.3	58.7	9.4	66,810	282,483
電気・ガス・熱供給・水道業	100.0	36.0	64.0	3.0	86,668	268,950
情報通信業	100.0	38.2	61.8	18.8	249,741	370,720
運輸業、郵便業	100.0	13.9	86.1	15.6	99,762	191,003
卸売業、小売業	100.0	30.3	69.7	5.6	31,822	267,947
金融業、保険業	100.0	61.1	38.9	17.1	446,342	250,729
不動産業、物品賃貸業	100.0	33.1	66.9	16.9	31,117	95,566
学術研究、専門・技術サービス業	100.0	34.8	65.2	12.4	114,273	433,331
宿泊業、飲食サービス業	100.0	23.2	76.8	20.4	14,454	58,455
生活関連サービス業、娯楽業	100.0	18.5	81.5	20.4	26,863	94,483
教育、学習支援業	100.0	14.6	85.4	5.2	22,672	260,358
医療、福祉	100.0	11.0	89.0	8.0	41,101	217,916
サービス業(他に分類されないもの)	100.0	14.8	85.2	18.4	82,026	191,289
平成23*年	100.0	30.2	69.8	10.8	86,830	267,208
18	100.0	36.7	63.3	12.4	78,826	231,697
10	100.0	20.3	79.7	5.8	62,253	296,551

注　1．「受入れ企業の派遣労働者」とは、受入れ企業の期間を定めずに雇用されている常用労働者（パートタイム労働者を除く）に対する1カ月平均の派遣労働者割合である。
　　2．平成10年調査は12月末日現在、18年調査以降は1月1日現在である。
　　3．（1）表注2、3．参照。
　　4．建設業務への労働者派遣は「労働者派遣事業の適正な運営の確保及び派遣労働者の就業条件の整備等に関する法律」（昭和60年法律第88号）で禁止されているが、施工管理業務や建設現場の事務職員が行う業務等は、労働者派遣の対象となる。また、医業等医療関連業務への労働者派遣は原則禁止だが、医療事務等の業務は労働者派遣の対象となる。
　　5．本表は平成28年「就労条件総合調査」を最後にデータが更新されていないため、平成28年発表分を掲載している。

E－1 労 働

	年	総人口(A)	15歳以上人口(B)	労働力人口 総数(C)	就業者数 総数	雇用者(D)	うち女性	うち短時間雇用者	農林業	非農林業
		万人								
実数	昭和45年	10,372	7,890	5,153	5,094	3,306	1,096	—	—	—
	50	11,194	8,471	5,323	5,223	3,646	1,167	—	—	—
	55	11,706	8,954	5,650	5,536	3,971	1,354	—	—	—
	60	12,105	9,501	5,963	5,807	4,313	1,548	—	—	—
	平成2年	12,361	10,107	6,384	6,249	4,835	1,834	—	—	—
	7	12,557	10,554	6,666	6,457	5,263	2,048	—	—	—
	12	12,693	10,842	6,766	6,446	5,356	2,140	—	—	—
	17	12,777	11,008	6,651	6,356	5,393	2,229	896	—	—
	22	12,806	11,111	6,632	6,298	5,500	2,342	985	237	6,062
	23	12,783	11,117	6,596	6,293	5,512	2,349		231	6,062
	24	12,763	11,110	6,565	6,280	5,513	2,360	1,017	225	6,055
	25	12,741	11,107	6,593	6,326	5,567	2,411	1,063	218	6,109
	26	12,723	11,109	6,609	6,371	5,613	2,443	1,121	210	6,162
	27	12,705	11,110	6,625	6,402	5,663	2,483	1,121	209	6,194
	28	12,694	11,115	6,678	6,470	5,755	2,542	1,153	203	6,267
	29	12,673	11,118	6,732	6,542	5,830	2,596	1,130	201	6,341
	30	12,648	11,116	6,849	6,682	5,954	2,681	1,252	210	6,472
	令和元年	12,619	11,112	6,912	6,750	6,028	2,734	1,283	207	6,542
	2	12,586	11,108	6,902	6,710	6,005	2,721	1,260	200	6,510
	3	12,529	11,087	6,907	6,713	6,016	2,739	1,277	195	6,517
対前年増減差(＋・－)	昭和45〜50年(平均)	164	112	34	26	68	14	—	—	—
	昭和50〜55年(平均)	102	98	65	63	65	37	—	—	—
	昭和55〜60年(平均)	80	107	63	54	68	39	—	—	—
	昭和60〜平成2年(平均)	51	125	84	88	104	57	—	—	—
	平成2〜7年(平均)	39	84	56	42	86	43	—	—	—
	平成7〜12年(平均)	27	65	20	−2	19	18	—	—	—
	平成12〜17年(平均)	17	34	−23	−18	7	18	—	—	—
	平成17〜22年(平均)	6	21	−4	−12	21	23	18	—	—
	23	−23	6	−36	−5	12	7		−6	0
	24	−20	−7	−31	−13	1	11		−6	−7
	25	−22	−3	28	46	54	51	46	−7	54
	26	−18	2	16	45	46	32	58	−8	53
	27	−18	1	16	31	50	40	0	−1	32
	28	−11	5	53	68	92	59	32	−6	73
	29	−21	3	54	72	75	54	−23	−2	74
	30	−25	−2	117	140	124	85	—	9	131
	令和元年	−29	−4	63	68	74	53	31	−3	70
	2	−33	−4	−10	−40	−23	−13	−23	−7	−32
	3	−57	−21	5	3	11	18	17	−5	7

資料出所　総務省統計局「労働力調査」及び厚生労働省「雇用動向調査」(入・離職率のみ)。
注　1.　労働力調査はその時点の最新の国勢調査人口を基準とした推計人口を用いる。現在は2020年国勢調査基準人口が最新となる。主な統計指標は同基準人口によって遡って補正されているが、女性・短時間雇用者の指標は2018年までしか遡れないため、2017年以前とは接続しない。

〔参考1〕雇用者の内訳(男女計) (単位 万人)

年	雇用者	役員を除く雇用者	正規の職員・従業員	非正規の職員・従業員	パート、アルバイト	パート	アルバイト	派遣社員	契約社員・嘱託	その他	正規雇用者割合[％]	非正規雇用者割合[％]
平成2年	4,690	4,369	3,488	881	710	—	—	171	—	—	79.8	20.2
7	5,169	4,780	3,779	1,001	825	—	—	176	—	—	79.1	20.9
12	5,267	4,903	3,630	1,273	1,078	—	—	195	—	—	74.0	26.0
17	5,408	5,008	3,375	1,634	1,120	780	340	106	279	129	67.4	32.6
22	5,508	5,138	3,374	1,763	1,196	852	344	96	333	138	65.7	34.3
27	5,653	5,303	3,317	1,986	1,370	964	405	127	406	84	62.5	37.5
28	5,748	5,397	3,372	2,025	1,404	989	415	133	406	81	62.5	37.5
29	5,824	5,474	3,434	2,040	1,416	999	417	134	412	78	62.7	37.3
30	5,948	5,617	3,492	2,126	1,494	1,039	455	137	415	80	62.1	37.9
令和元年	6,024	5,688	3,515	2,173	1,523	1,051	472	142	420	87	61.7	38.3
2	6,000	5,655	3,556	2,100	1,479	1,030	449	139	395	86	62.8	37.2
3	6,007	5,662	3,587	2,075	1,463	1,024	439	141	390	82	63.3	36.7
男性	3,269	3,007	2,353	653	340	123	217	53	219	41	78.2	21.8
女性	2,737	2,655	1,233	1,422	1,123	901	222	88	171	41	46.4	53.6

資料出所　総務省統計局「労働力調査(詳細集計)」。
注　詳細集計は調査範囲の違いにより基本集計による他表とは数値に差が生じている(E-28注を参照)。

力　状　態

完全失業者 (E)	うち世帯主	非労働力人口	生産年齢人口比率 (B/A)	労働力率 (C/B)	うち女性	完全失業率 (E/C)	雇用失業率 (E/D+E)	入職率(製造業)	離職率(製造業)	年(西暦)
						%				
59	—	2,723	76.0	65.4	49.9	1.1	1.8	—	—	1970
100	40	3,095	75.4	63.0	45.7	1.9	2.7	—	—	75
114	42	3,249	76.3	63.3	47.6	2.0	2.8	—	—	80
156	56	3,450	78.2	63.0	48.7	2.6	3.5	—	—	85
134	40	3,657	81.6	63.3	50.1	2.1	2.7	—	—	90
210	59	3,836	83.7	63.4	50.0	3.2	3.8	—	—	95
320	90	4,057	85.4	62.4	49.3	4.7	5.6	10.0	12.2	2000
294	72	4,346	86.2	60.4	48.4	4.4	5.2	11.9	11.7	05
334	81	4,473	86.8	59.6	48.5	5.0	5.7	9.1	9.7	10
302	73	4,518	87.0	59.3	48.2	4.6	5.2	8.6	9.7	11
285	66	4,543	87.0	59.1	48.2	4.3	4.9	10.6	11.3	12
265	58	4,510	87.2	59.3	48.9	4.0	4.5	9.4	10.6	13
236	51	4,494	87.3	59.4	49.2	3.6	4.0	9.6	10.6	14
222	47	4,479	87.4	59.6	49.6	3.4	3.8	9.7	10.4	15
208	43	4,430	87.6	60.0	50.3	3.1	3.5	9.2	11.4	16
190	38	4,379	87.7	60.5	51.1	2.8	3.2	10.6	9.4	17
167	35	4,258	87.9	61.5	52.5	2.4	2.7	9.3	9.4	18
162	33	4,191	88.1	62.1	53.3	2.3	2.6	10.1	9.6	19
192	39	4,197	88.3	62.0	53.2	2.8	3.1	7.8	9.4	20
195	40	4,171	88.5	62.1	53.5	2.8	3.1	8.2	9.7	21
8	—	74	-0.1	-0.5	-0.8	0.2	0.2	—	—	75/70
3	0	31	0.2	0.1	0.4	0.0	0.0	—	—	80/75
8	3	40	0.4	-0.1	0.2	0.1	0.1	—	—	85/80
-4	-3	41	0.7	0.1	0.3	-0.1	-0.2	—	—	90/85
15	4	36	0.4	0.0	-0.0	0.2	0.2	—	—	95/90
22	6	44	0.3	-0.2	-0.1	0.3	0.4	—	—	00/95
-5	-4	58	0.1	-0.4	-0.2	-0.1	-0.1	0.4	-0.1	05/00
8	2	25	0.1	-0.2	0.0	0.1	0.1	-0.6	-0.4	10/05
-32	-8	45	0.2	-0.3	-0.3	-0.4	-0.5	-0.5	0.0	11
-17	-8	25	0.0	-0.2	0.0	-0.3	-0.3	2.0	1.6	12
-20	-7	-33	0.2	0.2	0.7	-0.3	-0.4	-1.2	-0.7	13
-29	-8	-16	0.1	0.1	0.3	-0.4	-0.5	0.2	0.0	14
-14	-3	-15	0.1	0.2	0.4	-0.2	-0.2	0.1	-0.2	15
-14	-4	-49	0.2	0.4	0.7	-0.3	-0.3	-0.5	1.0	16
-18	-5	-51	0.1	0.5	0.8	-0.3	-0.3	1.4	-2.0	17
-23	-3	-121	0.2	1.0	1.4	-0.4	-0.5	-1.3	0.0	18
-5	-2	-67	0.2	0.6	0.8	-0.1	-0.1	0.8	0.2	19
30	6	6	0.2	-0.1	-0.1	0.5	0.5	-2.3	-0.2	20
3	1	-26	0.2	0.1	0.3	0.0	0.0	0.4	0.3	21

2. 就業者とは、従業者と休業者の合計で、従業者とは各月における調査期間時（1週間）中に収入を伴う仕事を少しでもした者（家業の手伝いは収入を伴う仕事とみなす）。短時間雇用者は、週就業時間が35時間未満の非農林業雇用者の合計（官公含み不明と休業者除く）。

3. 完全失業者とは、就業者以外の者のうち調査期間中に仕事を少しもしなかった者のうち、仕事がなくて仕事を探していた者。

4. 昭和47年までは沖縄県を含まない。

5. 入（離）職率＝$\dfrac{1～12月の入（離）職者数}{1月1日現在の常用労働者数}$×100。その他の用語については用語解説20参照。

〔参考2〕雇用形態別仕事からの年収分布（令和3年）　　　　　　　　　　（単位　%）

		100万円未満	100~199万円	200~299万円	300~399万円	400~499万円	500~699万円	700~999万円	1,000~1,499万円	1,500万円以上
男	分布割合(全体=100) 正規従業員	1.1	3.7	12.1	19.2	18.6	23.5	15.6	5.1	1.2
	非正規	29.2	27.0	21.5	11.2	5.3	3.6	1.3	0.5	0.3
	対前年比 正規従業員	0.1	-0.1	-0.4	-0.1	0.3	0.3	-0.1	-0.1	0.2
	非正規	0.3	-0.9	0.4	-0.6	0.2	0.5	-0.1	0.0	0.0
女	分布割合(全体=100) 正規従業員	3.5	12.0	26.7	24.6	15.5	12.3	4.5	0.7	0.3
	非正規	42.2	38.7	13.8	3.6	0.9	0.4	0.1	0.1	—
	対前年比 正規従業員	-0.1	-0.4	-0.1	-0.4	0.7	0.5	-0.2	0.0	0.1
	非正規	-0.4	-0.2	0.2	0.2	0.0	0.0	0.0	0.0	

資料出所　総務省統計局「労働力調査（詳細集計）」。

E-2　従業上の地位と産業別就業者数

年	計	従業上の地位別（農林業含む）					産業別		
		自営業主	家族従業者	雇用者	常用雇用	臨時・日雇	第1次産業	第2次産業	第3次産業
実数（万人）（男女別）									
昭和45年	5,094	977	805	3,306	3,023	283	886	1,791	2,408
50	5,223	939	628	3,646	3,346	300	661	1,841	2,712
55	5,536	951	603	3,971	3,586	386	577	1,926	3,019
60	5,807	916	559	4,313	3,866	447	509	1,992	3,283
平成2年	6,249	878	517	4,835	4,316	519	451	2,099	3,669
7	6,457	784	397	5,263	4,709	553	367	2,125	3,940
12	6,446	731	340	5,356	4,684	671	326	1,979	4,103
17	6,356	650	282	5,393	4,631	762	282	1,713	4,284
22	6,298	582	190	5,500	4,740	760	255	1,567	4,414
23	6,293	568	188	5,512	4,749	759	249	1,554	4,434
24	6,280	560	180	5,513	4,752	761	241	1,539	4,436
25	6,326	555	174	5,567	5,093	473	234	1,544	4,458
26	6,371	559	168	5,613	5,180	432	231	1,553	4,488
27	6,402	546	162	5,663	5,235	427	229	1,545	4,530
28	6,470	530	154	5,755	5,330	420	223	1,544	4,601
29	6,542	529	151	5,830	5,406	413	221	1,556	4,660
30	6,682	535	151	5,954	—	—	228	1,572	4,746
令和元年	6,750	532	144	6,028	—	—	222	1,570	4,808
2	6,710	527	140	6,005	—	—	213	1,547	4,826
3	6,713	523	139	6,016	—	—	208	1,533	4,866
対前年増減差（＋・－万人）									
昭和45～50年(平均)	26	-8	-35	68	65	3	-45	10	61
昭和50～55年(平均)	63	2	-5	65	48	17	-17	17	61
昭和55～60年(平均)	54	-7	-9	68	56	12	-14	13	53
昭和60～2年(平均)	80	-5	-7	92	78	14	-12	14	65
平成2～7年(平均)	81	-21	-28	131	120	11	-20	27	74
平成7～12年(平均)	-2	-11	-11	19	-5	24	-8	-29	33
平成12～17年(平均)	-18	-16	-12	7	-11	18	-9	-53	36
平成17～22年(平均)	-12	-14	-18	21	22	0	-6	-2	72
23	-5	-14	-2	12	9	-1	-6	-13	20
24	-13	-8	-8	1	3	2	-8	-15	2
25	46	-5	-6	54	341	-288	-7	5	22
26	45	4	-6	46	87	-41	-3	9	30
27	31	-13	-6	50	55	-5	-2	-8	42
28	68	-16	-8	92	95	-7	-6	-1	71
29	72	-1	-3	75	76	-7	-2	12	59
30	140	6	0	124	—	—	7	16	86
令和元年	68	-3	-7	74	—	—	-6	-2	62
2	-40	-5	-4	-23	—	—	-9	-23	18
3	3	-4	-1	11	—	—	-5	-14	40
構成比（％）									
昭和45年	100.0	19.2	15.8	64.9	59.3	5.6	17.4	35.2	47.3
50	100.0	18.0	12.0	69.8	64.1	5.7	12.7	35.2	51.9
55	100.0	17.2	10.9	71.7	64.8	7.0	10.4	34.8	54.5
60	100.0	15.8	9.6	74.3	66.6	7.7	8.8	34.3	56.5
平成2年	100.0	14.1	8.3	77.4	69.1	8.3	7.2	33.6	58.7
7	100.0	12.1	6.1	81.5	72.9	8.6	5.7	32.9	61.0
12	100.0	11.3	5.3	83.1	72.7	10.4	5.1	30.7	63.7
17	100.0	10.2	4.4	84.8	72.9	12.0	4.4	27.0	67.4
22	100.0	9.2	3.0	87.3	75.3	12.1	4.0	24.9	70.1
23	100.0	9.0	3.0	87.6	75.5	12.1	4.0	24.7	70.5
24	100.0	8.9	2.9	87.8	75.7	12.1	3.8	24.5	70.6
25	100.0	8.8	2.8	88.0	80.5	7.5	3.7	24.4	70.5
26	100.0	8.8	2.6	88.1	81.3	6.8	3.6	24.4	70.4
27	100.0	8.5	2.5	88.5	81.8	6.7	3.6	24.1	70.8
28	100.0	8.2	2.4	88.9	82.4	6.5	3.4	23.9	71.1
29	100.0	8.1	2.3	89.1	82.6	6.3	3.4	23.8	71.2
30	100.0	8.0	2.3	89.1	—	—	3.4	23.5	71.0
令和元年	100.0	7.9	2.1	89.3	—	—	3.3	23.3	71.2
2	100.0	7.9	2.1	89.5	—	—	3.2	23.1	71.9
3	100.0	7.8	2.1	89.6	—	—	3.1	22.8	72.5

資料出所　総務省統計局「労働力調査」。
注　1．E-1表の注「1」に同じ。
　　2．第1次産業は「農業林業」「漁業」、第2次産業は「鉱業採石業砂利採取業」「建設業」「製造業」、第3次産業は分類不能を除く前記の第1次・第2次産業以外の産業の和。
　　3．日本標準産業分類の改定に伴い、産業区分・範囲がその都度変更されるので、産業別の時系列比較には注意を要する。
　　4．「従業上の地位」については巻末の用語解説15参照。
　　5．計には不詳分が含まれるため、計と内訳の合計とは一致しない。
　　6．常用雇用と臨時・日雇の区分は平成29年まで。

E-3　産業大分類別の従業者数・事業所数等〔民営〕

(1)事業所数及び従業者数の推移（平成24年～令和3年）

調査年 （調査時点）	事業所数					従業者数			1事業所 当たり 従業者数 （人）
	実数(千)	増減(△)率		存続 事業所	新設 事業所	廃業 事業所	実数 （千）	増減(△)率	
		（%）	年率					（%）	年率	
平成24年 （2012.2.1)	5,454	△7.3	△2.3	5,162	279	951	55,870	△4.4	1.5	10.2
26 （2014.7.1)	5,542	1.6	0.8	4,682	860	872	57,428	2.8	1.4	10.4
28 （2016.6.1)	5,341	△3.6	△1.8	4,805	536	806	56,873	△1.0	△0.5	10.6
令和3年 （2021.6.1)	5,079	△4.9	△1.8	―	―	―	57,458	1.0	0.2	11.3

資料出所　経済産業省「経済センサス」。令和3年は速報集計。事業内容不詳事業所を含まない。

(2)経営組織別事業所数及び従業上の地位別従業者数（令和3年）

産　　業	事業 所数 (千)	個人	法人	会社	会社 以外	従業 者数 （千人）	個人 業主	無給の 家族 従業者	有給 役員	常用 雇用	無期 雇用者	有期 雇用者	臨時 雇用者	1事業所 当たり （人）
全　産　業	5,079	1,636	3,414	2,943	471	57,458	1,629	423	3,790	50,210	35,599	14,611	1,406	11.3
農　林　漁　業	42	0	41	28	13	452	0	0	96	299	211	88	58	10.8
非　農　林　漁　業	5,037	1,636	3,373	2,915	457	57,006	1,629	423	3,695	49,911	35,388	14,523	1,349	11.3
鉱業,採石業,砂利採取業	2	0	2	2	0	20	0	0	3	17	15	2	0	10.4
建設業	484	110	374	373	1	3,765	110	27	619	2,916	2,574	342	94	7.8
製造業	411	99	311	307	4	8,867	99	33	513	8,131	6,734	1,397	90	21.6
電気・ガス・熱供給・水道業	9	0	9	9	0	202	0	0	9	192	174	18	1	22.0
情報通信業	76	2	74	72	1	1,931	2	0	96	1,818	1,609	208	15	25.5
運輸業,郵便業	128	9	119	116	3	3,289	9	2	120	3,107	2,461	646	51	25.6
卸売業,小売業	1,201	329	869	848	21	11,477	327	120	770	10,048	6,565	3,483	212	9.6
金融業,保険業	83	4	79	65	15	1,495	4	1	56	1,430	1,265	165	5	17.9
不動産業,物品賃貸業	372	104	268	262	6	1,601	104	30	399	1,043	786	257	26	4.3
学術研究,専門・技術サービス業	249	96	152	134	18	2,056	96	12	206	1,703	1,439	263	39	8.2
宿泊業,飲食サービス業	578	333	245	240	4	4,515	332	105	147	3,707	1,569	2,139	224	7.8
生活関連サービス業,娯楽業	428	271	157	148	8	2,191	269	49	110	1,682	983	699	82	5.1
教育,学習支援業	160	79	81	54	27	1,922	78	9	46	1,695	888	807	93	12.0
医療,福祉	460	156	301	109	191	8,145	156	22	278	7,477	5,374	2,103	212	17.7
複合サービス事業	33	3	9	9	0	453	3	1	11	432	358	75	5	13.9
サービス業(他に分類されないもの)	363	40	304	156	148	5,078	40	5	314	4,513	2,595	1,919	199	14.0

注1.　令和3年速報集計に基づいている。
　2.　経営組織別事業所数には、上記以外に「法人でない団体」「国・地方公共団体」が存在するため、個人と法
人の合計は事業所数に一致しない。
　3.　雇用者の内訳のなかの「無期雇用者」「有期雇用者（1カ月以上）」の区分は、平成28年まで「正社員、正
職員」「正社員、正職員以外」。このため、雇用者の内訳については時系列比較を行うことはできない。

(3)事業所従業者規模別従業者数（令和3年）
(単位　千人)

産業	分布 割合	1～4 人	5～9 人	10～19 人	20～29 人	30～49 人	50～99 人	100～ 199人	200～ 299人	300人 以上
全産業	100.0	5,995	6,474	8,612	5,526	6,245	7,164	5,599	2,711	9,132
農林漁業	0.8	36	81	122	68	68	46	20	8	3
非農林漁業	99.2	5,959	6,393	8,489	5,458	6,177	7,118	5,579	2,702	9,129
鉱業,採石業,砂利採取業	0.0	2	4	5	3	2	1	1	0	4
建設業	6.6	609	778	823	400	407	324	174	78	174
製造業	15.4	424	550	812	667	855	1,212	1,191	642	2,514
電気・ガス・熱供給・水道業	0.4	9	7	14	12	17	32	28	13	70
情報通信業	3.4	74	83	129	100	165	257	272	148	703
運輸業,郵便業	5.7	70	159	375	343	528	675	501	216	421
卸売業,小売業	20.0	1,457	1,698	2,272	1,305	1,216	1,311	975	364	879
金融業,保険業	2.6	65	108	244	183	219	199	112	60	304
不動産業,物品賃貸業	2.8	584	260	201	100	103	101	83	44	124
学術研究,専門・技術サービス業	3.6	345	275	258	139	165	194	177	90	412
宿泊業,飲食サービス業	7.9	731	735	952	648	556	508	163	59	162
生活関連サービス業,娯楽業	3.8	605	304	327	201	233	242	127	39	112
教育,学習支援業	3.3	167	156	239	196	253	225	160	65	461
医療,福祉	14.2	328	853	1,328	833	992	1,152	810	402	1,447
複合サービス事業	0.8	41	73	60	22	17	39	74	50	78
サービス業(他に分類されないもの)	8.8	448	349	451	306	450	647	729	432	1,266
全産業事業所数(千)		2,856	984	637	233	166	105	41	11	13

注1.　令和3年速報集計による。
　2.　本表には出向・派遣労働者のみの事業所を含まない。

E－4　産業大分類別の常用雇用指数 (5人以上事業所)

年(平成)	調査産業計	鉱業,採石業,砂利採取業等	建設業	製造業	電気・ガス業等	情報通信業	運輸業,郵便業	卸売業,小売業	金融業,保険業	不動産・物品賃貸業	学術研究等	飲食サービス業等	生活関連サービス業等	教育,学習支援業	医療,福祉	複合サービス事業	その他のサービス業
指数 (令和2年=100.0)																	
24年	90.1	125.0	90.9	102.3	115.6	92.0	98.0	92.8	99.7	82.9	83.6	78.8	91.8	80.8	82.8	97.9	84.8
25	90.5	113.7	90.5	100.8	110.8	91.4	96.4	92.8	98.4	84.4	84.9	79.4	90.5	81.8	87.0	101.8	86.0
26	91.5	107.9	90.5	99.8	108.3	92.5	95.9	93.4	98.3	86.7	86.5	80.8	89.9	82.3	90.6	105.8	88.3
27	92.6	106.9	90.3	98.7	106.2	93.1	96.6	94.5	99.7	88.8	89.7	83.6	89.8	83.4	92.5	102.2	90.2
28	93.7	106.7	90.4	97.9	105.2	94.2	96.3	95.7	101.0	92.3	92.7	86.7	91.2	85.7	94.5	99.1	91.6
29	96.0	101.2	94.3	98.4	105.3	96.8	97.6	97.2	101.1	95.2	95.7	91.5	94.5	90.6	96.7	98.8	94.1
30	97.1	100.9	95.5	98.8	103.6	96.7	97.8	98.3	100.8	96.6	96.2	93.8	97.1	96.2	96.0	100.8	96.5
令和元年	99.0	101.7	98.1	99.8	100.9	97.8	98.8	99.3	101.8	98.0	97.9	98.8	99.5	97.6	98.3	99.7	99.6
2	100.0	100.0	100.0	100.0	100.0	100.0	100.0	100.0	100.0	100.0	100.0	100.0	100.0	100.0	100.0	100.0	100.0
3	101.1	99.9	102.0	98.9	99.7	101.2	99.7	101.1	99.7	101.5	100.9	104.1	97.7	103.3	102.5	99.0	101.0
対前年増減率(%)																	
25年	0.5	△9.1	△0.4	△1.5	△4.2	△0.7	△1.7	0.1	△1.2	1.9	1.5	0.7	△1.6	1.2	5.1	4.0	1.5
26	1.1	△5.1	0.0	△1.0	△2.3	1.2	△0.5	0.6	△0.1	2.7	1.9	1.8	△0.7	0.6	4.1	3.9	2.7
27	1.2	△0.9	△0.2	△1.1	△1.9	0.6	0.7	1.2	1.4	2.4	3.7	3.5	△0.1	1.3	2.1	△3.4	2.2
28	1.2	△0.2	0.1	△0.8	△0.9	1.2	△0.3	1.3	1.3	3.9	3.3	3.7	1.6	2.8	2.2	△3.0	1.6
29	2.5	△5.2	4.3	0.5	0.1	2.8	1.3	1.6	0.1	3.1	3.2	5.5	3.6	5.7	2.3	△0.3	2.7
30	1.1	△0.3	1.3	0.4	△1.6	△0.2	0.2	1.2	△0.1	1.5	0.6	2.5	2.7	6.1	△0.8	2.0	2.5
令和元年	2.0	0.8	2.8	1.0	△2.6	1.2	1.0	1.2	0.6	1.5	1.8	5.3	2.5	1.5	2.4	△1.1	3.2
2	1.0	△1.6	1.9	0.3	△0.8	2.3	1.3	0.5	△1.4	2.0	2.1	1.3	0.5	2.4	1.8	0.3	0.5
3	1.2	△0.1	2.0	△1.2	△0.3	1.1	△0.3	1.1	△0.3	1.5	0.9	4.1	△2.4	3.3	2.5	1.1	1.0
パート比率(%)	31.3	2.2	5.7	13.5	4.6	5.5	16.4	42.2	11.0	21.7	10.3	77.7	47.3	34.8	33.8	17.3	30.0

資料出所　厚生労働省「毎月勤労統計調査」。指数はパートタイム労働者含む就業形態計の数値。
注　パート比率は各産業の常用雇用者でのパートタイム労働者の割合で、E－5表も同じ。

E－5　製造業中分類別の常用雇用指数 (5人以上事業所)

年(平成)	食料品たばこ	繊維工業	木材木製品	家具装備品	パルプ紙同関連	印刷・同関連	化学石油・石炭	プラスチック製品	ゴム製品	窯業土石製品	鉄鋼業	非鉄金属
指数 (令和2年=100.0)												
24年	94.4	117.3	96.3	112.8	100.0	112.1	103.0	89.6	105.9	102.8	97.9	100.9
25	94.8	113.1	96.8	109.8	98.9	109.2	101.5	89.8	103.5	101.3	99.9	98.8
26	94.4	108.2	97.3	108.7	98.9	107.2	100.1	91.3	100.8	100.1	100.9	97.4
27	95.3	104.2	95.1	109.4	98.0	104.4	97.6	91.1	97.6	99.2	98.6	96.3
28	96.6	100.3	94.0	105.2	97.5	102.0	96.0	91.6	95.2	98.3	96.3	95.5
29	97.5	99.4	95.8	103.0	98.7	100.8	95.9	93.9	96.5	97.8	97.3	97.4
30	97.6	99.2	99.0	99.3	98.0	101.5	96.7	96.7	98.4	98.0	98.6	99.3
令和元年	98.2	100.0	99.0	99.7	101.2	100.4	98.7	99.1	100.1	99.2	100.2	100.3
2	100.0	100.0	100.0	100.0	100.0	100.0	100.0	100.0	100.0	100.0	100.0	100.0
3	100.1	96.5	99.2	97.7	98.9	98.3	100.0	99.1	99.4	99.3	98.2	98.7
対前年増減率(%)												
25年	0.4	△3.5	0.5	△2.8	△1.1	△2.6	△1.4	0.2	△2.3	△1.5	2.0	△2.0
26	△0.4	△4.3	0.5	△0.8	0.0	△1.8	△1.4	1.7	△2.6	△1.2	1.0	△1.4
27	1.0	△3.7	△2.3	0.6	△0.9	△2.6	△2.4	△0.2	△3.2	△0.9	△2.3	△1.1
28	1.4	△3.7	△1.2	△3.8	△0.5	△2.3	△1.6	0.5	△2.5	△0.9	△2.3	△0.8
29	0.9	△0.9	1.9	△2.1	1.2	△1.2	△0.1	2.5	1.4	△0.5	1.0	2.0
30	0.0	△0.1	3.2	△3.6	△0.6	0.7	0.8	3.1	2.0	0.3	1.3	2.0
令和元年	0.6	0.8	0.1	0.4	3.3	△1.1	2.1	2.4	1.9	1.2	1.6	1.0
2	1.8	△0.1	0.9	0.3	△1.2	△0.5	1.3	1.0	△0.2	0.8	△0.2	△0.3
3	0.1	△3.4	△0.7	△2.3	△1.1	△1.7	0.0	△0.9	△0.6	0.7	△1.8	△1.4
パート比率(%)	34.7	19.6	10.4	11.8	15.6	14.2	8.7	15.4	8.9	9.5	2.7	7.1

年(平成)	金属製品製造業	はん用機械器具	生産用機械器具	業務用機械器具	電子・デバイス	電気機械器具	情報通信機械器具	輸送用機械器具	その他の製造業	消費関連製造業	素材関連製造業	機械関連製造業
指数 (令和2年=100.0)												
24年	98.9	107.6	89.6	105.2	134.1	106.2	167.3	93.3	111.8	102.0	98.7	105.4
25	97.7	105.8	89.7	104.2	123.8	104.0	151.3	93.1	110.0	101.0	98.0	102.8
26	98.4	103.7	91.4	103.2	113.8	102.5	138.4	93.5	107.9	99.7	97.9	101.4
27	97.0	101.4	93.0	100.7	112.7	101.9	122.2	95.3	103.7	99.0	96.4	100.3
28	95.7	99.0	94.8	98.5	107.9	100.4	109.6	97.0	100.8	98.5	95.4	99.4
29	96.2	99.0	96.5	98.1	107.0	101.0	106.3	98.0	101.0	98.7	96.3	99.9
30	98.6	100.0	98.6	98.9	98.9	101.3	104.6	98.9	100.8	98.7	97.9	99.7
令和元年	99.9	101.0	99.8	100.2	100.8	100.9	101.3	100.4	100.5	99.1	99.6	100.5
2	100.0	100.0	100.0	100.0	100.0	100.0	100.0	100.0	100.0	100.0	100.0	100.0
3	99.0	98.2	99.6	97.0	100.1	99.8	99.7	96.9	100.0	99.3	99.2	98.5
対前年増減率(%)												
25年	△1.1	△1.7	0.2	△0.8	△7.7	△2.0	△9.5	△0.3	△1.6	△0.9	△0.8	△2.5
26	0.7	△2.0	1.9	△1.0	△4.4	△1.4	△8.5	0.4	△1.9	△1.3	△0.1	△1.4
27	△1.4	△2.2	1.8	△2.4	△0.9	△0.6	△11.7	1.9	△3.9	△0.7	△1.5	△1.1
28	△1.3	△2.4	1.9	△2.2	△4.3	△1.5	△10.3	1.8	△2.8	△0.5	△1.0	△0.9
29	0.5	0.0	1.8	△0.4	△0.9	0.6	△3.0	1.0	0.2	0.2	0.9	0.5
30	2.6	1.0	2.2	0.5	△8.2	0.3	△1.6	0.9	△0.2	0.1	1.8	△0.2
令和元年	1.1	1.0	1.2	1.7	1.9	△0.3	△3.2	1.6	△0.3	0.4	1.7	0.9
2	0.2	△1.0	0.2	△0.3	△0.8	△0.9	△1.3	△0.5	△0.5	1.0	0.5	△0.6
3	△1.0	△1.8	△0.4	△2.9	0.2	△0.2	△0.3	△3.1	△0.1	△0.8	△0.8	△1.5
パート比率(%)	11.2	5.4	5.8	9.4	7.0	11.8	6.2	3.5	19.4	27.6	10.5	6.4

資料出所　厚生労働省「毎月勤労統計調査」。注　C－1表及びE－4表の注参照。

E-6　一般職業紹介状況 （月平均・男女計）

	年	求職者数		求人		就職件数(C)	就職率(C/A)	求人倍率(B/A)	充足率(C/B)
		新規	有効(A)	新規	有効(B)	(千件)	(%)	(倍)	(%)
		(千人)							
新規学卒除きパートタイム労働者含む	昭和60年	412	1,707	401	1,161	130	7.6	0.68	11.2
	平成2年	312	1,294	645	1,815	113	8.8	1.40	6.2
	7	447	1,954	474	1,233	127	6.5	0.63	10.3
	12	559	2,507	586	1,473	155	6.2	0.59	10.5
	17	564	2,272	826	2,163	177	7.8	0.95	8.2
	22	645	2,706	571	1,404	179	6.6	0.52	12.8
	27	478	1,979	863	2,374	159	8.0	1.20	6.7
	28	447	1,866	911	2,530	151	8.1	1.36	6.0
	29	430	1,792	963	2,696	146	8.1	1.50	5.4
	30	408	1,725	977	2,780	136	7.9	1.61	4.9
	令和元年	396	1,710	958	2,734	127	7.4	1.60	4.6
	2	385	1,828	751	2,161	103	5.6	1.18	4.8
	3	387	1,949	782	2,196	105	5.4	1.13	4.8
新規学卒・パートタイム労働者除く	昭和60年	385	1,633	358	1,051	120	7.3	0.64	11.4
	平成2年	284	1,205	541	1,525	101	8.4	1.26	6.6
	7	385	1,727	372	975	103	5.9	0.56	10.5
	12	472	2,180	400	1,012	115	5.3	0.46	11.4
	17	432	1,774	565	1,487	126	7.1	0.84	8.5
	22	474	2,031	351	872	112	5.5	0.43	12.9
	27	334	1,363	519	1,434	98	7.2	1.05	6.8
	28	309	1,266	542	1,511	92	7.3	1.19	6.1
	29	292	1,188	575	1,617	87	7.3	1.36	5.4
	30	272	1,118	586	1,678	81	7.2	1.50	4.8
	令和元年	260	1,092	573	1,649	73	6.7	1.51	4.4
	2	254	1,173	453	1,319	57	4.9	1.12	4.4
	3	248	1,222	481	1,371	57	4.7	1.12	4.2
パートタイム労働者	昭和60年	27	74	43	110	11	14.9	1.49	10.0
	平成2年	28	89	104	290	12	13.5	3.27	4.1
	7	62	228	103	258	24	10.5	1.14	9.3
	12	87	327	186	460	41	12.5	1.41	8.9
	17	133	498	260	676	50	10.0	1.36	7.4
	22	171	675	221	531	67	9.9	0.79	12.6
	27	144	617	344	940	61	9.9	1.52	6.5
	28	138	600	368	1,019	58	9.7	1.70	5.7
	29	138	605	369	1,079	58	9.6	1.78	5.4
	30	136	607	390	1,102	56	9.2	1.82	5.1
	令和元年	136	617	386	1,088	53	8.6	1.76	4.9
	2	131	655	298	842	47	7.2	1.29	5.6
	3	139	727	300	825	48	6.6	1.13	5.8

資料出所　厚生労働省職業安定局「職業安定業務統計」。
注　1.　有効求職者とは、求職申込みの有効期間が存続しかつ求職申込みの取消しをせず、未だ就職していない求職者をいう。
　　2.　新規求人倍率とは、新規求人数を新規求職申込件数で除したもの。
　　3.　有効求人数とは求人申込みの有効期間が存続しかつ申込みの取消しをせず未だ充足されない求人をいう。

E-7　新規学卒者(高校卒)の職業紹介状況と就職者の規模別構成

年	職業紹介状況					就職者の事業所規模別構成比率（計=100）			
	求職者数(A)	求人数(B)	就職者数(C)	求人倍率(B/A)	充足率(C/B)	29人以下	30~99人	100~499人	500人以上
	千人	千人	千人	倍	%	%			
昭和60年	477	841	473	1.8	56.2	12.9	18.2	30.3	38.7
平成2年	523	1,343	521	2.6	38.8	11.2	18.7	32.2	37.9
7	332	643	327	1.9	50.9	18.0	25.0	32.1	25.0
12	201	272	192	1.35	70.6	21.8	27.5	31.3	19.5
17	176	258	171	1.46	66.3	17.9	25.9	32.0	34.2
22	150	199	146	1.32	73.5	17.9	25.3	31.2	25.6
23	155	197	152	1.27	77.2	17.5	25.3	31.0	26.1
24	159	210	157	1.32	71.2	17.3	25.1	31.4	26.2
25	165	228	163	1.38	71.5	18.0	25.1	31.0	26.0
26	163	256	162	1.57	63.4	17.6	25.4	31.9	25.1
27	171	316	170	1.85	53.8	15.7	23.5	31.8	28.9
28	172	353	172	2.05	48.7	14.5	22.1	31.7	31.7
29	174	387	173	2.23	44.7	14.2	21.4	31.9	32.5
30	171	433	171	2.53	39.4	13.2	20.7	31.9	34.2
令和元年	171	477	171	2.79	35.8	12.9	19.7	31.7	35.6
2	167	484	167	2.90	34.4	12.9	19.6	31.8	35.7
3	146	386	146	2.64	37.7	14.0	21.0	31.3	33.8
4	135	389	135	2.89	34.5	13.9	21.0	31.4	34.0

資料出所　厚生労働省職業安定局「職業安定業務統計－新規学卒者（高校・中学）の職業紹介状況」。
注　各年3月卒業者の同年6月末現在。ただし、昭和63年以前は4月末現在。

E－8　新規学卒者の卒業後の状況と就職者の産業

学歴 年	卒業後の状況					就職先の構成比率　（就職者計＝100.0）			
	卒業者	進学者	就職者	進学率	就職率	第1次産業	第2次産業	第3次産業	うち運輸郵便情報通信電気ガス熱水道業
	（千人）			（％）		（％）			
中学卒 昭和55年	1,723	1,624	67	94.2	3.9	2.5	61.4	33.6	—
60	1,882	1,766	71	93.8	3.7	1.9	56.1	39.7	—
平成2年	1,982	1,870	55	94.4	2.8	1.7	58.1	37.7	—
7	1,622	1,554	25	95.8	1.5	2.4	57.3	37.6	—
12	1,465	1,404	15	95.9	1.0	3.4	55.1	37.0	—
17	1,236	1,192	8	96.5	0.7	2.9	48.6	43.9	—
22	1,228	1,182	5	96.3	0.4	3.6	40.3	49.9	—
27	1,174	1,157	4	98.5	0.4	4.5	48.8	40.3	—
令和元年	1,122	1,099	2	98.8	0.2	3.2	48.1	39.8	—
2	1,087	1,075	2	95.5	0.2	3.8	45.8	40.0	—
3	1,052	1,041	2	95.0	0.2	5.7	46.7	36.9	—
高校卒（全日・定時制） 昭和55年	1,399	446	600	37.4	42.9	1.8	34.7	62.0	5.5
60	1,374	418	564	37.6	41.1	1.0	43.6	54.5	5.3
平成2年	1,767	539	622	36.3	35.2	0.5	42.5	55.9	5.0
7	1,591	597	396	45.2	25.6	0.7	43.3	54.8	5.8
12	1,329	599	242	49.1	18.6	1.1	44.2	53.2	4.9
17	1,203	568	207	51.5	17.4	1.1	45.9	51.9	5.9
22	1,068	580	167	54.3	15.8	1.2	44.1	53.7	7.7
27	1,064	579	189	54.5	17.8	1.0	45.5	52.7	7.5
令和元年	1,051	575	192	54.7	18.2	1.0	49.4	48.9	8.1
2	1,037	578	181	55.8	17.4	0.9	48.6	49.7	8.6
3	1,012	581	159	57.4	15.7	1.2	47.9	50.9	8.3
短大卒（本科） 昭和55年	170	5	129	3.2	76.0	0.7	20.7	77.0	3.4
60	175	5	141	3.0	80.7	0.5	23.8	75.0	4.5
平成2年	208	7	181	3.4	87.0	0.2	22.4	76.6	3.4
7	246	14	161	5.8	65.4	0.2	18.7	79.3	3.3
12	178	17	100	9.4	56.0	0.3	13.3	84.9	2.6
17	105	12	68	11.5	65.0	0.2	9.3	89.8	3.0
22	71	8	46	11.8	65.2	0.3	6.2	92.8	2.6
27	59	6	46	9.5	78.1	0.2	6.3	92.3	2.4
令和元年	53	4	42	8.5	83.6	0.2	6.8	92.7	3.4
2	50	5	40	9.2	80.6	0.2	6.3	93.3	3.9
3	47	5	36	10.1	77.4	0.2	5.5	94.3	2.3
大学卒（学部） 昭和55年	379	17	285	5.9	75.3	0.6	30.8	67.8	3.1
60	373	22	288	6.8	77.2	0.4	33.0	65.9	4.0
平成2年	400	27	324	9.4	81.0	0.2	33.4	65.7	4.0
7	493	46	331	10.7	67.1	0.3	30.4	67.0	3.9
12	539	58	301	11.4	55.8	0.3	23.2	74.2	3.7
17	551	66	329	12.1	59.7	0.3	20.7	77.0	11.0
22	541	73	329	13.4	60.8	0.2	16.8	81.2	11.2
27	564	62	410	11.0	72.6	0.2	16.5	82.0	11.5
令和元年	572	60	455	10.5	79.4	0.2	16.3	82.4	14.2
2	574	60	446	10.4	77.7	0.2	16.3	82.4	15.3
3	584	63	433	10.9	74.2	0.3	15.4	84.3	14.1
大学院卒（修士課程） 昭和55年	15	3	10	16.6	63.8	—	62.3	37.7	—
60	19	3	13	15.7	69.5	—	61.9	38.1	—
平成2年	26	4	19	16.8	73.0	—	62.6	37.4	—
7	42	7	28	16.7	67.3	—	58.2	41.8	—
12	56	9	35	14.3	62.9	—	52.6	47.4	—
17	71	9	48	13.1	67.5	0.3	51.0	46.6	12.4
22	73	9	52	11.6	71.2	0.3	45.1	52.7	14.4
27	71	7	54	9.9	75.9	0.3	46.9	50.8	15.3
令和元年	73	7	58	9.2	79.6	0.3	48.1	49.4	15.9
2	74	7	57	9.4	77.9	0.3	47.2	50.2	17.0
3	72	7	54	9.7	75.8	0.4	46.4	53.2	18.0

資料出所　文部科学省「学校基本調査（確報）」。
注　1．就職者には「就職しつつ進学した者」を含み、一時的な仕事についた者は除く。進学者（率）には
　　　通信教育受講者や専修学校等入学者、無業者、不明者等を除くので、進学者数と就職者数を足し
　　　ても卒業者数には満たない。また、進学先は高校、短大、大学の昼間部、夜間部の合計。
　　2．第1次産業—農業、林業、漁業、第2次産業—鉱業、建設業、製造業、第3次産業—電気・ガス・
　　　熱供給・水道業、情報通信業、運輸業、卸売小売業、金融保険業、不動産業、飲食店・宿泊業、
　　　医療・福祉、教育・学習支援業、複合サービス業、サービス業（他に分類されないもの）、公務。
　　　前記以外の分類不詳の産業も分母に含まれるので、第1・2・3次産業を合計しても100にならな
　　　いこともある。産業分類は数度改訂されているので、厳密には接続できない。短大卒、大学卒、大
　　　学院卒の就職先構成比率は日本生産性本部試算による。
　　3．進学率には通信教育を育を含まず、高校は通学率の前年度卒業者比率による。専修学校・外国の学校入学は含まない。
　　4．大学院卒は上記の修士課程以外に博士課程と専門職学位課程（平成16年から）が公表されている。
　　　また、就職先の構成比率については、平成12年までの第3次産業には不詳分も含まれる。
　　5．令和元年までは速報値、令和2年より確報値。

E－9　産業別新規学卒就職者数 （令和3年3月卒）　(単位 人)

産　業	中学	高校	高専	短大	大学	大学院
総数	1,664	159,126	5,586	36,213	432,790	54,386
1次産業	95	1,892	10	68	1,258	233
農業,林業	—	1,439	9	62	1,164	211
漁業	—	453	1	6	94	22
2次産業	777	76,201	3,148	1,994	66,629	25,238
鉱業,採石業,砂利採取業	—	232	16	4	172	80
建設業	—	16,246	550	498	22,750	2,499
製造業	—	59,723	2,582	1,492	43,707	22,659
3次産業	614	81,033	2,428	34,151	364,903	28,915
電気・ガス・熱供給・水道業	—	2,223	381	52	2,316	1,069
情報通信業	—	1,767	843	431	47,308	7,891
運輸業,郵便業	—	9,227	394	357	11,220	824
卸売業,小売業	—	17,061	59	3,880	67,358	1,478
金融業,保険業	—	1,805	11	662	26,301	921
不動産業,物品賃貸業	—	1,048	45	350	13,323	369
学術研究,専門・技術サービス業	—	2,753	347	391	18,243	4,551
宿泊業,飲食サービス業	—	5,774	2	2,108	9,864	127
生活関連サービス業,娯楽業	—	5,882	4	1,057	9,610	243
教育,学習支援業	—	568	8	6,668	33,349	3,098
医療,福祉	—	9,220	12	16,108	60,606	2,954
複合サービス事業	—	2,731	24	274	3,861	169
サービス業(他に分類されないもの)	—	6,346	112	1,217	28,323	1,757
公務(他に分類されるものを除く)	—	13,194	171	531	28,020	2,223
上記以外のもの	178	1,434	15	65	5,201	1,241

資料出所　文部科学省「学校基本調査（確報）」。

E－10　都道府県別高等学校生徒数〔本科全日制〕（令和3年度）　(単位 百人)

区分	1学年	2学年	3学年	区分	1学年	2学年	3学年	区分	1学年	2学年	3学年
全　国	9,832	9,391	9,540	富　山	81	81	81	島　根	58	54	55
				石　川	97	92	93	岡　山	161	153	156
北海道	369	354	361	福　井	66	65	65	広　島	226	214	215
青　森	95	91	97	山　梨	72	71	72	山　口	99	96	100
岩　手	98	92	97	長　野	169	164	165				
宮　城	180	172	176					徳　島	53	51	55
秋　田	69	66	69	岐　阜	165	158	160	香　川	80	78	80
山　形	89	85	88	静　岡	297	285	292	愛　媛	105	97	100
福　島	145	142	145	愛　知	609	582	592	高　知	54	52	52
茨　城	234	224	231	三　重	141	136	139	福　岡	411	389	390
栃　木	159	159	157	滋　賀	122	115	116				
群　馬	154	149	154	京　都	221	213	213	佐　賀	75	71	72
埼　玉	543	516	520	大　阪	685	652	665	長　崎	112	108	109
千　葉	466	442	457	兵　庫	411	394	405	熊　本	148	139	141
東　京	998	944	949	奈　良	104	99	102	大　分	97	91	91
神奈川	645	614	622	和歌山	75	73	72	宮　崎	96	90	91
新　潟	167	158	162	鳥　取	47	45	45	鹿児島	141	136	135
								沖　縄	144	138	137

資料出所　文部科学省「学校基本調査（速報）」。

E-11　雇用形態別有効求人倍率

(単位　倍)

年	全数(パートタイム含む)	常用(パートタイム含む)	常用(パートタイム除く)	正社員	常用的パートタイム	パートタイム	臨時・季節(パートタイム含む)	臨時・季節(パートタイム除く)	臨時的パートタイム
平成8年	0.70	0.69	0.61	***	1.24	1.31	0.91	0.74	11.45
9	0.72	0.71	0.61	***	1.37	1.44	0.90	0.73	9.95
10	0.53	0.52	0.43	***	1.11	1.16	0.81	0.66	8.09
11	0.48	0.46	0.37	***	1.05	1.11	0.88	0.68	7.48
12	0.59	0.57	0.45	***	1.32	1.41	1.06	0.75	10.42
13	0.59	0.57	0.45	***	1.34	1.42	1.10	0.78	9.85
14	0.54	0.51	0.40	***	1.24	1.32	1.25	0.88	9.97
15	0.64	0.62	0.49	***	1.39	1.46	1.35	0.96	7.34
16	0.83	0.80	0.67	***	1.38	1.47	1.66	1.15	11.88
17	0.95	0.92	0.82	0.58	1.26	1.36	2.19	1.46	42.52
18	1.06	1.02	0.91	0.63	1.35	1.46	2.65	1.74	52.62
19	1.04	1.00	0.89	0.61	1.32	1.43	2.74	1.82	50.68
20	0.88	0.84	0.74	0.54	1.14	1.24	2.90	1.60	41.18
21	0.47	0.44	0.36	0.28	0.69	0.77	3.31	1.78	25.84
22	0.52	0.48	0.40	0.30	0.70	0.79	4.26	2.43	25.48
23	0.65	0.59	0.52	0.39	0.78	0.89	5.68	3.37	26.40
24	0.80	0.72	0.64	0.48	0.93	1.08	7.06	3.94	36.61
25	0.93	0.83	0.74	0.55	1.06	1.24	8.69	4.87	42.46
26	1.09	0.97	0.89	0.66	1.17	1.38	9.53	5.32	36.96
27	1.20	1.08	0.98	0.75	1.29	1.52	9.64	5.13	33.27
28	1.36	1.22	1.11	0.86	1.43	1.70	11.09	5.67	38.26
29	1.50	1.35	1.27	0.99	1.50	1.78	13.23	6.77	45.33
30	1.61	1.45	1.41	1.11	1.54	1.82	14.25	7.33	47.69
令和元年	1.60	1.45	1.42	1.14	1.50	1.76	14.35	7.11	49.98
2	1.18	1.08	1.07	0.88	1.11	1.29	11.08	5.17	25.40
3	1.13	1.03	1.06	0.88	0.97	1.14	10.30	5.91	22.73

資料出所　厚生労働省職業安定局雇用政策課「職業安定業務統計」。
注　有効求人倍率＝有効求人数／有効求職者数。有効の意味はE-6表脚注参照。

〔参考〕都道府県別有効求人倍率（男女計：新規学卒者除きパート含む）(単位　倍)

区分	令和元年	令和2年	令和3年	区分	令和元年	令和2年	令和3年	区分	令和元年	令和2年	令和3年
全　国	1.60	1.18	1.13	富　山	1.91	1.31	1.37	島　根	1.70	1.46	1.49
				石　川	1.95	1.31	1.34	岡　山	2.02	1.59	1.39
北海道	1.24	1.03	1.00	福　井	2.05	1.64	1.74	広　島	2.05	1.42	1.32
青　森	1.24	0.99	1.05	山　梨	1.42	1.05	1.19	山　口	1.62	1.27	1.33
岩　手	1.39	1.09	1.19	長　野	1.60	1.16	1.33				
宮　城	1.63	1.26	1.30					徳　島	1.50	1.16	1.19
秋　田	1.48	1.29	1.44	岐　阜	2.01	1.39	1.43	香　川	1.80	1.42	1.36
				静　岡	1.57	1.04	1.10	愛　媛	1.64	1.33	1.28
山　形	1.54	1.15	1.27	愛　知	1.93	1.21	1.17	高　知	1.29	1.03	1.08
福　島	1.51	1.25	1.28	三　重	1.66	1.16	1.20	福　岡	1.57	1.15	1.06
茨　城	1.62	1.33	1.35	滋　賀	1.35	0.95	0.94				
栃　木	1.40	1.06	1.06					佐　賀	1.29	1.09	1.20
群　馬	1.70	1.26	1.26	京　都	1.60	1.17	1.06	長　崎	1.22	0.98	1.06
				大　阪	1.78	1.29	1.13	熊　本	1.63	1.23	1.30
埼　玉	1.31	1.00	0.93	兵　庫	1.43	1.04	0.93	大　分	1.53	1.19	1.16
千　葉	1.31	0.98	0.85	奈　良	1.49	1.21	1.17	宮　崎	1.45	1.18	1.32
東　京	2.10	1.45	1.19	和歌山	1.41	1.05	1.09				
神奈川	1.19	0.87	0.79					鹿児島	1.35	1.14	1.25
新　潟	1.64	1.28	1.34	鳥　取	1.71	1.32	1.35	沖　縄	1.19	0.81	0.73

資料出所　厚生労働省職業安定局雇用政策課「職業安定業務統計」。
注　求人倍率とは、求職者数に対する求人数の割合をいい、有効求人倍率とは月間平均有効求人数を月間平均有効求職者数で除したものである。

E-12　女性労働者の年齢別雇用者比率〔非農林業〕
（各年齢階級別人口＝100.0）　　　　　　　　　（単位　％）

年	計	15～19歳	20～24歳	25～29歳	30～34歳	35～44歳	45～54歳	55～64歳	65歳以上
昭和45年	26.7	30.3	59.6	26.9	21.1	25.8	26.1	13.1	2.9
50	26.7	20.2	58.1	29.4	23.6	28.2	30.6	16.2	3.6
55	29.3	17.0	63.3	36.2	28.9	34.0	35.9	19.0	4.1
60	31.6	15.0	64.9	43.0	33.6	38.6	41.5	19.9	4.0
平成2年	35.2	16.0	69.4	52.9	38.8	44.9	48.0	23.3	4.5
7	37.7	14.3	67.8	59.0	43.6	47.8	52.4	29.6	5.0
12	38.1	14.4	64.6	61.8	47.9	50.4	55.2	32.1	5.0
17	39.5	15.5	62.5	65.8	56.8	58.0	59.9	36.8	5.3
22	41.1	16.2	61.3	67.3	63.8	60.9	65.0	43.4	7.2
27	43.2	16.9	62.6	71.1	68.3	66.6	69.0	50.1	9.5
28	44.2	17.6	65.4	72.4	70.0	67.6	70.6	52.5	10.3
29	45.1	18.4	65.4	73.9	71.8	69.0	71.7	54.9	10.9
30	46.7	21.0	69.2	76.2	73.1	71.4	72.4	57.3	11.8
令和元年	47.6	24.1	69.2	74.8	77.2	72.2	73.7	59.2	12.4
2	47.4	20.6	69.3	77.3	75.4	71.6	73.6	59.9	12.6
3	47.7	20.8	69.8	76.8	78.3	72.2	73.7	60.5	12.9

資料出所　総務省統計局「労働力調査」（年平均）。
注　雇用者比率＝雇用者数÷各年齢階級別人口×100。雇用者数は平成12年までは非農林業。平成17年以降は農林業・非農林業計。

E-13　全産業雇用労働者年齢別構成と女性比率〔国勢調査〕

性別 調査年	全産業雇用労働者数（万人）	年齢別労働者構成（%）										
		15～19歳	20～24歳	25～29歳	30～34歳	35～39歳	40～44歳	45～49歳	50～54歳	55～59歳	60～64歳	65歳以上
男性労働者 昭和40年	1,980(100)	8.8	16.8	16.3	14.9	12.8	8.8	6.6	6.0	4.3	⌐4.7⌐	
45	2,276(100)	6.2	15.6	16.3	14.1	12.8	10.9	7.6	5.6	4.5	6.4	
50	2,494(100)	3.2	12.4	18.0	14.8	12.6	11.6	10.0	6.7	4.6	6.1	
55	2,626(100)	2.7	9.4	14.4	16.6	13.6	11.6	10.7	9.1	5.6	5.9	
60	2,806(100)	2.6	9.8	12.1	15.3	15.3	12.6	10.8	9.8	7.4	6.0	
平成2年	3,019(100)	2.8	10.0	11.9	11.2	12.4	14.1	11.6	9.9	8.4	7.7	
7	3,173(100)	2.1	10.7	12.0	11.2	10.5	11.5	13.1	10.7	8.7	5.2	4.3
12	3,109(100)	1.7	8.3	12.9	11.6	11.0	10.3	11.3	12.9	10.0	5.3	4.6
17	2,991(100)	1.6	7.2	10.8	13.1	11.7	10.8	10.1	10.9	11.9	6.7	5.3
22	2,815(100)	1.3	6.6	9.5	11.1	13.0	11.5	10.7	9.9	10.5	9.1	6.8
27	2,796(100)	1.3	6.3	9.3	11.1	13.2	11.6	10.7	10.0	10.6	9.2	6.7
令和2年	2,695(100)	1.4	6.2	7.8	8.7	9.8	11.1	12.9	11.3	10.3	8.5	11.9
女性労働者 昭和40年	917(100)	19.5	27.8	11.1	8.6	9.1	8.1	6.2	4.7	2.7	⌐2.2⌐	
45	1,092(100)	13.3	28.8	11.1	8.1	9.3	9.4	7.9	5.5	3.7	2.9	
50	1,178(100)	7.0	22.3	13.8	9.3	10.0	11.2	10.0	7.3	4.7	4.4	
55	1,351(100)	5.2	18.4	12.5	11.5	11.5	11.5	11.0	8.4	5.2	4.8	
60	1,593(100)	4.3	16.9	14.9	10.0	13.5	13.2	11.4	9.2	5.7	4.8	
平成2年	1,842(100)	4.1	16.4	11.6	8.4	11.0	14.5	12.3	9.6	6.6	5.4	
7	2,035(100)	2.8	16.1	12.5	8.7	9.1	11.9	14.0	10.6	7.5	3.9	2.8
12	2,119(100)	2.3	12.2	13.5	9.9	9.6	10.6	12.3	13.1	8.8	4.2	3.1
17	2,177(100)	2.1	10.0	12.0	11.9	10.7	11.0	11.0	11.3	10.9	5.3	3.8
22	2,147(100)	1.7	8.7	10.4	10.4	12.0	11.6	11.5	10.7	10.1	7.8	5.1
27	2,151(100)	1.7	8.3	10.4	10.5	12.2	11.7	11.5	10.6	10.1	7.8	5.1
令和2年	2,313(100)	1.6	7.3	8.4	8.4	9.4	11.2	13.5	11.9	10.3	7.9	10.1
女性比率（%）（女/男+女） 昭和40年	31.7	50.6	43.4	24.0	21.1	24.7	29.9	30.4	26.7	22.5	⌐17.8⌐	
45	32.4	50.9	45.5	24.7	21.6	25.8	29.2	33.3	32.0	27.9	21.0	
50	32.1	50.8	45.9	26.7	22.9	27.3	31.3	32.1	33.9	32.4	25.0	
55	33.9	48.7	49.3	30.8	26.4	30.7	33.7	34.5	31.8	32.7	28.0	
60	36.2	48.2	49.4	33.7	29.6	33.4	37.3	37.6	35.0	30.3	31.3	
平成2年	37.9	47.1	50.1	37.5	31.3	35.2	38.5	39.3	37.2	32.4	30.1	
7	39.1	45.6	49.1	40.0	33.4	35.8	40.0	40.6	39.0	35.3	32.5	29.9
12	40.5	47.3	50.0	42.4	36.7	37.4	41.3	42.5	40.9	37.5	35.1	31.8
17	42.1	48.8	50.2	44.8	39.9	40.0	42.7	44.2	43.1	40.0	36.6	34.1
22	43.3	49.1	50.2	45.7	41.7	48.4	43.4	45.1	45.0	42.3	39.5	36.6
27	43.5	49.8	50.6	46.2	42.2	41.5	43.7	45.2	44.9	42.4	39.5	36.8
令和2年	46.2	49.7	50.3	48.0	45.2	45.3	46.5	47.2	47.4	46.3	44.1	42.1

資料出所　総務省統計局「国勢調査」。
注　就業者のうち役員を含んだ雇用者（常雇と臨時）。

E－14 定年制の実施状況及び推移

(単位 %)

企業規模 / 年次 / 産業	定年制実施企業の全企業に占める割合	一律定年制採用企業の定年制実施企業に占める割合〔定年制実施企業=100〕	一律定年制を採用している企業数=100.0 59歳以下〔一律定年制採用企業全体=100〕	60歳	61歳	62歳	63歳	64歳	65歳	66歳以上	65歳以上計
企業規模計 平成 6 年	〔90.5〕	(96.9)	15.9	77.1		2.0			5.0	0.0	—
16	〔91.5〕	(96.8)	0.7	90.5	0.6	0.9	0.9	0.0	6.1	0.4	6.5
21²⁾	〔91.8〕	(98.5)	—	82.4	0.3	1.3	2.3	0.2	12.7	0.7	13.5
26	〔93.8〕	(98.9)	—	81.8	0.8	1.0	0.7	0.1	14.5	1.1	15.5
27	〔92.6〕	(98.1)	—	80.5	0.3	1.3	0.4	0.3	16.1	0.8	16.9
28	〔95.4〕	(98.2)	—	80.7	0.6		1.3	0.4	15.2	1.0	16.1
29	〔95.5〕	(97.8)	—	79.3	0.3	1.1	1.2	0.4	16.4	1.4	17.8
令和 4 年	〔94.4〕	(96.9)	—	72.3	0.3	0.7	1.5	0.1	21.1	3.5	24.5
1,000人以上³⁾ 平成 6 年	〔99.3〕	(96.5)	3.5	93.5		1.9			1.0	—	—
16	〔99.3〕	(98.1)	0.2	95.8	1.1	1.0	0.5	—	1.4	—	1.4
21²⁾	〔99.3〕	(97.7)	—	94.3	0.5	1.1	1.6	0.1	2.3	—	2.3
26	〔99.6〕	(97.9)	—	92.2	0.4	0.4	1.7	—	5.3	0.1	5.4
27	〔99.7〕	(93.3)	—	91.2	0.5	0.6	1.7	0.1	5.7	0.3	6.0
28	〔99.7〕	(91.3)	—	90.4	0.9	0.9	1.0	0.1	6.7	—	6.7
29	〔99.3〕	(91.8)	—	90.6	0.4	1.3	0.9	—	6.7	—	6.7
令和 4 年	〔99.3〕	(90.9)	—	79.3	0.7	1.1	0.9	0.2	17.1	0.7	17.8
300〜999人 平成 6 年	〔99.7〕	(96.3)	6.6	89.7		1.9			1.8	—	—
16	〔99.6〕	(98.0)	0.3	95.4	0.4	0.7	0.7	—	2.6	—	2.6
21²⁾	〔98.7〕	(98.8)	—	91.9	0.6	0.9	0.2	—	4.6	0.1	4.7
26	〔99.5〕	(98.4)	—	90.5	0.8	0.6	1.3	0.1	6.6	0.2	6.8
27	〔99.3〕	(95.3)	—	89.9	0.7	0.6	1.3	—	7.4	0.2	7.5
28	〔99.4〕	(94.8)	—	88.4	0.1	1.0	1.4	—	8.8	0.3	9.1
29	〔99.7〕	(94.2)	—	87.2	0.4	1.4	1.5	0.1	9.2	0.2	9.4
令和 4 年	〔98.6〕	(91.9)	—	81.7	0.5	1.1	1.9	0.4	13.8	0.2	14.1
100〜299人 平成 6 年	〔97.6〕	(96.7)	10.9	83.6		2.5			3.0	0.1	—
16	〔97.1〕	(97.4)	0.3	92.9	0.4	1.3	1.6	—	3.4	0.1	3.5
21²⁾	〔97.7〕	(99.4)	—	88.0	0.6	1.3	1.9	—	7.5	0.6	8.2
26	〔97.7〕	(98.8)	—	87.2	0.6	1.0	1.1	0.3	9.5	0.3	9.8
27	〔97.7〕	(97.4)	—	86.1	0.6	1.1	1.4	0.1	10.1	0.5	10.6
28	〔97.7〕	(97.5)	—	85.0	0.7	1.0	1.7	—	11.1	0.5	11.6
29	〔98.0〕	(97.2)	—	84.1	0.3	1.7	1.1	0.2	11.8	0.7	12.5
令和 4 年	〔97.3〕	(97.0)	—	76.6	0.6	0.6	1.3	0.1	19.2	1.6	20.8
30〜99人 平成 6 年	〔87.1〕	(97.0)	19.2	72.9		1.8			6.2	—	—
16	〔88.8〕	(96.4)	0.8	89.0	0.7	0.7	0.7	0.1	7.5	0.5	8.1
21²⁾	〔89.4〕	(98.2)	—	79.3	0.2	1.4	2.5	0.3	15.5	0.8	16.3
26	〔92.1〕	(99.0)	—	79.1	1.0	1.1	0.6	0.1	16.9	1.4	18.3
27	〔90.2〕	(98.7)	—	77.5	0.2	1.4	0.3	0.4	19.2	0.9	20.2
28	〔94.2〕	(99.0)	—	78.3	0.5	1.0	1.2	0.5	17.3	1.2	18.5
29	〔94.2〕	(98.5)	—	76.7	0.3	0.9	1.2	—	18.8	1.7	20.5
令和 4 年	〔93.0〕	(97.3)	—	69.8	0.2	0.6	1.6	—	22.5	4.5	27.0
産業別(令和4年) 鉱業,採石業,砂利採取業	95.8	100.0	—	75.7	—	—	2.6	—	21.7	—	21.7
建 設 業	96.3	97.1	—	67.7	0.1	1.6	0.4	—	26.2	3.9	30.1
製 造 業	97.1	98.0	—	79.0	0.0	0.4	2.0	—	13.2	4.4	17.6
電気・ガス・熱供給・水道業	100.0	93.0	—	76.6	—	2.8	0.9	—	17.9	1.8	19.7
情 報 通 信 業	97.1	97.9	—	83.2	0.4	0.2	0.5	—	15.7	—	15.7
運輸業,郵便業	95.7	97.0	—	58.3	0.8	0.1	2.3	0.8	34.0	3.7	37.7
卸売業,小売業	89.0	97.0	—	82.6	—	0.8	0.1	—	15.8	0.6	16.5
金融業,保険業	100.0	99.0	—	88.4	0.2	—	0.9	—	10.5	—	10.5
不動産業,物品賃貸業	94.2	99.4	—	77.5	1.8	0.2	2.7	—	16.1	1.4	17.4
学術研究,専門・技術サービス業	93.8	98.0	—	76.0	0.1	1.3	1.1	—	21.5	—	21.5
宿泊業,飲食サービス業	88.3	98.0	—	63.3	—	0.4	2.5	—	27.2	6.7	33.8
生活関連サービス業,娯楽業	90.9	94.8	—	70.6	—	0.1	0.4	—	21.6	6.3	27.8
教育,学習支援業	95.4	84.1	—	64.9	—	1.3	1.7	—	30.4	0.5	30.9
医 療 , 福 祉	99.3	96.5	—	66.1	0.1	0.4	2.0	—	25.6	4.7	30.2
複合サービス事業	100.0	97.9	—	90.4	0.7	2.4	1.6	—	5.0	—	5.0
サービス業(他に分類されないもの)	91.0	98.1	—	63.0	1.6	1.8	2.8	0.1	24.0	5.6	29.6

資料出所 厚生労働省 平成16年までは「雇用管理調査」。平成18年からは「就労条件総合調査」。常用労働者30人以上の民営企業が対象。

注 1. 〔 〕は全企業を100とした割合, ( ) は定年制実施企業を100とした割合を示す。
  2. 平成20年調査より、調査対象が従来の「本社常用労働者30人以上」が「常用労働者30人以上」と範囲拡大されたために、時系列比較には注意を要する。

E-15　勤務延長制度・再雇用制度の状況（令和4年1月）

(1)制度の有無とその状況

(単位　%)

区　　分	一律定年制を定めている企業	制　度　が　あ　る				制度がない	(再掲) 制度がある	
		計	勤務延長制度のみ	再雇用制度のみ	両制度併用		勤務延長制度 (併用含む)	再雇用制度 (併用含む)
	一律定年制を定めている企業＝100							
企業規模計	〔96.9〕100.0	94.2	10.5	63.9	19.8	5.8	30.3	83.7
1,000人以上	〔90.9〕100.0	95.6	5.5	79.8	10.3	4.4	15.8	90.1
300～999人	〔91.9〕100.0	94.9	5.1	76.8	13.0	5.1	18.1	89.8
100～299人	〔97.8〕100.0	95.1	7.7	67.9	19.4	4.9	27.2	87.4
30～ 99人	〔97.3〕100.0	93.8	12.0	60.9	20.9	6.2	32.9	81.8
平成29年	〔97.8〕100.0	92.9	9.0	72.2	11.8	7.1	20.8	83.9
28	〔98.2〕100.0	94.1	10.7	70.5	12.9	5.9	23.6	83.4
27	〔98.1〕100.0	92.9	11.0	71.9	10.0	7.1	20.9	81.9
26	〔98.9〕100.0	94.0	10.2	72.1	11.8	6.0	22.0	83.8
鉱業, 採石業, 砂利採取業	〔100.0〕100.0	100.0	13.0	68.8	18.2	—	31.2	87.0
建設業	〔97.1〕100.0	95.9	14.4	62.7	18.7	4.1	33.1	81.4
製造業	〔98.0〕100.0	95.0	8.7	71.4	14.9	5.0	23.5	86.3
電気・ガス・熱供給・水道業	〔93.0〕100.0	97.5	0.9	88.5	8.1	2.5	9.0	96.6
情報通信業	〔97.9〕100.0	88.5	6.5	73.0	9.0	11.5	15.5	82.0
運輸業, 郵便業	〔97.0〕100.0	96.2	11.1	57.9	27.2	3.8	38.3	85.1
卸売業, 小売業	〔97.0〕100.0	94.8	8.5	69.2	17.2	5.2	25.7	86.3
金融業, 保険業	〔99.0〕100.0	95.2	3.2	84.4	7.6	4.8	10.8	92.0
不動産業, 物品賃貸業	〔98.4〕100.0	92.3	6.0	70.1	16.1	7.7	22.1	86.3
学術研究, 専門・技術サービス業	〔98.0〕100.0	94.9	9.2	72.2	13.4	5.1	22.7	85.7
宿泊業, 飲食サービス業	〔98.0〕100.0	91.7	11.3	56.4	24.0	8.3	35.3	80.4
生活関連サービス業, 娯楽業	〔94.8〕100.0	93.7	10.2	63.4	20.0	6.3	30.2	83.4
教育, 学習支援業	〔84.1〕100.0	93.9	11.0	60.0	22.9	6.1	33.9	82.9
医療, 福祉	〔96.5〕100.0	93.6	14.5	54.3	24.8	6.4	39.3	79.1
複合サービス業	〔97.9〕100.0	96.7	—	93.1	3.6	3.3	3.6	96.7
サービス業(他に分類されないもの)	〔98.0〕100.0	93.4	11.4	54.4	28.4	6.6	37.9	82.0

資料出所　厚生労働省「就労条件総合調査」。(2)・(3)表も同じ。常用労働者30人以上の民営企業を対象。
注1.「勤務延長制度」とは、定年年齢が設定されたまま、その定年年齢に到達した者を退職させることなく引き続き雇用する制度をいう。
　2.「再雇用制度」とは、定年年齢に到達した者をいったん退職させた後、再び雇用する制度をいう。
　3.〔　〕内の数字は、一律定年制を定めている企業のうち該当する制度がある企業の割合である。

(2)最高雇用年齢の有無別・年齢別企業数割合

(単位　%)

区　　分		一律定年制で定年後の制度がある企業	最高雇用年齢を定めている企業	65歳	66歳以上	(再掲) 65歳以上	最高雇用年齢を定めていない企業
				最高雇用年齢を定めている企業＝100			
勤務延長制度	企業規模計	〔30.3〕100.0	55.1	64.7	31.7	100.0	44.9
	1,000人以上	〔15.8〕100.0	76.4	53.4	41.0	100.0	23.6
	300～999人	〔18.1〕100.0	61.2	67.8	23.8	100.0	38.8
	100～299人	〔27.2〕100.0	55.1	64.6	34.2	100.0	44.9
	30～ 99人	〔32.9〕100.0	54.5	64.8	31.3	100.0	45.5
	平成29年	〔20.8〕100.0	56.9	80.1	16.9	100.0	43.1
	28	〔23.6〕100.0	56.9	80.6	19.4	100.0	43.1
	27	〔20.9〕100.0	51.5	78.3	21.7	100.0	48.5
	26	〔22.0〕100.0	58.4	82.6	17.4	100.0	41.6
再雇用制度	企業規模計	〔83.7〕100.0	76.5	77.1	22.0	100.0	23.5
	1,000人以上	〔90.1〕100.0	91.5	78.7	20.0	100.0	8.5
	300～999人	〔89.8〕100.0	87.0	81.1	17.5	100.0	13.0
	100～299人	〔87.4〕100.0	81.0	78.6	20.5	100.0	19.0
	30～ 99人	〔81.8〕100.0	73.4	75.9	23.3	100.0	26.6
	平成29年	〔83.9〕100.0	80.8	90.0	9.8	100.0	19.2
	28	〔83.4〕100.0	81.9	90.1	9.9	100.0	18.1
	27	〔81.9〕100.0	83.8	90.8	9.2	100.0	16.2
	26	〔83.8〕100.0	82.5	93.2	6.8	100.0	17.5

注1.〔　〕内の数値は、一律定年制を定めている企業のうち、勤務延長制度又は再雇用制度がある（両制度併用を含む。）企業割合である。
　2.（　）内の数値は、「最高雇用年齢を定めている企業」を100とした割合である。
　3.「最高雇用年齢を定めている企業」には最高雇用年齢階級が「不明」を含む。
　4.「勤務延長制度がある企業」及び「再雇用制度がある企業」には、「両制度併用」の企業を含む。
　5.「一律定年制を定めている企業」は、平成29年までは「一律定年制で定年後の制度がある企業」。

E-16　大企業における定年年齢 〔総企業数＝100.0〕

(単位 %)

年	計	55歳	56	57	58	59	60	61歳以上	61〜64	65	定年制度なし
昭和48年6月	100.0	52.1	17.5	14.5	6.2	0.3	9.5	—	—	—	—
60　6	100.0	8.8	1.5	7.9	15.5	7.1	59.2	—	—	—	—
平成3年6月	100.0	1.3	0.5	0.8	2.1	2.1	92.6	0.3	—	—	—
9　6	100.0	—	—	0.3	0.6	—	98.9	0.3	—	—	—
15　6	100.0	—	—	—	—	—	98.6	1.4	—	—	—
21　6	100.0	—	—	—	—	—	98.1	1.9	—	—	—
23　6	100.0	—	—	—	—	—	99.0	1.0	—	—	—
25　6	100.0	—	—	—	—	—	95.3	—	1.4	3.3	—
27　6	100.0	—	—	—	—	—	95.4	—	0.9	3.2	—
29　6	100.0	—	—	—	—	—	95.6	—	1.0	3.3	0.5
令和元年6月	100.0	—	—	—	—	—	91.6	—	0.6	7.8	—
3　6	100.0	—	—	—	—	—	83.8	—	2.4	13.2	0.6

資料出所　中央労働委員会事務局「賃金事情等総合調査─退職金・定年制および年金事情調査─」。
注　定年延長を段階的に実施している。

E-17　平 均 余 命

(単位 年)

年齢(歳)	男性			女性			年齢(歳)	男性			女性		
	22年	27年	令和2年	22年	27年	令和2年		22年	27年	令和2年	22年	27年	令和2年
0	79.55	80.75	81.56	86.30	86.99	87.71	58	24.42	25.23	25.85	30.10	30.61	31.27
10	69.85	71.02	71.78	76.58	77.23	77.93	59	23.58	24.36	24.98	29.19	29.68	30.35
20	59.99	61.13	61.90	66.67	67.31	68.01	60	22.75	23.51	24.12	28.28	28.77	29.42
25	55.16	56.28	57.05	61.75	62.37	63.09	61	21.93	22.67	23.27	27.37	27.85	28.51
30	50.33	51.43	52.18	56.83	57.45	58.17	62	21.12	21.83	22.43	26.47	26.94	27.59
35	45.51	46.58	47.33	51.94	52.55	53.25	63	20.32	21.01	21.60	25.58	26.04	26.68
40	40.73	41.77	42.50	47.08	47.67	48.37	64	19.53	20.20	20.78	24.68	25.14	25.78
45	36.02	37.01	37.72	42.27	42.83	43.52	65	18.74	19.41	19.97	23.80	24.24	24.88
50	31.42	32.36	33.04	37.52	38.07	38.75	70	14.96	15.59	16.09	19.43	19.85	20.45
55	26.98	27.85	28.50	32.86	33.38	34.06	80	8.42	8.83	9.34	11.46	11.71	12.25
56	26.12	26.97	27.61	31.94	32.45	33.12	90	4.19	4.27	4.49	5.53	5.56	5.85
57	25.26	26.09	26.73	31.02	31.53	32.19	100	1.98	2.18	2.21	2.44	2.50	2.53

資料出所　厚生労働省「完全生命表」。

E-18　平均寿命の年次別推移

(単位 年)

年次	男性	女性	年次	男性	女性
明治24〜31年	42.8	44.3	昭和45年	＊69.31	＊74.66
32〜36	43.97	44.85	50	＊71.73	＊76.89
42〜大正2年	44.25	44.73	55	＊73.35	＊78.76
大正10〜14	42.06	43.20	60	＊74.78	＊80.48
15〜昭和5年	44.82	46.54	平成2年	＊75.92	＊81.90
昭和10〜11年	46.92	49.63	7	＊76.38	＊82.85
22	＊50.06	＊53.96	12	＊77.72	＊84.60
25〜27	＊59.57	＊62.97	17	＊78.56	＊85.52
昭和30年	＊63.60	＊67.75	22	＊79.55	＊86.30
35	＊65.32	＊70.19	27	＊80.75	＊86.99
40	＊67.74	＊72.92	令和2年	＊81.56	＊87.71
			3	＊81.47	＊87.57

資料出所　厚生労働省「完全生命表」「簡易生命表」。
注　1.平均寿命とは0歳の者の平均余命をいう。昭和23年以降同46年以前は沖縄県を含めていない。
　　2.＊の数値は、国勢調査（全数調査）から作成された完全生命表、それ以外は簡易生命表による。

E-19　常用労働者の移動状況 （令和3年年間）

(単位 万人)

区分		1月1日現在の常用労働者数	延べ労働移動者数	入職者数	転職入職者	未就業入職者	新規学卒者	新規学卒者以外	離職者数	入職者数－離職者数
常用労働者	計	5,146	1,437	720	450	270	147	123	717	3
	男	2,748	695	345	220	125	79	46	351	-6
	女	2,398	742	375	230	145	68	78	367	9
一般労働者	計	3,714	818	405	272	133	97	36	413	-8
	男	2,370	469	228	160	68	49	19	242	-14
	女	1,344	349	177	112	65	48	18	171	6
パートタイム労働者	計	1,432	620	315	178	137	50	87	304	11
	男	378	226	117	60	57	30	27	109	8
	女	1,053	393	198	118	80	20	60	195	3

資料出所　厚生労働省「雇用動向調査」。
注　1.延べ労働移動者数＝入職者数＋離職者数。
　　2.転職入職者数とは、入職者数のうち入職前1年間に就業経験のある者のことをいう。
　　3.未就業入職者とは、入職者のうち入職前1年間に就業経験のない者のことをいう。

E−20　企業における育児・休業などの動向

(1)規模別の各制度等、該当事業所割合（令和3年）

(単位　%)

項　　　目		規模計	500人以上	100～499人	30～99人	5～29人	〔再掲〕30人以上
育児休業・短時間勤務制度 1. 休業取得率 (当人または配偶者が出産した労働者=100)	女性	85.1	91.7	94.7	79.3	79.9	87.4
	男性	14.0	17.0	14.7	13.1	12.4	14.8
2. 休業者男女比	女性	84.0	77.1	84.7	87.7	83.4	84.2
	男性	16.0	22.9	15.3	12.3	16.6	15.8
3. 育児時短制度の措置等	規定あり	73.2	95.7	97.6	87.0	68.5	89.3
4. 3.の最長利用可能期間	制度有り計(=100)	100.0	100.0	100.0	100.0	100.0	100.0
	3歳に達するまで	27.9	10.5	29.1	29.4	27.6	29.0
	3歳～小学校就学前の一定の年齢まで	4.7	1.9	6.6	5.4	4.4	5.6
	小学校就学の始期に達するまで	16.1	14.1	19.5	21.3	14.7	20.8
	小学校入学～小学校3年生(又は9歳)まで	5.9	15.9	11.2	5.1	5.7	6.5
	小学校4年生～小学校卒業(又は12歳)まで	4.4	13.2	6.3	6.8	3.7	6.8
	小学校卒業以降も利用可能	14.3	40.2	24.9	18.9	12.4	20.5
	【再掲】「小学校就学の始期に達するまで」以上	40.7	83.4	62.0	52.2	36.5	54.7
有期契約者 1. 休業取得率 (当人または配偶者が出産した労働者=100)	女性	89.5	99.9	98.7	94.5	82.3	96.0
	男性	18.9	58.4	30.6	16.5	15.4	22.8
2. 休業者男女比	女性	90.1	95.9	98.1	91.4	85.2	94.3
	男性	9.9	4.1	1.9	8.6	14.8	5.7
多様な正社員制度 制度あり		20.1	40.2	27.1	24.5	18.6	25.2
1. 短時間正社員制度		9.7	18.0	10.5	13.4	8.8	12.8
制度がある事業所計 (=100)		100.0	100.0	100.0	100.0	100.0	100.0
利用者あり		41.0	80.6	71.4	41.1	38.3	47.0
男女とも利用者あり		4.1	28.0	15.7	4.2	3.0	6.6
女性のみ利用者あり		31.7	49.7	50.3	33.0	29.7	36.3
男性のみ利用者あり		5.2	2.9	5.4	3.9	5.7	4.2
2. 勤務地限定正社員制度		15.0	29.3	20.3	18.4	13.8	18.9
制度がある事業所計 (=100)		100.0	100.0	100.0	100.0	100.0	100.0
利用者あり		41.2	75.6	56.9	52.2	36.1	53.8
男女とも利用者あり		14.5	51.7	35.3	17.7	11.3	22.4
女性のみ利用者あり		18.8	22.3	17.4	24.7	17.1	23.1
男性のみ利用者あり		7.9	1.6	4.3	9.8	7.7	8.4
3. 職種・職務限定正社員制度		8.7	10.6	6.9	10.6	8.4	9.9
制度がある事業所計 (=100)		100.0	100.0	100.0	100.0	100.0	100.0
利用者あり		28.9	77.4	49.8	38.8	24.7	41.0
男女とも利用者あり		8.8	43.7	14.0	7.4	8.7	8.9
女性のみ利用者あり		14.2	28.4	24.7	25.5	10.3	25.4
男性のみ利用者あり		5.9	5.3	11.1	5.9	5.7	6.6

資料出所　厚生労働省「雇用均等基本調査」。以下同じ。
　　注　1．事業所規模不明及び回答不明については掲載を省いている。
　　　　2．育児休業取得率＝ 調査時点までに育児休業を開始した者（開始予定申出を含む）／調査前年度1年間の出産者（男性は配偶者出産の者）の数。

(2)育児休業取得率の推移状況
(単位　％)

性別	平成8年度	11	14	17	20	23	26	29	30	令和元年度	2	3
女性	49.1	56.4	64.0	72.3	90.6	87.8	86.6	83.2	82.2	83.0	81.6	85.1
男性	0.12	0.42	0.33	0.50	1.23	2.63	2.3	5.14	6.16	7.48	12.65	13.97

注　(1)表注2参照。

(参考：有期契約労働者)

性別	平成17年度	20	23	26	27	28	29	30	令和元年度	2	3
女性	51.5	86.6	80.7	75.5	73.4	70.0	70.7	69.6	77.5	62.5	68.6
男性	0.12	0.30	0.06	2.13	4.05	3.42	5.69	7.54	3.07	11.81	14.21

(3)育児のための所定労働時間の短縮措置等の各制度の有無及び最長利用可能期間別事業所割合
(単位　％)

		制度あり	3歳未満	3歳~小学校就学前の一定の年齢まで	小学校就学の始期に達するまで	小学校入学~小学校3年生(又は9歳)まで	小学校4年生~小学校卒業(又は12歳)まで	小学校卒業以降も利用可能	【再掲】「小学校就学の始期に達するまで」以上
短時間勤務制度	令和元年度	67.4	37.5	3.1	10.3	6.5	6.0	4.0	26.7
	令和2年度	68.0	37.9	2.6	10.2	7.9	4.4	5.0	27.5
	令和3年度	68.9	36.9	3.1	11.1	7.7	5.7	4.4	28.9
所定外労働の制限	令和元年度	60.2	28.1	4.9	16.9	3.0	3.3	3.9	27.1
	令和2年度	64.3	31.9	3.5	17.1	4.0	3.3	4.3	28.8
	令和3年度	62.7	29.7	5.1	17.1	3.6	2.9	4.2	27.9
フレックスタイム制度	令和元年度	12.0	3.3	0.6	1.3	0.5	1.1	5.2	8.1
	令和2年度	15.0	4.7	0.7	1.5	0.9	0.9	6.3	9.6
	令和3年度	17.8	6.3	1.0	2.4	0.8	1.0	6.3	10.4
始業終業時刻の繰り上げ下げ	令和元年度	35.6	16.1	2.4	5.0	2.5	3.5	6.1	17.0
	令和2年度	39.3	17.3	2.0	5.8	3.1	2.9	8.2	20.1
	令和3年度	39.5	17.7	2.2	6.2	2.8	3.0	7.6	19.6
事業所内保育施設	令和元年度	3.4	1.6	0.3	1.1	0.1	0.1	0.2	1.5
	令和2年度	3.8	1.4	0.5	1.1	0.2	0.2	0.4	1.8
	令和3年度	5.0	2.2	0.7	1.3	0.1	0.1	0.6	2.1
育児に要する経費の援助措置	令和元年度	5.5	1.4	0.8	1.0	0.6	0.9	0.8	3.3
	令和2年度	6.8	1.6	0.7	1.4	0.8	0.7	1.6	4.5
	令和3年度	6.8	2.1	1.1	1.4	0.5	0.6	1.0	3.6
育児休業に準ずる措置	令和元年度	14.6	10.0	1.3	1.2	0.3	0.5	1.2	3.3
	令和2年度	24.2	11.9	1.3	1.8	0.6	0.8	1.8	5.0
	令和3年度	18.0	11.9	1.1	2.1	0.6	0.7	1.6	5.0
テレワーク(在宅勤務等)	令和元年度	4.2	1.0	0.1	0.4	0.2	0.4	2.1	3.1
	令和2年度	10.0	1.4	0.2	0.2	0.3	0.6	7.2	8.3
	令和3年度	11.8	1.9	0.3	0.9	0.3	0.5	7.9	9.5

E-21　男女雇用均等の動向 (令和3年度)
(単位　％)

(1)役職別女性管理職を有する企業割合の推移

	平成15年度	18	21	23	25	27	29	令和元年度	2	3
係長相当職の女性管理職を有する企業	32.0	32.0	31.6	34.6	35.2	33.9	32.4	34.9	36.7	36.0
課長相当職の女性管理職を有する企業	20.2	21.2	22.0	24.4	28.6	26.2	30.4	30.5	34.3	31.2
部長相当職の女性管理職を有する企業	6.7	8.8	10.5	14.4	12.9	12.7	16.1	15.5	16.6	15.9
係長相当職以上(役員を含む)の女性管理職を有する企業	62.5	66.6	66.9	69.9	68.8	70.5	69.7	65.5	70.5	70.4
課長相当職以上(役員を含む)の女性管理職を有する企業	**	**	54.5	55.3	56.0	59.0	60.5	53.3	58.8	57.6
女性役員を有する企業	33.6	36.6	39.5	36.4	33.9	40.0	36.3	28.2	30.2	29.6

資料出所　厚生労働省「雇用均等基本調査」以下同じ。各年とも従業員30人以上規模、10月1日の状況。以下同じ。

(2)役職別女性管理職の割合　(単位　%)

	平成15年度	18	21	23	25	27	29	令和元年度	2	3
係長相当職	8.2	10.5	11.1	11.9	12.7	13.9	14.5	16.6	17.9	18.3
課長相当職	3	3.6	5	5.5	6	7.0	8.6	10.3	10.1	9.5
部長相当職	1.8	2	3.1	4.5	3.6	4.3	5.4	5.5	6.2	6.1
係長相当職以上(役員を含む)	5.8	6.9	8	8.7	9	10.2	11.1	12.2	14.6	12.8
課長相当職以上(役員を含む)	**	**	6.3	6.8	6.8	7.8	8.9	9.5	9.7	9.5

(3)セクシュアルハラスメント防止対策の取組の有無、取組内容別企業割合　(単位　%)

	企業計	取り組んでいる	セクシュアルハラスメント防止対策のための取組内容(M.A.)								取り組んでいない
			就業規則・労働協約等の書面で内容及び方針を明確化しているしらず、周知している	対処する旨を就業規則等の文書に規定している	行為者についての方針、対処を厳正に	相談・苦情対応窓口を設置している	実応者が内・苦情対応等窓口担当に適切に対応できるように、研修等を実施している	相談者等のプライバシー保護に必要な措置を講じ、周知している	相談をしたことや、調査への協力をしたこと等を理由に不利益な取扱いをしないことを定め、周知している	
総　　数	100.0	89.0	71.2	59.3	62.4	27.9	51.5	53.2	11.0
5,000人以上	100.0	100.0	100.0	96.2	99.4	76.1	94.8	93.1	―
1,000〜4,999人	100.0	100.0	98.2	91.2	97.7	75.5	90.8	93.2	―
300〜999人	100.0	98.9	93.8	89.7	93.6	58.0	81.7	85.3	1.1
100〜299人	100.0	96.1	81.8	76.7	80.8	39.8	66.9	72.8	3.9
30〜99人	100.0	85.7	65.0	50.2	52.8	19.9	42.7	43.0	14.3
10〜29人	100.0	72.0	45.6	34.3	31.6	11.6	31.0	31.7	28.0

(4)妊娠・出産・育児休業等に関するハラスメント防止対策の取組の有無、取組内容別企業割合(M.A.)　(単位　%)

	企業計	取り組んでいる	妊娠・出産・育児休業等に関するハラスメント防止対策のための取組内容(M.A.)								取り組んでいない
			就業規則・労働協約等の書面で方針を明確化し、周知しているいで	ハラスメントに係る言動について、対処する旨を就業規則等の文書に規定している	相談・苦情対応窓口を設置し	相談内容や状況に応じ、必要に応じて適切に対応できるようにするための窓口担当者と人事部門との連携体制の整備	妊娠等した労働者の業務分担の見直し等、実情に応じ、必要な措置を講じている	相談者等のプライバシー保護に必要な措置を講じ、周知している	相談をしたことや、調査への協力をしたこと等を理由に不利益な取扱いをしないことを定め、周知している	
総　　数	100.0	80.9	57.5	48.3	56.8	37.5	45.6	46.6	47.6	19.1
5,000人以上	100.0	100.0	94.5	89.9	98.5	91.2	90.4	92.7	91.2	―
1,000〜4,999人	100.0	99.9	90.1	84.0	96.8	84.5	88.2	89.6	90.3	0.1
300〜999人	100.0	95.7	87.3	81.9	89.8	71.3	80.0	80.3	80.5	4.3
100〜299人	100.0	88.8	67.6	63.4	74.6	53.5	58.2	64.6	65.8	11.2
30〜99人	100.0	76.5	50.4	39.4	47.0	27.9	37.1	36.7	37.7	23.5
10〜29人	100.0	61.7	33.0	22.5	26.2	18.5	25.9	26.6	27.9	38.3

E−22　パートタイム労働者の雇用管理の実態（令和3年）

(1)産業・企業規模、雇用しているパートタイム・有期雇用労働者の就業形態別企業割合 （単位　%）

産業・企業規模	全企業	パートタイム・有期雇用労働者を雇用している	就業形態 (M.A.) 無期雇用パートタイムを雇用している	有期雇用パートタイムを雇用している	有期雇用フルタイムを雇用している	パートタイム・有期雇用労働者を雇用していない
総　　数	(100.0) 100.0	75.4	51.4	27.1	23.2	24.6
鉱業，採石業，砂利採取業	(0.1) 100.0	47.8	22.3	11.8	25.7	52.2
建　設　業	(13.1) 100.0	38.0	22.3	7.6	12.2	62.0
製　造　業	(14.7) 100.0	76.8	52.4	28.7	31.3	23.2
電気・ガス・熱供給・水道業	(0.1) 100.0	67.1	16.9	40.2	49.2	32.9
情　報　通　信　業	(2.3) 100.0	67.2	24.2	30.5	43.3	32.8
運輸業，郵便業	(4.3) 100.0	56.6	34.7	27.3	23.9	43.4
卸売業，小売業	(19.6) 100.0	83.2	57.6	29.8	21.4	16.8
金融業，保険業	(0.7) 100.0	66.8	30.4	37.8	37.3	33.2
不動産業，物品賃貸業	(2.2) 100.0	67.9	32.7	38.1	36.9	32.1
学術研究，専門・技術サービス業	(4.3) 100.0	64.8	38.2	26.6	30.1	35.2
宿泊業，飲食サービス業	(9.6) 100.0	97.4	81.2	52.2	12.6	2.6
生活関連サービス業，娯楽業	(3.8) 100.0	84.4	65.1	27.5	20.6	15.6
教育，学習支援業	(2.6) 100.0	91.5	50.6	55.2	23.6	8.5
医　療，福　祉	(15.7) 100.0	87.8	66.0	30.1	21.1	12.2
複合サービス事業	(0.1) 100.0	87.7	33.1	66.7	68.1	12.3
サービス業(他に分類されないもの)	(6.7) 100.0	75.8	40.1	35.9	35.1	24.0
1,000人以上	(0.4) 100.0	99.1	65.7	90.4	88.7	0.9
500～999人	(0.5) 100.0	99.0	54.7	87.1	84.2	1.0
300～499人	(0.8) 100.0	99.0	50.6	80.7	81.8	1.0
100～299人	(4.0) 100.0	96.7	43.8	74.6	73.9	3.3
50～99人	(5.8) 100.0	92.1	48.3	55.6	54.0	7.9
30～49人	(7.7) 100.0	85.4	49.0	41.4	34.9	14.6
5～29人	(80.7) 100.0	71.7	52.2	20.1	16.1	28.3

資料出所　厚生労働省「雇用の構造に関する実態調査（パートタイム・有期雇用労働者総合実態調査）」。以下同じ。
注1．（　）は、「総数」を100とした企業産業・企業規模ごとの割合である。
　2．全産業には不明が含まれるため、全企業と内訳は必ずしも一致しない。以下同じ。

〔調査の概要〕
　調査の範囲は、日本標準産業分類に基づく16大産業に属し、5人以上の常用労働者を雇用する事業所。調査対象数29,416事業所。
　有効回答数15,263事業所。有効回答率51.9%。本稿の掲載表はすべて事業所調査による。
〔用語の定義〕
　1．常用労働者：次のいずれかに該当する者をいう。ア）期間を定めずに雇われている者。イ）1か月以上の期間を定めて雇われている者。
　2．無期雇用パートタイム：常用労働者のうち、企業（事業所）に直接雇用されている者で、期間を定めずに雇用されておらず、かつ、1週間の所定労働時間が同一の事業主に雇用される通常の労働者（正社員）に比べて短い者をいう。
　3．有期雇用パートタイム：常用労働者のうち、企業（事業所）に直接雇用されている者で、1年契約、6か月契約など期間を定めた労働契約により雇用されており、かつ、1週間の所定労働時間が同一の事業主に雇用される通常の労働者（正社員）に比べて短い者をいう。
　4．有期雇用フルタイム：常用労働者のうち、企業（事業所）に直接雇用されている者で、1年契約、6か月契約などと期間を定めた労働契約により雇用されており、1週間の所定労働時間が同一の事業主に雇用される通常の労働者（正社員）と同じ労働者をいう。

(2)就業形態、手当等、各種制度の実施及び福利厚生施設の利用状況別企業割合 （単位　%）

就業形態	雇用している就業形態と当該労働者計	定期的な昇給 正社員に実施	うち、当該労働者にも実施	人事評価・考課 正社員に実施	うち、当該労働者にも実施	通勤手当 正社員に実施	うち、当該労働者にも実施	精勤手当 正社員に実施	うち、当該労働者にも実施	役職手当 正社員に実施	うち、当該労働者にも実施	家族手当 正社員に実施	うち、当該労働者にも実施	住宅手当 正社員に実施	うち、当該労働者にも実施	賞与 正社員に実施	うち、当該労働者にも実施
無期雇用パートタイム	100.0	64.0	37.4	49.4	29.2	76.9	60.7	24.6	7.3	61.4	7.1	35.8	3.4	22.5	2.0	72.6	36.6
有期雇用パートタイム	100.0	76.0	32.3	67.4	31.0	86.5	73.3	19.8	4.7	76.5	9.0	33.3	2.6	21.3	1.3	83.4	36.8
有期雇用フルタイム	100.0	77.9	32.3	71.5	38.7	88.8	78.1	19.5	5.1	79.6	24.7	58.5	20.6	41.0	13.7	86.0	53.8

就業形態	退職金 正社員に実施	うち、当該労働者にも実施	企業年金 正社員に実施	うち、当該労働者にも実施	人間ドックの補助 正社員に実施	うち、当該労働者にも実施	法定外の休暇（病気休暇、リフレッシュ休暇など） 正社員に実施	うち、当該労働者にも実施	慶弔休暇 正社員に実施	うち、当該労働者にも実施	給食施設（食堂）の利用 正社員に実施	うち、当該労働者にも実施	休憩室の利用 正社員に実施	うち、当該労働者にも実施	更衣室の利用 正社員に実施	うち、当該労働者にも実施
無期雇用パートタイム	54.9	10.9	9.1	1.0	36.4	18.7	56.3	38.1	71.7	44.8	21.3	19.5	59.4	53.4	53.2	48.8
有期雇用パートタイム	73.4	7.5	17.7	2.3	40.6	22.0	68.3	45.6	84.2	52.0	29.8	27.5	66.8	60.8	64.6	58.7
有期雇用フルタイム	77.7	15.5	20.2	5.9	43.7	33.7	69.6	60.2	86.8	71.7	30.8	29.8	67.6	63.6	66.3	60.0

(3)正社員への転換の基準別企業割合 （単位　%）

	いずれかの就業形態に正社員転換制度がある企業計	正社員への転換の基準 (M.A.) 人事評価の結果	パートタイム・有期雇用労働者の所属する上司の推薦	筆記試験の結果	人事部門などによる面接の結果	(一定の)職務経験年数	職場内の格付等級制度における（一定の）位置付け	パートタイム・有期雇用の保有する資格	その他
総　数	[45.1] 100.0	67.7	48.8	6.0	31.9	41.1	5.9	17.2	20.7

注1．〔　〕は、正社員とパートタイム・有期雇用労働者の両方を雇用している企業を100としたいずれかの就業形態に正社員転換制度が有る企業の割合である。

E-23　若年者雇用の状況（平成30年）

(1)雇用形態別若年労働者割合
(単位　％)

区　分	全労働者	うち若年	正社員 計	うち若年	正社員以外の労働者 計	うち若年
総　　　　　　数	100.0	27.3	62.0	17.2	38.0	10.2
鉱業、採石業、砂利採取業	100.0	17.7	87.3	17.3	12.7	0.4
建　　　設　　　業	100.0	21.6	88.0	20.4	12.0	1.2
製　　　造　　　業	100.0	26.0	77.3	21.8	22.7	4.2
電気・ガス・熱供給・水道業	100.0	24.6	88.6	23.6	11.4	1.0
情　報　通　信　業	100.0	32.1	87.2	28.7	12.8	3.4
運　輸　業、郵　便　業	100.0	18.7	74.4	14.6	25.6	4.1
卸　売　業、小　売　業	100.0	27.7	52.5	14.3	47.5	13.5
金　融　業、保　険　業	100.0	29.0	80.1	27.8	19.9	1.2
不動産業、物品賃貸業	100.0	25.4	70.0	19.9	30.0	5.4
学術研究、専門・技術サービス業	100.0	26.0	81.1	23.0	18.9	3.0
宿泊業、飲食サービス業	100.0	40.2	26.9	7.9	73.1	32.4
生活関連サービス業、娯楽業	100.0	36.0	45.9	16.6	54.1	19.3
教育、学習支援業	100.0	25.2	62.8	15.2	37.2	10.0
医　療　、　福　祉	100.0	25.9	63.2	20.8	36.8	5.0
複合サービス事業	100.0	23.3	62.0	16.7	38.0	6.6
サービス業(他に分類されないもの)	100.0	25.1	46.4	9.8	53.6	15.3
1,000人以上	100.0	33.8	75.2	26.2	24.8	7.5
300～999人	100.0	29.5	68.1	22.6	31.9	7.0
100～299人	100.0	25.9	63.4	18.7	36.6	7.2
30～99人	100.0	28.0	59.8	16.5	40.2	11.5
5～29人	100.0	25.9	59.1	14.2	40.9	11.7

（左端に縦書き：産業別、事業所規模別）

資料出所　厚生労働省「平成30年若年者雇用実態調査」。以下同じ。平成30年10月1日現在の状況について調査。
若年労働者とは15～34歳の労働者をいう。本調査では事業所調査と個人調査と各々実施された。調査
対象労働者とは、事業所の場合、派遣労働者を含み、派遣元事業所の場合、派遣労働者として雇用契約を結んだ労働者を含む。
派遣先事業所の場合は、労働者派遣事業を営む人材派遣会社からの派遣労働者は含まない。登録型の
派遣労働者として登録しただけの者は含まない。また、正社員以外の労働者とは、パート・アルバイト、
契約社員等をいう。

(2)就業形態、若年労働者の育成方針別事業所割合
(単位　％)

区　分	若年労働者がいる事業所 計	長期的な教育訓練等で人材を育成	短期的に研修等で人材を育成	特別な研修等は行わず、社員自身に任せる	その他	不明
若年正社員	[63.9]100.0	53.6	27.4	12.2	3.6	13.9
新規学卒者	[53.2]100.0	54.4	16.8	6.3	2.1	20.4
中途採用者	[57.9]100.0	40.8	26.3	12.6	3.7	16.6
正社員以外の若年労働者	[38.1]100.0	23.6	33.8	19.2	8.7	14.7

注　[ ]内は全事業所を100.0とした若年労働者がいる事業所割合である。
[解説]　調査時点より1年間に若年労働者を採用した事業所は、全事業所に対して47.0％であり、そのうち正社員の
み採用21.6％、正社員以外のみ採用15.7％、正社員・正社員以外双方採用9.7％となっており、数値は新卒
と中途採用者の合計である。

(3)正社員へ転換させる制度の有無と若年労働者での実績
(単位　％)

区　分	全事業所	制度がある	制度がない	不明	過去3年間に正社員以外の若年労働者がいた事業所計	正社員へ転換させたことがある	正社員へ転換させたことはない
総　　　　　　数	100.0	53.4	39.6	7.1	59.4	27.8	72.2
鉱業、採石業、砂利採取業	100.0	28.0	61.1	10.9	27.3	23.6	76.4
建　　　設　　　業	100.0	39.3	51.9	8.8	42.9	27.2	72.8
製　　　造　　　業	100.0	44.8	46.0	9.1	49.1	33.6	66.4
電気・ガス・熱供給・水道業	100.0	21.5	66.5	12.0	51.5	6.3	93.7
情　報　通　信　業	100.0	50.4	41.5	8.0	55.5	36.5	63.5
運　輸　業、郵　便　業	100.0	52.9	38.0	9.1	46.2	42.1	57.9
卸　売　業、小　売　業	100.0	60.3	33.7	6.0	61.4	26.7	73.3
金　融　業、保　険　業	100.0	64.0	25.5	10.5	46.7	15.8	84.2
不動産業、物品賃貸業	100.0	60.0	33.1	6.9	50.3	28.4	71.6
学術研究、専門・技術サービス業	100.0	39.3	53.6	7.0	49.7	24.2	75.8
宿泊業、飲食サービス業	100.0	63.4	34.1	2.5	83.6	20.8	79.2
生活関連サービス業、娯楽業	100.0	64.7	29.7	5.7	75.1	36.9	63.1
教育、学習支援業	100.0	29.4	62.0	8.6	63.2	20.0	80.0
医　療　、　福　祉	100.0	53.7	39.0	7.3	62.2	32.1	67.9
複合サービス事業	100.0	83.7	12.8	3.5	43.0	25.5	74.5
サービス業(他に分類されないもの)	100.0	47.7	41.7	10.6	49.0	28.9	71.1

（左端に縦書き：産業別）

(4)就業形態別若年労働者割合（調査時点で在学してない者のみ）

(単位 %)

性、年齢階級、学歴		若年労働者割合	在学してない若年労働者	正社員	正社員以外の労働者	雇用期間の定めあり		雇用期間の定めなし		不明
						フルタイム	短時間	フルタイム	短時間	
総	数	100.0	90.7	69.0	30.8	13.1	6.6	6.6	4.5	0.2
男性	男性計	49.0	91.0	79.8	20.0	10.3	2.6	5.0	2.1	0.2
	15～19歳	5.7	51.1	66.5	33.5	11.1	2.6	3.9	16.0	0.2
	20～24	25.1	76.6	73.5	26.4	14.1	3.3	7.3	1.9	0.1
	25～29	33.1	99.6	82.4	17.6	9.8	2.4	4.9	0.7	0.0
	30～34	36.0	99.7	81.9	17.7	8.7	2.5	4.0	2.5	0.4
女性	女性計	51.0	90.4	58.6	41.2	15.9	10.4	8.2	6.7	0.1
	15～19歳	7.8	33.1	58.6	39.3	2.9	25.2	2.3	8.9	2.1
	20～24	25.1	84.7	70.4	29.4	13.0	6.8	4.2	5.4	0.2
	25～29	33.0	98.9	64.3	35.7	15.7	7.9	7.8	4.2	0.0
	30～34	33.9	99.7	45.8	54.1	18.8	13.8	11.7	9.8	0.1
学歴別	在学していない	90.7	100.0	69.0	30.8	13.1	6.6	6.6	4.5	0.2
	中学卒	2.7	100.0	35.4	64.0	32.2	11.4	13.5	7.0	0.6
	高校卒	28.0	100.0	56.3	43.2	16.7	8.2	11.2	7.1	0.4
	専修学校(専門課程)卒	12.4	100.0	66.6	33.3	12.2	9.5	8.3	3.3	0.1
	高専・短大卒	7.1	100.0	66.2	33.8	12.1	9.4	6.1	6.2	0.2
	大学卒	36.9	100.0	80.9	19.1	10.2	3.8	2.7	2.5	0.0
	大学院卒	3.7	100.0	84.3	15.7	6.9	3.2	2.7	2.9	0.1
	在学している	9.2	—	—	—	—	—	—	—	—

(5)就業形態・賃金総額階級別若年労働者割合

(単位 %)

雇用形態		若年労働者計	支給がない	支給あり	5万円未満	5万～10万円未満	10万～15万円未満	15万～20万円未満	20万～25万円未満	25万～30万円未満	30万～35万円未満	35万円以上	不明
正社員計		100.0	0.6	98.6	0.2	0.2	5.9	23.2	32.0	18.6	10.1	8.3	0.8
正社員以外計		100.0	4.2	95.3	12.0	26.5	21.1	18.2	9.2	4.2	1.1	3.0	0.5
正社員以外の就業形態	フルタイム	100.0	2.3	97.1	2.2	12.6	28.6	28.2	14.8	6.4	1.4	3.0	0.6
	短時間	100.0	6.3	93.3	23.4	42.4	12.5	6.8	2.7	1.1	0.3	3.0	0.4

注 1. 表頭の賃金総額階級は、平成30年9月の給与支給日に現在の会社から支払われた賃金の総額（税込）による。
 2. 総数には生計状況の組み合わせの不明を含む。

(6)雇用形態別、実労働時間数（9月最後の一週間の実労働時間数階級別若年労働者割合）

(単位 %)

雇用形態		若年労働者計	9月最後の一週間の実労働時間数階級									働いていなかった	不明
			20時間未満	20～25時間未満	25～30時間未満	30～35時間未満	35～40時間未満	40～45時間未満	45～50時間未満	50～60時間未満	60時間以上		
正社員計		100.0	1.8	1.9	2.7	10.1	18.4	28.6	17.5	12.0	5.5	0.7	0.8
正社員以外計		100.0	25.0	10.4	9.5	12.8	12.8	13.1	6.9	4.2	1.6	3.0	0.8
正社員以外の就業形態	フルタイム	100.0	6.5	6.3	7.5	14.9	20.8	21.0	11.4	6.6	2.4	1.8	0.7
	短時間	100.0	46.2	15.0	11.9	10.4	3.6	3.4	1.7	0.4	0.7	4.3	0.9

(7)正社員以外の在学していない若年労働者の今後の働き方の希望

(単位 %)

性、年齢階級				今後の働き方の希望							その他	不明
				正社員として働きたい	現在の会社で働きたい	別の会社で勤めたい	正社員以外の労働者として働きたい	現在の会社で勤めたい	別の会社で勤めたい	独立して事業を始めたい		
	総 数			41.8	21.2	20.6	30.9	25.4	5.4	4.7	9.0	13.7
年齢階級	男			49.3	30.4	19.0	14.9	13.0	1.9	6.5	9.9	19.3
	15	～	19 歳	69.2	32.3	36.9	15.9	15.7	0.2	—	0.1	14.8
	20	～	24	45.4	32.3	13.1	8.6	7.7	0.9	6.1	12.7	27.2
	25	～	29	53.4	26.9	26.5	20.4	15.7	4.7	6.4	6.0	13.8
	30	～	34	45.7	31.5	14.1	14.9	14.4	0.5	8.0	12.6	18.8
	女			38.2	16.9	21.3	38.3	31.3	7.1	3.8	8.6	11.0
	15	～	19 歳	11.4	5.7	5.7	21.2	11.0	10.3	22.7	24.0	20.6
	20	～	24	36.5	13.3	23.3	34.2	29.8	4.4	7.4	6.5	15.4
	25	～	29	40.3	19.3	21.0	37.9	32.1	5.8	4.4	8.3	9.0
	30	～	34	39.1	17.3	21.8	41.1	32.4	8.7	1.1	8.7	10.0

注 1. 〔 〕内は全若年労働者を100.0とした現在の会社で正社員以外の在学していない若年労働者の割合。
 2. 賃金水準の総数には「支給がない」及び賃金総額階級の不明を含む。

E-24　高年齢者雇用の状況

(平成25年4月に制度改定（継続雇用制度の対象者を限定できる仕組みの廃止）があった影響に留意されたい)

(1)高年齢者雇用確保措置等の実施状況別企業数割合

(単位　%)

年	雇用確保措置実施企業割合（実施・未実施計=100）				雇用確保措置上限年齢（31人以上計）		雇用確保措置内訳（31人以上計）			継続雇用制度内訳（31人以上計）	
	31人以上	51人以上	51~300人	301人以上	65歳以上	64歳	定年廃止	定年引上げ	継続雇用制度	希望者全員	基準設定
平成23年	95.7	96.6	96.1	99.0	90.8	9.2	2.8	14.6	82.6	43.2	56.8
24	97.3	98.0	97.8	99.4	92.1	7.9	2.7	14.7	82.5	42.8	57.2
25	92.3	92.8	92.3	95.6	—	—	2.8	16.0	81.2	65.5	34.5
26	98.1	98.5	98.3	99.5	—	—	2.5	15.6	81.7	66.2	33.8
27	99.2	99.4	99.3	99.9	—	—	2.6	15.7	81.7	67.1	32.9
28	99.5	99.7	99.7	99.9	—	—	2.7	16.1	81.3	68.6	31.4
29	99.7	99.8	99.9	99.9	—	—	2.6	17.1	80.3	70.0	30.0
30	99.8	99.9	99.9	99.9	—	—	2.6	18.1	79.3	71.0	29.0
令和元年	99.8	99.9	99.9	99.9	—	—	2.7	19.4	77.9	73.0	27.0
2	99.9	99.9	99.9	99.9	—	—	2.7	20.9	76.4	74.5	25.5
3	99.9(99.7)	—	—	99.9	—	—	3.1(4.0)	22.8(20.9)	74.1(76.4)	77.8(80.9)	22.2(19.1)

資料出所　厚生労働省職業安定局「令和3年高年齢者雇用状況等報告」以下(3)まで同じ。各年6月1日の状況。
注　1．集計対象は、全国の常時雇用する労働者が21人以上の企業232,059社。なお、平成21年調査から令和2年調査までは集計対象が従来の、常時雇用する労働者51人以上の企業から31人以上の企業に拡大され、令和3年調査ではさらに常時雇用する労働者21人以上の企業に拡大されているため、時系列での利用には注意を要する。
2．平成25年4月に制度改定（継続雇用制度の対象者を限定できる仕組みの廃止）があったため、平成24年と25年の数値は単純比較できない。
3．平成25年以降の継続雇用制度基準設定は、経過措置適用企業。
4．令和3年の行のカッコ内の数値は、常時雇用する労働者21人以上の企業。

(2)65歳以上まで希望者全員働ける企業数割合

(単位　%)

年・企業規模	報告した全企業数（社数）	65歳以上まで働ける計	70歳以上計	定年制廃止	65歳以上定年	70歳以上定年	65歳以上希望者全員継続雇用	70歳以上継続雇用		
								希望者全員	基準該当者	その他
令和元年計	100.0(161,378)	78.8	28.9	2.7	19.4	1.5	58.6	6.5	9.9	8.6
31~300人	100.0(144,571)	81.1	29.6	2.9	20.4	1.3	57.8	6.9	10.0	8.3
301人以上	100.0(16,807)	59.2	23.3	0.5	11.1	0.4	47.6	2.7	8.8	10.8
令和2年計	100.0(164,151)	80.4	31.5	2.7	20.9	1.5	56.9	7.1	10.5	9.6
31~300人	100.0(147,081)	82.6	32.1	3.0	21.8	1.6	57.8	7.6	10.6	9.3
301人以上	100.0(17,070)	61.9	26.1	0.6	12.5	0.4	48.8	3.2	9.9	12.0
令和3年計	100.0(232,059)	—	36.6	4.0	24.1	1.9	—	8.9	10.8	11.1
21~300人	100.0(215,092)	—	37.0	4.2	24.9	2.0	—	9.3	10.7	10.8
301人以上	100.0(16,967)	—	32.1	1.6	14.4	0.5	—	4.1	12.5	14.4

注1．「70歳以上」は、「70歳以上まで働ける制度のある」企業。
2．「令和元年計」と「令和2年計」は31人以上計。「令和3年計」は21人以上計を表しているため、比較できない。

(3)年齢別常用労働者数と60歳定年企業における定年到達者等の状況

年		年齢別常用労働者数(千人)			定年到達予定者定年後予定（%）			
		年齢計	60~64歳	65歳以上	予定者数計（千人）	継続雇用	離職	基準未達離職
31人以上	平成23年	27,528	1,914	622	100.0(435)	73.6	24.6	1.8
	24	27,874	1,959	684	100.0(430)	73.6	24.8	1.6
	25	28,182	1,933	786	100.0(367)	76.5	22.3	1.2
	26	28,774	1,953	919	100.0(345)	81.4	18.3	0.3
	27	29,537	1,979	1,067	100.0(351)	82.1	17.7	0.2
	28	30,492	2,022	1,224	100.0(353)	82.9	16.9	0.2
	29	30,804	2,043	1,431	100.0(346)	84.1	15.8	0.2
	30	30,983	2,063	1,562	100.0(339)	84.4	15.4	0.2
	令和元年	31,655	2,148	1,717	100.0(362)	84.7	15.1	0.2
	2	32,339	2,243	1,850	100.0(363)	85.5	14.4	0.2
	3	32,334	2,271	1,938	—	—	—	—
21人以上	3	33,800	1,938	2,082	100.0(369)	86.8	—	0.2

E-25　就業形態多様化

(1)就業形態別就労状況（事業所割合）

（単位　％）

事業所規模	全事業所		正社員がいる事業所	正社員のみ（正社員以外の労働者がいない）	多様な正社員がいる	正社員以外の労働者がいる事業所	出向社員がいる	契約社員（専門職）がいる	嘱託社員（再雇用者）がいる	パートタイム労働者がいる	臨時労働者がいる	派遣労働者（受け入れ）がいる	その他の労働者がいる
総　　　数	(100.0)	100.0	94.5	15.9	9.1	84.1	4.5	11.3	19.7	65.9	5.2	12.3	17.5
事業所規模													
1,000人以上	(0.1)	100.0	99.8	—	34.0	100.0	58.7	57.0	88.1	74.8	8.3	80.0	51.8
300〜999人	(0.5)	100.0	99.5	0.7	30.6	99.0	37.1	41.8	78.5	77.0	7.0	65.7	46.4
100〜299人	(2.5)	100.0	99.9	2.9	19.1	97.1	23.4	29.2	67.6	77.9	5.9	48.0	39.4
30〜99人	(13.1)	100.0	99.3	5.8	13.0	94.1	10.1	22.3	41.6	77.3	5.1	23.3	28.1
5〜29人	(83.5)	100.0	99.5	19.2	7.5	80.5	2.5	7.5	11.5	60.5	5.2	9.0	15.0

資料出所　厚生労働省「令和元年就業形態の多様化に関する総合実態調査」以下同じ。令和元年10月1日現在の状況。
本調査は3〜5年間隔で実施。事業所調査で17,278カ所を対象に有効回答数7,499、有効回答率43.4%。
個人調査で36,527人を対象で有効回答数23,521人、有効回答率64.4%。
注：（　）は、総数を100とした産業、事業所規模ごとの割合である。

(2)産業、3年前と比べて労働者比率が上昇した正社員以外の就業形態別事業所割合　複数回答（単位　％）

産　　　業	比率が上昇した正社員以外の就業形態							不明
	出向社員	契約社員（専門職）	嘱託社員（再雇用者）	パートタイム労働者	臨時労働者	派遣労働者（受け入れ）	その他	
総　　　数	1.9	7.5	22.8	63.0	2.7	12.5	8.3	4.2
鉱業，採石業，砂利採取業	11.3	15.1	51.7	33.9	—	12.2	1.1	—
建　設　業	1.6	24.3	52.7	18.0	6.9	33.1	7.1	7.7
製　造　業	4.2	3.8	31.1	47.4	0.1	31.0	4.5	4.8
電気・ガス・熱供給・水道業	5.4	3.4	55.9	37.6	—	8.0	14.4	2.2
情　報　通　信　業	11.0	27.3	28.5	19.1	—	42.0	—	2.6
運　輸　業，郵　便　業	0.8	6.9	31.0	49.4	0.8	14.3	12.5	5.9
卸　売　業，小　売　業	0.2	2.0	10.5	80.6	—	9.2	10.0	6.4
金　融　業，保　険　業	4.2	11.3	31.1	43.3	—	13.6	10.2	10.2
不動産業，物品賃貸業	8.0	3.5	19.5	40.9	—	41.7	6.8	6.9
学術研究，専門・技術サービス業	6.1	23.9	39.4	35.9	—	16.7	7.2	0.3
宿泊業，飲食サービス業	—	1.8	2.0	82.5	1.7	1.8	14.0	1.9
生活関連サービス業，娯楽業	0.3	7.2	7.5	84.5	13.9	0.7	1.5	1
教育，学習支援業	0.0	14.7	23.3	57.9	4.6	1.5	18.0	0.6
医　療，福　祉	0.2	2.1	28.4	80.4	4.1	4.5	2.0	0.9
複合サービス事業	—	7.8	14.1	30.3	0.2	17.0	26.0	16.6
サービス業（他に分類されないもの）	7.2	17.8	28.7	46.9	6.9	7.7	6.7	5.3

(3)産業、今後労働者比率が上昇すると思われる正社員以外の就業形態別事業所割合　複数回答（単位　％）

産　　　業	比率が上昇すると思われる正社員以外の就業形態							不明
	出向社員	契約社員（専門職）	嘱託社員（再雇用者）	パートタイム労働者	臨時労働者	派遣労働者（受け入れ）	その他	
総　　　数	0.4	13.6	24.2	62.4	7.7	12.1	12.1	0.7
鉱業，採石業，砂利採取業	5.6	16.8	44.1	28.0	16.8	5.6	5.6	—
建　設　業	0.5	7.0	45.8	23.8	12.2	19.4	29.7	—
製　造　業	0.8	9.0	28.1	53.0	5.3	20.0	7.5	2.0
電気・ガス・熱供給・水道業	4.1	7.8	63.2	19.2	—	22.9	39.1	—
情　報　通　信　業	15.9	20.9	46.5	29.0	11.7	15.1	13.2	—
運　輸　業，郵　便　業	0.5	13.1	41.1	51.3	16.3	14.9	9.0	0.3
卸　売　業，小　売　業	0.1	11.7	18.5	66.9	0.5	12.7	12.1	1.7
金　融　業，保　険　業	—	9.5	47.2	67.2	2.3	14.6	20.6	—
不動産業，物品賃貸業	—	1.7	50.3	48.0	8.9	36.3	10.1	—
学術研究，専門・技術サービス業	1.5	25.8	47.3	60.9	1.1	16.0	10.4	—
宿泊業，飲食サービス業	—	20.8	0.5	78.1	10.3	0.4	11.5	—
生活関連サービス業，娯楽業	0.0	14.7	17.7	72.6	14.6	7.8	6.7	—
教育，学習支援業	0.9	14.5	27.1	66.7	20.2	1.3	11.8	0.0
医　療，福　祉	—	11.1	20.9	74.8	7.9	12.8	11.2	0.0
複合サービス事業	—	24.4	38.9	47.6	9.8	9.7	19.9	4.1
サービス業（他に分類されないもの）	0.5	29.4	33.7	45.1	9.8		6.0	0.5

の動向（令和元年平均）

(4)性、就業形態、現在の職種別労働者割合

（単位　％）

性、就業形態	全労働者	職種											不明
		管理的	専門的・技術的	事務的	販売	サービス	保安	生産工程	輸送・機械運転	建設・採掘	運搬・清掃・包装等	その他	
総　　数	(100.0)	(100.0)	(100.0)	(100.0)	(100.0)	(100.0)	(100.0)	(100.0)	(100.0)	(100.0)	(100.0)	(100.0)	(100.0)
正　社　員	(59.0)	(87.1)	(60.9)	(65.0)	(47.7)	(29.4)	(18.7)	(51.7)	(66.0)	(72.2)	(25.1)	(15.3)	(49.1)
正社員以外の労働者	(41.0)	(12.9)	(39.1)	(35.0)	(52.3)	(70.6)	(81.3)	(48.3)	(34.0)	(27.8)	(74.9)	(84.7)	(50.9)
総　　数	100.0	14.2	19.1	32.6	8.6	10.1	1.1	5.7	2.4	1.1	4.3	0.8	0.3
正　社　員	100.0	21.0	19.7	36.0	7.0	5.0	0.3	5.0	2.4	1.3	1.8	0.2	0.3
正社員以外の労働者	100.0	4.5	18.2	27.8	11.0	17.4	2.1	6.7	1.8	0.7	7.8	1.7	0.4
出　向　社　員	100.0	24.2	23.7	28.8	6.7	3.5	1.3	6.5	1.0	0.4	1.8	0.3	1.8
契約社員(専門職)	100.0	6.2	40.5	22.0	3.1	10.6	1.7	6.5	2.2	2.0	3.2	1.4	0.6
嘱託社員(再雇用者)	100.0	11.3	24.5	26.3	5.6	6.2	1.6	9.2	6.1	1.2	6.0	1.6	0.4
パートタイム労働者	100.0	3.2	14.7	26.9	14.8	21.9	2.0	4.0	1.2	0.1	9.0	1.9	0.3
臨　時　労働者	100.0	1.9	30.5	15.8	3.3	23.3	0.9	3.2	2.9	7.7	9.6	0.5	0.3
派　遣　労働者	100.0	2.3	19.3	38.7	2.9	3.4	0.7	21.9	1.0	1.2	7.5	0.5	0.5
登　録　型	100.0	2.1	11.8	49.3	2.9	4.1	1.1	19.7	0.8	0.3	7.5	0.4	0.2
常　時　雇用型	100.0	2.5	26.6	28.4	3.0	2.8	0.2	24.1	1.3	2.1	7.4	0.6	0.9
そ　の　他	100.0	3.7	13.2	32.2	7.7	16.8	4.9	9.0	2.1	0.9	7.0	1.9	0.5
男	100.0	21.8	17.5	24.0	8.8	6.9	2.0	7.5	3.9	2.0	4.9	0.6	0.3
正　社　員	100.0	27.1	17.4	27.4	8.2	4.3	0.5	6.8	3.6	2.0	2.4	0.1	0.2
正社員以外の労働者	100.0	8.1	18.0	15.0	10.5	13.6	5.7	9.2	4.5	1.9	11.4	1.7	0.4
出　向　社　員	100.0	30.2	19.4	25.8	8.2	3.0	1.7	6.3	1.0	0.5	2.1	0.4	1.3
契約社員(専門職)	100.0	7.4	41.2	10.1	3.6	9.0	3.6	8.8	4.5	4.1	5.4	1.6	0.6
嘱託社員(再雇用者)	100.0	13.5	21.1	24.6	5.7	4.6	2.1	9.9	8.4	1.6	6.7	1.3	0.4
パートタイム労働者	100.0	5.6	8.4	11.7	18.4	22.9	7.3	3.6	4.2	0.2	15.5	2.2	0.1
臨　時　労働者	100.0	3.8	36.8	7.7	0.3	8.1	1.5	5.0	6.7	17.9	11.0	1.2	0.1
派　遣　労働者	100.0	3.3	30.4	12.6	1.9	2.0	1.3	31.8	1.4	2.6	11.7	0.4	0.1
登　録　型	100.0	4.7	19.5	14.2	1.9	3.6	3.1	37.8	0.5	0.9	14.0	0.4	0.1
常　時　雇用型	100.0	2.4	36.1	11.6	2.5	1.1	0.3	28.3	1.9	3.6	10.3	0.4	0.9
そ　の　他	100.0	7.9	13.8	18.6	4.8	11.2	11.8	10.8	4.7	2.3	11.3	2.4	0.3
女	100.0	5.5	20.8	42.6	8.4	13.9	0.1	3.6	0.1	0.1	3.5	1.1	0.4
正　社　員	100.0	9.4	24.0	52.3	4.7	6.1	−	1.5	0.0	0.1	0.7	0.4	0.4
正社員以外の労働者	100.0	2.4	18.3	35.1	11.3	19.5	0.1	5.2	0.2	0.1	5.7	1.6	0.4
出　向　社　員	100.0	5.3	36.8	38.1	2.0	5.2	−	7.3	1.0	−	1.0	−	3.4
契約社員(専門職)	100.0	5.1	39.8	32.7	2.6	12.1	−	4.4	0.0	0.1	1.2	1.3	0.5
嘱託社員(再雇用者)	100.0	5.4	33.7	30.9	5.4	10.7	0.0	7.2	−	−	4.1	2.2	0.4
パートタイム労働者	100.0	2.4	16.9	32.3	13.6	21.5	0.2	4.1	0.2	0.1	6.7	1.8	0.4
臨　時　労働者	100.0	0.6	25.7	21.9	5.5	34.8	0.5	1.8	0.0	0.1	8.6	0.1	0.4
派　遣　労働者	100.0	1.5	9.5	61.8	3.8	4.6	0.1	13.2	0.4	−	3.8	0.6	0.4
登　録　型	100.0	0.7	7.7	67.9	3.9	4.3	0.1	10.0	0.9	−	4.1	0.4	0.1
常　時　雇用型	100.0	2.7	12.4	52.3	3.7	5.2	0.1	18.1	0.3	−	3.4	0.9	0.6
そ　の　他	100.0	0.9	12.8	41.5	9.7	20.6	0.2	7.8	0.3	−	4.0	1.6	0.6

注：　（　）は、職種ごとの総数を100とした正社員、正社員以外の労働者の割合である。

(5)就業形態、性、現在実労働時間数に関する意識別労働者割合

（単位　％）

就業形態、性	全労働者	増やしたい	今のままでよい	減らしたい	わからない	不明
正　社　員	100.0	2.7	66.6	23.1	5.1	2.5
前回［平成26年］	100.0	2.1	70.8	21.9	4.0	1.2
男	100.0	3.4	65.4	24.1	4.8	2.3
女	100.0	1.5	68.9	21.2	5.5	2.9
正社員以外の労働者	100.0	9.3	70.1	12.6	5.2	2.7
前回［平成26年］	100.0	12.2	73.0	8.1	4.7	2.0
男	100.0	7.8	69.8	13.4	6.4	2.6
女	100.0	10.1	70.3	12.2	4.6	2.8
出　向　社　員	100.0	5.0	71.1	18.6	2.6	2.7
契約社員(専門職)	100.0	4.8	67.2	18.8	6.0	3.2
嘱託社員(再雇用者)	100.0	1.5	74.3	16.9	3.3	4.0
パートタイム労働者	100.0	11.1	70.1	11.1	5.4	2.0
臨　時　労働者	100.0	13.0	66.5	6.0	5.2	9.3
派　遣　労働者	100.0	11.3	67.8	10.5	6.8	3.6
登　録　型	100.0	12.4	65.8	10.2	8.0	3.6
常　時　雇用型	100.0	10.3	69.7	10.9	5.7	3.5
そ　の　他	100.0	6.2	70.5	15.3	4.9	3.0

E-26 国 勢 調 査

(1) 全国の主要指標

項 目	令和2年確定値			平成27～令和2年の増減差・率					
				増減差（＋・−）			増減率（％）		
	総数	男	女	総数	男	女	総数	男	女
総人口（千人）	126,146	61,350	64,797	−949	−492	−456	△0.7	△0.8	△0.7
年齢別人口（千人）									
15歳未満	14,956	7,660	7,296	−931	−474	−458	△5.9	△5.8	△5.9
15～64歳	72,923	36,754	36,169	−3,366	−1,641	−1,725	△4.4	△4.3	△4.6
65歳以上	35,336	15,345	19,991	1,870	859	1,011	5.6	5.9	5.3
うち75歳以上	18,249	7,186	11,063	2,123	942	1,181	13.2	15.1	11.9
平均年齢（歳）	47.7	46.0	49.2	1.3	1.2	1.3	—	—	—
年齢別割合（％）	〔総人口＝100〕			〔ポイント〕					
15歳未満	12.1	12.8	11.5	—	—	—	—	—	—
15～64歳	59.2	61.5	57.0	−1.5	−1.4	−1.6	—	—	—
65歳以上	28.7	25.7	31.5	2.1	2.0	2.1	—	—	—
うち75歳以上	14.8	12.0	17.4	2.0	1.8	2.1	—	—	—
未婚率（％）15歳以上計	27.5	31.9	23.4	0.1	0.1	0.2	—	—	—
うち25～29歳	67.7	72.9	62.4	0.6	0.2	1.1	—	—	—
うち30～34歳	41.3	47.4	35.2	0.4	0.3	0.6	—	—	—
うち35～39歳	29.1	34.5	23.6	−0.4	−0.5	−0.3	—	—	—

資料出所 総務省統計局「令和2年国勢調査」。以下の表も同じ。
注1．「不詳」を総計に含めているため、それぞれの内訳が一致しない。
　　2．未婚率の年齢別の数値の増減差は平成12年との比較による。

(2) 都道府県別総人口等

都道府県	総人口（千人）	平成27～令和2年の増減率（％）	人口密度（人／km²）	都道府県	総人口（千人）	平成27～令和2年の増減率（％）	人口密度（人／km²）
全 国	126,146	△ 0.7	338	24 三 重 県	1,770	△ 2.5	307
1 北 海 道	5,225	△ 2.9	67	25 滋 賀 県	1,414	0.0	352
2 青 森 県	1,238	△ 5.4	128	26 京 都 府	2,578	△ 1.2	559
3 岩 手 県	1,211	△ 5.4	79	27 大 阪 府	8,838	△ 0.0	4,638
4 宮 城 県	2,302	△ 1.4	316	28 兵 庫 県	5,465	△ 1.3	651
5 秋 田 県	960	△ 6.2	82	29 奈 良 県	1,324	△ 2.9	359
6 山 形 県	1,068	△ 5.0	115	30 和歌山県	923	△ 4.3	195
7 福 島 県	1,833	△ 4.2	133	31 鳥 取 県	553	△ 3.5	158
8 茨 城 県	2,867	△ 1.7	470	32 島 根 県	671	△ 3.3	100
9 栃 木 県	1,933	△ 2.1	302	33 岡 山 県	1,888	△ 1.7	265
10 群 馬 県	1,939	△ 1.7	305	34 広 島 県	2,800	△ 1.6	330
11 埼 玉 県	7,345	1.1	1,934	35 山 口 県	1,342	△ 4.5	220
12 千 葉 県	6,284	1.0	1,219	36 徳 島 県	720	△ 4.8	174
13 東 京 都	14,048	3.9	6,403	37 香 川 県	950	△ 2.7	506
14 神奈川県	9,237	1.2	3,823	38 愛 媛 県	1,335	△ 3.6	235
15 新 潟 県	2,201	△ 4.5	175	39 高 知 県	692	△ 5.0	97
16 富 山 県	1,035	△ 3.0	244	40 福 岡 県	5,135	0.7	1,030
17 石 川 県	1,133	△ 1.9	271	41 佐 賀 県	811	△ 2.6	333
18 福 井 県	767	△ 2.5	183	42 長 崎 県	1,312	△ 4.7	318
19 山 梨 県	810	△ 3.0	181	43 熊 本 県	1,738	△ 2.7	235
20 長 野 県	2,048	△ 2.4	151	44 大 分 県	1,124	△ 3.6	177
21 岐 阜 県	1,979	△ 2.6	186	45 宮 崎 県	1,070	△ 3.1	138
22 静 岡 県	3,633	△ 1.8	467	46 鹿児島県	1,588	△ 3.6	173
23 愛 知 県	7,542	0.8	1,458	47 沖 縄 県	1,467	2.4	643

による確定人口数

(3) 性・年齢別総人口

(i) 5歳階級別総人口（全国）　　　　　　　　　　　　　　　　　　　（単位　千人）

年　齢	総　数	男	女	年　齢	総　数	男	女
0～4歳	4,516	2,311	2,205	55～59	7,767	3,865	3,902
5～9	5,089	2,607	2,482	60～64	7,297	3,593	3,704
10～14	5,351	2,742	2,608	65～69	8,075	3,910	4,165
15～19	5,617	2,880	2,737	70～74	9,012	4,249	4,763
20～24	5,931	3,018	2,913	75～79	6,931	3,093	3,838
25～29	6,032	3,074	2,958	80～84	5,297	2,196	3,101
30～34	6,485	3,297	3,188	85～89	3,670	1,303	2,366
35～39	7,312	3,697	3,615	90～94	1,779	491	1,288
40～44	8,291	4,189	4,102	95～99	493	92	401
45～49	9,650	4,863	4,787	100～	80	10	70
50～54	8,540	4,277	4,263	年齢不詳	2,932	1,591	1,341

(ii) 各歳別総人口（全国）　　　　　　　　　　　　　　　　　　　　（単位　千人）

年齢	総　数	男	女	年齢	総　数	男	女	年齢	総　数	男	女
0歳	832	425	407	34歳	1,356	689	667	68歳	1,680	810	870
1	867	443	423	35	1,408	713	695	69	1,768	849	919
2	910	466	444	36	1,457	737	720	70	1,886	899	988
3	934	478	456	37	1,477	746	730	71	2,053	974	1,078
4	974	499	474	38	1,479	747	732	72	2,014	949	1,065
5	999	511	487	39	1,492	754	737	73	1,893	889	1,005
6	997	511	485	40	1,558	787	771	74	1,166	539	627
7	1,021	522	499	41	1,596	807	789	75	1,235	562	673
8	1,024	524	500	42	1,657	837	820	76	1,488	670	818
9	1,049	538	511	43	1,700	859	841	77	1,417	633	784
10	1,058	542	515	44	1,780	899	880	78	1,430	633	798
11	1,063	545	518	45	1,852	935	917	79	1,361	596	765
12	1,083	555	528	46	1,957	988	969	80	1,206	519	687
13	1,077	552	525	47	1,991	1,002	989	81	1,018	431	586
14	1,069	547	522	48	1,954	985	970	82	1,049	434	614
15	1,070	549	521	49	1,896	954	942	83	1,035	420	615
16	1,113	572	542	50	1,837	923	914	84	989	391	598
17	1,123	578	546	51	1,808	906	902	85	894	341	553
18	1,151	590	561	52	1,764	884	880	86	794	292	502
19	1,159	591	568	53	1,759	880	879	87	739	260	479
20	1,177	599	578	54	1,371	683	688	88	662	224	438
21	1,174	596	579	55	1,689	843	847	89	581	186	395
22	1,194	607	586	56	1,583	789	794	90	494	150	344
23	1,194	608	586	57	1,542	767	775	91	425	121	304
24	1,192	608	584	58	1,492	742	750	92	358	96	262
25	1,210	616	594	59	1,461	725	736	93	278	71	207
26	1,212	618	595	60	1,470	727	743	94	224	53	171
27	1,193	608	584	61	1,494	738	756	95	170	37	133
28	1,210	617	593	62	1,450	713	737	96	123	24	99
29	1,207	615	592	63	1,408	691	716	97	90	15	75
30	1,234	628	606	64	1,475	723	752	98	65	10	55
31	1,259	640	619	65	1,516	742	775	99	45	6	38
32	1,300	661	638	66	1,512	736	776	100～	80	10	70
33	1,336	678	657	67	1,599	774	825				

E-27　産業、従業上の地位・雇用形態・

性別・産業	総数(分類不能・不詳含む)	自営業主・家族従業者	うち家族従業者	雇用者	うち役員を除く雇用者	正規の職員・従業員	非正規の職員・従業員
男女計（分類不能・不詳含む）	6,713	662	139	6,016	5,672	3,596	2,075
農業，林業	195	138	53	58	52	26	27
漁業	13	7	2	6	5	3	2
鉱業，採石業，砂利採取業	3	0	—	3	2	2	0
建設業	485	89	12	396	328	274	54
製造業	1,045	38	7	1,007	957	718	240
電気・ガス・熱供給・水道業	34	0	0	34	34	29	4
情報通信業	258	14	0	244	230	195	35
運輸業，郵便業	352	13	1	339	327	228	99
卸売業，小売業	1,069	73	19	996	928	471	458
金融業，保険業	168	2	0	165	159	129	30
不動産業，物品賃貸業	142	16	3	125	100	65	35
学術研究，専門・技術サービス業	254	54	6	200	176	136	40
宿泊業，飲食サービス業	371	52	14	319	309	79	230
生活関連サービス業，娯楽業	227	57	10	169	159	73	86
教育，学習支援業	348	27	1	321	317	187	130
医療，福祉	891	32	7	859	840	519	321
複合サービス業	50	0	0	50	50	34	15
サービス業（他に分類されないもの）	452	45	3	407	382	196	186
公務（他に分類されるものを除く）	250	—	—	250	250	205	45
男性計（分類不能・不詳含む）	3,711	414	28	3,278	3,016	2,362	653
農業，林業	120	87	11	33	29	17	11
漁業	10	6	1	5	4	3	1
鉱業，採石業，砂利採取業	2	0	—	2	2	2	0
建設業	402	80	4	322	266	233	34
製造業	732	23	1	709	669	571	98
電気・ガス・熱供給・水道業	28	0	0	28	28	26	2
情報通信業	184	10	0	174	162	146	16
運輸業，郵便業	276	12	0	264	254	199	55
卸売業，小売業	515	41	4	474	424	307	117
金融業，保険業	75	2	0	73	68	63	5
不動産業，物品賃貸業	84	9	1	75	58	41	17
学術研究，専門・技術サービス業	162	36	0	126	108	91	16
宿泊業，飲食サービス業	141	26	2	115	108	48	60
生活関連サービス業，娯楽業	91	23	2	68	61	37	25
教育，学習支援業	145	7	0	138	135	93	42
医療，福祉	220	20	0	200	188	146	42
複合サービス業	30	0	0	30	29	23	6
サービス業（他に分類されないもの）	269	30	1	239	219	141	78
公務（他に分類されるものを除く）	172	—	—	172	172	158	14
女性計（分類不能・不詳含む）	3,002	248	112	2,739	2656	1,234	1,422
農業，林業	75	50	41	25	24	8	16
漁業	3	2	1	1	1	1	1
鉱業，採石業，砂利採取業	1	—	—	1	0	0	0
建設業	83	9	8	74	61	41	20
製造業	313	15	5	298	288	147	141
電気・ガス・熱供給・水道業	6	0	0	6	6	4	2
情報通信業	74	4	0	70	68	49	19
運輸業，郵便業	77	1	1	75	73	29	44
卸売業，小売業	554	32	16	522	504	164	340
金融業，保険業	93	1	0	92	91	66	25
不動産業，物品賃貸業	58	7	3	51	42	24	18
学術研究，専門・技術サービス業	92	18	5	73	69	44	24
宿泊業，飲食サービス業	230	26	11	204	201	31	170
生活関連サービス業，娯楽業	135	34	8	101	97	36	61
教育，学習支援業	203	20	1	183	182	94	88
医療，福祉	672	12	7	659	652	372	280
複合サービス業	21	0	0	21	21	11	10
サービス業（他に分類されないもの）	183	15	3	163	163	55	108
公務（他に分類されるものを除く）	78	—	—	78	78	47	31

資料出所　総務省統計局「労働力調査」
注1.　「0」は四捨五入しても1万人に満たないことを示す。
　　2.　詳細集計は調査範囲の違いにより基本集計による他表とは数値に差が生じている（E-28注を参照）。

雇用契約期間別就業者数 （令和3年平均）

（単位　万人）

パート・アルバイト	パート	アルバイト	無期の契約	有期の契約	1～4人	5～29人	30～99人	100～499人	500～999人	1000人以上	(再掲)30人以上	性・産業
1,463	1,024	439	3,778	1,410	370	1,168	887	1,119	431	1,445	3,883	計
20	14	6	32	14	15	26	9	5	1	1	15	農
1	0	1	3	1	1	3	1	0	0	0	1	漁
0	0	0	2	0	0	1	1	0	1	0	2	鉱
28	16	12	253	49	71	162	60	40	14	47	160	建
126	106	20	714	186	31	151	175	248	85	312	820	製
1	1	0	27	5	0	1	2	3	2	19	25	電
10	5	5	187	33	10	27	38	61	24	83	206	情
57	39	18	222	80	5	49	64	75	26	115	280	運
393	257	136	565	259	69	205	125	178	85	327	715	卸
14	13	1	128	27	4	9	7	21	14	110	152	金
22	16	6	68	26	30	24	15	20	10	26	71	不
20	15	6	135	33	28	51	27	29	15	36	107	学
216	109	106	137	103	23	86	43	50	23	87	204	宿
70	44	26	90	47	19	42	31	33	12	28	104	生
78	45	33	182	114	6	38	40	37	14	26	117	教
250	229	21	555	216	18	206	172	214	66	91	544	医
7	6	1	36	12	1	1	2	8	5	33	48	複
112	83	29	220	129	36	76	68	87	33	92	280	サ
17	14	3	193	53	—	—	—	—	—	—	—	公
340	123	217	2,225	585	208	592	474	611	235	839	2,159	計
7	3	4	19	7	7	15	5	3	0	1	9	農
1	0	0	2	1	1	3	1	0	0	0	1	漁
0	—	0	1	0	0	1	1	0	0	0	1	鉱
13	3	10	205	41	55	131	50	33	12	38	133	建
29	17	12	535	102	20	95	112	167	62	250	591	製
0	0	0	23	4	0	1	2	2	1	15	21	電
3	1	3	138	18	7	19	27	42	17	62	148	情
24	10	14	183	53	3	40	52	59	19	86	216	運
86	24	62	304	84	37	97	63	93	39	142	338	卸
1	0	0	59	9	2	5	4	11	7	44	66	金
8	5	4	40	15	16	13	9	13	6	16	44	不
4	1	3	85	20	15	27	17	20	11	26	75	学
53	9	44	55	30	8	32	16	19	8	31	73	宿
18	6	12	36	18	6	16	13	13	5	12	44	生
22	5	17	85	42	2	13	15	18	7	13	52	教
25	17	8	134	41	4	34	41	58	18	26	143	医
1	1	1	23	5	0	1	1	5	3	20	28	複
37	19	18	137	65	21	48	42	50	18	51	160	サ
3	2	1	148	21	—	—	—	—	—	—	—	公
1,123	901	222	1,552	825	162	576	413	508	196	607	1,723	計
13	11	3	14	7	7	11	3	2	0	1	6	農
0	0	0	1	0	0	1	0	0	—	—	0	漁
0	0	—	0	0	0	0	0	0	0	0	0	鉱
15	13	2	48	9	15	31	9	7	2	8	27	建
97	89	8	180	84	11	56	63	81	23	62	230	製
1	1	0	4	2	0	0	1	0	0	3	4	電
7	5	2	49	15	3	9	11	19	7	21	58	情
33	29	4	39	27	1	9	11	16	6	29	64	運
307	233	74	261	175	33	108	63	84	46	185	377	卸
13	13	1	69	18	2	4	3	9	7	66	85	金
14	12	2	29	11	14	10	6	7	4	9	26	不
16	13	3	51	14	13	24	9	9	4	10	32	学
163	100	62	82	73	15	54	27	31	16	57	130	宿
53	39	14	54	29	13	26	18	20	7	16	61	生
55	40	16	98	72	4	25	25	18	7	13	64	教
226	212	14	421	174	14	172	131	156	49	66	401	医
6	5	1	13	6	1	1	1	3	2	13	19	複
75	64	11	83	64	15	29	26	37	15	41	120	サ
14	12	2	45	31	—	—	—	—	—	—	—	公

（注）「無期の契約」「有期の契約」は「期間の有無」の内訳。

E－28　就業形態別・年収別・週当たり

性別、仕事からの年収別、週あたり労働時間数別		就業者総数	雇用者	うち役員除く雇用者	正規職員・従業員	非正規の職員・従業員	パート・アルバイト	パート	アルバイト
仕事からの年間収入	男女計	6,703	6,007	5,662	3,587	2,075	1,463	1,024	439
	収入なし	26	—	—	—	—	—	—	—
	100万円未満	1,044	860	838	67	772	695	412	283
	100～　199万円	1,097	972	939	227	711	549	451	97
	200～　299万円	1,051	959	929	599	331	144	109	35
	300～　399万円	970	904	861	739	122	29	20	9
	400～　499万円	745	699	663	616	48	8	6	2
	500～　699万円	819	776	721	692	29	4	3	1
	700～　999万円	500	468	424	414	10	2	1	1
	1,000～1,499万円	186	169	131	127	3	1	1	0
	1,500万円以上	75	63	33	31	2	1	0	0
	男性計	3,702	3,269	3,007	2,353	653	340	123	217
	収入なし	3	—	—	—	—	—	—	—
	100万円未満	301	220	210	25	185	156	31	124
	100～　199万円	343	274	257	84	173	108	55	53
	200～　299万円	501	435	416	279	138	46	23	23
	300～　399万円	599	546	515	444	72	14	7	7
	400～　499万円	531	492	464	430	34	4	2	2
	500～　699万円	650	614	568	545	23	2	1	1
	700～　999万円	435	407	368	360	8	1	0	0
	1,000～1,499万円	172	157	122	119	3	0	0	0
	1,500万円以上	69	58	30	28	2	0	0	0
	女性計	3,001	2,737	2,655	1,233	1,422	1,123	901	222
	収入なし	22	—	—	—	—	—	—	—
	100万円未満	743	640	628	41	587	539	380	159
	100～　199万円	754	698	682	143	539	441	397	44
	200～　299万円	550	524	513	320	193	98	86	12
	300～　399万円	371	357	346	295	50	15	13	2
	400～　499万円	214	207	199	186	13	4	3	0
	500～　699万円	168	162	154	147	6	2	2	0
	700～　999万円	65	62	56	54	2	1	1	0
	1,000～1,499万円	14	13	9	8	1	0	0	0
	1,500万円以上	6	5	3	3	0	0	0	—
週あたり労働時間数	男女計 週1～14時間	559	446	418	32	386	337	174	162
	週15～29時間	1,085	958	922	187	735	630	484	147
	週30～34時間	607	551	525	297	228	149	117	32
	週35～39時間	568	523	497	316	181	104	84	20
	週40～48時間	2,674	2,497	2,346	1,946	400	162	117	45
	週49～59時間	638	571	533	485	48	16	10	6
	週60時間以上	338	277	247	228	19	8	5	4
	男性 週1～14時間	181	134	121	14	107	87	15	71
	週15～29時間	349	286	265	103	162	115	46	69
	週30～34時間	291	259	241	168	73	34	17	17
	週35～39時間	274	247	228	172	56	25	13	11
	週40～48時間	1,727	1,597	1,472	1,283	189	52	24	29
	週49～59時間	501	451	415	387	29	8	3	5
	週60時間以上	281	233	207	195	12	4	1	3
	女性 週1～14時間	378	312	297	18	278	250	159	91
	週15～29時間	736	672	657	84	573	515	438	78
	週30～34時間	316	293	284	129	155	115	99	15
	週35～39時間	294	276	269	144	125	79	70	9
	週40～48時間	947	900	874	663	211	109	93	16
	週49～59時間	137	121	117	98	19	8	7	1
	週60時間以上	57	44	40	34	7	4	3	1

資料出所　総務省統計局「労働力調査（詳細集計）」。
注　1．合計には不明分を含んでいるために内訳を足しあげても合計数と合致しないところがある。
　　2．「役員を除く雇用者の数値」は、「正規職員・従業員」、「パート・アルバイト」、「労働派遣事業所派遣社員」、「契約社員・嘱託」、「その他」の合計である。
　　3．基本集計のE－1と、詳細集計編であるE－2やE－27表とで就業者総数等が合致しないのは、詳細集計編はサンプリングの仕方や自衛隊員の扱い（E－27表では就業者総数には含まれるが雇用者には含まれない）などが調査範囲・集計方法が異なるからである。
　　4．「0」は四捨五入しても1万人に満たないことを示す。

労働時間数別の就業者数（令和3年平均）

（単位　万人・時間）

労働者派遣事業所派遣社員	契約社員	嘱託	その他	無期の契約	有期の契約	定め不明	自営業主	雇い人あり	雇い人なし	内職者	家族従業者
141	277	113	82	3,822	1,370	457	523	116	406	9	139
—	—	—	—	—	—	—	—	—	—	—	26
24	20	7	25	300	354	180	129	10	120	7	49
42	76	25	20	404	419	112	91	15	76	0	29
44	93	34	16	596	267	65	75	16	59	0	14
18	48	20	7	687	133	40	57	16	41	—	7
5	18	12	4	570	71	22	41	13	28	—	3
2	11	8	4	654	54	14	39	13	26	—	2
0	3	3	2	392	26	6	29	10	19	—	2
0	1	1	1	120	9	2	16	9	8	—	1
0	0	1	0	27	5	1	12	9	3	—	0
53	147	72	41	2,252	559	192	386	97	290	1	28
—	—	—	—	—	—	—	—	—	—	—	3
8	7	4	11	67	86	57	70	6	65	1	8
13	32	11	8	104	119	33	61	11	50	0	6
16	48	20	9	259	124	33	59	13	46	0	5
9	30	14	4	404	84	27	48	14	35	—	3
4	14	10	2	394	53	16	36	12	25	—	1
2	9	7	2	513	44	11	35	11	24	—	0
0	2	3	2	339	24	5	27	9	17	—	0
0	1	1	0	112	8	2	15	8	7	—	0
0	0	1	0	25	4	1	11	8	3	—	0
88	129	42	41	1,570	811	265	136	20	117	7	112
—	—	—	—	—	—	—	—	—	—	—	22
17	13	4	14	233	268	124	59	4	55	7	41
30	44	13	11	300	301	78	30	4	26	0	23
28	45	14	7	338	143	31	16	3	13	0	9
8	18	6	3	283	49	13	8	2	6	—	5
1	4	2	2	176	18	5	4	1	3	—	2
0	2	1	1	141	10	3	4	1	3	—	2
—	0	0	0	53	3	1	3	1	2	—	1
—	0	0	0	8	1	0	1	0	0	—	1
0	—	0	—	2	0	0	1	1	0	—	0
13	14	7	15	146	177	93	77	8	70	2	32
25	40	19	20	399	396	122	92	12	80	3	32
16	36	20	8	327	161	36	42	8	34	1	12
20	36	14	7	332	134	30	33	9	24	0	11
55	121	43	21	1,845	377	122	141	41	99	1	30
7	17	5	4	456	56	21	53	15	37	0	12
2	5	2	2	210	26	12	50	18	31	0	9
4	7	4	6	37	53	31	43	5	38	0	3
8	18	12	9	126	105	33	58	8	49	0	5
6	18	11	4	162	66	13	30	5	24	0	2
4	16	8	3	163	54	11	24	7	17	0	2
24	70	29	13	1,192	209	70	117	36	81	0	9
4	11	4	2	362	38	16	46	14	32	0	3
1	4	2	2	178	20	9	44	17	27	0	2
8	7	3	9	109	124	62	34	2	32	2	29
17	22	8	11	273	292	89	34	4	30	3	27
10	18	8	5	166	95	23	12	2	10	1	10
15	20	6	4	169	81	18	9	1	7	—	9
31	51	13	8	652	168	52	24	5	19	1	21
2	6	1	2	94	18	5	7	2	6	0	9
1	1	0	1	32	6	3	6	2	4	0	7

〔備　考〕

「労働力調査（詳細集計）」では、各就業形態について以下のように定義している。なお、後掲の「用語の解説」の「15．労働人口、就業者など」も参照のこと。

「正規の職員・従業員」：勤め先で一般職員あるいは正社員などと呼ばれている人。

「パート」、「アルバイト」：就業の時間や日数に関係なく、勤め先で「パートタイマー」、「アルバイト」又はそれらに近い名称で呼ばれている人。

「労働者派遣事業所の派遣社員」：労働者派遣法に基づく労働者派遣事業所に雇用され、そこから派遣される人。

「契約社員」：専門的職種に従事させることを目的に契約に基づき雇用され、雇用期間の定めのある人。

「嘱託」：労働条件や契約期間に関係なく、勤め先で「嘱託職員」又はそれに近い名称で呼ばれている人。

E-29　失業者・転職者

(1)年齢階級別・失業期間別失業者数

(単位 万人)

性・年齢階級	総数	3か月未満	3〜6か月未満	6か月〜1年未満	1〜2年未満	2年以上
男女計	214	79	31	33	32	36
男性計	123	36	17	17	19	30
15〜24歳	18	8	3	3	3	1
25〜34歳	26	7	3	4	4	8
35〜44歳	20	4	3	2	3	7
45〜54歳	23	6	2	3	4	8
55〜64歳	21	6	4	3	3	4
65歳以上	15	5	2	2	2	1
女性計	91	41	14	16	11	7
15〜24歳	15	8	2	2	1	1
25〜34歳	19	10	3	3	2	1
35〜44歳	17	8	3	3	2	1
45〜54歳	21	8	3	4	3	2
55〜64歳	14	5	2	3	2	1
65歳以上	5	2	0	1	1	

資料出所　総務省統計局「労働力調査（詳細集計）」。E-28同様。以下、全表同じ。

(2)失業者・前職の離職理由

(単位 万人)

性	総数	離職	非自発的な離職	定年又は雇用契約の満了	勤め先や事業の都合	自発的な離職	学卒未就職	収入を得る必要が生じたから	その他
男女計	196	145	65	23	42	80	2	26	15
男性	111	83	38	15	23	45	2	13	8
女性	85	62	27	8	19	35	1	13	7

(3)失業者・性別世帯主との続き柄別離職理由

(単位 万人)

区分	総数	会社倒産・事業所閉鎖のため	人員整理・勧奨退職のため	業務不振や先行き不安のため	定年又は雇用契約の満了	より良い条件の仕事を探すため	結婚・出産・育児のため	介護・看護のため	家事・通学・健康上の理由のため	その他
男女計	139	12	14	9	23	20	3	4	21	33
男性	79	6	8	6	15	11	0	2	12	19
女性	59	6	6	3	8	9	3	2	9	14
2人以上の世帯	115	10	11	7	19	16	3	3	18	28
うち世帯主	33	2	2	2	11	2	0	1	3	8
うち世帯主の配偶者	21	3	2	1	3	2	2	1	3	4
うち子又は子の配偶者	57	5	5	2	5	12	0	1	10	15
うちその他の親族世帯員	4	0	0	0	0	1	-	0	1	2
単身世帯	24	2	2	1	3	3	0	1	3	6

(4)主な求職方法別失業者数

(単位 万人)

性	総数	公共職業安定所に申込み	民間職業紹介所などに申込み	労働者派遣事業所に登録	求人広告・求人情報誌	学校・知人などに紹介依頼	事業所求人に直接応募	事業開始の準備	その他
男女計	214	63	8	5	72	12	7	2	44
男性	123	35	5	3	39	8	4	1	27
女性	92	28	3	2	34	3	3	1	17

(5)探している仕事の形態別失業者数

(単位 万人)

性	総数	雇われてする仕事						自営業主 ※内職者を含む	うち内職者	その他
		総数	正規の職員・従業員	非正規の職員・従業員	パート・アルバイト	労働者派遣事業所の派遣社員	その他			
男女計	214	194	103	91	76	11	5	9	1	9
男性	123	108	69	39	31	5	3	7	1	6
女性	92	86	34	52	44	6	1	2	0	3

(6)仕事につけない理由別失業者数

(単位 万人)

性	総数	賃金・給料が希望と合わない	勤務時間・休日などが希望とあわない	求人の年齢と自分の年齢があわない	自分の技術や技能が求人要件に満たない	希望する種類・内容の仕事がない	条件にこだわらないが仕事がない	その他
男女計	214	13	24	25	14	65	15	56
男性	123	9	6	16	9	39	10	33
女性	92	5	18	9	5	27	5	23

等の状態 （令和3年平均）

(7)仕事につけない理由・年齢階級別失業者数（男女計）

(単位　万人)

年齢階級	総　数	賃金・給料	勤務時間・休日	求人の年齢	技術や技能の求人要件	希望の種類内容の仕事がない	条件にこだわらないが仕事がない	その他
総数	214	13	24	25	14	65	15	56
15〜24歳	33	2	3	0	3	12	2	11
25〜34	46	3	5	0	5	15	3	15
35〜44	37	3	6	3	3	10	3	10
45〜54	43	3	6	5	2	13	3	11
55〜64	35	3	3	9	1	11	2	6
65歳以上	20	0	1	7	0	5	2	3

(8)非労働力人口での就業希望状況と就業希望者の非求職理由

(単位　万人・%)

項　　　目	男女計	男性	女性	男女計	男性	女性
非労働力人口	4,147	1,510	2,637			
就業希望者	255	82	173	100.0	100.0	100.0
適当な仕事がありそうにない(以下5項目合計)	92	33	59	36.1	40.2	34.1
近くに仕事がありそうにない	16	6	10	6.3	7.3	5.8
自分の知識・能力にあう仕事がありそうにない	15	8	8	5.9	9.8	4.6
勤務時間・賃金などが希望にあう仕事がありそうにない	27	5	22	10.6	6.1	12.7
今の景気や季節では仕事がありそうにない	14	6	7	5.5	7.3	4.0
その他	21	9	12	8.2	11.0	6.9
出産・育児のため	43	0	43	16.9	0.0	24.9
介護・看護のため	14	3	10	5.5	3.7	5.8
健康上の理由のため	55	24	31	21.6	29.3	17.9
その他	45	18	27	17.6	22.0	15.6
就業内定者	82	39	43			
就業非希望者	3,801	1,385	2,416			

(9)年齢階級別転職者数（過去1年間に離職）

(単位　万人)

性	総数	15〜24歳	25〜34	35〜44	45〜54	55〜64	65歳以上
男女計	290	53	68	55	52	42	21
男性	133	24	30	22	20	23	14
女性	157	29	38	33	32	18	7

(10)現職・前職従業上地位別転職者数 （過去3年間に離職・男女計・令和3年）

(単位　万人)

現職の従業上の地位 ＼ 前職の従業上の地位	役員を除く雇用者	正規の職員・従業員	非正規の職員・従業員	パート・アルバイト	労働者派遣事業所の派遣社員	契約社員・嘱託	その他
役員を除く雇用者	731	370	361	248	48	55	11
正規の職員・従業員	319	241	78	48	9	18	4
非正規の職員・従業員	412	129	283	200	38	37	8
パート・アルバイト	250	52	198	175	8	12	2
労働者派遣事業所の派遣社員	50	10	40	10	24	5	1
契約社員	68	36	32	11	5	15	1
嘱託	32	25	7	2	1	4	0
その他	11	4	7	2	0	1	3

注：E-29は完全失業者ではなく2018年から公表されるようになった「失業者」の値。両者とも、1．仕事がなくて調査週間中に少しも仕事をしなかった（就業者ではない）、2．仕事があればすぐ就くことができ、3．調査期間中に仕事を探す活動や事業を始める準備をしていた（過去の求職活動の結果を待っている場合を含む）という定義は一緒だが、前者は調査「週間」内に後者は調査「月間」内と調査期間に差がある。従って完全失業者は193万人、失業者は214万人と後者の方が多い（令和3年平均）。

F－1　1人月平均実労働時間数・出勤日数〔就業形態計〕

(単位　時間・日)

項目・産業		事業所規模30人以上					事業所規模5人以上				
		平成25年	30	令和元年	2	3	平成25年	30	令和元年	2	3
総実労働時間数（時間）	調査産業計	148.7	147.4	144.4	140.4	142.4	144.5	142.2	139.1	135.1	136.1
	鉱業，採石業等	163.8	165.3	163.9	159.7	160.2	168.3	161.2	169.0	168.9	164.0
	建設業	173.3	173.0	170.7	168.6	169.3	171.5	170.1	168.2	165.4	165.3
	製造業	164.6	165.1	162.0	158.8	159.0	163.1	163.4	159.8	153.2	155.9
	電気・ガス・熱供給・水道業	156.4	157.2	154.4	156.4	158.0	155.6	155.9	153.0	153.2	155.1
	情報通信業	161.6	156.4	154.9	156.2	159.0	162.6	156.1	154.2	155.6	158.3
	運輸業，郵便業	170.4	167.2	164.0	157.7	160.0	171.4	168.7	166.7	161.5	163.6
	卸売業，小売業	136.5	136.7	134.3	133.0	134.7	136.7	134.3	131.8	130.0	130.8
	金融業，保険業	148.9	147.6	145.9	146.3	147.4	148.1	147.7	144.8	144.9	146.1
	不動産・物品賃貸業	147.4	147.0	144.2	140.7	144.3	153.1	149.4	146.1	144.9	146.9
	学術研究等	155.6	155.6	155.4	153.8	156.0	155.0	156.2	153.1	150.8	153.6
	飲食サービス業等	112.4	108.7	103.7	88.8	88.2	103.7	98.9	95.9	85.8	83.7
	生活関連サービス業等	132.4	128.7	121.9	105.8	113.2	136.6	128.6	125.4	112.1	119.2
	教育，学習支援業	127.4	128.2	126.1	123.6	126.9	125.4	125.9	122.5	121.8	121.0
	医療，福祉	143.4	143.6	140.6	139.0	139.1	135.4	134.9	131.7	130.4	130.5
	複合サービス事業	155.4	153.6	149.4	149.4	149.8	150.6	151.6	147.6	146.5	147.8
	その他のサービス業	141.5	139.7	136.8	132.5	133.9	144.7	142.5	139.2	134.8	137.1
所定内労働時間数（時間）	調査産業計	135.8	134.9	132.0	129.6	130.8	133.5	131.4	128.5	125.9	126.4
	鉱業，採石業等	150.7	147.9	147.0	144.8	144.6	156.1	147.3	153.6	153.4	152.6
	建設業	153.9	153.8	149.9	149.3	149.6	157.5	155.9	153.4	151.9	151.5
	製造業	147.0	147.1	145.3	142.4	143.7	147.1	147.0	144.7	141.3	142.3
	電気・ガス・熱供給・水道業	140.2	141.1	137.7	139.0	140.1	140.7	141.4	138.3	138.6	140.6
	情報通信業	143.0	142.1	139.3	140.7	142.5	144.8	142.5	139.3	141.3	142.8
	運輸業，郵便業	146.3	143.8	140.7	136.9	138.4	147.7	145.4	143.6	140.4	141.5
	卸売業，小売業	128.6	128.8	126.1	125.5	126.8	129.4	126.8	124.2	123.2	123.8
	金融業，保険業	134.9	135.4	132.4	132.3	133.1	136.0	136.8	133.3	133.2	134.4
	不動産・物品賃貸業	134.9	134.8	132.4	130.1	131.8	140.9	137.9	135.1	133.2	135.4
	学術研究等	140.2	141.0	139.1	139.2	140.6	141.5	142.2	139.2	137.9	139.9
	飲食サービス業等	104.7	101.3	96.5	84.0	84.1	97.9	93.1	90.1	81.6	80.4
	生活関連サービス業等	124.4	120.7	114.0	100.7	107.4	129.2	121.9	118.6	107.5	113.9
	教育，学習支援業	119.5	118.8	116.3	114.9	116.4	117.7	116.5	113.0	113.3	111.8
	医療，福祉	137.3	137.4	134.4	133.5	133.6	130.2	129.6	126.5	125.8	125.9
	複合サービス事業	146.9	141.6	137.5	138.8	138.3	142.8	141.9	138.3	138.5	139.5
	その他のサービス業	129.3	128.3	125.8	123.0	123.9	133.2	131.5	128.7	125.6	127.0
所定外労働時間数（時間）	調査産業計	12.9	12.5	12.4	10.8	11.6	11.0	10.8	10.6	9.2	9.7
	鉱業，採石業等	13.1	17.4	16.9	14.9	15.6	12.2	13.9	15.4	15.5	11.4
	建設業	19.4	19.2	20.8	19.3	19.7	14.0	14.2	14.8	13.5	13.8
	製造業	17.6	18.0	16.7	13.4	15.3	16.0	16.4	15.1	11.9	13.6
	電気・ガス・熱供給・水道業	16.2	16.1	16.7	17.4	16.2	14.9	14.5	14.7	15.2	14.5
	情報通信業	18.6	14.3	15.6	15.5	16.5	17.8	13.6	14.8	14.3	15.5
	運輸業，郵便業	24.1	23.4	23.3	20.8	21.6	23.7	23.3	23.1	21.1	22.1
	卸売業，小売業	7.9	7.9	8.2	7.5	7.9	7.3	7.5	7.6	6.8	7.0
	金融業，保険業	14.0	12.2	13.5	14.0	14.3	12.1	10.9	11.5	11.7	11.7
	不動産・物品賃貸業	12.5	12.2	11.8	10.6	12.5	12.2	11.5	11.0	11.7	11.5
	学術研究等	15.4	14.6	16.3	14.6	15.4	13.5	14.0	13.9	12.9	13.7
	飲食サービス業等	7.7	7.4	7.2	4.8	4.1	5.8	5.8	5.8	4.2	3.3
	生活関連サービス業等	8.0	8.0	7.9	5.1	5.8	7.4	6.7	6.8	4.6	5.3
	教育，学習支援業	7.9	9.4	9.8	8.7	10.5	7.7	9.4	9.5	8.5	9.2
	医療，福祉	6.1	6.2	6.2	5.5	5.5	5.2	5.3	5.2	4.6	4.6
	複合サービス事業	8.5	12.0	11.9	10.6	11.5	7.8	9.7	9.3	8.0	8.3
	その他のサービス業	12.2	11.4	11.0	9.5	10.0	11.5	11.0	10.5	9.2	10.1
出勤日数（日）	調査産業計	18.8	18.6	18.2	17.9	18.0	18.7	18.4	18.0	17.7	17.7
	建設業	20.4	20.3	19.9	19.7	19.9	20.9	20.8	20.5	20.6	20.3
	製造業	19.3	19.3	19.0	18.8	18.8	19.5	19.5	19.2	20.3	18.8
	情報通信業	19.0	18.8	18.4	18.6	18.7	19.1	18.8	18.4	18.7	18.7
	運輸業，郵便業	19.9	19.6	19.3	18.6	18.8	20.1	19.8	19.6	18.6	19.2
	卸売業，小売業	19.1	18.7	18.3	18.8	18.6	18.9	18.4	18.0	19.2	17.9
	金融業，保険業	18.3	18.2	18.2	18.3	18.5	18.6	18.7	18.3	17.9	18.4
	教育，学習支援業	16.7	16.8	16.5	18.2	16.4	16.7	16.6	16.2	18.0	16.1
	医療，福祉	18.7	18.7	18.3	18.2	18.2	18.3	18.1	17.8	17.7	17.7

資料出所　厚生労働省「毎月勤労統計調査」。
注　1．数値は一般労働者とパートタイム労働者を合計（いずれも常用雇用）した就業形態計のもの。
　　2．所定内労働時間は事業所の就業規則等で定められた正規の始業時間と終業時間との間の休憩時間が除かれた実労働時間で、有給休暇等の消化があった場合は、その分は計算対象から除かれる。
　　3．所定外労働時間は早出、残業、休日出勤等の従業員平均の実労働時間である。
　　4．サービス業は家事サービス業及び外国公務を除く。
　　5．出勤日数欄は、スペースの都合で、労働者数と時系列数値を勘案して、8産業のみの掲載としている。

F-2　製造業中分類別1人月平均実労働時間数〔就業形態計〕

（5人以上事業所）

(単位　時間)

項目	年	食料品・たばこ	繊維工業	木材・木製品	家具・装備品	パルプ・紙	印刷・同関連	化学・石油石炭製品	プラスチック製品	ゴム製品	窯業・土石	鉄鋼	非鉄金属
総実労働時間数	平成24年	156.9	158.6	168.6	169.3	163.7	170.4	156.3	164.2	163.2	164.1	167.9	163.9
	25	154.3	157.4	171.6	169.4	162.8	170.3	154.3	162.1	162.5	162.8	168.4	163.4
	26	154.0	158.4	169.5	170.7	162.5	168.7	155.1	163.4	162.2	165.4	170.3	164.9
	27	152.4	158.0	170.3	168.2	164.1	170.5	156.6	164.1	165.1	167.0	173.2	164.4
	28	152.5	156.2	173.0	162.7	163.4	169.1	157.3	163.5	165.4	166.4	173.6	165.7
	29	152.5	156.4	173.0	168.2	163.9	169.7	158.0	164.2	166.9	166.3	175.2	167.2
	30	154.0	156.2	173.1	165.2	161.5	168.4	156.4	162.5	164.1	165.2	174.2	165.5
	令和元年	151.2	154.2	167.3	164.6	157.9	164.5	155.2	157.6	159.4	160.3	169.6	164.8
	2	146.3	144.6	159.3	158.5	153.9	153.2	150.6	153.4	151.5	158.6	156.8	156.8
	3	146.7	143.5	162.1	159.1	152.4	155.2	153.7	156.4	157.1	160.5	163.7	162.1
所定内労働時間数	平成24年	143.7	150.8	157.2	154.3	151.7	153.2	145.5	149.4	150.5	151.4	151.4	150.8
	25	141.0	149.7	157.9	154.8	150.0	151.9	143.5	148.4	149.0	149.2	150.7	149.1
	26	140.2	149.7	156.4	155.4	149.8	150.5	143.8	148.7	148.9	151.2	151.0	149.1
	27	139.2	149.4	156.6	153.2	149.7	151.3	144.8	149.9	152.6	152.6	152.7	147.5
	28	139.5	148.2	158.7	149.9	148.8	151.1	144.8	148.7	148.6	152.1	152.5	148.1
	29	139.6	147.8	158.3	153.3	149.5	151.7	145.4	148.2	148.1	151.4	152.2	148.0
	30	141.1	147.7	155.9	151.1	147.0	151.4	144.1	147.0	146.1	150.6	150.5	147.7
	令和元年	138.8	145.3	152.5	150.2	144.8	147.8	142.3	144.1	144.7	147.7	148.8	147.7
	2	135.0	138.1	148.5	147.3	142.2	139.5	140.2	141.7	140.9	147.2	142.9	143.8
	3	134.7	136.6	150.2	146.2	141.5	141.2	140.9	142.5	144.0	146.7	146.4	146.1
所定外労働時間数	平成24年	13.2	7.8	11.4	15.0	12.0	17.2	10.8	14.8	12.7	12.7	16.5	13.1
	25	13.3	7.7	13.7	14.6	12.8	18.4	10.8	13.7	13.5	13.6	17.7	14.3
	26	13.8	8.7	13.1	15.3	12.7	18.2	11.3	14.7	15.3	14.2	19.3	15.8
	27	13.2	8.6	13.7	15.0	14.4	19.2	11.8	14.5	15.8	14.4	20.5	16.9
	28	13.0	8.0	14.3	12.8	14.6	18.0	12.5	14.8	16.8	14.3	21.1	17.6
	29	12.9	8.6	14.7	14.9	14.4	18.0	12.6	16.0	18.8	14.9	23.0	19.2
	30	12.9	8.5	17.2	14.1	14.5	17.0	12.3	15.5	18.0	14.6	23.7	17.8
	令和元年	12.4	8.9	14.8	14.4	13.1	16.7	12.9	13.5	14.7	12.6	20.8	17.1
	2	11.3	6.5	10.8	11.2	11.7	13.7	10.4	11.7	10.6	11.4	13.9	13.0
	3	12.0	6.9	11.9	12.9	10.9	14.0	12.8	13.9	13.1	13.8	17.3	16.0

項目	年	金属製品	はん用機器	生産用機器	業務用機器	電子部品デバイス	電気機器	情報通信機器	輸送用機器	その他製造業	消費関連製造業	素材関連製造業	機械関連製造業
総実労働時間数	平成24年	170.3	166.6	170.2	161.4	159.8	160.1	159.2	169.2	162.1	160.2	164.5	164.8
	25	170.5	166.6	169.2	159.8	158.1	159.4	157.0	168.8	159.1	158.3	163.7	164.0
	26	170.0	167.7	172.6	159.7	160.5	161.6	156.9	170.3	157.6	157.9	164.4	165.9
	27	166.8	167.2	173.9	159.1	160.3	162.1	157.8	170.7	157.5	157.0	164.7	166.2
	28	165.7	167.3	171.6	159.0	160.6	160.6	156.7	171.4	157.3	156.3	164.6	165.8
	29	167.4	167.0	173.4	159.4	161.6	160.5	157.9	172.3	157.3	156.7	165.6	166.5
	30	170.0	168.4	173.2	158.0	161.9	159.6	158.3	171.3	154.5	156.7	165.1	166.7
	令和元年	164.9	165.5	166.6	156.4	156.0	156.1	154.7	167.2	152.2	154.1	161.2	162.3
	2	155.3	157.2	157.2	152.7	154.7	151.8	153.6	158.7	144.8	147.4	154.5	156.0
	3	158.6	160.8	163.1	153.3	159.8	155.1	154.8	162.6	145.8	147.7	157.7	159.9
所定内労働時間数	平成24年	153.1	151.7	152.3	149.0	146.0	145.3	144.9	150.1	150.7	147.3	150.5	148.7
	25	152.8	150.9	151.0	147.1	144.3	144.4	143.4	148.2	148.1	145.2	149.3	147.3
	26	153.0	149.7	152.1	146.4	144.6	145.0	143.2	148.3	146.4	144.4	149.6	147.5
	27	151.3	149.2	152.3	145.8	144.4	145.3	142.6	148.7	145.8	143.7	149.8	147.5
	28	150.4	149.7	152.0	145.8	144.6	145.0	142.1	149.4	146.3	143.5	149.4	147.7
	29	150.9	149.8	152.6	146.5	145.0	144.6	143.0	149.7	146.9	143.8	149.5	148.0
	30	151.7	149.9	152.5	144.7	145.6	143.7	144.2	148.7	146.6	144.1	148.6	147.8
	令和元年	148.5	148.7	149.4	143.1	141.6	141.3	140.5	147.0	143.0	141.8	146.2	145.4
	2	144.2	145.4	145.4	141.8	140.4	140.3	140.6	143.3	137.8	136.8	143.0	142.8
	3	146.3	146.5	147.9	142.1	142.8	141.7	141.3	145.1	137.8	136.6	144.3	144.5
所定外労働時間数	平成24年	17.2	14.9	17.9	12.4	13.8	14.8	14.3	19.1	11.4	12.9	14.0	16.1
	25	17.7	15.7	18.2	12.7	13.8	15.0	13.6	20.6	11.0	13.1	14.4	16.7
	26	17.0	18.0	20.5	13.3	15.9	16.6	13.7	22.0	11.2	13.5	14.8	18.4
	27	15.5	18.0	21.6	13.3	15.9	16.8	15.2	22.0	11.7	13.3	14.9	18.7
	28	15.3	17.6	19.6	13.2	16.0	15.6	14.6	22.0	10.9	12.8	15.2	18.1
	29	16.5	17.2	20.8	12.9	16.6	15.9	14.3	22.6	10.4	12.9	16.1	18.5
	30	18.3	18.5	20.7	13.3	16.3	15.9	14.1	22.6	9.2	12.3	16.5	18.9
	令和元年	16.4	16.8	17.2	13.3	14.4	14.8	14.2	20.2	9.2	12.3	15.0	16.9
	2	11.1	11.8	11.8	10.9	14.3	11.5	13.0	15.4	7.0	10.6	11.5	13.2
	3	12.3	14.3	15.2	11.2	17.0	13.4	13.5	17.5	8.0	11.3	13.4	15.4

資料出所　厚生労働省「毎月勤労統計調査」。
　　注　所定内・所定外労働時間についてはF-1表の注2、3を参照。

F－3　週及び1日所定労働時間数（令和3年） (単位　%)

| 企業規模・産業 | 週当たり労働時間数企業数割合（令和3年） | | | | | | | | | 令和3年 | | | |
| | | | | | | | | | | 1日単位 | | 週単位 | |
	40時間以下計	34:59以下	35:00~35:59	36:00~36:59	37:00~37:59	38:00~38:59	39:00~39:59	40:00	40時間超計	1企業平均(時間:分)	労働者1人平均(時間:分)	1企業平均(時間:分)	労働者1人平均(時間:分)
計	97.2	0.8	3.2	1.8	8.8	9.7	6.9	66.0	2.8	7:47	7:46	39:25	39:04
1,000人以上	98.8	0.2	2.2	2.4	14.2	20.8	5.7	53.2	1.2	7:48	7:46	39:08	39:53
300~999人	99.3	0.8	3.1	3.0	14.2	13.9	6.4	57.9	0.7	7:47	7:46	39:07	39:00
100~299人	98.5	0.5	3.2	2.9	12.2	12.3	6.1	61.3	1.5	7:47	7:46	39:14	39:07
30~99人	96.5	0.9	3.3	1.2	7.1	8.1	7.2	68.7	3.5	7:48	7:48	39:31	39:26
鉱業,採石業,砂利採取業	97.4	—	—	4.1	15.3	9.1	22.1	46.8	2.6	7:44	7:39	39:21	38:33
建　設　業	96.6	—	1.6	1.3	13.7	8.6	7.6	64.1	3.4	7:47	7:47	39:29	39:21
製　造　業	96.8	0.4	1.6	2.4	10.5	11.4	13.0	57.5	3.2	7:49	7:49	39:27	39:09
電気・ガス・熱供給・水道業	100.0	—	2.7	4.3	15.1	39.3	12.7	25.7	—	7:41	7:40	38:44	38:22
情報通信業	100.0	—	6.2	1.7	15.9	21.0	2.6	52.7	—	7:45	7:40	38:56	38:32
運輸業,郵便業	97.6	2.0	3.5	1.0	3.6	5.5	6.4	75.6	2.4	7:44	7:48	39:29	39:25
卸売業,小売業	96.1	0.3	4.3	1.6	8.1	8.0	5.9	67.9	3.9	7:46	7:47	39:30	39:07
金融業,保険業	100.0	0.5	9.6	10.3	20.9	17.9	3.9	36.9	—	7:39	7:32	38:19	37:40
不動産業,物品賃貸業	98.7	—	4.8	3.3	9.7	11.5	8.5	60.9	1.3	7:45	7:40	39:11	38:56
学術研究,専門・技術サービス業	100.0	2.2	7.1	3.8	17.3	18.1	3.1	48.4	—	7:43	7:40	38:36	38:21
宿泊業,飲食サービス業	95.2	0.2	—	—	3.2	3.4	0.9	87.6	4.8	7:51	7:52	40:03	39:42
生活関連サービス業,娯楽業	97.5	—	2.2	1.3	4.3	10.3	4.4	74.9	2.5	7:47	7:48	39:38	39:36
教育,学習支援業	97.7	0.8	4.5	4.2	6.3	11.3	6.3	64.3	2.3	7:48	7:41	39:17	38:57
医療,福祉	100.0	1.8	3.8	0.8	9.2	10.0	4.3	70.1	—	7:52	7:46	39:16	39:04
複合サービス事業	98.6	1.2	0.2	3.5	34.3	9.5	9.2	40.9	1.4	7:38	7:49	38:45	39:14
サービス業(他に分類されないもの)	93.1	1.9	4.2	2.0	5.5	7.8	7.2	64.6	6.9	7:43	7:46	39:29	39:18

資料出所　厚生労働省「就労条件総合調査」。
注　1.　休憩時間を差し引いた制度としての労働時間で、実際に就業した労働時間とは異なる。
　　2.　「1企業平均」と「労働者1人平均」は、企業において最も多くの労働者に適用される週所定労働時間を平均したものである。

F－4　週休制の実施方法（令和3年1月） (単位　%)

| 企業規模・産業 | 全企業=100.0 | | | | | 全従業員=100.0 | | | | |
	週休1日制または週休1日半制	何らかの週休2日制	その他の週休2日制	完全週休2日制	その他	週休1日制または週休1日半制	何らかの週休2日制	その他の週休2日制	完全週休2日制	その他
計	8.0	83.5	35.0	48.4	8.5	3.9	84.8	24.2	60.7	11.3
1,000人以上	4.1	83.3	16.6	66.7	12.6	1.9	84.7	11.8	72.9	13.4
300~999人	2.9	85.2	25.2	60.0	11.9	2.5	86.5	25.0	61.5	10.9
100~299人	5.3	84.2	30.6	53.7	10.5	4.5	83.8	29.4	54.4	11.7
30~99人	9.5	83.0	38.0	45.0	7.4	7.9	84.5	39.3	45.1	7.6
鉱業,採石業,砂利採取業	6.5	90.9	66.4	24.5	2.6	4.1	93.5	44.7	48.8	2.4
建　設　業	11.5	82.7	43.6	39.1	5.8	5.5	90.5	31.8	58.7	4.0
製　造　業	1.7	91.0	46.5	44.5	7.2	0.6	90.2	25.8	64.3	9.3
電気・ガス・熱供給・水道業	2.1	89.9	22.1	67.8	8.0	0.3	95.7	8.5	87.2	3.9
情報通信業	1.5	89.1	8.7	80.3	9.4	0.5	93.7	5.2	88.5	5.7
運輸業,郵便業	15.7	79.8	48.6	31.2	4.5	8.3	77.7	42.4	35.3	14.0
卸売業,小売業	10.3	81.2	30.8	50.4	8.5	4.7	80.6	24.2	56.4	14.7
金融業,保険業	—	94.7	2.8	91.9	5.3	0.0	92.8	0.2	92.6	7.2
不動産業,物品賃貸業	2.6	90.0	37.3	52.7	7.4	2.5	90.1	20.8	69.3	7.4
学術研究,専門・技術サービス業	2.2	92.1	14.0	78.1	5.7	0.6	90.1	8.6	81.5	9.3
宿泊業,飲食サービス業	15.0	79.3	45.8	33.5	5.7	9.0	74.3	29.6	44.7	16.7
生活関連サービス業,娯楽業	14.6	77.2	40.6	36.6	8.2	8.0	81.5	32.3	49.2	10.5
教育,学習支援業	5.9	88.3	24.7	63.5	5.7	9.6	85.1	26.6	58.5	5.2
医療,福祉	5.7	78.1	21.9	56.2	16.3	4.2	76.6	24.5	52.2	19.2
複合サービス事業	7.6	91.3	33.6	57.7	1.1	1.0	98.7	12.5	86.2	0.3
サービス業(他に分類されないもの)	13.3	80.0	32.1	47.9	6.8	8.4	83.3	22.0	61.3	8.2
平成20年計	9.0	87.9	48.4	39.6	3.1	3.5	90.6	22.5	56.1	5.9

資料出所　厚生労働省「就労条件総合調査」。
注　1.　「主な週休制」とは、企業において最も多くの労働者に適用される週休制をいう。
　　2.　「その他の週休2日制」とは、月3回、隔週、月2回、月1回の週休2日制など、実質的に完全週休2日制より休日数が少ないものをいう。
　　3.　「その他」とは、何らかの週休3日制など、実質的に完全週休2日制より休日数が多いものをいう。

F−5　年間休日総数別企業数の割合（令和3年1月）　　（単位　%）

企業規模	合計	69日以下	70〜79日	80〜89日	90〜99日	100〜109日	110〜119日	120〜129日	130日以上	1企業平均（日）	労働者1人平均（日）
規　模　計	100.0	2.2	2.4	4.2	7.0	32.2	18.7	30.4	2.9	110.5	116.1
1,000人以上	100.0	0.2	1.2	0.7	1.6	21.2	22.2	50.0	2.9	116.8	119.7
300〜999人	100.0	0.2	1.0	1.0	4.0	27.7	20.6	42.4	3.1	115.2	117.4
100〜299人	100.0	0.2	2.6	1.9	5.1	29.1	22.0	35.5	2.9	112.9	114.3
30〜　99人	100.0	2.8	2.5	5.4	8.1	34.0	17.4	27.0	2.9	109.0	110.4
平成20年計	100.0	3.0	4.0	9.2	13.7	28.3	17.4	23.1	1.2	105.5	112.3

資料出所　厚生労働省「就労条件総合調査」。
注　「1企業平均年間休日総数」「労働者1人平均年間休日総数」は、企業において最も多くの労働者が
適用される年間休日総数を平均したもの。

F−6　年次有給休暇の取得率・計画的付与制度（令和3年1月）

企業規模	全体			計画的付与制度あり				計画的付与制度なし			
	付与日数A（日）	取得日数B（日）	取得率B/A（%）	割合（%）	付与日数A（日）	取得日数B（日）	取得率B/A（%）	割合（%）	付与日数A（日）	取得日数B（日）	取得率B/A（%）
規　模　計	17.9	10.1	56.6	46.2	18.2	10.3	56.7	53.8	17.6	9.9	56.5
1,000人以上	18.7	11.3	60.8	51.9	19.0	11.7	61.8	48.1	18.3	10.9	59.6
300〜999人	17.7	9.9	56.3	46.7	18.1	9.9	54.9	53.3	17.2	10.0	57.7
100〜299人	17.6	9.7	55.2	47.9	17.6	9.6	54.4	52.1	17.5	9.8	56.0
30〜　99人	17.3	8.8	51.2	45.5	17.6	9.1	51.7	54.5	16.9	8.6	50.7
平成20年計	17.6	8.2	46.7	15.7	18.8	9.7	51.4	84.3	17.1	7.7	44.7

資料出所　厚生労働省「就労条件総合調査」。
注　1.　年次有給休暇とは労働基準法第39条でいう休暇をいう。
　　2.　労働者1人平均の年次有給休暇付与日数及び取得率は、当該年間のもので、前年からの繰越日数分は除いてある。「取得率」は、表示年の年間についてみたものである。
　　3.　「1企業平均1日の所定労働時間」「労働者1人平均1日の所定労働時間」は、企業において最も多くの労働者が適用される1日の所定労働時間を平均したもの。
〔参考〕　失効した年次有給休暇について、平成26年6月の中労委調査（F−7表・資料出所と注参照）では、集計社数220社のうち、積立・保存し特別休暇として利用している休暇制度のある企業は188社（85.4%）となっている。またその利用目的に制限のある企業は188社中183社（97.3%）で、病気療養（174社）、看護・介護（163社）、災害（24社）、ボランティア活動（84社）、自己啓発（35社）、リフレッシュ（42社）、再就職準備（16社）、その他（59社）、がその内容（M.A.）となっている。

F−7　産業別年間及び通常日所定労働時間数と休日日数
（本社事務）〔令和2年6月〕

産　業	集計社数（社）	年間所定労働時間（時間：分）	通常日の所定労働時間（時間：分）	年間休日日数（日）	産　業	集計社数（社）	年間所定労働時間（時間：分）	通常日の所定労働時間（時間：分）	年間休日日数（日）
鉱　　　　業	4	1857:15	7:43	124.8	建　　　設	12	1884:05	7:56	126.5
製　　造　　業	101	1875:45	7:46	123.8	銀行・保険	5	1786:12	7:21	122.8
食品・たばこ	10	1858:34	7:42	124.7	私鉄・バス	17	1914:44	7:47	119.4
繊　　維	6	1853:37	7:38	122.0	貨物運送	2	2004:00	8:00	114.5
印　　刷	1	＊	＊	＊	海運・倉庫	3	1832:15	7:20	115.3
パルプ・製紙	3	1815:00	7:30	123.3	電　　力	8	1841:40	7:40	125.6
化　　学	20	1848:13	7:40	124.3	ガ　　ス	3	1872:20	7:42	122.7
薬　　品	1	＊	＊	＊	百貨店・スーパー	4	1940:30	7:46	115.5
石　　油	2	1809:15	7:30	123.5	商　　事	8	1767:23	7:19	124.0
ゴ　　ム	−				新聞・放送	5	1800:30	7:12	115.6
窯業・土石製品	6	1881:29	7:48	124.0	ホテル・旅行	1	＊	＊	＊
製鉄・製鋼	8	1906:19	7:48	120.9	情報サービス	1	＊	＊	＊
非　鉄　金　属	1	＊	＊	＊	飲食・娯楽	2	2016:00	8:00	113.5
機　　械	12	1891:30	7:53	125.5	その他のサービス	1	＊	＊	＊
電　気　機　器	14	1859:42	7:45	125.4	運輸・交通	36	2002:30	7:50	108.4
車輌・自動車	13	1931:30	7:56	121.6					
造　　船	1	1911:00	7:46	124.5	調査産業計	177	1871:07	7:43	122.9

※運輸・交通は調査産業計に含まない

資料出所　中央労働委員会事務局「賃金事情等総合調査—労働時間、休日・休暇調査—」。
注　1.　資本金5億円以上、労働者数1,000人以上の民間企業。
　　2.　＊は1社のみの回答のため公表されていないか、調査産業計には含まれる。
　　3.　年間については令和2年1〜12月の1年間についてみたもので、この期間で回答を得られない場合は直近の1年間についてみたもの。
　　4.　1〜6月末迄に時間短縮した場合は、短縮後の所定労働時間とした。

F—8　変形労働時間制・みなし労働時間制の採用状況

(1)変形及びみなし労働時間制採用企業数割合（令和3年1月）　(単位　%)

年 企業規模 産業	全企業	変形労働時間制					みなし労働時間制				
		変形労働時間制を採用している	1年単位の変形労働時間制	1カ月単位の変形労働時間制	フレックスタイム制	変形労働時間制を採用していない	みなし労働時間制を採用している	事業場外労働のみなし労働時間制	専門業務型裁量労働制	企画業務型裁量労働制	みなし労働時間制を採用していない
規模計	100.0	59.6	31.4	25.0	6.5	40.4	13.1	11.4	2.0	0.4	86.9
1,000人以上	100.0	76.4	21.3	49.8	28.7	23.6	25.6	17.5	9.1	4.7	74.4
300～999人	100.0	69.5	25.1	39.0	15.6	30.5	16.5	13.2	4.1	1.6	83.5
100～299人	100.0	63.1	31.1	29.8	8.7	36.9	12.8	10.8	2.3	0.4	87.2
30～99人	100.0	56.9	32.5	21.3	4.1	43.1	12.4	11.1	1.5	0.2	87.6
鉱業, 採石業, 砂利採取業	100.0	76.7	61.1	10.1	10.3	23.3	7.4	7.4	―	―	92.6
建設業	100.0	54.7	44.7	11.2	3.4	45.3	8.0	7.7	0.5	0.2	92.0
製造業	100.0	65.3	51.6	10.2	7.9	34.7	14.7	13.4	1.9	0.5	85.3
電気・ガス・熱供給・水道業	100.0	66.7	23.8	48.9	15.4	33.3	6.0	5.0	1.0	1.0	94.0
情報通信業	100.0	45.3	6.3	15.4	27.7	54.7	27.6	13.3	16.5	4.1	72.4
運輸業, 郵便業	100.0	65.8	39.8	27.9	2.8	34.2	8.4	8.3	0.2	―	91.6
卸売業, 小売業	100.0	55.0	29.6	21.6	6.2	45.0	21.7	19.3	2.4	0.2	78.3
金融業, 保険業	100.0	26.3	3.2	12.8	12.8	73.7	16.7	12.8	2.4	3.3	83.3
不動産業, 物品賃貸業	100.0	51.1	29.1	16.0	10.5	48.9	8.9	8.2	2.4	1.3	91.1
学術研究, 専門・技術サービス業	100.0	37.6	14.9	8.1	20.3	62.4	24.1	19.2	7.4	0.8	75.9
宿泊業, 飲食サービス業	100.0	61.0	21.4	40.3	1.7	39.0	9.4	9.4	0.0	0.1	90.6
生活関連サービス業, 娯楽業	100.0	59.1	24.1	31.5	5.5	40.9	21.4	21.0	0.5	0.5	78.6
教育, 学習支援業	100.0	65.8	41.5	23.1	5.8	34.2	13.3	7.6	6.5	0.2	86.7
医療, 福祉	100.0	66.5	12.6	53.2	1.7	33.5	2.4	2.4	0.0	―	97.6
複合サービス事業	100.0	59.1	39.3	22.8	16.7	40.9	8.5	8.0	0.0	―	91.5
サービス業(他に分類されないもの)	100.0	54.2	31.4	18.3	8.1	45.8	8.6	7.2	1.2	0.2	91.4
平成20年計	100.0	52.9	35.8	14.4	4.9	47.1	10.5	8.8	2.2	0.9	89.5

資料出所　厚生労働省「就労条件総合調査」。(2)表も同じ。
注　1.「変形労働時間制」とは業務の繁閑や特殊性に応じて所定労働時間の配分等を工夫できる制度で、「1年単位の変形労働時間制」、「1カ月単位の変形労働時間制」、「フレックスタイム制」、「1週間単位の非定型的変形労働時間制」があり、「採用している」欄は1週間単位も含む。
　　2.「事業場外労働のみなし労働時間制」とは事業場外で業務に従事し、労働時間を算定することが困難な業務に従事した場合において、所定労働時間労働したものとみなす等の制度。「専門業務型裁量労働制」とは研究開発等19種の業務に限って労使協定により定めた時間労働したものとみなす制度。「企画業務型裁量労働制」とは企業の本社等の中枢部門で「企画・立案、調査及び分析」を行う労働者を対象に、労使委員会で決議し、本人の同意を得て導入できる制度。

(2)変形及びみなし労働時間制適用労働者数割合(令和3年1月)(単位　%)

年 企業規模 産業	労働者計	変形労働時間制					みなし労働時間制				
		変形労働時間制の適用を受ける労働者	1年単位の変形労働時間制	1ヶ月単位の変形労働時間制	フレックスタイム制	変形労働時間制の適用を受けない労働者	みなし労働時間制の適用を受ける労働者	事業場外のみなし労働時間制	専門業務型裁量労働制	企画業務型裁量労働制	みなし労働時間制の適用を受けない労働者
規模計	100.0	48.9	17.8	21.5	9.5	51.1	8.2	6.7	1.2	0.3	91.8
1,000人以上	100.0	45.8	7.3	22.4	16.0	54.2	10.0	7.7	1.8	0.5	90.0
300～999人	100.0	51.8	17.7	25.1	8.9	48.2	7.8	6.2	1.4	0.2	92.2
100～299人	100.0	50.2	23.8	21.4	4.8	49.8	6.2	5.5	0.6	0.0	93.8
30～99人	100.0	50.5	31.1	16.4	2.6	49.5	7.3	6.4	0.8	0.1	92.7
鉱業, 採石業, 砂利採取業	100.0	67.3	33.3	6.9	27.0	32.7	12.7	12.7	―	―	87.3
建設業	100.0	36.9	24.9	7.8	4.2	63.1	4.5	4.0	0.3	0.2	95.5
製造業	100.0	53.5	26.8	8.9	17.8	46.5	5.7	5.0	0.5	0.3	94.3
電気・ガス・熱供給・水道業	100.0	64.9	2.8	17.3	44.9	35.1	1.3	1.2	0.0	0.1	98.7
情報通信業	100.0	38.9	1.5	7.7	29.7	61.1	17.7	6.0	9.9	1.8	82.3
運輸業, 郵便業	100.0	65.6	29.7	33.9	1.7	34.4	6.8	6.4	0.4	―	93.2
卸売業, 小売業	100.0	51.5	20.1	25.6	5.8	48.5	11.1	10.7	0.2	0.2	88.9
金融業, 保険業	100.0	21.3	0.1	11.7	9.3	78.7	16.0	14.9	0.0	1.0	84.0
不動産業, 物品賃貸業	100.0	47.8	17.9	17.8	12.1	52.2	7.0	6.3	0.6	0.0	93.0
学術研究, 専門・技術サービス業	100.0	33.9	6.3	6.5	21.2	66.1	16.3	10.8	4.9	0.6	83.7
宿泊業, 飲食サービス業	100.0	59.5	20.1	37.7	1.2	40.5	7.8	7.8	―	0.0	92.2
生活関連サービス業, 娯楽業	100.0	51.6	17.2	26.4	4.9	48.4	14.2	13.9	0.1	0.3	85.8
教育, 学習支援業	100.0	44.9	18.8	24.5	1.4	55.1	16.4	5.6	10.6	0.2	83.6
医療, 福祉	100.0	50.6	4.8	45.1	0.4	49.4	3.5	3.4	0.1	―	96.5
複合サービス事業	100.0	12.9	5.6	5.0	2.3	87.1	4.8	4.8	―	―	95.2
サービス業(他に分類されないもの)	100.0	43.3	16.5	21.0	5.8	56.7	5.0	4.6	0.3	0.0	95.0
平成20年計	100.0	49.3	24.4	17.9	7.0	50.7	7.9	6.2	1.3	0.5	92.1

注　(1)表を参照のこと。

〔参考〕　専門業務型裁量労働制の業務とは、(1)新商品又は新技術の研究開発等、(2)情報処理システムの分析又は設計、(3)記事又は放送番組の取材又は編集、(4)デザイナー、(5)プロデューサー又はディレクター、(6)コピーライター、(7)システムコンサルタント、(8)インテリアコーディネーター、(9)ゲーム用ソフトウェア創作、(10)証券アナリスト、(11)金融工学等の知識を用いて行う金融商品の開発、(12)学校教育法に規定する大学における教授研究、(13)公認会計士、(14)弁護士、(15)建築士（一級建築士、二級建築士、木造建築士）、(16)不動産鑑定士、(17)弁理士、(18)税理士、(19)中小企業診断士の19業務である。

F－9　特別休暇制度の有無・種類別企業数割合（令和3年1月）(単位　%)

企業規模	全企業	右記の特別休暇制度がある企業	夏季休暇	病気休暇	リフレッシュ休暇	ボランティア休暇	教育訓練休暇	その他1週間以上の休暇	特別休暇制度がない企業
規模計	100.0	59.9	42.0	23.8	13.9	4.5	3.2	16.0	40.1
1,000人以上	100.0	71.9	34.8	36.9	42.3	23.5	5.1	26.2	28.1
300～999人	100.0	65.7	39.0	29.5	29.1	11.1	4.0	18.4	34.3
100～299人	100.0	63.2	39.3	28.7	19.5	5.6	1.9	20.0	36.8
30～ 99人	100.0	57.9	43.3	21.3	9.7	2.9	3.4	14.2	42.1
平成30年計	100.0	60.3	44.5	22.5	12.4	4.3	4.2	14.8	39.7
平成25年計	100.0	57.9	44.7	22.4	11.1	2.8	3.2	11.3	42.1
平成19年計	100.0	63.5	48.7	22.8	11.2	2.8	5.2	14.9	42.4

資料出所　厚生労働省「就労条件総合調査」。
注　1.「その他1週間以上の休暇」には産前・産後休暇、育児休業、介護休業、子の看護のための休暇は含まない。
　　2. 平成19年までは「本社の常用雇用者が30人以上の民営企業」で集計したものであり、時系列比較する際は留意されたい。

F－10　特別休暇取得時の賃金の支給状況と最高付与日数（令和3年1月）(単位　%・日)

	該当する特別休暇制度がある企業の割合	賃金の支給状況（制度がある企業=100）			1企業平均1回当たり最高付与日数	有給日数		無給日数
		全部	一部	無給		全部	一部	
夏季休暇								
規模計	42.0	100.0	83.4	2.4	14.2	4.1	4.1	3.2	4.3
1,000人以上	34.8	100.0	87.7	2.2	10.1	4.7	4.7	5.6	5.5
300～999人	39.0	100.0	89.0	0.3	10.7	4.3	4.3	X	4.6
100～299人	39.3	100.0	86.8	0.9	12.4	4.2	4.2	4.1	4.4
30～99人	43.3	100.0	81.9	3.1	15.1	4.1	4.1	3.0	4.2
病気休暇								
規模計	23.8	100.0	44.5	18.1	37.4	157.9	75.1	220.9	240.2
1,000人以上	36.9	100.0	55.2	19.6	25.2	246.7	112.7	442.6	462.6
300～999人	29.5	100.0	47.6	17.0	35.4	243.9	78.9	466.7	355.8
100～299人	28.7	100.0	44.5	16.2	39.4	179.9	102.1	310.6	237.5
30～99人	21.3	100.0	43.5	19.0	37.5	129.0	57.6	142.2	215.0
リフレッシュ休暇								
規模計	13.9	100.0	93.7	3.6	2.7	5.8	5.7	7.2	8.2
1,000人以上	42.3	100.0	94.2	2.7	3.1	6.9	7.0	5.5	6.0
300～999人	29.1	100.0	96.3	2.5	1.2	6.1	6.1	5.3	X
100～299人	19.5	100.0	92.7	2.7	4.6	6.0	5.7	7.2	10.7
30～99人	9.7	100.0	93.5	4.6	1.9	5.4	5.3	8.0	X
ボランティア休暇								
規模計	4.5	100.0	81.8	4.7	13.6	20.5	8.3	81.5	80.8
1,000人以上	23.5	100.0	78.5	4.2	17.3	37.7	10.5	216.7	145.2
300～999人	11.1	100.0	76.5	7.5	15.9	36.2	8.0	182.8	75.7
100～299人	5.6	100.0	78.0	2.1	19.9	19.3	8.4	X	112.4
30～99人	2.9	100.0	86.9	5.2	7.9	8.6	7.7	X	11.3
教育訓練休暇								
規模計	3.2	100.0	81.8	8.3	9.9	23.7	9.0	12.3	228.0
1,000人以上	5.1	100.0	72.9	3.0	24.2	160.9	14.5	X	639.5
300～999人	4.0	100.0	77.4	6.3	16.3	95.6	19.3	X	X
100～299人	1.9	100.0	97.0	1.0	2.0	4.3	4.3	X	X
30～99人	3.4	100.0	80.1	10.1	9.7	8.1	8.5	X	X

資料出所　厚生労働省「就労条件総合調査」。

G－1　勤労者世帯の主要家計指標

年	世帯人員数(人)	実収入(A)	世帯主		世帯主の配偶者の収入のうち女性の収入	他の世帯員収入	実支出(B)	消費支出	構		
			定期収入	臨時・賞与収入					食料	住居	光熱・水道
					(千円)						
農林漁家世帯含む　平成14年	3.50	539.9	366.7	72.0	55.5	11.3	417.4	331.2	22.2	6.4	6.3
15	3.49	524.8	361.9	68.6	52.8	9.2	410.7	326.6	21.9	6.8	6.3
16	3.48	531.7	368.9	67.4	55.9	9.4	417.0	331.6	21.7	6.3	6.3
17	3.46	524.6	360.0	65.7	57.0	10.8	412.9	329.5	21.5	6.6	6.5
18	3.43	525.7	359.2	72.1	52.6	10.4	404.5	320.2	21.7	6.3	6.9
19	3.46	528.8	358.3	75.0	53.4	10.0	409.7	323.5	21.7	6.2	6.7
20	3.45	534.2	360.8	73.2	55.3	10.9	416.4	324.9	21.9	5.9	7.0
21	3.43	518.2	353.4	65.9	56.1	9.2	409.4	319.1	22.0	6.1	6.7
22	3.41	520.7	350.8	66.5	56.9	10.2	409.0	318.3	21.9	6.5	6.8
23	3.42	510.1	346.9	62.8	53.5	9.4	398.4	308.8	22.2	7.0	7.0
24	3.42	518.5	347.9	62.7	59.0	9.2	407.4	313.9	22.1	6.5	7.2
25	3.42	523.6	349.1	66.5	60.7	9.6	416.6	319.2	22.1	6.2	7.2
26	3.40	519.8	348.6	66.1	59.6	8.1	415.0	318.8	22.3	6.4	7.3
27	3.39	525.7	346.7	66.2	64.0	7.9	413.8	315.4	23.6	6.2	7.3
28	3.39	527.0	345.7	67.9	64.4	8.8	407.9	309.6	24.2	6.1	6.7
29	3.35	533.8	349.3	70.2	64.3	9.3	412.5	313.1	23.8	5.9	6.8
30	3.32	558.7	348.4	77.6	72.1	13.6	418.9	315.3	24.1	5.8	6.9
令和元年	3.31	586.1	355.1	83.2	82.3	14.6	433.4	323.9	23.9	6.0	6.7
2	3.31	609.5	352.1	79.8	87.7	15.2	416.2	305.8	26.0	6.2	7.1
3	3.28	605.3	360.3	84.2	88.2	15.6	422.1	309.5	25.4	6.4	6.9
対前年増減率(%)差(+・-)　平成15年	—	△2.8	△1.3	△4.7	△4.9	△18.7	△1.6	△1.4	-0.3	0.4	0.0
16	—	1.3	1.9	1.7	5.9	1.9	1.5	1.6	-0.2	-0.5	0.0
17	—	△1.3	△2.4	△2.5	2.0	14.8	△1.0	△0.6	-0.2	0.3	0.2
18	—	0.2	△0.2	9.7	△7.7	△3.8	△2.0	△2.8	-0.3	-0.3	0.7
19	—	0.6	△0.3	4.1	1.5	△4.0	1.3	1.0	0.0	-0.1	-0.2
20	—	1.0	0.7	△2.4	3.5	9.7	1.6	0.5	0.2	-0.3	0.3
21	—	△3.0	△2.1	△10.0	1.4	△15.6	△1.7	△1.8	0.1	0.2	0.3
22	—	0.5	△0.7	0.9	1.4	10.9	0.1	△0.1	-0.1	0.4	0.1
23	—	△2.0	△1.1	△5.5	△6.1	△7.7	△2.6	△3.0	0.3	0.5	0.2
24	—	1.6	0.3	△0.1	10.3	△1.4	2.2	1.7	0.0	0.5	-0.1
25	—	1.0	0.3	6.0	3.0	4.3	2.3	1.7	-0.1	0.3	-0.1
26	—	△0.7	△0.1	△5.7	△1.8	△15.9	△0.4	△0.1	1.0	-0.2	-0.1
27	—	1.1	△0.5	5.6	7.3	△2.1	△0.3	1.1	1.2	-0.2	-0.1
28	—	0.2	△0.3	△3.0	0.6	10.4	△1.4	△1.8	0.6	-0.1	-0.6
29	—	1.3	1.0	3.4	-0.1	3.4	1.1	1.1	-0.3	-0.2	0.1
30	—	4.7	△0.2	10.6	12.1	50.2	1.6	0.7	0.3	-0.1	0.1
令和元年	—	4.9	1.9	7.2	14.1	7.0	3.4	2.7	-0.2	0.2	-0.2
2	—	4.0	△0.8	△4.1	6.6	4.1	△3.9	△5.6	4.1	0.2	0.4
3	—	△0.7	2.3	5.5	0.6	2.6	1.3	1.2	-0.6	0.2	-0.2
年収五分位階級別 世帯の動向　I	2.98	340.8	216.0	27.0	27.5	9.3	266.9	221.4	27.9	8.3	9.0
II	3.24	451.7	284.4	49.4	49.2	9.1	328.9	258.6	27.2	6.8	8.0
III	3.30	547.3	336.2	72.1	72.2	14.3	381.6	288.3	27.0	6.3	7.4
IV	3.46	684.1	412.1	112.1	95.2	13.6	468.3	338.7	24.5	5.7	6.6
V	3.41	1002.7	552.8	160.5	196.8	31.8	664.6	440.3	22.7	5.8	5.3
住宅ローン返済 世帯の動向　I	3.31	406.9	270.6	42.2	45.4	5.6	277.5	215.8	28.4	3.2	9.1
II	3.61	505.2	330.8	62.9	59.5	6.0	342.8	262.7	26.9	2.2	8.1
III	3.59	594.3	371.5	86.8	87.4	8.4	381.2	278.4	27.8	1.6	7.8
IV	3.67	709.8	425.3	120.0	109.4	8.7	471.8	337.8	24.7	2.4	6.8
V	3.61	1043.6	574.0	169.6	222.2	25.1	666.8	431.1	23.3	2.8	5.6

資料出所　総務省統計局「家計調査：家計収支編（2人以上の世帯）」
注　1．令和3年平均の集計世帯4,024、有業人員1.78人、世帯年齢平均50.1歳。
　　2．実収入には、貯金引出、財産売却、借入金など資産の減少や負債の増加となるものは含まないが、事業・内職収入や財産収入、社会保障給付、仕送り金等が含まれる。
　　3．世帯主収入（定期収入、臨時・賞与収入）には、女性が世帯主の場合も含まれる。
　　4．平均消費性向は、消費支出の可処分所得（実収入－非消費支出）に対する割合である。
　　5．住宅ローン返済世帯五分位階級の金額は返済世帯以外も含んでいる。

〔全国・2人以上の世帯1カ月平均〕

家具・家事用品	被服及び履き物	保健医療	交通通信	教育	教養娯楽	その他の消費支出	非消費支出（千円）	実収入過不足率 (A-B)/A（%）	平均消費性向（%）	可処分所得（千円）	消費水準（4人・30.4日換算）実質 27年=100	年（西暦）
3.3	4.8	3.2	13.2	5.3	10.0	25.4	86.2	22.7	73.0	453.7	106.5	2002
3.2	4.7	3.6	13.7	5.5	9.9	24.5	84.1	21.7	74.1	440.7	106.0	03
3.1	4.5	3.5	14.3	5.9	10.1	24.3	85.4	21.6	74.3	446.3	106.4	04
3.1	4.5	3.7	14.3	5.6	10.0	24.2	83.4	21.3	74.7	441.2	106.4	05
3.1	4.5	3.6	14.3	5.8	9.8	24.0	84.3	23.1	72.5	441.4	104.5	06
3.1	4.6	3.6	14.3	5.9	10.3	23.6	86.3	22.5	73.1	442.5	105.6	07
3.2	4.4	3.6	14.9	5.8	10.3	23.2	91.5	22.1	73.4	442.7	103.5	08
3.2	4.3	3.8	14.8	6.1	10.4	22.6	90.3	21.0	74.0	427.9	103.8	09
3.3	4.3	3.6	15.1	5.7	10.7	22.1	90.7	21.5	74.0	430.0	104.3	10
3.4	4.2	3.5	14.7	6.0	10.1	21.8	89.6	21.9	73.4	420.5	102.4	11
3.3	4.3	3.7	16.0	5.7	9.7	21.3	93.5	21.4	73.9	425.0	103.3	12
3.3	4.3	3.6	16.5	6.0	9.7	21.2	97.5	20.4	74.9	426.1	104.8	13
3.4	4.3	3.5	16.8	5.7	9.5	20.7	96.2	20.2	75.3	423.5	102.1	14
3.5	4.3	3.5	15.9	5.8	9.6	20.4	98.4	21.3	73.8	427.3	100.0	15
3.5	4.2	3.6	15.8	6.3	9.7	19.8	98.3	22.6	72.2	428.7	98.4	16
3.5	4.2	3.7	15.8	6.1	9.8	20.4	99.4	22.7	72.1	434.4	98.5	17
3.6	4.1	3.8	16.3	6.1	9.5	19.8	103.6	25.0	69.3	455.1	98.7	18
3.7	4.0	3.9	17.0	5.7	9.9	19.2	109.5	26.1	67.9	476.6	—	19
4.4	3.5	4.3	16.2	5.4	8.8	18.3	110.9	31.6	61.3	498.6	—	20
4.1	3.4	4.2	16.0	6.2	8.9	18.5	112.6	30.3	62.8	492.7	—	21
−0.1	−0.1	0.4	0.4	0.2	−0.1	−0.9	△2.4	−1.0	1.1	△2.9	△1.0	2003
−0.1	−0.2	−0.1	0.6	0.4	0.2	−0.2	1.5	−0.1	0.2	1.3	1.4	04
0.0	0.0	0.2	0.0	−0.3	−0.1	−0.1	△2.3	−0.3	0.4	△1.1	0.1	05
0.0	0.0	−0.1	0.0	0.2	−0.2	−0.2	1.0	1.8	−2.2	0.1	△2.9	06
0.0	0.1	0.0	0.0	0.1	0.5	−0.4	2.4	−0.6	0.6	0.2	0.7	07
0.1	−0.2	0.0	0.6	−0.1	0.0	−0.4	6.1	−0.4	0.3	0.1	△1.4	08
0.0	0.0	0.2	−0.1	0.3	0.1	−0.6	△1.3	−1.1	1.2	△3.3	△0.1	09
0.1	0.0	−0.2	0.3	−0.4	0.3	−0.5	0.4	0.5	−0.6	0.5	0.6	10
0.0	0.0	−0.1	−0.4	0.3	−0.6	−0.3	△1.2	0.4	−0.6	△2.2	△2.7	11
0.0	0.0	−0.2	−1.3	0.3	0.4	0.5	4.3	−0.5	0.7	1.1	1.3	12
0.1	0.0	0.1	−0.5	−0.2	0.0	0.6	4.2	−1.0	1.4	0.3	1.4	13
−0.2	0.0	−0.3	0.3	−0.3	−0.2	−0.5	△1.3	−0.2	−0.4	△0.6	△3.1	14
0.1	0.0	0.0	−0.9	0.1	0.1	−0.3	2.3	1.1	−1.5	0.9	△2.1	15
0.0	−0.1	0.1	−0.1	0.6	0.1	−0.6	△0.1	1.3	1.6	0.3	△1.6	16
0.0	0.0	0.0	0.1	−0.2	0.0	0.6	1.1	0.4	−1.7	1.3	0.1	17
0.1	−0.1	0.1	0.5	0.0	−0.3	−0.6	4.2	2.3	−2.8	4.8	0.2	18
0.1	−0.2	0.1	0.6	−0.1	0.4	−0.6	5.7	1.0	−1.4	4.7	—	19
0.7	−0.5	0.4	−0.8	−0.3	−1.1	−0.9	1.3	5.5	−6.6	4.6	—	20
−0.3	−0.1	−0.1	−0.2	0.8	0.1	0.2	1.5	−1.4	1.5	△1.2	—	21
4.4	2.8	4.3	16.9	3.1	7.6	15.9	45.5	21.7	75.0	295.3	I.466万円未満	
4.1	3.2	4.0	17.2	4.5	8.5	16.5	70.3	27.2	67.8	381.5	II.604万円未満	
4.4	3.4	4.5	15.0	5.5	8.8	17.8	93.5	30.2	63.5	453.7	III.750万円未満	
4.1	3.3	4.2	16.1	6.9	8.8	19.9	129.6	31.5	61.1	554.5	IV.962万円未満	
3.8	3.8	4.3	15.4	8.7	9.8	20.2	224.3	33.7	56.6	778.4	V.962万円以上	
4.8	2.8	3.9	17.7	4.5	8.6	17.0	61.6	31.8	62.5	345.3	I.466万円未満	
4.3	3.4	3.5	19.4	6.4	9.3	16.5	80.1	32.1	61.8	425.1	II.604万円未満	
4.4	3.7	4.3	16.2	6.6	9.9	17.6	102.9	35.9	56.6	491.4	III.750万円未満	
4.0	3.5	3.8	17.5	8.4	9.4	19.4	134.0	33.5	58.7	575.8	IV.962万円未満	
4.0	4.3	4.4	14.7	10.3	10.8	19.6	235.7	36.1	53.4	807.9	V.962万円以上	

6．住居は家賃、地代、設備修繕・維持がその内容である。

7．その他の消費支出は、諸雑費、こづかい（使途不明）、交際費、仕送り金からなる。

8．非消費支出は、勤労所得税、他の税、社会保障費、他の非消費支出からなる。

9．五分位階級は農林漁家世帯を含んだ勤労者世帯（2人以上）のものである。五分位階級とは、数値を大きさの順に並べてちょうど5等分する位置（4つある）で5つの階級に分けたものをいい、上表では総世帯数を年間収入で5等分し、低い方から1／5番目、2／5番目、3／5番目、4／5番目それに5／5番目をそれぞれ、I、II、III、IV、Vとしている。

G－2 世帯主の年齢階級別
〔全国勤労者世帯：農林漁家世帯を

項　目	世　帯　主　の　年　齢　階　級					
	平　　均	34歳以下	35～39歳	40～44歳	45～49歳	50～54歳
集　計　世　帯　数	4,024	385	403	559	685	577
世　帯　人　員　数（人）	3.28	3.31	3.78	3.80	3.62	3.28
18歳未満人員（人）	0.90	1.31	1.80	1.72	1.29	0.69
65歳以上人員（人）	0.27	0.02	0.04	0.05	0.10	0.14
有　業　人　員　数（人）	1.78	1.59	1.59	1.66	1.76	1.86
世帯主の配偶者のうち女の有業率(%)	54.2	52.7	55.5	59.1	61.8	58.2
世　帯　主　の　年　齢（歳）	50.1	30.9	37.1	42.0	47.1	51.9
持　　家　　率　　(%)	79.0	53.7	67.7	75.8	79.2	82.8
実　　　収　　　入	605,316	549,704	572,690	637,490	657,259	709,236
勤　め　先　収　入	550,973	498,068	531,496	594,651	622,386	676,902
世　帯　主　収　入	444,517	392,801	430,091	483,260	513,449	551,422
う　ち　男	421,323	378,176	403,527	462,613	491,147	516,609
定　期　収　入	360,299	321,920	353,316	390,378	408,544	430,111
臨　時　収　入	4,234	3,963	4,053	5,257	5,087	4,691
賞　　　　与	79,984	66,918	72,722	87,625	99,819	116,620
世帯主の配偶者収入	90,827	98,328	99,554	107,600	103,241	106,104
う　ち　女	88,164	91,833	95,423	102,322	101,369	103,411
他の世帯員収入	15,629	6,939	1,851	3,792	5,696	19,375
実　　　支　　　出	422,103	339,025	363,745	414,629	453,254	507,290
消　費　支　出	309,469	254,695	268,345	299,805	328,078	360,127
食　　　　　料	78,576	61,807	74,751	80,634	82,856	83,052
住　　　　　居	19,848	29,871	19,858	20,730	17,535	18,968
光　熱　・　水　道	21,448	17,499	19,149	20,608	22,337	23,064
家　具　・　家　事　用　品	12,720	11,995	12,442	12,735	12,822	13,199
被　服　及　び　履　物	10,463	10,181	10,888	12,578	11,783	11,959
保　健　医　療	13,130	12,673	11,758	11,711	11,413	13,610
交　通　・　通　信	49,512	39,158	41,175	44,693	50,365	56,077
教　　　　　育	19,197	4,612	11,291	21,054	32,250	37,878
教　養　娯　楽	27,452	23,750	28,514	31,511	29,408	30,197
その他の消費支出	57,124	43,149	38,519	43,552	57,309	72,123
非　消　費　支　出	112,634	84,330	95,400	114,824	125,176	147,163
直　　接　　税	47,242	29,461	37,433	46,705	51,571	65,356
勤　労　所　得　税	19,718	11,348	15,631	19,536	22,417	30,825
個　人　住　民　税	20,231	13,618	16,266	20,115	22,133	27,128
他　　の　　税	7,294	4,495	5,536	7,055	7,021	7,402
社　会　保　険　料	65,331	54,782	57,888	68,012	73,564	81,734
他の非消費支出	61	87	79	107	41	73
可　処　分　所　得	492,681	465,374	477,291	522,666	532,083	562,074
平　均　消　費　性　向(%)	62.8	54.7	56.2	57.4	61.7	64.1
支出構成比(%)（消費支出=100)						
食料（エンゲル係数）	25.4	24.3	27.9	26.9	25.3	23.1
住　　　　　居	6.4	11.7	7.4	6.9	5.3	5.3
光　熱　・　水　道	6.9	6.9	7.1	6.9	6.8	6.4
家　具　・　家　事　用　品	4.1	4.7	4.6	4.2	3.9	3.7
被　服　及　び　履　き　物	3.4	4.0	4.1	4.2	3.6	3.3
保　健　医　療	4.2	5.0	4.4	3.9	3.5	3.8
交　通　・　通　信	16.0	15.4	15.3	14.9	15.4	15.6
教　　　　　育	6.2	1.8	4.2	7.0	9.8	10.5
教　養　娯　楽	8.9	9.3	10.6	10.5	9.0	8.4
その他の消費支出	18.5	16.9	14.4	14.5	17.5	20.0

資料出所　総務省統計局「家計調査年報 家計収支編」
注　1．項目の説明はG－1表の注を参照。
　　2．「他の税」とは勤労所得税以外の所得税、贈与税、相続税、固定資産税、自動車税等。
　　3．平均消費性向＝（消費支出÷可処分所得）×100。

1世帯当り収入と支出
含む男女計〕（令和3年1カ月平均）　　　　　　　　　　　　　　　（単位　円）

| (2 人 以 上 の 世 帯) | | | | | 単 身 世 帯（男女計） | | | 項目 |
55～59歳	60～64歳	65～69歳	65歳～	70歳～	平均	うち～34歳	うち35～59歳	
503	463	271	448	177	244	68	101	数人
3.02	2.75	2.52	2.48	2.43	1.00	1.00	1.00	人
0.25	0.09	0.05	0.05	0.05	—	—	—	18
0.14	0.19	1.50	1.63	1.81	—	—	—	65
2.03	1.94	1.75	1.68	1.57	1.00	1.00	1.00	業
58.0	50.0	36.2	30.8	22.6	—	—	—	女
57.0	61.9	66.7	69.2	73.0	—	—	—	年
87.8	89.8	87.3	87.2	87.3	32.2	7.2	41.4	家
672,731	505,915	479,519	442,592	384,657	356,376	337,088	418,028	収
641,247	455,255	311,096	269,695	204,939	338,106	331,649	407,942	勤
519,225	350,734	242,795	209,471	156,775				主
489,244	334,035	227,206	195,180	144,805	—	—	—	男
412,789	298,862	222,502	193,730	148,137	274,617	263,929	329,712	定
4,368	3,519	2,698	2,013	931	2,654	1,386	3,888	臨
102,067	48,353	17,596	13,728	7,707	60,834	66,333	74,342	賞
93,375	71,409	40,601	33,247	21,969				配
92,644	70,356	40,447	33,154	21,969	—	—	—	女
28,648	33,112	27,700	26,978	26,195				他
475,601	407,045	372,431	340,589	291,016	236,035	209,725	275,042	支
334,394	309,385	296,452	276,936	246,579	171,816	155,991	190,036	消
80,994	79,742	78,200	76,450	73,716	39,884	35,801	43,982	食
16,925	21,942	17,448	16,780	15,825	29,637	34,913	29,067	住
22,470	22,562	22,085	21,808	21,373	10,225	7,655	11,543	光
12,288	13,107	15,069	12,967	9,516	6,151	7,050	5,471	家
9,730	8,031	7,510	7,068	6,413	5,932	6,604	5,630	服
13,216	15,253	16,882	15,957	14,448	6,540	4,718	7,165	健
60,662	51,706	52,047	46,333	37,446	23,734	20,068	27,445	通
20,180	7,562	2,060	1,319	170	14	11	7	教
26,298	25,552	22,922	21,116	18,239	19,710	18,697	21,723	娯
71,632	63,928	62,228	57,139	49,432	29,988	20,476	38,002	非
141,207	97,660	75,979	63,653	44,436	64,219	53,735	85,006	税
63,132	41,241	31,197	27,118	20,741	25,287	18,085	35,991	所
28,077	13,629	9,017	7,257	4,511	10,763	8,169	15,956	他
26,486	18,707	13,726	11,246	7,367	12,101	9,124	17,063	社
8,568	8,905	8,454	8,614	8,863	2,423	792	2,973	他
78,020	56,391	44,745	36,507	23,681	38,906	35,648	48,968	社
56	28	37	28	15	25	1	47	他
531,524	408,254	403,539	378,940	340,221	292,157	283,353	333,022	可
62.9	75.8	73.5	73.1	72.5	58.8	55.1	57.1	消
								支
24.2	25.8	26.4	27.6	29.9	23.2	23.0	23.2	食
5.1	7.1	5.9	6.1	6.4	17.3	22.4	15.3	住
6.7	7.3	7.4	7.9	8.7	5.9	4.8	6.1	光
3.7	4.2	5.1	4.7	3.9	3.6	4.5	2.9	家
2.9	2.6	2.5	2.6	2.6	3.5	4.2	3.0	服
4.0	4.9	5.7	5.8	5.9	3.8	3.0	3.8	健
18.1	16.7	17.6	16.7	15.2	13.8	12.8	14.4	通
6.0	2.4	0.7	0.5	0.1	0.0	0.0	0.0	教
7.9	8.3	7.7	7.6	7.4	11.5	12.0	11.4	娯
21.4	20.7	21.0	20.6	20.0	17.4	13.1	20.0	他

4.　単身世帯の平均には60歳以上の数値が含まれる。
5.　一部項目については割愛しているため、各々の合計金額とあわない所がある。実収入には事業収入・内職収入、他の経常収入（財産収入、社会保障給付、仕送金）、特別収入（受贈金他）が含まれる。

G－3　　勤労者世帯の貯蓄動向〔2人以上世帯：農林漁家世帯含む〕

(1)平均貯蓄・負債現在高の年平均の推移

	年　次	年間収入(万円)	貯　蓄		負　債					
			貯蓄現在高(万円)	貯蓄年収比(％)	負債現在高(万円)	うち住宅・土地のための負債(万円)	負債年収比(％)	負債現在高に占める住宅・土地のための負債割合(％)	負債保有世帯割合(％)	負債保有世帯の負債現在高(万円)
実額	平成26年	702	1,290	183.8	756	710	107.7	92.9	52.9	1,428
	27	709	1,309	184.6	755	698	106.5	92.5	53.8	1,403
	28	715	1,299	181.7	781	716	109.2	91.7	53.9	1,449
	29	722	1,327	183.8	794	739	110.0	93.1	54.1	1,467
	30	729	1,320	181.1	821	761	112.6	92.7	54.6	1,505
	令和元年	736	1,376	187.0	855	798	116.2	93.3	55.3	1,548
	2	740	1,378	186.2	851	791	115.0	92.9	53.3	1,569
	3	749	1,454	194.1	856	791	114.3	92.4	53.7	1,603
	常用労務者	593	965	162.7	700	639	118.0	91.3	53.1	1,348
	民間職員	828	1,717	207.4	950	883	114.7	92.9	54.5	1,729
	官公職員	845	1,588	187.9	959	887	113.5	92.5	55.4	1,745
	勤労者以外	492	2,397	487.2	216	173	43.9	80.1	18.0	1,158
増減率・差	平成28年	0.8	△ 0.8	－ 2.9	3.4	2.6	2.7	－ 0.8	0.1	3.3
	29	1.0	2.2	2.1	1.7	3.2	0.8	1.4	0.2	1.2
	30	1.0	△ 0.5	－ 2.7	3.4	3.0	2.6	－ 0.4	0.5	2.6
	令和元年	1.0	4.2	5.9	4.1	4.9	3.6	0.6	0.7	2.9
	2	0.5	0.1	－ 0.8	△ 0.5	△ 0.9	－ 1.2	－ 0.4	－ 2.0	1.4
	3	1.2	5.5	7.9	0.6	0.0	－ 0.7	－ 0.5	0.4	2.2

資料出所　　総務省統計局「家計調査（貯蓄・負債編）：各年1～12月平均」。以下同じ。上記掲載数値には単身世帯は含まれていない。単身世帯は5年に1回実施される総務省統計局「消費実態調査」を参照。
注　1．「勤労者以外」とは個人営業世帯・法人経営者・自由業者・無職の合計で、勤労者世帯以外をいう。
　　2．貯蓄・負債は金融機関内外のすべてのものをいい、％表示の下段は対前年増減率・差を示す。

(2)年間収入五分位階級別貯蓄及び負債の1世帯当たり現在高
(単位　万円)

年　次	第Ⅰ階級	第Ⅱ階級	第Ⅲ階級	第Ⅳ階級	第Ⅴ階級	平　均	中央値	Ｖ/Ⅰ(倍)
令和元年平均年収	352	531	676	852	1,270	736	－	3.61
貯蓄現在高	834	897	1,244	1,535	2,370	1,376	801	2.84
負債現在高	388	842	913	1,075	1,058	855	1,449	2.73
純貯蓄額	446	55	331	460	1,312	521	－	2.94
令和2年平均年収	354	532	681	862	1,269	740	－	3.58
貯蓄現在高	848	931	1,245	1,552	2,315	1,378	826	2.73
負債現在高	383	749	978	1,045	1,101	851	1,466	2.87
純貯蓄額	465	182	267	507	1,214	527	－	2.61
令和3年平均年収	354	538	680	860	1,311	749	－	3.70
貯蓄現在高	789	995	1,191	1,632	2,664	1,454	833	3.38
負債現在高	400	773	882	1,049	1,173	856	1,468	2.93
純貯蓄額	389	222	309	583	1,491	598	－	3.83

注　1．令和3年の平均年収五分位階級は、Ⅰ463万円未満、Ⅱ459～606万円、Ⅲ606～759万円、Ⅳ759～982万円、Ⅴ982万円以上。
　　2．中央値はそれぞれ貯蓄保有・負債保有世帯の中央値。

(3)負債保有世帯：世帯主の年齢階級・職業別貯蓄・負債現在高（令和3年）

項　目	勤労者平均	年齢階級						職業			
		～29歳	30～39	40～49	50～59	60～69	70歳～	常用労務者	民間職員	官公職員	勤労者以外
世　帯　人　員(人)	3.48	3.17	3.78	3.77	3.25	2.75	2.59	3.45	3.50	3.51	2.90
有　業　人　員(人)	1.83	1.56	1.61	1.79	2.03	1.84	1.11	1.90	1.82	1.75	1.47
世帯主の配偶者のうち女の有業率(%)	61.5	51.8	58.2	67.2	65.4	55.3	24.3	63.8	60.8	60.2	49.2
世　帯　主　年　齢(歳)	47.8	27.4	35.3	44.9	54.1	64.0	74.9	47.9	47.8	46.6	64.3
持　家　率(%)	90.0	64.1	88.1	89.7	92.1	92.9	93.8	86.9	91.2	94.1	92.3
年　間　収　入(万円)	783	588	689	797	918	680	529	620	856	879	687
貯　蓄(万円)	1,087	410	730	973	1,428	1,672	1,946	678	1,297	1,174	1,818
負　債(万円)	1,259	1,372	1,969	1,439	997	512	421	1,044	1,371	1,376	819

(4)貯蓄・負債現在高分布状況（令和3年）
(単位　%)

貯蓄残高（全世帯＝100）						負債残高（全世帯＝100）				
100万円未満	100～500	500～1000	1000～2000	2000～3000	3000万円以上	無し	300万円未満	300～900	900～1500	1500万円以上
12.2	24.1	21.0	20.1	9.0	13.6	46.3	31.2	4.0	4.2	14.3

G－4　住居の所有関係別にみた収入と支出
（全国勤労者2人以上世帯：農林漁家世帯含む）〔令和3年1カ月平均〕

項　目	収入・支出（千円）						格差（平均=100）				
	平　均	持　家	うち住宅ローン世帯	民営借家	公営借家	給与住宅	持家	うち住宅ローン世帯	民営借家	公営借家	給与住宅
世帯分布（抽出率調整）	100.0	79.0	39.6	15.2	3.4	2.3	—	—	—	—	—
世帯人員（人）	3.28	3.32	3.59	3.11	3.00	3.28	—	—	—	—	—
有業人員（人）	1.78	1.81	1.84	1.66	1.61	1.48	—	—	—	—	—
世帯主の配偶者のうち女の有業率（%）	54.2	56.7	64.8	47.1	35.6	42.0	—	—	—	—	—
世帯主の年齢（歳）	50.1	51.4	46.8	44.1	50.0	42.6	—	—	—	—	—
家賃・地代支払世帯割合（%）	19.0	1.4	1.2	85.9	84.8	84.3	—	—	—	—	—
実収入	605.3	624.2	689.3	541.3	370.1	731.1	103	114	89	61	121
世帯主収入	444.5	455.7	517.4	399.3	270.8	616.8	103	116	90	61	139
配偶者収入	90.8	94.6	116.9	85.9	36.7	76.9	104	129	95	40	85
社会保障給付	34.6	37.6	20.5	22.1	33.4	19.5	109	59	64	96	56
消費支出（B）	309.5	310.8	318.0	314.0	244.6	331.5	100	103	101	79	107
食料	78.6	80.7	81.2	71.1	62.0	79.2	103	103	90	79	101
住居	19.8	9.5	7.2	67.6	37.8	33.3	48	36	341	191	168
家賃・地代	12.2	0.4	0.3	64.8	37.2	32.2	3	3	531	305	263
設備修繕・維持	7.6	9.1	6.8	2.8	0.6	1.2	119	89	36	8	15
光熱・水道	21.4	21.9	22.3	20.1	17.6	20.1	102	104	94	82	94
家具・家事用品	12.7	13.1	13.4	11.3	9.8	11.8	103	105	89	77	93
被服及び履物	10.5	10.8	11.9	9.4	6.4	12.2	103	114	89	62	116
保健医療	13.1	13.6	13.0	11.5	8.3	16.0	103	99	88	63	122
交通・通信	49.5	51.3	53.2	42.2	41.7	48.1	104	107	85	84	97
教育	19.2	20.8	25.5	12.0	11.1	24.7	108	133	62	58	129
教養娯楽	27.5	28.8	31.5	22.5	16.2	31.1	105	115	82	59	113
その他の消費支出	57.1	60.3	58.9	46.4	33.6	54.9	105	103	81	59	96
非消費支出（C）	112.6	118.2	132.6	91.0	53.7	153.9	105	118	81	48	137
土地家屋借金返済	36.4	45.7	91.1	1.3	0.3	3.2	126	251	4	1	9
可処分所得（D）=（A)-（C)	492.7	506.1	556.7	450.2	316.4	577.3	103	113	91	64	117
平均消費性向（%）（B）/（D)	62.8	61.4	57.1	69.7	77.3	57.4	—	—	—	—	—
黒字率（%）（A)-（B）/（D)	37.2	38.6	42.9	30.3	22.7	42.6	—	—	—	—	—

資料出所　総務省統計局「家計調査年報（家計収支編）」。集計世帯数は合計3,979で、各世帯分布は平均に対するもの。
注　1．G－1表の注を参照のこと。
　　2．平均には民営借家（設備共用）と借間を含む。
　　3．土地家屋借金純減は消費支出にも非消費支出にも含まれない。実支出以外の支出とされている。

〔参考〕　首都圏の住宅価格と所得

暦　年	年収（万円）	マンション			年度	注文住宅			分譲住宅		
		価格（万円）	年収倍率	床面積（㎡）		平均世帯年収（万円）	価格（万円）	年収倍率	平均世帯年収（万円）	価格（万円）	年収倍率
昭和55年	493	2,477	5.0	63.1	1980年度	—	—	—	—	—	—
60	634	2,683	4.2	62.8	1985年度	—	—	—	—	—	—
平成2年	767	6,123	8.0	65.6	1990年度	—	—	—	—	—	—
7	856	4,148	4.8	66.7	1995年度	—	—	—	—	—	—
12	815	4,034	4.9	74.7	2000年度	—	—	—	—	—	—
17	633	4,108	6.5	75.4	2005年度	972	5,187	5.3	757	4,069	5.4
18	645	4,200	6.5	75.7	2006年度	738	4,871	6.6	842	3,981	4.7
19	639	4,644	7.3	75.6	2007年度	857	6,378	7.4	764	4,338	5.7
20	653	4,775	7.3	73.5	2008年度	988	5,687	5.8	758	4,145	5.5
21	645	4,535	7.0	70.6	2009年度	746	4,911	6.6	831	4,595	5.5
22	635	4,716	7.4	71.0	2010年度	713	6,234	8.7	716	3,617	5.0
23	609	4,578	7.5	70.1	2011年度	715	5,208	7.3	664	3,879	5.8
24	625	4,540	7.3	70.7	2012年度	658	5,194	7.9	663	3,920	5.9
25	628	4,929	7.8	70.7	2013年度	705	4,693	6.7	720	3,766	5.2
26	628	5,060	8.1	71.2	2014年度	695	5,234	7.5	712	3,828	5.4
27	619	5,518	8.4	69.2	2015年度	667	5,108	7.7	764	4,106	5.4
28	652	5,490	8.4	69.2	2016年度	726	4,566	6.3	753	4,374	5.8
29	663	5,908	8.8	68.8	2017年度	822	4,577	5.6	754	4,319	5.7
30	668	5,871	8.8	67.6	2018年度	834	4,842	5.8	828	4,511	5.4
令和元年	697	5,980	8.6	67.0	2019年度	708	5,239	7.4	812	4,627	5.7
2	703	6,083	8.6	65.8	2020年度	903	5,994	6.6	854	4,458	5.5
3	725	6,360	8.8	66.7	2021年度	995	7,050	7.1	873	4,958	5.7

資料出所　不動産経済研究所「首都圏マンション市場動向2020」、国土交通省「住宅市場動向調査」、総務省統計局「貯蓄動向調査」、「家計調査」。
注　1．マンション価格は不動産経済研究所の調査による首都圏の新規売り出しマンションの平均価格。首都圏は東京、神奈川、千葉、埼玉を指す。マンションの床面積は1㎡単価で割って算出。
　　2．年収は、平成12年までは総務省の「貯蓄動向調査」、平成13年以降は同省「家計調査（2人以上世帯）」農林漁家世帯を含む関東圏の勤労者世帯月平均勤め先収入を12倍したもの。
　　3．注文住宅と分譲住宅の購入価格は土地購入資金と住宅建築資金の合計。

G-5　消費者物価

年	総合	食料	穀類	魚介類	肉類	野菜・海藻	調理食品	外食	住居	家賃	光熱・水道
ウエイト	10,000	2,626	214	199	249	285	352	460	2,149	1,833	693
品目数	582	236	13	29	9	44	29	25	21	4	6

指数

年	総合	食料	穀類	魚介類	肉類	野菜・海藻	調理食品	外食	住居	家賃	光熱・水道
昭和45年	30.9	28.7	33.5	20.6	34.3	23.8	23.5	22.6	26.4	28.7	30.4
50	53.1	51.6	58.0	41.8	60.9	41.2	51.4	44.8	44.2	44.8	48.0
55	73.2	67.3	79.2	63.4	68.1	59.8	62.7	60.3	64.3	65.0	80.2
60	83.8	76.9	94.0	71.7	72.8	66.6	71.4	70.8	75.2	77.0	88.8
平成2年	89.6	81.8	96.9	74.7	72.8	79.4	76.7	77.8	85.9	88.0	77.8
7	95.9	86.8	102.0	76.2	74.0	85.6	84.2	84.3	97.8	99.1	80.1
12	97.3	87.3	97.6	78.5	77.0	81.4	86.6	86.2	101.4	103.0	82.4
17	95.2	85.9	93.3	74.8	81.7	82.2	85.1	86.7	101.1	103.3	82.2
22	94.8	88.7	94.7	76.8	84.7	90.1	88.4	89.9	100.5	102.4	87.1
24	94.5	88.5	96.0	77.8	83.8	87.7	89.4	90.1	99.9	101.8	93.4
25	94.9	88.4	95.5	78.6	84.1	87.6	89.1	90.3	99.5	101.3	97.8
26	97.5	91.7	95.1	86.2	90.5	90.0	93.2	92.7	99.6	101.0	103.9
27	98.2	94.6	94.4	89.5	94.9	95.6	96.2	94.6	99.6	100.7	101.2
28	98.1	96.2	96.0	91.1	96.5	99.1	97.5	95.4	99.5	100.4	93.9
29	98.6	96.8	97.4	95.9	97.8	97.2	97.8	95.6	99.3	100.1	96.4
30	99.5	98.2	99.0	98.9	98.2	101.6	98.4	96.5	99.2	100.0	100.2
令和元年	100.0	98.7	99.9	100.4	99.0	96.7	99.3	97.9	99.4	99.9	102.5
2	100.0	100.0	100.0	100.0	100.0	100.0	100.0	100.0	100.0	100.0	100.0
3	99.8	99.0	98.8	101.1	100.9	98.3	100.3	100.3	100.6	100.1	101.3

対前年騰落率（△）率（%）

年	総合	食料	穀類	魚介類	肉類	野菜・海藻	調理食品	外食	住居	家賃	光熱・水道
50/45（年率）	11.4	12.4	11.6	15.2	12.2	11.6	17.0	10.9	9.3	9.5	10.7
55/50（年率）	6.6	5.5	6.4	8.7	2.3	7.8	4.0	7.8	7.7	10.8	3.2
60/55（年率）	2.8	2.7	3.5	2.5	1.4	2.2	2.6	3.2	3.4	2.0	1.5
2/60（年率）	1.3	1.2	0.6	0.8	△ 0.0	3.6	1.4	2.7	2.7	△ 2.6	△ 0.1
7/2（年率）	1.4	1.2	1.0	0.4	0.3	1.5	1.9	2.6	2.4	0.6	0.4
12/7（年率）	0.3	0.1	△ 0.9	0.6	0.8	△ 1.0	0.6	0.7	0.8	0.6	1.7
17/12（年率）	△ 0.4	△ 0.3	△ 0.9	△ 1.0	1.2	0.7	△ 0.3	0.1	△ 0.1	0.1	△ 0.0
22/17（年率）	△ 0.1	0.7	0.3	0.5	0.7	2.8	0.8	0.7	△ 0.1	△ 0.2	1.1
22	△ 0.7	△ 0.3	3.2	1.7	△ 1.8	6.2	△ 1.7	△ 0.1	0.4	0.4	0.2
24	0.0	0.1	3.0	1.0	0.9	△ 0.5	0.7	0.0	0.3	0.4	3.9
25	0.4	△ 0.1	△ 0.5	1.0	0.3	△ 0.1	△ 0.3	0.3	△ 0.4	△ 0.4	4.6
26	2.7	3.8	△ 0.4	9.7	7.6	2.8	4.6	2.6	0.0	△ 0.3	6.2
27	0.7	3.1	△ 0.8	3.8	4.9	6.2	3.2	2.1	0.0	△ 0.3	△ 2.6
28	△ 0.1	1.7	1.7	1.8	1.6	3.7	1.4	0.8	△ 0.1	△ 0.3	△ 7.3
29	0.5	0.7	1.5	5.2	1.4	△ 1.9	0.4	0.3	△ 0.2	△ 0.3	2.7
30	0.9	1.4	1.7	3.2	0.4	4.6	0.6	0.9	△ 0.1	△ 0.2	4.0
令和元年	0.5	0.4	0.9	1.4	0.9	△ 4.9	0.9	1.5	0.3	0.0	2.3
2	0.0	1.4	0.1	△ 0.4	1.0	3.5	0.7	2.1	0.6	0.1	△ 2.4
3	△ 0.2	△ 1.0	△ 1.2	1.1	0.9	△ 1.7	0.3	0.3	0.6	0.1	1.3

資料出所　総務省統計局「消費者物価指数」。スペースの都合により、中分類項目についてはウエイトの高いもののみ掲載し、ほかは割愛している。

〔参考〕　財・サービス分類指数（全国）〔令和2年＝100.0〕

年	総合	財	農水畜産物	生鮮商品	工業製品	食料工業製品	繊維製品	石油製品	他の工業製品	電気・ガス・水道	出版物	サービス
平成10年	98.3	98.4	85.7	83.1	103.3	92.6	103.9	68.7	128.0	89.1	86.5	98.1
15	95.5	92.7	79.4	76.2	97.1	89.8	95.3	72.8	114.0	86.2	87.5	98.4
20	96.8	95.3	82.3	80.6	99.5	92.4	96.0	107.8	105.7	88.8	89.0	98.4
21	95.5	93.0	80.8	78.9	96.5	93.3	95.1	85.8	103.3	88.5	89.7	98.2
22	94.8	92.4	83.0	81.8	95.6	91.5	93.7	93.4	100.8	86.5	89.9	97.3
23	94.5	91.8	82.3	81.4	94.5	91.2	93.3	102.2	96.4	88.4	90.2	97.4
24	94.5	91.8	83.1	81.4	93.7	90.9	93.5	103.7	94.0	92.6	90.7	97.3
25	94.9	92.3	83.5	81.6	93.6	90.4	93.7	109.3	92.8	97.3	91.0	97.4
26	97.5	96.1	87.8	87.1	96.8	93.6	95.5	115.2	95.8	103.7	93.2	98.9
27	98.2	96.8	92.1	92.5	97.1	96.0	97.6	99.2	97.6	102.7	94.3	99.6
28	98.1	96.3	95.4	95.8	96.8	97.0	98.8	87.7	98.0	94.8	94.6	99.9
29	98.6	97.2	96.2	96.3	97.6	97.7	99.0	96.4	97.3	96.7	95.1	100.0
30	99.5	98.9	99.0	99.0	98.8	98.4	98.7	106.7	97.4	100.3	95.9	100.2
令和元年	100.0	99.5	97.7	97.5	99.5	99.4	99.2	105.5	98.2	103.0	98.4	100.5
2	100.0	100.0	100.0	100.0	100.0	100.0	100.0	100.0	100.0	100.0	100.0	100.0
3	99.8	100.8	99.6	99.9	101.0	100.2	99.7	110.8	100.3	100.3	102.2	98.7
騰落率（%）	△ 0.2	0.8	△ 0.4	△ 0.1	1.0	0.2	△ 0.3	10.8	0.3	0.3	2.2	△ 1.3

資料出所　総務省統計局「消費者物価指数」。
注　1．他のサービス：家事、医療・福祉、教育、通信・教育の関連サービス。
　　2．耐久消費財：電気器具（電球を除く）、時計、ミシン、カメラ、パソコン等。

指　数〔全国〕〔令和2年平均＝100.0〕

家具・家事用品	被服及び履物	保健医療	交通・通信	交通	自動車等関係費	通信	教育	教養娯楽	教養娯楽サービス	諸雑費	年(西暦)
387	353	477	1,493	167	885	441	304	911	518	607	
48	64	29	42	14	22	6	14	74	30	48	
72.4	27.6	37.5	39.6	19.5	46.3	87.1	15.0	38.6	24.0	28.0	1970
120.5	51.2	50.4	60.5	31.6	75.7	98.2	28.8	66.0	41.9	43.1	75
141.0	67.2	65.3	89.9	55.3	93.1	170.3	51.8	86.4	60.1	65.6	80
151.7	78.1	76.8	99.9	72.9	96.6	161.0	67.7	98.7	72.8	75.1	85
151.0	89.3	81.9	101.9	79.6	95.4	157.6	81.8	108.1	84.1	79.9	90
147.6	94.7	85.3	102.9	85.1	95.3	149.0	99.0	117.1	93.7	84.7	95
135.4	98.0	94.8	100.6	89.9	90.8	139.1	108.2	115.7	95.4	87.5	2000
115.2	92.4	97.1	99.3	90.3	93.8	118.4	112.7	105.8	93.0	89.1	05
103.2	92.3	96.0	97.7	89.7	94.4	110.5	104.9	98.1	93.7	91.8	10
94.7	92.0	94.6	99.2	90.6	97.3	108.6	103.0	92.7	93.7	95.0	12
92.6	92.3	94.0	100.6	90.6	99.9	108.0	103.6	91.8	93.2	96.2	13
96.1	94.3	95.0	103.2	95.3	102.6	109.4	105.5	95.1	96.1	99.7	14
97.6	96.4	95.8	101.2	97.5	98.4	109.8	107.3	97.0	97.6	100.7	15
97.2	98.1	96.7	99.3	97.4	95.5	108.8	108.9	97.9	98.7	101.4	16
96.7	98.3	97.5	99.5	97.3	97.8	104.7	109.6	98.3	99.6	101.7	17
95.7	98.5	99.0	100.9	97.5	100.9	102.9	110.1	99.0	100.9	102.1	18
97.7	98.9	99.7	100.2	98.1	101.0	99.8	108.4	100.6	102.5	102.1	19
100.0	100.0	100.0	100.0	100.0	100.0	100.0	100.0	100.0	100.0	100.0	20
101.7	100.4	99.6	95.0	100.4	102.2	78.4	100.0	101.6	103.0	101.1	21
13.2	6.1	5.7	8.9	10.1	10.3	2.4	13.9	11.3	11.8	9.0	75/70(年率)
5.6	5.3	4.5	8.2	11.8	4.2	11.6	12.5	5.5	7.4	8.7	80/75(年率)
3.0	3.3	4.4	2.1	5.6	0.7	△1.1	5.5	2.7	3.9	2.8	85/80(年率)
2.7	1.3	1.4	0.4	1.8	△0.2	△0.4	3.8	1.8	2.9	1.2	90/85(年率)
1.2	0.8	0.7	0.2	1.4	△0.0	△1.1	3.9	1.6	2.2	1.2	95/90(年率)
0.7	2.1	0.3	△0.4	1.1	△1.0	△1.4	1.8	△0.2	0.4	0.7	00/95(年率)
△3.2	△1.2	0.5	△0.3	0.1	0.7	△3.2	0.8	△1.8	△0.5	0.4	05/00(年率)
△2.2	△0.0	△0.2	△0.3	△0.1	0.1	△1.4	△1.4	△1.5	0.2	0.6	10/05(年率)
△4.6	△1.2	△0.5	1.0	△0.7	2.4	△0.7	△9.6	△1.7	△0.2	0.2	12
△2.9	0.0	△0.8	0.3	0.1	0.9	△1.0	0.3	△1.6	△0.8	0.2	13
△2.2	0.3	△0.6	1.4	0.0	2.7	△0.6	0.5	△1.0	△0.6	1.2	14
3.8	2.2	1.0	2.6	5.2	2.7	1.3	1.9	3.7	3.1	3.7	15
1.5	2.2	0.9	△1.9	2.4	△4.1	0.4	1.6	1.9	1.6	1.0	16
△0.4	1.8	0.9	△2.0	△0.1	△3.0	△0.9	1.6	1.0	1.1	0.7	17
△0.5	0.2	0.9	0.3	△0.1	2.5	△3.8	0.6	0.4	0.8	0.3	18
△1.1	0.1	1.5	1.4	0.2	3.1	△1.7	0.4	0.8	1.4	0.5	19
2.3	1.1	0.3	△0.2	1.9	△1.0	0.2	△7.8	△0.6	△2.4	△2.0	20
1.7	0.4	△0.4	△5.0	0.4	2.2	△21.6	0.0	1.6	3.0	1.1	21

注1．「総合」と「住居」、「家賃」は、持家の帰属家賃を含む指数。持家の帰属家賃とは、所有住宅から得られるサービスを消費していると考え、このサービス額を一般市場価格（家賃）で評価したもの。
　　2．消費者物価指数では基準年次は改定されても、騰落率については旧来のままで公表されている。

公共サービス	家事関連サービス	医療・福祉関連	運輸・通信関連	一般サービス	外食	民営家賃	持家の帰属家賃	他のサービス	耐久消費財	半耐久消費財	非耐久消費財	公共料金	年(西暦)
98.3	84.2	97.7	98.9	97.6	86.5	106.9	101.8	96.8	193.3	99.5	88.9	93.9	98
98.8	88.1	104.1	94.5	98.0	85.5	105.9	103.2	96.5	156.2	93.1	85.8	92.9	03
97.3	86.0	104.9	91.6	98.6	88.8	104.4	103.0	97.1	126.9	94.2	91.3	93.2	08
96.9	84.8	104.8	91.1	98.4	89.6	103.9	102.6	96.8	121.0	93.6	88.9	92.9	09
96.9	86.1	105.0	91.1	98.1	89.5	103.2	102.3	96.1	114.9	92.1	89.2	91.1	10
94.7	87.7	105.0	91.1	98.1	89.7	102.8	102.1	96.3	103.1	91.3	90.2	92.6	11
95.6	89.6	105.2	91.2	97.8	89.7	102.3	101.8	96.1	98.7	91.2	90.9	94.3	12
96.5	91.5	105.3	91.1	97.7	90.0	101.7	101.3	96.2	95.6	91.4	92.0	96.3	13
99.3	94.7	105.9	96.7	98.7	92.3	101.2	101.0	98.2	98.6	93.9	96.1	100.2	14
100.7	96.2	106.1	96.7	99.3	94.2	100.9	100.7	99.3	100.4	96.0	96.4	100.9	15
101.3	96.6	106.9	97.0	99.5	95.0	100.5	100.4	99.8	99.9	97.6	95.5	99.0	16
101.8	96.9	108.3	96.7	99.3	95.3	100.2	100.1	99.8	98.2	98.0	97.5	98.8	17
102.5	96.9	110.9	97.7	99.4	96.2	100.2	100.0	99.9	97.8	98.1	99.2	101.5	18
102.5	98.5	108.9	98.3	99.8	97.7	100.0	99.9	100.0	98.7	98.5	99.3	102.4	19
100.0	100.0	100.0	100.0	100.0	100.0	100.0	100.0	100.0	100.0	100.0	100.0	100.0	20
100.5	101.5	99.6	100.3	98.2	100.3	99.9	100.1	95.2	99.7	100.2	101.1	100.6	21
0.5	1.5	△0.4	0.3	△1.8	0.3	△0.1	0.1	△4.8	△0.3	0.2	1.1	0.6	

　　3．半耐久消費財：繊維製品の全品目、浄水器、運動靴、テニスラケット、ゴルフクラブ等。
　　4．非耐久消費財：農水畜産物及び食料工業製品の全品目、灯油、ドリンク剤、新聞代、化粧石けん等。
　　5．公共料金：公営家賃、水道料、電気・ガス代、普通運賃、郵送料、国公立学校授業料等。

G－6　消費者物価地域差指数
（全国および東京都区部＝100.0）

都市名	平成17年 総合	平成22年 総合	平成27年 総合	令和2年 総合	令和3年 総合	令和3年 食料	令和3年（東京都区部＝100.0） 総合	令和3年（東京都区部＝100.0） 食料
全　　　　国	100.0	100.0	100.0	100.0	100.0	100.0	95.0	97.2
札　幌　市	103.3	99.3	98.7	100.1	100.6	101.7	95.5	98.8
青　森　市	100.8	99.8	99.0	97.9	97.8	98.8	92.9	96.0
盛　岡　市	101.7	98.7	99.3	99.0	99.5	100.0	94.5	97.2
仙　台　市	99.3	98.0	98.5	99.4	99.6	98.4	94.6	95.6
秋　田　市	98.4	97.5	98.2	98.1	98.6	98.6	93.6	95.8
山　形　市	103.1	100.8	100.4	100.3	100.5	101.8	95.4	98.9
福　島　市	100.3	101.5	101.5	100.4	100.6	102.2	95.5	99.3
水　戸　市	100.4	98.4	99.2	98.3	98.6	97.6	93.6	94.8
宇都宮市	101.9	100.6	100.4	99.7	99.5	100.3	94.5	97.5
前　橋　市	98.8	97.4	96.6	96.6	96.5	97.5	91.6	94.8
さいたま市	104.8	102.5	103.2	101.6	101.1	99.6	96.0	96.8
千　葉　市	102.0	98.4	100.2	101.1	100.6	101.9	95.5	99.0
東京都区部	110.9	106.5	104.3	106.0	105.3	102.9	100.0	100.0
横　浜　市	110.1	106.8	103.9	103.7	103.6	102.0	98.4	99.1
新　潟　市	103.4	98.7	99.5	98.7	98.7	101.0	93.7	98.2
富　山　市	101.8	98.4	98.7	99.0	99.0	102.6	94.0	99.7
金　沢　市	104.4	103.7	100.8	99.9	99.9	103.3	94.9	100.4
福　井　市	101.7	99.0	99.4	99.0	99.0	102.9	94.0	100.0
甲　府　市	101.7	99.8	99.0	98.2	98.3	99.6	93.4	96.8
長　野　市	100.6	98.4	97.4	98.3	98.0	95.8	93.1	93.1
岐　阜　市	99.1	97.9	98.3	98.3	98.1	99.1	93.2	96.3
静　岡　市	104.5	99.1	99.3	99.9	99.9	99.9	94.9	97.1
名古屋市	104.3	99.2	99.7	98.5	98.9	99.2	93.9	96.4
津　　　市	100.7	99.6	97.9	98.0	98.2	98.7	93.3	95.9
大　津　市	99.9	100.4	100.7	100.0	100.4	99.9	95.3	97.1
京　都　市	105.6	101.6	100.8	101.6	101.1	101.5	96.0	98.6
大　阪　市	107.0	101.3	101.0	100.7	100.7	100.3	95.6	97.5
神　戸　市	103.8	101.7	101.6	100.3	99.9	100.3	94.9	97.5
奈　良　市	100.8	97.1	96.9	96.7	96.9	95.8	92.0	93.1
和歌山市	102.2	101.8	99.7	99.2	99.1	101.1	94.1	98.3
鳥　取　市	99.8	99.1	97.9	97.6	97.8	101.0	92.9	98.2
松　江　市	101.9	101.8	100.7	99.5	100.2	103.1	95.2	100.2
岡　山　市	103.6	99.8	98.9	97.6	98.0	101.1	93.1	98.3
広　島　市	101.5	101.3	99.3	98.7	98.8	101.3	93.8	98.4
山　口　市	101.1	100.7	99.1	99.9	100.3	102.9	95.3	100.0
徳　島　市	98.8	101.4	99.3	99.9	100.1	104.1	95.1	101.2
高　松　市	98.8	99.2	99.1	98.7	99.3	101.5	94.3	98.6
松　山　市	98.4	98.6	98.4	98.4	98.6	101.0	93.6	98.2
高　知　市	99.7	99.3	99.2	99.3	100.1	102.1	95.1	99.2
福　岡　市	100.4	97.4	98.3	97.8	98.0	97.2	93.1	94.5
佐　賀　市	98.9	98.0	96.9	98.0	98.0	97.5	93.1	94.8
長　崎　市	102.8	103.3	102.0	100.3	99.9	100.3	94.9	97.5
熊　本　市	99.4	100.1	98.3	98.7	99.0	99.7	94.0	96.9
大　分　市	100.0	98.9	98.4	98.5	98.1	106.6	93.2	97.8
宮　崎　市	96.6	96.9	97.3	96.7	96.9	97.9	92.0	95.1
鹿児島市	101.1	100.7	97.5	97.4	97.6	99.8	92.7	97.0
那　覇　市	96.2	99.5	98.9	99.1	99.6	104.9	94.6	101.9
（川　崎　市）	108.2	105.5	104.4	104.7	104.2	101.8	99.0	98.9
（相模原市）	－	－	103.6	102.1	101.8	101.6	96.7	98.7
（浜　松　市）	－	97.5	97.6	98.6	98.6	99.7	93.6	96.9
（堺　　　市）	－	100.8	100.5	99.7	99.8	99.3	94.8	96.5
（北九州市）	99.2	97.1	97.8	98.3	98.4	99.3	93.4	96.5

資料出所　総務省統計局「小売物価統計調査（構造編）」。
　　注　1．上表の数値は、品目・ウェイトを全国都市とも共通のものとして計算したものである。
　　　　2．「総合」は「持家の帰属家賃を除く総合」（G－5表の注を参照）である。
　　　　3．さいたま市と静岡市の平成12年の数値は、旧浦和市地域と旧静岡市地域の数値を用いたものである。
　　　　　また、市区域は平成17年は、平成16年10月15日現在の区域、そのウェイトについては平成14年7月1日現在の区域によるもので、平成22年は、平成21年8月3日現在の市区域による。

G－7　世帯人員別の標準生計費（全国）〔各年4月〕

（単位　円）

世帯人員	合　計	食料費	住居関係費	被服費履物費	雑　費Ⅰ	雑　費Ⅱ	エンゲル係数(%)
1人令和2年	110,610	24,360	49,360	1,130	28,830	6,930	22.0
3	114,720	30,060	44,700	5,160	23,600	11,200	26.2
4	114,480	31,020	44,710	5,780	22,620	10,350	27.1
2人令和2年	153,040	39,000	53,220	3,630	37,120	20,070	25.5
3	192,350	48,180	54,430	5,800	50,950	32,990	25.0
4	178,930	39,320	79,300	3,990	37,190	19,130	22.0
3人令和2年	176,230	50,660	47,870	4,120	50,200	23,380	28.7
3	205,820	56,270	46,870	7,270	63,150	32,260	27.3
4	196,090	50,360	63,280	6,240	53,470	22,740	25.7
4人令和2年	199,420	62,330	45,520	4,610	63,270	26,690	31.3
3	219,300	64,360	39,310	8,740	75,350	31,540	29.3
4	213,240	61,390	47,260	8,490	69,760	26,340	28.8
5人令和2年	222,640	74,000	37,170	5,110	76,350	30,010	33.2
3	232,790	72,460	31,750	10,200	87,570	30,810	31.1
4	230,390	72,430	31,240	10,740	86,030	29,950	31.4

資料出所　人事院「給与勧告参考資料」。原データは「家計調査」（総務省）等による。
注　1．上記費目は次の通り「家計調査」等の大分類項目に対応している。
　　　食料費：食料。住居関係費：住居、光熱・水道、家具・家事用品。被服・履物費：被服及び履物。
　　　雑費Ⅰ：保健医療、交通・通信、教育、教養娯楽。雑費Ⅱ：その他の消費支出（諸雑費、こづかい、交際費、仕送り金）。
　　2．費目別・世帯人員別標準生計費の算定：2人～5人世帯については、家計調査における各年4月の費目別平均支出金額（日数を365日÷12ヶ月に、世帯人員を4人に調整したもの）に、費目別、世帯人員別生計費換算乗数を乗じて算定した。なお、1人世帯については、「全国消費実態調査」（総務省）の1人世帯について、並数階層の費目別支出金額を求め、これに消費者物価、消費水準の変動分を加えて、各年4月の各費目別標準生計費を算定した。

〔参考〕　最近の所得税・個人住民税と社会保険料の改定動向

実施時期	内　　容
27年1月	所得税　課税所得4000万について45%の税率を新設
4月	国民年金保険　保険料の引上げ［月額15,250円→15,590円へ］
4月	介護保険　第1号保険料の引上げ［全国平均月額4,972円→5,514円へ］
4月	介護保険　第2号保険料の引下げ［本人負担分：1000分の8.6→7.9へ］
9月	厚生年金保険　料率の引上げ［本人負担分：8.737%→8.914%へ］
10月	厚生年金保険　公務員等の共済年金が厚生年金に統一
28年1月	所得税　給与収入金額が1,200万円を超える場合の給与所得控除額の上限を230万円に引下げ
4月	国民年金保険　医療保険　後期高齢者医療における保険料の引上げ［均等割額（全国平均）：年44,980円→45,289円へ］［所得割率（全国平均）：8.88%→9.09%へ］
4月	国民年金保険　保険料の引上げ［月額15,590円→16,260円へ］
4月	雇用保険　料率の引下げ［一般被保険者負担分：1000分の5→4へ］
9月	厚生年金保険　料率の引上げ［本人負担分：8.914%→9.091%へ］
29年1月	所得税　給与収入金額が1000万円を超える場合の給与所得控除額の上限を220万円に引下げ
3月	介護保険　第2号保険料の引上げ［本人負担分1000分の7.9→8.25へ］
4月	国民年金保険　保険料の引上げ［月額16,260円→16,490円へ］
4月	雇用保険　料率の引下げ［一般被保険者負担分：1000分の5→3へ］
9月	厚生年金保険　料率の引上げ（以降固定）［本人負担分：9.091%→9.150%へ］
30年1月	所得税　配偶者控除額38万円の対象となる配偶者の給与収入の上限引き上げ［103万円→150万円］
3月	介護保険　第2号保険料率の引下げ［1.65%→1.53%］
3月	介護保険　第1号保険料の引上げ
31年3月	介護保険　第2号保険料率の引上げ
4月	国民年金保険料の引上げ
令和2年3月	介護保険　第2号保険料率の引上げ
4月	国民年金保険料の引上げ
9月	厚生年金保険料率の引上げ（標準報酬月額63万5000円以上の高所得者のみ）
3年3月	介護保険　第2号保険料率の引上げ

資料出所　総務省統計局「家計調査年報―家計収支編―」。
注　料率は労使折半後の労働者負担分の数値である。

G-8　都市別勤労者1世帯当り消費支出〔総世帯:

都　　市	世帯人員 (人)	有業人員 (人)	世帯主年齢 (歳)	勤め先収入	消費支出計	食料	住居	光熱・水道	家具・家事用品	被服及び履き物
全国平均	2.52	1.52	47.9	480.2	263.8	65.7	23.1	17.7	10.5	9.0
札幌市	2.38	1.39	44.6	439.0	229.3	56.0	20.9	20.5	8.4	8.8
青森市	2.30	1.48	49.4	445.5	237.5	59.0	17.6	23.1	12.4	6.4
盛岡市	2.54	1.53	50.8	459.9	286.8	63.4	23.9	22.6	10.4	11.6
仙台市	2.26	1.35	45.3	388.6	236.3	61.8	22.6	16.5	8.6	9.9
秋田市	2.64	1.57	52.2	463.5	255.7	68.2	13.4	25.3	9.2	8.5
山形市	2.46	1.51	43.5	481.7	281.5	63.7	27.0	23.4	9.2	9.0
福島市	2.76	1.64	50.3	487.0	309.3	71.6	23.5	23.6	18.5	8.0
水戸市	2.41	1.43	49.3	523.5	283.2	59.9	23.6	18.6	18.0	11.4
宇都宮市	2.51	1.54	48.3	504.2	288.3	69.9	25.6	18.0	10.2	9.6
前橋市	2.57	1.56	50.4	535.6	268.8	64.2	24.7	16.1	12.2	9.7
さいたま市	2.24	1.41	50.2	548.2	269.1	70.9	17.4	17.8	11.0	11.1
千葉市	2.02	1.36	47.4	473.0	237.1	63.9	14.5	13.3	9.0	9.8
東京都区部	2.54	1.54	46.7	602.3	319.5	83.1	37.9	15.4	12.3	11.6
横浜市	2.22	1.42	45.4	452.5	248.6	64.1	28.5	14.3	12.8	8.8
新潟市	2.22	1.37	43.0	456.0	258.4	58.6	26.9	16.3	14.8	10.9
富山市	2.74	1.73	49.4	535.8	295.2	73.4	19.0	22.9	9.7	8.7
金沢市	2.77	1.61	46.7	529.4	270.0	68.8	21.1	22.0	10.7	9.6
福井市	2.97	1.72	52.4	518.2	272.9	70.9	23.4	23.6	11.1	7.3
甲府市	1.85	1.30	39.7	343.1	206.8	48.1	24.9	14.0	5.7	5.6
長野市	2.42	1.51	45.3	500.8	283.3	64.7	27.9	19.3	10.1	9.2
岐阜市	3.14	1.79	49.6	593.5	329.7	78.0	17.5	21.1	11.4	11.7
静岡市	2.49	1.54	48.3	493.1	262.5	66.4	24.9	18.1	8.7	7.0
名古屋市	2.21	1.47	42.1	450.0	226.2	61.7	22.2	12.4	8.7	9.9
津市	2.71	1.70	50.9	468.9	285.1	63.8	17.0	17.4	10.3	10.7
大津市	2.25	1.38	45.1	539.1	273.5	62.6	25.0	17.0	13.1	21.4
京都市	3.00	1.61	50.7	475.8	297.0	73.6	22.0	19.8	9.9	9.2
大阪市	2.31	1.47	44.2	471.1	224.2	62.9	34.0	15.0	6.9	8.5
神戸市	2.25	1.39	45.6	450.7	270.5	67.3	33.7	13.1	9.2	9.7
奈良市	2.77	1.69	52.1	533.5	310.1	75.3	22.9	20.5	13.0	12.0
和歌山市	2.82	1.59	50.6	445.1	229.8	62.3	14.7	17.0	9.8	7.2
鳥取市	2.31	1.49	47.5	369.3	225.4	56.8	19.6	16.2	7.2	6.8
松江市	1.92	1.34	46.3	479.0	230.6	55.6	33.6	16.2	9.9	6.4
岡山市	2.48	1.47	46.4	409.8	239.5	55.1	28.4	16.7	10.3	8.7
広島市	2.36	1.43	45.0	458.7	218.7	58.3	18.2	15.4	11.4	7.5
山口市	2.24	1.43	49.0	499.4	252.2	57.7	26.7	17.5	7.5	6.5
徳島市	2.36	1.47	44.0	468.7	267.0	61.3	28.4	19.3	10.5	8.6
高松市	2.62	1.62	50.7	475.0	265.3	62.0	20.9	17.9	10.1	6.8
松山市	2.87	1.53	50.5	429.4	247.9	64.4	11.3	20.0	14.2	8.5
高知市	2.38	1.51	45.5	496.7	263.5	61.6	25.9	17.6	10.3	8.0
福岡市	2.49	1.44	46.4	455.8	250.8	64.3	19.8	14.5	10.9	10.9
佐賀市	2.03	1.40	51.5	411.0	238.6	54.2	33.6	17.5	8.1	6.6
長崎市	2.62	1.63	51.1	417.3	251.1	64.6	19.0	19.5	11.1	7.7
熊本市	2.35	1.45	47.6	402.2	247.6	57.7	28.0	16.4	10.0	6.8
大分市	2.38	1.48	48.4	470.5	258.5	56.1	30.6	16.9	9.4	9.4
宮崎市	1.94	1.37	42.2	387.2	207.2	46.1	17.7	12.6	9.1	12.1
鹿児島市	2.69	1.52	48.6	448.0	290.0	62.2	26.5	17.6	12.6	8.5
那覇市	2.79	1.54	51.6	407.1	249.8	66.5	29.8	18.2	9.2	6.3
川崎市	1.91	1.30	42.6	460.0	228.0	55.8	37.3	13.4	8.0	10.0
相模原市	2.24	1.43	48.4	432.7	241.7	61.8	28.1	16.6	7.5	6.9
浜松市	2.55	1.53	45.1	507.3	262.4	61.1	21.9	15.8	8.6	7.6
堺市	2.37	1.48	48.2	434.9	230.3	62.1	25.8	17.1	7.3	5.6
北九州市	2.62	1.54	48.2	372.3	256.7	62.3	25.7	15.8	8.2	9.0

（左端縦書き：都道府県庁所在地　／　政令都市）

資料出所　都市別1世帯当り消費支出は総務省統計局「家計調査年報：家計収支編」。世帯人員数別標準生計費は人事院および各都道府県人事委員会「標準生計費」（給与勧告資料）。

注　1．住居は家賃地代と設備修繕・維持費を指す。
　　2．非消費支出の内訳は、直接税及び社会保険料、他の非消費支出（借金利子、慰謝料等）である。
　　3．全国平均は上記都市以外の市町村も含めた平均である。

農林漁家世帯含む〕と世帯人員数別標準生計費

（単位　千円）

保健医療	交通・通信	教　育	教養娯楽	その他の消費支出	非消費支出	1人世帯	2人世帯	3人世帯	4人世帯	5人世帯	都市
（令和3年1カ月平均）						標準生計費（令和3年4月）					
10.9	41.0	12.9	24.9	48.1	96.6	114.5	178.9	196.1	213.2	230.4	全
7.8	36.3	11.1	20.7	38.9	79.6	120.9	185.2	195.3	205.3	215.4	札
8.4	32.3	5.1	19.3	54.0	91.2	89.4	139.5	147.0	154.5	161.9	青
11.8	42.2	9.2	20.1	71.5	96.5	103.5	160.8	171.8	182.9	193.9	盛
10.4	32.2	8.8	23.4	42.1	73.3	107.0	168.0	185.5	203.1	220.6	仙
11.2	42.1	8.0	20.7	49.0	95.8	85.7	132.7	144.7	156.8	168.8	秋
8.9	55.0	8.5	27.8	49.0	96.7	106.6	166.1	175.6	185.2	194.8	山
10.3	68.3	12.5	23.0	50.2	104.9	152.6	248.5	243.0	237.5	231.9	福
12.3	52.4	8.0	23.1	55.8	105.0	110.5	174.0	185.0	195.9	206.9	水
12.1	43.3	10.1	28.3	61.2	105.5	129.1	206.0	213.6	221.2	228.9	宇
11.9	43.0	10.8	26.8	49.5	122.4	134.3	210.5	230.8	251.2	271.6	前
18.6	38.7	11.7	27.6	44.4	106.3	129.5	203.0	227.2	251.4	275.6	さ
9.7	38.5	10.2	25.2	43.0	100.3	107.3	164.0	185.6	207.2	228.8	千
14.3	35.1	21.4	35.4	53.0	123.8	138.2	219.1	229.7	240.3	250.9	東
11.9	32.4	18.6	24.4	32.7	94.9	115.4	179.1	198.0	216.9	235.8	横
8.3	40.8	9.6	22.7	49.5	95.4	117.6	187.5	201.5	215.6	229.6	新
12.9	52.9	12.1	24.3	59.2	104.7	118.7	187.6	200.5	213.3	226.2	富
9.9	43.4	14.0	27.4	43.1	108.1	121.3	188.9	211.7	234.5	257.3	金
9.7	40.7	12.5	25.1	48.5	104.8	92.7	143.9	154.8	165.7	176.6	福
7.0	34.3	6.3	14.6	46.3	64.1	118.5	181.5	200.8	220.0	239.3	甲
13.8	45.4	8.9	27.5	56.5	106.6	102.4	158.7	175.0	191.2	207.5	長
17.8	64.4	17.8	28.3	61.7	126.6	103.0	158.5	183.2	208.1	232.9	岐
12.3	38.7	13.0	24.8	48.7	95.4	112.4	176.1	197.8	219.5	241.2	静
9.0	34.0	9.3	23.1	35.8	94.7	118.0	183.0	206.7	230.5	254.3	名
11.5	57.9	15.3	27.4	54.0	89.1	113.7	179.4	195.9	212.4	228.9	津
11.6	43.8	10.8	23.8	44.3	117.5	107.2	163.2	183.2	203.1	223.0	大
11.1	48.9	21.4	29.1	51.9	90.8	145.3	233.1	240.1	247.0	254.0	京
9.0	23.5	7.7	19.9	36.9	76.7	100.3	152.0	166.8	181.5	196.3	大
10.4	39.0	16.2	27.2	44.8	89.9	150.8	241.7	251.0	260.4	269.7	神
12.8	52.3	15.8	26.9	58.5	113.7	115.6	180.0	198.0	216.0	234.0	奈
8.0	32.8	12.2	19.6	46.2	95.3	93.8	145.7	163.0	180.2	197.5	和
8.9	44.6	7.9	18.9	38.7	75.5	93.3	146.6	156.9	167.3	177.6	鳥
8.7	32.6	5.3	25.1	36.9	105.4	121.9	192.5	214.4	236.4	258.3	松
13.2	39.2	11.8	18.9	37.3	76.5	110.2	173.8	192.9	212.0	231.1	岡
9.0	28.0	9.0	21.7	40.3	84.0	104.0	161.3	174.2	187.1	200.0	広
8.5	41.9	7.3	20.0	58.6	102.9	123.2	196.7	214.1	231.4	248.8	山
10.0	35.6	8.9	23.4	60.9	99.8	110.3	175.3	190.9	206.4	222.0	徳
9.7	37.8	10.6	23.0	66.5	95.3	118.0	185.8	204.3	222.9	241.4	高
11.1	29.9	15.2	22.3	51.1	73.7	89.2	136.9	148.5	160.0	171.6	松
9.5	50.4	9.2	23.9	47.2	97.4	116.3	182.2	199.8	217.4	235.0	高
11.7	35.3	16.3	20.2	46.8	81.6	98.6	152.5	165.1	177.6	190.1	福
9.7	36.5	4.8	23.8	43.8	85.8	114.6	180.2	195.0	209.8	224.6	佐
11.3	37.0	7.8	24.0	45.9	75.9	118.0	188.0	203.4	218.7	234.0	長
10.1	34.8	7.5	27.1	49.2	74.6	107.6	169.1	175.6	182.1	188.6	熊
12.2	40.9	7.7	24.7	50.7	95.4	113.1	175.6	192.8	210.1	227.3	大
6.5	47.0	4.5	16.7	34.9	76.4	102.7	161.3	175.3	189.2	203.2	宮
11.8	65.8	8.5	19.7	56.8	91.9	96.2	147.7	163.3	178.9	194.4	鹿
11.7	34.8	8.4	18.8	46.2	76.9	129.3	210.2	203.1	196.0	188.9	那
9.2	23.5	14.8	26.2	29.6	91.9	—	—	—	—	—	川
12.8	32.0	12.2	22.0	41.7	78.5	—	—	—	—	—	相
14.5	45.8	9.6	26.5	51.0	95.5	—	—	—	—	—	浜
9.1	32.4	11.8	18.4	40.9	71.6	—	—	—	—	—	堺
12.4	43.1	6.2	25.5	48.5	72.9	—	—	—	—	—	北

4．標準生計費は各都道府県人事委員会が総務省「家計調査」の都道府県庁所在都市別費目別平均支出額に人事院作成の費目別・世帯人員別の生計費換算乗数を乗じて求めたもの（G－7表の注を参照）。活用にあたっては、数値にばらつきがあるので注意を要する。

5．横浜市の標準生計費は川崎市の家計調査結果を含んだ数値である。

6．上記の家計調査の数値には単身世帯も含んだものである。

G-9　国内企業物価

年	総平均	工業製品	食料品・飲料・たばこ・飼料	繊維製品	木材・木製品	パルプ・紙・同製品	化学製品	石油・石炭製品	プラスチック製品	窯業・土石製品	鉄鋼	非鉄金属
品目数	746	703	109	31	15	30	111	12	19	37	37	23
ウエイト	1000.0	888.3	141.6	9.6	9.2	27.7	89.2	59.5	38.2	23.3	51.7	27.1

年	総平均	工業製品	食料品・飲料・たばこ・飼料	繊維製品	木材・木製品	パルプ・紙・同製品	化学製品	石油・石炭製品	プラスチック製品	窯業・土石製品	鉄鋼	非鉄金属
指数 昭和60年	110.5	111.4	79.3	99.1	73.7	88.5	103.9	65.8	99.1	89.5	79.7	74.5
平成2年	104.9	106.6	80.8	94.1	86.1	87.8	96.1	48.8	96.0	92.0	79.1	72.6
7	100.8	102.5	83.9	88.2	87.0	89.4	91.1	42.7	93.7	91.8	70.7	60.0
12	96.9	98.7	86.8	86.3	82.5	87.5	91.7	54.2	92.1	89.4	66.1	56.7
17	94.6	96.5	86.2	84.6	80.9	87.2	98.5	83.4	93.3	88.3	86.0	72.2
22	97.4	99.1	92.7	90.5	85.6	96.5	100.6	98.4	99.0	97.7	101.4	90.4
25	99.2	99.4	95.9	95.0	94.1	96.2	104.9	123.9	97.0	95.9	98.8	95.4
26	102.4	102.3	98.4	98.7	101.5	98.6	107.3	131.1	100.5	98.4	103.6	99.6
27	100.0	100.0	100.0	100.0	100.0	100.0	100.0	100.0	100.0	100.0	100.0	100.0
28	96.5	97.0	100.1	99.6	100.7	99.5	92.9	83.6	97.0	99.6	94.1	87.1
29	98.7	98.9	99.9	99.6	102.8	99.6	94.8	98.9	96.0	99.7	102.9	98.1
30	101.3	101.1	100.5	101.0	105.4	102.1	97.5	115.6	97.1	101.6	108.3	101.7
令和元年	101.5	101.2	101.5	102.8	105.0	107.7	94.5	110.1	98.6	104.8	110.6	96.4
2	100.3	100.4	102.3	103.5	104.2	109.5	90.4	92.2	98.2	107.0	109.9	97.5
3	105.1	105.4	104.5	103.9	134.3	109.3	98.2	117.8	98.1	107.6	123.8	126.2
対前年騰落率（△）（%） 昭60/55(年率)	0.1	0.1	2.0	0.4	△4.0	△1.0	△1.9	1.4	△0.7	0.2	△0.2	△4.2
平2/60(年率)	1.0	0.9	0.4	△1.0	3.2	△1.5	△1.5	△5.8	△0.6	0.5	△0.1	△0.5
7/2(年率)	0.8	0.8	0.8	△1.3	0.2	0.4	△1.1	△2.6	△0.5	0.0	△2.2	△3.7
12/7(年率)	0.8	0.8	0.7	△0.4	△1.0	△0.4	0.1	4.9	△0.3	△0.5	△1.3	△1.2
17/12(年率)	△2.3	△2.4	△0.7	△1.6	△1.2	△0.6	0.6	5.3	△1.5	△0.8	△2.6	0.2
22/17(年率)	0.6	0.5	1.4	1.3	1.1	2.1	0.4	3.4	1.2	2.0	3.4	4.6
25	1.2	0.6	0.8	2.0	8.8	△1.6	3.1	8.9	△0.5	0.3	△2.2	6.9
26	3.2	2.9	2.6	3.8	7.9	2.4	2.3	5.8	3.7	2.6	4.8	4.4
27	△2.3	△2.3	1.7	1.4	△1.5	1.5	△6.8	△23.7	△0.5	1.6	△3.5	0.4
28	△3.5	△3.0	0.1	△0.4	0.7	△0.5	△7.1	△16.4	△3.0	△0.4	△5.9	△12.9
29	2.3	2.0	△0.2	0.0	2.1	0.1	2.1	18.2	△1.1	0.1	9.4	12.6
30	2.6	2.2	0.6	1.4	2.5	2.5	2.5	17.0	1.2	1.9	5.2	3.7
令和元年	0.2	0.0	1.0	1.7	△0.4	5.5	△3.1	△4.8	1.5	3.2	2.2	△5.2
2	△1.1	△0.8	0.7	0.6	△0.8	1.6	△4.4	△16.3	△0.4	2.0	△0.7	1.1
3	4.8	5.0	2.1	0.4	28.9	△0.2	8.6	27.7	△0.1	0.5	12.7	29.5

資料出所　日本銀行「企業物価指数」。
注　上記は消費税を含んだ数値で、円ベースのもの。

〔参考〕企業向けサービス

年	総平均	金融・保険	金融	保険	不動産	運輸・郵便	旅客輸送	陸上貨物輸送	海上貨物輸送	航空貨物輸送	倉庫・運輸付帯サービス	郵便・信書	情報通信
品目数	146	12	6	6	9	34	8	7	7	2	8	2	26
ウエイト	1000	94.5	34.7	13.6	94.5	158.0	37.0	55.9	20.0	1.4	34.2	9.5	228.3
指数 昭和60年	98.7	110.4	100.9	123.2	83.2	84.9	75.3	82.7	102.3	123.0	92.0	78.7	135.6
平成2年	109.6	104.3	101.8	109.0	105.2	90.8	80.4	93.2	94.4	115.2	103.2	81.0	139.4
7	113.0	106.1	105.0	110.0	117.6	95.6	86.6	98.7	87.3	98.5	107.3	101.1	128.8
12	109.2	99.9	99.9	101.3	111.6	96.3	90.6	97.6	85.5	99.7	110.2	98.2	118.6
17	100.5	97.4	98.8	95.0	101.2	96.0	92.0	94.1	93.8	101.0	107.9	97.6	105.6
22	97.3	95.1	96.0	93.6	103.8	95.5	95.8	94.6	97.6	90.7	95.8	97.6	100.4
25	96.4	95.8	95.7	96.1	97.1	96.4	96.2	95.3	101.5	100.9	95.8	97.6	98.0
26	98.9	98.9	98.9	99.0	99.2	99.2	98.7	98.2	104.2	103.9	98.9	99.4	99.7
27	100.0	100.0	100.0	100.0	100.0	100.0	100.0	100.0	100.0	100.0	100.0	100.0	100.0
28	100.3	100.4	100.4	101.5	101.0	98.8	100.2	100.3	90.6	84.2	99.9	100.8	100.1
29	101.0	101.1	100.4	102.9	102.4	100.2	100.9	100.5	95.2	87.2	100.6	104.7	100.2
30	102.2	101.2	100.3	103.3	103.6	102.7	100.9	100.1	101.1	94.9	100.8	107.2	100.9
令和元年	103.3	101.8	101.3	103.1	104.9	104.4	101.8	108.5	102.2	87.3	101.5	108.0	101.3
2	104.2	102.8	102.8	102.7	105.6	105.6	103.0	110.3	98.9	119.0	102.6	109.3	102.5
3	105.1	103.2	102.3	105.6	107.0	106.9	103.8	110.8	107.2	143.4	101.7	109.7	102.7
対前年騰落率 平2/60(年率)	2.1	△1.1	0.2	△2.4	4.8	1.4	1.3	2.4	△1.6	△1.3	2.3	0.6	0.6
7/2(年率)	0.6	0.3	0.6	0.2	2.2	1.0	1.5	1.2	△1.6	△3.1	0.8	4.5	△1.6
12/7(年率)	△0.7	△1.2	△1.0	△1.6	△1.0	0.2	0.9	△0.2	△0.4	0.2	0.5	△0.6	△1.6
17/12(年率)	△1.6	△0.5	△0.2	△1.3	△1.9	△0.1	0.3	△0.7	1.9	0.3	△0.4	△0.1	△2.3
22/17(年率)	△0.6	△0.5	△0.6	△0.3	0.5	△0.1	0.8	0.1	0.8	△2.1	△2.4	0.0	△1.1
25	0.0	0.9	0.1	2.2	△1.4	0.7	0.2	0.2	5.0	13.1	△0.1	0.0	△0.9
26	2.7	3.2	3.4	2.9	2.1	2.9	2.6	3.1	2.7	3.0	3.3	1.8	1.8
27	1.1	1.1	1.1	1.0	0.8	0.8	1.3	1.8	△4.0	△3.8	1.1	0.6	0.3
28	0.3	0.4	0.4	1.5	1.0	△1.2	0.2	0.3	△9.4	△15.8	△0.1	0.8	0.1
29	0.8	0.7	0.0	1.4	1.4	1.4	0.4	0.3	5.2	3.5	0.7	3.9	0.1
30	1.1	0.1	△0.1	0.4	1.2	2.5	0.3	4.0	6.1	8.8	0.2	2.3	0.7
令和元年	1.1	0.6	1.0	△0.3	1.2	1.7	0.9	3.3	1.1	△7.9	0.7	0.7	0.4
2	0.9	0.9	1.5	△0.3	0.7	1.1	1.2	1.8	△3.2	36.2	1.1	1.3	1.2
3	0.8	0.4	△0.5	2.8	1.3	1.3	0.8	0.5	8.4	20.5	△0.8	0.4	0.2

資料出所　日本銀行「企業向けサービス価格指数」。
注　上記は消費税を含んだ数値で、円ベースのもの。

指 数〔平成27年平均＝100.0〕

金属製品	はん用機器	生産用機器	業務用機器	電子部品・デバイス	電気機器	情報通信機器	輸送用機器	その他工業製品	農林水産物	鉱産物	電力・都市ガス・水道	スクラップ類	年(西暦)
36	30	31	18	23	50	17	24	50	24	6	9	4	(西暦)
40.0	27.2	41.1	16.2	24.5	50.0	20.8	140.7	48.0	33.9	3.9	67.1	4.9	
81.9	83.7	98.5	151.0	499.7	143.6	847.5	118.3	94.8	118.5	75.3	101.7	118.7	1985
85.9	88.3	102.8	135.2	347.5	137.6	610.0	112.7	98.7	115.2	79.3	81.8	99.1	90
84.6	90.6	101.6	124.1	278.0	132.6	506.2	110.7	102.1	102.9	92.5	80.7	70.2	95
83.0	91.2	99.8	113.5	206.1	122.5	354.9	106.9	101.6	97.5	80.4	78.6	50.2	2000
86.5	89.1	94.9	105.0	144.8	110.0	202.3	98.9	98.0	97.3	76.4	72.0	89.4	05
91.8	94.2	95.1	98.1	114.4	105.9	133.9	100.8	97.9	93.4	87.0	75.6	124.5	10
94.0	94.4	96.7	97.1	103.1	98.6	100.6	97.1	96.8	100.1	91.9	93.6	127.5	13
98.6	98.1	99.2	99.4	101.4	100.1	100.3	98.9	99.2	100.1	99.1	102.9	128.6	14
100.0	100.0	100.0	100.0	100.0	100.0	100.0	100.0	100.0	100.0	100.0	100.0	100.0	15
99.8	100.3	100.4	101.6	96.8	97.6	99.4	99.2	100.0	102.5	94.2	87.2	91.4	16
101.3	100.0	100.1	102.0	97.9	95.5	97.9	98.7	100.2	107.6	94.3	90.7	120.2	17
104.2	100.4	100.8	101.8	97.9	95.4	96.7	98.5	100.5	109.8	98.1	96.4	137.0	18
106.8	102.0	102.4	102.2	97.4	95.3	98.5	101.9	108.9	101.9	100.5	114.5	19
108.9	104.3	103.5	102.8	98.6	95.7	95.7	99.8	104.1	107.9	99.7	94.8	105.2	20
110.5	104.5	103.4	103.9	99.4	95.8	94.3	99.9	104.7	107.7	101.1	95.0	173.5	21
0.8	0.5	0.9	△1.8	4.3	0.8	△2.0	△1.3	0.1	0.2	0.4	2.6	△5.9	85/80
1.0	1.1	0.8	2.2	△7.0	△0.8	△6.4	△1.0	0.8	0.6	1.1	△4.3	△3.5	90/85
△0.3	0.5	△0.2	1.7	4.4	0.7	3.7	△0.4	0.7	2.2	3.1	△0.3	6.7	95/90
△0.4	0.1	△0.4	1.8	△5.8	1.6	△6.9	△0.7	△0.1	1.1	△2.8	△0.5	△6.5	00/95
△1.0	△1.5	△1.5	0.8	△10.3	2.2	△14.5	△2.2	△0.6	△1.3	△2.4	△0.3	15.1	05/00
1.2	1.1	0.0	1.3	△4.6	△0.8	△7.9	0.4	△0.0	△0.8	2.6	1.0	6.9	10/05
0.7	0.3	△0.4	0.9	1.9	1.9	△5.8	△1.5	△0.8	3.5	2.9	8.4	13.3	13
4.9	3.9	2.6	2.3	△1.6	1.5	△0.4	1.9	2.5	0.0	7.8	9.9	0.8	14
1.4	1.9	0.8	0.6	△1.4	0.0	△0.3	1.1	0.8	0.1	0.9	△2.8	△22.2	15
△0.2	0.3	0.4	1.6	△3.2	△2.4	△0.6	△0.8	0.0	2.5	△5.8	△12.8	△8.6	16
1.5	△0.3	△0.3	0.4	1.1	△2.1	△1.6	△0.5	0.1	4.9	0.1	4.0	31.5	17
2.9	0.5	0.7	△0.2	0.0	△0.1	△1.2	△0.3	0.4	2.1	4.0	6.4	14.0	18
2.5	1.6	1.6	0.3	△0.1	△0.7	△1.4	0.1	1.3	△0.8	3.9	4.2	△16.4	19
1.9	2.1	1.0	0.7	0.8	1.0	0.3	1.3	2.2	△0.9	△2.2	△5.6	△8.1	20
1.5	0.3	△0.0	1.0	0.8	0.1	△1.4	0.1	0.6	△0.2	1.4	0.1	64.9	21

価格指数〔平成27年＝100.0〕

通信	放送	情報サービス	インターネット附随サービス	映像・文字情報制作	リース・レンタル	広告	諸サービス	下水道・廃棄物処理	自動車整備・機械修理	専門サービス	技術サービス	職業紹介・労働者派遣サービス	その他諸サービス	年(西暦)
6	3	9	3	3	9	3	41	3	4	9	9	4	12	(西暦)
56.8	2.5	129.1	19.6	20.3	79.2	49.2	342.5	26.9	66.2	41.4	56.2	46.7	105.1	
224.4	—	102.5	—	67.0	303.4	74.2	72.9	51.9	—	70.0	77.8	—	83.0	85
209.9	—	112.6	—	78.1	279.6	92.8	89.0	63.4	93.9	85.6	98.9	83.3	97.1	90
187.3	108.6	106.0	—	89.0	227.2	100.9	100.4	74.3	109.0	95.4	111.5	91.6	110.9	95
150.4	109.7	107.2	—	92.4	178.3	108.0	99.9	78.3	99.2	98.1	110.1	95.2	109.7	00
125.6	109.4	99.8	106.3	92.9	121.6	105.6	94.8	84.3	94.8	96.7	92.3	93.0	100.5	05
106.1	100.0	98.9	100.8	95.5	102.5	94.7	94.9	90.9	96.3	98.3	91.6	94.2	96.3	10
100.4	96.8	97.2	101.2	95.9	95.5	96.8	95.2	95.7	96.6	97.9	94.2	95.2	94.6	13
100.7	99.3	99.4	99.5	99.0	98.6	99.4	98.1	98.6	99.1	99.6	96.6	98.3	97.5	14
100.0	100.0	100.0	100.0	100.0	100.0	100.0	100.0	100.0	100.0	100.0	100.0	100.0	100.0	15
98.7	100.0	100.6	100.4	100.5	99.5	101.0	100.8	101.0	100.5	99.2	101.5	101.1	100.9	16
98.0	100.0	101.3	99.7	100.7	99.1	101.9	101.9	101.4	100.8	99.6	104.0	103.1	101.9	17
98.4	99.9	102.1	100.5	101.0	99.2	102.9	103.0	101.7	101.0	98.8	106.4	105.9	103.3	18
96.5	99.9	103.2	102.4	101.9	99.5	103.6	104.7	103.0	101.8	98.9	108.9	109.0	105.1	19
96.5	100.4	105.3	100.3	103.5	100.4	97.3	106.4	105.3	103.4	99.8	112.0	114.7	104.5	20
96.3	100.2	105.1	101.7	104.4	100.4	104.1	106.8	106.3	103.2	99.7	113.8	115.4	104.5	21
△1.3	—	1.9	—	3.1	△1.6	4.6	4.1	4.1	—	4.1	4.9	—	3.2	90/85
△2.3	—	△1.2	—	2.6	△4.1	1.7	2.4	3.2	3.0	2.2	2.4	1.9	2.7	95/90
△4.3	0.2	0.2	—	0.7	△4.7	1.4	△0.1	1.0	△1.9	0.6	△0.3	0.8	△0.2	00/95
△3.5	△0.1	1.4	—	0.1	△7.4	△0.4	△1.0	1.5	△0.9	△0.3	△3.5	△0.5	△1.7	05/00
△3.3	△1.8	△0.2	△1.1	0.6	△3.3	△2.2	0.0	1.5	0.3	0.3	△0.2	0.3	△0.9	10/05
△1.8	△0.8	△0.6	0.6	△0.3	△0.3	0.8	0.4	2.6	0.1	0.1	0.8	0.4	△0.1	13
0.4	2.6	2.3	△1.7	3.2	3.2	2.7	3.1	3.0	2.6	1.8	4.5	3.2	3.1	14
△0.7	0.7	0.6	0.5	1.0	1.5	0.6	1.9	1.4	0.9	0.4	3.6	1.8	2.5	15
△1.3	0.0	0.6	0.4	0.5	△0.5	1.0	0.8	1.0	0.5	△0.8	1.5	1.1	0.9	16
△0.8	0.0	0.6	△0.7	0.2	△0.4	0.9	1.1	0.4	0.3	0.5	2.4	2.0	0.9	17
0.5	△0.1	0.9	0.8	0.3	0.1	0.9	1.2	0.4	0.2	△0.9	2.3	2.7	1.4	18
△1.9	0.0	1.0	1.9	0.9	0.3	0.6	1.6	1.2	0.8	0.1	2.4	3.0	1.7	19
△0.0	0.4	2.1	△2.0	1.6	0.9	△6.0	1.6	2.3	1.6	1.0	2.8	5.2	△0.6	20
△0.2	△0.1	△0.1	1.5	0.9	0.0	7.0	0.4	0.9	△0.2	△0.1	1.7	0.6	0.0	21

〔備考〕企業向けサービス価格指数（CSPI：Corporate Service Price Index）は，企業間取引のうち，第3次産業で提供されるサービスの価格動向を表わすもので，1991年1月より公表を開始。

G−10 市街地（住宅地）価格指数 〔平成22年3月末＝100.0〕

	年	全国	6大都市	6大都市以外	東京都区部	東京都下	大阪圏	名古屋圏	政令指定都市	県庁所在都市
指数	昭和60年3月	126.1	108.1	128.0	99.6	100.2	118.7	100.4	110.6	119.5
	平成2年3月	173.4	284.7	170.8	266.5	239.4	327.6	144.2	169.1	151.6
	7 3	168.4	163.3	168.6	127.8	164.0	187.7	146.8	169.1	172.1
	12 3	150.9	130.1	151.6	99.3	133.3	152.1	130.9	138.7	156.5
	17 3	114.6	100.0	115.0	93.1	100.7	102.9	104.8	106.8	117.8
	22 3	100.0	100.0	100.0	100.0	100.0	100.0	100.0	100.0	100.0
	27 3	90.2	100.5	89.9	103.4	98.8	97.1	100.0	96.6	86.0
	30 3	89.8	103.3	89.4	108.2	99.6	98.1	101.6	102.6	86.2
	30 9	90.0	103.7	89.6	109.0	100.2	98.2	102.0	104.3	86.5
	31 3	90.3	104.1	89.9	110.0	100.9	98.3	102.5	106.0	86.9
数	令和元年9月	90.6	104.5	90.2	111.3	101.5	98.5	100.8	108.1	87.3
	2 3	90.7	104.8	90.4	112.4	101.8	98.6	103.3	109.8	87.6
	2 9	90.6	104.5	90.2	112.4	101.7	98.5	102.7	110.4	87.5
	3 3	90.5	104.2	90.1	112.4	101.7	98.3	102.6	111.0	87.4
	3 9	90.5	104.2	90.1	113.1	102.3	98.3	102.6	112.4	87.5
	4 3	90.7	104.6	90.3	114.2	103.1	98.4	103.4	114.1	87.7
	4 9	91.0	104.9	90.6	115.6	104.3	98.6	103.5	116.2	87.9
対前年同期比騰落率（△）〔％〕	昭和60年3月	2.7	5.5	2.6	—	—	—	—	—	—
	平成2年3月	12.8	33.1	11.9	1.7	3.0	60.3	18.6	19.2	13.5
	7 3	△1.5	△7.9	△1.3	△10.8	△2.3	△4.0	△3.1	△3.3	△0.4
	12 3	3.5	△5.8	3.6	4.6	△7.5	△6.6	△3.1	△4.8	△3.1
	17 3	△5.4	△2.8	△5.5	2.7	△3.6	△5.2	△3.3	△4.5	△5.9
	22 3	△3.9	△4.6	△3.9	△0.5	△0.8	△3.9	△2.4	△1.9	△4.5
	27 3	△0.6	1.1	△0.7	2.1	0.7	0.4	0.1	1.2	△0.8
	30 3	0.2	0.9	1.0	1.5	0.3	0.3	0.4	2.2	0.1
	30 9	0.2	0.8	0.3	1.6	0.3	0.3	0.5	2.9	0.3
	31 3	0.5	0.8	0.5	1.6	1.3	0.3	1.1	3.3	0.8
	令和元年9月	0.6	0.8	0.7	2.1	1.3	0.4	1.0	3.7	1.0
	2 3	0.5	0.6	0.5	2.2	0.9	0.3	0.3	3.6	0.8
	2 9	0.0	0.0	0.0	1.0	0.2	0.0	0.3	2.1	0.2
	3 3	△0.3	△0.6	△0.3	0.0	△0.3	△0.3	△0.6	1.1	△0.1
	3 9	△0.1	△0.3	△0.1	0.7	0.6	△0.2	△0.1	1.9	0.0
	4 3	0.2	0.4	0.2	0.9	0.8	0.1	0.4	1.5	0.2
	4 9	0.4	0.7	0.6	2.1	1.9	0.3	0.9	3.4	0.5

資料出所 （財）日本不動産研究所 研究部「全国市街地価格指数」。
注 1. 6大都市とは、東京都区部、横浜市、名古屋市、京都市、大阪市、神戸市をいう。6大都市以外とは、前記以外の全国217都市をいう。
　 2. 政令指定都市とは、東京・大阪・名古屋を除いた札幌、仙台、新潟、静岡、浜松、岡山、広島、福岡、北九州を指す。
　 3. 県庁所在都市は3大都市圏と政令指定都市を除いた範囲のものである。

G−11 家計における教育費 〔全国平均〕

(1)幼児・児童・生徒一人当り年間教育費 （令和3年度）

(単位 円)

区 分	幼稚園		小学校		中学校		高等学校（全日制）	
	公立	私立	公立	私立	公立	私立	公立	私立
学習費総額	165,126	308,909	352,566	1,666,949	538,799	1,436,353	512,971	1,054,444
学校教育費	61,156	134,835	65,974	961,013	132,349	1,061,350	309,261	750,362
授業料	5,533	27,972	—	536,232	—	476,159	52,120	288,443
学校給食費	13,415	29,917	39,010	45,139	37,670	7,227	—	—
学校外活動費	90,555	144,157	247,582	660,797	368,780	367,776	203,710	304,082
補助学習費	29,885	42,118	120,499	377,663	303,136	262,322	171,377	246,639
その他活動費	60,670	102,039	127,083	283,134	65,644	105,454	32,333	57,443

資料出所 文部科学省生涯学習政策局調査企画課「子供の学習費調査」。
注 1. 小・中・高校は全学年の平均、幼稚園は4・5歳児の平均。
　 2. 学校外活動費は、授業料以外では、教科書等図書費、学用品、修学旅行費、生徒会・PTA費、寄付金、通学費、制服代等を指す。

(2)大学生一人当り年間学生生活費 （令和2年度）

(単位 千円)

区 分	設置者別（昼間部）				居住形態別（大学昼間部）			
	大学		大学院（修士）		国立		私立	
	国立	私立	国立	私立	自宅	下宿等	自宅	下宿等
計	1,432	1,929	1,649	1,970	987	1,722	1,705	2,415
学費	592	1,311	583	1,074	633	579	1,313	1,323
生活費	840	618	1,066	896	354	1,143	392	1,092

資料出所 独立行政法人・日本学生支援機構「学生生活調査」。
注 1. 学費には入学料や入学時にのみ支払う施設設備費などの一時的納付金は除かれている。
　 2. 上表は全国平均の数値だが、東京圏の大学生（昼間部）の下宿等を見ると、国立計1,892千円、私立計2,527千円となっている。

G−12⑴　納税者の給与総額と所得税額 （年間）
（1年間を通じて勤務した民間企業給与所得者）

年　分	給与所得者数（千人）			納税者給与総額		税額（億円）		税額の割合
	納税者(A)	非納税者(B)	計(A)＋(B)	（億円）(C)	前年比(%)	(D)	前年比(%)	(%)(D)／(C)
昭和55年分	30,201	3,161	33,361	945,145	9.5	52,500	16.9	5.55
60	32,895	4,043	36,938	1,245,564	8.3	76,613	12.0	6.15
平成2年分	34,880	4,426	39,306	1,604,814	8.9	97,350	15.3	6.07
7	38,814	6,082	44,896	1,937,093	0.5	101,337	△9.3	5.23
12	38,872	6,067	44,939	1,953,491	0.4	91,754	1.4	4.70
17	38,525	6,411	44,936	1,847,845	0.5	89,630	1.9	4.85
18	38,288	6,557	44,845	1,833,281	△0.8	98,925	10.4	5.40
19	38,806	6,619	45,425	1,868,224	1.9	87,575	△11.5	4.69
20	38,365	7,508	45,873	1,814,087	△2.9	85,551	△2.3	4.72
21	36,829	8,227	45,056	1,654,595	△8.8	71,240	△16.7	4.31
22	37,547	7,973	45,520	1,699,764	2.7	72,473	1.7	4.26
23	38,533	7,124	45,657	1,729,218	1.7	75,529	4.2	4.37
24	38,375	7,181	45,556	1,721,294	△0.5	72,977	△3.4	4.24
25	38,969	7,485	46,454	1,787,114	3.8	82,907	13.6	4.64
26	40,259	7,304	47,563	1,845,833	3.3	85,124	2.7	4.61
27	40,514	7,426	47,940	1,879,094	1.8	88,407	3.9	4.70
28	41,122	7,569	48,691	1,912,450	1.8	90,418	2.3	4.73
29	41,975	7,476	49,451	1,993,510	4.2	97,384	7.7	4.89
30	42,778	7,486	50,264	2,068,614	3.8	105,558	8.4	5.10
令和元年分	44,602	7,949	52,551	2,186,680	3.3	107,737	2.1	5.04
2	44,516	7,930	52,446	2,113,365	△1.1	107,126	△0.6	5.07
3	45,134	7,565	52,699	2,184,122	3.3	116,273	8.5	5.32

資料出所　国税庁「民間給与実態統計調査結果報告」。次表も同じ。
注　1. 税額とは源泉徴収された勤労所得税額のみをいう。個人住民税は含まれない。次表も同じ。
　　2. 令和3年の非納税者を含めた給与総額は233兆6,141億円（1年未満勤務者含む民間企業・前年比＋2.8%）。
　　3. 定率減税が18年・19年と2年にわたり段階的に廃止となった。なお19年には所得税（国税）から個人住民税（地方税）へ税源移譲が行われ、ほとんどの人は所得税額が減り、個人住民税が増えている。

G−12⑵　給与階級別1人当り給与額・所得税額 （年間）
〔令和元、2、3年分〕（1年間を通じて勤務した民間企業給与所得納税者）

区　分		計	100万円以下	200万円以下	300万円以下	400万円以下	500万円以下	600万円以下	700万円以下
給与所得納税者数（千人）	元年	44,602	770	5,564	7,379	8,500	7,107	4,826	3,199
	2年	44,516	679	5,402	7,649	8,699	7,082	4,849	3,113
	3年	45,134	586	5,368	7,379	8,765	7,316	5,023	3,252
1人当り給与（千円）A	元年	4,791	770	1,513	2,526	3,506	4,472	5,478	6,477
	2年	4,747	765	1,520	2,525	3,502	4,472	5,478	6,473
	3年	4,839	770	1,508	2,532	3,508	4,474	5,488	6,479
1人当り税額（千円）B	元年	242	18	20	43	67	98	148	204
	2年	241	19	21	44	67	101	152	210
	3年	258	19	24	47	73	106	163	227
所得税額割合（%）B／A	元年	5.0	2.4	1.3	1.7	1.9	2.2	2.7	3.1
	2年	5.1	2.5	1.4	1.7	1.9	2.3	2.8	3.2
	3年	5.3	2.4	1.6	1.9	2.1	2.4	3.0	3.5

区　分		800万円以下	900万円以下	1,000万円以下	1,500万円以下	2,000万円以下	2,500万円以下	2,500万円超
給与所得納税者数（千人）	元年	2,232	1,533	1,010	1,850	436	124	151
	2年	2,244	1,442	951	1,753	384	124	145
	3年	2,354	1,503	1,002	1,850	432	136	166
1人当り給与（千円）A	元年	7,473	8,469	9,473	11,811	17,311	22,238	42,452
	2年	7,467	8,474	9,478	11,835	17,329	22,613	43,057
	3年	7,473	8,481	9,477	11,825	17,376	22,538	40,897
1人当り税額（千円）B	元年	314	443	588	1,111	2,804	4,515	12,591
	2年	305	443	606	1,152	2,879	4,802	13,427
	3年	327	459	617	1,160	2,920	4,736	12,280
所得税額割合（%）B／A	元年	4.2	5.2	6.2	9.4	16.2	20.3	29.7
	2年	4.1	5.2	6.4	9.7	16.6	21.2	31.2
	3年	4.4	5.4	6.5	9.8	16.8	21.0	30.0

注　1. 給与所得納税者数は、年末調整を行なわなかった者も含まれる。

G-13 家計資産・所得格差の状況

(1) 資産の種類別ジニ係数の推移（2人以上全世帯）

資産の種類	ジ		ニ	係	数	資産の種類	令和元年
	平成11年	16年	16年遡及	21年	26年遡及		
住宅・宅地資産	0.577	0.573	0.58	0.579	0.565	等価流動性金融資産残高[3]	0.697
貯 蓄 現 在 高	0.542	0.556	－	0.571	0.597	等価金融資産残高(貯蓄現在高)	0.664
耐久消費財資産	0.36	0.368	0.417	0.428	0.471	等価住宅・宅地	0.643
(参考) 年間収入	0.301	0.308	－	0.311	0.314	(参考)等価可処分所得[4]	0.288

資料出所　平成26年以前は総務省統計局「平成26年全国消費実態調査」。令和元年は「全国家計構造調査」。以下(2)表同じ。

〈利用上の注意〉
1. 実物資産の住宅及び耐久消費財等は、減価償却を加味した「純資産額」を使用している。
2. 平成21年と16年までとでは、実物資産の価額評価方法が異なるために、16年では21年の方法に合わせて遡及した数値が別途算出されている。
　注　1. 上表は二人以上の世帯の家計資産のジニ係数を算出したものである。
　　　2. 総務省統計局「全国消費実態調査」は全面的な見直しが実施され、令和元年分より「全国家計構造調査」に名称が変更。等価可処分所得はOECD新基準に準拠しているため、ジニ係数の遡及改定はしない。
　　　3. 流動性金融資産残高とは金融資産残高（貯蓄現在高）から「生命保険など」（生命保険、損害保険、簡易保険）を除いたものをいう。
　　　4. 等価可処分所得とは、世帯の年間可処分所得を当該世帯の世帯人員数の平方根で割って調整したものをいう。年間可処分所得とは、「年間収入」から税、社会保険料などを差し引いた額で、いわゆる手取り収入のことをいう。
　　　5. 等価とは、世帯単位で得られる数値を、当該世帯の世帯人員数の関数（世帯人員数Sに0～1の間の数値を取る変数E（等価弾性値という。）を乗製したものであり、これを世帯world人員という。）で割って調整したものをいう。OECDの基準ではE=0.5(つまり世帯人員数の平方根)を用いている。

(2) 1世帯当たり家計資産・年間収入の推移（2人以上全世帯）

資産の種類	純資産額（万円）							26年遡及対令和元年増減率
	平成11年	16年	16年遡及	21年	26年	26年遡及	令和元年	
資産合計	4,387	3,900	3,824	3,588	3,491	3281.9	3219.4	△ 1.9
金融資産(貯蓄－負債)	895	950	950	947	1,039	1007.7	838.6	△16.8
貯蓄現在高	1,452	1,520	1,520	1,473	1,565	1531.3	1449.7	△ 5.3
負債現在高	557	569	569	525.8	526.4	523.6	611	16.7
住宅・宅地資産	3,297	2,786	2,727	2,514	2,324	2274.1	2380.8	4.7
宅地資産	2,677	2,180	2,180	1,992	1,527	1788.6	1880.5	5.1
住宅資産	620	606	523	523	412	485.6	500.4	3.0
耐久消費財資産	168	150	132	117.1	116.5	－	－	－
年間収入	761	696	696	651	638	636.8	677.3	6.4

　注　1　26年遡及は、2019年調査の集計方法による遡及集計。
　　　2　資産合計には「ゴルフ会員権等」の資産を含むことから、合計と内訳は一致しない。

(3) 等価可処分所得のジニ係数の国際比較（総世帯）

	アメリカ (2017年)	イギリス (2019年)	イタリア (2018年)	フランス (2018年)	カナダ (2019年)	ドイツ (2018年)	日本 (2019年)
ジニ係数	0.390	0.366	0.330	0.301	0.301	0.289	0.288

資料出所　日本：「全国家計構造調査」、日本以外："OECD Income (IDD) and Wealth (WDD) Distribution Databases"
　注　1. 上表は単身世帯を含めたすべての世帯（以下「総世帯」という）における年間可処分所得（等価可処分所得）のジニ係数である。
　　　2. 国際比較可能なOECD新基準に準拠した数値。

(4) 世帯主の年齢階級別所得再分配前後[注2]のジニ係数（総世帯）

年　　齢	平成21年			平成26年			再分配効果の差 (26年-21年)
	再分配前 a	再分配後 b	再分配効果 c (a－b)	再分配前 d	再分配後 e	再分配効果 f (d－e)	f－c
総　　数	0.406	0.283	0.123	0.421	0.281	0.140	0.017
30歳未満	0.254	0.239	0.015	0.244	0.234	0.010	－0.005
30～49歳	0.268	0.248	0.020	0.255	0.236	0.019	－0.001
50～64歳	0.355	0.291	0.064	0.348	0.290	0.058	－0.006
65歳以上	0.640	0.300	0.340	0.625	0.300	0.345	0.005

資料出所　総務省統計局「平成26年全国消費実態調査—各種係数、所得分布に関する結果」(平成28年10月公表)
　注　1. 上表は「総世帯」の等価可処分所得を用いたジニ係数である。(3)表註1参照。
　　　2. 再分配前の所得とは、公的年金・恩給の給付を含まない年間収入。
　　　3. 再分配後の所得とは、租税や社会保険料の支払、年金給付等の移転所得の受取後の年間収入（年間可処分所得）。

(5) 家計資産額別世帯分布（2人以上全世帯・計＝100）〔令和元年〕

(単位　%)

区　分	～450万円	450～900	900～1500	1500～2000	2000～3000	3000～4000	4000～5000	5000～10000	1億円以上	平均値（万円）
資産合計	24.6	9.2	11.1	8.2	12.3	8.9	6.4	13.2	5.9	3,219

資料出所　総務省統計局「2019年全国家計構造調査 ―家計資産・負債に関する結果〔所得資産集計〕」（令和2年5月公表）(6)表も同じ。

(6) 世帯主年齢・年収・職業別世帯当り資産額（2人以上全世帯）〔令和元年〕

(単位　万円)

		資産合計	純金融資産	預貯金	生命保険など	有価証券	その他	住宅宅地資産			年間収入	年間可処分所得	
								計	宅地	住宅		従来型	OECD新基準
平　均		3,219	839	924	292	214	20	2,381	1,881	500	677	541	520
対前回増減率		△1.9	16.8	△3.3	14.3	3.5	△31.3	4.7	5.1	3.0	6.4	4.5	—
年齢別	30歳未満	426	△276	211	46	14	6	703	368	335	541	436	425
	30～39	887	△607	404	109	47	15	1,494	858	636	664	525	511
	40～49	1,988	△167	599	219	88	33	2,155	1,507	648	748	579	558
	50～59	3,132	739	806	368	215	41	2,393	1,883	510	873	666	635
	60～69	4,355	1,675	1,270	412	311	16	2,680	2,213	467	685	554	532
	70歳以上	4,579	1,714	1,269	312	319	6	2,865	2,484	380	523	445	428
	65歳以上	4,539	1,717	1,263	329	319	7	2,822	2,427	396	551	467	448
対前回増減率	30歳未満	△22.6	182.3	△12.2	13.3	△8.1	△44.5	8.2	△6.0	29.9	19.2	17.1	—
	30～39	△19.6	68.4	△2.8	△15.9	0.6	△47.9	2.1	△0.4	5.8	12.1	10.0	—
	40～49	9.5	—	8.9	△16.6	14.2	△25.2	18.9	21.2	13.9	5.2	3.0	—
	50～59	△5.1	△26.1	△10.8	△21.2	17.9	△29.8	4.0	5.7	△1.8	4.3	2.2	—
	60～69	△7.8	△10.4	△6.6	△11.3	3.4	△20.5	△6.0	△5.5	△8.6	9.5	7.1	—
	70歳以上	△1.9	△10.8	△4.9	△10.6	△9.5	△31.1	4.2	2.9	13.6	6.5	4.8	—
	65歳以上	△4.6	△11.2	△6.2	△12.9	△9.3	△26.0	0.0	△0.1	0.7	5.0	3.7	—
年間収入十分位別	I（～275万円）	1,965	591	505	121	45	1	1,374	1,182	191	186	156	148
	II（275～350）	2,672	984	803	194	107	2	1,689	1,441	248	299	264	253
	III（350～420）	2,919	1,021	839	238	166	4	1,898	1,579	319	375	327	314
	IV（420～494）	2,831	859	811	258	163	5	1,972	1,580	392	452	388	372
	V（494～572）	2,602	577	750	246	154	6	2,025	1,541	484	534	458	430
	VI（572～661）	2,572	451	726	243	161	17	2,122	1,610	512	622	514	495
	VII（661～770）	2,816	553	802	289	213	18	2,263	1,710	553	727	592	569
	VIII（770～910）	3,136	627	934	328	206	35	2,509	1,902	607	852	682	657
	IX（910～1155）	3,906	850	1,134	402	254	49	3,056	2,368	688	1,040	817	786
	X（1155万円～）	6,774	1,872	1,937	598	668	67	4,901	3,892	1,009	1,686	1,224	1,172
	X／I倍	3.4	3.2	3.8	4.9	14.9	133.2	3.6	3.3	5.3	9.1	7.9	7.9
	平成26年遡及X／I倍	3.1	2.8	3.0	4.2	12.0	33.2	3.3	3.0	5.1	8.8	8.0	—
職業別	勤労者	2,316	319	695	255	130	29	1,998	1,457	541	738	584	562
	労務作業者	1,684	158	522	213	74	11	1,527	1,080	446	620	504	487
	職員	2,774	465	836	292	194	43	2,309	1,698	611	830	647	621
	民間職員	2,827	429	821	283	188	33	2,398	1,788	610	814	633	609
	官公職員	2,602	580	884	321	131	76	2,022	1,407	615	883	691	659
	勤労者以外	4,538	1,039	1,162	387	320	15	3,499	2,843	656	885	673	644
	個人営業	4,042	677	971	326	204	13	3,365	2,733	632	769	596	568
	商人・職人	3,903	563	858	301	217	15	3,341	2,745	596	715	561	536
	個人経営者	4,352	393	1,232	378	240	6	3,960	2,901	1,058	1,169	832	792
	農林漁業	4,462	1,363	1,307	401	124	7	3,100	2,576	523	760	604	574
	法人経営者	5,792	2,035	1,722	513	641	22	3,757	3,013	744	1,285	940	903
	自由業者	5,189	1,654	1,442	514	403	23	3,536	2,979	556	860	652	625
	その他職業	4,604	1,015	1,127	346	174	20	3,589	3,067	523	1,033	775	752
	無職	4,239	1,738	1,237	311	317	6	2,501	2,167	335	444	384	368

H－1　社会保障

年度	総人口(10月1日)(10万人)(1)	国民所得[NI](兆円)(2)	社会保障給付費(兆円) 医療(3)	年金(4)	福祉その他(5)	介護	計(6)	国民医療費総額(兆円)(7)	後期高齢者医療給付費(兆円)	人口1人当たり社会保障給付費(千円)(6)/(1)	人口1人当たり医療費(千円)(7)/(1)
実数 昭和60年度	1,210	260.6	14.3	16.9	4.5	—	35.7	16.0	4.0	295	132
平成2年度	1,236	346.9	18.6	24.0	4.8	—	47.4	20.6	5.7	384	167
7	1,256	380.2	24.3	33.5	7.2	—	65.0	27.0	8.5	518	215
12	1,269	390.2	26.6	40.5	11.3	3.3	78.4	30.1	10.3	618	237
17	1,278	388.1	28.7	46.1	14.0	5.9	88.9	33.1	10.3	695	259
18	1,279	395.0	29.3	47.2	14.2	6.0	90.7	33.1	10.3	709	259
19	1,280	394.8	30.2	48.1	14.7	6.4	93.1	34.1	10.3	727	267
20	1,277	364.4	30.9	49.4	15.6	6.7	95.8	34.8	10.4	751	273
21	1,275	352.7	32.1	51.6	18.0	7.1	101.7	36.0	11.0	797	282
22	1,281	364.7	33.6	52.2	19.5	7.5	105.4	37.4	11.7	823	292
23	1,281	357.5	34.8	52.3	21.2	7.9	108.3	38.6	12.2	845	301
24	1,278	358.2	35.3	53.2	20.5	8.4	109.1	39.2	12.6	853	307
25	1,275	372.6	36.1	53.9	20.8	8.8	110.8	40.1	13.1	869	314
26	1,278	376.7	36.8	53.5	21.9	9.2	112.2	40.8	13.4	878	319
27	1,271	392.6	38.6	54.1	24.2	9.5	116.8	42.4	14.0	919	333
28	1,271	392.3	38.8	54.4	25.2	9.7	118.4	42.1	14.2	933	332
29	1,269	400.5	39.4	54.8	26.0	10.1	120.2	43.1	14.8	947	339
30	1,264	402.3	39.7	55.3	26.4	10.4	121.4	43.4	15.1	960	343
令和元年度	1,262	400.6	40.7	55.5	27.7	10.7	123.9	44.4	15.7	982	352
2	1,261	375.7	42.7	55.6	33.9	11.4	132.2	43.0	15.3	1,048	341
対前年度増減率(%) 2/60(年率)	0.4	5.9	5.4	7.3	1.4	—	5.9	5.2	7.4	5.4	4.7
7/2(年率)	0.3	1.8	5.5	6.9	8.4	—	6.5	5.5	8.1	6.2	5.2
12/7(年率)	0.2	0.5	1.8	3.9	9.4	—	3.8	2.3	4.1	3.6	2.0
17/12(年率)	0.1	△0.1	1.6	2.6	4.4	12.3	2.5	1.9	0.6	2.4	1.8
平成17年度	0.4	△0.1	4.8	1.3	8.2	5.1	3.6	3.9	6.3	3.2	3.5
18	0.1	1.8	3.4	0.2	8.6	5.1	2.8	3.1	4.8	3.0	3.3
19	0.1	△0.0	1.6	1.7	△3.1	6.4	0.7	1.6	3.2	1.0	1.9
20	△0.3	△7.7	2.1	1.2	1.6	4.7	1.6	2.2	3.7	1.4	2.0
21	△0.1	△3.2	2.0	0.7	5.1	4.6	1.3	1.9	2.4	1.8	2.4
22	0.4	3.4	4.9	1.1	10.5	3.4	4.2	3.8	4.7	4.1	3.8
23	△0.2	△2.0	0.7	0.5	4.3	2.1	1.3	△0.5	1.1	1.5	△0.4
24	△0.2	0.2	0.6	0.8	3.1	4.1	1.6	2.2	4.3	1.7	2.4
25	△0.1	4.0	2.1	1.2	1.6	4.7	1.6	2.2	3.6	1.7	2.3
26	0.2	1.1	2.0	△0.7	5.1	4.6	1.3	1.9	2.2	1.4	2.0
27	△0.1	4.2	3.8	1.1	5.8	2.3	2.9	3.9	4.6	3.0	3.9
28	△0.1	△0.1	0.6	0.5	4.2	2.1	1.3	△0.5	1.5	1.4	△0.4
29	△0.2	2.1	1.6	0.8	3.1	4.1	1.6	2.2	4.3	1.7	2
30	△0.2	0.4	0.8	0.8	1.5	2.8	1.0	0.8	1.9	1.2	1.0
令和元年度	△0.2	△0.4	2.5	0.4	5.1	3.4	2.1	2.3	4.0	2.3	2.5
2	0.0	△6.2	4.9	0.3	22.1	6.3	6.7	△3.2	△2.4	6.7	△3.2

〈参考1〉　機能別社会保障給付費の推移

(単位　億円)

項目	2005(平成17)	2010(平成22)	2015(平成27)	2018(平成30)	2019(令和元)	2020(令和2)
合計	888,529	1,053,647	1,168,133	1,213,987	1,239,241	1,322,211
高齢	441,023	513,347	553,394	572,766	578,347	589,213
遺族	64,588	67,947	66,701	64,976	64,499	64,097
障害	23,971	33,984	42,833	47,506	49,001	52,252
労働災害	9,842	9,428	9,190	9,182	9,305	9,046
保健医療	274,896	322,125	368,900	380,830	390,815	411,436
家族	32,323	50,085	71,416	84,894	91,908	102,675
失業	14,525	22,501	14,424	14,297	14,635	50,239
住宅	4,290	5,129	6,172	6,032	6,028	6,048
生活保護その他	23,070	29,100	35,103	33,503	34,703	37,205

資料出所　国立社会保障・人口問題研究所「社会保障費用統計」。
注　1．本表は、ILO事務局「第19次社会保障費用調査」の分類に従って算出したものである。
　　2．2011年集計時に新たに追加した費用について、2005年度まで遡及したことから、2004年度との間で段差が生じている。
　　3．2011年度から、衆議院、参議院、国立国会図書館、裁判所、外務省及び防衛省における特別職の国家公務員に対する災害補償が追加されている。
　　4．2015年度から、保育に要する費用に加え、小学校就学前の子どもの教育に要する費用も計上している。また、2004年度から2014年度の公立保育所運営費は推計値を用いていたが、2015年度以降決算値を用いて集計している。
　　5．2015年度から、集計の対象とする地方単独事業の範囲を変更したため、2014年度と2015年度の間で段差が生じている。

給 付 費 等 の 推 移

社会保障給付費の対国民所得比(%)				国民医療費の対国民所得比(%)〔(7)/(2)〕	国民負担率(%)〔対NI比〕			参考			年度(西暦)
医療(3)/(2)	年金(4)/(2)	福祉その他(5)/(2)	計(6)/(2)		租税負担率(8)	社会保障負担率(9)	国民負担率(8)+(9)	65歳以上人口比率(%)	合計特殊出生率(人)	家計貯蓄率(%)	
5.5	6.5	1.7	13.7	6.1	24.0	10.0	33.9	10.3	1.8	15.9	1985
5.3	6.9	1.4	13.7	5.9	27.7	10.6	38.4	12.1	1.5	12.6	1990
6.4	8.8	1.9	17.1	7.1	23.4	12.4	35.8	14.6	1.4	11.2	1995
6.8	10.4	2.9	20.1	7.7	22.9	13.1	36.0	17.4	1.4	8.4	2000
7.4	11.9	3.6	22.9	8.5	22.5	13.8	36.3	20.2	1.3	3.1	2005
7.4	11.9	3.6	23.0	8.4	23.1	14.1	37.2	20.8	1.3	3.1	2006
7.7	12.2	3.7	23.6	8.6	23.7	14.5	38.2	21.5	1.3	2.3	2007
8.5	13.6	4.3	26.3	9.6	23.5	15.8	39.3	22.4	1.4	3.7	2008
9.1	14.6	5.1	28.8	10.2	21.3	15.8	37.2	22.7	1.4	4.6	2009
9.2	14.3	5.3	28.9	10.3	21.6	15.7	37.2	23.0	1.4	4.1	2010
9.7	14.6	5.9	30.3	10.8	22.1	16.6	38.8	23.3	1.4	3.8	2011
9.9	14.9	5.7	30.5	10.9	22.7	17.0	39.7	24.1	1.4	2.5	2012
9.7	14.5	5.6	29.7	10.8	23.2	16.8	40.0	25.0	1.4	△ 10.6	2013
9.8	14.2	5.8	29.8	10.8	25.0	17.2	42.2	25.9	1.4	0.7	2014
9.8	13.8	6.2	29.8	10.8	25.0	17.3	42.8	26.7	1.5	1.5	2015
9.9	13.9	6.4	30.2	10.7	25.0	17.5	42.5	27.3	1.4	2.8	2016
9.8	13.7	6.5	30.0	10.8	25.1	17.4	42.5	27.7	1.4	2.5	2017
9.9	13.7	6.6	30.2	10.8	24.9	17.6	42.5	28.1	1.4	3.2	2018
10.2	13.8	6.9	30.9	11.1	25.4	18.9	44.3	28.4	1.4	2.8	2019
11.4	14.8	9.0	35.2	11.4	28.2	19.7	47.9	28.6	1.3	11.8	2020

資料出所　国立社会保障・人口問題研究所「社会保障費用統計」、厚生労働省統計情報部「国民医療費の概況」「人口動態調査」、総務省統計局「人口推計」、内閣府「国民経済計算年報」。人口1人当り、対国民所得比は日本生産性本部にて試算。

注　1．各統計の発表される時期が異なり、総人口・国民所得には遡及改訂前後の数値があるため、最新の数値とは異なる場合がある（ここでは社会保障費用統計掲載数値にあわせている）。
　　2．税負担率は、「（間接税＋直接税）／国民所得」である。社会保障負担率は「社会保障負担／国民所得」である。国民負担率は、「（間接税＋直接税＋社会保障負担）／国民所得」である。
　　3．国民所得は要素費用表示によるものである。
　　4．合計特殊出生率とは、1人の女性が一生のうちに何人の子供を産むかという推計値で、15～49歳の女性について、各々の年齢別出生率（年齢別出生数÷年齢別女性人口）を算出し、その数値すべて合計した値である。2.10を割った状態が続けば、いずれ人口減少が始まるとされている。

〈参考2〉社会保障財源の項目別推移　　　　　　　　　　　　　　（単位　億円・%）

財源	平成17年度	平成22年度	平成27年度	令和元年度	令和2年度	令和2年度構成比
合計	1,159,019	1,096,787	1,253,577	1,323,746	1,848,160	100.0
社会保険料	553,297	584,822	669,322	740,082	735,410	39.8
被保険者拠出	283,663	303,291	353,727	389,665	387,032	20.9
事業主拠出	269,633	281,530	315,596	350,417	348,378	18.9
公費負担	300,370	407,983	482,552	519,137	589,527	31.9
他の収入	305,352	103,982	101,702	64,526	523,223	28.3
資産収入	188,454	8,388	20,571	15,944	439,400	23.8
その他	116,898	95,594	81,132	48,582	83,823	4.5

資料出所　国立社会保障・人口問題研究所「社会保障費用統計」。
注　1．本表はILO「第19次社会保障費用制度調査」分類に基いて算出。
　　2．公費負担とは「国庫負担」と「他の公費負担」の合計である。また、「他の公費」とは地方自治体の負担を示す。但し、地方自治体の負担とは国の制度に基づいて地方自治体が負担しているものであり、地方自治体が独自に行っている事業に対する負担は含まない。
　　3．「資産収入」は利子・配当金・財産処分益等、「その他」は手数料・繰入金・雑収入等。

H－2　公的年金制度一覧（令和２年度末現在）

(1) 国民年金制度（基礎年金制度）

区　　　分	被保険者数①（万人）	老齢基礎年金等受給権者数②（万人）	扶養比率①/②	老齢基礎年金等平均年金月額（万円）	実質的支出総費用額（兆円）	積立金〔時価〕（兆円）	積立比率〔時価〕	保険料（令和4年4月）（円）	支給開始年齢（歳）
第１号被保険者	1,449								
第２号被保険者	4,236	3.457	1.87	5.6	3.4	10.3	7.1	16,610	65
第３号被保険者	793					—		—	
合　　　計	6,478	(参考：公的年金加入者合計6,756万人)							

資料出所　厚生労働省「公的年金制度一覧」。(2)表まで同じ。
注　1．老齢基礎年金等受給権者は、老齢基礎年金受給権者数に、旧国民年金法による老齢年金受給権者数及び、被用者年金制度の65歳以上の旧法老齢（退職）年金受給権者数を加えたものである。
　　2．老齢基礎年金平均年金月額は、新法基礎年金と旧法国民年金の平均である。
　　3．実質的な支出は、給付費から基礎年金交付金を控除し基礎年金拠出金を加えた額である。
　　4．積立比率とは、前年度末にある積立金（国庫負担繰延額などを含めた推計値）が、実質的な支出のうち自前で財源を用意しなければならない部分（国庫・公経済負担を除いた部分）の何年分に相当しているかを表す指標である。

(2) 被用者年金制度

区　　　分	被保険者数（万人）	老齢（退職）年金等受給者数（万人）	年金扶養比率（%）	老齢基礎年金平均月額（万円）	実質的支出総費用額（兆円）	積立金〔時価〕（兆円）	積立比率〔時価〕	保険料率（令和3年9月末）（円）	支給開始年齢（令和3年度）
第１号厚生年金（旧厚生年金保険）	4,047							18,300	〈報酬比例部分〉一般男女63歳旧厚生男女62歳坑内員・船員62歳
第２号厚生年金（国家公務員共済組合）	108							18,300	
第３号厚生年金（地方公務員共済組合）	300	1,894	2.38	14.9	49.7	219.3	4.9	18,300	〈定額部分〉一般男・共済女65歳旧厚生男女65歳坑内員・船員62歳
第４号厚生年金（私立学校教職員共済組合）	58							16,478	
合　　　計	4,513								

注　1．老齢（退職）年金等受給権者数（老齢・退年担当）には、旧三公社共済組合及び旧農林漁業団体職員共済組合において旧厚生年金に統合された前に発生した退職年金（減額退職年金を含む）の受給権者及び平成27年9月までに旧共済法により発生した退職年金（減額退職年金を含む）の受給権者を含む。
　　2．老齢（退職）年金は、老齢基礎年金分を含む。また、国共済、地共済及び私学共済（以下、「共済組合等」という。）については、職域加算部分を除く推計値である。
　　3．実質的な支出は、給付費から基礎年金交付金、追加費用、職域等費用納付金を控除し、基礎年金拠出金を加えた額である。ここで、厚生年金基金から給付されている代行給付額（年度末の最低責任準備金を算出する際に用いられている額）を、厚生年金基金が代行している部分を含めた厚生年金全体の額に加算している。
　　4．積立金は、厚生年金勘定の年度末積立金と共済組合等の厚生年金保険経理（私学共済は厚生年金勘定・厚生年金経理）の年度末積立金の合計である。
　　5．積立比率を算出する際の厚生年金の積立金は、厚生年金基金が代行している部分及び国庫負担繰延額を含んだ推計値である。
　　6．私学共済の保険料率は、令和3年（2021）9月時点で一元化法附則の規定を踏まえ、15.327%に軽減されている。

(3) 厚生年金標準的平均月額の推移〔夫婦基礎年金＋夫報酬比例部分〕

	改正年次	標準的な年金額 年金額（A）	標準的な年金額 加入期間	直近男性の平均標準報酬月額（B）	(A)/(B)	老齢年金平均受給月額（退職・男性）
	昭和40年改正	10,000円	20年	27,725円	36%	0.8（ －）万円
	昭和44年改正	19,997	24年4ヵ月	44,851	45	1.4（ 1.4）
	昭和48年改正	52,242	27	84,801	62	3.8（ 4.0）
	昭和51年改正	90,392	28	141,376	64	6.9（ 7.4）
	昭和55年改正	136,050	30	201,333	68	10.1（11.1）
制度成熟時	昭和60年改正	176,200	40	254,000	69	12.2（14.9）
	平成元年	197,400	40	288,000	69	14.1（16.6）
	平成6年	230,983	40	336,600	69	16.8（ －）
	平成12年	238,125	40	365,917	65	17.7（ －）
	平成17年	233,300	40	360,000	65	－
	平成18～22年	232,592	40	360,000	65	－
	平成23年	231,648	40	360,000	64	－
	平成24、25年	230,940	40	360,000	64	－
	平成25年10月～	228,591	40	360,000	64	－
	平成26年	226,925	40	360,000	63	－
	平成27年	221,507	40	428,000	52	－
	平成29年～	221,277	40	428,000	52	－
	平成31年	221,504	40	428,000	52	－
	令和元年	220,266	40	439,000	50	－
	令和2年	220,724	40	439,000	50	－
	令和3年	220,496	40	439,000	50	－
	令和4年	219,593	40	439,000	50	－

資料出所　厚生労働省「厚生年金保険・国民年金事業の概況」。
注　令和2年度、3年度の改定率は▲0.1%。令和4年度は▲0.4%。

(4) 老齢年金支給開始年齢の引上げスケジュール（平成6・12年法改正）

生年月日（昭和）		支給開始年齢（歳）		生年月日（昭和）		支給開始年齢（歳）	
男　性	女　性	国民年金 (基礎年金)	厚生年金 (報酬比例部分)	男　性	女　性	国民年金 (基礎年金)	厚生年金 (報酬比例部分)
16. 4. 1以前	21. 4. 1以前	60	60	28. 4. 2～30. 4. 1	33. 4. 2～35. 4. 1	65	61
16. 4. 2～18. 4. 1	21. 4. 2～23. 4. 1	61	60	30. 4. 2～32. 4. 1	35. 4. 2～37. 4. 1	65	62
18. 4. 2～20. 4. 1	23. 4. 2～25. 4. 1	62	60	32. 4. 2～34. 4. 1	37. 4. 2～39. 4. 1	65	63
20. 4. 2～22. 4. 1	25. 4. 2～27. 4. 1	63	60	34. 4. 2～36. 4. 1	39. 4. 2～41. 4. 1	65	64
22. 4. 2～24. 4. 1	27. 4. 2～29. 4. 1	64	60	36. 4. 2以降	41. 4. 2以降	65	65
24. 4. 2～28. 4. 1	29. 4. 2～33. 4. 1	65	60				

注　1．国民（基礎）年金は平成6年、厚生年金は平成12年に改定された。
　　2．船員・坑内員は、上表の女性の年齢と同じペースで、国民（基礎）年金・厚生年金（報酬比例部分）
　　　　の55歳支給が、60歳支給へと引き上げられている。

(5) 在職老齢年金早見表（年金月額）

(単位　万円)

年金月額＼総報酬月額相当額	9.8万円	14万円	18万円	20万円	24万円	26万円	30万円	34万円	38万円	40万円	44万円	46万円	48万円	50万円
5万円	5.0	5.0	5.0	5.0	5.0	5.0	5.0	5.0	5.0	5.0	4.0	3.0	2.0	1.0
8万円	8.0	8.0	8.0	8.0	8.0	8.0	8.0	8.0	8.0	7.5	5.5	4.5	3.5	2.5
10万円	10.0	10.0	10.0	10.0	10.0	10.0	10.0	10.0	9.5	8.5	6.5	5.5	4.5	3.5
13万円	13.0	13.0	13.0	13.0	13.0	13.0	13.0	13.0	11.0	10.0	8.0	7.0	6.0	5.0
15万円	15.0	15.0	15.0	15.0	15.0	15.0	15.0	14.0	12.0	11.0	9.0	8.0	7.0	6.0
18万円	18.0	18.0	18.0	18.0	18.0	18.0	17.5	15.5	13.5	12.5	10.5	9.5	8.5	7.5
20万円	20.0	20.0	20.0	20.0	20.0	20.0	19.5	16.5	14.5	13.5	11.5	10.5	9.5	8.5
22万円	22.0	22.0	22.0	22.0	22.0	21.5	19.5	17.5	15.5	14.5	12.5	11.5	10.5	9.5
24万円	24.0	24.0	24.0	24.0	23.5	22.5	20.5	18.5	16.5	15.5	13.5	12.5	11.5	10.5
26万円	26.0	26.0	26.0	26.0	24.5	23.5	21.5	19.5	17.5	16.5	14.5	13.5	12.5	11.5
28万円	28.0	28.0	28.0	27.5	25.5	24.5	22.5	20.5	18.5	17.5	15.5	14.5	13.5	12.5
30万円	30.0	30.0	29.5	28.5	26.5	25.5	23.5	21.5	19.5	18.5	16.5	15.5	14.5	13.5

注　1．基本月額と総報酬月額相当額の合計額が、支給停止調整変更額である47万円以下のときは、満額
　　　　支給される。
　　2．上記合計額が47万円を超えるときは、基本月額−（基本月額＋総報酬月額相当額−47万円）÷2。
　　3．支給停止調整変更額は、名目賃金の変動に応じて改定される。
　　4．上表には加給年金額部分は含まれていない。

(6) 老齢年金額階級別受給権者数の分布（令和元・2年度末）

厚生年金					国民（基礎）年金				
年金額	令和元年度末現在		令和2年度末現在		年金額	令和元年度末現在		令和2年度末現在	
(万円)　合計	15,987	100.0	15,987	100.0	(万円)　合計	32,992	100.0	33,282	100.0
～5	466	3.0	431	3.0	～1	79	0.2	75	0.2
5～10	3,318	21.0	3,326	21.0	1～2	305	0.9	294	0.9
10～15	4,796	30.0	4,874	30.0	2～3	962	2.9	929	2.8
15～20	4,783	30.0	4,875	30.0	3～4	2,970	9.0	2,842	8.5
20～25	2,313	14.0	2,298	14.0	4～5	4,706	14.3	4,664	14.0
25～30	293	2.0	279	2.0	5～6	7,666	23.2	7,761	23.3
30～	18	0.0	17	0.0	6～7	14,482	43.9	14,836	44.6
－					7～	1,822	5.5	1,882	5.7
平均年金額	144,268		144,366		平均年金額	55,946		56,252	

資料出所　厚生労働省年金局「厚生年金保険・国民年金事業の概況」。
注　1．上表の厚生年金には通算老齢年金分を含まない。通算老齢年金とは受給資格加入年数に満たなく
　　　　とも、便宜的に減額支給される年金をいう。
　　2．新法即ち三共済組合（日本鉄道、日本電信電話、日本たばこ）の受給権者数とその年金額を含む。
　　3．厚生年金額は本人の基礎部分と報酬比例部分を含む。但し旧農林共済に係る基礎年金は含まない。
　　4．国民（基礎）年金の欄は、受給権者数・年金額ともに左欄の厚生年金に係るものを含む。
　　5．上記の数値には、各種共済組合と受給資格があっても支給開始年齢等に達していないような支給
　　　　停止者の分は除かれるために、(1)表の受給権者数とは異なる。また、船員保険も除かれている。

H－3　世帯の状況

(1)　世帯構造・世帯類型別にみた世帯数及び平均世帯人員の推移

		世　帯　構　造						世　帯　類　型				平均世帯人員(人)
年次	総数	単独世帯	夫婦のみの世帯	夫婦と未婚の子のみの世帯	ひとり親と未婚の子のみの世帯	三世代世帯	その他の世帯	高齢者世帯	母子世帯	父子世帯	その他の世帯	
推計数(千世帯) 平成7年	40,770	9,213	7,488	14,398	2,112	5,082	2,478	4,390	483	84	35,812	2.91
12	45,545	10,988	9,422	14,924	2,592	4,823	2,796	6,261	597	83	38,604	2.76
17	47,043	11,580	10,295	14,609	2,968	4,575	3,016	8,349	691	79	37,924	2.68
22	48,638	12,386	10,994	14,922	3,180	3,835	3,320	10,207	708	77	37,646	2.59
27	50,361	13,517	11,872	14,820	3,624	3,264	3,265	12,714	793	78	36,777	2.49
令和元年	51,785	14,907	12,639	14,718	3,616	2,627	3,278	14,878	644	76	36,187	2.39
3	51,914	15,292	12,714	14,272	3,693	2,563	3,379	15,062	623	63	36,165	2.37
構成割合(%) 平成7年	100.0	22.6	18.4	35.3	5.2	12.5	6.1	10.8	1.2	0.2	87.8	－
12	100.0	24.1	20.7	32.8	5.7	10.6	6.1	13.7	1.3	0.2	84.8	－
17	100.0	24.6	21.9	31.1	6.3	9.7	6.4	17.7	1.5	0.2	80.6	－
22	100.0	25.5	22.6	30.7	6.5	7.9	6.8	21.0	1.5	0.2	77.4	－
27	100.0	26.8	23.6	29.4	7.2	6.5	6.5	25.2	1.6	0.2	73.0	－
令和元年	100.0	28.8	24.4	28.4	7.0	5.1	6.3	28.7	1.2	0.1	69.9	－
3	100.0	29.5	24.5	27.5	7.1	4.9	6.5	29.0	1.2	0.1	69.9	－

資料出所　厚生労働省「国民生活基礎調査」。全国の当該年5月の世帯の状況と、その前年1年間の所得について調査している。平成7年の数値は兵庫県の数値を含まない。
〔参考〕　高齢者世帯：65歳以上の者のみで構成するか、又はこれに18歳未満の未婚の者が加わった世帯をいう。
　　母子世帯：死別・離別・その他の理由（未婚の場合を含む）で、現に配偶者のいない65歳未満の女（配偶者が長期間生死不明の場合を含む）と20歳未満のその子（養子を含む）のみの世帯をいう。
　　父子世帯：死別・離別・その他の理由（未婚の場合を含む）で、現に配偶者のいない65歳未満の男（配偶者が長期間生死不明の場合を含む）と20歳未満のその子（養子を含む）のみの世帯をいう。
　　その他の世帯：上記以外の世帯をいう。
　注　令和2年は調査を実施していない。

(2)　貧困率の年次推移（3年おき調査）

区　分	平成3年	6	9	12	15	18	21	24	27	30	新基準
						(単位：%)					
相対的貧困率	13.5	13.8	14.6	15.3	14.9	15.7	16.0	16.1	15.6	15.4	15.7
子どもの貧困率	12.8	12.2	13.4	14.4	13.7	14.2	15.7	16.3	13.9	13.5	14.0
子どもがいる現役世帯	11.7	11.3	12.2	13.0	12.5	12.2	14.6	15.1	12.9	12.6	13.1
大人が一人	50.1	53.5	63.1	58.2	58.7	54.3	50.8	54.6	50.8	48.1	48.3
大人が二人以上	10.8	10.2	10.8	11.5	10.5	10.2	12.7	12.4	10.7	10.7	11.2
						(単位：万円)					
中央値　　(a)	270	289	297	274	260	254	250	244	245	253	248
貧困線　(a/2)	135	144	149	137	130	127	125	122	122	127	124

注：1）平成6年の数値は、兵庫県を除いたものである。
　　2）平成27年の数値は、熊本県を除いたものである。以下同じ。
　　3）平成30年の「新基準」は、2015年に改訂されたOECD所得定義の新たな基準で、従来の可処分所得からさらに「自動車税・軽自動車税・自動車重量税」、「企業年金・個人年金等の掛金」及び「仕送り額」を差し引いたものである。
　　4）貧困率は、OECDの作成基準に基づいて算出している。
　　5）大人とは18歳以上の者、子どもとは17歳以下の者をいい、現役世帯とは世帯主が18歳以上65歳未満の世帯をいう。
　　6）等価可処分所得金額不詳の世帯員は除く。

(3)　世帯別平均年間所得、中央値・平均所得以下分布の推移　(単位　万円)

区　分	平成7年	12	17	22	27	29	30	令和2年
平均所得 全世帯	659.6	616.9	563.8	538.0	545.4	551.6	552.3	564.3
高齢者世帯	316.9	319.5	301.9	307.2	308.1	334.9	312.6	332.9
児童のいる世帯	737.2	725.8	718.0	658.1	707.6	743.6	745.9	813.5
全世帯中央値	550	500	458	438	427	423	437	440
平均分布(%)以下 平均額以下	60.0	61.1	60.7	61.4	61.4	62.4	61.1	61.5
500万円未満	43.9	49.9	54.3	56.3	56.9	57.2	55.9	56.0
400万円未満	33.7	39.4	43.4	45.2	46.5	47.0	45.4	45.5
300万円未満	22.4	27.5	30.7	32.0	33.3	33.5	32.6	32.0
200万円未満	12.9	16.3	18.9	18.5	19.6	19.8	19.0	18.6
100万円未満	3.9	5.5	6.0	5.9	6.2	6.2	6.4	5.4

注　平均所得以下分布は全体を100とした場合の各々の所得ごとの累積割合を示している。
　令和2年は、調査（令和元年の所得）を実施していない。

〔付〕　世帯主の年齢階級別にみた1世帯当たり−世帯人員1人当たり平均所得金額　(単位　万円)

	総数	29歳以下	30〜39	40〜49	50〜59	60〜69	70〜79	(再掲)65歳以上
1世帯当たり平均所得金額	564.3	433.1	636.3	721.2	782.7	578.8	447.1	439.3
世帯人員一人当たり平均所得金額	236.3	261.3	212.9	228.5	303.7	247.0	214.5	208.9

(4) 所得の種類別にみた1世帯当たり平均所得金額（令和3年）　（単位　万円）

特 定 世 帯	総 所 得	稼 働 所 得	財 産 所 得	公的年金・恩給	年金以外の社会保障給付金	仕送り・企業年金・個人年金・その他
	1世帯当たり平均所得金額（単位：万円）					
平均所得 全世帯	564.3	402.2	16.3	113.7	6.4	25.8
高齢者世帯	332.9	71.7	22.9	207.4	2.1	28.8
母子世帯	369.8	282.9	—	15.7	42.6	28.6
児童のいる世帯	813.5	733.4	6.0	30.0	18.8	25.3
その他の世帯	689.5	579.1	12.9	65.1	8.2	24.1

(5) 世帯の種類別にみた生活意識（令和3年）　（単位　％）

世帯の種類	総 数	苦 し い	大変苦しい	やや苦しい	普 通	ゆとりがある	ややゆとりがある	大変ゆとりがある
全世帯	100.0	53.1	23.3	29.8	41.8	5.0	4.3	0.7
高齢者世帯	100.0	50.4	21.3	29.1	44.9	4.7	4.0	0.7
母子世帯	100.0	76.3	39.5	36.8	23.7	—	—	—
児童のいる世帯	100.0	59.2	25.4	33.8	36.6	4.2	3.7	0.5
その他の世帯	100.0	54.3	24.2	30.1	40.4	5.3	4.5	0.8

H－4　国民医療費の動向

(1) 制度区分別国民医療費の推移　（単位　億円）

年 度	国 民 医 療 費	公費負担医療給付分	医療保険等給付分	医療保険	そ の 他	後期高齢者医療給付分	患者負担分	軽減特別措置
平成7年度	269,577	12,953	140,042	136,641	3,400	84,877	31,705	—
12	301,418	16,051	140,214	137,073	3,141	102,399	42,754	—
17	331,289	21,987	155,377	152,566	2,811	106,353	47,572	—
22	374,202	26,353	178,590	176,132	2,818	116,876	50,151	1,872
27	423,644	31,498	198,284	195,244	3,040	140,255	52,042	1,565
令和元年度	443,895	32,301	200,457	197,263	3,194	156,596	54,540	2
2	429,665	31,222	193,653	190,562	3,091	152,868	51,922	—
（割合）	100.0	7.3	45.1	44.4	0.7	35.6	12.1	—

資料出所　厚生労働省「国民医療費の概況」。以下同じ。

(2) 財源別国民医療費の推移

年 度	国 民 医 療 費	公 費			保 険 料			そ の 他	
		総 額	国 庫	地 方	総 額	事業主	被保険者	総 額	患者負担(再掲)
推計額(億円) 平成7年	269,577	85,398	65,132	20,265	152,137	66,169	85,968	32,043	31,705
12	303,583	97,486	74,302	23,183	160,910	68,446	92,465	45,189	44,919
17	331,289	120,610	82,992	37,618	162,893	67,082	95,811	47,786	47,572
22	374,202	142,562	97,037	45,525	181,319	75,380	105,939	50,322	47,573
27	423,644	164,715	108,699	56,016	206,746	87,299	119,447	52,183	49,161
令和元年	443,895	169,807	112,963	56,844	219,426	94,594	124,833	54,663	51,837
2	429,665	164,991	110,245	54,746	212,641	91,483	121,159	52,033	49,516
構成割合(%) 平成7年	100.0	31.7	24.2	7.5	56.4	24.5	31.9	11.9	11.8
12	100.0	32.1	24.5	7.6	53.0	22.5	30.5	14.9	14.8
17	100.0	36.4	25.1	11.4	49.2	20.2	28.9	14.4	14.4
22	100.0	38.1	25.9	12.2	48.5	20.1	28.3	13.4	12.7
27	100.0	38.9	25.7	13.2	48.8	20.6	28.2	12.3	11.6
令和元年	100.0	38.3	25.4	12.8	49.4	21.3	28.1	12.3	11.7
2	100.0	38.4	25.7	12.7	49.5	21.3	28.2	12.1	11.5

(3) 年齢階級別国民医療費（令和2年度）

項 目	総 額	65歳未満	0～14歳	15歳～44歳	45歳～64歳	65歳以上	（再掲）70歳以上	（再掲）75歳以上
推計額(億円)	429,665	165,350	21,056	50,129	94,165	264,315	224,296	167,784
構成割合(%)	100.0	38.5	4.9	11.7	21.9	61.5	52.2	39.0
人口1人当たり医療費(千円)	340.6	183.5	140.1	122.0	277.0	733.7	807.1	902.0

（参考）年齢階級別人口1人当たり医療費(千円)					
0～4歳	208.3	20～24歳	87.6	40～44歳	160.2	60～64歳	388.1
5～9	117.7	25～29	108.5	45～49	194.4	65～69	485.9
10～14	103.8	30～34	126.9	50～54	246.4	70～74	615.0
15～19	87.4	35～39	141.0	55～59	309.5	75～79	763.3
						80～84	902.3
						85～89	1,021.7
						90～	1,123.5

注　年齢階級別推計額は、各種調査による割合を用いて按分推計したものである。
　　歯科・薬剤を含む。

H-5　税・社会保障による所得再分配

(1)-1　当初所得階級別所得再分配状況

当初所得階級	世帯数	当初所得(万円)(A)	総所得(万円)	可処分所得(万円)	再分配所得(万円)(B)	再分配係数(%)(B-A)/A	拠出 税金(万円)	拠出 社会保険料(万円)	受給総額(万円)
総数	4,415	429.2	544.4	432.9	499.9	16.5	53.5	58.0	182.3
50万円未満	1,142	5.5	208.4	186.2	285.7	5,066.8	9.7	12.5	302.3
50~100	265	75.9	238.9	209.7	299.9	295.3	12.5	16.7	253.2
100~150	228	122.1	248.9	218.6	273.4	123.9	13.0	17.3	181.6
150~200	198	172.0	306.1	261.6	308.0	79.1	17.7	26.7	180.5
200~250	215	223.5	345.3	290.4	356.0	59.3	22.7	32.2	187.5
250~300	182	272.7	378.5	319.2	398.7	46.2	20.2	39.1	185.3
300~350	182	320.2	419.3	343.5	406.3	26.9	30.5	45.4	161.9
350~400	158	372.9	449.0	362.8	409.4	9.8	32.5	53.7	122.7
400~450	158	421.4	505.1	407.7	451.9	7.2	39.0	58.4	127.9
450~500	160	471.8	548.1	436.3	482.0	2.2	44.1	67.7	122.0
500~550	150	522.5	585.6	470.3	512.8	- 1.9	45.7	69.6	105.5
550~600	132	569.7	632.5	509.4	547.2	- 4.0	46.8	76.3	100.6
600~650	131	624.0	683.7	546.7	584.5	- 6.3	54.4	82.6	97.4
650~700	135	672.5	743.3	587.8	649.0	- 3.5	65.5	90.1	132.0
700~750	94	722.8	783.1	622.2	687.8	- 4.8	66.2	94.6	125.8
750~800	106	774.5	812.9	638.7	682.5	- 11.9	73.7	100.5	82.2
800~850	97	819.6	877.5	684.8	729.0	- 11.1	83.7	109.0	102.1
850~900	84	873.6	906.0	698.3	765.3	- 12.4	92.9	114.8	99.3
900~950	70	922.7	981.3	767.5	806.8	- 12.6	86.7	127.0	97.9
950~1,000	58	971.1	1,014.9	787.3	842.9	- 13.2	98.9	128.9	99.4
1,000万円以上	470	1,488.7	1,526.2	1,122.2	1,172.9	- 21.2	238.7	165.3	88.2

資料出所　厚生労働省政策統括官（社会保障担当）「平成29年所得再分配調査」（3年ごとの調査）。以下、(2)、(3)表および〔2〕まで同じ。
注1.　当初所得は、雇用者所得、事業所得、農耕所得、畜産所得、財産所得、家内労働所得及び雑収入並びに私的給付（仕送り、企業年金、退職金、生命保険金等の合計額）をいう。総所得は、当初所得に社会保障による現金給付を加えたもの。
　2.　税・社会保険料控除前所得＝当初所得＋社会保障による現金給付額。
　3.　可処分所得＝総所得（税・社会保険料控除前所得）－（税金＋社会保険料）。
　4.　再分配所得＝当初所得－（税金＋社会保険料）＋社会保障給付（現金・現物）。
　5.　再分配係数＝（再分配所得－当初所得）／当初所得×100。

(1)-2　所得再分配による所得格差是正効果（ジニ係数）

調査年	ジニ係数 当初所得①	(①＋社会保障給付金－社会保険料)②	可処分所得(②－税金)③	再分配所得(③＋現物給付)④	ジニ係数の改善度 再分配による改善度(%)(注1)	社会保障による改善度(%)(注2)	税による改善度(%)(注3)
平成5年	0.4394	0.3887	0.3693	0.3645	17.0	12.7	5.0
8	0.4412	0.3798	0.3660	0.3606	18.3	15.2	3.6
11	0.4720	0.4001	0.3884	0.3814	19.2	16.8	2.9
14	0.4983	0.3989	0.3854	0.3812	23.5	20.8	3.4
17	0.5263	0.4059	0.3930	0.3873	26.4	24.0	3.2
20	0.5318	0.4023	0.3873	0.3758	29.3	26.6	3.7
23	0.5536	0.4067	0.3885	0.3791	31.5	28.3	4.5
26	0.5704	0.4057	0.3873	0.3759	34.1	31.0	4.5
29	0.5594	0.4017	0.3822	0.3721	33.5	30.1	4.8
単位（参考）の世帯員数ジニ係数　平成5年	0.3703	0.3313	0.3097	0.3074	17.0	11.2	6.5
8	0.3764	0.3273	0.3119	0.3096	17.7	13.7	4.7
11	0.4075	0.3501	0.3372	0.3326	18.4	15.3	3.7
14	0.4194	0.3371	0.3227	0.3217	23.3	19.9	4.3
17	0.4354	0.3355	0.3218	0.3225	25.9	22.8	4.1
20	0.4539	0.3429	0.3268	0.3192	29.7	26.2	4.7
23	0.4703	0.3418	0.3219	0.3162	32.8	28.6	5.8
26	0.4822	0.3354	0.3159	0.3083	36.1	32.1	5.8
29	0.4795	0.3344	0.3194	0.3119	35.0	30.8	6.0

注1.　再分配による改善度＝1－④/①
　2.　社会保障による改善度＝1－②/①×④/③
　3.　税による改善度＝1－③/②
　4.　平成11年以前の現物給付は医療のみであり、平成14年以降については医療、介護、保育である。
　5.　ジニ係数は分配の均等度を表わしたもの。係数値は0から1までの値をとり、0に近いほど分布が均等、1に近いほど不平等ということになる。
　6.　世帯員単位のジニ係数は、世帯の人員・構成によって異なる特性を均らして、より厳密に比較できるようにしたものである。

の状況〔1世帯当たり平均金額〕（平成29年）

(2) 世帯主の年齢階級別所得再分配状況

世帯主の年齢階級	当初所得	総所得	再分配所得	再分配係数	拠　　出		受給総額
					税　金	社会保険料	
総　　数	429.2	544.4	499.9	16.5	53.5	58.0	182.3
29歳以下	313.0	320.5	279.3	－ 10.8	19.9	35.0	21.1
30〜34歳	499.4	519.8	445.8	－ 10.7	44.4	65.1	55.9
35〜39歳	571.2	594.6	498.4	－ 12.7	56.8	71.4	55.4
40〜44歳	659.7	683.0	541.6	－ 17.9	83.8	90.8	56.5
45〜49歳	720.8	745.6	597.8	－ 17.1	81.6	93.9	52.5
50〜54歳	757.4	777.2	624.3	－ 17.6	86.9	98.5	52.3
55〜59歳	740.1	770.6	639.4	－ 13.6	84.7	96.3	80.4
60〜64歳	540.8	613.8	532.2	－ 1.6	71.0	61.8	124.2
65〜69歳	299.6	490.4	482.3	61.0	40.1	40.9	263.8
70〜74歳	190.7	415.3	429.9	125.5	30.9	31.3	301.4
75歳以上	138.3	356.7	432.7	213.0	27.7	26.8	349.0

(3)−1　世帯類型別所得再分配状況

世帯類型	世帯数	世帯人員数	当初所得（万円）	総所得（万円）	可処分所得（万円）	再分配所得（万円）	再分配係数（%）	拠　　出		受給総額（万円）
								税　金（万円）	社会保険料（万円）	
総　　数	4,415	2.4	429.2	544.4	432.9	499.9	16.5	53.5	58.0	182.3
高齢者世帯	1,423	1.6	100.4	314.5	271.0	365.4	264.1	23.8	19.6	308.5
母子世帯	60	2.6	236.7	303.1	258.3	285.1	20.5	17.7	27.1	93.3
そのほか世帯	2,932	2.8	592.7	660.9	515.0	569.6	－ 3.9	68.7	77.2	122.8

(3)−2　受給総額の内訳　　　（単位 万円）

世帯類型	年金・恩給	医療	介護	その他
総　　数	108.4	51.4	13.1	9.3
高齢者世帯	211.0	69.9	24.4	3.1
母子世帯	21.9	19.7	0.0	51.7
そのほか世帯	60.4	43	7.9	11.5

(3)−3　ジニ係数

世帯類型	当初所得	再分配所得	改善度（%）
総　　数	0.5594	0.3721	33.5
高齢者世帯	0.7828	0.3688	52.9
母子世帯	0.4242	0.2657	37.4
そのほか世帯	0.4204	0.3466	17.5

〔参考〕世帯単位でみたジニ係数の変化の要因分析

	当初所得		再分配所得	
2017(平成29)年調査	0.5594	0.0047	0.3721	0.0045
試算	0.5641		0.3676	
2014(平成26)年調査	0.5704	－ 0.0063	0.3759	－ 0.0083

試算　平成29年調査において、世帯主の年齢5歳階級別の世帯の構成割合が平成26年調査の割合と同一になるようなウェイト付けをしてジニ係数を算出したもの。

注．上記のような分析においては、計算の順序によってその効果が変わり得ることに留意が必要である。

〔備考〕上記の〔参考〕表は、ジニ係数上昇の背景には、高齢者世帯の増加や世帯の小規模化といった社会構造の変化があるとの観点から、これらの要因を除いた場合のジニ係数が試算されたものである。

〔調査の概要〕

調査の時期は平成29年7月13日から同年8月12日までの1か月間。調査の事項では、所得、税、社会保険料、社会保障給付について、平成28年1月1日から同年12月31日までの状況を調査。

対象客体数は8,645世帯(A)、回収客体数6,662世帯、集計客体数、4,415世帯(B)、(B/A)51.1%。

I-1 労働組合数と組合員数 (各年6月末現在)

年	単位労働組合数	単一労働組合員数(千人)	雇用者数(万人)	推定組織率(%)	年	単位労働組合数	単一労働組合員数(千人)	雇用者数(万人)	推定組織率(%)
昭和20年	509	381	—	3.2	昭和60年	74,499	12,418	4,301	28.9
21	17,266	4,926	—	41.5	61	74,183	12,343	4,383	28.2
22	23,323	5,692	1,256	45.3	62	73,138	12,272	4,448	27.6
23	33,926	6,677	1,259	53.0	63	72,792	12,227	4,565	26.8
24	34,688	6,655	1,193	55.8	平成元年	72,605	12,227	4,721	25.9
25	29,144	5,774	1,251	46.2	2	72,202	12,265	4,875	25.2
26	27,644	5,687	1,336	42.6	3	71,685	12,397	5,062	24.5
27	27,851	5,720	1,421	40.3	4	71,881	12,541	5,139	24.4
28	30,129	5,927	1,631	36.3	5	71,501	12,663	5,233	24.2
29	31,456	6,076	1,712	35.5	6	71,674	12,699	5,279	24.1
30	32,012	6,286	1,764	35.6	7	70,839	12,614	5,309	23.8
31	34,073	6,463	1,931	33.5	8	70,699	12,451	5,367	23.2
32	36,084	6,763	2,014	33.6	9	70,821	12,285	5,435	22.6
33	37,823	6,984	2,134	32.7	10	70,084	12,093	5,391	22.4
34	39,303	7,211	2,248	32.1	11	69,387	11,825	5,321	22.2
35	41,561	7,662	2,382	32.2	12	68,737	11,539	5,379	21.5
36	45,096	8,360	2,422	34.5	13	67,706	11,212	5,413	20.7
37	47,812	8,971	2,582	34.7	14	65,642	10,801	5,348	20.2
38	49,796	9,357	2,693	34.7	15	63,955	10,531	5,373	19.6
39	51,457	9,800	2,803	35.0	16	62,805	10,309	5,371	19.2
40	52,879	10,147	2,914	34.8	17	61,178	10,138	5,416	18.7
41	53,985	10,404	3,042	34.2	18	59,019	10,041	5,517	18.2
42	55,321	10,566	3,100	34.1	19	58,265	10,080	5,565	18.1
43	56,535	10,863	3,159	34.4	20	57,197	10,065	5,565	18.1
44	58,812	11,249	3,196	34.2	21	56,347	10,078	5,455	18.5
45	60,954	11,605	3,277	35.4	22	55,910	10,054	5,447	18.5
46	62,428	11,798	3,383	34.8	23	55,148	9,961	5,488	18.1
47	63,718	11,889	3,469	34.3	24	54,773	9,892	5,528	17.9
48	65,448	12,098	3,659	33.1	25	54,182	9,875	5,571	17.7
49	67,829	12,462	3,676	33.9	26	53,528	9,849	5,617	17.5
50	69,333	12,590	3,662	34.4	27	52,768	9,882	5,665	17.4
51	70,039	12,509	3,710	33.7	28	51,967	9,940	5,740	17.3
52	70,625	12,437	3,746	33.2	29	51,325	9,981	5,848	17.1
53	70,868	12,383	3,796	32.6	30	50,740	10,070	5,940	17.0
54	71,780	12,309	3,899	31.6	令和元年	49,925	10,088	6,023	16.7
55	72,693	12,369	4,012	30.8	2	49,098	10,115	5,929	17.1
56	73,694	12,471	4,055	30.8	3	48,239	10,078	5,980	16.9
57	74,091	12,526	4,102	30.5	4	47,495	9,992	6,048	16.5
58	74,486	12,520	4,209	29.7	うち女性	—	3,471	2,768	12.5
59	74,579	12,464	4,282	29.1					

資料出所　厚生労働省「労働組合基礎調査」。以下同じ。
〔備考〕 I-1～4表で使われている用語の定義と集計内容は以下の通り。

単位労働組合：規約上当該組織の構成員が労働者の個人加入の形式をとり、独自の活動を行い得る支部等の下部組織をもたない組合をいう。統計表上は、単位組織組合と単一組織組合の最下部組織である単位扱組合とをそれぞれ1組合として集計している。

単一労働組合：規約上当該組織の構成員が労働者の個人加入の形式をとり、かつその内部に独自の活動を行い得る下部組織（支部等）を有する組合をいう。また、単一組織組合の各組織段階のうち、最上部組織を本部、独自の活動を行うう最下部組織（例えば支部）を単位扱組合といい、その中間組織（例えば地方本部）を連合扱組合という。統計表上は、単位組織組合と単一組織組合の本部をそれぞれ1組合として集計している。

連合団体：規約上、当該組織の構成員が労働組合の団体加盟の形式をとる組合をいう。なお、連合団体のうち、加盟組合の連絡、相互援助等を目的とするにとどまるものを協議体組合、その決定が加盟組合を拘束しうるようなものを連合体組織という。

※　単一労働組合の労働組合員数は、独自の活動組織をもたない労働組織（非独立組合員――本部直属の専従者や海外への出向・派遣者など）を含んで集計するため、通常、単位労働組合より多くなる。

〔参考1〕 新設マイナス解散の労働組合数及び労働組合員数（単位労働組合）

年	合計		実質的新設マイナス実質的解散		うち、事業所の新設・拡張マイナス事業所の休廃止		形式的新設マイナス形式的解散	
	労働組合数	労働組合員数(人)	労働組合数	労働組合員数(人)	労働組合数	労働組合員数(人)	労働組合数	労働組合員数(人)
平成29年	- 811	- 42,439	- 541	- 17,292	- 122	- 1,585	- 270	- 25,147
30	- 803	- 48,846	- 516	3,573	- 88	5,183	- 287	- 52,419
令和元年	- 995	- 42,681	- 683	- 14,352	- 72	- 1,564	- 312	- 28,329
2	- 996	- 38,679	- 633	- 2,020	- 129	2,680	- 363	- 36,659
3	- 1,007	- 75,400	- 561	- 12,408	- 140	- 1,194	- 446	- 62,992

注　1．「新設マイナス解散」とは、新設組合数から解散組合数を差し引いたもの（労働組合員数も同じ）。
　2．新設は実質的新設と形式的新設に区分され、実質的新設には「事業所の新設・拡張による新設」及び「その他の理由による新設」が含まれる。なお、形式的新設とは組織の変更等に伴う新設をいう。
　3．解散は実質的解散と形式的解散に区分され、実質的解散には「事業所の休廃止による解散」及び「その他の理由による解散」が含まれる。なお、形式的解散とは組織の変更等に伴う解散をいう。

〔参考2〕主要団体への加盟状況（令和4年6月現在）

主　要　団　体	組合員数（千人）	しめる割合（%）	対前年差	対前年増減率
全労働組合員数	9,992	100.0	−86	△0.8
連合	6,837	68.4	−42	△0.6
全労連	477	4.8	−17	△3.5
全労協	82	0.8	−4	△4.3
金属労協	1,999	20.0	−18	△0.9
インダストリオール・JAF	426	4.3	−16	△3.7
交運労協	581	5.8	−19	△3.2
公務労協	1,041	10.4	−27	△2.5

注1　全労働組合員数には、主要団体に加盟していない労働組合員数も含む
　2　複数の主要団体に加盟している労働組合員は、それぞれ主要団体に重複して集計している
　3　いわゆる直加盟をふくむ

I−2　規模別単位労働組合員数と推定組織率（民間企業）（単位　千人）

年	企業規模計	1,000人以上	300〜999人	100〜299人	30〜99人	29人以下	その他
昭和60年	9,218	5,534	1,417	1,029	451	67	876
平成2年	9,515(21.9)	5,635(61.0)	1,483	997(24.0)	403	59(2.0)	938
7	9,882(20.8)	5,872(59.9)	1,513	968(21.2)	363	54(1.6)	1,111
12	8,975(18.7)	5,274(54.2)	1,043	843(18.8)	314	47(1.4)	1,094
17	7,895(16.4)	4,534(47.7)	1,240	716(15.0)	260	38(1.2)	1,106
22	8,367(17.0)	5,164(46.6)	1,235	676(14.2)	226	35(1.1)	1,031
23	8,036(16.9)	5,036(48.3)	1,159	625(13.5)	208	31(1.0)	978
24	8,289(16.7)	5,198(45.8)	1,199	647(13.3)	214	32(1.0)	999
25	8,314(16.6)	5,290(44.9)	1,187	635(13.1)	209	31(1.0)	963
26	8,305(16.3)	5,337(45.3)	1,163	629(12.4)	204	30(1.0)	942
27	8,404(16.3)	5,453(45.7)	1,156	616(12.2)	201	29(0.9)	949
28	8,491(16.2)	5,517(44.3)	1,160	610(12.2)	196	28(0.9)	981
29	8,549(16.0)	5,549(44.3)	1,150	606(11.8)	191	27(0.9)	1,027
30	8,653(15.9)	5,657(41.5)	1,154	602(11.7)	188	26(0.9)	1,026
令和元年	8,704(15.8)	5,684(40.8)	1,159	595(11.4)	185	25(0.8)	1,056
2	8,763(16.2)	5,769(41.8)	1,151	586(11.3)	181	24(0.9)	1,052
3	8,762(16.1)	5,803(39.2)	1,129	573(11.1)	177	23(0.8)	1,057
4	8,710(15.8)	5,798(39.6)	1,118	558(10.5)	172	22(0.8)	1,042

注　1．その他は、2企業以上の従業員で組織されるもの（合同労組）及び規模不明のものである。
　　2．（　）内は民間企業のみの推定組織率（%）である。昭和60年は算出されていない。

I−3　産業別単位労働組合員数（令和4年）（単位　千人）

産　　　　　業	労働組合員数	(うち女性)	対前年差	(うち女性)	対前年比	(うち女性)	構成比	雇用者数	組織率	(うち女性)
	千人		千人		%		%	万人	%	
総　　　　　計	9,927	3,461	−84	2	−0.8	0.0	100.0	6,048	16.4	12.5
農業，林業，漁業	10	2	−0	−0	−4.0	−1.1	0.1	65	1.6	0.7
鉱業，採石業，砂利採取業	5	1	+0	+0	0.8	3.7	0.1	1	53.2	−
建　　設　　業	837	74	−3	2	−0.4	3.0	8.4	387	21.6	10.0
製　　造　　業	2,645	489	−25	3	−0.9	0.7	26.6	1,009	26.2	16.3
電気・ガス・熱供給・水道業	157	22	−2	−0	−1.5	−0.7	1.6	30	52.4	73.7
情　報　通　信　業	335	88	−4	1	−1.2	1.4	3.4	267	12.5	11.9
運　輸　業，郵　便　業	829	114	−15	−2	−1.8	−1.7	8.4	334	24.8	14.9
卸　売　業，小　売　業	1,534	880	13	14	0.8	1.6	15.5	968	15.8	16.9
金　融　業，保　険　業	724	377	−20	−9	−2.7	−2.3	7.3	162	44.7	43.3
不動産業，物品賃貸業	66	30	30	15	85.6	121.7	0.7	127	5.2	5.6
学術研究，専門・技術サービス業	140	30	−4	−1	−2.6	−1.9	1.4	207	6.7	4.1
宿泊業，飲食サービス業	328	184	1	−1	0.3	−0.6	3.3	322	10.2	8.8
生活関連サービス業，娯楽業	111	52	−7	−4	−6.3	−6.8	1.1	167	6.6	5.1
教　育，学　習　支　援　業	426	241	−13	−7	−3.0	−2.8	4.3	311	13.7	13.8
医　　療，福　　祉	503	379	−7	−6	−1.4	−1.6	5.1	870	5.8	5.7
複　合　サ　ー　ビ　ス　事　業	251	83	−7	−1	−2.7	−0.9	2.5	49	51.3	41.3
サービス業(他に分類されないもの)	196	47	+0	1	0.1	1.5	2.0	435	4.5	2.6
公務(他に分類されるものを除く)	770	351	−18	−4	−2.2	−1.0	7.8	255	30.2	42.3
分　　類　　不　　能	59	18	−2	−1	−3.3	−6.3	0.6	82	−	−

I－4　主要団体別労働組合員数(各年6月末)　(単位　千人)

主要団体名	労働組合員数			主要団体名	労働組合員数		
	令和4年	令和3年	差		令和4年	令和3年	差
全労働組合員数	9,992	10,078	-86	全労連(地方直加盟含まず)	477	494	-17
連　合(地方直加盟含まず)	6,837	6,878	-42	(地方直加盟含む)	702	724	-22
(地方直加盟含む)	6,952	6,990	-39	日本医労連	146	149	-4
ＵＡゼンセン	1,867	1,819	48	生協労連	63	64	-1
自動車総連	796	799	-3	全労連・全国一般	21	22	-1
電機連合	565	561	3	建交労	18	18	-1
ＪＡＭ	367	366	1	自治労連	—	10	—
基幹労連	268	272	-5	福祉保育労	—	10	—
生保労組	238	242	-4	全労連自治労	123	129	-6
ＪＰ労組	234	241	-8	全教	55	57	-2
電力総連	203	205	-2	国公労連	53	56	-3
情報労連	193	197	-3				
私鉄総連	155	164	-8	全労協(地方直加盟含まず)	82	86	-4
運輸労連	116	120	-3	(地方直加盟含む)	93	97	-4
ＪＥＣ連合	116	116	+0	都労連	26	28	-2
フード連合	114	117	-3				
損保労連	87	90	-3	上記以外の上部組合			
ＪＲ連合	85	86	-0	全建総連	585	590	-5
航空連合	45	47	-2	全市銀連	89	94	-4
ゴム連合	44	45	-1	光学労協	54	57	-2
交通労連	44	44	-0	化学総連	50	50	-1
サービス連合	41	41	-0	日建協	39	38	1
紙パ連合	26	27	-2	航空労組連合	35	24	10
全電線	25	24	+0	薬粧連合	31	31	-0
全印刷	22	22	+0	新聞労連	20	20	-0
全国ガス	22	22	-1	全農協労連	19	19	-1
全自交労連	20	21	-1	全信連	18	17	+0
ＪＲ総連	20	21	-2	日本私大教連	15	15	-0
セラミックス連合	19	20	-0	印刷関連	13	14	-1
全国農団労	12	13	-1	全大教	12	13	-1
ヘルスケア労協	11	12	-1	オフィス労協	11	7	4
全銀連合	10	11	-1	全港湾	10	11	-1
自治労	734	752	-18	全日教連	16	17	-1
日教組	206	212	-6	金属労協	1,999	2,018	-18
国公連合	69	71	-2	インダストリオール・ＩＡＦ	426	442	-16
全水道	16	17	-1	交運労協	581	600	-19
				公務労協	1,041	1,068	-27

資料出所　厚生労働省「労働組合基礎調査」。各年6月末の数値。

注　1. 原則として、労働組合員数10千人以上のものを表章している。複数の主要団体に加盟している労働組合員は、それぞれ主要団体に重複して集計している。なお、組合員数は単位または単一のいずれか多い方の数値である。ただし、連合、全労連、全労協、金属労協、化学エネルギー鉱山労協、交運労協及び公務労協については単一による。単位・単一の説明はＩ-1表の［備考］を参照。
　　2. 連合、全労連、全労協の労働組合員数については、上段は産業別組織を通じて加盟している労働組合員を集計した数値であり、下段は産業別組織を通じて加盟している労働組合員数と、各主要団体の都道府県単位の地方組織のみに加盟している、いわゆる地方直加盟の労働組合員数を合わせて集計した数値である。
　　3. 主要団体への加盟状況は各年6月30日現在による。
　　4.「上記以外の上部組合」とは、連合、全労連及び全労協に加盟していない主要単産を示す。
　　5. 労働組合員数の千人未満は四捨五入している。

［参考］パートタイム労働者の労働組合員数と推定組織率（単位労働組合）

年	パートタイム労働者の労働組合員数	対前年差	対前年比	全労働組合員数に占める割合	短時間雇用者数	推定組織率
平成12年	260千人	16千人	6.6%	2.3%	1,017万人	2.6%
17	389	26	7.3	3.9	1,172	3.3
22	726	26	3.7	7.3	1,291	5.6
23	776	50	6.8	7.8	—	—
24	837	61	7.9	8.5	1,332	6.3
25	914	77	9.2	9.3	1,410	6.5
26	970	56	6.2	9.9	1,455	6.7
27	1,025	55	5.7	10.4	1,480	6.9
28	1,131	106	10.0	10.7	1,517	8.0
29	1,208	77	6.8	12.2	1,537	7.9
30	1,296	89	7.3	13.0	1,601	8.1
令和元年	1,333	37	2.8	13.3	1,648	8.1
2	1,375	42	3.1	13.7	1,578	8.7
3	1,363	-12	△0.8	13.6	1,628	8.4
4	1,404	41	3.0	14.0	1,653	8.5

注　1.「パートタイム労働者」とは、その事業所の一般労働者より1日の所定労働時間が短い者、1日の所定労働時間が同じであっても1週の所定労働日数が少ない者及び事業所においてパートタイマー、パート等と呼ばれている労働者をいう。
　　2. 短時間雇用者数は、労働力調査の雇用者数のうち就業時間が週35時間未満の雇用者の数値である。
　　3. 推定組織率はパートタイム労働者の労働組合員数を短時間雇用者数で除して得られた数値である。

I-5　労働争議件数・行為参加人員数及び労働損失日数

年	総争議		総争議のうち争議行為を伴った争議			半日以上同盟罷業及び作業所閉鎖				
	総件数	件数	件数	行為参加人員(千人)	件数	行為参加人員(千人)	労働損失日数（千日）		
							計	同盟罷業	作業所閉鎖
昭和30年	1,345	809	1,767	659	1,033	3,467	3,307	160
35	2,222	1,707	2,335	1,063	918	4,912	4,810	2,746
40	3,051	2,359	2,479	1,542	1,682	5,669	5,475	247
45	4,551	3,783	2,357	2,260	1,720	3,915	3,770	163
50	8,435	7,574	4,614	3,391	2,732	8,016	7,974	62
55	4,376	3,737	1,768	1,133	563	1,001	998	3
60	4,826	4,230	1,355	627	123	264	257	7
平成2年	2,071	1,698	699	284	84	145	140	4
7	1,200	685	222	209	38	77	73	4
12	958	305	85	118	15	35	33	2
17	708	129	27	50	4	6	6	—
22	682	85	21	38	2	23	23	—
23	612	57	9	28	2	4	4	—
24	596	79	12	38	1	4	4	—
25	507	71	13	31	2	7	7	—
26	495	80	28	27	15	20	20	—
27	425	86	23	39	13	15	15	—
28	391	66	16	31	24	3	3	—
29	358	68	18	38	80	15	15	—
30	320	58	10	26	1	1	1	—
令和元年	268	49	18	27	5	11	11	—
2	303	57	6	35	1	2	2	—
3	297	55	8	32	1	1	1	—

資料出所　厚生労働省統計情報部「労働争議統計調査」。
注　1．前年からの繰り越しを含む当期中のすべての争議についてのもの。
　　2．総争議の総件数から争議行為を伴った争議件数を引いた差の件数には、第三機関関与のみの争議及び当年中には争議行為も第三機関関与もない前年からの繰り越し争議の件数を含む。

〔参考1〕個別労働紛争解決制度の活用状況（全国）

年度	件数（件）				対前年度増減率（%）			
	総合労働相談件数	民事上の個別紛争相談件数	労働局長助言・指導制度申出受付件数	紛争調整委員会斡旋制度申請受理件数	総合労働相談件数	民事上の個別紛争相談件数	労働局長助言・指導制度申出受付件数	紛争調整委員会斡旋制度申請受理件数
平成16年度	823,864	160,166	5,287	6,014	11.2	13.7	20.8	12.4
17	907,869	176,429	6,369	6,888	10.2	10.2	20.5	14.5
18	946,012	187,387	5,761	6,924	4.2	6.2	△9.5	0.5
19	997,237	197,904	6,652	7,146	9.8	5.6	15.5	3.2
20	1,075,021	236,993	7,592	8,457	7.8	19.8	14.1	18.3
21	1,141,006	247,302	7,778	7,821	6.1	4.3	2.4	△7.5
22	1,130,234	246,907	7,692	6,390	△0.9	△0.2	△1.1	△18.3
23	1,109,454	256,343	9,590	6,510	△1.8	3.8	24.7	1.9
24	1,067,210	254,719	10,363	6,047	△3.8	△0.6	8.1	△7.1
25	1,050,042	245,783	10,024	5,712	△1.6	△3.5	△3.3	△5.5
26	1,033,047	238,806	9,471	5,010	△1.6	△2.8	△5.5	△12.3
27	1,034,936	245,125	8,925	4,775	0.2	2.6	△5.8	△4.7
28	1,130,741	255,460	8,976	5,123	9.3	4.2	0.6	7.3
29	1,104,758	253,005	9,185	5,021	△2.3	△1.0	2.3	△2.0
30	1,117,983	266,535	9,835	5,021	1.2	5.3	7.1	3.6
令和元年度	1,188,340	279,210	9,874	5,187	6.3	4.8	0.4	△0.3
2	1,290,782	278,778	9,130	4,225	6.8	△0.2	△7.5	△18.0
3	1,242,579	284,139	8,484	3,760	△3.7	1.9	△7.1	△11.0

資料出所　厚生労働省「個別労働紛争解決制度施行状況」。次表も同じ。
注1．紛争内容は複数であることが多いために、受付件数より受理件数が多くなる。

〔参考2〕令和3年度 民事上個別労働紛争の内訳等

（単位　%）

区分	計	項目
相談者種類	100.0	労働者83.0　事業主9.9　その他7.1
労働者状況	100.0	正社員36.4　短時間労働者13.8　有期雇用労働者11.1　派遣労働者4.6　その他・不明34.1
紛争内容	100.0	いじめ嫌がらせ24.4　その他労働条件16.4　自己都合退職11.5　解雇9.4　労働条件の引下げ8.6　退職勧奨7.0　雇止め4.1　出向・配転3.0　雇用管理等2.5　募集採用0.7　採用内定取消0.5　その他11.8

I－6　労働組合活動状況

(1)　使用者側との労使関係の維持についての認識別労働組合の割合

(単位・％)

区　分	計	安定的		どちらともいえない	不安定		不明
		安定的に維持されている	おおむね安定的に維持されている		やや不安定である	不安定である	
平成30年	100.0	91.3	53.1	38.2	5.2	3.0	1.4	1.6	0.5
令和２年	100.0	89.9	51.1	38.8	6.3	3.5	2.4	1.2	0.3
令和３年								
計	100.0	92.9	59.0	33.8	5.0	2.0	1.4	0.6	0.1
〈　産　業　〉								
鉱業, 採石業, 砂利採取業	100.0	97.6	62.0	35.6	2.4	―	―	―	―
建　　設　　業	100.0	96.0	64.2	31.8	3.1	0.9	0.9	―	―
製　　造　　業	100.0	94.5	64.3	30.3	4.9	0.5	0.5	―	―
電気・ガス・熱供給・水道業	100.0	98.8	82.0	16.9	0.6	―	―	―	0.6
情　報　通　信　業	100.0	95.8	72.4	23.4	2.3	1.8	1.8	―	0.1
運輸業, 郵便業	100.0	89.1	54.5	34.6	7.4	3.4	2.2	1.2	0.2
卸売業, 小売業	100.0	95.5	58.2	37.4	3.5	1.0	0.5	0.5	―
金融業, 保険業	100.0	97.4	77.7	19.7	0.9	0.7	0.1	0.6	0.9
不動産業, 物品賃貸業	100.0	95.7	61.6	34.1	2.7	1.6	0.7	0.9	―
学術研究, 専門・技術サービス業	100.0	95.1	53.7	41.4	3.3	1.0	0.5	0.5	0.5
宿泊業, 飲食サービス業	100.0	92.9	51.4	41.5	4.7	2.4	1.3	1.1	―
生活関連サービス業, 娯楽業	100.0	91.7	46.5	45.3	3.0	4.2	3.7	0.5	1.1
教育, 学習支援業	100.0	86.2	27.8	58.4	9.6	4.2	2.7	1.5	―
医　療, 　福　祉	100.0	82.1	32.2	49.9	8.6	9.3	5.1	4.2	―
複合サービス事業	100.0	88.9	37.4	51.5	8.4	2.7	1.5	1.2	―
サービス業(他に分類されないもの)	100.0	79.4	45.6	33.7	8.7	11.6	11.6	―	0.3
〈　企　業　規　模　〉								
5,000　人　以　上	100.0	97.7	73.2	24.5	1.5	0.7	0.2	0.5	0.1
1,000　～　4,999　人	100.0	95.9	67.0	28.9	2.0	1.8	1.4	0.4	0.3
500　～　999　人	100.0	93.3	53.8	39.5	4.6	2.1	1.8	0.3	―
300　～　499　人	100.0	93.6	60.0	33.6	4.4	1.8	1.0	0.8	0.1
100　～　299　人	100.0	88.3	40.7	47.7	8.9	2.6	1.9	0.7	0.1
30　～　99　人	100.0	84.0	51.0	33.1	11.9	4.1	2.5	1.6	―
〈労働組合員数規模〉								
5,000　人　以　上	100.0	97.9	79.4	18.6	1.6	0.5	0.5	―	―
1,000　～　4,999　人	100.0	97.6	74.4	23.2	1.4	0.9	0.8	0.1	0.1
500　～　999　人	100.0	97.7	66.0	31.7	1.7	0.6	0.6	―	―
300　～　499　人	100.0	96.0	65.6	30.4	2.6	1.1	0.8	0.3	0.3
100　～　299　人	100.0	94.3	59.1	35.2	4.3	1.3	0.5	0.8	0.1
30　～　99　人	100.0	90.0	54.8	35.2	6.8	3.0	2.2	0.8	0.2
〈労働組合の種類〉								
本　　部　　組　　合	100.0	95.6	58.4	37.3	3.1	1.1	0.6	0.4	0.2
単　位　労　働　組　合	100.0	92.7	59.1	33.6	5.1	2.1	1.4	0.7	0.1
単　位　扱　組　合	100.0	95.3	65.9	29.4	3.1	1.4	1.0	0.4	0.2
単　位　組　織　組　合	100.0	89.6	50.9	38.7	7.5	2.8	1.9	0.9	0.1
単　一　組　織　組　合	100.0	95.3	65.2	30.2	3.1	1.4	1.0	0.4	0.2

資料出所　厚生労働省「労使関係総合調査（労働組合活動等に関する実態調査）」

注　1．労働組合を対象として、労働環境が変化する中での労働組合の組織及び活動の実態等を明らかにすることを目的とした調査。

　　2．令和２年労使関係総合調査（労働組合基礎調査）で把握した労働組合を母集団とし、日本標準産業分類16大産業の民営事業所における労働組合員30人以上の労働組合（単位組織組合、単一組織組合の支部等の単位扱組合及び本部組合）のうちから、産業、労働組合員数規模、都道府県、労働組合の種類別に層化して無作為に抽出した約5,100労働組合。有効回答数は3,319、有効回答率65.3％。

　　3．令和３年６月30日現在の状況について調査を行った。

(2)　過去1年間に使用者側と正社員以外の労働者に関する話し合いが持たれた割合

M.A.（単位：%）

区　分	計	話合いが持たれた	パートタイム労働者の雇入れ[2]	有期契約労働者の雇入れ[2]	正社員への登用制度	正社員募集の際の通知	労働条件[3]	派遣労働[4]	同一労働同一賃金[5]
平成30年	100.0	51.3	18.7	21.0	24.4	13.0	38.9	14.3	―
令和2年	100.0	56.6	20.0	17.5	23.8	13.0	38.5	13.5	40.7
令和3年									
計	100.0	55.1	16.5	15.8	20.2	10.6	39.2	13.1	33.7
〈　産　業　〉									
鉱業, 採石業, 砂利採取業	100.0	30.6	9.6	14.2	9.0	6.8	18.8	9.3	21.0
建　　設　　業	100.0	41.2	10.4	12.4	17.5	9.0	20.4	16.7	18.6
製　　造　　業	100.0	49.0	11.9	12.1	18.2	9.9	29.1	11.8	33.1
電気・ガス・熱供給・水道業	100.0	49.4	26.8	27.4	6.3	5.1	18.2	14.5	15.1
情　報　通　信　業	100.0	54.7	5.3	14.2	12.1	4.9	31.4	25.5	27.2
運　輸　業, 郵　便　業	100.0	58.0	13.3	17.0	19.0	9.8	44.7	9.6	35.5
卸　売　業, 小　売　業	100.0	73.8	36.1	16.4	30.3	16.3	60.7	15.9	49.4
金　融　業, 保　険　業	100.0	51.3	6.2	25.4	27.4	7.4	45.0	21.1	23.7
不動産業, 物品賃貸業	100.0	54.1	14.9	11.1	8.8	5.4	35.7	4.4	30.2
学術研究, 専門・技術サービス業	100.0	50.1	11.5	14.6	12.0	9.1	30.4	12.9	25.6
宿泊業, 飲食サービス業	100.0	63.7	19.3	17.0	26.3	13.9	54.9	8.3	46.2
生活関連サービス業, 娯楽業	100.0	58.7	12.7	14.4	15.6	5.3	44.9	17.7	32.7
教　育, 学　習　支　援　業	100.0	54.4	13.9	15.6	12.4	5.3	47.6	7.5	21.0
医　　療, 福　　祉	100.0	64.3	20.0	16.8	21.5	15.6	54.1	11.1	41.7
複合サービス事業	100.0	41.9	20.9	20.1	17.7	13.3	29.2	6.9	22.5
サービス業(他に分類されないもの)	100.0	50.4	16.5	19.0	23.2	15.6	43.3	12.9	36.2
〈　企　業　規　模　〉									
5,000　人　以　上	100.0	62.5	22.6	23.1	26.3	9.8	48.5	18.1	33.2
1,000　～　4,999　人	100.0	59.1	17.2	19.9	22.4	15.7	40.3	18.1	40.2
500　～　999　人	100.0	54.2	16.8	16.3	27.8	15.3	38.9	10.6	33.8
300　～　499　人	100.0	56.7	10.2	12.1	18.3	6.6	41.8	8.3	39.0
100　～　299　人	100.0	49.1	13.8	9.1	10.9	12.0	33.5	9.8	32.5
30　～　99　人	100.0	42.3	13.5	7.9	14.0	6.3	26.5	5.7	19.4
〈労働組合員数規模〉									
5,000　人　以　上	100.0	75.8	16.9	18.6	28.4	14.5	66.0	20.1	55.8
1,000　～　4,999　人	100.0	66.2	19.3	20.7	26.3	13.2	50.5	20.5	48.4
500　～　999　人	100.0	59.9	18.0	20.4	24.7	13.7	39.4	18.6	38.3
300　～　499　人	100.0	58.7	14.8	26.5	27.6	11.8	42.2	20.5	37.0
100　～　299　人	100.0	52.7	17.1	16.8	18.7	11.7	38.3	14.1	34.2
30　～　99　人	100.0	53.8	15.9	11.9	18.4	8.9	37.7	9.2	30.2
〈労働組合の種類〉									
本　　部　　組　　合	100.0	59.4	16.6	21.1	24.4	13.0	42.1	15.6	39.4
単　位　労　働　組　合	100.0	54.8	16.5	15.5	19.9	10.5	39.1	12.9	33.4
単　位　扱　組　合	100.0	56.4	18.4	18.2	23.9	11.9	41.4	14.7	31.4
単　位　組　織　組　合	100.0	53.0	14.3	12.2	15.2	8.8	36.3	10.8	35.8
単　一　組　織　組　合	100.0	56.7	18.2	18.5	23.9	12.0	41.4	14.8	32.2

注：過去1年間とは、令和2年7月1日から令和3年6月30日までをいう。
1．「計」には、話合いが持たれた事項「不明」を含む。
2．「パートタイム労働者の雇入れ」「有期契約労働者の雇入れ」には、雇入れを行おうとする職務等に関する事項を含む。
3．「労働条件」には、正社員との均衡を配慮した待遇に関することを含む。
4．「派遣労働」には、受け入れ時における事前協議を含む。
5．「同一労働同一賃金」には、教育訓練、福利厚生等を含む。

(3) 組織拡大の取組対象としている労働者の種類別労働組合の割合

M.A.（単位：%）

区　分	重点課題として取り組んでいる計	取組対象としている労働者の種類						
		在籍する組合未加入の正社員	新卒・中途採用の正社員	パートタイム労働者	有期契約労働者	嘱託労働者	派遣労働者	不明
令和3年								
計	100.0	54.3	66.4	38.8	36.5	28.7	3.8	0.7
〈　産　業　〉								
鉱業, 採石業, 砂利採取業	100.0	－	68.2	－	－	36.4	－	31.8
建　　設　　業	100.0	57.1	81.7	16.1	19.4	6.4	－	7.5
製　　造　　業	100.0	33.4	54.4	12.0	23.3	27.1	8.5	－
電気・ガス・熱供給・水道業	100.0	31.3	61.5	50.4	60.8	23.5	17.5	4.5
情　報　通　信　業	100.0	73.5	91.0	26.7	64.8	26.5	2.5	－
運輸業, 郵便業	100.0	46.4	66.8	32.5	43.8	40.0	4.4	1.2
卸売業, 小売業	100.0	42.7	36.8	60.2	11.1	21.0	1.3	0.4
金融業, 保険業	100.0	46.0	60.6	21.2	36.8	41.8	8.8	
不動産業, 物品賃貸業	100.0	75.9	75.1	－	30.5	19.8	14.4	
学術研究, 専門・技術サービス業	100.0	55.3	84.0	14.3	25.0	28.5	－	2.2
宿泊業, 飲食サービス業	100.0	33.7	56.1	58.2	47.2	6.3	－	
生活関連サービス業, 娯楽業	100.0	45.8	46.2	45.0	22.9	28.1	2.5	
教育, 学習支援業	100.0	88.2	86.4	36.8	49.2	17.0	1.5	
医　療，　福　祉	100.0	74.6	83.4	57.8	34.0	28.7	2.2	
複合サービス事業	100.0	79.6	92.1	70.6	73.7	20.2	1.9	
サービス業(他に分類されないもの)	100.0	77.6	57.6	21.7	27.1	22.9	3.4	
〈　企　業　規　模　〉								
5,000　人　以　上	100.0	68.0	75.8	44.3	49.2	23.3	4.3	－
1,000　～　4,999　人	100.0	45.8	58.8	40.9	34.9	20.7	3.2	1.1
500　～　999　人	100.0	56.9	55.6	27.2	22.5	25.4	3.1	0.8
300　～　499　人	100.0	37.3	46.2	43.3	21.3	52.5	8.4	1.4
100　～　299　人	100.0	57.7	70.3	32.5	35.1	32.0	3.0	1.1
30　～　99　人	100.0	40.1	86.1	31.1	31.8	40.3	0.6	－
〈労働組合員数規模〉								
5,000　人　以　上	100.0	57.1	55.8	40.6	56.0	29.7	4.2	－
1,000　～　4,999　人	100.0	54.9	48.7	46.7	38.1	31.3	10.1	1.8
500　～　999　人	100.0	54.7	70.1	47.9	59.2	24.6	5.2	0.4
300　～　499　人	100.0	61.1	69.0	47.2	46.1	34.3	4.0	0.6
100　～　299　人	100.0	54.6	69.5	38.1	38.4	31.9	5.2	1.8
30　～　99　人	100.0	52.5	65.5	34.8	28.4	26.2	2.0	－
〈労働組合の種類〉								
本　部　組　合	100.0	64.8	57.9	38.7	35.6	25.2	4.4	3.8
単　位　労　働　組　合	100.0	53.7	66.9	38.8	36.6	28.9	3.8	0.5
単　位　扱　組　合	100.0	53.2	65.6	41.6	37.7	26.2	3.4	0.7
単　位　組　織　組　合	100.0	54.4	69.2	34.0	34.7	33.6	4.5	0.3
単　一　組　織　組　合	100.0	54.2	64.9	41.3	37.5	26.1	3.5	0.9
〈労働組合の組織率〉								
10　%　以　下	100.0	85.0	47.6	42.8	33.7	15.8	2.0	－
10%を超え30%以下	100.0	68.4	73.8	51.5	23.9	24.7	6.9	0.3
30%を超え50%以下	100.0	63.4	69.8	41.9	35.3	18.5	9.4	0.2
50%を超え70%以下	100.0	62.7	71.5	46.7	36.8	27.8	0.4	0.1
70%を超え90%以下	100.0	47.8	66.0	31.2	38.1	36.9	2.4	0.9
90　%　を　超　える	100.0	36.0	60.0	28.8	42.2	32.3	3.8	1.6
〈ユニオン・ショップ協定の有無〉								
締　結　し　て　い　る	100.0	28.5	45.1	36.3	29.7	37.1	4.5	1.0
締　結　し　て　い　な　い	100.0	78.9	86.9	41.3	43.2	20.8	3.3	0.4

(4)　労働者の個別の労働問題に関する取組の有無・取組の方法別労働組合の割合

(単位：％)

区　　　分	取り組んでいる	各職場毎に職場委員等を設置	自労働組合に個別紛争に対する窓口等を設置	上部組織(本部組合等)に個別紛争に対する窓口等を設置	労使協議制度を通じて関与	団体交渉を通じて関与	苦情処理制度を通じて関与	外部機関や外部専門家を紹介	その他	取り組んでいない	不明
			取　組　の　方　法　(M.A.)								
令和３年											
〈　産　　業　　計〉	88.1	52.3	16.9	16.5	52.4	31.7	23.9	13.4	5.4	11.4	0.6
鉱業, 採石業, 砂利採取業	83.9	41.2	20.5	11.4	51.4	25.7	36.8	11.1	2.5	16.1	－
建　　　設　　　業	82.8	35.9	13.7	21.7	57.1	19.1	13.1	10.6	3.4	16.9	0.3
製　　　造　　　業	84.7	59.7	14.5	9.7	54.3	27.3	20.0	11.8	5.5	15.0	0.3
電気・ガス・熱供給・水道業	94.0	60.6	14.8	39.2	42.1	13.3	53.6	26.0	4.1	5.3	0.7
情　報　通　信　業	97.1	58.1	27.9	18.4	63.2	42.7	25.9	16.1	1.4	1.4	1.5
運輸業, 郵便業	88.9	48.6	16.3	18.3	48.5	42.1	33.3	13.4	9.4	11.1	－
卸売業, 小売業	94.2	66.0	26.9	25.6	66.2	28.5	28.6	17.8	1.4	5.0	0.8
金融業, 保険業	90.3	46.7	8.8	11.5	34.0	21.9	10.9	15.4	9.3	9.1	0.6
不動産業, 物品賃貸業	88.6	40.6	10.2	8.3	49.6	34.6	5.3	6.0	7.2	11.4	－
学術研究, 専門・技術サービス業	90.1	50.7	15.2	11.4	54.2	24.5	24.6	10.3	4.6	9.2	0.7
宿泊業, 飲食サービス業	92.0	38.1	27.3	21.2	64.8	30.3	25.4	12.8	2.5	5.8	2.2
生活関連サービス業, 娯楽業	84.7	39.9	19.1	17.1	56.4	34.8	22.0	10.8	3.5	14.2	1.1
教育, 学習支援業	87.6	16.6	11.9	8.3	29.2	58.4	15.0	12.7	6.8	12.4	－
医　療,　福　祉	86.6	38.4	15.3	16.5	45.7	45.9	16.0	8.3	4.2	10.3	3.2
複合サービス事業	83.6	47.0	19.1	26.9	49.0	46.2	38.8	11.5	4.0	15.9	0.5
サービス業(他に分類されないもの)	86.2	32.6	15.8	21.5	46.0	32.7	15.7	8.1	6.9	13.8	－
〈　企　業　規　模　〉											
5,000　人　以　上	94.7	63.2	27.0	31.3	54.3	30.3	45.6	27.0	5.1	4.6	0.6
1,000　〜　4,999　人	92.8	61.4	19.9	20.0	59.0	23.5	21.6	12.5	2.7	7.1	0.1
500　〜　999　人	90.8	56.5	14.4	10.3	66.8	44.0	19.9	16.7	3.7	7.6	1.6
300　〜　499　人	80.2	54.2	10.5	7.2	47.4	25.0	20.8	7.9	8.5	19.3	0.5
100　〜　299　人	83.6	38.4	12.4	10.9	44.7	37.7	12.2	3.9	7.2	15.6	0.7
30　〜　99　人	77.7	30.8	7.1	4.4	39.9	34.7	11.9	5.8	6.6	22.0	0.3
〈労働組合員数規模〉											
5,000　人　以　上	98.5	63.6	42.5	27.7	62.6	21.1	46.5	27.4	8.7	1.5	－
1,000　〜　4,999　人	96.9	70.6	34.4	21.1	65.2	25.6	37.4	21.5	5.1	2.7	0.4
500　〜　999　人	94.3	68.6	26.4	21.1	67.3	33.7	38.4	22.2	5.4	4.6	1.1
300　〜　499　人	94.3	52.6	13.4	14.8	56.1	27.4	28.1	11.8	8.6	5.5	0.1
100　〜　299　人	90.0	56.7	20.9	19.4	57.7	32.3	23.1	14.1	5.0	9.4	0.5
30　〜　99　人	83.5	42.8	11.1	13.4	44.4	32.7	19.7	10.6	5.0	15.9	0.7
〈労働組合の種類〉											
本　部　組　合	95.7	59.9	24.6	16.1	61.0	34.9	31.7	22.5	5.4	4.1	0.2
単　位　労　働　組　合	87.6	51.8	16.5	16.5	51.9	31.6	23.5	12.8	5.4	11.8	0.6
単　位　扱　組　合	91.5	60.5	19.0	23.7	55.2	28.8	29.9	15.5	4.4	8.0	0.4
単　位　組　織　組　合	82.9	41.5	13.4	7.9	47.9	34.9	15.7	9.6	6.6	16.3	0.8
単　一　組　織　組　合	91.9	60.4	19.5	23.0	55.8	29.4	30.1	16.2	4.5	7.7	0.4
〈労働組合の組織率〉											
10　％　以　下	92.2	24.7	5.9	16.7	48.2	54.1	21.1	17.6	3.2	5.8	1.9
10％を超え30％以下	78.4	25.2	13.4	16.3	48.8	30.4	21.4	6.1	7.4	20.4	1.2
30％を超え50％以下	89.1	42.0	12.1	10.4	47.1	39.7	18.7	10.8	2.7	10.2	0.6
50％を超え70％以下	84.6	51.1	15.9	15.3	52.6	31.2	20.3	13.5	4.7	14.8	0.6
70％を超え90％以下	86.3	62.3	17.9	13.3	54.1	32.6	25.0	13.1	2.5	13.5	0.2
90　％　を　超　え　る	93.6	59.2	20.9	22.2	55.2	26.9	29.3	15.9	7.8	5.9	0.5

J-1　物価・生産・名目賃金等増減率の推移　(単位　%)

消費者物価

年	日本	アメリカ	カナダ	ユーロ圏	イギリス	ドイツ	フランス	イタリア	韓国	中国	インド	ロシア
2011年	△0.3	3.2	2.9	2.7	4.5	2.5	2.1	2.8	4.0	5.4	8.4	8.4
12	0.0	2.1	1.5	2.5	2.9	2.2	2.0	3.0	2.2	2.6	9.9	5.1
13	0.4	1.5	0.9	1.3	2.6	1.6	0.9	1.2	1.3	2.6	9.4	6.8
14	2.7	1.6	1.9	0.4	1.5	0.8	0.5	0.2	1.3	2.0	5.9	7.8
15	0.8	0.1	1.1	0.2	0.1	0.7	0.0	0.1	0.7	1.4	4.9	15.5
16	△0.1	1.3	1.4	0.2	0.7	0.5	0.2	△0.1	1.0	2.0	4.5	7.1
17	0.5	2.1	1.6	1.5	2.7	1.5	1.0	1.2	1.9	1.6	3.6	3.7
18	1.0	2.1	2.3	1.7	2.5	1.8	1.8	1.2	1.5	2.1	3.4	2.9
19	0.5	1.8	1.9	1.2	1.8	1.4	1.1	0.6	0.4	2.9	4.8	4.5
20	0.0	1.2	0.7	0.2	0.9	0.5	0.5	△0.2	0.5	2.5	6.2	3.4
21	△0.2	4.7	3.4	2.6	2.6	3.1	1.6	1.9	2.5	0.9	6.2	6.7

国内企業物価（生産者物価）

年	日本 (最終需要)	アメリカ (工業製品)	カナダ	ユーロ圏	イギリス (工業生産財)	ドイツ (中間財)	フランス (中間財)	イタリア	韓国	中国 (工業製品)	インド	ロシア (生産者)
2011年	1.5	1.8	6.9	5.7	4.8	5.2	5.6	4.8	6.7	6.0	8.9	0.1
12	1.5	3.9	1.1	2.7	2.1	1.6	0.1	3.5	0.7	△1.7	7.4	△1.1
13	△0.9	1.9	0.4	△0.1	1.3	0.0	△2.2	△1.1	1.6	1.9	5.2	1.2
14	3.2	1.4	2.5	△1.5	0.0	△1.0	△1.7	△1.4	△0.5	1.9	1.3	1.0
15	△2.2	1.6	△0.8	△2.6	△3.1	△1.9	△0.5	△2.6	△4.0	△5.2	△3.7	△2.3
16	△3.5	△0.9	△0.2	△2.2	0.2	△1.6	△3.7	△1.9	△1.8	△1.4	1.7	0.9
17	2.3	0.4	3.1	3.0	3.9	2.7	3.7	2.3	3.5	6.3	2.9	1.2
18	2.6	2.3	3.9	3.3	3.5	2.6	2.0	3.3	1.9	3.5	4.3	△3.3
19	0.2	2.9	△0.1	0.6	1.4	1.1	0.7	0.2	0.0	0.3	1.7	0.4
20	△1.1	1.7	△0.4	△2.6	△1.0	△1.0	△3.4	△3.4	△0.5	1.5	1.3	1.5
21	4.6	1.2	13.9	12.3	5.2	10.5	11.9	10.8	6.4	8.1	1.3	0.8

鉱工業生産

年	日本 (産業生産)	アメリカ	カナダ	ユーロ圏	イギリス (除建設)	ドイツ (除建設)	フランス (除建設)	イタリア	韓国	中国 (製造業)	インド (付加価値)	ロシア
2011年	△2.8	3.2	4.3	3.4	△5.4	7.2	2.9	0.8	6.0	13.9	2.9	5.1
12	0.7	3.0	0.0	△2.4	0.0	△0.4	△2.5	△5.7	1.2	10.0	1.1	3.4
13	0.4	2.0	1.8	△0.8	2.2	0.2	0.2	△3.1	1.7	9.7	3.3	0.4
14	2.0	3.0	5.1	1.1	1.9	1.4	△1.1	△0.6	1.4	8.3	4.0	1.6
15	△1.2	△1.4	△0.5	2.5	4.9	0.8	1.4	1.0	1.9	6.1	3.3	0.2
16	0.0	△2.2	0.1	1.6	0.5	1.2	0.4	2.1	3.1	6.0	4.6	1.7
17	3.1	1.4	3.7	2.9	△0.2	3.1	2.3	3.7	2.7	6.6	4.4	3.7
18	1.1	3.2	3.5	0.8	3.3	1.1	0.7	0.9	1.6	6.2	3.8	3.5
19	△3.0	△0.7	△0.2	△2.7	2.3	△3.3	0.6	△1.2	1.0	5.7	0.8	3.4
20	△10.4	△7.0	△8.1	△7.7	1.3	△9.6	△10.7	△11.0	△1.0	2.8	△8.4	△2.1
21	5.6	4.9	4.3	8.0	7.4	6.4	5.7	11.6	4.9	9.6	△8.4	6.5

小売売上高

年	日本	アメリカ	カナダ	ユーロ圏	イギリス	ドイツ	フランス	イタリア	韓国	中国	インド	ロシア
2011年	△1.0	7.3	4.0	△0.7	△0.3	1.1	0.7	△1.3	4.6	17.1	—	7.1
12	1.8	5.0	2.4	△1.7	0.4	0.2	△2.1	△1.7	2.5	14.3	—	6.3
13	1.0	3.7	3.6	△0.7	1.0	0.1	△1.5	△2.0	1.7	13.1	—	3.9
14	1.7	4.3	5.1	1.2	3.5	1.2	0.4	△1.1	2.0	12.0	—	2.7
15	△0.4	2.5	2.6	2.7	4.0	3.8	1.1	1.0	4.1	10.7	—	△10.0
16	△0.6	2.9	5.2	1.7	4.8	2.6	0.9	0.1	3.9	10.4	—	△4.8
17	1.9	4.1	7.2	2.5	1.8	2.8	0.6	1.2	2.0	10.2	—	1.3
18	1.7	4.4	3.2	1.7	2.4	1.8	△0.9	0.0	4.3	8.8	—	2.8
19	0.1	3.1	1.4	2.4	3.2	3.2	△0.2	0.8	2.3	8.0	—	1.9
20	1.0	0.7	△1.3	△1.8	△1.8	4.8	△5.3	△5.7	△0.1	△3.9	—	△3.2
21	2.7	19.6	11.8	5.1	5.0	0.8	4.3	7.9	5.9	12.5	—	7.8

名目賃金（全産業）

年	日本	アメリカ (非農業時給)	カナダ (週給)	ユーロ圏	イギリス (時給)	ドイツ (時給)	フランス (時給)	イタリア (非農林水産)	韓国	中国	インド	ロシア
2011年	△0.2	2.0	2.5	—	2.1	1.6	1.9	2.1	—	—	—	—
12	△0.9	1.5	2.5	—	2.3	1.7	2.2	1.5	—	—	—	—
13	△0.3	2.1	1.8	—	1.1	2.5	1.8	1.4	—	—	—	—
14	0.5	2.3	2.6	—	1.1	3.1	1.5	1.2	—	—	—	—
15	0.1	2.1	1.8	—	2.4	2.4	1.2	1.1	—	—	—	—
16	0.6	2.5	0.5	—	2.4	2.2	1.2	0.6	—	—	—	—
17	0.5	2.3	2.0	—	2.3	2.3	1.3	0.5	—	—	—	—
18	1.4	3.0	2.6	—	3.0	3.0	1.5	1.5	—	—	—	—
19	△0.4	3.5	2.7	—	3.4	2.9	1.8	0.6	—	—	—	—
20	△1.2	5.0	6.8	—	1.8	2.0	1.8	0.6	—	—	—	—
21	0.3	4.9	3.0	—	5.9	1.6	1.4	0.6	—	—	—	—

資料出所　内閣府政策統括官付参事官（海外経済担当）「海外経済データ（令和4年10月号）」。日本は総務省統計局、日本銀行、厚生労働省のデータ。

注1. 国により統計データの性格が異なるために、厳密な比較は困難である。例えば名目賃金について言えば、日本は調査産業計規模5人以上の月平均の現金給与総額、アメリカは非農業時間あたり賃金、カナダは平均週賃金、イギリスは平均賃金収入指数、ドイツ・フランス・イタリアは時間あたり賃金、韓国は製造業常用雇用月額、中国は企業労働者の賃金総額となっている。

2. ロシアの消費者物価はIMFのIFS統計によるもの。

J－2　時間当り実収賃金の推移〔製造業〕 　(2015年＝100)

国・地域名	2011	2012	2013	2014	2015	2016	2017	2018	2019	2020	2021
日　　　　　　　本	98.8	98.1	98.0	99.8	100.0	100.7	102.0	103.5	103.7	99.6	101.7
オ ー ス ト リ ア	89.9	92.8	95.4	98.0	100.0	101.5	103.3	106.5	109.1	108.6	112.7
ベ ル ギ ー	94.0	97.0	98.7	99.8	100.0	100.6	102.5	104.8	107.6	109.4	110.9
カ ナ ダ	92.3	94.9	94.9	95.7	100.0	101.4	104.3	103.4	106.6	109.9	113.0
チ ェ コ	89.8	92.5	93.3	96.7	100.0	103.8	111.3	119.8	126.1	129.2	136.3
デ ン マ ー ク	93.7	95.4	96.9	98.2	100.0	102.0	104.4	106.8	109.3	111.6	114.5
フ ィ ン ラ ン ド	92.3	95.0	97.5	99.0	100.0	100.7	100.9	102.7	104.4	106.0	108.4
フ ラ ン ス	93.0	95.3	97.2	98.7	100.0	101.3	102.6	104.3	106.3	..	109.7
ド イ ツ	90.7	93.5	95.4	97.8	100.0	102.0	105.5	108.5	111.0	111.5	112.1
ハ ン ガ リ ー	80.8	87.4	91.6	95.9	100.0	105.9	118.2	130.6	148.6	160.8	173.9
ア イ ル ラ ン ド	96.8	98.4	98.3	100.8	100.0	101.1	102.8	105.4	107.8	111.7	115.0
イ タ リ ア	91.2	93.3	95.2	97.6	100.0	100.5	101.2	102.1	103.1	103.9	105.0
韓 国	83.7	88.9	93.3	97.1	100.0	104.2	106.4	113.6	116.2	115.5	123.5
オ ラ ン ダ	93.5	95.4	96.9	98.5	100.0	101.6	103.5	105.7	108.6	112.7	115.3
ニ ュ ー ジ ー ラ ン ド	89.3	92.6	95.0	97.6	100.0	103.0	105.4	107.7	111.8	115.3	117.9
ノ ル ウ ェ ー	87.8	91.7	95.0	97.5	100.0	100.3	102.0	104.8	108.3	110.9	114.2
ポ ー ラ ン ド	85.7	89.5	92.4	96.5	100.0	104.6	111.2	119.4	127.4	133.3	145.6
ポ ル ト ガ ル	100.4	96.9	95.1	96.3	100.0	100.9	104.3	115.3	119.5	118.7	124.6
ス ペ イ ン	95.9	97.6	99.1	99.7	100.0	100.3	101.0	101.4	103.1	106.5	106.0
ス ウ ェ ー デ ン	90.0	93.3	95.2	97.4	100.0	101.9	103.9	107.0	109.5	110.3	113.3
ト ル コ	63.3	69.6	77.2	85.7	100.0	121.3	133.6	161.2	199.8	236.4	283.4
イ ギ リ ス	92.8	94.4	96.6	98.4	100.0	102.2	104.3	106.7	109.1	109.1	113.2
ア メ リ カ	95.1	95.9	96.9	98.3	100.0	102.7	105.0	108.2	111.3	114.5	119.6

資料出所　ＯＥＣＤ「OECD.StatExtracts/Hourly Earnings」(2022.11)。
注　日本以下の国名は、アメリカまで英語標記順。各国で集計定義が異なるため利用には留意されたい。

J－3　実質経済成長率（GDP）の推移　(単位　%)

国　　名	2011	2012	2013	2014	2015	2016	2017	2018	2019	2020	2021
日　　　　　　　本	0.0	1.4	2.0	0.3	1.6	0.8	1.7	0.6	△0.2	△4.5	1.7
オ ー ス ト ラ リ ア	3.9	2.6	2.6	2.2	2.7	2.3	2.9	2.2	△0.1	2.2	3.6
オ ー ス ト リ ア	2.9	0.7	0.0	0.7	1.0	2.0	2.3	2.4	1.5	△6.5	4.6
ベ ル ギ ー	1.7	0.7	0.5	1.6	2.0	1.3	1.6	1.8	2.2	△5.4	6.1
カ ナ ダ	3.1	1.8	2.3	2.9	0.7	1.0	3.0	2.4	1.9	△4.9	4.5
チ ェ コ	1.8	△0.8	△0.0	2.3	5.4	2.5	5.2	3.2	3.0	△5.5	3.5
デ ン マ ー ク	1.3	0.2	0.9	1.6	2.3	3.2	2.8	2.0	1.5	△2.0	4.9
フ ィ ン ラ ン ド	2.5	△1.4	△0.9	△0.4	0.5	2.8	3.2	1.1	1.2	△2.2	3.0
フ ラ ン ス	2.2	0.3	0.6	1.0	1.1	1.1	2.3	1.9	1.8	△7.8	6.8
ド イ ツ	3.9	0.4	0.4	2.2	1.5	2.2	2.7	1.0	1.1	△3.7	2.6
ギ リ シ ャ	△10.1	△7.1	△2.5	0.5	△0.2	△0.5	1.1	1.7	1.9	△9.0	8.4
ハ ン ガ リ ー	1.9	△1.3	1.8	4.2	3.7	2.2	4.3	5.4	4.9	△4.5	7.1
ア イ ル ラ ン ド	0.8	△0.0	1.1	8.6	24.4	2.0	9.0	8.5	5.4	6.2	13.6
イ タ リ ア	0.7	△3.0	△1.8	△0.0	0.8	1.3	1.7	0.9	0.5	△9.0	6.7
韓 国	3.7	2.4	3.2	3.2	2.8	2.9	3.2	2.9	2.2	△0.7	4.1
メ キ シ コ	3.7	3.6	1.4	2.8	3.3	2.6	2.1	2.2	△0.2	△8.0	4.7
オ ラ ン ダ	1.6	△1.0	△0.1	1.4	2.0	2.2	2.9	2.4	2.0	△3.9	4.9
ニ ュ ー ジ ー ラ ン ド	2.6	2.6	2.0	3.6	4.4	3.7	4.4	4.0	2.6	△0.3	3.7
ノ ル ウ ェ ー	1.0	2.7	1.0	2.0	2.0	1.1	2.3	1.1	0.7	△0.7	3.9
ポ ー ラ ン ド	5.0	1.5	0.9	3.8	4.4	3.0	5.1	5.9	4.5	△2.0	6.8
ポ ル ト ガ ル	△1.7	△4.1	△0.9	0.8	1.8	2.0	3.5	2.8	2.7	△8.3	5.5
ス ペ イ ン	△0.8	△3.0	△1.4	1.4	3.8	3.0	3.0	2.3	2.0	△11.3	5.5
ス ウ ェ ー デ ン	3.2	△0.6	1.2	2.7	4.5	2.1	2.6	2.0	2.0	△2.2	5.1
ス イ ス	1.9	1.2	1.8	2.4	1.7	2.0	1.6	2.9	1.2	△2.4	3.7
ト ル コ	11.2	4.8	8.5	4.9	6.1	3.3	7.5	3.0	0.8	1.9	11.4
イ ギ リ ス	1.1	1.4	1.8	3.2	2.4	2.2	2.4	1.7	1.6	△11.0	7.5
ア メ リ カ	1.5	2.3	1.8	2.3	2.7	1.7	2.2	2.9	2.3	△2.8	5.9

資料出所　OECD「National Acounts」(2022.11)。
注　一部、内閣府政策統括官付参事官（海外経済担当）「海外経済データ」（令和4年10月号）を引用。

J－4　実質国内総支出（GDP）の構成比率

国・年	実質GDP	前年比	民間最終消費支出	政府最終消費支出	総固定資本形成	在庫品増加	輸出	輸入（控除）	名目GDP	為替相場（年平均）
実額										
日本（10億円・2015年連鎖価格）										
2015年	538,081	1.6	300,065	105,550	134,355	1,054	93,815	96,796	538,032	121.0
2020	528,895	△4.3	286,740	113,109	134,622	-1,166	91,877	96,609	539,082	106.8
2021	540,226	2.1	287,894	117,047	134,495	-40	102,620	101,497	549,379	109.8
アメリカ（10億ドル・2012年価格）										
2015年	17,390	2.7	11,893	3,088	2,976	138	2,379	3,100	18,206	1.000
2020	18,509	△2.8	12,701	3,407	3,316	-55	2,232	3,154	21,061	1.000
2021	19,610	△5.9	13,754	3,426	3,555	-19	2,367	3,600	23,315	1.000
カナダ（10億カナダドル・2007年価格）										
2015年	1,936	0.7	1,075	460	440	2	625	621	1,990	1.279
2020	1,999	△5.2	1,110	503	432	-19	616	601	2,207	1.341
2021	2,090	4.5	1,165	531	463	-2	625	648	2,493	1.254
イギリス（1億ポンド・2019年価格）										
2015年	2,070	1.0	1,317	402	366	12	605	646	1,921	1.482
2020	1,991	△11.0	1,250	394	361	-11	615	618	2,110	1.342
2021	2,196	10.3	1,328	444	381	7	613	635	2,277	1.343
ドイツ（10億ユーロ・2015年価格）										
2015年	3,026	1.5	1,603	596	606	-8	1,420	1,190	3,026	1.089
2020	3,122	△3.7	1,713	678	665	-87	1,433	1,281	3,405	1.227
2021	3,204	2.6	1,774	704	673	-123	1,573	1,396	3,602	1.137
フランス（10億ユーロ・2014年価格）										
2015年	2,174	1.0	1,186	524	474	48	668	702	2,198	1.089
2020	2,175	△5.2	1,173	526	502	41	626	694	2,311	1.227
2021	2,323	8.2	1,235	560	560	37	680	748	2,501	1.137
イタリア（10億ユーロ・2015年価格）										
2015年	1,654	0.6	1,006	316	280	2	491	441	1,655	1.089
2020	1,571	△9.1	937	317	288	-4	471	438	1,660	1.227
2021	1,677	6.7	985	322	356	2	535	503	1,782	1.137
構成比（単位 ％）										
日本										
2015年	100.0		55.8	19.6	25.0	0.2	17.4	-18.0	—	—
2020	100.0		54.2	21.4	25.5	-0.2	17.4	-18.3	—	—
2021	100.0		53.3	21.7	24.9	0.0	19.0	-18.8	—	—
アメリカ										
2015年	100.0		68.5	17.8	17.1	0.8	13.7	-17.8	—	—
2020	100.0		68.9	18.5	18.0	-0.3	12.1	-17.1	—	—
2021	100.0		70.6	17.6	18.2	-0.1	12.1	-18.5	—	—
カナダ										
2015年	100.0		54.3	23.2	22.2	0.1	31.5	-31.3	—	—
2020	100.0		54.4	24.6	21.2	-0.9	30.2	-29.4	—	—
2021	100.0		54.6	24.9	21.7	-0.1	29.3	-30.4	—	—
イギリス										
2015年	100.0		64.1	19.6	17.8	0.6	29.4	-31.4	—	—
2020	100.0		62.8	19.8	18.1	-0.6	30.9	-31.0	—	—
2021	100.0		62.1	20.8	17.8	0.3	28.7	-29.7	—	—
ドイツ										
2015年	100.0		53.0	19.7	20.0	-0.3	46.9	-39.3	—	—
2020	100.0		54.9	21.7	21.3	-2.8	45.9	-41.0	—	—
2021	100.0		55.4	22.0	21.0	-3.8	49.1	-43.6	—	—
フランス										
2015年	100.0		54.0	23.8	21.6	2.2	30.4	-31.9	—	—
2020	100.0		54.0	24.2	23.1	1.9	28.8	-31.9	—	—
2021	100.0		53.1	24.1	24.1	1.6	29.3	-32.2	—	—
イタリア										
2015年	100.0		60.8	19.1	16.9	0.1	29.7	-26.7	—	—
2020	100.0		59.6	20.2	18.3	-0.3	30.0	-27.9	—	—
2021	100.0		58.0	19.0	21.0	0.1	31.5	-29.6	—	—

資料出所　内閣府政策統括官付参事官（海外経済担当）「海外経済データ」（令和4年10月号）。日本は内閣府経済社会総合研究所「国民経済計算」が原資料。
注　1．総固定資本形成＝民間住宅＋民間企業設備＋公的固定資本形成。
　　2．在庫品増加は民間部門と公的部門を合計したもの。
　　3．為替相場は米1ドルあたりの各国通貨。ただしユーロは1ユーロあたり米ドル。
　　4．カナダは、総固定資本形成は民間部門のみ、政府固定資本形成は政府最終消費支出に含まれる。
　　5．構成分訳では、4捨5入や統計上の不突合等により、合計が必ずしも合わない。

J−5 各国の国内総生産・人口一人当り (2017〜2021年)

国	国内総生産（名目・十億ドル）					人口一人当たり（ドル）				
	2017	2018	2019	2020	2021	2017	2018	2019	2020	2021
アイスランド	25	26	25	22	26	73,085	75,383	69,631	59,643	59,643
アイルランド	336	386	399	426	505	69,685	78,989	80,690	85,225	100,129
アメリカ	19,480	20,527	21,373	20,894	22,996	59,886	62,770	65,052	63,078	69,227
イギリス	2,665	2,861	2,833	2,710	2,710	40,904	43,719	43,121	41,127	47,329
イタリア	1,961	2,093	2,012	1,891	2,101	32,649	34,918	33,628	31,707	35,473
オーストラリア	1,382	1,417	1,387	1,358	1,635	55,812	56,334	54,323	52,953	63,464
オーストリア	417	455	445	433	477	47,321	51,254	50,238	48,636	53,332
オランダ	834	914	910	909	1,014	48,800	53,225	52,673	52,222	57,997
カナダ	1,649	1,725	1,742	1,645	1,988	45,192	46,626	46,404	43,307	52,015
韓国	1,623	1,725	1,651	1,645	1,811	31,601	33,447	31,902	31,728	35,004
ギリシア	200	212	205	189	216	18,552	19,751	19,130	17,603	20,263
スイス	695	726	722	739	800	82,576	85,548	84,476	85,870	92,249
スウェーデン	541	555	534	547	636	53,459	54,296	51,694	52,706	60,816
スペイン	1,312	1,422	1,393	1,280	1,426	28,197	30,423	29,576	27,039	30,090
スロバキア共和国	95	106	105	105	115	17,544	19,412	19,319	19,254	21,053
チェコ共和国	219	249	253	246	282	20,667	23,468	23,714	23,001	26,849
デンマーク	332	357	346	355	398	57,773	61,724	59,679	61,006	68,202
ドイツ	3,690	3,976	3,889	3,887	4,263	44,637	47,961	46,799	46,735	51,238
トルコ	859	780	759	720	818	10,629	9,508	9,133	8,612	9,654
日本	4,931	5,041	5,120	5,032	4,933	38,903	39,850	40,566	39,981	39,301
ニュージーランド	204	210	211	211	247	42,294	42,765	42,343	41,391	48,317
ノルウェー	398	437	405	362	482	75,307	82,082	75,594	67,266	89,042
ハンガリー	143	161	164	157	182	14,609	16,423	16,731	16,044	18,732
フィンランド	256	276	269	272	298	46,437	50,032	48,668	49,158	53,774
フランス	2,584	2,792	2,729	2,636	2,957	40,134	43,061	41,925	40,378	45,188
ベルギー	503	544	535	521	599	44,274	47,689	46,740	45,239	51,849
ポーランド	527	587	597	600	679	13,869	15,468	15,727	15,802	17,946
ポルトガル	221	242	240	228	250	21,483	23,573	23,333	22,177	24,296
メキシコ	1,159	1,222	1,269	1,090	1,298	9,343	9,754	10,028	8,528	10,062
ルクセンブルク	66	71	70	73	87	111,212	118,466	114,358	117,064	136,701
インド	2,651	2,703	2,832	2,668	3,178	1,981	1,998	2,072	1,933	2,280
インドネシア	1,015	1,043	1,119	1,062	1,187	3,885	3,947	4,194	3,931	4,361
シンガポール	343	377	375	345	397	61,150	66,857	65,833	60,728	72,795
タイ	457	507	544	500	508	6,596	7,296	7,814	7,160	7,232
台湾	591	609	611	669	775	25,062	25,826	25,903	28,405	33,143
中国	12,265	13,842	14,341	14,863	17,745	8,760	9,849	10,170	10,525	12,562
フィリピン	328	347	377	362	394	3,153	3,280	3,512	3,326	3,576
ブラジル	2,064	1,917	1,873	1,449	1,608	9,978	9,194	8,914	6,841	7,564
香港	341	362	363	345	369	46,026	48,310	48,275	46,444	49,865
マレーシア	319	359	365	338	373	9,969	11,086	11,232	10,361	11,408
ロシア	1,575	1,653	1,696	1,484	1,779	10,724	11,262	11,555	10,155	12,219

資料出所　内閣府「海外経済データ」(令和4年10月)、ただし原典はIMF "World Economic Outlook Datebase"

〈参考〉GDP構成比〔世界計＝100.0〕

(単位　％)

区　分	2010年	2020年	2021年	区分	2010年	2020年	2021年
先進国	65.4	59.4	57.8	中国	8.1	17.4	18.3
G7（米加日英独仏伊）	49.8	43.7	43.7	インド	2.6	3.1	3.3
NIEs	3.1	3.5	3.5	ASEAN5	2.6	3.0	2.9
豪州	1.9	1.6	1.7	ロシア	2.5	1.7	1.8
主要20か国・地域（G20)	82.6	82.7	82.3	ブラジル	3.3	1.7	1.7
EU	21.9	18.0	17.7	メキシコ	1.6	1.3	1.3

注　NIEsは韓国・台湾・香港・シンガポール、G20はG7＋EU・中国・ブラジル・インド・ロシア・メキシコ・
　　豪州・韓国・トルコ・インドネシア・サウジアラビア・南ア・アルゼンチン
　　ASEAN5は、インドネシア・タイ・マレーシア・フィリピン・ベトナム

J－6　国民所得・国内総

国	年次	通貨単位	為替相場 (当該年平均) 1 US ドル	購買力平価平均 (当該年平均) 対GDP 1 US ドル	国民所得				労働分配率	
					総額 市場価格表示 (1)	人口1人当たり (1)÷(11) (2)	国内要素所得 (3)	雇用者報酬 (4)	(4)÷(3) (5)	(10)÷(8) (6)
					億ドル	ドル	億ドル		%	
日　　　本	20	円	106.8	101.2	39,450	35,605	35,258	26,527	75.2	58.8
オーストラリア	20	AUドル	1.453	1.446	11,673	56,023	10,810	6,845	63.3	52.8
オーストリア	20	ユーロ	0.876	0.764	3,525	47,186	3,153	2,197	69.7	57.5
ベルギー	20	ユーロ	0.876	0.745	4,247	44,960	3,806	2,630	69.1	58.7
カ　ナ　ダ	20	カナダドル	1.341	1.246	13,357	43,016	12,146	8,645	71.2	57.5
チ　　　リ	20	ペソ	792.7	417.7	2,368	15,082	2,087	934	44.8	50.0
チェコ共和国	20	コルナ	23.21	12.79	1,808	20,117	1,614	1,131	70.1	55.3
デンマーク	20	クローネ	6.542	6.633	3,058	62,790	2,563	1,826	71.2	56.3
フィンランド	20	ユーロ	0.876	0.845	2,235	47,933	1,911	1,262	66.1	54.1
フランス	20	ユーロ	0.876	0.727	21,577	40,098	18,027	13,667	75.8	59.1
ド　イ　ツ	20	ユーロ	0.876	0.738	32,484	45,637	29,350	21,117	71.9	59.6
ギリシア	20	ユーロ	0.876	0.553	1,579	17,393	1,361	753	55.3	58.5
ハンガリー	20	フォリント	308.0	148.8	1,261	15,398	1,012	649	64.2	47.0
アイスランド	20	クローナ	135.4	149.7	－	－	－	117	－	59.2
アイルランド	20	ユーロ	0.876	0.801	1,994	50,504	1,809	1,157	64.0	31.7
イスラエル	20	新シケル	3.442	3.851	3,461	52,288	3,095	1,831	59.2	50.6
イタリア	20	ユーロ	0.876	0.664	17,066	32,833	14,467	8,241	57.0	51.9
韓　　　国	20	ウォン	1,180	824.6	13,200	29,473	11,571	7,927	68.5	63.8
ルクセンブルク	20	ユーロ	0.876	0.864	419	81,332	346	369	106.6	55.2
メキシコ	20	新ペソ	21.49	9.703	8,463	8,759	7,712	3,091	40.1	41.6
オランダ	20	ユーロ	0.876	0.774	7,209	49,830	6,459	4,600	71.2	61.1
ニュージーランド	20	NZドル	1.542	1.436	1,763	43,279	1,564	931	59.6	54.8
ノルウェー	20	クローネ	9.416	10.12	3,022	68,238	2,644	1,843	69.7	54.2
ポーランド	20	ズロチ	3.900	1.791	5,061	16,719	4,475	2,456	54.9	51.6
ポルトガル	20	ユーロ	0.876	0.569	1,803	20,509	1,527	1,109	72.6	56.6
スロバキア共和国	20	ユーロ	0.876	0.538	867	18,865	759	468	61.7	51.6
スペイン	20	ユーロ	0.876	0.627	10,574	26,716	9,410	6,347	67.5	59.2
スウェーデン	20	クローネ	9.210	8.748	4,709	62,483	3,601	2,600	72.2	52.8
ス　イ　ス	20	スイスフラン	0.939	1.140	5,417	74,506	5,258	4,418	84.0	69.7
ト　ル　コ	20	新リラ	7.009	2.197	－	－	－	2,110	－	－
イギリス	20	ポンド	0.780	0.689	22,071	41,256	20,376	14,036	68.9	60.3
アメリカ	20	USドル	1.000	1.000	178,946	68,739	170,256	116,006	68.1	54.4
ロ　シ　ア	19	ルーブル	64.74	25.50	14,042	12,740	12,143	7,440	61.3	47.5

資料出所　OECD「Naional Accounts」(OECD StatExtracts) (2022.11)。一部は、IMF「International Financial Statistics」。

注　1．表示年数が原資料のデータ掲載の有無により国により異なるが、掲載数値は表示年次に概ね該当するものである。
　　2．（　）内数値は日本＝100とする指数で、年次の異なる国の場合も便宜上算定している。
　　3．労働力人口、就業者数、雇用者数は軍属を除くcivilianの数値である。
　　4．OECD統計上では、就業者・雇用者・パートタイム労働者の定義が日本と異なっている。
　　5．失業率は労働力人口（civilian）に対する失業者数の割合を示す。
　　6．為替相場により数値が大きく変動するので、上表は見るにあたっては注意を要する。

生産・雇用者所得〔主として2020年〕

国内総生産(GDP)		国民所得	雇用者報酬	人 口(年央推計値)	労働力人口	就業者数	雇用者数	労働力比率	パートタイム労働者比率	65歳以上労働力比率	失業率	国
総 額 (7)	就業者1人当たり (7)÷(13) (8)	就業者1人当たり (1)÷(13) (9)	雇用者1人当たり (4)÷(14) (10)	(11)	(12)	(13)	(14)	(15)	(16)	(17)	(18)	
億ドル	ドル			1,000人				%				
50,401	75,496(100)	59,092	44,412	110,800	68,650	66,760	59,730	62.0	25.8	25.5	2.8	日
14,317	112,953(150)	92,092	59,622	20,836	13,550	12,675	11,481	65.0	—	14.2	6.5	オ
4,352	101,288(134)	82,045	58,239	7,471	4,540	4,297	3,772	60.8	19.7	4.5	5.4	オ
5,252	109,369(145)	88,446	64,203	9,447	5,085	4,802	4,096	53.8	15.7	2.9	5.6	ベ
16,454	91,417(121)	74,212	52,563	31,052	19,897	17,999	16,447	64.1	18.0	13.8	9.5	カ
2,527	32,117(43)	30,097	16,045	15,703	8,808	7,869	5,821	56.1	16.0	18.4	10.9	チ
2,460	46,987(62)	34,532	25,996	8,986	5,372	5,235	4,351	59.8	4.9	6.9	2.6	チ
3,543	124,222(165)	107,194	69,973	4,869	3,018	2,852	2,609	62.0	18.1	8.5	5.5	デ
2,719	106,672(141)	87,704	57,672	4,664	2,762	2,549	2,189	59.2	14.1	6.4	7.7	フ
26,390	97,758(129)	79,929	57,800	53,811	29,346	26,995	23,646	54.5	13.1	3.4	8.0	フ
38,897	93,765(124)	78,307	55,884	71,180	43,185	41,483	37,787	60.7	22.5	7.5	3.9	ド
1,889	48,750(65)	40,746	28,510	9,079	4,630	3,875	2,641	51.0	9.7	4.4	16.3	ギ
1,572	35,239(47)	28,263	16,553	8,187	4,658	4,460	3,923	56.9	4.4	4.5	4.3	ハ
217	114,653(152)	0	67,841	261	202	189	172	77.4	16.9	31.6	6.4	ア
4,259	186,315(247)	87,232	59,010	3,948	2,402	2,286	1,961	60.8	18.4	11.5	4.8	ア
4,133	105,602(140)	88,446	53,416	6,620	4,090	3,913	3,427	61.8	14.3	21.5	4.3	イ
20,502	89,515(119)	74,513	46,444	51,977	25,214	22,903	17,745	48.5	17.9	5.1	9.2	イ
16,443	61,117(81)	49,062	38,987	44,785	28,012	26,904	20,332	62.5	15.4	35.3	4.0	韓
740	253,080(335)	143,481	139,655	516	314	292	264	60.8	12.7	2.8	6.8	ル
10,905	20,486(27)	15,899	8,526	96,626	55,663	53,232	36,252	57.6	17.7	24.1	4.4	メ
9,098	101,301(134)	80,265	61,895	14,466	9,338	8,981	7,432	64.5	36.9	9.3	3.8	オ
2,117	77,564(103)	64,590	42,513	4,074	2,862	2,730	2,191	70.2	19.7	24.8	4.6	ニ
3,622	134,048(178)	111,845	72,656	4,429	2,827	2,702	2,536	63.8	19.6	10.5	4.4	ノ
5,994	36,459(48)	30,781	18,800	30,271	16,978	16,441	13,062	56.1	5.8	5.7	3.2	ポ
2,290	48,897(65)	38,493	27,665	8,791	5,034	4,684	4,010	57.3	6.0	7.1	7.0	ポ
1,067	42,152(56)	34,239	21,755	4,594	2,713	2,531	2,153	59.0	4.5	4.5	6.7	ス
12,770	66,500(88)	55,066	39,400	39,579	22,733	19,202	16,109	57.4	11.9	2.9	14.8	ス
5,471	108,028(143)	92,991	56,992	7,537	5,523	5,404	4,562	73.3	14.1	19.0	8.8	ス
7,398	157,537(209)	115,340	109,849	7,270	4,934	4,696	4,022	67.9	26.7	11.1	5.1	ス
7,203	26,864(36)	—	—	62,577	30,872	26,812	18,719	49.3	11.4	10.0	12.0	ト
27,046	83,576(111)	68,204	50,392	53,499	33,923	32,361	27,854	63.4	22.6	10.8	4.4	イ
210,605	142,499(189)	121,078	83,783	260,328	160,742	147,794	138,459	61.7	12.4	19.4	5.3	ア
16,874	23,391(31)	19,465	11,110	110,226	76,636	72,142	66,968	69.5	—	12.0	5.5	ロ

7. OECD加盟国（経済協力開発機構）
   以下の33か国。ただし上表では、エストニア・スロベニアを割愛している。
   (1) ＥＵ加盟国（18か国）：ドイツ、フランス、イタリア、オランダ、ベルギー、ルクセンブルク、フィンランド、スウェーデン、オーストリア、デンマーク、スペイン、ポルトガル、ギリシャ、アイルランド、チェコ、ハンガリー、ポーランド、スロヴァキア
   (2) その他（15か国）：日本、イギリス、アメリカ合衆国、カナダ、メキシコ、オーストラリア、ニュージーランド、スイス、ノルウェー、アイスランド、トルコ、韓国、チリ、イスラエル、ロシア
8. ＥＵ加盟国：以下の27か国で、下線はユーロ導入国。ただし2020年末時点。
   ベルギー、ブルガリア、チェコ、クロアチア、デンマーク、ドイツ、エストニア、アイルランド、ギリシャ、スペイン、フランス、イタリア、キプロス、ラトビア、リトアニア、ルクセンブルク、ハンガリー、マルタ、オランダ、オーストリア、ポーランド、ポルトガル、ルーマニア、スロベニア、スロバキア、フィンランド、スウェーデン

J-7 人口の推移と予想

	日本	アメリカ	カナダ	イギリス	ドイツ	フランス	イタリア	韓国
・総人口 (万人)								
1980	117,817	229,476	56,209	24,417	78,283	53,868	56,349	38,046
1990	124,505	252,120	57,134	27,541	79,054	56,667	57,048	42,918
2000	127,524	281,711	58,923	30,588	81,401	59,015	56,692	47,379
2010	128,542	309,011	63,460	34,148	80,827	62,880	59,325	49,546
2020	126,476	331,003	67,886	37,742	83,784	65,274	60,462	51,269
2030	120,758	349,642	70,485	40,834	83,136	66,696	59,031	51,152
2050	105,804	379,419	74,082	45,669	80,104	67,587	54,382	46,830
・人口増加率 (年率 (%))								
1980-1985	0.68	0.94	1.06	0.07	-0.15	0.51	0.21	1.40
1990-1995	0.30	1.01	1.15	0.28	0.52	0.40	0.04	1.08
2000-2005	0.13	0.92	1.01	0.46	0.05	0.70	0.55	0.55
2010-2015	-0.09	0.75	1.07	0.74	0.24	0.49	0.42	0.51
2020-2030	-0.40	0.56	0.82	0.41	-0.06	0.24	-0.20	0.03
2030-2035	-0.60	0.51	0.68	0.30	-0.12	0.16	-0.31	-0.18
2050-2055	-0.71	0.31	0.45	0.15	-0.28	-0.07	-0.68	-0.86
・若年人口割合 (15歳未満 (%))								
1980	23.6	22.7	22.8	21.0	23.0	22.4	22.0	33.9
1990	18.5	21.7	20.7	19.0	21.4	20.1	16.5	25.4
2000	14.8	21.7	19.2	19.0	23.3	18.9	14.3	20.6
2010	13.4	20.2	16.5	17.5	18.6	18.5	14.1	16.1
2020	12.4	18.4	15.8	17.7	15.9	17.7	13.0	12.5
2030	11.1	17.5	14.9	16.6	13.6	16.2	11.2	10.5
2050	11.6	16.6	14.3	15.6	14.0	15.7	11.6	9.9
・老年人口割合 (65歳以上 (%))								
1980	8.9	11.6	9.4	14.9	9.7	13.9	13.4	4.1
1990	11.9	12.6	11.3	15.7	11.5	14.0	14.9	5.2
2000	17.0	12.3	12.6	15.9	13.6	16.1	18.3	7.2
2010	22.5	13.0	14.2	16.6	15.7	16.9	20.4	10.7
2020	28.4	16.6	18.1	18.7	14.9	20.8	23.3	15.8
2030	30.9	20.3	22.8	21.5	20.6	24.1	27.9	24.7
2050	37.7	22.4	25.0	25.3	21.7	27.8	36.0	38.1
・中位年齢 (歳)								
1980	32.5	30.0	29.2	34.4	36.5	32.4	34.1	22.1
1990	37.3	32.8	32.9	35.8	37.6	34.8	37.0	27.0
2000	41.2	35.2	36.8	37.6	40.1	37.7	40.3	31.9
2010	44.7	36.9	39.6	39.5	44.3	40.1	43.5	38.0
2020	48.4	38.3	41.1	40.5	45.7	42.3	47.3	43.7
2030	52.1	39.9	43.0	42.4	47.0	44.1	50.8	49.1
2050	54.7	42.7	45.5	44.5	49.2	45.9	53.6	56.5
・合計特殊出生率の推移								
1980-1985	1.76	1.80	1.63	1.78	1.46	1.86	1.52	2.23
1990-1995	1.48	2.03	1.69	1.78	1.30	1.71	1.27	1.68
2000-2005	1.30	2.04	1.52	1.66	1.35	1.88	1.31	1.21
2010-2015	1.41	1.88	1.60	1.87	1.43	1.98	1.42	1.23
2020-2030	1.37	1.78	1.48	1.75	1.61	1.85	1.30	1.08
2030-2035	1.45	1.80	1.50	1.76	1.65	1.84	1.38	1.18
2050-2055	1.57	1.81	1.59	1.77	1.70	1.83	1.51	1.44

資料出所　国連「World Population Prospects 2019」。
注　日本の平成27年国勢調査による新しい確定人口はE-27を参照されたい

J-8　各国の最低賃金額

国名	最低賃金額（円換算は2020年の年平均レート）	備　考
アメリカ	7.25ドル（796円）／時間（2009年7月〜）	連邦最低賃金。別途、多くの州で独自の最低賃金の定めがある。※ワシントン13.69ドル（1,502円）
ドイツ	9.82ユーロ（1,221円）／時間（2022年1月〜）	最低賃金制度を2015年より設定
イギリス	8.91ポンド（1,314円）／時間（2022年4月〜）	自営などを除き、若年者減額設定あり。23歳以上一般。
フランス	10.57ユーロ（1,314円）／時間（2022年1月〜）	全国一律の最低賃金額。
スペイン	1,126ユーロ（139,941円）／月（2022年1月〜）	訓練生などを除く
インド	618ルピー（918円）／日（2020年12月〜）	デリー　未熟練労働者
タイ	331バーツ（1,132円）／日（2020年1月〜）	全国一律の最低賃金額。
インドネシア	4,453,936ルピア（32,959円）／月（2022年1月〜）	ジャカルタ特別州
フィリピン	537ペソ（1,196円）／日（2019年1月〜）	マニラ首都圏、非農業分野の最高額
オーストラリア	20.33豪ドル（1,676円）／時間（2022年7月〜）	National Minimum Wage
韓国	9,160ウォン（879円）／時間（2022年1月〜）	全国一律の最低賃金額。
中国	2,320元（39,482円）／月（2022年1月〜）	北京市の例。省などの人民政府による。
日本	961円／時間（2022年度）	都道府県別の決まっている額の加重平均。

資料出所　アメリカ—連邦労働省、英国—Directgov、フランス—労働社会関係家族連帯省、スペイン,ポルトガル—EUROSTAT、タイ—労働省、フィリピン—労働・雇用省（Department of Labor and Employment）、オーストラリア—Fair Work Commission、国家賃金生産性委員会（National Wages and Productivity Commission）、インドネシア—労働：移住者、韓国—労働省（Ministry of Labor）、中国—人力資源社会保障部（Ministry of　Manpower and Social Security）
　　注　オーストリア、デンマーク、スウェーデンなどは最低賃金を国で定めず労使が団体交渉により労働協約で定めている。

J-9　所得のジニ係数

項目	1980年代半ば	1990年代半ば	2000年	2010年	2015年	最新年（年）
日本	0.304	0.323	0.337	—	0.339	0.334（2018）
アメリカ	—	0.361	0.357	0.380	0.390	0.395（2019）
カナダ	0.293	0.289	0.315	0.319	0.318	0.301（2019）
イギリス	0.309	—	0.352	0.341	0.360	0.366（2019）
ドイツ	0.251	0.266	0.264	0.286	0.293	0.289（2018）
フランス	—	—	0.287	0.303	0.295	0.292（2019）
イタリア	—	0.327	0.323	0.321	0.333	0.330（2018）
韓国	—	—	—	0.310	0.352	0.345（2018）

資料出所　OECD「Social Protection and Well-being」（2022.11）。
　　注　ジニ係数とは,所得分配の不平等度を表し、0に近づけば平等に近づき、1に近づけば不平等の度合が増す。

J-10　単位当たり労働コストの変化率 (単位　%)

	1980	1990	2000	2005	2010	2015	2016	2017	2018	2019	2020	2021
日本	4.2	2.1	-3.3	-0.3	-5.4	-0.8	1.3	-0.1	2.6	2.0	3.4	—
アメリカ	10.3	4.4	3.9	1.5	-0.6	2.1	1.0	2.2	2.1	2.0	4.3	2.4
カナダ	10.3	5.3	2.5	2.3	-0.1	2.1	-0.9	0.9	2.8	2.2	3.2	4.3
イギリス	—	9.5	2.8	3.0	0.8	0.7	2.2	1.3	2.4	3.5	11.5	-2.9
ドイツ	—	—	0.9	-0.5	-1.2	2.2	1.3	1.3	3.3	3.3	3.4	0.6
フランス	12.8	3.2	1.2	2.1	1.0	0.2	0.7	0.8	0.8	-0.7	4.8	0.5
イタリア	19.6	9.4	0.4	2.4	0.0	0.9	0.4	-0.1	2.0	1.3	3.2	0.0
韓国	29.3	9.2	-0.5	1.8	-1.6	2.6	1.5	1.5	1.9	2.2	2.9	1.2

資料出所：OECD「Productivity」（2022.11）。

J-11 週当りの実労働時間 （雇用者） （単位 時間）

年	日 本	アメリカ	イギリス	ド イ ツ	フランス
2000	35.5	35.1	29.1	26.4	27.7
2005	34.6	34.4	28.8	25.9	27.4
2010	33.6	34.1	28.2	25.9	27.6
2011	33.5	34.3	28.4	26.0	27.7
2012	33.9	34.3	28.8	25.6	27.6
2013	33.5	34.3	28.9	25.4	27.4
2014	33.4	34.3	29.0	25.6	27.3
2015	33.3	34.3	28.7	25.6	27.3
2016	33.1	34.2	29.0	25.6	27.4
2017	33.0	34.2	28.9	25.5	27.2
2018	32.7	34.3	29.0	25.5	27.3
2019	32.0	34.2	29.0	25.5	27.4
2020	31.1	34.2	26.2	24.6	25.4
2021	31.3	34.6	28.5	25.0	27.0

資料出所：OECD「LabourForceStatistics」（参考表1も同じ）（2022.11)。
注　1　調査対象となる労働者にはパートタイム労働者を含み、自営業者は除く。
　　2　日本は事業所規模5人以上の労働時間。日本以外の国については事業所規模の区別はない。
　　3　各国によって母集団等データの取り方に差異があることに留意。そのため各国の変遷は見れるが各国同士の比較には適さない。値は参考1を7日間に換算したもの。

〔参考1〕 年間実労働時間 （雇用者） （単位 時間）

年	日 本	アメリカ	イギリス	ド イ ツ	フランス
2000	1,853	1,831	1,517	1,377	1,444
2005	1,804	1,795	1,500	1,349	1,427
2010	1,754	1,779	1,471	1,350	1,439
2011	1,747	1,788	1,482	1,353	1,445
2012	1,765	1,789	1,501	1,336	1,440
2013	1,746	1,787	1,505	1,327	1,427
2014	1,741	1,788	1,512	1,334	1,422
2015	1,734	1,788	1,496	1,337	1,422
2016	1,724	1,785	1,513	1,334	1,428
2017	1,720	1,783	1,509	1,331	1,416
2018	1,706	1,788	1,510	1,330	1,424
2019	1,669	1,784	1,513	1,329	1,428
2020	1,621	1,784	1,365	1,284	1,326
2021	1,633	1,802	1,487	1,306	1,405

〔参考2〕 年間休日日数 （2020年）

国	年間休日等の日数	（日)			取得率（%)
		週休日	法定休日	年次有給休暇	
日　　　　本	138	104	16	18	57
ア メ リ カ	112	104	10	8	50
イ ギ リ ス	137	104	8	25	65
ド イ ツ	143	104	9	30	83
フ ラ ン ス	138	104	9	25	83
イ タ リ ア	138	104	9	25	58

資料出所　労働政策研究・研修機構「データブック国際労働比較」、エクスペディア有給休暇国際比較。
注　1．アメリカは連邦法上年次有給休暇の定めがない（上記はアメリカ労働統計局による民間部門の平均付与日数)
　　2．日本の年次有給休暇日数は平均付与日数（常用労働者30人以上の民間法人)

J-12　性別・年齢階層別の労働力率　(単位　万人、%)

年齢階級	日本 (2021年)		アメリカ (2021年)		カナダ (2021年)		イギリス (2021年)	
	男性	女性	男性	女性	男性	女性	男性	女性
(労働力人口)	3,803	3,058	8,550	7,570	1,077	961	1,758	1,601
15～64歳	86.6	73.3	78.7	68.2	82.6	75.6	81.9	74.7
15～19	17.8	20.1	35.9	36.6	48.4	51.0	36.8	39.4
20～24	74.4	76.0	73.0	68.6	76.8	75.0	75.1	72.1
25～29	94.3	86.9	86.2	76.8	88.6	84.1	89.5	84.1
30～34	95.5	79.4	89.2	75.6	92.3	83.9	93.3	82.4
35～39	96.2	77.7	90.3	74.0	93.4	82.9	92.8	83.4
40～44	95.9	79.9	88.9	75.3	92.7	84.7	92.2	84.4
45～49	95.7	81.4	88.5	76.2	92.3	84.7	90.7	82.8
50～54	94.9	80.0	84.7	73.9	90.0	83.1	88.4	80.4
55～59	93.6	74.7	77.9	66.8	82.2	72.0	80.2	72.3
60～64	85.7	62.2	62.8	51.7	64.7	51.2	62.6	50.9
65歳以上	34.9	18.4	23.4	15.2	18.8	7.7	13.2	8.1

年齢階級	ドイツ (2021年)		フランス (2021年)		イタリア (2021年)		オーストラリア (2021年)	
	男性	女性	男性	女性	男性	女性	男性	女性
(労働力人口)	2,300	2,004	1,538	1,471	1,428	1,064	724	652
15～64歳	82.7	74.6	76.2	70.0	73.6	55.4	83.3	75.1
15～19	32.1	26.0	19.0	14.9	8.1	4.4	52.5	57.8
20～24	74.1	69.2	67.0	62.1	50.0	35.6	82.6	79.3
25～29	87.4	80.9	90.0	82.8	75.5	61.3	89.0	80.7
30～34	91.8	81.3	92.3	83.4	87.6	66.3	92.0	78.9
35～39	93.2	82.3	94.0	82.3	89.7	68.6	93.0	80.0
40～44	92.7	84.6	93.2	85.8	90.2	69.8	91.5	81.2
45～49	92.6	85.4	92.3	85.4	90.1	69.5	89.7	82.7
50～54	91.9	83.9	91.7	84.2	88.1	66.2	87.5	78.8
55～59	87.3	79.4	82.5	77.5	81.3	57.6	81.8	71.3
60～64	68.3	58.5	39.1	37.4	50.5	33.8	65.6	53.8
65歳以上	10.1	5.4	4.4	2.9	8.2	2.9	19.5	11.0

年齢階級	オランダ (2021年)		スペイン (2021年)		スウェーデン (2021年)		韓国 (2021年)	
	男性	女性	男性	女性	男性	女性	男性	女性
(労働力人口)	511	458	1,225	1,095	293	262	1,612	1,219
15～64歳	87.1	80.2	79.1	70.8	84.9	80.8	78.0	59.9
15～19	71.6	76.7	14.3	12.1	30.6	40.7	6.8	9.5
20～24	81.7	85.6	55.6	50.7	75.7	69.7	42.1	51.2
25～29	91.8	89.3	85.8	83.4	87.8	82.4	72.5	75.5
30～34	93.9	86.6	91.1	84.6	94.5	87.0	88.9	68.6
35～39	94.2	82.7	93.3	84.9	95.2	87.1	92.4	59.3
40～44	92.9	83.1	93.6	85.8	95.7	91.1	92.8	63.2
45～49	92.0	86.5	92.6	82.6	94.8	91.8	91.6	67.9
50～54	89.0	82.6	89.7	77.4	95.6	90.1	89.7	68.8
55～59	87.8	75.8	82.4	68.7	92.9	88.8	86.5	62.9
60～64	75.8	54.3	57.6	46.6	76.4	69.8	73.3	51.4
65歳以上	13.7	6.2	4.2	1.9	25.7	14.5	46.2	28.6

資料出所　総務省統計局「労働力調査」／OECDDatabase（2022.11）。
　　注　1．労働力率は各年齢階層人口中に占める労働力人口の割合。計は15歳以上（アメリカとイギリスは
　　　　　は16歳以上）人口に占める労働力人口の割合。
　　　　2．アメリカとイギリスの年齢区分の15～19歳は16～19歳。

J-13 産業別の労働力構成 (2020年)　(単位 千人)

産　　　　業	日本 2020	アメリカ 2021	イギリス 2019	ドイツ 2021	フランス 2021	イタリア 2021	韓国 2021
・就業者数							
全　　産　　業	66,760	152,581	32,693	41,500	27,728	22,904	27,401
a. 農　林　漁　業	2,130	2,537	340	517	676	912	1,458
b. 鉱業・採石業	20	418	126	76	28	33	12
c. 製　　造　　業	10,710	15,119	2,990	8,272	3,046	4,290	4,368
d. 電気ガス熱供給	660	1,314	199	374	195	117	71
e. 上下水道・廃棄物管理	―	676	230	258	213	242	169
f. 建　　設　　業	4,920	11,743	2,356	2,446	1,779	1,358	2,090
g. 卸売・小売業	10,850	19,495	4,040	5,313	3,466	3,187	3,353
h. 運輸・保管業	3,750	9,976	1,572	1,940	1,421	1,131	1,586
i. 宿泊・飲食サービス	3,910	9,288	1,745	1,183	1,055	1,303	2,098
j. 情報通信業	2,400	6,548	1,389	1,580	990	624	900
k. 金融・保険業	1,880	7,707	1,287	1,251	1,007	623	800
l. 不　動　産　業	1,090	3,266	391	373	350	155	531
m. 専門・科学・技術活動サービス業	2,440	8,815	2,519	2,127	1,778	1,512	1,219
n. 管理・支援サービス	3,390	6,734	1,530	1,735	1,166	963	1,397
o. 公　務・国　防	2,510	5,544	2,111	3,363	2,299	1,219	1,143
p. 教　　　育	3,390	13,517	3,413	2,707	2,166	1,634	1,840
q. 保　健　衛　生	8,620	21,777	4,401	5,635	3,884	1,894	2,534
r. 芸術娯楽・レクリエーション	810	2,638	878	473	544	306	467
s. その他サービス業	2,010	4,305	938	1,574	782	715	1,135
t. 自　家　利　用	―	659	50	162	271	667	87
u. 治外法権機関及び団体	30	506	58	―	17	18	15
x. 分　類　不　能	1,220	―	130	132	595	―	128
1次産業 (a)	2,130	2,537	340	517	676	912	1,458
2次産業 (b～f)	16,310	29,271	5,902	11,426	5,262	6,040	6,710
3次産業 (g～u)	47,080	120,774	26,321	29,417	21,195	15,951	19,104
・構成割合 (%)							
全　　産　　業	100.0	100.0	100.0	100.0	100.0	100.0	100.0
a. 農　林　漁　業	3.2	1.7	1.0	1.2	2.4	4.0	5.3
b. 鉱業・採石業	0.0	0.3	―	0.2	―	0.1	0.0
c. 製　　造　　業	16.0	9.9	9.1	19.9	11.0	18.7	15.9
d. 電気ガス水道	1.0	0.9	―	0.9	0.7	0.5	0.3
e. 上下水道・廃棄物管理		0.4	―	0.6	0.8	1.1	0.6
f. 建　　設　　業	7.4	7.7	7.2	5.9	6.4	5.9	7.6
g. 卸売・小売業	16.3	12.8	12.4	12.8	12.5	13.9	12.2
h. 運輸・保管業	5.6	6.5	4.8	4.7	5.1	4.9	5.8
i. 宿泊・飲食サービス	5.9	6.1	5.3	2.9	3.8	5.7	7.7
j. 情報通信業	3.6	4.3	4.2	3.8	3.6	2.7	3.3
k. 金融・保険業	2.8	5.1	3.9	3.0	3.6	2.7	2.9
l. 不　動　産　業	1.6	2.1	1.2	0.9	1.3	0.7	1.9
m. 専門・科学・技術活動サービス業	3.7	5.8	7.7	5.1	6.4	6.6	4.5
n. 管理・支援サービス	5.1	4.4	4.7	4.2	4.2	4.2	5.1
o. 公　務・国　防	3.8	3.6	6.5	8.1	8.3	5.3	4.2
p. 教　　　育	5.1	8.9	10.4	6.5	7.8	7.1	6.7
q. 保　健　衛　生	12.9	14.3	13.5	13.6	14.0	8.3	9.2
r. 芸術娯楽・レクリエーション	1.2	1.7	―	1.1	2.0	1.3	1.7
s. その他サービス業	3.0	2.8	―	3.8	2.8	3.1	4.1
t. 自　家　利　用		0.4	―	0.4	1.0	2.9	0.3
u. 治外法権機関及び団体	0.0	0.3	―	―	―	0.1	0.1
x. 分　類　不　能	―	―	―	0.3	―	―	―
1次産業 (a)	3.2	1.7	1.0	1.2	2.4	4.0	5.3
2次産業 (b～f)	24.4	19.2	18.1	27.5	19.0	26.4	24.5
3次産業 (g～u)	70.5	79.2	80.5	70.9	76.4	69.6	69.7

資料出所　ILOSTAT (2022.11)。
　　注　業種分類は、国際標準産業分類 (ISIC) のRev-4による。

J-14 職業別の労働力構成 (2020/19) (単位 千人・%)

職　　　業	日本	アメリカ	イギリス	ドイツ	フランス	イタリア	韓国
	2020	2021	2019	2021	2021	2021	2021
男女（計）	66,760	152,581	32,693	41,500	27,728	22,554	27,401
管 理 的 職 業 従 事 者	1.9	10.5	11.8	4.1	6.8	3.6	1.4
専 門 的 職 業 従 事 者	－	20.6	26.4	21.4	23.0	15.1	20.4
テクニシャン・準専門的職業従事者	24.0	15.7	12.3	20.3	17.6	17.2	17.3
事 務 補 助 員	20.2	8.1	9.4	13.3	8.6	12.8	11.2
サービス・販売従事者	21.3	13.5	17.4	13.3	13.5	16.7	10.1
農林業業熟練従事者	3.1	0.4	1.2	1.4	2.7	2.4	5.1
技能工及び関連職業従事者	－	7.9	7.9	11.6	9.7	13.2	8.8
設備・機械運転従事者、組立工	20.6	5.3	4.9	6.0	6.4	7.1	10.9
単 純 作 業 従 事 者	7.2	9.8	8.2	7.5	8.5	11.0	14.3
軍 人	－	－	0.3	0.4	0.7	0.9	－
分 類 不 能	1.6	8.2	0.2	0.8	2.4	－	0.5
男性（計）	37,090	80,829	17,241	22,097	14,159	13,044	15,573
管 理 的 職 業 従 事 者	3.0	11.6	14.2	5.4	8.3	4.4	2.1
専 門 的 職 業 従 事 者	0.0	17.8	25.6	20.4	22.4	11.7	18.3
テクニシャン・準専門的職業従事者	25.5	12.9	11.3	17.6	14.7	17.9	14.9
事 務 補 助 員	14.5	4.1	5.4	8.4	4.7	8.1	6.8
サービス・販売従事者	14.9	10.7	10.5	9.5	8.4	11.6	8.7
農 林 業 業 熟 練 従 事 者	3.6	0.6	1.9	2.0	4.1	3.3	5.6
技能工及び関連職業従事者	0.0	12.8	14.0	19.5	17.1	20.6	13.6
設備・機械運転従事者、組立工	29.9	8.2	8.1	9.4	10.2	10.1	17.0
単 純 作 業 従 事 者	7.0	13.2	8.3	6.4	6.6	10.8	12.9
軍 人	－	－	0.4	0.7	1.2	1.5	0.0
分 類 不 能	1.6	－	0.2	0.8	2.2	－	0.9
女性（計）	29,680	71,752	15,452	19,403	13,568	9,510	11,828
管 理 的 職 業 従 事 者	0.6	9.2	9.2	2.5	5.3	2.4	0.5
専 門 的 職 業 従 事 者	0.0	23.8	27.3	22.5	23.6	19.6	23.1
テクニシャン・準専門的職業従事者	22.2	18.8	13.5	23.5	20.7	16.3	20.5
事 務 補 助 員	27.4	12.6	13.9	18.9	13.4	19.3	17.1
サービス・販売従事者	29.2	16.8	25.1	17.7	18.8	23.8	12.0
農 林 業 業 熟 練 従 事 者	2.5	0.2	0.4	0.6	1.2	1.2	4.4
技能工及び関連職業従事者	0.0	2.4	1.1	2.6	2.0	3.0	2.5
設備・機械運転従事者、組立工	9.0	2.1	1.2	2.1	2.5	3.0	2.8
単 純 作 業 従 事 者	7.4	5.9	8.0	8.7	10.5	11.4	16.2
軍 人	－	－	0.1	0.1	0.2	0.1	0.0
分 類 不 能	1.7	－	0.1	0.8	2.5	－	0.9

資料出所　ILOSTAT（2021.11）。
注　本表は国際標準職業分類に基づくため、日本標準職業分類と異なり比較には注意を要する。

〈参考〉就業者数に占めるパートタイム労働者割合の推移　(単位　%)

国　　名	男女計			女性			パート労働者に占める女性の割合		
	2010年	2020年	2021年	2010年	2020年	2021年	2010年	2020年	2021年
日　　　　本	20.2	25.8	25.6	33.9	39.5	39.0	70.3	67.4	67.4
ア メ リ カ	19.7	18.9	－	26.6	25.6	－	64.0	63.0	－
イ ギ リ ス	24.6	22.4	21.7	39.3	34.5	33.1	75.0	73.6	72.9
ド イ ツ	21.8	22.0	22.2	38.2	36.3	36.0	80.9	77.0	75.9
フ ラ ン ス	13.7	13.1	13.8	22.5	19.7	20.5	78.1	73.2	72.9
イ タ リ ア	16.4	17.9	17.0	31.0	31.5	29.5	77.1	74.0	73.1
韓　　　　国	10.6	15.4	16.1	15.5	22.1	23.2	60.3	60.8	61.8

資料出所　OECD「Employment by activites and status」（2021.11）。
注　パートタイム労働者とは、週当たり30時間未満の者、日本は週労働時間が35時間未満の者。アメリカは2018年の数値。

J−15　失業者および失業率の推移 （男女計・各国公表値）

年	日 本		アメリカ		イギリス		フランス		イタリア		韓 国		ド イ ツ	
	万人	%	万人	%	万人	%	万人	%	万人	%	万人	%	万人	%
1990年	134	2.1	705	5.6	197	6.8	194	7.8	275	11.4	45	2.5	188	4.8
95	210	3.2	740	5.6	241	8.6	255	10.1	264	11.5	43	2.1	320	8.1
2000年	320	4.7	569	4.0	159	5.5	224	8.4	249	10.6	98	4.4	307	7.8
05	294	4.4	759	5.1	146	4.8	232	8.5	188	7.7	89	3.8	457	11.2
10	334	5.1	1482	9.6	250	7.9	250	8.9	206	8.4	92	3.7	284	7.0
11	302	4.6	1375	9.0	259	8.1	249	8.8	206	8.4	86	3.4	240	5.8
12	285	4.4	1251	8.1	257	8.0	268	9.4	269	10.7	83	3.2	222	5.4
13	265	4.0	1146	7.4	247	7.6	284	9.9	307	12.1	81	3.1	218	5.2
14	236	3.6	962	6.2	202	6.2	303	10.3	324	12.7	93	3.5	209	5.0
15	222	3.4	830	5.3	178	5.4	305	10.4	303	11.9	98	3.6	195	4.6
16	208	3.1	775	4.9	163	4.9	297	10.0	301	11.7	101	3.7	177	4.1
17	190	2.8	698	4.4	148	4.4	278	9.4	291	11.2	102	3.7	162	3.7
18	167	2.4	631	3.9	138	4.1	268	9.0	276	10.6	107	3.8	147	3.4
19	162	2.4	600	3.7	131	3.8	249	8.4	258	10.0	106	3.8	137	3.1
20	191	2.8	1295	8.1	156	4.6	235	8.0	231	9.2	111	4.0	170	3.9
21	194	2.8	862	5.3	148	4.4	237	7.9	237	9.5	104	3.7	154	3.6

資料出所　総務省統計局「労働力調査」、OECD「Labour Force Statistics」（2021.11）。以下同じ。
　　注　イギリスは上記の労働力調査以外にも、職業安定機関のデータが別に存在し公表されている。

＜失業者と失業率の定義＞
　失業者とは、ILOのガイドラインによれば「生産年齢の者で、就業可能であるが就業していない、求職活動を積極的に行った者のこと」であり、失業率とは同じく「軍人を除いた労働力人口に占める割合」である。しかし各国によって、この失業者・失業率の定義が異なるため、各国の数値を直接比較するには留意が必要である。詳しくは、〔補〕各国の失業統計の定義を参照。
　なお、上表では各国で公表（定義）されている失業者数と失業率の値を掲載しているが、これとは別に、OECDからILOのガイドラインに基づき時系列や相互の比較ができるようにした調整失業者・失業率が発表されている。

〔参考１〕長期失業者の割合

国名	期間	1995	2000	2005	2010	2015	2020	2021
日本	6か月～12か月未満	19.6	21.4	15.8	18.0	15.0	15.3	15.5
	1年以上	18.1	25.5	33.3	37.6	35.5	28.0	35.8
アメリカ	6か月～12か月未満	7.6	5.4	7.9	14.3	9.4	9.8	15.5
	1年以上	9.7	6.0	11.8	29.0	18.7	5.6	23.1
イギリス	6か月～12か月未満	17.2	14.8	15.9	20.0	15.8	15.2	19.1
	1年以上	43.6	26.7	21.1	32.6	30.7	20.1	28.4
ドイツ	6か月～12か月未満	17.2	16.1	16.3	16.1	15.4	18.8	16.8
	1年以上	48.7	51.5	53.0	47.3	44.0	28.7	32.6
フランス	6か月～12か月未満	21.6	22.4	19.1	20.0	19.7	20.1	16.1
	1年以上	42.5	42.6	40.8	40.1	42.8	36.7	29.5
イタリア	6か月～12か月未満	16.7	14.6	14.3	16.1	13.3	15.0	11.9
	1年以上	63.6	61.8	49.8	48.5	58.9	52.4	58.0
韓国	6か月～12か月未満	13.3	11.8	10.8	6.6	9.6	10.0	11.1
	1年以上	4.4	2.3	0.8	0.3	0.4	0.6	1.2

注　全失業者に対する失業期間の割合（失業者全体＝100.0）

〔参考２〕若年層・高齢者層の失業率（15-24歳・55-64歳）

	2010			2015			2020			2021		
	15～24歳	55～64歳	年齢計	15～24歳	55～64歳	年齢計	15～24歳	55～64歳	年齢計	15～24歳	55～64歳	年齢計
日　　本	9.2	5.0	5.0	5.5	3.1	3.3	4.6	2.6	2.8	4.6	2.8	28.0
アメリカ	18.4	7.1	9.6	11.6	3.8	5.3	14.9	3.7	8.1	9.7	3.8	5.3
イギリス	19.5	4.5	7.6	14.4	3.6	5.3	13.6	3.7	4.6	12.6	3.8	4.4
ド イ ツ	9.7	7.7	7.1	7.2	4.7	4.6	7.3	3.2	3.9	6.9	3.0	3.6
フランス	23.3	5.9	9.3	24.7	7.4	10.4	20.2	5.8	8.0	18.9	6.3	7.9
イタリア	27.9	3.6	8.4	40.3	5.5	11.9	29.4	5.0	9.2	29.7	5.5	9.5
韓　　国	9.7	2.9	3.7	10.5	2.8	3.6	10.5	3.3	4.0	85.0	3.3	3.7

資料出所　OECD「LFS by sex and age indicators」（2022.11）。
　　注　アメリカの15-24歳は16-24歳の数値

〔補〕各国の失業統計の定義

国　名	失業者の定義	失業率の定義
日　本	労働力調査。調査週において仕事がなく、すぐに就業が可能で、求職活動を行った15歳以上の者。過去の求職活動の結果を待っている者を含む。	失業者数／全労働力人口
アメリカ	人口動態調査（ＣＰＳ）。調査週において仕事がなく、すぐに就職が可能（一時的な病気の場合は除く）で、過去４週間以内に求職活動を行った16歳以上の者。レイオフされた労働者で前職に復帰するために待機中の者を含む。	失業者数／全労働力人口（軍人を除く）
カ ナ ダ	労働力調査。調査週において仕事がなく、すぐに就業が可能で、過去４週間以内に求職活動を行った15歳以上の者。調査週から４週間以内に新しい仕事を始めるために待機中の者及びレイオフされた労働者で前職に復帰するために待機中の者を含む。	失業者数／全労働力人口（軍人を除く）
イギリス	労働力調査。調査週において仕事がなく、２週間以内に就業が可能で、過去４週間以内に求職活動を行った16歳以上の者。既に就業先が決まっており待機中の者を含む。	失業者数／全労働力人口（軍人を除く）
ド イ ツ	小規模国勢調査（Mikrozensus）。仕事への従事が週１時間未満であって、２週間以内に就業が可能で、過去４週間以内に求職活動を行った15歳以上24歳以下の者。（登録失業者）職業安定機関の業務統計。公共職業安定所に求職登録している者の数である。具体的には、仕事への従事が週15時間未満であって、公共職業安定所が紹介する仕事に応じることが可能で、求職活動を行った65歳未満の者。	失業者数／全労働力人口（軍人を除く）登録失業者数／全労働力人口（軍人を除く）
フランス	雇用統計（Enquete Emploi）。調査週において仕事がなく、２週間以内に就業が可能で、調査週を含む過去４週間以内に求職活動を行った又は３カ月以内に新しい仕事を始めるために待機中の、15歳以上の者。	失業者数／全労働力人口（軍人を除く）
イタリア	労働力調査。調査週において仕事がなく、２週間以内に就業が可能で、過去４週間以内に求職活動を行った15歳以上の者。	失業者数／全労働力人口（軍人を除く）
韓　国	労働力調査。調査週において仕事がなく、すぐに就業が可能で、求職活動を行った15歳以上の者。過去１カ月以内に就職先が決まっており待機中の者を含む。	失業者数／全労働力人口（軍人を除く）
シンガポール	労働力調査。調査週において仕事がなく、就業が可能で、求職活動を行った15歳以上の者。既に就職先が決まっており待機中の者を含む。	失業者数／全労働力人口
タ　イ	労働力調査。調査週において仕事への従事が週１時間未満であって、就業が可能であり、過去30日間以内に求職活動を行った15歳以上（2001年から。2000年までは13歳）の者。病気で求職活動ができない者や新しい仕事、又は農繁期に向け待機中の者、レイオフ中の者を含む。	失業者数／全労働力人口
マレーシア	労働力調査。調査週において仕事がなく、就業が可能で、調査週に求職活動を行った15歳以上64歳以下の者。一時的な病気又は悪天候で求職活動ができない者、過去の求職活動の結果を待っている者を含む。	失業者数／全労働力人口
フィリピン	労働力調査。調査週において仕事がなく、２週間以内に就業が可能で、求職活動を行った15歳以上の者。一時的な病気又はレイオフ中の者。	失業者数／全労働力人口（軍人を除く）
中　国	都市部労働力標本調査。16歳以上の都市部在住者であって、調査週において収入を伴う就業をせず（調査週の次週から就業予定の者を除く）、調査週以前の３ヶ月間に求職活動を行った者で、今後の２週間以内に就業が可能な者。(自営開始の準備中の者、過去に求職活動を行ったが引退し、年金を受給している者を含む)	失業者数／全労働力人口（軍人除く、都市部のみ）
オーストラリア	労働力調査。調査週において仕事がなく、すぐに就業が可能で、過去４週間以内に求職活動を行った15歳以上の者。過去４週間以内に仕事が決まり、新しい仕事を始めるために待機中の者を含む。	失業者数／全労働力人口（軍人を除く）
Ｅ　Ｕ	EU労働力調査。15歳以上74歳未満の者であって、調査週において仕事がなく、２週間以内に就業が可能で、過去４週間以内に求職活動を行った者。	失業者数／全労働力人口

資料出所　ILO「Statistical Sources and Methods」及び各国資料。厚生労働省「海外労働情報」より引用。
　　注　1．全労働力人口とは、明記のない限り軍人（日本の場合は自衛隊員）を含む。
　　　　2．外国人労働者は、一般には正規入国者で労働許可を有していれば労働力人口に含まれる。

J—16　労働争議の推移（同盟罷業・事業所閉鎖等）

年	日本 労働争議件数	日本 労働損失日数（千日）	日本 労働争議参加人数（千人）	アメリカ 労働争議件数	アメリカ 労働損失日数（千日）	アメリカ 労働争議参加人数（千人）	イギリス 労働争議件数	イギリス 労働損失日数（千日）	イギリス 労働争議参加人数（千人）
1975年	3,391	8,016	2,732	235	17,563	965	2,282	6,012	232
80	1,133	1,001	563	187	20,844	795	1,348	11,946	834
85	627	264	123	54	7,079	324	1,903	6,402	791
90	284	145	84	44	5,926	185	630	1,903	298
95	209	77	38	31	5,771	192	235	415	174
2000年	118	35	15	39	20,419	394	212	499	183
05	50	6	4	22	1,348	270	116	157	93
10	38	23	3	1	302	45	92	365	133
15	39	15	13	12	740	47	106	170	81
17	38	15	8	7	96	25	79	276	33
18	26	1	1	20	2,815	487	81	273	39
19	27	11	5	25	3,237	429	96	206	40
20	35	1	1	—	—	—	—	—	—
21	32	1	1	—	—	—	—	—	—

年	ドイツ 労働争議件数	ドイツ 労働損失日数（千日）	ドイツ 労働争議参加人数（千人）	韓国 労働争議件数	韓国 労働損失日数（千日）	韓国 労働争議参加人数（千人）
1975年	202	69	35	—	—	—
80	132	128	45	—	—	—
85	53	35	78	—	—	—
90	777	364	257	—	—	—
95	361	247	183	—	—	—
2000年	67	11	7	250	1,884	178
05	—	19	134	287	848	118
10	132	25	12	86	511	40
15	1,618	1,092	230	105	447	77
17	1,170	1,280		101	862	130
18	1,528	571	682	134	552	81
19	1,252	162	88	141	402	35
20	1,265	195	140	105	554	68
21				141	471	51

国・年	労働争議件数	労働損失日数（千日）	労働争議参加人数（千人）
オーストラリア			
2013年	215	131	132
2015	228	83	73
2016	259	125	106
2018	163	106	58
2019	147	64	53
2020	—	—	—
2021			
スウェーデン			
2010年	5	29	3
2015	6	7	5
2017	1	3	0
2018	1	0.0	0
2019	6	8	1
2020	0	0	0
2021	2	0.0	7

資料出所　厚生労働省「労働争議統計調査年報」、ILO「Yearbook of Labour Statistics」。
注　1．日本は、争議行為を伴う争議のうち半日以上の同盟罷業。1990年以前は作業所閉鎖を含む。
　　2．アメリカは、参加人員1,000人以上、全日以上の争議。年内に開始された争議。
　　3．ドイツは、件数では92年までは旧西ドイツ地域、93年以降は統一ドイツの数値で参加人員10人以上、全日以上の争議。
　　4．フランスは、局所的紛争（企業レベル・事業所単位）のみで交通産業除く民間部門。
　　5．イギリスは政治ストを除き、100労働日以上の争議では1日未満や10人未満の争議を含む。
　　6．韓国の参加人数には間接参加者を含まない。
　　7．オーストラリアの労働争議件数は10労働日以上の争議。

J—17　労働組合組織率の推移　　（単位　%）

	1990	2000	2010	2015	2016	2017	2018	2019	2020
日　　　本	25.4	21.5	18.4	17.5	17.4	17.2	17.0	16.8	—
アメリカ	15.5	12.9	11.4	10.6	10.3	10.3	10.1	9.9	10.3
カ　ナ　ダ	33.6	28.2	27.2	26.5	26.3	26.3	25.9	26.1	27.2
イギリス	39.6	29.8	26.6	24.7	23.6	23.3	23.4	23.5	—
ド　イ　ツ	31.2	24.6	18.9	17.6	17.0	16.7	16.6	16.3	—
イタリア	39.0	34.8	35.3	34.2	33.6	33.2	32.6	32.5	—
オーストラリア	41.3	24.9	18.4	—	14.6	—	13.7	—	—
韓　　　国	17.4	11.4	9.6	10.0	10.0	10.5	11.6	—	—
スウェーデン	81.5	81.0	68.2	67.0	66.7	66.1	65.5	65.2	—

資料出所　OECD「Labour Force Statistics」(2022.11)。

J-18　為替レートとGDP購買力平価の推移 (米1ドル各年＝1.00)

国　名	通貨	2000	2005	2010	2015	2020	2021
為替レート							
日　　　　本	円	107.8	110.2	87.8	121.0	106.8	109.8
オーストラリア	AUドル	1.725	1.309	1.090	1.331	1.453	1.331
オーストリア	ユーロ	1.083	0.804	0.754	0.901	0.876	0.845
ベ　ル　ギ　ー	ユーロ	1.083	0.804	0.754	0.901	0.876	0.845
カ　ナ　ダ	カナダドル	1.485	1.211	1.030	1.279	1.341	1.254
チ　ェ　コ	コルナ	38.60	23.96	19.10	24.60	23.21	21.68
デンマーク	クローネ	8.083	5.997	5.624	6.728	6.542	6.287
フィンランド	ユーロ	1.083	0.804	0.754	0.901	0.876	0.845
フ　ラ　ン　ス	ユーロ	1.083	0.804	0.754	0.901	0.876	0.845
ド　イ　ツ	ユーロ	1.083	0.804	0.754	0.901	0.876	0.845
ギ　リ　シ　ャ	ユーロ	1.072	0.804	0.754	0.901	0.876	0.845
ハンガリー	フォリント	282.2	199.6	207.9	279.3	308.0	303.1
アイルランド	ユーロ	1.083	0.804	0.754	0.901	0.876	0.845
イ　タ　リ　ア	ユーロ	1.083	0.804	0.754	0.901	0.876	0.845
韓　　　　国	ウォン	1130	1024	1156	1131	1180	1144
メ　キ　シ　コ	新ペソ	9.46	10.90	12.64	15.85	21.49	20.27
オ　ラ　ン　ダ	ユーロ	1.083	0.804	0.754	0.901	0.876	0.845
ニュージーランド	NZドル	2.201	1.420	1.388	1.434	1.542	1.414
ノ　ル　ウ　ェ　ー	クローネ	8.802	6.443	6.044	8.064	9.416	8.590
ポ　ー　ラ　ン　ド	ズロチ	4.346	3.235	3.015	3.770	3.900	3.862
ポ　ル　ト　ガ　ル	ユーロ	1.083	0.804	0.754	0.901	0.876	0.845
ス　ペ　イ　ン	ユーロ	1.083	0.804	0.754	0.901	0.876	0.845
ス　ウ　ェ　ー　デ　ン	クローナ	9.162	7.473	7.208	8.435	9.210	8.577
ス　イ　ス	スイスフラン	1.689	1.245	1.043	0.962	0.939	0.914
ト　ル　コ	新リラ	0.625	1.344	1.503	2.720	7.009	8.850
イ　ギ　リ　ス	ポンド	0.661	0.550	0.647	0.655	0.780	0.727
ア　メ　リ　カ	USドル	1.000	1.000	1.000	1.000	1.000	1.000
EU27	ユーロ	1.083	0.804	0.754	0.901	0.876	0.845
中　　　　国	元	8.279	8.194	6.770	6.227	6.901	6.449
ロ　シ　ア	ルーブル	28.13	28.28	30.37	60.94	72.10	73.65
ブ　ラ　ジ　ル	レアル	1.829	2.434	1.759	3.327	5.155	5.394
イ　ン　ド	ルピー	44.94	44.10	45.73	64.15	74.10	73.92
GDP購買力平価							
日　　　　本	円	154.7	129.6	111.7	103.5	101.2	100.4
オーストラリア	AUドル	1.312	1.388	1.503	1.474	1.446	1.439
オーストリア	ユーロ	0.908	0.882	0.842	0.799	0.764	0.771
ベ　ル　ギ　ー	ユーロ	0.900	0.892	0.837	0.800	0.745	0.743
カ　ナ　ダ	カナダドル	1.228	1.214	1.222	1.248	1.246	1.253
チ　ェ　コ	コルナ	14.33	14.56	13.67	12.94	12.79	12.92
デンマーク	クローネ	8.671	8.569	7.591	7.305	6.633	6.594
フィンランド	ユーロ	0.984	0.979	0.900	0.908	0.845	0.830
フ　ラ　ン　ス	ユーロ	0.930	0.916	0.855	0.809	0.727	0.725
ド　イ　ツ	ユーロ	0.943	0.873	0.805	0.778	0.738	0.741
ギ　リ　シ　ャ	ユーロ	0.670	0.709	0.722	0.609	0.553	0.548
ハンガリー	フォリント	110.1	130.9	126.4	132.6	148.8	154.8
アイルランド	ユーロ	0.944	1.012	0.850	0.810	0.801	0.787
イ　タ　リ　ア	ユーロ	0.805	0.855	0.773	0.739	0.664	0.654
韓　　　　国	ウォン	747.7	788.9	841.0	857.5	824.6	847.5
メ　キ　シ　コ	新ペソ	6.103	7.127	7.680	8.328	9.703	10.04
オ　ラ　ン　ダ	ユーロ	0.891	0.897	0.854	0.810	0.774	0.770
ニュージーランド	NZドル	1.444	1.535	1.497	1.478	1.436	1.486
ノ　ル　ウ　ェ　ー	クローネ	9.087	9.005	9.151	9.933	10.12	9.675
ポ　ー　ラ　ン　ド	ズロチ	1.833	1.868	1.805	1.765	1.791	1.837
ポ　ル　ト　ガ　ル	ユーロ	0.661	0.664	0.623	0.585	0.569	0.572
ス　ペ　イ　ン	ユーロ	0.740	0.770	0.727	0.665	0.627	0.624
ス　ウ　ェ　ー　デ　ン	クローナ	9.164	9.479	9.025	8.854	8.748	8.709
ス　イ　ス	スイスフラン	1.789	1.687	1.466	1.236	1.140	1.105
ト　ル　コ	新リラ	0.282	0.835	0.920	1.162	2.197	2.782
イ　ギ　リ　ス	ポンド	0.705	0.708	0.702	0.693	0.689	0.693
ア　メ　リ　カ	USドル	1.000	1.000	1.000	1.000	1.000	1.000
EU27	ユーロ	0.831	0.819	0.757	0.719	0.668	0.661
中　　　　国	元	2.722	2.842	3.329	3.871	4.179	4.187
ロ　シ　ア	ルーブル	7.301	12.74	15.82	23.56	24.49	27.33
ブ　ラ　ジ　ル	レアル	0.758	1.061	1.388	1.989	2.368	2.526
イ　ン　ド	ルピー	9.675	10.71	14.60	19.24	21.99	23.14

資料出所OECD「Prices and Purchasing Power Parity」(2022.11)。
注1．単位は各年で「各国通貨／米1ドル」。
　　2．EU (ユーロ導入国) についてはJ-6の注を参照。

J-19 消費者物価指数の推移 (2015＝100)

国　名	2000	2005	2010	2015	2020	2021
日　　　本	99.0	96.9	96.5	100.0	101.8	101.6
オーストラリア	66.4	77.1	89.3	100.0	107.8	110.9
オーストリア	74.6	82.5	90.3	100.0	108.1	111.1
ベ ル ギ ー	75.0	83.2	92.1	100.0	108.6	111.3
カ ナ ダ	75.4	84.5	92.0	100.0	108.2	111.9
チ ェ コ	72.4	80.9	93.0	100.0	111.8	116.1
デンマーク	76.2	84.0	93.3	100.0	103.4	105.4
フィンランド	79.1	83.8	91.9	100.0	103.6	105.8
フ ラ ン ス	79.9	87.9	94.7	100.0	104.7	106.4
ド イ ツ	79.9	86.2	93.3	100.0	105.8	109.1
ギ リ シ ャ	71.6	84.7	99.2	100.0	99.9	101.1
ハンガリー	52.0	69.1	89.8	100.0	112.8	118.6
アイルランド	74.8	88.9	95.5	100.0	101.4	103.8
イ タ リ ア	75.1	84.6	93.0	100.0	102.7	104.7
韓　　　国	66.6	78.4	91.1	100.0	105.4	108.1
メ キ シ コ	53.0	67.4	83.7	100.0	122.6	129.5
オ ラ ン ダ	75.1	84.9	91.6	100.0	107.5	110.4
ニュージーランド	71.3	80.6	92.6	100.0	107.6	111.9
ノ ル ウ ェ ー	75.5	82.3	92.1	100.0	112.2	116.1
ポ ー ラ ン ド	70.3	80.4	92.5	100.0	109.1	114.6
ポ ル ト ガ ル	73.4	85.7	93.4	100.0	103.3	104.6
ス ペ イ ン	71.3	83.5	93.9	100.0	103.8	107.1
スウェーデン	83.2	89.5	96.5	100.0	107.2	109.5
ス イ ス	93.5	97.5	101.9	100.0	100.7	101.3
ト ル コ	14.1	45.1	68.5	100.0	180.2	215.5
イ ギ リ ス	73.4	79.4	90.1	100.0	108.9	111.6
ア メ リ カ	72.7	82.4	92.0	100.0	109.2	114.3
E U	73.1	83.5	93.0	100.0	105.8	108.8
参　　　考						
中　　　国	70.5	75.3	87.0	100.0	111.5	112.6
ロ シ ア	20.3	40.6	66.0	100.0	123.3	131.6
ブ ラ ジ ル	38.0	57.5	72.3	100.0	124.8	135.2
イ ン ド	36.6	44.4	67.3	100.0	128.2	134.4

資料出所　OECD「Prices and Purchasing Power Parity」(2022.11)

J-20 実質経済成長率 (GDP) の見通し

国　名	実績	OECD見通し (2022.11発表)			IMF見通し (2022.10発表)	
	2021	2022	2023	2024	2022	2023
世　　　　　界	5.9	3.1	2.2	2.7	2.9	2.1
O E C D	5.6	2.8	0.8	1.4	－	－
ユ ー ロ 圏	5.3	3.3	0.5	1.4	3.1	0.5
日　　　　　本	1.7	1.6	1.8	0.9	1.7	1.6
ア メ リ カ	5.9	1.8	0.5	1.0	1.6	1.0
カ ナ ダ	4.5	3.2	1.0	1.3	3.3	1.5
イ ギ リ ス	7.5	4.4	△ 0.4	0.2	3.6	0.3
ド イ ツ	2.6	1.8	△ 0.3	1.5	1.5	△ 0.3
フ ラ ン ス	6.8	2.6	0.6	1.2	2.5	0.7
イ タ リ ア	6.7	3.7	0.2	1.0	3.2	△ 0.2
中　　　　　国	8.1	3.3	4.6	4.1	3.2	4.4
ロ シ ア	4.7	△ 3.9	△ 5.6	△ 0.2	△ 3.4	△ 2.3
イ ン ド	8.7	6.6	5.7	6.9	6.8	6.1
ブ ラ ジ ル	4.9	2.8	1.2	1.4	2.8	1.0

資料出所　OECD「Economic Outlook 112」、IMF「世界経済見通し (2022年10月)」。

J−21　各国の財政状況

(1)　一般政府財政収支　対GDP比

国　　名	2005	2010	2015	2020	2021	2022 見通し	2023 見通し
日　　　　　　本	−4.4	−9.1	−3.7	−9.0	−5.7	−6.9	−4.6
ア　メ　リ　カ	−4.5	−12.5	−4.7	−15.4	−11.8	−6.7	−5.3
カ　ナ　ダ	1.6	−4.7	−0.1	−11.4	−5.0	−2.4	−1.3
ド　イ　ツ	−3.3	−4.4	1.0	−4.3	−3.8	−3.4	−1.8
イ　ギ　リ　ス	−3.0	−9.3	−4.5	−12.8	−8.3	−5.3	−4.1
フ　ラ　ン　ス	−3.4	−6.9	−3.6	−8.9	−6.4	−5.4	−4.7
イ　タ　リ　ア	−4.1	−4.2	−2.6	−9.6	−7.2	−6.1	−4.2
ノ　ル　ウ　ェ　ー	14.8	10.9	6.0	−2.8	9.1	10.6	10.9
ス　ウ　ェ　ー　デ　ン	1.8	−0.1	0.0	−2.8	−0.2	0.0	−0.1
韓　　　　　　国	1.4	0.9	1.2	−4.0	−4.0	−4.1	−3.5

資料出所　OECD「Economic Outlook 111」

(2)　一般政府債務残高　対GDP比

国　　名	2005	2010	2015	2020	2021	2022 見通し	2023 見通し
日　　　　　　本	154.8	181.4	217.5	240.9	240.5	244.7	244.7
ア　メ　リ　カ	65.3	94.9	104.9	134.1	127.6	126.1	126.8
カ　ナ　ダ	75.7	86.4	98.0	126.9	117.3	117.0	116.8
ド　イ　ツ	71.9	87.4	79.9	79.1	78.0	79.0	78.1
イ　ギ　リ　ス	52.1	89.3	111.9	149.1	143.1	139.2	141.5
フ　ラ　ン　ス	82.2	100.1	119.5	124.2	124.2	148.3	138.6
イ　タ　リ　ア	118.7	125.6	158.9	185.5	175.0	174.4	172.4
ノ　ル　ウ　ェ　ー	47.4	49.2	40.5	53.8	−	−	−
ス　ウ　ェ　ー　デ　ン	59.8	47.3	55.0	52.1	49.3	46.0	44.1
韓　　　　　　国	−	32.0	43.4	45.4	47.9	49.9	51.1

資料出所　OECD「Economic Outlook 111」

(3)　一般政府純債務利払い費　対GDP比

国　　名	2005	2010	2015	2020	2021	2022 見通し	2023 見通し
日　　　　　　本	0.3	0.7	0.8	0.5	0.5	0.4	0.4
ア　メ　リ　カ	3.0	2.9	2.5	3.0	2.5	2.2	2.3
カ　ナ　ダ	1.0	0.8	0.7	0.5	−0.4	0.1	0.3
ド　イ　ツ	2.4	2.1	1.0	0.4	0.4	0.4	0.4
イ　ギ　リ　ス	1.7	2.5	2.0	1.6	2.4	2.8	2.8
フ　ラ　ン　ス	2.4	2.3	1.9	1.2	1.3	1.4	1.4
イ　タ　リ　ア	4.3	4.1	3.9	3.3	3.4	3.4	3.0
ノ　ル　ウ　ェ　ー	−2.1	−2.3	−2.7	−2.3	−1.5	−1.0	−0.5
ス　ウ　ェ　ー　デ　ン	0.9	0.3	0.0	−0.1	−0.1	−0.1	−0.1
韓　　　　　　国	−0.6	−0.4	0.1	0.0	−0.4	0.0	0.0

資料出所　OECD「Economic Outlook 111」

〔参考〕国民負担率（2019年）

	日本	アメリカ	イギリス	ドイツ	スウェーデン	フランス
社会保障負担率①	18.6	8.5	11.0	22.9	5.2	23.9
租税負担率②	25.8	23.9	35.5	32.0	51.3	43.1
国民負担率①＋②	44.4	32.4	46.5	54.9	56.4	67.1
対GDP比	31.9	25.5	33.9	41.2	37.1	46.9

資料出所　財務省「国民負担率の国際比較」

K-1　日本の将来

(1)　総人口、年齢3区分別人口及び構成割合（出生中位・死亡中位推計）

年次	人口（千人）				割合（%）			年次
	総　数	0～14歳	15～64歳	65歳以上	0～14歳	15～64歳	65歳以上	（暦年）
平成27	127,095	15,945	77,282	33,868	12.5	60.8	26.6	(2015)
28	126,838	15,771	76,482	34,585	12.4	60.3	27.3	(2016)
29	126,532	15,587	75,782	35,163	12.3	59.9	27.8	(2017)
30	126,177	15,413	75,158	35,606	12.2	59.6	28.2	(2018)
31	125,773	15,235	74,622	35,916	12.1	59.3	28.6	(2019)
32	125,325	15,075	74,058	36,192	12.0	59.1	28.9	(2020)
33	124,836	14,900	73,550	36,386	11.9	58.9	29.1	(2021)
34	124,310	14,702	73,130	36,479	11.8	58.8	29.3	(2022)
35	123,751	14,484	72,683	36,584	11.7	58.7	29.6	(2023)
36	123,161	14,276	72,181	36,704	11.6	58.6	29.8	(2024)
37	122,544	14,073	71,701	36,771	11.5	58.5	30.0	(2025)
38	121,903	13,867	71,231	36,805	11.4	58.4	30.2	(2026)
39	121,240	13,684	70,716	36,840	11.3	58.3	30.4	(2027)
40	120,555	13,502	70,147	36,905	11.2	58.2	30.6	(2028)
41	119,850	13,353	69,507	36,990	11.1	58.0	30.9	(2029)
42	119,125	13,212	68,754	37,160	11.1	57.7	31.2	(2030)
43	118,380	13,028	68,353	37,000	11.0	57.7	31.3	(2031)
44	117,616	12,862	67,557	37,197	10.9	57.4	31.6	(2032)
45	116,833	12,713	66,738	37,383	10.9	57.1	32.0	(2033)
46	116,033	12,579	65,861	37,592	10.8	56.8	32.4	(2034)
47	115,216	12,457	64,942	37,817	10.8	56.4	32.8	(2035)
48	114,383	12,344	63,954	38,084	10.8	55.9	33.3	(2036)
49	113,535	12,239	62,905	38,391	10.8	55.4	33.8	(2037)
50	112,674	12,137	61,813	38,724	10.8	54.9	34.4	(2038)
51	111,801	12,037	60,748	39,016	10.8	54.3	34.9	(2039)
52	110,919	11,936	59,777	39,206	10.8	53.9	35.3	(2040)
53	110,028	11,833	58,877	39,318	10.8	53.5	35.7	(2041)
54	109,131	11,726	58,053	39,352	10.7	53.2	36.1	(2042)
55	108,229	11,616	57,268	39,346	10.7	52.9	36.4	(2043)
56	107,326	11,501	56,539	39,285	10.7	52.7	36.6	(2044)
57	106,421	11,384	55,845	39,192	10.7	52.5	36.8	(2045)
58	105,518	11,264	55,207	39,046	10.7	52.3	37.0	(2046)
59	104,616	11,142	54,580	38,894	10.7	52.2	37.2	(2047)
60	103,716	11,019	53,948	38,749	10.6	52.0	37.4	(2048)
61	102,819	10,894	53,331	38,594	10.6	51.9	37.5	(2049)
62	101,923	10,767	52,750	38,406	10.6	51.8	37.7	(2050)
63	101,029	10,639	52,213	38,177	10.5	51.7	37.8	(2051)
64	100,135	10,511	51,690	37,934	10.5	51.6	37.9	(2052)
65	99,240	10,381	51,193	37,665	10.5	51.6	38.0	(2053)
66	98,342	10,252	50,726	37,365	10.4	51.6	38.0	(2054)
67	97,441	10,123	50,276	37,042	10.4	51.6	38.0	(2055)
68	96,534	9,996	49,836	36,703	10.4	51.6	38.0	(2056)
69	95,622	9,870	49,380	36,372	10.3	51.6	38.0	(2057)
70	94,702	9,747	48,927	36,029	10.3	51.7	38.0	(2058)
71	93,775	9,626	48,438	35,711	10.3	51.7	38.1	(2059)
72	92,840	9,508	47,928	35,403	10.2	51.6	38.1	(2060)
73	91,897	9,394	47,422	35,081	10.2	51.6	38.2	(2061)
74	90,949	9,284	46,899	34,766	10.2	51.6	38.2	(2062)
75	89,994	9,177	46,362	34,456	10.2	51.5	38.3	(2063)
76	89,036	9,074	45,831	34,132	10.2	51.5	38.3	(2064)
77	88,077	8,975	45,291	33,810	10.2	51.4	38.4	(2065)

資料出所　国立社会保障・人口問題研究所「社会保障統計年報 平成29年版」
注　1．各年10月1日現在人口。平成27 (2015) 年は、総務省統計局『平成27年国勢調査 年齢・国籍不詳をあん分した人口（参考表）』による。
　　2．推計根拠、方法等については社会保障統計年報を参照。
　　3．従属人口指数とは従属年齢人口を生産年齢人口（15～64歳人口）で除した比であり、生産年齢人口に対する年少人口と老年人口の相対的な大きさを比較し、生産年齢人口の扶養負担の程度を表す。表には、年少人口指数（0～14歳人口）・老年人口指数・その和である付属人口指数を掲載。
　　4．合計特殊出生率は、その年齢の女子が生んだ子供の数を各歳の女子人口（15歳から49歳の合計）で除して算出され、1人の女子が生涯に産む子供の数の目安になる。
　　5．「社会保障統計年報」は廃止されたため、次年度より国立社会保障・人口問題研究所『日本の将来推計人口』を掲載の予定。

人口の推計

(2)　平均年齢、従属人口指数、出生率、平均余命（出生中位・死亡中位推計）

年次	平均年齢 (歳)	従属人口指数			合計特殊 出生率	平均余命（0歳＝平均寿命）			年次 (暦年)
		総　数	年少人口	老年人口		男　性	女　性	男女差	
平成27	46.4	64.5	20.6	43.8	1.4504	80.75	86.98	6.23	(2015)
28	46.7	65.8	20.6	45.2	1.4441	80.86	87.14	6.28	(2016)
29	47.0	67.0	20.6	46.4	1.4405	80.98	87.27	6.29	(2017)
30	47.2	67.9	20.5	47.4	1.4353	81.10	87.39	6.29	(2018)
31	47.5	68.5	20.4	48.1	1.4287	81.22	87.52	6.29	(2019)
32	47.8	69.2	20.4	48.9	1.4263	81.34	87.64	6.30	(2020)
33	48.0	69.7	20.3	49.5	1.4234	81.45	87.75	6.30	(2021)
34	48.3	70.0	20.1	49.9	1.4207	81.57	87.87	6.31	(2022)
35	48.5	70.3	19.9	50.3	1.4190	81.68	87.98	6.31	(2023)
36	48.7	70.6	19.8	50.8	1.4185	81.78	88.10	6.31	(2024)
37	49.0	70.9	19.6	51.3	1.4193	81.89	88.21	6.32	(2025)
38	49.2	71.1	19.5	51.7	1.4209	81.99	88.31	6.32	(2026)
39	49.4	71.4	19.4	52.1	1.4229	82.10	88.42	6.32	(2027)
40	49.6	71.9	19.2	52.6	1.4249	82.20	88.52	6.33	(2028)
41	49.8	72.4	19.2	53.2	1.4266	82.29	88.62	6.33	(2029)
42	50.0	73.3	19.2	54.0	1.4280	82.39	88.72	6.33	(2030)
43	50.1	73.2	19.1	54.1	1.4290	82.49	88.82	6.34	(2031)
44	50.3	74.1	19.0	55.1	1.4299	82.58	88.92	6.34	(2032)
45	50.4	75.1	19.0	56.0	1.4307	82.67	89.01	6.34	(2033)
46	50.6	76.2	19.1	57.1	1.4314	82.76	89.11	6.35	(2034)
47	50.7	77.4	19.2	58.2	1.4319	82.85	89.20	6.35	(2035)
48	50.9	78.9	19.3	59.5	1.4325	82.94	89.29	6.35	(2036)
49	51.0	80.5	19.5	61.0	1.4330	83.02	89.38	6.36	(2037)
50	51.1	82.3	19.6	62.6	1.4336	83.11	89.46	6.36	(2038)
51	51.2	84.0	19.8	64.2	1.4342	83.19	89.55	6.36	(2039)
52	51.4	85.6	20.0	65.6	1.4348	83.27	89.63	6.36	(2040)
53	51.5	86.9	20.1	66.8	1.4355	83.35	89.72	6.36	(2041)
54	51.6	88.0	20.2	67.8	1.4362	83.43	89.80	6.37	(2042)
55	51.7	89.0	20.3	68.7	1.4368	83.51	89.88	6.37	(2043)
56	51.8	89.8	20.3	69.5	1.4374	83.59	89.95	6.37	(2044)
57	51.9	90.6	20.4	70.2	1.4380	83.66	90.03	6.37	(2045)
58	52.0	91.1	20.4	70.7	1.4387	83.73	90.11	6.37	(2046)
59	52.0	91.7	20.4	71.3	1.4393	83.81	90.18	6.38	(2047)
60	52.1	92.3	20.4	71.8	1.4398	83.88	90.26	6.38	(2048)
61	52.2	92.8	20.4	72.4	1.4404	83.95	90.33	6.38	(2049)
62	52.3	93.2	20.4	72.8	1.4409	84.02	90.40	6.38	(2050)
63	52.4	93.5	20.4	73.1	1.4413	84.09	90.47	6.38	(2051)
64	52.5	93.7	20.3	73.4	1.4416	84.16	90.54	6.39	(2052)
65	52.6	93.9	20.3	73.6	1.4418	84.22	90.61	6.39	(2053)
66	52.7	93.9	20.2	73.7	1.4419	84.29	90.68	6.39	(2054)
67	52.8	93.8	20.1	73.7	1.4420	84.35	90.74	6.39	(2055)
68	52.9	93.7	20.1	73.6	1.4420	84.42	90.81	6.39	(2056)
69	53.0	93.6	20.0	73.7	1.4421	84.48	90.87	6.39	(2057)
70	53.1	93.6	19.9	73.6	1.4421	84.54	90.94	6.40	(2058)
71	53.2	93.6	19.9	73.7	1.4422	84.60	91.00	6.40	(2059)
72	53.2	93.7	19.8	73.9	1.4424	84.66	91.06	6.40	(2060)
73	53.3	93.8	19.8	74.0	1.4425	84.96	91.38	6.41	(2061)
74	53.3	93.9	19.8	74.1	1.4427	85.05	91.47	6.42	(2062)
75	53.4	94.1	19.8	74.3	1.4429	85.14	91.55	6.42	(2063)
76	53.4	94.3	19.8	74.5	1.4431	85.22	91.64	6.42	(2064)
77	53.4	94.5	19.8	74.8	1.4433	85.31	91.73	6.42	(2065)

［将来人口の推計方法］
　日本の将来人口の推計方法は、コーホート要因法を基礎としている。同要因法は、年齢別人口の加齢にともなって生ずる年々の変化をその要因（死亡、出生、および人口移動）ごとに計算して将来の人口を求める方法である。すでに生存する人口については、加齢とともに生ずる死亡と国際人口移動を差し引いて将来の人口を求める。また、新たに生まれる出口については、再生産年齢人口に生ずる出生数とその生存数、ならびに国際人口移動数を順次算出して求め、翌年の人口に組み入れる。
　同要因法で将来人口を推計するには、男女年齢別に分類された(1)基準人口並びに、同様に分類された(2)将来の出生率（および出生性比）、(3)将来の生存率、(4)将来の国際人口移動率（数）に関する仮定が必要である。同推計では、これらの仮定の設定は、各要因に関する統計指標の実績値に基づいて、人口統計学的な投影を実施することから行った。ただし、将来の出生、死亡等の推移は不確定であることから、同推計では複数の仮定を設定し、これらに基づく複数の推計を行うことによって将来の人口推移について一定幅の見通しを与えるものとしている（本書では高位、低位は割愛した）。

K-2　社会保障

(1)　社会保障関係費のこれまでの推移

(単位　兆円)

区分	平成2年(1990)	7(1995)	12(2000)	17(2005)	22(2010)	27(2015)	令和2年(2020)	令和3年(2021)	令和4年(2022)
基礎的財政収支対象経費	51.9	57.8	63.0	63.7	70.9	72.9	79.3	83.4	83.7
厚生労働省予算	11.6	14.0	15.5	20.8	27.6	29.9	32.6	32.0	33.5
社会保障関係費	11.6	13.9	16.8	20.4	27.3	31.5	35.7	35.8	36.3
年金医療介護保険給付費	—	—	—	—	20.3	23.1	—	—	—
年金給付費	—	—	—	—	—	—	12.5	12.6	12.8
医療給付費	—	—	—	—	—	—	12.3	12.1	12.1
介護給付費	—	—	—	—	—	—	3.4	3.5	3.6
生活保護費	1.1	1.1	1.2	1.9	2.2	2.9	—	—	—
社会福祉費	2.4	3.5	3.7	1.6	3.9	4.9	—	—	—
少子化対策費	—	—	—	—	—	—	3.4	3.5	3.1
生活扶助等社会福祉費	—	—	—	—	—	—	4.4	4.5	4.2
社会保険費	7.2	8.5	11.0	15.9	—	—	—	—	—
保健衛生対策費	0.6	0.6	0.5	0.5	0.4	0.5	0.5	0.5	0.5
失業対策費	0.3	0.3	0.4	0.5	—	—	—	—	—
雇用労災対策費	—	—	—	—	0.3	0.2	＊＊.＊	0.1	0.1
《構成比》(%)									
社会保障関係費	100.0	100.0	100.0	100.0	100.0	100.0	100.0	100.0	100.0
年金医療介護保険給付費	—	—	—	—	74.6	73.3	—	—	—
年金給付費	—	—	—	—	—	—	35.0	35.2	35.3
医療給付費	—	—	—	—	—	—	34.5	33.8	33.3
介護給付費	—	—	—	—	—	—	9.5	9.8	9.9
生活保護費	9.5	7.6	7.3	9.4	8.2	9.2	—	—	—
社会福祉費	20.7	24.9	21.8	8.1	14.4	15.4	—	—	—
少子化対策費	—	—	—	—	—	—	9.5	9.8	8.5
生活扶助等社会福祉費	—	—	—	—	—	—	12.3	12.6	11.6
社会保険費	61.9	60.8	65.3	77.8	—	—	—	—	—
保健衛生対策費	4.8	4.6	3.2	2.4	1.6	1.5	1.4	1.4	1.4
失業対策費	3.0	2.1	2.3	2.3	—	—	—	—	—
雇用労災対策費	—	—	—	—	1.2	0.5	＊＊.＊	＊＊.＊	＊＊.＊

資料出所　財務省財務総合政策研究所「財政金融統計月報」。
注　1　各年度の区分による当初予算額
　　2　基礎的財政収支対象経費＝一般会計歳出－（国債費＋決算不足補てん繰戻）
　　3　平成21年度に区分の組み替えがあり、「社会保険費」の費用が「年金医療介護保険給付費」と「社会福祉費」に分けられている。また、「失業対策費」が「雇用労災対策費」となり労災保険に要する費用が含まれている。
　　4　平成23年度より「一般歳出」は、「基礎的財政収支対象経費」となった。
　　5　基礎的財政収支対象経費＝一般会計歳出－（国債費＋決算不足補てん繰戻）
　　6　平成27年度より内閣府へ保育所運営費等1.7兆円が移管され、それを考慮した平成26年度からの伸びは3.0%。
　　7　＊．＊は0.1未満。

(2)　項目別の給付費と負担額の将来設計

		2018年度		2025年度		2040年度	
		兆円	(対GDP比)%	兆円	(対GDP比)%	兆円	(対GDP比)%
給付額	(現状投影)(計画ベース)	121.3	21.5	140.4～140.8 140.2～140.6	21.7～21.8 21.7～21.8	188.5～190.3 188.2～190.0	23.8～24.1 23.8～24.0
	年金	56.7	10.1	59.9	9.3	73.2	9.3
	医療 (現状投影)(計画ベース)	39.2	7.0	①:48.7 ②:48.3 ①:47.8 ②:47.4	①:7.5 ②:7.5 ①:7.4 ②:7.3	①:68.3 ②:70.1 ①:66.7 ②:68.5	①:8.6 ②:8.9 ①:8.4 ②:8.7
	介護 (現状投影)(計画ベース)	10.7	1.9	14.6 15.3	2.3 2.4	24.6 25.8	3.1 3.3
	子ども・子育て	7.9	1.4	10.0	1.5	13.1	1.7
	その他	6.7	1.2	7.7	1.2	9.4	1.2
負担額	(現状投影)(計画ベース)	117.2	20.8	139.2～139.6 139.0～139.4	21.6～21.6 21.5～21.6	185.9～187.7 185.5～187.3	23.5～23.7 23.5～23.7
	年金	52.6	9.3	58.7	9.1	70.6	8.9
	医療 (現状投影)(計画ベース)	39.2	7.0	①:48.7 ②:48.3 ①:47.8 ②:47.4	①:7.5 ②:7.5 ①:7.4 ②:7.3	①:68.3 ②:70.1 ①:66.7 ②:68.5	①:8.6 ②:8.9 ①:8.4 ②:8.7
	介護 (現状投影)(計画ベース)	10.7	1.9	14.6 15.3	2.3 2.4	24.6 25.8	3.1 3.3
	子ども・子育て	7.9	1.4	10.0	1.5	13.1	1.7
	その他	6.7	1.2	7.7	1.2	9.4	1.2
(参考) GDP (兆円)		564.3		645.6		790.6	

(注)　医療は、単価の伸び率の前提に応じて、①および②と表示している。

関係費

(3)　負担の内訳の将来設計

				2018年度 (兆円)	2018年度 (対GDP比 %)	2025年度 (兆円)	2025年度 (対GDP比 %)	2040年度 (兆円)	2040年度 (対GDP比 %)
給付額			(現状投影)	121.3	21.5	140.4～140.8	21.7～21.8	188.5～190.3	23.8～24.1
			(計画ベース)			140.2～140.6	21.7～21.8	188.2～190.0	23.8～24.0
負担額			(現状投影)	117.2	20.8	139.2～139.6	21.6～21.6	185.9～187.7	23.5～23.7
			(計画ベース)			139.0～139.4	21.5～21.6	185.5～187.3	23.5～23.7
	保険料負担		(現状投影)	70.2	12.4	81.3～81.6	12.6～12.6	106.3～107.3	13.4～13.6
			(計画ベース)			81.2～81.4	12.6～12.6	106.1～107.0	13.4～13.5
		年金		39.5	7.0	44.1	6.8	53.4	6.8
		医療	(現状投影)	22.1	3.9	①:26.6 ②:26.3	①:4.1 ②:4.1	①:36.2 ②:37.2	①:4.6 ②:4.7
			(計画ベース)			①:26.0 ②:25.8	①:4.0 ②:4.0	①:35.4 ②:36.3	①:4.5 ②:4.6
		介護	(現状投影)	4.8	0.8	6.5	1.0	11.1	1.4
			(計画ベース)			6.9	1.1	11.6	1.5
		子ども・子育て		1.8	0.3	2.2	0.3	3.0	0.4
		その他		2.0	0.3	2.2	0.3	2.6	0.3
	公費負担		(現状投影)	46.9	8.3	57.8～58.0	9.0～9.0	79.6～80.4	10.1～10.2
			(計画ベース)			57.8～58.0	9.0～9.0	79.5～80.3	10.1～10.2
		年金		13.2	2.3	14.6	2.3	17.2	2.2
		医療	(現状投影)	17.1	3.0	①:22.2 ②:22.0	①:3.4 ②:3.4	①:32.1 ②:32.9	①:4.1 ②:4.2
			(計画ベース)			①:21.8 ②:21.6	①:3.4 ②:3.3	①:31.3 ②:32.2	①:4.0 ②:4.1
		介護	(現状投影)	5.9	1.0	8.0	1.2	13.5	1.7
			(計画ベース)			8.5	1.3	14.2	1.8
		子ども・子育て		6.1	1.1	7.7	1.2	10.1	1.3
		その他		4.7	0.8	5.5	0.9	6.7	0.9
(参考) GDP (兆円)				564.3		645.6		790.6	

(注)　医療は、単価の伸び率の前提に応じて、①および②と表示している。

<人口・経済の前提>
・足元値　平成30年度予算ベース、介護は第7期介護保険事業計画集計値を基礎
・人口前提　「日本の詳細推計人口（平成29年推計）」の出生中位（死亡中位）推計
・経済前提　2027年度までは、内閣府「中長期の経済財政に関する試算」（平成30年1月）
　　　　　　2028年度以降は、公的年金の平成26年財政検証に基づいた前提値
・就業者数　医療介護分野では、需要の変化に応じて就業者が変化するとして試算
　　　　　　その他の福祉分野を含めた医療福祉分は全体は、変化率を用いて機械的に計算

(参考)医療・介護の患者数・利用者数および就業者数

			現状投影 2018年度	現状投影 2025年度	現状投影 2040年度	計画ベース 2018年度	計画ベース 2025年度	計画ベース 2040年度
患者数・利用者数等 (万人)	医療	入院	132	144	155	132	132	140
		外来	783	790	748	783	794	753
	介護	施設	104	129	171	104	121	162
		居住系	46	56	75	46	57	76
		在宅	353	417	497	353	427	509
就業者数 (万人)	医療福祉分野における就業者数		823 [12.5%]	933 [14.7%]	1,068 [18.9%]	823 [12.5%]	931 [14.7%]	1,065 [18.8%]
	医療		309	327	334	309	322	328
	介護		334 (200)	402 (241)	501 (301)	334 (200)	406 (245)	505 (305)
人口 (万人)	総人口		12,618	12,254	11,092	12,618	12,254	11,092
	15～64歳		7,516 (59.6%)	7,170 (58.5%)	5,978 (53.9%)	7,516 (59.6%)	7,170 (58.5%)	5,978 (53.9%)
		20～39歳	2,696 (21.4%)	2,471 (20.2%)	2,155 (19.4%)	2,696 (21.4%)	2,471 (20.2%)	2,155 (19.4%)
		40～64歳	4,232 (33.5%)	4,163 (34.0%)	3,387 (30.5%)	4,232 (33.5%)	4,163 (34.0%)	3,387 (30.5%)
	65歳～		3,561 (28.2%)	3,677 (30.0%)	3,921 (35.3%)	3,561 (28.2%)	3,677 (30.0%)	3,921 (35.3%)
		75歳～	1,800 (14.3%)	2,180 (17.8%)	2,239 (20.2%)	1,800 (14.3%)	2,180 (17.8%)	2,239 (20.2%)
	就業者数		6,580	6,353	5,654	6,580	6,353	5,654

※　患者数はある日に医療機関に入院中又は外来受診した患者数であり、利用者数は、ある月における介護サービスの利用者数であり、総合事業等における利用者数を含まない。
※　就業者数欄の「医療福祉分野における就業者数」は、医療・介護分に、その他の福祉分野の就業者数等を合わせた推計値。医療分、介護分ともに医療に従事する者や介護に従事する者以外に、間接業務に従事する者も含めた数値である。[ ]内は、就業者数全体に対する割合。( )内は、介護職員の数。なお、介護職員数は、総合事業（従前相当及び基準緩和等）における就業者数を含む。

〔参考〕世帯と

(1) 世帯構造および世帯類型の状況

(単位：千世帯、人)

年	総数	世帯構造						世帯類型			平均世帯人数(人)
		単独世帯	夫婦のみ	夫婦と未婚の子のみ	1人親と未婚の子のみ	三世代	その他	高齢者	母子	父子	
平成元年	39,417	7,866	6,322	15,478	1,985	5,599	2,166	3,057	554	100	3.10
4	41,210	8,974	7,071	15,247	1,998	5,390	2,529	3,668	480	86	2.99
7	40,770	9,213	7,488	14,398	2,112	5,082	2,478	4,390	483	84	2.91
10	44,496	10,627	8,781	14,951	2,364	5,125	2,648	5,614	502	78	2.81
13	45,664	11,017	9,403	14,872	2,618	4,844	2,090	6,654	587	80	2.75
16	46,323	10,817	10,161	15,125	2,774	4,515	2,934	7,874	627	90	2.72
19	48,023	11,983	10,636	15,015	3,006	4,045	3,337	9,009	717	100	2.63
22	48,638	12,386	10,994	14,922	3,180	3,835	3,320	10,207	708	77	2.59
25	50,112	13,285	11,644	14,899	3,621	3,329	3,334	11,614	821	91	2.51
28	49,945	13,434	11,850	14,744	3,640	2,947	3,330	13,271	712	91	2.47
30	50,991	14,125	12,270	14,851	3,683	2,720	3,342	14,063	662	82	2.44
令和元年	51,785	14,907	12,639	14,718	3,616	2,627	3,278	14,878	644	76	2.39
3	51,914	15,292	12,714	14,272	3,693	2,563	3,379	15,062	623	63	2.37
構成比(%)	100.0	29.5	24.5	27.5	7.1	4.9	6.5	29.0	1.2	0.1	

資料出所 厚生労働省「国民生活基礎調査」。以下同じ。
注 平成28年の数値には、熊本県を含まない。

(2) 65歳以上の者のいる世帯の状況

(単位：千世帯)

年	総数	全世帯に占める割合(%)	単独世帯	夫婦のみの世帯	親と未婚の子のみの世帯	三世代	その他	65歳以上のみの世帯
平成元年	10,774	27.3	1,592	2,257	1,260	4,385	1,280	3,035
4	11,884	28.8	1,865	2,706	1,439	4,348	1,527	3,666
7	12,695	31.1	2,199	3,075	1,636	4,232	1,553	4,370
10	14,822	33.3	2,724	3,956	2,025	4,401	1,715	5,597
13	16,367	35.8	3,179	4,545	2,563	4,179	1,902	6,636
16	17,864	38.6	3,730	5,252	2,931	3,919	2,031	7,855
19	19,263	40.1	4,326	5,732	3,418	3,528	2,260	8,986
22	20,705	42.6	5,018	6,190	3,837	3,348	2,313	10,188
25	22,420	44.7	5,730	6,974	4,442	2,953	2,321	11,594
28	24,165	48.4	6,559	7,526	5,007	2,668	2,405	13,252
30	24,927	48.9	6,830	8,045	5,122	2,493	2,437	14,041
令和元年	25,584	49.4	7,369	8,270	5,118	2,404	2,423	14,856
3	25,809	49.7	7,427	8,251	5,284	2,401	2,446	15,044
構成比(%)	(65歳以上のいる世帯全体=100)		28.8	32.0	20.5	9.3	9.5	58.3

(3) 児童のいる世帯の状況

(単位：千世帯、人)

年	総数	全世帯に占める割合(%)	核家族世帯	夫婦と未婚の子のみの世帯	ひとり親と未婚の子のみの世帯	三世代	その他	平均児童数(人)
昭和61年	17,364	41.7	12,080	11,359	722	4,688	596	1.83
平成元年	16,426	41.7	11,419	10,742	677	4,415	592	1.81
4	15,009	36.4	10,371	9,800	571	4,087	551	1.80
7	13,586	33.3	9,419	8,840	580	3,658	509	1.78
10	13,453	30.2	9,420	8,820	600	6,548	485	1.77
13	13,156	28.8	9,368	8,701	667	3,255	534	1.75
16	12,916	27.9	9,589	8,851	738	2,902	425	1.73
19	12,499	26.0	9,489	8,645	844	2,498	511	1.71
22	12,324	25.3	9,483	8,669	813	2,320	521	1.70
25	12,085	24.1	9,618	8,707	912	1,965	503	1.70
28	11,666	23.4	9,386	8,576	810	1,717	564	1.69
30	11,267	22.1	9,385	8,623	761	1,537	345	1.71
令和元年	11,221	21.7	9,252	8,528	724	1,488	480	1.68
3	10,737	20.7	8,867	8,178	689	1,384	486	1.69
構成比(%)	(児童のいる世帯 全体=100)		82.6	76.2	6.4	12.9	4.5	

※本調査で言う児童とは、18歳未満の未婚の者

介護の状況

(4) 世帯構造別にみた要介護者のいる世帯の構成割合 （%、総数＝100）

年	総数	単独世帯	核家族世帯	夫婦のみの世帯	三世代	その他	高齢者世帯
平成13年	100.0	15.7	29.3	18.3	32.5	22.4	35.3
16	100.0	20.2	30.4	19.5	29.4	20.0	40.4
19	100.0	24.0	32.7	20.2	23.2	20.1	45.7
22	100.0	26.1	31.4	19.3	22.5	20.1	47.0
25	100.0	27.4	35.4	21.5	18.4	18.7	50.9
28	100.0	29.0	37.9	21.9	14.9	18.3	54.5
令和元年	100.0	28.3	40.3	22.2	12.8	18.6	57.1

(5) 要介護者等との続柄別にみた主な介護者の構成割合 （%、総数＝100）

年	総数	同居	配偶者	子	子の配偶者	父母	その他の親族	別居の家族等	事業者	その他	不詳
平成13年	100.0	71.1	25.9	19.9	22.5	0.4	2.3	7.5	9.3	2.5	9.6
16	100.0	66.1	24.7	18.8	20.3	0.6	1.7	8.7	13.6	6.0	5.6
19	100.0	60.0	25.0	17.9	14.3	0.3	2.5	10.7	12.0	0.6	16.8
22	100.0	64.1	25.7	20.9	15.2	0.3	2.0	9.8	13.3	0.7	12.1
25	100.0	61.6	26.2	21.8	11.2	0.5	1.8	9.6	14.8	1.0	13.0
28	100.0	58.7	25.2	21.8	9.7	0.6	1.3	12.2	13.0	1.0	15.2
令和元年	100.0	54.4	23.8	20.7	7.5	0.6	1.7	13.6	12.1	0.5	19.6

(6) 要介護者等の年齢階級別にみた同居の主な介護者の年齢階級構成割合〔令和元年〕（%、総数＝100）

同居の主な介護者の年齢階級	要介護者等								
	総数	40〜64歳	65〜69	70〜79	80〜89	90歳以上	(再掲)60歳以上	(再掲)65歳以上	(再掲)75歳以上
総数	[100.0]	[4.1]	[4.2]	[23.7]	[42.7]	[25.3]	[97.6]	[95.9]	[83.5]
40歳未満	1.5	1.8	7.4	1.8	1.1	0.6	1.5	1.4	1.1
40〜49歳	5.6	16.0	4.4	9.5	4.3	2.5	5.1	5.1	4.8
50〜59	19.6	24.4	5.7	9.6	31.6	10.3	19.2	19.4	21.7
60〜69	30.6	29.5	59.3	12.7	21.6	58.2	31.3	30.7	29.1
70〜79	26.5	18.8	21.6	56.0	16.2	18.4	26.5	26.8	24.8
80歳以上	16.2	9.5	1.6	10.2	25.1	10.1	16.4	16.4	18.5
(再掲)60歳以上	73.3	57.8	82.5	78.8	62.9	86.6	74.2	73.9	72.3
(再掲)65歳以上	58.8	39.2	65.9	77.1	47.5	62.8	59.4	59.7	57.2
(再掲)75歳以上	30.2	18.5	7.7	40.2	38.6	12.4	30.5	30.7	33.1

＜国民生活基礎調査の概要＞

〔調査の目的〕
　保健、医療、福祉、年金、所得など国民生活の基礎的事項を調査し、厚生労働行政の企画、立案に必要な基礎資料を得ることを目的に、1986（昭和61）年を初年として3年ごとに大規模な調査を、その間の各年は調査事項と対象世帯の少ない簡易な調査を実施。2021（令和3）年は、簡易な調査の実施年に当たる。2020（令和2）年は新型コロナウイルス感染症の影響により、調査を実施していない。
〔調査の地域・対象〕
　2021（令和3）年調査では、6月に世帯票は約6万世帯、7月に所得票は約8千世帯を対象として調査し、世帯票は約4万3千世帯、所得票は約5千世帯を集計した。ただし、以下については調査の対象から除外した。
　① 世帯票…単身赴任者、出稼ぎ者、長期出張者（概ね3カ月以上）、遊学中の者、社会福祉施設の入所者、長期入院者（住民登録を病院に移している者）、預けた里子、収監中の者、その他の別居中の者。
　② 所得票…上記の他、世帯票調査日以降に転出入した世帯及び世帯員、住み込み又はまかない付きの寮・寄宿舎に居住する単独世帯。
〔調査事項〕
　世帯、家計支出、医療保険、年金、就業状態、所得、生活意識など。

K-3　経済予測（日本経済研究センター・内閣府）

(1)　日本経済センター短期経済予測

（単位　%）

項　　　　　目	四半期			年　　度			
	2022 7～9（実績）	2022 10～12（予測）	2022 1～3（予測）	2021年度（実績）	2022年度（予測）	2023年度（予測）	2024年度（予測）
実質国内総支出（前期比）	△0.3	1.3	△0.1	2.3	1.9	0.8	0.6
（前年同期比）	1.8	2.2	2.1				
国内需要（寄与度）	0.4	0.4	0.2	1.5	2.2	0.9	0.7
民間最終消費支出（前期比）	0.3	0.5	0.3	2.6	3.0	1.2	0.8
民間住宅投資（同上）	△0.4	0.7	0.5	△1.7	△3.9	△1.2	△2.0
民間企業設備投資（同上）	1.5	1.0	0.6	0.6	3.7	1.9	1.5
公的固定資本形成（同上）	1.2	1.0	1.0	△7.5	△2.4	1.5	△1.2
外需（寄与度）	△0.7	0.9	△0.3	0.8	△0.2	△0.1	△0.2
財貨・サービスの輸出（前期比）	1.9	1.2	△1.2	12.4	4.6	△1.7	0.5
財貨・サービスの輸入（同上）	5.2	△3.3	0.2	7.1	5.8	△1.3	1.4
名目国内総支出（前期比）	△0.5	2.9	0.9	1.3	2.6	3.0	1.7
鉱工業生産指数（同上）	5.8	△2.6	△0.4	5.8	0.3	△1.3	△0.1
企業物価指数（前年同期比）	9.6	9.5	8.2	7.1	9.2	3.1	△0.8
生鮮食品除く消費者物価指数（〃）	2.7	3.4	2.1	0.1	2.6	1.7	1.3
名目雇用者報酬（〃）	1.8	2.0	1.1	1.8	1.6	1.0	0.8
完全失業率	2.6	2.5	2.4	2.8	2.5	2.4	2.4
対ドル円レート（円／ドル）	138.3	143.2	141.2	112.4	138.1	136.1	128.0
米国実質経済成長率（前期比年率）	2.6	0.3	△0.4	6.6	1.0	0.3	1.5
中国実質経済成長率（前年同期比）	3.9	3.2	2.6	5.3	2.6	4.4	4.5

資料出所　日本経済研究センター「短期経済予測の概要（第192回　四半期経済予測）」。

(2)　令和4年度の経済動向および令和5年度の経済見通し

項　　　目	対前年度増減率（%）					
	令和3年度（実績）		令和4年度（実績見込）		令和5年度（見通し）	
	名目	実質	名目	実質	名目	実質
国内総生産（GDP）	2.4	2.5	1.8	1.7	2.1	1.5
民間最終消費支出	2.7	1.5	5.6	2.8	3.2	2.2
民間住宅	6.3	△1.1	0.9	△4.0	1.9	1.1
民間企業設備	4.7	2.1	8.2	4.3	6.2	5.0
財貨・サービスの輸出	22.8	12.3	19.9	4.7	4.7	2.4
(控除)財貨・サービスの輸入	30.1	7.1	34.4	6.9	5.4	2.5
内需寄与度	3.6	1.8	4.9	2.3	2.5	1.6
民需寄与度	2.8	1.4	4.5	2.3	2.9	2.1
公需寄与度	0.8	0.4	0.4	△0.0	0.4	0.5
外需寄与度	△1.2	0.8	△3.2	△0.5	△0.4	△0.1

資料出所　内閣府「令和5年度の経済見通しと経済財政運営の基本的態度」（令和4年12月22日閣議了解）

項　　　　　目	令和3年度（実績）	令和4年度（実績見込）	令和5年度（見通し）
労働力人口（万人）	6,897	6,915	6,920
就業者数（万人）	6,706	6,738	6,753
雇用者数（万人）	6,013	6,056	6,067
完全失業率（%）	2.8	2.5	2.4
鉱工業生産指数・増減率（%）	5.8	4.0	2.3
国内企業物価指数・変化率（%）	7.1	8.2	1.4
消費者物価指数・変化率（%）	0.1	3.0	1.7
GDPデフレーター変化率（%）	△0.1	0.0	0.6
貿易・サービス収支（兆円）	△6.5	△23.7	△28.1
貿易収支（兆円）	△1.6	△19.6	△23.3
輸出（兆円）	85.6	101.6	105.4
輸入（兆円）	87.2	121.4	128.7
経常収支（兆円）	20.3	8.3	7.3
経常収支対名目GDP比（%）	3.7	1.5	1.3
前提条件　世界GDP（日本除く：%）	6.4	2.1	2.3
円相場（円／ドル）	112.4	138.5	142.1
原油価格（ドル／バレル）	76.3	100.4	89.1

付　　録

用語の解説　目次

I. 用語の解説

A. 統 計 知 識

1. 名目と実質

「名目賃金」と「実質賃金」、「名目成長率」と「実質成長率」というように、経済の数値を使い分ける例は多い。「名目」とはそれぞれの時点における貨幣価値で表わしたものである。従って物価水準が上昇した分がそのまま入っている。これに対し実質（英語では名目nominalに対しrealをつける）は平成27年貨幣価値、27年不変価格表示というように、ある年の貨幣価値に換算したものである。この表わし方には2種類ある。(1)名目の指数を物価指数で割る方式で、例えば平成22年を基準とする名目賃金指数が平成27年に99.9、同じく消費者物価指数が104.6のとき、実質賃金指数（賃金の購買力指数）は99.9÷104.6×100＝95.5というように表わすもの、(2)名目の金額を物価指数で割る方式で、例えば名目国内総生産（GDP）が平成27年度に530兆5,452億円のとき、これを平成12年暦年価格で示す「実質国内総生産」は530兆5,452億円÷102.7（27年度GDPデフレーター）×100＝516兆7,143億円（四捨五入の関係で誤差あり、実際のデフレーターは102.677）というように表わすもの。この場合、割る物価指数を一般にデフレーターと呼ぶ（用語解説22参照）。

2. 指数の基準時とその変更

物価・生産・賃金等はいずれも、ある年次を100として、相対的な比率（％）で発表されている。指数の基準時をいつにするかは、経済統計で重要な問題である。物価指数で、物価が上がった年を100とすれば、そのあとの年の物価は上がらない形になる。そこで指数の基準時としては、①安定していて特異でない時期、②そのため特定日・月でなく、かなりの変化をカバーする相当期間であること、を要する。生産・物価指数などは景気循環の一周期（3～4年）が望ましい（統計学では指数の最適基準時を見出すためのシェスター法などがある）。

しかし個々の指数で基準が異なると不便なので、現行のわが国の官庁統計の多くは平成27年ないし令和2年を100とするようにされており、既に大部分の指数がそのように改められている。OECD等の国際機関でも、2015年か2020年に改められている。

指数の基準時を変えるとき、その基礎となるウエイトも変えるのが普通である。ウエイトを変えると、同じ数値でも全く別個の指数になる。すると従来の数値と接続できない。その不便を避けるために、各官庁では一定時点で新旧の数値を重ねて公表し、その二つが接続できるようにしている。

たとえば、

	旧指数	新指数
平成17年	100	
平成22年	120	100
平成23年	－	105
平成24年	－	110

とあるとき、平成23年・24年の新指数値を平成17年を100とする指数とするには

平成23年　　105×120（22年）÷100＝126.0

平成24年　　110×120（22年）÷100＝132.0

として、23年126、24年132とする。この場合、平成17年の旧指数120は連鎖点だから「リンク指数」と呼び、この計算式をリンク・リラティブ・メソッド（連鎖法）と呼ぶ。戦前基準指数についても，この方式が用いられている。

なお、消費者物価指数は改定されて、平成22年（平成28年7月より平成27年）が基準年時となった。その後、雇用・賃金・労働時間等他の指数も漸次、平成27年に変えられるところとなった。この場合、重ねた時点の旧指数値がリンク指数となるのである。ただし厚生労働省の賃金・雇用両指数は、事業所のサンプル換えの月がリンク時点である。

3．指数のウエイト

本書の消費者物価や卸売物価の表にはウエイトが付けてある。これは指数計算の場合の、その費目の重要度（影響度）を示すもので総合指数に不可欠のものである。

ある人が1ヵ月に買っていた米とバターが、次のように値上りしたとする。

	〈従来価格〉	〈値上り後価格〉	〈上昇率〉	〈購入量〉
米（キロ）	500円	550円	10%	10キロ
バター（キロ）	1,000円	1,500円	50%	0.4キロ

この場合、この価格の値上りは「平均して30%」（10%と50%を加えて2で割る）とすることも誤りではないだろう。しかし現実には大量に買う米（500円×10キロ＝5,000円）と、僅かしか買わぬバター（1,000円×0.4キロ＝400円）とを単に平均するのはおかしい。家計への影響度からみると米の方が大きいはずである。これを支出金額の割合からみて

米のウエイト　　5,000円÷（5,000円＋400円）＝92.6%

バターのウエイト　　400円÷（5,000＋400円）＝7.4%

として示す。この二つの価格値上りを総合した物価指数は、

$$\frac{(110\% \times 92.6) + (150\% \times 7.4)}{100.0} = 113.0\%$$

であって、値上りは前記の30%でなく、13.0%である。これは米のウエイトの92.6%が影響したものである。

　このウエイトは指数計算にあたって、品目の重要度を示すから、ウエイトの小さいものは大きく変動しても結果には少ししか反映されない。逆にウエイトが大きいものは、僅かな変動でも大きく結果にひびく。前記の米とバターの例は、品目を増やしても考え方や計算方式は同じである。近年、政府統計では５年おきに品目とウエイトが変えられている。

　注　前記に計算した方法は基準時のウエイトによるもので、ラスパイレス指数算式

$$\frac{\sum P_1 Q_0}{\sum P_0 Q_0} \left(\begin{array}{l} \text{ここで } P \text{ は価格、} Q \text{ は購入量、添数 0 は基準時、添数 1} \\ \text{は比較時} \end{array} \right)$$

　　を次のように変形した。

$$\frac{\sum \left(\dfrac{P_1}{P_0} \right) P_0 Q_0}{\sum P_0 Q_0} = \frac{（価格比率×個別品目ウエイト）の合計}{ウエイト合計}$$

　なお、これまでの消費者物価（昭和40年までは人口５万人以上都市、40年以降は全国、40年は双方が得られる）と労働生産性・鉱工業生産の両指数についてのウエイトの推移を比較すると、次の通りである（品目別は省略）。

〔消費者物価指数：ウエイトの推移〕（１万分比）

年	総合	食料			住居			光熱	被服	雑費
		計	主食	その他	計	家賃地代	その他			
昭和30年	10,000	5,066	1,894	3,172	603	195	408	547	1,245	2,539
35	10,000	4,522	1,373	3,149	928	242	686	534	1,296	2,720
40	10,000	4,406	949	3,457	998	254	744	476	1,291	2,829
45	10,000	4,086	625	3,461	1,160	293	867	417	1,238	3,099
50	10,000	4,082	486	3,596	1,075	279	796	435	1,257	3,151

年	総合	食料	住居	光熱水道	家具・家事用品	被服及び履物	保健医療	交通通信	教育	教養娯楽	諸雑費
昭和50年	10,000	4,082	531	484	560	1,066	286	890	406	1,186	509
55	10,000	3,846	519	628	523	960	311	1,113	411	1,157	532
60	10,000	3,293	1,376	649	469	804	276	1,157	413	1,103	460
平成２年	10,000	3,140	1,478	553	444	860	312	1,185	466	1,115	446
7	10,000	2,850	1,981	590	411	679	329	1,216	455	1,090	398
12	10,000	2,730	2,003	651	369	568	380	1,313	398	1,130	456
17	10,000	2,586	2,039	676	344	464	448	1,392	364	1,100	586
22	10,000	2,525	2,122	704	345	405	428	1,421	334	1,145	569
27	10,000	2,623	2,087	745	348	412	430	1,476	316	989	574
令和２年	10,000	2,626	2,149	693	387	353	477	1,493	304	911	607

（注）昭和55年基準時改訂において５大費目から10大費目に改訂。

〔労働生産性指数・鉱工業生産指数：ウエイトの推移〕（100分比）

業　種	昭和50年	昭和60年	平成7年	業　種	昭和50年	昭和60年	平成7年
総　　合	100.0	100.0	100.0	化　学	9.16	8.44	10.35
公益事業	3.96	7.53	6.23	石油・石炭製品	2.82	1.26	1.19
鉱工業計	96.04	92.47	93.77	ゴム製品	1.50	1.36	1.39
鉱　業	0.69	0.46	0.27	皮革製品	0.59	－	－
製造業計	95.35	92.01	93.55	パルプ・紙・加工品	3.35	2.75	2.91
鉄　鋼	6.34	5.62	4.32	繊　維	8.62	6.23	4.31
非鉄金属	1.87	1.73	1.73	木材・木製品	2.82	－	－
金属製品	4.85	5.52	5.76	食品・たばこ	8.64	6.18	6.60
機　械	35.76	40.63	40.59	その他	3.50	4.30	6.09
窯業・土石	5.52	4.66	4.52				

			産　出　量　の　ウ　エ　イ　ト				
業　種	平成12年	業　種	平成17年	業　種	平成22年	業　種	平成27年
製造業計	10,000.0	製造業計	10,000.0	製造業計	10,000.0	製造業計	10,000.0
鉄　鋼	797.7	鉄　鋼	1039.7	鉄　鋼	1039.7	鉄　鋼	624.8
非鉄金属	239.4	非鉄金属	259.2	非鉄金属	232.5	金属製品	438.1
金属製品	451.9	金属製品	425.0	金属製品	418.1	生産用機械	708.0
一般機械	1071.1	一般機械	1028.3	汎用・生産用・業務用機械	1273.1	汎用・業務用機械	728.6
電気機械	479.0	電気機械	851.5	電子部品・デバイス	818.6	電子部品・デバイス	580.8
情報通信機械	627.8	情報通信機械	481.2	電気機械	667.7	電気・情報通信機械	839.3
電子部品・デバイス	1156.1	電子部品・デバイス	680.2	情報通信機械	453.4	輸送用機械	1796.5
輸送用機械	1474.6	輸送用機械	1785.9	輸送用機械	1912.4	窯業・土石製品	322.0
精密機械	78.0	精密機械	82.6	窯業・土石製品	315.8	化　学	1093.0
窯業・土石製品	321.0	窯業・土石製品	188.4	化　学	1277.4	石油・石炭製品	118.0
化　学	850.1	化　学	940.9	石油・石炭製品	175.8	プラスチック製品	441.7
石油・石炭製品	323.5	石油・石炭製品	488.4	プラスチック製品	507.5	パルプ・紙・加工品	226.5
プラスチック製品	361.4	プラスチック製品	333.0	パルプ・紙・加工品	203.6	食品・たばこ	1313.8
パルプ・紙・加工品	301.9	パルプ・紙・加工品	246.9	繊　維	183.4	その他	751.9
繊　維	258.5	繊　維	140.8	食品・たばこ	613.9	鉱　業	17.0
食品・たばこ	807.5	食品・たばこ	694.0	その他	534.6		
その他	385.6	その他	324.8	鉱　業	21.1		
鉱　業	14.9	鉱　業	9.2				

4．年　率

年率とは「1年あたり平均上昇率」をいう。これには種々の計算方法がある。

第1は本書に用いられている方式で、例えば、平成22年に100であった指数の値が平成27年に140.3へ上昇したとする。また平成22〜27各年の前年に対する上昇比（対前年増減率に100を加えた値）が、平成23年105.2、24年107.7、25年106.1、26年104.5、27年111.7であったとする。この五つの数字を幾何平均すると、

$$\sqrt[5]{105.2 \times 107.7 \times 106.1 \times 104.5 \times 111.7} = 107.0$$である。すなわち「年率7.0%」となる。

　ところで、この数字は、いずれも前年比であるから、平成23年の前年比とは「23年の指数÷22年の指数」で、以下同様である。そこで年率の計算は、分子分母が互いに消えるから、

$$\frac{23年の数字}{22年の数字} \times \frac{24年の数字}{23年の数字} \times \cdots\cdots \times \frac{27年の数字}{26年の数字}$$

と、いちいち計算する必要がない。結局は、

$$\sqrt[5]{\frac{27年の数字}{22年の数字}} = 1.07 \quad 故に年率7.0\% \quad (1.07 - 1)$$

となるからである。したがって結果からみると、途中の傾向は、すべて計算に入ってこなくなる。

　なお「平成22年から平成27年の年率」という場合は、このように「22年の21年に対する前年比」は計算に入ってこない。「27／22年率」と書くこともある。

　第2は、対前年比の算術平均を示すもので、前者の計算で「中間の傾向が入ってこない」矛盾をなくすという利点がある。上の場合は、(105.2＋107.7＋106.1＋104.5＋111.7)÷5＝107.04。前年に対する下落（数字は100％未満）があると、差が大きくなる。なお統計学では「割り算の平均は幾何平均」を推奨する。技術的に「値段が2倍になった商品が、次の期にその半額になる」と、これは幾何平均だと1倍（$\sqrt[2]{2} \times 0.5 = 1$）になるが、算術平均だと(2＋0.5)÷2＝1.25となり、技術的には幾何平均が最善とされている。

　第3は中間項の上昇・下落を考慮して、期間の全数字については対数をとって、その最小自乗法で得た指数曲線のそれぞれの値の変化率（y＝abxの場合b－1がこれにあたる）を「年率」とするもの。年々の数字を含む傾向をとらえる場合には、この年率が妥当である。

5．平　均（代表値）

　広義の平均は代表値といわれるもので、集団の多くの数値を唯一の数値で代表するものである。比較的多く用いられる代表値として算術平均、幾何平均、中位数、並数がある。

　「算術平均」は、単に平均といえばこれを指しているほど広く用いられる代表値である。この平均は大小さまざまな数値を均らして同じ大きさにしたときの数値という意味をもっており、その算出は各数値を加えた合計を数値の個数で除することによって求める。これには単純算術平均と加重算術平均とがある。

　「幾何平均」は、比率とか倍率を平均する場合に用いられる。その算出は各数値を掛け合わせた積を数値の個数だけの乗根に開いて求める（前項参照）。また、5年間に2倍になった場合、1年当り平均上昇倍率（年率ともいう）は幾何平均により、$\sqrt[5]{2} = 1.15$、故に年率15％となる（「年率」は用語解説4を参照。年率早見表

は巻末に掲載してある）。

「中位数」は数値の大きさの順に並べた場合、丁度真中に位置する数値である。したがって、中位数よりも大きい数値が50％、中位数よりも小さい数値が50％ということになる。中位数は数値の個数が少ない場合の代表値として用いる場合がある。

「並数」は、モード、最頻値ともいわれているが、最も度数の多い数値のことであり、最もありふれた数値あるいは典型的な数値という意味をもっている。その算定は度数分布表を作成し最も度数の集中している階級を見出し、その階級内に並数が存在するとみなして計算する。人事院の標準生計費は、並数階級の生計費を基礎にして算定している。

以上に述べたように、各平均それぞれ異なった意味をもっており、同じ集団でも各平均は異なる数値となるのが通常であるから、用途に応じて使い分ける必要があり、また利用する際にも各平均がもつ意味の範囲内で解釈することが必要である。たとえば、算術平均に中位数や並数の性質をもたせて解釈するのは誤りである。

$$単純算術平均 \quad \overline{X}=\frac{X_1+X_2+\cdots\cdots+X_n}{n}=\frac{\sum X_i}{n}$$

$$加重算術平均 \quad \overline{X}=\frac{f_1X_1+f_2X_2\cdots\cdots+f_nX_n}{f_1+f_2\cdots\cdots f_n}=\frac{\sum f_iX_i}{\sum f_i}$$

$$幾何平均 \quad G=\sqrt[n]{X_1\times X_2\cdots\cdots\times X_n}=\sqrt[n]{IIX_i}$$

6．標準偏差・変動係数

集団を代表する代表値として算術平均が広く使用されている。しかし、平均賃金が30万円であるといっても、29万円と31万円の平均も、25万円と35万円の平均もともに30万円である。しかしこの二つの組の散らばりの程度、分散の程度は異なっている。そこで各度量が平均値からどのくらい分散しているかを表わすものとして平均偏差、標準偏差、変動係数等がある。

$$平均偏差 \;(M.D.) =\frac{\sum|x-\overline{x}|}{n}$$

$$標準偏差 \;(\sigma) =\sqrt{\frac{\sum(x-\overline{x})^2}{n}}=\sqrt{\frac{\sum x^2}{n}-\overline{x}^2}$$

$$変動係数 \;(V) =\frac{\sigma}{\overline{x}}\times100$$

（x は変量、$\overline{x}$ は平均、n はデータ個数を表わす）

B. 国 民 経 済

7. 国民経済計算

　国民経済計算（SNA）とは、一国経済の動向についてフロー面からストック面まで包括的・整合的に記録する唯一の統計であり、国内総生産（GDP）、デフレーター、可処分所得、貯蓄…といった重要なマクロ経済指標を包含する体系である。

　わが国でも、内閣府経済社会総合研究所の国民経済部において国連の国際基準に則り、わが国の国民経済計算（JSNA）が作成されている。JSNAは「産業連関表」や「国勢統計」など、約5年に一度作成される詳細かつ大規模な基礎統計を取り込み、過去の係数全体を再推計改定する基準改定を約5年おきに行っている。これまでJSNAが準拠してきたのは、1999年に国連で採択された「1993SNA」であり平成12年以降採用してきたが、平成28年末に実施した「平成23年基準改定」に際して、最新の国際基準であり平成21年2月に国連で採択された「2008SNA」に対応することとなった。

　準拠する国際基準の変更は約16年ぶりであり、GDPに計上される範囲の変更や、企業の生産活動における役割が高まっている研究開発の支出がGDPの構成要素である総固定資本形成（＝投資）に記録されるようになるなど、より経済の実態がとらえられることとなった。

8. 国内総生産、国民総所得

　一国経済のなかで、一定期間（普通は一年間）に生産された財貨・サービスの生産額＝産出額から、その生産のために使われた原材料や経費といった中間投入を差し引いたものを国内総生産といい、これに海外との財産所得、雇用者報酬などの所得の受払いを調整したものが国民総所得で、一国の経済の大きさを計る尺度のひとつとされる。この国民総所得から固定資本減耗、つまり固定資産である設備や建物の減耗分などを差し引いたものが市場価格表示の国民所得という。国内総生産は企業経営における粗付加価値に相当するもので、総生産という用語が一見各企業の生産額の累計値であるように受け取られやすい点に注意を要する。

　本書では国内総生産、国内総支出、国民総所得などが示されているが、これらの関連性を概括的に図解したのが次図である。図中で「市場価格表示」「要素費用表示」の用語が示されているが、「市場価格表示」は市場において実際に取引された財貨・サービスの価格によって評価したものであり、生産要素に対して支払われた費用（雇用者報酬、営業余剰・混合所得）で評価した「要素費用表示」に"生産・輸入品に課される税マイナス補助金"を加えたものに等しい。

9. 実質国内総生産

　国内総生産は財貨・サービスが実際に取引された時点の価格で評価し、記録した

212

ものであり、これを経常価格値ないし名目値という。実質的な経済活動の時系列比較を行うにあたっては、物価の変動を取り除いた数量系列の把握が必要となる。

国民経済計算では全ての財貨サービスを集計対象としており、それぞれの財貨サービスには異なった固有の物量単位があるので、名目値から何らかの方法で価格変動の動きを取り除いた額＝実質値をもって数量系列としている。

その実質値の決め方には、いくつかの方法が考えられる。わが国では、従来、基準となる年を設定しその個々の財貨・サービスの価格 (Po) が基準年以外でも不変という仮定のもとで計算された不変価格表示あるいは固定価格表示の金額 ($PoQt$)

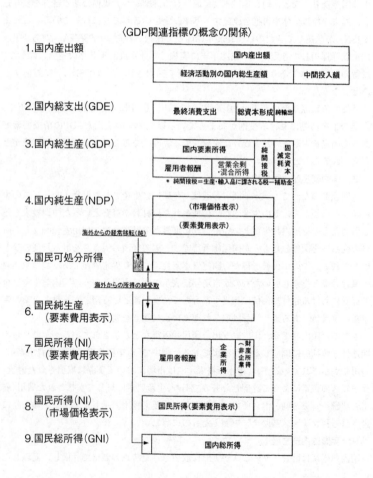

〈GDP関連指標の概念の関係〉

をもって実質値としていた。この実質値は、できるだけ細かく分類された財貨・サービスのレベルにおいて名目値を価格指数で除すことによって求められる（$PoQt = \dfrac{PtQt}{Pt/Po}$、ただし、$P$：価格、$Q$：数量、$o$：基準時、$t$：比較時）。こうした算定方式による実質値は基準時の近傍を除けば、理論上は基準年から離れるほど財貨・サービス価格の下方バイアスが大きくなり、実質値はそれに反比例する形で逆に上方バイアスを持つため、成長率を相対的に過大評価するバイアスを持つとされている。

わが国では5年ごとに基準改定が行われてきたが、近年は技術革新のスピードが速く、品質向上の著しいIT関連財が大幅な価格低下により急速に普及していたり、相対価格が基準年から大幅に変化し物価指数の下方バイアスが拡大して、実質値は逆に上方バイアスがかかってしまっているのではないかとの懸念が高まっていた。こうしたこともあって、国内総支出系列（実質値）の算定方式について前年を基準年とし、それらを毎年毎年積み重ねて接続する方法、別の言葉で言えば、毎年基準年が更新されていく、いわゆる連鎖方式が平成16年より導入された（平成6年1－3月期まで遡及改定）。これにあわせて、実質値系列の参照年（デフレーター＝100とする年）を平成12年（現在は27年）とし、実質値系列の表示をそれまでの「1995暦年基準」に代わって「2000暦年連鎖価格」へと変更された（現在は2015暦年連鎖価格）。また、連鎖方式は加法整合性が成立しないために（内訳項目の合計が集計項目に一致しない。すなわち、各需要項目の実質値の合計はGDP実質値にはならない。但し、参照年とその翌年に限っては成立）、実質GDPと各需要項目の合計との「開差」が表章されている。

10. 経済成長率

一国経済が一定期間のうちに大きくなる割合を、経済成長率という。一般に実質国内総生産の対前年（度）増加率でこれを表しているが、名目国内総生産の対前年（度）増加率と混同しないようにするため、前者を実質経済成長率、後者を名目経済成長率と呼んで区別する場合もある。一般に経済成長率という場合は、物価変動を取り除いた実質経済成長率をさす。なお、隔年（度）間の経済成長率というときには、実質国民総所得の伸びを複利計算した年平均増加率をいう場合が多い。

11. 所得支出勘定

生産活動によって生み出された付加価値が各制度部門にどのように分配、再分配され、各制度部門は再分配後の所得をどのように使用したかを記録する勘定で、次の四つの勘定から構成されている。

①第1次所得の配分勘定：生産によって作り出された付加価値を制度単位にどのように所得として分配されたかを記録する勘定である。具体的には、生産過程で発生した付加価値を構成する雇用者報酬、生産および輸入品に課される税（控除　補助金）、営業余剰／混合所得と純財産所得——これを第1次所得という——が生産

への貢献度に応じて分配される。たとえば労働力の供給は家計部門であるので、各制度部門の生産過程で発生した雇用者報酬はすべて家計部門に配分される。また生産および輸入品に課される税（控除　補助金）は、すべて一般政府に計上される。

②所得の第2次分配勘定：第1次所得バランスが、現金移転による再配分プロセスを通じてどのように可処分所得に変換されるかを記録する勘定である。この勘定に受払が記録される経常移転は、所得や富等に課される経常税（所得税、法人税など）、社会負担および給付（社会保険の保険料、国民年金給付など）、その他の経常移転（非生命保険保険料・保険金など）である。これら経常移転から、バランス項目として可処分所得が導き出される。

③現物所得の再分配勘定：所得の第2次分配勘定のバランス項目である可処分所得をもとに現物社会給付（家計が当初支払を行い、後に払戻しを受ける社会保障給付や受取家計が支払を負担しない給付を含む）や教育や医療のような、現物社会給付に含まれない、個別的非市場財やサービスの移転の受払を記録する勘定である。これら財・サービスを供給するコストのうち、授業料や受診料等の家計が実際に支払う部分を家計消費とする一方、それらの供給に要する経費のうち家計消費で賄われない部分を一般政府や対家計民間非営利団体の最終消費としているが、この部分を現物移転所得として記録している。それはまた調整可処分所得をバランス項目としている。

④所得の使用勘定：所得の使用勘定とは、第2次分配勘定から導き出される可処分所得の使用勘定と現物所得の再分配勘定から導き出される調整可処分所得の使用勘定の2つからなり、それぞれ可処分所得と調整可処分所得に基づく消費活動を示す。前者は実際の支出負担である最終消費支出等を記録し、残差として貯蓄を導き出し、後者は消費享受である現実最終消費等を記録し、同じく貯蓄を導き出す。

12. 雇用者報酬

雇用者報酬とは、勤労所得とも呼ばれ、生産活動から発生した所得のうち雇用者への配分額である。ここでいう雇用者には生産活動に従事している就業者のうち、個人業主と無給の家族従業者を除く全ての就業者が含まれ、いわゆる一般のサラリーマンのほか、法人企業の役員、特別職の公務員、議員、委員等も雇用者とされる。

雇用者報酬には、雇用者が労働の対価として受け取る通貨および現物給与である「賃金・俸給」のほか政府管掌の社会保険制度、健康保険組合、共済組合、児童手当制度等に対する雇用主の負担金からなる「雇主の現実社会負担」と社会保障基金以外の雇用者福祉のための退職一時金・年金、業務災害補償等への雇用主負担からなる「雇主の帰属社会負担」が含まれる（利益処分としての役員賞与は除外）。

なお、雇用者報酬は生産勘定ならびに所得支出勘定に計上されるが、前者は国内の生産活動を営む経済主体から支払われる概念であるのに対し、後者は海外との受

け払いを調整した概念であるために、両者の間には若干の差がある。

13. 国民経済計算と企業経営統計の関連

国民経済計算では、㋑産業（いわゆる民間企業が中核をなすが、公団や事業団などのほか地方公営企業・地方公社の公的企業を含む）、㋺政府サービス生産者（中央・地方の正式な政府部門のほか社会保障基金を含む）、㋩対家計民間非営利サービス生産者（政府によって支配、資金供給されているものを除き、家計に対して非市場の財貨・サービスを提供するすべての居住者である非営利団体で、労働組合・宗教法人などが該当）の三つの経済主体にわけて、国際標準産業分類ベースでの産業別投入・産出構造、分配構造についてもその実態を明らかにしている。

産業の産出額は一定期間に生産された商品のグロスベースの価額であり、財貨の生産額は当該財貨が生産された時点で、またサービスは提供された時点で記録される。市場で販売されない自己消費のための生産物（これには農家が生産した農作物の自家消費などが該当する）や自己使用のための固定資産にふりむけられた生産物（建物などを自分で修理したような場合）も産出額に含める。産出額は企業会計の売上高に政府機関等から支給される補助金を合わせたものに等しい。しかし国民経済計算においては、実際には市場で取り引きされていないもの、例えば自己所有の住宅に住んでいても「住宅賃貸業」という産業から借りて住んでいると仮定して計算を行うので（これを帰属計算という）、その分だけ企業会計から算出される売上高プラス補助金より国民経済計算の産出額の方が大きい。この帰属計算を行う主なものに自己所有住宅の家賃、金融機関の帰属利子がある。

中間投入額は生産において消費される非耐久財およびサービスで、原則として生産に投入された時点の購入者価格で評価される。これは企業会計における原材料費や一般管理費・販売費を足しあわせたものである。ただし、企業会計における勘定項目のうち国民経済計算においては、㋑福利厚生費のうち雇用主によって支払われた旅行娯楽等の費用は中間消費に含めるが、明らかに雇用者に対して利益となる財貨・サービスの購入は現物給与とされ雇用者所得に含めているほか、㋺賃借料のうち地代は財産所得の一部を構成するので中間消費に含められないし、また、㋩通常の設備修繕は中間消費に含めるが、新しい機能の追加や、固定資産の耐用年数の延長により生産性を高める大がかりな修繕は資本形成として取り扱われている。

国内総生産は、産出額から中間投入額を差し引くことによって求められる。これは企業統計の粗付加価値に該当する。総生産を構成する固定資本減耗は、企業会計上の減価償却費と、特別損失の一部を構成する災害による資本偶発損とを合わせたものである。雇用者報酬は一般企業会計における人件費とは異なり、従業員の賃金・俸給のほか役員給与手当や議員歳費等を含み、さらに社会保障基金雇用主負担、退職一時金等の雇用者の福祉を増進するために支出される雇用主負担、給与住宅差額

家賃（雇用者が給与住宅に対して実際に支払った家賃と同等の賃貸住宅の市中家賃との差額など）も含んでいる。営業余剰・混合所得は、総生産から固定資本減耗、生産・輸入品に課される税マイナス補助金、雇用者報酬を控除した残差である。この営業余剰は、企業会計における営業利益にほぼ該当する概念である。

政府サービス生産者と対家計民間非営利サービス生産者の産出額は、これらのサービスの生産にかかったコストに等しいとみなして推計されており、これら供給主体のサービスの多くは一般的に市場で販売されないので、その評価価額が得られないためである。ただし、生産コストは中間投入と付加価値のうちの固定資本減耗、生産・輸入品への税、雇用者報酬とからなり、営業余剰は発生しないとしている。

14. 景気指数

景気の観測や予測の一つに景気指標を活用する方法がある。わが国で幅広く使われている景気指標に、内閣府より毎月公表されている景気動向指数がある。景気動向指数は、生産・雇用など様々な経済活動での重要かつ景気に敏感な指標の動きを統合することによって、景気の現状把握及び将来予測に資するために作成される総合的な景気指標である。景気動向指数にはDiffusion Index（DI）とComposite Index（CI）があり、従来はDIが主に活用されていたが、2008年6月より景気判断での指標がCI中心へと変更されている。DIが採用系列の変化方向を合成することで景気局面を把握するのに対し、CIは採用系列の変化率を合成することにより、景気の量感を把握することを目的としている。選択されている経済指標は、先行指数で12系列（在庫率指数、新規求人数、機械受注額、建築床面積、耐久消費財出荷指数等）、一致指数で11系列（生産指数、生産財出荷指数、電力使用量、稼働率、所定外時間、百貨店販売額、求人倍率等）、遅行系列で6系列（第3次産業活動指数、雇用指数、設備投資、家計消費、法人税、失業率等）の計29系列となっている。

一般に、一致指数が上昇している時が景気の拡張局面、低下している時が後退局面であり、一致指数の変化の大きさが景気の拡張または後退のテンポを表わしている。先行指数は、一致指数に数ヵ月先行することから景気の動きを予知する目的で利用され、遅行指数は、一致指数に数ヵ月から半年程度遅行することから景気の転換点や局面の確認に利用される。ただし、景気の局面や転換点については、DIと合わせて判断される。なお、景気基準日付については昭和26年6月からの第1循環から始まり、平成21年3月から平成24年11月までの第15循環までが数えられている。

C. 労 働 経 済

15. 労働力人口・就業者など

　人口の就業状態を総務省統計局「労働力調査」では次のように分類する。（　）内は令和3年平均値（万人）。なお内訳には不詳を含まないため合計が一部一致しない。

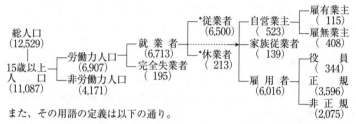

　また、その用語の定義は以下の通り。

(1)　労 働 力 人 口：15歳以上人口のうち就業者と完全失業者を合わせた者。なお日本の労働力率は「（就業者＋完全失業者）÷15歳以上人口×100」で算出。

(2)　就　業　者：従業者と休業者を合わせた者。

(3)　従　業　者：調査期間中に賃金・給料・諸手当・内職収入などの収入を伴う仕事を1時間以上した者（但し無給の家族従業者も含む）。

(4)　休　業　者：仕事を持ちながら調査週間中にその仕事を休んでいる者のうち、雇用者で給料・賃金の支払いを受けている者（予定者を含む）、および自営業主で自分の経営する事業を持ったままで、その仕事を休み始めてから30日にならない者。なお、家族従業者で調査週間中に少しも仕事をしなかった者は休業者に含めず、完全失業者又は非労働力人口のいずれかに含めている。

(5)　完 全 失 業 者：就業者以外で、仕事が無くて、調査週間中に少しも仕事をしなかった者のうち、就業が可能でこれを希望し、かつ、仕事を探していた者及び仕事があればすぐ就ける状況で過去に行った求職活動の結果を待っている者。

(6)　非 労 働 力 人 口：15歳以上で上記以外の者。

　また「従業上の地位」については、次のように分類し、定義している。

(イ)　自 営 業 主：個人経営の事業を営んでいる者。

(ロ)　雇 有 業 主：ふだん1人以上の有給の雇用者（日雇を含む）を雇って個人経営の事業を営んでいる者。

(ハ)　雇 無 業 主：雇用者を雇わず自分だけか自分と家族だけで個人経営の事業を営んでいる者（自宅で内職（賃仕事）をしている者も含む）。

(ニ)　家族従業者：自営業主の家族で、その自営業主の営む事業に従事している者。

(ホ)　雇　用　者：会社、団体、官公庁又は自営業主や個人の家庭に雇われて給料・

賃金を得ている者及び会社、団体の役員。

◇ 雇用者：会社，団体，官公庁あるいは自営業主や個人の家庭に雇われて賃金給料をもらっている者及び会社，団体の役員をいう。雇用者は「役員」と「役員を除く雇用者」に分類される。

・役員：会社，団体，公社などの役員（会社組織になっている商店などを含む。）

・役員を除く雇用者：「役員」以外の者で，雇用契約期間別に分類される。

　　　―無期の契約：雇用契約期間の定めがないもの（定年までの場合を含む。）

　　　―有期の契約：雇用契約期間に定めがあるもの

なお厚生労働省「毎月勤労統計調査」の常用労働者は、日雇名義でも過去2ヵ月間に各月18日以上働いた者を含む。また「失業」は、上記完全失業者のほか雇用保険受給者数や、低所得層・短時間就業者等の指標で総合的に把握する必要がある。

16. 就業形態の多様化

前項の「雇用者」は常雇、臨時、日雇の三つに分類されているが、近年、就業形態の多様化現象が注目を浴びている。具体的には、正規雇用以外にパートタイム労働者、アルバイト、派遣労働者、契約社員、嘱託等、種々の就業形態が拡大してきているからである。以下で、その実態を捉えた各種の調査において各就業形態がどのように定義されているかをみると次の通りである。

(1) 総務省統計局「労働力調査（詳細結果）」。

正規の職員・従業員：勤め先で一般職員あるいは正社員などと呼ばれている人。

パート、アルバイト：就業の時間や日数に関係なく、勤め先で"パートタイマー"、"アルバイト"又はそれらに近い名称で呼ばれている人。

労働者派遣事業所の派遣社員：労働者派遣法に基づく労働者派遣事業所に雇用され、そこから派遣される人。

契約社員：専門的職種に従事させることを目的に契約に基づき雇用され、雇用期間の定めのある人。

嘱託：労働条件や契約期間に関係なく、勤め先で"嘱託職員"又はそれに近い名称で呼ばれている人。

(2) 旧労働省「就業形態の多様化に関する総合実態調査」(1999年)。

いわゆる正社員：雇用している労働者のうち特に雇用期間を定めていない者。なお、パートタイマー及び他企業への出向者は除く。

いわゆる非正社員：以下の通り。

契約社員：専門的職種に従事させることを目的に契約に基づき雇用し、雇用期間の定めのある者。

臨時的雇用者：臨時的に又は日々雇用している者で、1ヵ月以内の雇用期間の定

めのある者。

パートタイマー：次の2種類に分けられる。

　短時間のパートタイマー：いわゆる正社員より1日の所定労働時間が短いか、1週の所定労働日数が少ない者。雇用期間は1ヵ月を超えるか、または定めのない者。

　その他のパートタイマー：いわゆる正社員と1日の所定労働時間と1週の所定労働日数がほぼ同じ者。雇用期間は1ヵ月を超えるか、または定めのない者で、パートタイマーその他これに類する名称で呼ぶ者。

出向社員：他企業より出向契約に基づき出向している者。出向先に籍を置いているかどうかは問わない。

派遣労働者：「労働者派遣法」に基づく派遣元から派遣された者。

その他：上記以外の労働者。

　上記の非正規雇用のうち、ウエイトの高いパートタイムについて、その定義を列記すると以下の通りである。

(3)　厚生労働省「パートタイム労働者総合実態調査」。

正社員（"正社員"、いわゆる正規型の労働者）：短時間労働者の雇用管理の改善等に関する法律（いわゆるパートタイム労働法）にいう通常の労働者。

非正社員（パート等労働者―"パート"、短時間労働者）：正社員以外の労働者でパートタイマー、アルバイト、準社員、嘱託、臨時社員などの名称にかかわらず、1週間の所定労働時間が正社員よりも短い労働者。

非正社員（パート等労働者―"その他"、正社員及びパート以外）：正社員以外で1週間の所定労働時間が正社員と同じか長い者。

(4)　厚生労働省「毎月勤労統計調査」。

パートタイム労働者：常用労働者のうち1日の所定労働時間が一般の労働者よりも短い又は1日の所定労働時間が一般の労働者と同じで1週の所定労働日数が一般の労働者よりも短い者。

一般労働者：常用労働者のうちパートタイム労働者を除いた労働者。

常用労働者：期間を定めず、又は1カ月を超える期間を定めて雇われている者等。

　17.　定期給与と特別給与：名目賃金と実質賃金：賃金率と実収賃金

　本書で「定期給与」とは毎月きまって支払われる賃金をさし、超過勤務手当を含んだもの。毎月勤労統計調査、賃金構造基本統計調査では「きまって支給する給与」といい、労働契約・団体協約あるいは事業所の給与規則等によってあらかじめ定められている支給条件・算定方法によって支給される給与と定義しており、従って時間外労働の割増賃金も含まれる。「所定内給与」とは定期給与から所定外労働時間に対する給与を引いた部分で家族手当を含む。「特別給与」は賞与一時金、3ヵ月

を超えるごとに支給される給与、過去にさかのぼって支給されるベース・アップ遡及払いなどで、毎月勤労統計調査等では「特別に支払われた給与」をいい、次のように定義している。「『特別に支払われた給与』とは、調査期間中に一時的または突発的理由に基づいて、あらかじめ定められた契約や規則によらないで労働者に現実に支払われた給与、または新しい協約によって過去にさかのぼって算定された給与の追給額が、この期間中に現実に支払われた場合の金額のことである。また、年末手当や結婚手当等、支給条件・支給額が労働契約等によってあらかじめ確定していても、その算定が3ヵ月を超える期間ごとに行われる給与、および支給事由の発生が不確定なものは『特別に支払われた給与』に含める」。以上、いずれも所得税、地方税、社会保険料等を差し引く以前の金額である。そして定期給与と特別給与の合計を「現金給与総額」といっている。

　毎月・毎年の貨幣価値のままで発表される額を「名目賃金」、名目賃金指数を消費者指数で割ったものを賃金の購買力指数すなわち「実質賃金指数」という。

　国際比較に「賃金率」、「実収賃金」の用語がある。賃金率（wage‐rate）は「一定時間又は一定作業量に対して支払われる賃金」で、割増賃金・手当を含まず、わが国の基準賃金に近い（外国では家族手当等がない）。これに対し「実収賃金」（earnings）は賃金・諸手当の合計で、わが国で「賃金」と呼ぶものに相当する。統計上は税や労働者負担保険料を含むのがふつうで、わが国での「きまって支給する給与」も「現金給与総額」も、ともに実収賃金である。実収賃金を「稼得賃金」と呼ぶこともある。なお外国の賃金統計には事務員などのサラリーは一般には含まれないので、国際比較は生産労働者で行うことが多い。

18. モデル賃金と実在者賃金

　モデル賃金は、「学校卒業後ただちに入社して標準的な昇給、昇進した時に得られる賃金」である。そこで、問題が二つある。第1は「標準的昇給昇進」を想定するときに主観が入るということ。例えば、高校を出て20年たった38歳の人は係長なのか出張所の課長なのか、現場の指導役なのか、どれをとるかで結果が狂う。第2は、かりにモデル状態に近い人が多いとしても、現実にモデルに合う人（例えば38歳の係長で休職も出向もなく子供2人）は大企業でも例は多くはない。休職・出向・浪人など、さまざまな浮沈がある上に、企業でも合併・解散、主製品の変化、兼業化などで、モデルと実在者のギャップが大きい。

　これを考えて現実の賃金（実在者賃金）と比べると、モデル賃金の位置は、現実に働いている人のうち高位1/4番目の賃金より高く出る（次頁グラフ参照）。なお、各地商工会議所のモデル賃金（条件別賃金）は、規則の上でのモデルではなく、実在者にやや近い定義をとって現実にいる人、いない場合は、それに近い条件の人から類推するとしている。

グラフでみるように一般にモデル賃金は現に実際に働いて得ている賃金より高い額であり、モデル賃金を実在者賃金の代用とするわけにはいかない。

19. 労働分配率

所得の分配の中で労働側の受け取る分け前の割合をいう。指標には、①国民経済レベルで、分配国民所得に占める雇用者報酬の比率、②企業の付加価値額（売上高から原材料費・動力費・減価償却費を差し引いたもの、または人件費・利子・利潤の合計）に占める賃金支払総額の割合などがある。また付加価値額の算出には減価償却費を含めたもの（粗付加価値額）

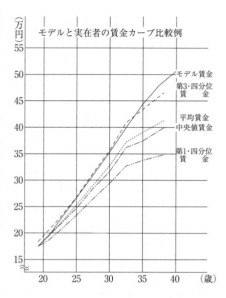

モデルと実在者の賃金カーブ比較例

と、それを除いたもの（純付加価値額）とがあり、それぞれに対応した労働分配率がある。従って、どのような資料により、どのような算出方法をとったかによって労働分配率の数値が違うし、その変動の仕方も違ってくる。

このような測定上の点もさることながら、労働分配率の問題では、賃金や経済成長の問題と結びつけていろいろな考え方が提起されている。たとえば、その一つは低賃金だから低労働分配率となり、これが資本蓄積を大きくし、成長率を高めるとするもので、これは低賃金・低労働分配率が高成長率の原因とする考え方になる。しかしそれとは逆に、高投資率がまず先行して、それに応じて高成長率が生じ、その結果、資本所得の高分配率、いいかえると低労働分配率になるというものもあり、この考え方によれば労働分配率は高成長率の原因ではなくて、むしろ結果であるということになる。また景気変動に対して賃金は比較的硬直的であるが、付加価値額は弾力的であり、このため景気変動につれて労働分配率は変化する性質をもっている。労働分配率の高さ、その変動の問題を解決するために賃金決定機構、資本蓄積機構、生産市場構造など多元的な実証的分析が必要とされている。

20. 付加価値率

生産額（または売上高）に占める付加価値額の割合をいう。付加価値率と労働分配率、労務費率の三つの間には、次のような恒等式が成り立つ。

$$\frac{付加価値額}{生産額} = \frac{賃金支払総額 \div 生産額}{賃金支払総額 \div 付加価値額}$$

$$すなわち、付加価値率 = \frac{労務費率}{労働分配率}$$

　労務費率を一定とすれば、付加価値率と労働分配率は逆比例の関係にあり、労働分配率の動きをみる場合、所得率の動きにも合わせて注目する必要があろう。また、所得率の高さ、その変動の要因は労働分配率の場合と同様に、これを一元的に説明できるようなものを導くことは困難であるが、そのうちで重要と思われるものに製品価格対原材料価格の相対比がある。付加価値率を変形すると、

$$\frac{付加価値額}{生産額} = \frac{生産数量 \times （製品価格 - 原材料価格）}{生産数量 \times 製品価格} = 1 - \frac{原材料価格}{製品価格}$$

と表わされるからである。原材料価格と製品価格の両者の対応関係は景気変動に応じて原料高の製品安、原料安の製品高という現象が相互に現われ、その結果、付加価値率は変動する。わが国のように、綿花・鉄鋼石・原油などの原料面の輸入依存度が高い場合には、輸入原材料価格、交易条件の変化が付加価値率変動の背後に作用していることも見逃せない。

21. 生産性・労働生産性

　生産性は投入量と産出量の比率をいう。一定の投入量に対して産出量が増えたり、あるいは投入量を減らして産出量がそれほど減らない場合、「生産性が向上」したことになる。この投入量には原料・燃料・機械・労働・土地などの生産要素があげられる。したがって、それに応じて原料の生産性、燃料の生産性、機械の生産性、土地の生産性などを測定することができる。「歩留り」「反あたり収穫量」などは生産性の別の表現である。

　このうち労働投入量で測った生産性は、労働者1人1時間あたりという単位で測ったもので、時処を問わず成立するものであり、また経済進歩と社会福祉の基準となるので、しばしば生産性と同義に使われる。

　統計上の労働生産性は、国全体の経済でみた生産性（1人あたり国内総生産・1人あたり分配国民所得など）と、特定の産業・業種・企業における生産性（雇用者又は就業者1人あたりでみた生産量・出荷量・生産額・付加価値額など）がある。

　労働生産性における「産出」が、「量」（実質額すなわち特定年次の価格表示の場合を含む）でとらえられた場合を「物的生産性」、「現在価格で示したもの」を「価値的生産性」（ときに「売上高または価値生産性」「付加価値生産性」と具体的な呼び方もする）というのが通例である（用語解説24を参照）。

　日本生産性本部作成の生産性指数は経済産業省生産動態統計の調査対象の中から選んだ業種につき、品目別生産量（産出量）と、それに働く延べ労働者数（労働投入

量）で計算した物的生産性の指数である。そのほか本書ではD表に登載したように経済産業省工業統計や財務省法人企業統計から1人あたり価値生産性を算出した。物価その他の変動で、物的生産性と価値生産性とは異なった動きをする。企業レベルでは価値生産性が重視され、国民福祉においては物的生産性向上が目標となる。

　22．物価指数・デフレーター

　物価指数は物価水準の動きをみるための指数である。個々の物品の価格が上がったり下がったりする割合を平均化したもの、といってよい。その把え方により、消費者物価指数（CPI）、企業物価指数（CGPI）、また特殊なものに料金指数、輸出入物価指数などがある。

　消費者物価指数は世帯において購入する一定の財とサービスを決め、その価格が全体としてどのように動いているかを示す。個別の商品・サービス毎に平均家計購入額をウエイトとして加重算術平均したもので、現在は平成22年家計調査による品目・購入額により、総務省統計局が毎月、全国や地方ブロック、各都市ベースでの指数・増減率について調査して発表している。

　また、名目価格から実質価格を算出するために用いられる価格指数をデフレーターといい、デフレーターで名目価格を除して実質価格を求めることをデフレーションと呼ぶ。価格指数にはラスパイレス型指数 $\Sigma PtQo / \Sigma PoQo$（P:価格、Q:数量、添字o:基準時、添字t：比較時、以下同じ）と、パーシェ型指数 $\Sigma PtQt / \Sigma PoQt$ がある。パーシェ型指数をデフレーターとした実質値は各時点の数量を基準時点の価格で評価したものであり、不変価格表示（at Constant Prices）と呼ぶ。

　本冊子のA表・B表で掲載されているGNIやGDPといった国民経済計算関係の指標では、現在、前暦年連鎖価格方式が採用され、実質値については前暦年基準ラスパイレス型、デフレーターについては前暦年基準パーシェ型であり、参照年（デフレーター＝100となる年）は平成17年とされている。なお、この指標は国民経済レベルでみた総合的な物価動向を示すものとしても利用される。

　23．労働生産性に関する指標の関係式

(1)　物的生産性 $= \dfrac{生産量}{従業者数}$

(2)　価値生産性 $= \dfrac{生産額}{従業者数} = \dfrac{生産量 \times 製品価格}{従業者数} = \underset{(物的生産性)}{\dfrac{生産量}{従業者数}} \times 製品価格$

(3)　付加価値生産性 $= \underset{(価値生産性)}{\dfrac{生産額}{従業者数}} \times \underset{(付加価値率)}{\dfrac{付加価値額}{生産額}} = 物的生産性 \times 製品価格 \times 付加価値率$

$$\left[\begin{array}{l} \underset{(\text{所得率})}{\text{付加価値率}} = \dfrac{\text{付加価値額}}{\text{生産額}} = \dfrac{\text{生産額} - \text{原材料費}}{\text{生産額}} \\[2mm] \langle\text{用語解説24参照}\rangle \quad = \dfrac{(\text{生産量} \times \text{製品価格}) - (\text{原材料使用量} \times \text{原材料価格})}{\text{生産量} \times \text{製品価格}} \\[2mm] \qquad\qquad\qquad = \dfrac{\text{生産量} \times \text{製品価格}}{\text{生産量} \times \text{製品価格}} - \left(\dfrac{\text{原材料使用量}}{\text{生産量}} \times \dfrac{\text{原材料価格}}{\text{製品価格}}\right) \\[2mm] \qquad\qquad\qquad\qquad\qquad\qquad\qquad (\text{原材料生産性}) \\[2mm] \qquad\qquad\qquad = 1 - \left(\text{原材料生産性} \times \dfrac{\text{原材料価格}}{\text{製品価格}}\right) \end{array}\right.$$

24. 生産性・資本に関する指標の関係式

(1) $\dfrac{\text{生産量}}{\text{従業者数}} = \dfrac{\text{有形固定資産}}{\text{従業者数}} \times \dfrac{\text{生産能力}}{\text{有形固定資産}} \times \dfrac{\text{生産量}}{\text{生産能力}}$

　(物的生産性)(労働装備率)$\left(\begin{array}{c}\text{固定資産単位}\\\text{当たり生産能力}\end{array}\right)$(稼働率)

(2) $\dfrac{\text{付加価値額}}{\text{従業者数}} = \dfrac{\text{有形固定資産}}{\text{従業者数}} \times \dfrac{\text{売上高}}{\text{有形固定資産}} \times \dfrac{\text{付加価値額}}{\text{売上高}}$

　$\left(\begin{array}{c}\text{付加価値}\\\text{生\ 産\ 性}\end{array}\right)$(労働装備率)(固定資産回転率)(付加価値率)

　　　　　　　　　　　　　(資本生産性:設備投資効率)

(3) $\dfrac{\text{付加価値額}}{\text{従業者数}} = \dfrac{\text{総資本}}{\text{従業者数}} \times \dfrac{\text{売上高}}{\text{総資本}} \times \dfrac{\text{付加価値額}}{\text{売上高}}$

　$\left(\begin{array}{c}\text{付加価値}\\\text{生\ 産\ 性}\end{array}\right)$ (資本集約度)(総資本回転率)(付加価値率)

　　　　　　　　　　　　(資本生産性:総資本投資効率)

25. 生産性・賃金・物価の関係式

(1) $\dfrac{\text{賃金支払総額}}{\text{従業者数}} = \dfrac{\text{生産額}}{\text{従業者数}} \times \dfrac{\text{賃金支払総額}}{\text{生産額}}$

　　　　　　 $= \dfrac{\text{生産量}}{\text{従業者数}} \times \text{製品価格} \times \dfrac{\text{賃金支払総額}}{\text{生産額}}$

∴ (賃金水準) = (労働生産性) × (製品価格) × (労務費率)

この式の右辺第一項の労働生産性に24(1)式を代入すると、つぎの関係式が導かれる。

賃金水準 $= \left[\left(\text{労働装備率}\right) \times \left(\begin{array}{c}\text{固定資産単位}\\\text{当り生産能力}\end{array}\right) \times \left(\text{稼働率}\right)\right] \times \text{製品価格} \times \text{労務費率}$

(2) 製 品 価 格 $= \dfrac{\text{賃金水準}}{\text{労働生産性} \times \text{労務費率}}$

(3) 労働生産性 $= \dfrac{\text{賃金水準}}{\text{製品価格} \times \text{労務費率}}$

　$\left(\begin{array}{l}\text{労働生産性}\\(\text{時間当り})\end{array} = \dfrac{\text{賃金水準}}{\text{労働時間}} \times \dfrac{1}{\text{製品価格} \times \text{労務費率}}\right)$

(4) 労 務 費 率 $= \dfrac{\text{付加価値額}}{\text{生産額}} \times \dfrac{\text{賃金支払総額}}{\text{付加価値額}}$

　　　　　　　(付加価値率)　(労働分配率)

Ⅱ. 年率早見表（複利表）

使い方：平成元年から5年まで、1.20倍になったとする。年率は本表の「5年後」欄をタテに
見て1.20に近い数字をさがし、これを左にたどると年率「3.7」、すなわち平均で3.7%
で増加したことがわかる。倍率がここに掲げた数字とピタリと合わないときは、二つ
の数字から比例計算で推定する。

(単位 倍)

年率 ＼ 年	3 年 後	4	5	6	7	8	9	10	15
増加率									
0.1%	1.003	1.004	1.005	1.006	1.007	1.008	1.009	1.010	1.015
0.2	1.006	1.008	1.010	1.012	1.014	1.016	1.018	1.020	1.030
0.3	1.009	1.012	1.015	1.018	1.021	1.024	1.027	1.030	1.046
0.4	1.012	1.016	1.020	1.024	1.028	1.032	1.037	1.041	1.062
0.5	1.015	1.020	1.025	1.030	1.036	1.041	1.046	1.051	1.078
0.6	1.018	1.024	1.030	1.037	1.043	1.049	1.055	1.062	1.094
0.7	1.021	1.028	1.035	1.043	1.050	1.057	1.065	1.072	1.110
0.8	1.024	1.032	1.041	1.049	1.057	1.066	1.074	1.083	1.127
0.9	1.027	1.036	1.046	1.055	1.065	1.074	1.084	1.094	1.144
1.0	1.030	1.041	1.051	1.062	1.072	1.083	1.094	1.105	1.161
1.1	1.033	1.045	1.056	1.068	1.080	1.091	1.103	1.116	1.178
1.2	1.036	1.049	1.061	1.074	1.087	1.100	1.113	1.127	1.196
1.3	1.040	1.053	1.067	1.081	1.095	1.109	1.123	1.138	1.214
1.4	1.043	1.057	1.072	1.087	1.102	1.118	1.133	1.149	1.232
1.5	1.046	1.061	1.077	1.093	1.110	1.126	1.143	1.161	1.250
1.6	1.049	1.066	1.083	1.100	1.118	1.135	1.154	1.172	1.269
1.7	1.052	1.070	1.088	1.106	1.125	1.144	1.164	1.184	1.288
1.8	1.055	1.074	1.093	1.113	1.133	1.153	1.174	1.195	1.307
1.9	1.058	1.078	1.099	1.120	1.141	1.163	1.185	1.207	1.326
2.0	1.061	1.082	1.104	1.126	1.149	1.172	1.195	1.219	1.346
2.1	1.064	1.087	1.110	1.133	1.157	1.181	1.206	1.231	1.366
2.2	1.067	1.091	1.115	1.139	1.165	1.190	1.216	1.243	1.386
2.3	1.071	1.095	1.120	1.146	1.173	1.200	1.227	1.255	1.406
2.4	1.074	1.100	1.126	1.153	1.181	1.209	1.238	1.268	1.427
2.5	1.077	1.104	1.131	1.160	1.189	1.218	1.249	1.280	1.448
2.6	1.080	1.108	1.137	1.166	1.197	1.228	1.260	1.293	1.470
2.7	1.083	1.112	1.142	1.173	1.205	1.238	1.271	1.305	1.491
2.8	1.086	1.117	1.148	1.180	1.213	1.247	1.282	1.318	1.513
2.9	1.090	1.121	1.154	1.187	1.222	1.257	1.293	1.331	1.535
3.0	1.093	1.126	1.159	1.194	1.230	1.267	1.305	1.344	1.558
3.1	1.096	1.130	1.165	1.201	1.238	1.277	1.316	1.357	1.581
3.2	1.099	1.134	1.171	1.208	1.247	1.287	1.328	1.370	1.604
3.3	1.102	1.139	1.176	1.215	1.255	1.297	1.339	1.384	1.627
3.4	1.106	1.143	1.182	1.222	1.264	1.307	1.351	1.397	1.651
3.5	1.109	1.148	1.188	1.229	1.272	1.317	1.363	1.411	1.675
3.6	1.112	1.152	1.193	1.236	1.281	1.327	1.375	1.424	1.700
3.7	1.115	1.156	1.199	1.244	1.290	1.337	1.387	1.438	1.725
3.8	1.118	1.161	1.205	1.251	1.298	1.348	1.399	1.452	1.750
3.9	1.122	1.165	1.211	1.258	1.307	1.358	1.411	1.466	1.775
4.0	1.125	1.170	1.217	1.265	1.316	1.369	1.423	1.480	1.801
4.1	1.128	1.174	1.223	1.273	1.325	1.379	1.436	1.495	1.827
4.2	1.131	1.179	1.228	1.280	1.334	1.390	1.448	1.509	1.854
4.3	1.135	1.183	1.234	1.287	1.343	1.401	1.461	1.524	1.880
4.4	1.138	1.188	1.240	1.295	1.352	1.411	1.473	1.538	1.908
4.5	1.141	1.193	1.246	1.302	1.361	1.422	1.486	1.553	1.935

年率＼年	3 年 後	4	5	6	7	8	9	10	15
4.6%	1.144	1.197	1.252	1.310	1.370	1.433	1.499	1.568	1.963
4.7	1.148	1.202	1.258	1.317	1.379	1.444	1.512	1.583	1.992
4.8	1.151	1.206	1.264	1.325	1.388	1.455	1.525	1.598	2.020
4.9	1.154	1.211	1.270	1.333	1.398	1.466	1.538	1.613	2.049
5.0	1.158	1.216	1.276	1.340	1.407	1.478	1.551	1.629	2.079
5.1	1.161	1.220	1.282	1.348	1.417	1.489	1.565	1.645	2.109
5.2	1.164	1.225	1.289	1.356	1.426	1.500	1.578	1.660	2.139
5.3	1.168	1.230	1.295	1.363	1.436	1.512	1.592	1.676	2.170
5.4	1.171	1.234	1.301	1.371	1.445	1.523	1.605	1.692	2.201
5.5	1.174	1.239	1.307	1.379	1.455	1.535	1.619	1.708	2.233
5.6	1.178	1.244	1.313	1.387	1.464	1.546	1.633	1.724	2.264
5.7	1.181	1.248	1.319	1.395	1.474	1.558	1.647	1.741	2.297
5.8	1.184	1.253	1.326	1.403	1.484	1.570	1.661	1.757	2.330
5.9	1.188	1.258	1.332	1.411	1.494	1.582	1.675	1.774	2.363
6.0	1.191	1.262	1.338	1.419	1.504	1.594	1.689	1.791	2.397
6.5	1.208	1.287	1.370	1.459	1.554	1.655	1.763	1.877	2.572
7.0	1.225	1.311	1.403	1.501	1.606	1.718	1.839	1.967	2.759
7.5	1.242	1.336	1.436	1.543	1.659	1.784	1.917	2.061	2.959
8.0	1.260	1.361	1.469	1.587	1.714	1.851	1.999	2.159	3.172
8.5	1.277	1.386	1.504	1.632	1.770	1.921	2.084	2.261	3.400
9.0	1.295	1.412	1.539	1.677	1.828	1.993	2.172	2.367	3.643
9.5	1.313	1.438	1.574	1.724	1.888	2.067	2.263	2.478	3.901
10.0	1.331	1.464	1.611	1.772	1.949	2.144	2.358	2.594	4.177
11.0	1.368	1.518	1.685	1.870	2.076	2.305	2.558	2.839	4.785
12.0	1.405	1.574	1.762	1.974	2.211	2.476	2.773	3.106	5.474

減少率 (△)

年率＼年	3 年 後	4	5	6	7	8	9	10	15
△ 0.2%	0.994	0.992	0.990	0.988	0.986	0.984	0.982	0.980	0.970
△ 0.4	0.988	0.984	0.980	0.976	0.972	0.968	0.965	0.961	0.942
△ 0.6	0.982	0.976	0.970	0.965	0.959	0.953	0.947	0.942	0.914
△ 0.8	0.976	0.968	0.961	0.953	0.945	0.938	0.930	0.923	0.886
△ 1.0	0.970	0.961	0.951	0.941	0.932	0.923	0.914	0.904	0.860
△ 1.2	0.964	0.953	0.941	0.930	0.919	0.908	0.897	0.886	0.834
△ 1.4	0.959	0.945	0.932	0.919	0.906	0.893	0.881	0.868	0.809
△ 1.6	0.953	0.938	0.923	0.908	0.893	0.879	0.865	0.851	0.785
△ 1.8	0.947	0.930	0.913	0.897	0.881	0.865	0.849	0.834	0.762
△ 2.0	0.941	0.922	0.904	0.886	0.868	0.851	0.834	0.817	0.739
△ 2.2	0.935	0.915	0.895	0.875	0.856	0.837	0.819	0.801	0.716
△ 2.4	0.930	0.907	0.886	0.864	0.844	0.823	0.804	0.784	0.695
△ 2.6	0.924	0.900	0.877	0.854	0.832	0.810	0.789	0.768	0.674
△ 2.8	0.918	0.893	0.867	0.843	0.820	0.797	0.774	0.753	0.653
△ 3.0	0.913	0.885	0.859	0.833	0.808	0.784	0.760	0.737	0.633
△ 3.2	0.907	0.878	0.850	0.823	0.796	0.771	0.746	0.722	0.614
△ 3.4	0.901	0.871	0.841	0.813	0.785	0.758	0.732	0.708	0.595
△ 3.6	0.896	0.864	0.833	0.803	0.774	0.746	0.719	0.693	0.577
△ 3.8	0.890	0.856	0.824	0.793	0.762	0.734	0.706	0.679	0.559
△ 4.0	0.885	0.849	0.815	0.783	0.751	0.721	0.693	0.665	0.542
△ 4.5	0.871	0.832	0.794	0.759	0.724	0.692	0.661	0.631	0.501
△ 5.0	0.857	0.815	0.774	0.735	0.698	0.663	0.630	0.599	0.463
△ 5.5	0.844	0.797	0.754	0.712	0.673	0.636	0.601	0.568	0.428
△ 6.0	0.831	0.781	0.734	0.690	0.648	0.610	0.573	0.539	0.395
△ 6.5	0.817	0.764	0.715	0.668	0.625	0.584	0.546	0.511	0.365
△ 7.0	0.804	0.748	0.696	0.647	0.602	0.560	0.520	0.484	0.337
△ 7.5	0.791	0.732	0.677	0.626	0.579	0.536	0.496	0.459	0.311
△ 8.0	0.779	0.716	0.659	0.606	0.558	0.513	0.472	0.434	0.286
△ 8.5	0.766	0.701	0.641	0.587	0.537	0.491	0.450	0.411	0.264
△ 9.0	0.754	0.686	0.624	0.568	0.517	0.470	0.428	0.389	0.243
△ 9.5	0.741	0.671	0.607	0.549	0.497	0.450	0.407	0.369	0.224
△10.0	0.729	0.656	0.590	0.531	0.478	0.430	0.387	0.349	0.206

Ⅲ. 掲 載 統 計 要 覧

A. 統 計 調 査

統 計 の 名 称	作成機関	調 査 単 位	対象の とり方	頻 度
国 民 経 済 計 算	内閣府経済 社会総合研究所	×1)	×	四半期・年度
生 産 動 態 統 計	経済産業省	×	×	毎月・四半期・年度
工 業 統 計 表	経済産業省	事業所2)	全 数	年1回（12月末）
経 済 セ ン サ ス	総務省統計局	事業所・企業3)	全 数	本調査5年に1回 簡易調査を中間年に実施
生 産 性 統 計	日 本 生産性本部	×	×	毎月
毎月勤労統計調査	厚生労働省	事業所（5人以上）	標 本	毎月
賃 金 構 造 基 本 統 計 調 査	厚生労働省	事業所（5人以上）	標 本	年1回（6月）
就労条件総合調査	厚生労働省	企業（30人以上）	標 本	年1回（1月）
雇 用 管 理 調 査	厚生労働省	企業（30人以上）	標 本	年1回 平成16年をもって廃止
家 計 調 査	総務省統計局	世帯	標 本	毎月
民間給与実態統計調査	人 事 院	事業所（50人以上）	標 本	年1回（4月）
モデル条件別賃金調査	各地商工会議所	企業・事業所	標 本	年1回（5～7月）
賃 金 事 情 調 査	中央労働委員会	企業（1,000人以上）	標 本	年1回（5～7月）
学 校 基 本 調 査	文部科学省	学校	全 数	年1回（5～6月）
わが国企業の経営分析	経済産業省	主要企業	標 本	年1回
法 人 企 業 統 計	財 務 省	企業	標 本	四半期・年度
民間給与実態統計調査	国 税 庁	個人・事業所	標 本	年1回
国 勢 調 査	総務省統計局	世帯	全 数	5年毎
労 働 力 調 査	総務省統計局	世帯	標 本	毎月
職業安定業務統計	厚生労働省	○4)	○	毎月
雇用保険業務統計	厚生労働省	○4)	○	毎月
労働組合基礎調査	厚生労働省	労働組合	全 数	年1回（6月）
労働争議統計調査	厚生労働省	事業所	全 数	毎月

注 1. ×は各種統計を基に作成。
　 2. 西暦末尾0・3・5・8年全数、それ以外は4人以上の事業所。
　 3. 以前の商業統計および事業所・企業統計調査に代わるもの。
　 4. ○は業務上作成される統計。

B. 指 数

指 数	作 成 機 関	指数計算基礎調査名	頻 度
生産・出荷・在庫	経済産業省	生産動態統計調査	毎 月
生 産 性	日本生産性本部	生産動態統計調査	毎 月
雇 用	厚生労働省	毎月勤労統計調査	毎 月
賃 金	厚生労働省	毎月勤労統計調査	毎 月
企 業 物 価	日本銀行	－	毎 月
消 費 者 物 価	総務省統計局	小売物価統計調査	毎 月

IV. 主 要 統 計 一 覧

項　目	資　　　料　　　名	調　査　機　関	調査回数
労働条件	「毎月勤労統計調査」	厚生労働省統計情報部	毎　　月
	「賃金構造基本統計調査」	厚生労働省統計情報部	年　1　回
	「職種別民間給与実態調査」	人事院	年　1　回
	「賃金事情等総合調査」	中央労働委員会	年　1　回
	「民間給与実態統計調査」	国税庁企画課	年　1　回
	「賃金引き上げ等実態調査」	厚生労働省統計情報部	毎　　年
	「条件別賃金統計」	主要都市商工会議所	年　1　回
	「モデル賃金調査」	関東経営者協会	年　1　回
	「退職金制度調査」	厚生労働省統計情報部	随　　時
	「中小企業賃金・退職金事情調査」	東京都産業労働局	年　1　回
	「初任給調査」	東京商工会議所	年　1　回
	「就労条件総合調査」	厚生労働省統計情報部	年　1　回
	「労働時間・休日・休暇調査」	中央労働委員会	隔　　年
	「退職金・定年制度および年金事情調査」	中央労働委員会	隔　　年
	「労働者福祉施設制度等調査」	厚生労働省統計情報部	3年に1回
	「雇用管理調査」	厚生労働省統計情報部	年　1　回
	「労働協約等実態調査」	厚生労働省統計情報部	5年に1回
経　　営	「経済センサス」(中間年に簡易調査あり)	総務省統計局	5年に1回
	「工業統計表」	経済産業省	年　1　回
	「工業実態調査」	経済産業省	3年に1回
	「わが国企業の経営分析」	経済産業省	年　2　回
	「中小企業の経営指標」	中小企業庁	年　1　回
	「企業短期経済観測調査」	日本銀行	四 半 期
	「法人企業統計」	財務省	四半期別・年別
雇　　用	「国勢調査」	総務省統計局	5年に1回
	「就業構造基本調査」	総務省統計局	5年に1回
	「労働力調査」	総務省統計局	毎　　月
	「職業安定業務統計」	厚生労働省職業安定局	毎　　月
	「雇用保険業務統計」	厚生労働省職業安定局	毎　　月
	「雇用動向調査」	厚生労働省統計情報部	半年に1回
	「学校基本調査」	文部科学省生涯学習生活局	毎　　年
家　　計	「消費者物価指数」	総務省統計局	毎　　月
	「小売物価統計調査」	総務省統計局	毎　　月
	「家計調査」	総務省統計局	毎　　月
	「消費水準」	総務省統計局	毎　　月
	「標準生計費」	人事院	年　1　回
	「生計分析調査」	東京都総務局統計部	毎　　月
生 産 性	「労働生産性指数」	日本生産性本部	毎　　月
経済動向	「労働経済動向調査」	厚生労働省統計情報部	四半期別
	「生産・出荷・在庫・稼働率等」	経済産業省	毎　　月
	「企業物価指数」	日本銀行	毎　　月
	「国民経済計算年報」		四半期別
	「機械受注実績統計調査」		毎　　月
	「経済見通し」	内閣府　経済社会総合研究所	年　1　回
	「消費動向調査」		年　4　回
	「法人企業動向調査」		年　4　回
	「景気動向指数」		毎　　月
労使関係	「労使関係総合調査」	厚生労働省統計情報部	毎　　年
	「労働争議統計調査」	厚生労働省統計情報部	毎　　年

生産性労働情報センター購読会員のご案内

　当センターは、広く働くことに関わる、様々な労働問題や労使関係、個別企業の人事・賃金問題、キャリア育成、ワーク・ライフ・バランスについてのデータ集積や調査研究を実施し、書籍・刊行物としてご提供しています。また、刊行物をベースとした、時事に富んだテーマでの出版セミナーを開催し、直に著者の講演を聴き、情報交換の場を設定しています。さらにご希望に応じ、書籍をベースにした出張セミナー・講師派遣も行っています。

　年間購読会員制度を設け、ご入会の皆様へは毎月定期的に、
　①働くことに関連する「書籍」
　②時事に富んだ、様々な「調査報告書」や定期的刊行の「統計集」
　③働くことの情報誌「ワークライフ（年数回）」をお送りしています。
　さらに、年間購読会員の皆様は、各種出版セミナーに特別割引価格で優先的に参加することができます。

　なおお会員制度には、上記①～③刊行物全てをお届けする「年間購読会員」のほか、情報誌ワークライフと春闘直前に刊行される年刊統計集〔活用労働統計〕に限った「ワークライフ会員」も設定しております。ニーズに合わせてのご登録をお待ちしております。会員制度のパンフレットや、刊行物／セミナーはホームページをご覧ください（https://jpc.jpc-net.jp/lic/）。

2023年版 活用労働統計
—生産性・賃金・物価関連統計—

ISBN 978-4-88372-598-4 C2033 定価 2,200円（本体2,000円＋税10％）

2023年（令和5年）1月21日　印刷
2023年（令和5年）1月29日　発行

編　集　　　公益財団法人日本生産性本部
発行所　　　生産性労働情報センター

〒102-8643 東京都千代田区平河町2-13-12
電　話：03（3511）4007（直通）
FAX：03（3511）4073（直通）
URL：https://jpc.jpc-net.jp/lic/

印刷／製本　　第一資料印刷株式会社

乱丁・落丁の際はお取り替えいたします。

<生産性労働情報センター関連書籍ご案内>

ＳＤＧｓ実現へ、新しいステップ ～労使の役割と現代ＣＳＲの活用～

ＩＬＯ協議会　熊谷　謙一　著

　ＳＤＧｓは 2015 年のスタートから 2030 年のゴールに向けて折り返し点を迎え、これまでの共感と理解の段階から、実践と達成へのステップへの移行が求められている。いま求められていることは、社会の核となる組織での取り組みの質的な強化である。とりわけ、企業と労働組合は、市民組織と連携しながら、具体的な活動を強化し、その本気度を社会に示していかなければならない。

　幹部がバッジを付ける、ＣＳＲ報告書やサスティナビリティレポートで一通り紹介するような活動は切り替える必要がある。本書はそのような考えから、労使の職場リーダーなどを対象に、ＳＤＧｓの背景、構成と内容、推進のメカニズム、企業での実践を解説し、実現に向けての取組みを提案している。

　A4・191 頁 定価 2,200 円（10％税込）　2022 年 11 月刊行 ISBN 978-4-88372-594-6

労働組合現場執行役員のためのＱ＆Ａ５０ 改訂増補版

村杉　靖男　白石　哲也　前田　修平　宮本　亮　著

　職場で多くの課題に直面する労働組合執行委員のため、1）ケース、2）スタディ（考えられるリスクと執行委員としての基本姿勢）、3）アクションおよびアドバイス、4）関連法令・判例等から構成される、課題解決に向けた職場で起こりがちな、５０のケース＆アドバイス集。

　初版から 10 のケースを新規収録し、既存ケースは法令改正や社会環境変化を鑑みアップデートしています

　国内外での厳しい企業間競争にさらされ、また労働環境がはげしく変わるなか、仲間である組合員のために役割を果たすべく、専従であればもちろんのこと、非専従であれば仕事と二股をかけながらも努力している労働組合役員。そんな、職場の労働環境であり企業の発展に重要な役割を果たしている労働組合役員を、何らかの形で応援できないかと編集されています。

　A5・324 頁 定価 2,750 円（10％税込）　2020 年 7 月刊行 ISBN 978-4-88372-569-4

昇給管理の考え方とその進め方

～働く人の幸せと日本の成長のために～

河合 克彦　（編集協力）藤井 公明・中野 剛　著

　日本経済の今後の成長と、そこで働く労働者の幸福を考えれば、将来の付加価値獲得のベースとなる人的資本に投資を行い、人件費にも適切に収益を分配し、労働者が潤い、消費も増加し、経済が活性化する経済社会を目指す必要があります。本書では、賃金・昇給に関する基本知識を確認し、若年層や管理職別のこれからの昇給管理の方向性、総額人件費管理としての人件費原資管理をどのように行っていくか、考えます。また、昇給計算の実際としてモデルを設定し、具体的に解説します。

　A5・210 頁 定価 2,200 円（10%税込）　2022 年 11 月刊行　ISBN978-4-88372-597-7

生産性向上に効くジョブ型人事制度

～組織の成熟度を上げるための新しい評価とは～

コーンフェリー・シニアプリンシパル　加藤　守和　著

　職務よりひとに焦点を当てた人事マネジメントを行ってきた日本企業でなぜ、ジョブ型雇用はなぜ取り入れるべきなのでしょうか？いかに取り入れると、付加価値を高め、生産性向上につながるのでしょうか？それには、どのように運用すればよいでしょうか？

　本書では人事領域での多様な経験を持つ筆者が、「生産性向上に効く」ジョブ型人事制度について解説し、処方箋を示しています。

　A5・174 頁 定価 2,200 円（10%税込）　2021 年 3 月刊行　ISBN978-4-88372-579-3

コンピテンシー評価モデル集 −各社事例にみる評価と活用- [改訂増補・第 5 版]

青山人事コンサルティング株式会社代表取締役　佐藤　純　著

　コンピテンシー評価制度とは、高業績者に共通する行動特性を抽出して、それを評価制度に体系化したものである。しかし、コンピテンシーの行動特性にまで深く踏み込んでいる解説書に乏しいという声もある。本書は実際に導入して好評を得ることができたという事例を掲載したモデル集であり、職務調査の結果としてのコンピテンシー行動特性を具体的にまとめ、体系化されたモデル事例を紹介しています。

　今回の改訂では全体改訂と、第 14 章を増補し「資格等級別のコンピテンシー評価基準の事例」「コンピテンシー評価要素の定義例」を紹介しました。

　B5・154 頁 定価 2,200 円（10%税込）　2015 年 7 月刊行　ISBN978-4-88372-498-7